I0408531

Aiguna PALABRA DOMINICANA

∽UN MATABURRO CIBAEÑO∽

Tercera edición

Francisco dePadua Morales

María José Garrido Abreu

pensarimagín

Aiguna Palabra Dominicana - Un Mataburro Cibaeño
Terceda edición

Derechos de Autor © 2015, 2016, 2017
Francisco dePadua Morales y María José Garrido Abreu

Todos los derechos son reservados. Queda rigurosamente prohibida, sin la autorización escrita de los propietarios del "Copyright", bajo las sanciones establecidas en las leyes, la reproducción parcial o total de esta obra por cualquier medio o procedimiento, incluidos la reprografía y el tratamiento informático.

Publicado por Pensarimagín - **pensarimagín@gmail.com**

Diseño de cubierta y formato interior por Marco Morales

Impreso en Estados Unidos (USA)

ISBN-13: 978-1544815374
ISBN-10: 1544815379

pensarimagín

DEDICATORIA Y GRACIAS

Este libro se lo dedicamos con todo el amor de que somos capaces a nuestros hijos Luís, Marco, Irene e Inés, y nietos Anastasia, Juan Carlos, Erik, Vincent, Sofía y Frankie. También se lo dedicamos a un gran número de amigos y conocidos, que involuntariamente contribuyeron con vocablos y expresiones, los que yo, subrepticiamente, y otras veces 'a la clara', iba apuntando en el 'papelito' que nunca me faltaba en el bolsillo de la camisa. Pero como en la mayoría de las cosas de este mundo la moda es el rey de los cambios, llegó, como parece que tenía que venir, aquella de las camisas sin bolsillos. Esto fue causa de gran, si bien no muy prolongada frustración para mi, pues Joseína siempre guardaba algunos papelitos en su cartera para un 'por si acaso', y además y desde luego, me quedaban las camisas 'pasá de moda' (ver), es decir las 'normales' con bolsillos. Y así, vino a suceder que como 'no me daba la gana de salí d'ella' (ver), continué usando las viejas con bolsillos.

Puedo decir que Joseína, mi primera y última esposa, y 'Grasisadió' (ver) por sus cualidades superiores también la única intermedia, y cuyo nombre de pila es María José, debido a uno de sus envidiables atributos, ese de su infalible memoria para recordar los juegos cantados de su niñez, además de 'muchísimas' palabras y dichos, ha sido la encargada de la colección de 'Cantos y Juegos de Niños'. Joseína dictaba cantando y yo escribía borrando ... poco más que de vez en cuando. Como ya he dicho 'un poquitico atrá', amigos y conocidos hicieron de contribuidores involuntarios, muchos de ellos desde antes de la concepción del libro. Algunos han fallecido, pero los que hasta ahora quedamos nunca olvidaremos las 'cosas cibaeñas', además de las otras, que habitualmente decían, y de las que yo con frecuencia tomaba nota y guardaba, porque pensaba que serían memorables para los amigos que quedaran por un 'tiempecito' más largo en este mundo, donde el recuerdo y las memorias son el mejor artificio de que nos ha dotado la Naturaleza para sentir la vida pasada. Y los otros que nos enviaban ejemplos de dichos y palabras típicos de El Cibao, si bien unos lo eran y algunos no. Entre todos estos incluimos los siguientes, en orden alfabético por apellido, para evitar pensamientos y comentarios desviados: Dr. Samuel Castillo y esposa América; Dr. Najib Chaljub y esposa Dinorah (fallecida); Dr Antonio Dohse (fallecido) y esposa Mary Kay (fallecida), quien aún siendo americana hablaba español 'cibaeñado', lógicamente aprendido de su esposo; Dr. Bienvenido Duarte y esposa Delta; Dra. María Fatah; Sra. Indira Garrido; Ing. Raymundo Garrido; Sr. Quique González; Sr. Arturo Gonzalez; Sra. Adelaida Mateo-Buser; Sra. Dolores Mena; Dr. Ramón (Moncho) Rojas y esposa Milena; Dr. Oriol Rojas y esposa Maribel, que si bien es española y gallega de nacimiento, es cibaeña por matrimonio, reforzado esto por una dedicada auto adopción cibaeña, lo que ha hecho que ella también inyecte un español 'cibaeñado', tanto en dichos y expresiones como en vocablos individuales; Dr. Aurelio Rojas (fallecido) y esposa Octavia; Dr. Hector Salcedo y esposa Marga, española gallega, quien también 'cibaeña' su español; Dr. Luis Salomón y esposa Dorita. Y desde luego, tampoco deben olvidarse nosotros, los autores, Joseína Morales y Frank Morales, que con más frecuencia de lo que creemos, nos sorprendemos con las manos en la maza, o más bien con 'el cibaeño' en la boca. Y de parte mía, estos que siguen, listados en esta nómina dedicatoria como últimos, fueron, real y positivamente los primeros. Ellos son, mi madre Salustina (Salú), ya fallecida, los trabajadores o 'peones' de la finca, los empleados de la casa, y mi padre Luís, ya fallecido, quien aún siendo español de origen y en el hablar, hacía uso frecuente, y ya por arraigada costumbre, de dichos y frases locales, además de los puros e impuros españoles, que de vez en cuando ponían clara y robustamente unos puntos memorables sobre las 'ises' y otras vocales, más allá y, bien pasado de los coños y carajos, cuando se enojaba con los 'peones' y empleados. Ahora digo yo, que a él le agradezco el evidente hecho, que quedó en mi para siempre, de nunca haberle oído hablándole mal a mi madre, ni a ninguna de las trabajadoras de la casa, recogedoras de café o picadoras de cacao. También se lo dedico a mis amigos y a las familias con quienes me codeaba y vivía, mientras crecía en San Francisco de Macorís, y las pensiones de familias cibaeñas en Santo Domingo, durante mis estudios universitarios.

En lo que a Joseína se refiere, me dijo que de su parte le dedicara el libro a sus padres Mundito y Cachita, ambos fallecidos, y a toda esa gente (de antes y de ahora) de Ojo di'Agua, Jayabo y Salcedo, donde ocurrió su vida hasta la adolescencia, por haber contribuido a la alegría de su niñez, jugando, cantando, recitando y participando en veladas; siendo todos estos los momentos cuando hablaban el español correcto, pues en el diario vivir y corretear hacían la reversión espontánea a su fácil y querida manera cibaeña de hablar, que 'a decir verdad' era mejor que en otros campos.

Y además de todo lo que hemos dicho arriba, queremos decir aún más: que estamos especialmente y profundamente agradecidos a Marco, quien se encargó de formatear este libro.

Vale
Frank Morales y Joseína Morales

Í N D I C E

INTRODUCCIÓN

La República Dominicana ocupa las cinco octavas partes del oriente de la isla La Española. Allí, como en la mayoría de los países, o se pudiera decir todos, existen variedades de desviaciones lingüísticas, en su caso del castellano, que es su idioma oficial. Algunas de estas variantes se deben a la distancia entre una región y otra, la separación de regiones por cadenas de montañas, y otras, a la concentración humana en ciudades de cierta magnitud, como en este caso su capital Santo Domingo, lo que contribuye a la formación de sistemas de hablar que facilitan la comunicación dentro del grupo o región. Debo hacer la salvedad de que estas alteraciones del lenguaje se 'oyen' más de lo que se 'leen', ya que cualquier persona que regularmente estropea el lenguaje cuando lo habla, lo trata mejor cuando lo escribe, ya sea en cartas personales o reportes oficiales. Aún hablado, la pronunciación tiende a ser más apropiada en exposiciones profesionales y discursos frente al público. Sin embargo, en algunos programas televisivos y en la radio, si bien no en todos, se mantiene cierto grado de fidelidad a la modalidad del lenguaje local, generalmente más evidente en los invitados que en lo entrevistadores.

El mayor número de las expresiones y vocablos que se presentan en este trabajo se refiere a su uso en los campos y pueblos pequeños, donde por lo regular la alteración en la pronunciación de las palabras es más marcada y frecuente que en las ciudades. La mayoría de los vocablos afectados consiste en los originales en castellano, a los que se les ha suprimido o sustituido una o más letras. Esta letra o letras pueden ser diferentes en la misma palabra, dependiendo de la región del país. Como ejemplo, podemos ver el vocablo castizo 'algunos', que se cambia a '**aiguno**' en El Cibao, y a '**arguno**' en la región de El Sur. En algunas ocasiones los vocablos son de origen local, carente de una raiz castellana propia: **ajilibio**, **amaraco**, **pacocha**, **atabujnai**, **babunuco**, **barajo**, **berencone**, **ñarra**, **panquiaise**, **rámpano**, **sirimba**, **tajalán**, y otras más. En Santo Domingo, incluyendo el Distrito Nacional, y en la región de El Este existe la tendencia a cambiar la **r** por **l** al final de algunos vocablos: **sanal** (sanar), **atal** (atar), **ganal** (ganar). En otros casos se les añaden letras a los vocablos castizos, alterándoles ligeramente su significado, como veremos en el siguiente párrafo. Existen también, como es de esperarse en estos casos, expresiones y refranes propios de cada región, aunque estos últimos son más propensos a generalizarse por el país.

En la conversación habitual los adjetivos superlativos y diminutivos dominan los vocablos que indican distancia, tamaño, cantidad, estado del ambiente y otras condiciones de la vida diaria, sobre todo en los campos. Así escuchamos: 'ceiquitica', 'ceiquininga', 'ceiquinininga'. 'Lejísimo', lejisísimo. 'Aitísimo', 'aitote'. 'aitonón', 'chiquitón' 'chiquitico', chiquititico, chiquiningo', chiquininingo', 'chiquirriningo'. 'calientísimo'. 'friísimo', 'friote'. 'grandísimo', 'grandisísimo', 'grandote', grandotote'. 'lechita'. 'muchísimo', 'muchisísimo'. 'una caminaíta'. 'una miraíta'. 'di'un saitico', 'di'un saititico'. 'una floisininga chiquirrininga'. 'Una floisota grandonona'. Los colores tampoco se escapan de ser disminuidos: 'Pásam'ei coloraíto'; 'veidesito'; 'marronsito'; 'amarillito'; etc.

Algo que debe ser anotado es la diferencia de pronunciación de la misma palabra o expresión entre los pueblos, campos y 'campo adentro' (véase **Nota No. 3**) de El Cibao. Como se verá en esta relación, es frecuente que en los pueblos se pronuncie un poco más de acuerdo con la lengua madre que en los campos. Y algo más, el significado de ciertas frases y vocablos depende de la entonación o inflexión con que se expresen: '¡Ajá!' y '¡Aj*áa*!'; ¿'Anjá!' y '¿Anj*áa*!'; '¡Oye!' y 'Oye'; El segundo y cuarto ejemplo se pronuncian con énfasis en la primera del par de *a* último. '¡Mira eso!' y 'Mira eso'.

Tampoco debe dejarse de anotar que en El Cibao, las palabras que terminan en *l* o *r*, estas letras se convierten en *i*, por ejemplo: *animai, correi, doloi, volai, matorrai, llegai,* excepto cuando el vocablo termina en *ir* o *il*, cuando entonces se pierde la *r* o *l* y terminan en *í*: subir='Voy a *subí* la cueta'; exprimir= 'Voy a *eprimí* la ropa'; vivir= 'Tu va a *viví* muchos'año'; dos mil= 'Esu'hace *domí* año'; perfil: 'Esi'hombre tiene un *peifí* de mujei'. Lo mismo le ocurre a la *l* y *r* cuando el vocablo empieza con vocal y estas le siguen, o le siguen a vocal en medio de palabras; pero aquí la *i* no es aguda: alzar= *aisai*; último= *úitimo*; almorzar= *aimoisai*; alpargata= *epaigata*. (En El Sur, como ya hemos anotado, la *l* entre vocal y algunas consonantes se convierte en *r: arbino, armendra, arguno*)

Las palabras que llevan *a, e, i,* antes de terminar en *do* pierden la *d: abobao, amarrao, mieo, deo, toicío, adoimecío*. Las que llevan *o* se pronuncian completas o pierden la terminación *do: todo* o *to, codo* o *co, lodo* o *lo*. Las que llevan *u* pierden la terminación *do* y terminan en *ú* aguda: *cabesú, baibú, narisú, pellejú*.

La *i griega* o *ye (y)*, se pronuncia como *elle (ll)*, y en algunos casos, ya sea por descuido o por escasez de conocimientos de gramática, también se escribe como tal.

En el hablar de El Cibao, los vocablos en plural no existen; se construyen manteniendo el artículo determinado perfectamente pronunciado en plural si el vocablo que le sigue comienza con vocal o *h* seguida de vocal: *las'hora; las'agalla; las'oreja; los'animale;*

los'elemento; *los'hombre*. Pero a veces, si la palabra comienza con *a*, *e*, *i*, el plural se pierde por completo, sobre todo en los campos, porque la *s* del artículo se convierte en *j* suave, representada aquí como jota pequeña (*j*): *laj'abeja; loj'animale; loj'elemento; loj'infinito*. Pero si el sujeto a pluralizarse empieza con una consonante, ni el artículo lo rescata, excepto en la oración, cuando en el contexto de esta el salvador es el verbo: *Lo perro negro*; *Lo trabajo de carretera*. *La mujere vetían de blanco*; *Lo peje no pican en Viene* (o *Viejne*) *Santo; Lo pelo de la cabeza ya tan blanco*. Si el vocablo, según lo pronunciamos termina en *u,* el plural se construye adicionándole *se*: *cocotú* es *cocotuse; naigú* es *naiguse; bembú* es *bembuse*. Si termina en *ón,* para el plural se le añade *e: barrigón* es *barrigone; caisón* es *caisone; bembón* es *bembone*. Tampoco se usa el plural en frases que expresan cantidades: *Lo*(s) *pelo*(s) *de la narí*. *Mucha*(s) *cosa*(s). *Mucha*(s) *mala*(s) *palabra*(s). *La*(s) *nube*(s) *negra*(s). *La*(s) *nube*(s) *no dejan vei la*(s) *loma*(s). *Di'aquí a Macorí son sei*(s) *kilómetro*(s).

La *x* antes de consonante en medio de palabra es muda: *eprimí*; *eperencia*, *¡Me etraña!*; *etremo*. Antes de vocal la *x* se convierte en *s*: *esagerao* o *eisagerao; esamen* o *eisamen; eselente*.

En muchos casos la *h* inicial se convierte en *j* antes de vocal: *jamaca, jambre, jiede, joyo, jumo,* etc. Pero no ocurre así con otros vocablos que también empiezan con *h* y vocal: *hombre, hora, hielo, horroi, helado,* etc. *Huele*, y talvez por herencia de pronunciación local, sus derivados *oliendo* y *oloroso* también comienzan con *g: güele, güeliendo* y *güeleroso*; los que me dan la impresión de que presentan una sonoridad más agradable que sus ascendientes castellanos. Desde luego, no dejo de reconocer que yo soy cibaeño.

La tercera persona del plural en tiempo pasado que termina en 'eron' se convierte en 'én', y la que termina en 'aron' se convierte en 'án'. Así, 'Ellos se fueron'es '*Ello se fuen*'; 'Ellos se lo comieron todo'es '*Ello se lo comién to*'; 'Ellos acabaron' es '*Ello acabán*'; 'Ellos lo llenaron de agua' es '*Ello lo llenán di'agua*'.

La *s, z* y *r* entre vocal y *n*, como en *desnudo, tizne, carne*, es muchas veces muda, pero algunos sujetos la pronuncian con sonido casi imperceptible de *j*, representado aquí así: *dejnú, tijne, cajne*. Pero también pueden ser *denú, tine, cane* o *caine* para cualquier ciudadano de la misma región. El artículo *el* se pronuncia correctamente la mayor parte de las veces, cuando el vocablo que le sigue comienza con vocal; si empieza con consonante se convierte en *ei*. *¡Pero por'el amoi de Dio! Pásame el'etropajo. Teng'una paja en'el ojo. Ei papei se mojó*. El pronombre personal *él* se convierte en *ei* antes de palabras que empiezan con vocal y consonante *Ei sabe lo qui'hace*. *Ei come mucho*. *Ei se subió ai palo*.

Más por diversión que por tarea o información linguística, lo que me resultaría más laborioso y talvez comprometedor, he tratado de compilar aquí una lista de vocablos y ciertos dichos dominicanos de la región de El Cibao, que departen, más y menos radicalmente del español castizo. Pero creo que no me falta cierta intención de tratar de preservar, aunque sea parcialmente, nuestra manera cibaeña de hablar el idioma español. También lo hago, porque si con el correr del tiempo este 'localismo' actual evoluciona hacia otra forma de hablar (como ocurre con todos los medios de comunicación verbal) y desaparece por completo, para que la curiosidad de nuestros descendientes acerca de cómo hablábamos nosotros en los siglos 19, 20 y, al menos en los comienzos del 21, sea parcialmente satisfecha. Talvez otro servicio de esta lista consiste en sacarle una ligera sonrisa jocosa y divertida a aquellos adultos, que al haberse ya acostumbrado por muchos años a hablar la lengua española con más acierto, algunas palabras y dichos y, hasta los cantos y décimas aquí citados, les traerán recuerdos amenos de su niñez.

Esta enumeración de vocablos y expresiones de la región de El Cibao está dirigida a aquellos curiosos que estudian las diferentes maneras de hablar en las diversas áreas de nuestro país, y espero que también a los investigadores de otros paises de habla española que hacen estudios sobre las diversas culturas nacionales y regionales, de acuerdo a como estas se manifiestan en el lenguage hablado de cada país y región.

No he incluído palabras cuya diferencia del español castizo solo consiste en la sustitución de la **l** o **r** por la **i** al final o dentro de vocablos, como **caita, caminai, favoi, mueito, peimiso, saito**, y que en el contexto de la conversación no son difíciles de comprender al escucharlas, para quien no sea cibaeño, porque entonces esta 'lista' se convertiría en un diccionario, algo que en ningún momento ha sido mi intención. Exepciones a esta regla son algunos vocablos de una sílaba, como '**sai**' por 'sal', del producto 'sal' y 'sal', el imperativo del verbo 'salir'; '**mai**' por 'mar' y 'mal'; '**tai**' por 'estar' y 'tal'; '**soi**' por 'soy' y 'sol'.

Debido a que esta colección de palabras, dichos y refranes, está basada en un entretenimiento jovial, no pretendo que sea completa. Pero espero que si el ánimo de continuar con ella no me abandona, y mis amigos cibaeños continúan colaborando involuntariamente, y de cuyas expresiones tomo nota en el 'papelito' que siempre 'caigo' en el bolsillo de la camisa, no tengo duda de que continuará creciendo, talvez en una cuarta edición. Algunos amigos cibaeños me envían notas con vocablos típicos del país. De estos escojo los propiamente cibaeños, si es que ya no están en mi lista. Hay que tener presente que en cualquier idioma que se habla en diferentes países y regiones, la pronunciación, interjecciones y expresiones idiomáticas son casi infinitos. Debido a esto se hace prácticamente imposible compilar una lista que comprenda la totalidad de ellos. He incluido algunos vocablos y expresiones que constituyen creaciones de familias o de grupos más o menos limitados, pero que definen específicamente una función común a esa familia o grupo.

Existen ciertas palabras y expresiones malsonantes, que para el pueblo en general se perciben como vulgares, pero ello no me ha prohibido incluirlas aquí, pues considero que debemos reconocer que esta manera del pueblo expresarse en algunas, y a veces extremas circunstancias, representa uno de los componentes clásicos y, talvez más pintorescos de su folclor. Estas manifestaciones son más comunes entre los hombres; pero las mujeres no están exentas de ellas, sobre todo y máximamente cuando se pelean boca a boca y de lejos, o como se dice por allá en los campos, 'de una orilla a otra dei camino'. (ver 'Dei').

No dejo de reconocer que la última generación de dominicanos, incluyendo los de la ciudad capital Santo Domingo, Santiago, los de las regiones Sur y Este, y aquellos de los otros pueblos grandes y pequeños de El Cibao, ha logrado notables adelantos hacia una pronunciación más correcta de su lenguaje materno. Debido a esto, ocasionalmente incluyo las dos pronunciaciones que son de uso regular cibaeño, por ejemplo *'ca'rato'* y *'cada rato'*; *'pa'qué'* y *'para qué'* y otras más.

Bien sabido es que algunos dichos y palabras van cayendo en desuso más temprano en unas regiones que en otras, mientras nuevas expresiones y vocablos, talvez peculiares de otra región surgen en su lugar. Esto ocurre aún con vocablos castizos, a los que se les da una acepción a veces diferente a la original española, pero que define más fielmente una función específica del grupo o hablantes de esa área. *Azorao*: de 'azorar= asustar; pero también se refiere específicamente a los ojos exageradamente abiertos debido a un susto o gran sorpresa. *Medir/ Medí*: Tomarle la medida a algo. Pero también investigar intensamente a alguien: 'Lo tienen medío'. *Musaraña*: Castizo: sabandija; insecto. En El Cibao es hacer muecas y movimientos sin sentido. *Naigatorio*: En castizo es 'Nalgatorio': conjunto de ambas nalgas. En El Cibao es nalgas muy grandes y que se mueven exageradamente. *Camisa*: Prenda de vestir; pero en El Cibao también significa poner a alguien en una situación que no puede resolver: '¡A Juansito si li'han puet'una camisa grande!'. *Morro*: En castizo es 'cabeza'; en El Cibao es vasija de güiro para tomar agua. *Novelero*: Castizo: que esparce novedades; en El Cibao: que mira con insistencia. *Ñato*: En castizo es nariz corta y aplastada; en El Cibao es hablar de tono nasal. Esta lista podría ser más larga.

El formato de esta lista de localismos consiste en presentar en negritas, a manera de título, la palabra, interjección, dicho o refrán a definirse, tal y como se pronuncia en El Cibao, seguido entre paréntesis de la pronunciación correcta. Cuando es necesario (lo que ocurre con frecuencia), también se presenta en paréntesis siguiendo al título, el correspondiente vocablo castizo y su significado. En algunos casos, la palabra que va a definirse se presenta en el título dentro de la expresión o frase en la que es comunmente usada, y después de su descripción en el texto, también se anota otro ejemplo de su uso en el hablar típico cibaeño. He tratado de ser lo más breve posible en las definiciones, reportándolas tal como yo las recuerdo, y en varias ocasiones consultando con mi esposa, amigos cibaeños y el diccionario de la RAE, 'no vaye a sei cosa' que un vocablo que consideramos 'cibaeño' termine siendo castizo. Sin embargo, no dudo que algunos lectores (ojalá sean muchos) van a diferir en varias de mis interpretaciones, o a adicionarle algo más a lo reportado aquí. Esto es natural, debido a (como ya he anotado) las diferencias entre las diversas regiones del país.

Debido a que la letra **v** se pronuncia como **b** bilabial en todos los paises de habla castellana, he usado esta última en varios de los ejemplos de esta lista, si bien no en todos. Solo he usado la **v** cuando he considerado que ello corresponde más fielmente a su significado, y que conduce a una comprensión más fácil del sujeto de que se habla y que se describe aquí. Por ejemplo **vaca** se pronuncia **baca**, pero en este caso y otros similares, y como ya he anotado arriba, para mejor comprensión, he usado la **v** de cómo se escribe, en vez de la **b** de como se pronuncia. Me he tomado la licencia en la gran mayoría de los casos, de representar la letra **c** seguida por **e, i,** como **s,** ya que fuera de ciertas regiones de España donde aquella tiene sonido similar a **z**, en otras regiones de ese país, y en los países de habla española adquiere sonido de **s**. (Aquí recuerdo un vocablo cuyo significado es totalmente diferente cuando en la misma posición dentro de él se cambia la **c** por la **s**. Es el vocablo **acechar**: Observar. Aguardar cautelosamente con algún propósito; y **asechar**: ir al alcance de alguien. Poner asechanzas. Admito que nunca he escuchado su uso indicando la segunda acepción) Algo similar he heho con la letra **z**, la que comúnmente suena como **s** en el hablar de los países hispanoamericanos: **s**apato; maí**s**; ma**s**amorra; Lá**s**aro; **s**agalejo; **s**alamero; ca**s**ar; ma**s**acote.

Ya que por mi propio albedrío y, por el deseo y afán conque me he envuelto en este trabajo, durante el curso de su desarrollo llegué a descubrir que dentro de los deberes que él demanda de mi se encuentra aquel de ofrecer una opinión respecto a por qué y cómo los habitantes de El Cibao calleron en el hábito de vocalizar las consonantes **r** y **l** como **i**, siguiendo a vocales dentro de palabras y al final de ellas. Voy a poner como ejemplo los vocablos **poique, aiguno, capitai, pasai**. Bien sabemos que durante el proceso de aprender un idioma extraño después de la adolescencia, a la gran mayoría de nosotros se nos hace difícil lograr la pronunciación correcta de un gran número de vocablos. La manera alterada como aprendemos a hablar el nuevo idioma se la transmitimos a nuestros descendientes, lo que hace que esta se convierta en localismo o regionalismo. La **r** y la **l** siguiendo a vocal, en medio y a final de palabras tienden a ser un poco difícil, o trabajoso (como preferimos decir en El Cibao) de pronunciar para la mayoría de los hablantes extranjeros, en nuestro caso aquellos que no eran españoles. He concluído que la vocal más fácil para sustituirlas en el hablar es la *i*. Un ejercicio que podría ayudar a comprender esta idea consiste en cambiar y vocalizar la *r* y la *l* en *porque*, *algunos*, *capital* y *pasar*, en el instante de oír su sonido cuando son pronunciadas, por cada una de las otras vocales, incluyendo la *i*. Ejemplos: Po*a*que, Po*e*que, Po*i*que, Po*o*que, Po*u*que; A*a*guno, A*e*guno, A*i*guno, A*o*guno, A*u*guno; Capita*a*, Capita*e*, Capita*i*, Capita*o*, Capita*u*; Pasa*a*, Pasa*e*, Pasa*i*, Pasa*o*, Pasa*u*. Creo que después de practicar este ejercicio por un rato, la *i* se hace más fácil como sustituto de esas dos consonantes. No dejo de reconocer que la *e* sería el segundo mejor reemplazo después de la *i*. Y en verdad, si bien no es usada como *e* pura, muchas personas le dan un sonido impreciso, que es una combinación entre *i* y *e*; algo parecido a *poeique*, *capitaei*.

***

Siendo mi esposa y yo cibaeños, y habiendo vivido nuestros primeros años en el campo, ella, mucho más que yo, tiene una memoria vívida de esas canciones y juegos cantados de niños (casi siempre niñas), muchas de las cuales se cantaban en coro y agarradas de las manos, y en las que, como parte del juego, salía del ruedo o ron (ver) la que no 'adivinaba', o no decía o cantaba la palabra clave, yendo a ocupar su puesto en la cola del grupo, o eliminada hasta el próximo juego. He decidido incorporar al final del libro, a manera de apéndice, algunos de estos cantos-juegos o juegos cantados, para preservarlos como recuerdos de nuestro pasado, y rescatarlos de la goma de ese gran borrador de costumbres, que es el avance tecnológico en general, que las va convirtiendo en fósiles, si es que ya no lo son todas, o la gran mayoría de ellas. Lo mismo he tratado de hacer con las décimas de contrapunteo que cantaban los trabajadores en las fincas, pero más común entre las recogedoras de café y picadoras de cacao, añadiendo aquí las pocas que pude recordar y conseguir.

Presento ahora algunas definiciones apropiadas a este sujeto de los idiomas, extraídas del diccionario de la Real Academia Española (RAE):

Argot: Jerga. Jerigonza= lenguaje difícil de entender. Lenguaje especial entre persona de un mismo oficio o actividad, como toreros, estudiantes, etc.

Castizo: Aplícase al lenguaje puro y sin mezcla de voces y giros extraños.

Dialecto: 1) Cualquier lengua derivada de un tronco común. Ejemplo: "El español es uno de los 'dialectos' nacidos del latín". 2) Estructura lingüística, simultánea a otra, que no alcanza la categoría de 'lengua'.

Español: (Del latín medieval 'hispaniolus') Lengua española.

Habla: Sistema lingüístico de una comarca, localidad o colectividad con rasgos propios, dentro de otro sistema más extenso. También se conoce como **localismo** y **regionalismo**.

Idioma: (del latín: idios: propio. Propiedad privada) Lengua de un pueblo o nación, o común a varios.

Jerga: Lengua especial que usan entre sí individuos de ciertas profesiones, como toreros, estudiantes, etc.

Lengua: Sistema de comunicación y expresión verbal propio de un pueblo o nación, o común a varios.

De acuerdo a estas definiciones, creo que podríamos catalogar las maneras de hablar la lengua española en las diferentes regiones de nuestro país como 'habla' o 'el habla', 'localismo' o 'regionalismo'.

Nota No. 1: Siendo la República Dominicana un país predominantemente católico, es lógico que desde niños nos hayan enseñado que Jesucristo resucitó después de haber muerto crucificado. También nos enseñaron, ya que es generalmente aceptado en la religión cristiana, que esto de la resurrección ocurrió solo una vez en lo que se refiere a Jesucristo. Pero en el caso del ciudadano dominicano, resucitar después de muerto ha sido estilizado hasta el punto de ser algo común y corriente. Este 'se gana de calle' (ver) a Jesucristo, pues pasa por la experiencia de resucitar más de una vez, o para ser más acertado, se podría decir un sinnúmero de veces. El Cibaeño se 'muere de la risa', se 'mata comiendo' y se 'cai mueito dei suto' con gran frecuencia, desde ya muchacho zagalejo hasta bien entrada la vejez. ¡Debe ser una muerte infinitamente fugaz o efímera! Todo esto sin contar con que a menudo pide, a manera de juramento 'Que me trague la tierra si nu'e veidá' (a veces aunque no sea verdad); 'Que no amaneca vivo mañana si nu'e veidá'; 'Que me caiga mueito aquí mimo si no fu'así'; 'Que me pait'un rayo si nu'e veidá'; 'Que saite p'arriba y caiga mueito sino fu'así'. He catalogado 'Me morí de la risa' y 'Me maté comiendo' como 'suicidio alegre repetitivo'. (ver 'Me morí de la risa', 'Me maté comiendo'). No muy lejos de estas categorías, mas bien corroborándolas, está 'Es'e comu'ei moriviví', (ver 'Es'e comu'ei moriviví')

Opuesto a la recurrencia de muerte jurada en el ciudadano cibaeño, o mas bien en el dominicano en general, está la 'vida' que a cada paso se le atribuye a los objetos inanimados. 'Esa lu vive prendía'. ¡Esa pueita vive abieita!' 'Esa casa vive ocura, parece que no vive nadie ahí.' Es decir, la casa está llena de vida sin gente adentro. ¡Lo cigarrillo se me desaparecieron di'aquí!'; a veces se convierten en bípedos o cuadrúpedos, añadiéndole '¡Parece que le nacieron pata!'. 'La lu ta petañando'. '¡Ónd'iría'parai la cajita esa que yo tenía aquí. Salería juyendo?' 'Se me cayeron lo menuse ai suelo y salieron juyendo poi tu'a paite' o '...salieron debocao poi tuá paite'. ¡Eta tasa (vaso, copa, fuente) engaña!' o, ¡Eta tasa (vaso, copa, fuente) e j'engañosa!', es decir que coge más líquido de lo que uno cree. (ver 'Lu'; 'Menuse'; 'Salería'; 'Debocao'; 'Juyendo')

Nota No. 2: En algunos casos se dan ejemplos de comentarios, preguntas y sus respuestas. (ver 'Abreviaciones' más abajo)

Nota No. 3: En otros casos hago la observación de que ciertas voces y expresiones se pronuncian de una manera diferente en el 'campo adentro' que en el campo y en los pueblos. 'Campo adentro' o "Campu'adentro" lo he definido como aquellos campos o regiones donde las aldeas y caseríos se encuentran muy lejos de los pueblos y ciudades y, unos más que otros, y antes más que hoy, bastante aislados, sobre todo aquellos situados en las lomas, donde antes habían pocas escuelas, y con frecuencia ninguna en varios kilómetros cuadrados.

Nota No. 4: Cuando en las definiciones se hace la mención 'alguien del grupo' y 'otro del grupo', se refiere a una reunión de dos o más personas.

Nota No. 5: El vocablo 'Castizo' se abrevia 'C' desde la segunda cita en adelante.

Nota No. 6: **Abreviaciones**

art.: artículo
C: castizo
Com: comentario
P: pregunta
Prep.: preposición
Pron: pronombre
R: respuesta

S: saludo

DICCIONARIO
Mataburro Cibaeño

A: (Letra A, a) A, a. 'Ecríbeme la letra a'.

¡Áaa!: Enunciado a veces en un tono nasal y semblante de satisfacción. Indica un recuerdo agradable, si bien con frecuencia ligeramente vago, pero que ahora, cuando alguien lo trae a colación se hace más claro. Se usa también cuando de repente se siente alivio de un dolor, tenaz picazón o ardor en la piel.

¡Aaah! ¡qué t'iba decí?: (¡Ah!, ¡qué te iba a decir'?) Se dice como si fuera a uno mismo, pero al mismo tiempo dirigiéndose a su interlocutor, cuando uno se acuerda de algo importante que quería decir un momento antes.

Abacorai: Acaparar. Tomar todo para sí, y no dejarle a los otros. 'Pedro lo abacoró to y no le dejó na'nadie.' (ver 'To')

Abajaise: (Abajarse) (Castizo: de 'abajar') Es vocablo reflexivo. Ponerse en cuclillas (de clueco, clueca). 'Juansito no puede abajaise'. 'Tiene qui'abajaise paque le'echen la gota en los'ojo'.

Abajo: (C: debajo de= hacia un lugar o parte inferior) Se usa como 'debajo de'. 'Juansito, pásam'ei jabón que ta abajo d'esa ropa'. (ver 'Enterrao')

Ábana: (ver 'Hábana de batata'; 'Batata')

Abandonao. **Abandoná**: (C: 'Abandonado. Abandonada'= desamparado) Desamparado. De uso más común: que anda mal vestido, sucio y a veces sin peinarse o afeitarse. Que no cuida su apariencia. 'Juansito anda como medio abandonao'. 'Juanita si se ve abandoná en'eto día'. (ver 'Como'; 'Medio')

Abanicai: (C:Abanicar) Echarse aire con un abanico. En béisbol, cuando el bateador le tira a cualquier lanzamiento del lanzador y no le toca a la bola con el bate. (ver 'Ponchaise')

¡A bebei romo ahora!: (¡A beber ron ahora!) Expresión dicha en alta voz, usada al finalizar una reunión seria y prolongada de cualquier clase de negocio, etc.

Abejón: El insecto abejón. También se usa en la frase 'Mueitu'esi'abejón', cuando se termina una tarea o un trabajo dificultoso; quizá simbolismo por finalmente matar un abejón que anda rondando alrededor de uno tratando de picarle. (ver 'Mueitu'esi'abejón')

Abelaida: Se les llama así a las 'Adelaida' y a las 'Abelarda'.

Abelaido: Se les llama así a los 'Abelardo'. No creo que exista el nombre 'Adelaido'.

Abentao: (C: Aventado: de 'aventar'= echar una cosa al aire. Atolondrado) Sentir gases en el estómago. Sentirse muy lleno por haber comido mucho. 'Me siento comu'abentao dend'eta mañana'. 'Comí tanto que tu'abentao'. Se aplica también a un animal, después de más de un día de muerto. 'Ese perro ta mueito hace día. ¡No ven que t'abentao!' (ver 'Dende')

¡Abenunsio! o **¡Avenuncio!** o **¡Abenunsio sataná!**: Se usa en la expresión '¡Avenuncio sataná aléjate!' (El vocablo 'Abenuncio' o 'Avenuncio' no existe; pero podría ser 'Ave Nuncio'= 'Saludo mensajero' al representante del Papa. (En el caso de 'Avenuncio sataná', sería un saludo a Satanás como mensajero) Interjección de sorpresa y temor a la vez, para que no se realice algo peligroso o temeroso. 'Dicen qui'anda un loco con'un reboibe matando gente poi tu'eto lugare'= '¡Abenuncio sataná que lo aleje!' (ver 'Reboibe'; 'Tu'eto')

Abieita de pai en pai: (Abierta de par en par) Se refiere a las puertas abiertas de par en par. 'Ei se fue y dejó la pueit'abieita de pai en pai'.

Abieito: (Abierto) (ver 'Un abieito')

Abimbao. T'abimbao: (Está 'abimbao') Sentirse lleno por haber comido exageradamente. 'Pedro t'abimbao de tanto que comió'. 'Toy abimbao de tanto comei.'

Abofao: Persona hinchada de cara, o de cara y cuerpo, o ambos, y que luce enfermo. "Juansito ta comu'abofao úitimamente'.

Abombao: (C: abombado= aturdido. Atontado. Que tiene forma esférica) Persona que se siente con muchos gases en el estómago. También se dice después de haber comido exageradamente. '¡Ay, yo si'e comío. Toy abombao!'. Cuando el agua, jugo u otro líquido huele mal se dice que está 'abombao'.

Abonao: Se dice de la persona que se acostumbra a ir al mismo lugar a comer o hablar. 'Adió, pero Juansito parece que t'abonao en la puiperie'lequina'.

A boqu'e jarro: (C: A bocajarro) Tirar con un arma de fuego a quemarropa. 'A Tomá le pegaron un tiro anoche a boqu'e jarro, y lo mataron mataíto'. (ver 'Pegaron'; 'Mataíto')

Abotagao: (C: 'abotargado') Hinchado. "lleno de agua". 'Juansito se ve medio abotagao'.

Abri'una ventana con catarro hace daño: (Abrir una ventana con catarro hace daño) Creencia de que abrir una ventana, sobre todo de noche, cuando se sufre de un resfriado, se complica con pulmonía.

Abrusai: (Del castizo 'abruzarse'= inclinarse; ponerse de bruces o boca abajo) Solo se usa en la frase 'Si'abrusaron' (ver)

Abuchao: Que tiene los lados de la cara a nivel de la boca crecidos por naturaleza. (ver 'Buche')

¡Ah bueno!: Interjección usada por el oyente cuando alguien se ha equivocado, pero reflexiona y corrige lo que ha dicho antes. '¡Ah bueno. Así si!'

Abui o **Abur'abui**: (C: '¡agur!'= despedida) expresión de despedida. La pronunciación de la 'r' en 'abur' en vez de la 'i', debe ser para más facilidad de dicción.

Aburao. Lo aburaron: (C: 'aburar'= abrasar, quemar) Recibir muchas picadas de insectos en un momento. 'A ese muchacho lo aburaron la'joimiga' o 'la'javipa'.

¡Abusadoi!: Se dice de la persona que abiertamente trata de sacar ventaja en tratos con otras de poca experiencia, especialmente mujeres y niños; no necesariamente en el área sexual.

Abuso: Insecto muy pequeño, difícil de ver, que cuando pica produce una picazón persistente. Tambié abusar de alguien. (ver 'Colorao')

Acaba de pon'ei huevo: (Acabas de poner el huevo) Se le dice a alguien que está tratando de decir o explicar algo y se está tomando más tiempo de lo necesario.

Acaba fieta: (Acaba fiestas) Se refiere a una discusión severa en una fiesta, que termina a empujones, y se acaba la fiesta. 'Anoche si'am'un acaba fieta onde Juansito.' Hay personas con reputación de 'acaba fiestas'.

A caballo regalao no se le mir'ei diente: (A caballo regalado no se le mira el diente) Sugiere que a lo que se recibe de regalo no se le busca faltas. Representación de una enfermedad de las encías y dientes de los caballos, por lo que hay examinarle estos órganos antes de comprarlos.

Acabán: Acabaron. 'Ello acabán de trabajai'.

¡Acabando!: (ver '¡T'acabándo!')

¡Acabó con to!: (Acabó con todo) 'Se comió tuá la comía y no le dejó n'a nadie'.

Acabose: Desorden o pleito prolongado entre grupos. 'Allí si'aim'una garata y eso fue de l'acabose'. (ver 'Garata')

Acalambriao: (Acalambrado) Contraerse, con frecuencia dolorosamente, los músculos de las piernas. '¡Yo no se, pero m'he pasao eto día con'eta piejna tu'acalambriá.'

Acalenturiao; (C: calenturiento= que tiene indicios de calentura) Que no se siente bien, y siente el cuerpo ligeramente caliente. 'Yo me siento como acalenturiao . (ver 'Tibio')

A carabina foisá: (A carabina forzada) Hacer algo por obligación, mandado por otro, o por necesidad personal inevitable. 'Pedro se metió en'ese negocio y va a carabina foisá'. (ver 'Foisá; 'Carabina')

A ca'rato: (ver 'Ca'rato')

Aceitera. Aseitera: Recipiente, casi siempre de vidrio, para mantener el aceite de oliva.

Aceitero-a. Aseitero-a: (C: certero-a= que da en el blanco) Que da en el blanco. Buen tirador. '¡Juansito sie'jaceitero! Mató do pájaro di'un tiro', o "Onde pone los'ojo pone la bala.' (ver 'Onde')

Aselerao: (Acelerado) Se dice del vehículo que va moviéndose rápidamente. También de la persona vivaracha, o que habla con celeridad y continuamente. '¡Juanita si ta aselerá hoy!'

Achicai: Llevar y entrar los becerros y vacas en el chiquero o corral. 'Y'e taide, Baibino deberi'achicai esoj'animale ya.'

Achibaise: Vocablo reflexivo. Quedarse un vehículo atascado en un camino o carretera en malas condiciones.'Juan no vino poique se le achibu'ei carro'.

¡Aco!: (C: asco [de *asqueroso*] = repugnancia que se tiene de alguna cosa) Interjección usada frente a una sustancia orgánica descompuesta y maloliente. Vocalización de tal sensación, a veces acompañada de una gesticulación de repugnancia. '¡Aco!, esa cajne gueli'a podría'. (ver 'Cajne'; 'Podría'; 'Fo'; 'Güele')

Acolumbrai: (C: columbrar= divisar de lejos) Que por fin llega, después de haber sido esperado por tanto tiempo. 'Y ahora e'cuando tu vieni'acolumbrai.'

Acomodao: (Acomodado) Se dice de la persona que está en razonable posición económica. También se le dice a la persona que está arrellanada en un sillón descansando: '¡Ajo jefe, per'uté si ta acomodao!' (ver '¡Ajo!' y 'Jefe')

Acoñao: (Del castizo 'coño') Persona floja; sin empuje. Triste, callado, deprimido. Tal vez ligeramente enfermo.

Acorai. Acoraise: (C: Talvez de 'acorar'= afligir. Acongojar. Rematar. Atronar. Desmedrarse las plantas por algún accidente atmosférico) Aguantar o sostener un objeto en su posición natural con una estaca o madero. Arrimarse uno a una pared para no caerse.

Acosai: (C: acosar= perseguir sin tregua ni reposo a alguien o un animal) Botar a alguien de la casa. Echar a los animales de un lugar. 'Juansito, acosa tu'esa gallina di'ahí que se tan comiendo tu'el'arró.' (ver 'Tu'esa' y 'Tu'el...')

Acotaise. Si acueta con...: (C: acostarse. Se acuesta con ...) Irse a la cama, casi siempre a la hora de dormir. Tiene connotación sexual cuando se dice que una mujer o un hombre se acuesta con alguien del otro sexo para hacer el amor. 'Por'ai dicen que Juanita si'acueta con Pedro.'

Acotaise con la gallina: (Acostarse con las gallinas): Irse a la cama muy temprano. (ver 'Levantaise con'ei cantu'ei gallo' o '...ai cantu'ei gallo')

Acotejai: (C: cotejar; comparar) Poner cosas en orden. 'Muchacho, acoteja tu'esa cosa que tan regu'en'ei suelo.' Conseguirle un empleo a un familiar.

Acotejaise: Encontrar un lugar adonde vivir, o adonde vivir mejor.

Acotejo: Vivienda. 'Yo tengo mi'acotejo en'un ranchito el la jaid'ei río.' (ver 'Jaida')

Acotillao: (talvez de 'costillar': ambos lados del cuerpo) Persona que vive a costa de otros. 'Juansito si'acotillao a su tío don Pepe'.

¡Acucha! y **¡Acuchen!:** (C: 'escucha' y 'escuchen') Lo dice el oyente cuando alguien cuenta algo increíble. Ambas versiones se usan aunque no hayan más oyentes presentes.

¡Acuétat'eperai: (¡Acuéstate a esperar!) Se le dice a alguien que ha dicho que un amigo, de quien los otros saben es incumplido, le ofreció algo.

Acumulo: Cosas perjudiciales que se dicen acerca de alguien que probablemente es inocente. 'A Juansito li'an aimao un acumulo por'aí'. (ver 'Aimao' y 'Enreo')

¡Adí'dede cuándo! o **¡Adió y dede cuándo!:** Expresión de sorpresa, usada comúnmente con los niños, cuando cometen una travesura nueva para los padres.

¡Adí'eso?: (¡Adiós y eso?) Expresión de sorpresa, sobre todo cuando un niño está jugando con algo que no es de juguete. También cuando alguien ha llegado temprano: 'Adí'eso tan temprano!'

Adió: ('Adiós' o 'a Dios', quizás indicando 'nos encomendamos a Dios') Expresión de despedida. (ver 'Dio')

Adiosiiito: Despedida, después de haber estado mucho rato de visita diaria, y haber hablado mucho. (Me imagino a Jovina ya por la 'taidecita', después de haber comido, como siempre, saliendo para su ranchito con una lata llena de comida, balanceada en la cabeza sobre un babunuco) (ver 'Taidecita')

¡Adió!: Expresión de sorpresa para varias ocasiones y momentos. '¡Adió! Y ¿qué te pasó en'esa mano?'. '¡Adió! y ¿qué cre'tu?' '¡Adió! y ¿p'onde ve'sa mujei?'. (ver '¡Cre'tu!'; 'P'onde')

¡Adióoo ... pero bueno!: (ver '¡Adió, peru'y qué' quéj'eto?')

¡Adió pero vean!: (ver '¡Adió vean!')

¡Adió, pero ven'acá!: (¡Adios, pero ven acá!) (ver '¡Ven'acá!')

¡A Dio que repaita sueite!: (¡A Dios que reparta suerte!) Se dice cuando hay un problema muy serio entre varias personas o miembros de una familia, y no se sabe quién está correcto, cómo va a solucionarse la situación, ni cómo, al final quedará cada uno. '¡A Dio que repaita sueite!'

¡Adió vean!, o **¡Adió pero vean!:** Lo dice el hablante cuando se le exige algo que ya ha hecho, o algo imposible. '¡Adió, pero vean! ¿Y qué tu quiere que yo haga?'. Se usa aunque no haya nadie más alrededor. También: '¡Adió, pero miren!' y '¡Adió pero fíjate!'

¡Adi'que'jeto? o **¡Adió peru'y quéj'eto?:** (¡Adios pero y qué es esto?) Se dice cuando alguien del grupo ensarta un tema completamente diferente del que se ha estado ventilando, sobre todo si es un tema que afecta negativamente al hablante o a otro del grupo. Con frecuencia se dice '¡Adió peru'y que'es'esto?', para énfasis.

¡Adió y ei no se fue poi ...: (Adiós y el no se fue por ...) Forma negativa de explicar un positivo. Cuando se dice '¡Adió y ei no se fue por ei río en ve dei camino!', significa que la persona se fue por el río en vez de por el camino.

¡Adió, y qué fue lo que le dio?: Expresión usada cuando alguien del grupo se va de repente sin despedirse. O alguien en una reunión se enoja de repente y se marcha sin nadie saber por qué. '¡Adio, y qué fue lo que le dio a Pedro, que se ha pueto bravo?' (ver 'Bravo'; 'Poneise bravo')

Adobai: (Adobar) Guisar. Poner sazón a las carnes para cocinarlas. 'A mi me guta ei pollo adobao ma que asao.'

Adoimía: (Adormida) Se dice de la carne que no huele a fresca, (ver 'Resentía'. 'Pasá'. 'Amanecía')

Adoimilao: Estar triste, cabizbajo y a un lado, solo. 'Ese muchacho ta'como adoimilao'.

Adolorío: (C: Adolorido. Dolorido) Ligeros dolores en diferentes partes del cuerpo.

¡A eso hay que repetailo! ¡A esu'hay que repetailo!: (¡A eso hay que respetarlo!) Se dice de algo extraordinario e importante que hay que ponerle atención. Cuando una persona que por su inteligencia ha llegado en poco tiempo a una alta posición en negocios o política, se dice '¡Esu'hay que repetailo!'.

¡A eso le sumba!: (¡A eso le zumba!) (De 'zumbar'= producir un sonido fuerte y continuo) Se refiere a algo extraordinario, un negocio complicado, un problema dificil de resolver o algo difícil de conseguir. '¡Oiga primo, a eso le sumba! Yo no me metiera en ese negocio.' (ver 'Oiga primo'; '¡A eso le sumb'ei mango')

¡A eso le sumb'ei mango: El mismo significado de '¡A eso le sumba!' (ver)

¡A eso le sumba la manigueta!: El mismo significado de 'A eso le sumb'ei mango', pero un poco más intenso.

A eta hora: (A esta hora) Expresión que indica 'Ya' o 'Para este tiempo'. Se refiere a alguien que ha pasado por un gran problema o accidente y se ha recobrado. 'Sino fuera poi la sueite que tiene (o 'poique Dio lo ayuda') a eta hora tuviera mueito (o 'todavía en cama).'

Afisiao: (Asfixiado) Que está tan enamorado que no puede pensar en más nada. 'Rosa tiene a Juansito afisiao'. También significa tener dificultad para respirar, o morir por asfixia. Efecto del mal olor de un pedo: '¡Oye, esi'hombre se tir'un peo que me deju'afisiao!'. 'Pedro murió afisiao'. (ver 'Peo')

Afligio: (Afligido) Estar triste por algún sufrimiento, muerte de un familiar, etc.

Aflojaise: (Aflojarse) Relajarse. Se dice del que se acobarda en una riña.

Aforrao: (¿De 'aforrador' [Ahorrador]?: que ahorra o economiza) Persona que se ha hecho de mucho dinero. 'Juansito ta forrao de cuaito'.

Afrentoso. Afrentosa. Afrentao. Afrentá: Persona imprudente, que da su opinión en una conversación sin pertenecer a ella. 'Que afrentoso e Juansito. Tu vite como metió la cuchara sin nadie preguntaile'. '¡Peru'ese muchacho siej'afrentao!' (ver 'Metei la cuchara')

Afusilai: (C: fusilar) Fusilar a un criminal. 'A Julián lo afusilaron en'ei patioe'la caise la caise ayei'. (ver 'Caise')

Agallú: (De 'agallas') ('Agalludo' en otros países hispanos: persona animosa, valiente, ambicioso) Que lo quiere todo cuando hay que repartir algo. Que come mucho de todo. 'Juansito si'ej'agallú, no le dejó na'nadie'. (ver 'Na')

Agarrao: Tacaño. Que no gasta dinero ni en sus necesidades. (ver 'duro').

Agentao. Ajentao: Muchacho que actúa como adulto. A veces es como una gracia, cuando es un niño que actúa más que su edad, diciendo con una sonrisa: '¡Pero qui'ajentao e j'ese niño!'.

Agilibio: (ver 'Ajilibio')

Agriao: (de 'agrio= ácido) Persona que está de mal genio. 'Juansito t'agriao hoy, no queire hablai'.

Agrura: Se dice cuando se siente que sube acidez del estómago. '¡M'he pasao ei día con'una j'agrura en el'etómago!'

Agú: (C: Agudo) Objeto que tiene punta. Pico agudo de una loma. Nombre de un poblado en las lomas de la provincia Duarte.

Agua: Agua de tomar. Lluvia. '¡Vete pronto ante que te coj'el agua!'

Aguaita: Es castizo: 'aguaitar'= mirar, ver, espiar, y se usa como tal. Se usa con frecuencia en los campos, y 'a primera vista' parece una aberración del lenguaje castizo. Probablemente venga del inglés *'await'*: estar esperando a alguien *(Dicc. De la RAE)* Se usa también como expresión de sorpresa, aunque la situación no sea visible: '¡Aguaita, lo que dice eti'hombre!'.

Aguacate morao, peo atorao: Manera de decir que que el que come muchos aguacates, especialmente los de color morado, desarrolla muchos gases, y tiene que por fuerza aguantarlos delante de la gente.

Aguadera: (Aguaderas) Especie de árganas o angarillas para llevar los bidones con agua.

Aguaidiente: (Aguardiente) Básicamente alcohol diluido en agua. Designa cualquier bebida alcohólica cuando se planea una reunión o fiesta. 'Eta noche v'habei aguaidiente a to lo que da.' (ver 'A to lo que da'; 'Romo')

Aguaje: (de 'agua': aguado) Es como un poder aguado. La acción de engrandecerse a sí mismo, hablando de sus riquezas, lo mucho que sabe de algo, etc. 'Tu'eso que dice Juansito ej'aguaje'.

Aguajero: Que habla mucho de que sabe y puede más que cualquiera. '¡Pero Juansito si ej'agujero¡ (ver 'aguaje')

Aguají: Salsa de agua, ajo, limón, sal y a veces ají picante.

Aguajiai: Infinitivo del verbo que define 'aguaje'.

Aguajiai: infinitivo del verbo que define 'Aguaje' (ver)

Aguanosa: Se dice de la fruta de pulpa aguada. Se dice de la mujer que en el acto sexual se le siente flácida la pared de la vagina.

Aguanoso: Se dice del aguacate cuya pulpa es de consistencia floja o aguada. (ver 'Ceboso')

Aguantadoi: (Aguantador) Se dice de la persona que la critican , y a veces hasta la insultan en su propia cara y no se inmuta ni responde.

Aguantai ei gorro: (Aguantar el gorro) Estar al lado, o cerca de una pareja que está acariciándose amorosamente. (ver 'Ponei el gorro')

Aguante. Aguantero: Rifa de dinero combinada con la Lotería Nacional. El que vende los números.

Agüebao. Aguebá: (de 'ahuevar') Persona de semblante decaido, que no se envuelve en ninguna actividad. 'Juansito ta medio aguebao'. Gallina que va a poner el huevo.

Agüecao: (del Castizo 'ahuecar'=poner algo cóncavo) Objeto de superficie cóncava, como la batea o artesa. (ver 'Gueco')

Agü'e coco: Agua de coco. (ver 'Mat'e coco')

Agü'e siringa o **piringa:** Agua de su baño que dizque las mujeres les dan a los hombres, para que cuando estos la tomen se sientan inevitablemente atraídos a ellas. (Siringa: árbol de Suramérica de donde se saca goma)

Águila: El ave 'águila'. Hombre que sabe mucho. Persona que se destaca en negocios o deportes. 'Juansito ej'un' águila'.

Agüita: Se dice cuando se pide agua cortesmente. '¡Ay, señora demi'una agüita!' (ver 'Se le sali'un'agüita')

Aguja. Agujita: Aguja de coser grande o pequeña. Persona lista y perspicaz, que pude engañar fácilmente a cualquiera. Persona muy delgada. (ver 'Agusao')

Agusao: (C: Aguzado) Objeto que tiene punta. Persona lista y perspicaz, que no se deja engañar fácilmente.

Agutina: Nombre propio 'Augustina'.

Aguto: Nombre propio: Augusto. También 'A gusto'= Contento, satisfecho donde se encuentra, y con lo que tiene.

¡Ah bueno!: Lo dice alguien cuando el otro está finalmente de acuerdo con lo que ha dicho.

Ahí ahí: Quiere decir 'Regular' o 'Más o menos regular', después de recibir el saludo. Saludo: 'Ola. ¿Cómo estás?' Respuesta: 'Ahí ahí'.

¡Ahí e que retueice la pueiqu'ei rabo!: (¡Ahí es que retuerce la puerca el rabo!) Se dice cuando un prblema o una situación llega a un punto donde es muy difícil de resolver.

Ahí'e que ta la mata o **Es'e la mata de ...:** (Ahí es que está la mata o Esa es la mata de ...) Se dice cuando se encuentra el origen de varios problemas similares. Encontrar de donde salen las moscas, mosquitos u otros insectos. Es referencia al árbol que produce la flor y los frutos. '¡En'ese pantanu'e que ta la mata d'ello!'

Ahí hay comía pa tre día: (Ahí hay comida para tres días) Significa que mucha comida, más de lo que se necesita para la gente que hay. (ver 'Es'e j'una camion'é comía')

Ahí no me cogen o **Ahí no me cogen ni vivo ni mueito:** (Ahí no me cogen ni vivo ni muerto) Se refiere a no querer ir a un lugar que nunca le ha gustado al hablante.

¡Ahí papá! o **Comi'ahí papá:** Expresión durante el acto sexual. Lo dice alguien cuando uno del grupo (casi siempre de hombres) ha contestado con seriedad y fuerza a un comentario hecho por otro. En este caso es cuando se dice '¡Comi'ahí papá!'

¡Ahí te va esa!: Lo dice, en el juego de dominó, aquel que coloca una ficha que cree ser importante y difícil para el que le sigue. A veces es para 'sugestionar' y quitarle la concentración a los jugadores, o a cualquier persona para que haga lo que uno quiere. (ver 'Sugetionai')

Ahí viene Martín: (Ahí viene Martín) (ver Apéndice)

¡Ah no!: Interjección indicativa de que como se está hablando no es como debe ser. '¡Ah no, asi nu'e la cosa!' También indica algo extraordinario: '¡Ah no, esi'hombr'e j'un gallo!'

¡Ah no, esa son pregunta d'eisamen!: (¡Ah no, esas son preguntas de exámenes!) Se le dice a alguien cuando hace una pregunta muy difícil, o que solo él sabe la respuesta. También se dice cuando no se sabe la respuesta.

¡Ah no, si!: Indica algo así como '¡Ah bueno, ahora si estoy de acuerdo!' (ver ¡Así si!')

Ahora me desayuno: Lo dice alguien a quien se le ha dado una noticia importante por primera vez. 'Com: ¿Oíte Juan, que Pedro y Dolore se casaron ayei? R: ¡Ahora me desayuno!'

¡Ahora si'e veidá!: Se dice cuando han venido ocurriendo eventos o situaciones desagradables, y de repente se desata algo peor. Es cuestión de grado. A veces el tema es a nivel trivial.

¡Ahora si tamu'hablando!: (¡Ahora si estamos hablando!, con énfasis en 'ahora') Lo dice a alguien que finalmente está de acuerdo con el hablante.

Ahorita: (C: ahora mismo) Después. Más tarde. 'P: ¿Tu me puede ayudai? R: Ahora no, ahorita.'

¡Ah, pa'que vea!: (¡Ah, para que vea!) Se le dice a alguien que no sabía lo que el hablante ha dicho, y que es algo muy importante para el oyente.

¡Ah po ...!: (C: ¡Ah pues...! ¡Ah pero ...!) Expresión de sorpresa. '¡No me diga? ¡Ah po'yo no lo sabía!'. Com: 'Juansito se v'eta semana pa Nueva Yoi'. R: ¡Ah po yo creía qu'er'ei me que viene'. (ver 'Se v'eta'; 'Nueva Yoi'; 'Po')

¡Ah po tu no lo sabía?: (¡Ah, pues tu no lo sabía?) Se le dice a alguien que admite no saber de lo que se está hablando.

¡Ah, po tu ta peidío!: (¡Ah pues tu estás perdido!) Exageración en broma para decirle a alguien que no sabe algo que ya es sabido por todos.

¡Ah, po tu ta peidío!: (¡Ah, pues tu estás perdido!) Exageración en broma para decirle a alguien que no sabe lo ya es sabido por todos.

Ahuevá. Aguevá: (Del castizo 'aovar'= poner huevos las aves) Se dice de la gallina que tiene huevos y va a poner pronto. (ver 'Atentai la gallina')

¡Ah y poi qué?: (¡Ah y por qué?) Manera de preguntar por qué pasó lo que se está contado. Com: '¡Adió y ei no se fue río arriba en ve dei camino! R: ¡Ah y poi qué?' (ver 'Adió'; 'Río arriba'; 'Río abajo')

Ai: (Al) 'Ya Juan ha ido tre vece ai río'. Campo adentro: 'Ya Juan ha dío tre veci'ai río'. (ver 'Dío'; 'Tre')

Aibeitío: (C: advertido= capaz; avisado) Hábil. Que no se deja engañar. Que se acuerda de todo y hace los mandados y encargos a perfección. 'Juanito ej'un muchacho bien aibeitío'. (ver 'Muchachu'e mandao')

Aiboroto di'ala: (Alboroto de alas) (ver 'Eso son aiboroto di'ala')

Aibure: (C: de 'albur'= azar en que se basa el resultado de una empresa) Chismes, rumores con posibilidades de verdad. '¡Njú! Por'ai andan uno j'aibure que lo Lama tan vendiendo tuá la finca que tienen'. (ver '¡Njú!' y 'Tuá')

Aicaguete: (C: alcahuete= persona que ayuda a encubrir lo que se quiere ocultar) Persona que se empeña en facilitarle lo que otra desea, sin ella pedírselo. Tambor pequeño que acompaña al atabal o palo mayor en 'los atabales', también llamados 'Lo palo', música que acompaña las procesiones en Semana Santa. (ver 'Lo'jatabale' y 'Lo Palo')

Aicánsam'ese ...: (De 'alcanzar') (Alcánsame ese ...) Pedir que le pasen algo. 'Juansito, aicánsam'ese salero'.

Ai cantu'ei gallo: (Al canto del gallo) Se dice cuando alguien se levanta muy temprano. 'Juansito se levanta ai cantu'ei gallo tuá la mañana pa dise a trabajai'. (ver 'Tuá'; 'Dise')

Aicayata: (C: alcayata: clavo en la pared, doblado para enganchar objetos) Dos trozos de tabla unidos en ángulo recto y clavados en la pared para poner la lámpara de alumbrar.

Aicojolao: (Alcoholado) En el diccionario de la RAE el vocablo 'alcojolado, da', se reporta como dominicanismo; pero allí dice, talvez erróneamente 'Dícese de la fruta o de la caña de azúcar raquítica que no llega a madurar'. En El Cibao se aplica a frutas, principalmente a plátanos y guineos cuando están empezando a madurarse, y han cambiado su color de verde a ligeramente amarillento.

Ai dejnú to le viene meno ropa: (Al desnudo todo le viene menos ropa) Refiriéndose a alguien que le han ocurrido muchas cosas desfavorables de seguido, y ninguna favorable por un tiempo bastante largo.

Aideñí: (C: Añadir) (ver 'Aideñío')

Aideñío: (C: añadido) Añadido. Añadidura. ' ¡Adió, pero ese cáñamo ta to'aideñío, como si tuviera jech'un ñu'! (ver 'Ñu' y 'Jech'un...')

Ai deo malo to se le pega: (Al dedo malo todo se le pega) Se refiere a que el dedo hinchado y doloroso es con el que más frecuentemente se tropieza. Representa la percepción de que cuando uno está en condiciones desfavorables le llegan más noticias malas que cuando está bien.

Aiferesía: (C: Alferesía: Epilepsia en los niños) Ataque nervioso y hasta peligroso, debido a un susto repentino y violento. 'Hay muchacho qui'hata se mueren di'una aiferesía'. (ver 'Qui'hata')

Áigana: (ver 'Las'áigana')

Aigarrobo: (algarrobo) Árbol frutal.

Aigu'e j'aigo: (Algo es algo) Se quiere decir con esta expresión que si no se puede conseguir todo lo que se podía, si se consigue una porción de ello es satisfactorio, y a veces suficiente.

Ai grito. T'ai grito: (Al grito. Está al grito) Se dice de la persona, grupo o comunidad que está en gran necesidad de algo: comida, electricidad, dinero, o que el gobierno les está cobrando impuestos y cargos exagerados por servicios comunitarios, etc. 'Lo dominicano tan ai grito poique el'arró ya no se pué comprai de lo caro que ta.'

Aigu'entre mano: (Algo entre mano) Cuando alguien que siempre ha actuado socialmente de una manera natural, se nota que anda callado y evitando socializar como antes. '¡Utede si'han fijao en Juansito; anda comu'ei que trai aigu'entre mano!' (ver 'Trai')

¡Aigu'hay por'abajo!: (¡Algo hay por abajo!) Se dice de situaciones, negocios, política, etc., que cuando se explican dan la impresión de que hay algo más importante que no se sabe o no se ha explicado.

Aiguito: 'Cuando se pregunta cuanto costó algo y el dueño no quiere decir la verdad, este dice 'ello me cotó aiguito'.

Aigún día ajoican blanco: (Algún día ahorcan blancos) Talvez en referencia (y en oposición) al antiguo castigo de los esclavos negros en Norteamérica, ahorcándolos en tumulto. Se dice cuando alguien ha pasado por varios problemas y de repente le viene el bienestar. (En este dicho no se tiene en cuenta el color de piel)

Aiguno: Alguno. Algunos. Alguien. 'Cierr'esa pueita que puede veni'aiguno y meteise sin permiso.'

Aimai: (C: armar) Andar en posesión de armas de fuego o armas blancas. Crear chismes y problemas a otro.

Aimao: (del castizo 'armar' un ejército; causar pleitos, etc.) Andar con armas de fuego o armas blancas. Crear chismes, calumnias, contra otro. '¡A Juansito li'an aimao uno j'acumulo en'ei vecindario!' Despedir mal olor de las axilas. (ver 'Grajo') 'Esi'hombre anda aimao'. (ver 'Acumulo'; 'Enreo')

Ai ma sabio se le v'una punta: (Al más sabio se va una punta) Se le dice a alguien que siempre quiere hacer creer que sabe mucho, y un día se le agarra en un error. 'No te preocupe Juansito, ai má sabio se le v'una punta'.

Ai mejoi casadoi se le saf'un tiro: (Al mejor cazador se le zafa un tiro) Tiene el mismo significado que 'Ai ma sabio se le v'una punta.' (ver)

Aimira: Arbusto de flores de seis a ocho pies de alto.

Aimonía: (C: Armonía: combinación de sonidos musicales diferentes, pero acordes) Sensación de ligero malestar en el estómago, que no llega a nivel de dolor, ni impide la ingestión de alimentos. Se describe con semblante pasagero de decaimiento: 'Tengo com'una aimonía aquí en'el'etómago.'

Ai palo dao ni Dio lo quita: (Al palo dado ni Dios lo quita) Se refiere a problemas que una vez que ocurren no tienen solución. Una hija que tiene un hijo después de ser violada.

Aipasiningo: Diminutivo de 'al paso'. Muy despacio. 'Ei venía aipasiningo.'

Aipasininingo: Demasiado despacio. Aún más despacio que 'aipasiningo'. 'A Juaniquito parece que le pesan lo pie pa'caminai. Venía por ahí aipasininingo.

Aipaso: (C: Al paso= sin detenerse) Despacio. '¡Ese muchacho si'e jaragán; míralo como va tan aipaso!'

Ai pelo: (Al pelo) Montar el caballo, mulo o burro sin aparejo o silla de montar. 'Juansito se mont'en'ese burro ai pelo'.

Ai que dio se lo dio San Pedro se lo bendiga: (Al que Dios se lo dio San Pedro se lo bendiga) Sugiere que quien es poseedor de bienes materiales e intelectuales, es porque Dios se los ha dado, por lo que se pide que San Pedro se los bendiga. Aún más: también indica que por venir de Dios no se le deben envidiar esos bienes.

Ai que nació barrigón no le vale faja: (Al que nació barrigón no le vale faja) Se refiere a que es imposible cambiar la naturaleza o carácter de una persona. Se extiende a que cuando alguien sufre de una mala costumbre, se puede mejorar provisionalmente, pero siempre reincide.

Aiquiai: (Arquear) Doblarse hacia delante de repente, tratando de vomitar. '¡Juye, ayud'ese muchacho que t'aiquiando y v'arrojai!'

Aire d'epaida: (ver 'Cogei un'aire d'epaida)

Ai regoso o Regosu'a: (A riesgo. Riesgo de) Probablemente de 'riesgo', 'riesgoso'. 'Ese muchacho tuvo ai regoso de caeise d'ese palo'.

Aisao. Aisá: (C: alzado= rebelde, sublevado) Animal que no es manso o domesticado; que vive en los montes. Muchacho muy tímido, que no quiere hablar. 'Ese muchacho e medio aisao'.

Aisai: (C: alzar= mover hacia arriba) Levantar una cosa. Mover hacia arriba.

Ais'ei tiempo: (Alze el tiempo) (ver 'Cuandu'ais'ei tiempo) Está nublado: 'No te valle todavía, epera qui'ais'ei tiempo.' (ver 'Valle'; 'Aisai')

Aisigún: (C: según) 'Aisigún yo diba poi la caisá ei motoi me chipió to'. 'Eso e'j'aisigún'= eso depende. (ver 'Esu'e j'aisigún'; 'Chipiai'; 'Caisá'; 'To')

Ai teteru'ei soi: (Al tetero del sol) (C: tetero: de teta. Biberón) Donde el sol se mantiene más caliente por largo rato, y puede hacer daño a seres vivientes u otras cosas. 'Llam'ese muchacho pa'dentro que si'ha pasao ei di'entero ai teteru'ei soi y le vad'una insolasión'.

Aiticuleo: (De articular palabras) Lo que hace una persona que habla demasiado para explicar cosas simple. '¡Pedrito si'ha pasao la noche con un aiticuleo que ni'ei diablo!'. (ver '¡Que ni'ei diablo!')

Aito. Aita: (Alto. Alta) Muy elevado. Muy ruidoso. 'Me tiré de lo má aito de la peña ai chaico.' 'No maque tan aito, que me moleta'. (ver 'Ma'; 'Aito'; 'Ai'; 'Chaico'; 'Maque'; 'Moleta')

Ai tri. Ai trisito: (C: en un tris): Es similar a 'ai regoso'. Casi siempre se aplica al instante antes de que le suceda algo peligroso a cualquiera.

Aizai: (Alzar) Levantar algo y sostenerlo en el aire. Subir un objeto de un lugar a otro.'Yo aizé una caja llenita di'arró y l'aguanté muchísimo tiempo.'

Ajao: (C: ajado= que tiene ajos) Prenda de vestir que está limpia pero arrugada o sin planchar. 'No te pongu'ese pantalón que ta muy ajao'.

Ajebrao: (Ahebrado= compuesto de partes en figura de hebras) Se dice de la persona que se nota que está en una posición incómoda.

Ajetriao: (de ajetrear: fatigarse trabajando mucho,) Muy ocupado. A veces más de lo necesario. 'Toy en'un ajetreo como nunca en mi vida.'

Ají bombolone: (Ajíes bombolones) Variedad de pimiento grande que no es picante. Se usa por su sabor, cortado en rebanadas para sazonar guisos de carnes y frijoles. (ver 'Bombolone')

¡Ajila!: (Talvez de 'ahilar'= hacer fila) Interjección para espantar los perros. 'Ajil'ese perro di'ahí, que ta velando muy ceica.' (ver '¡A'perro!'; 'Velai')

Ajilibio: Malestar ligero, pero persistente de estómago. A veces se dice cuando se tiene hambre por mucho tiempo. '¡Ay! Teng'un'ajiliiibio... cuaiquiera comi'aigo a vei si se me quita'.

Ají montesino: Pimiento pequeño, redondo, que se da en manojos, y cambia a un color rojo encendido cuando ya maduros. Es picante en extremo.

Ají pití: Ají pequeño y muy picante. Persona brava, que riñe y pelea por poca cosa. 'Juansito e comu'el ají pití; ese pelea poi na'. 'Ají tití' en el sur del país.

Ajise: (C: Ajíes) Ajíes.

Ajito. Ajitao: (C: 'Ahito'. "Ahitamiento'= indigestión o empacho) Sufre de los intestinos. Panzú. Se aplica mayormente a los muchachos: 'Ese muchacho parece que t'ajito'.

¡Ajo!: (Quizá de 'carajo', con inflexión positiva de admiración) Interjección de admiración: '¡Ajo, pero qué bien te ve!'. '¡Ajo Juanita, peru'ese vetido si te queda bien!'

Ajogo: (C: Ahogo) Asma. 'Pedrito, el'hijo mío tiene ajogo. Yo d'una tisana con miei di'abeja t'uá la mañana.' (ver 'Ajoguío' 'D'una' y 'T'uá')

Ajoguío: Es igual que 'Ajogo' (ver), pero se refiere más al actual ataque de asma.

Ajolá (Ojalá: del castizo a través del árabe 'wa-lá Alláh= ¡quiera Dios!) Deseo de que ocurra o no algo. 'Ajolá qu'ese muchacho no se pieida en'ei camino'. 'Ajolá que qui'a Juansito no le saig'un mueito en'ei crus'e la jabilla'.

Ajuyentai: (C: Ahuyentar) Verbo. Hacer que alguien, o un animal se vaya de donde no debe estar. 'Hay qui'ajullentai lo pueico de Minguito dei cunuco, poique si lo matamo va'bei que peliai con'ei'. (ver 'Cunuco'; 'Va'bei')

Alabancioso: (ver '¡Ese nu'e ma qui'un alabancioso!')

Alábate catre viejo: Se le dice a alguien que se está alabando a sí mismo. (ver 'Catre')

A la braba: Hacer algo aunque sea difícil. Advertencia a los muchachos. 'Ha tu trabajo ahora Juanito, poique si no, lo va a hacei a la brava con una correa'. (ver 'A la fueiza')

A la cañona: (Simbólico del poder del cañón) Hacer algo difícil, sin temor a fracasar, y en menos tiempo que el necesario.

A la clara. Bien claro: Aclararle a otro de una manera simple y en pocas palabras algo que de otra manera podría traer discordia entre ambos. (ver 'Se lo canté claru'y pelao')

A la fueisa: (A la fuerza) Hacer algo aunque sea difícil. (ver 'A la brava')

Alaigaitiao: (Lagarteado) Hombre alto, delgado y flexible en el caminar.

Alaigaito: (C:lagarto) Pequeño reptil, de cuatro a seis pulgadas de largo, que vive en los árboles. (ver 'Saitacocote')

A la hor'ei none: (A la hora del none) Quiere decir 'Cuando llega el momento de actuar'. 'A la hor'ei none nadie quiere pagai'. 'A la hor'ei none tu'ei mundo se hecha p'atrá'. (ver 'Tu'ei mundo')

A la Mar: (Ver Sección 'Cantos y Juegos de Niños')

Alambriao: Persona delgada pero muscular, casi siempre un hombre, y que se mueve con facilidad.

Alante: (C: delante; adelante) Adelante. Primero en la línea. 'Yo diba pa la pulpería y Juansito me cogi'alante'. (ver 'Maj'alante'; 'Maj'alantico'; 'Hombre di'alante'; 'Diba')

Alantico: Adelante. (ver 'Maj'alantico')

A la'segureña: (A la 'segureña') Ir por lo seguro. Decidir por ganancia segura en un negocio, aunque la ganancia sea menos que de otra manera. (ver 'Segureña')

A la tre son la vencía. A la teiser'e la vencía: (A las tres es la vencida. A la tercera es la vencida) Se le dice a alguien que ha tratado en vano dos veces por hacer o resolver algo, y que debe tratar una vez más, que será la última.

Alebrecao: Mejoría durante el curso de una enfermedad. Casi siempre se usa modificado: 'Juansito ta medio alebrecao'; 'Juana t'un poquito alebrecá'.

Alecán: (quizá del castizo 'Arlequín'= persona informal). Que no hace bien lo que dice que sabe hacer. Aprendiz. 'Pedro e'j'un alecán'.

Al'e cucaracha: (Alas de cucaracha) (ver 'Tiene la cabesa llena di'al'e cucaracha')

Alegría: Demostración de felicidad. Contentura. Dulce de leche cortada. (ver 'Leche cortada')

Alelao: (Del castizo 'alelar'= poner lelo) Bobo. Simple. Que no pone atención. (Ver 'Elevente'; 'Amemao'; 'Añemao'; 'T'en la luna')

Alevantai: (C: levantar) Levantar un objeto. Levantarse de la cama.

Alita: Ala pequeña de ave. Cuando alguien quiere fingir que no comió mucho dice: 'Yo lo que me comí f'una alita de pollo'. (ver 'F'una'; 'Mulito')

Alitao: (C: alistado o listado= que forma listas) Tela con diseño de cuadritos muy pequeños, alternando blancos y negros, que forman listas, y es comúnmente usada en los campos para vestidos de mujer. 'Jovina no si'apea ese vetido di'alitao'. (ver 'apea' o 'apiaise')

Aliviaíto: (de 'Aliviado') Respuesta que se da al saludo 'Saludo '¿Cómo estás?' La mayoría de las veces esta respuesta no tiene que ver con que el saludado haya estado enfermo o no. (ver 'Mejoisito'.

A lo culu'e yegua: (A lo culo de yegua) Se refiere a algo material que ha sido muy mal hecho.

A lo loco: Hacer las cosas muy rápido y sin orden. "Adió, y cómo no te va a salí malo, si tu'hace la cosa a lo loco', o '... si tu'hace la cosaj'a lo loco.' (ver 'Aloquetiao' y 'Hablando como lo loco')

A lo mejoi... : (A lo mejor...) Expresión que muchas veces es contradictoria. Si se desea que Juansito venga, después de una larga espera, alguien dice 'Eperem'un rato ma, a lo mejoi viene'; un poco más tarde otro dice 'A lo *mejoi ni* se aparece'.

Aloquetiao: (De 'loco') Persona desordenada, que habla sin concierto, y a veces mira para los lados con cara de sospecha, como si alguien anduviera buscándolo. 'Juansito ta como medio aloquetiao.'

Alusai: (Alumbrar) Verbo. Darle luz a alguien que está trabajando y no ve bien por la oscuridad. 'Alúsami'aquí Juansito, que no puedo vei'. Mirar un huevo a contraluz para ver si está empollado. El diccionarioo de la RAE lo reporta como palabra dominicana por 'alumbrar'. (ver 'Empollao' y 'Echao')

Allí ceica: (allí cerca) Algo que probablemente no está cerca para el que pregunta. 'No ti'apure, queso t'allí ceica'. (ver 'Ceiquita', 'Ceiquitica' y 'Ceiquititica' y 'Ceiquinininga')

Allí mimito: Más cerca que 'allí mimo'; casi como 'ceiquitica'. (ver)

Allí mimo: Es casi igual que 'allí ceica'. '¡No ombe, si'eso t'allí mimo!' Casi siempre el lugar de que se habla queda ciertamente lejos para el que pregunta. (ver 'Ceica', 'Ceiquita', 'Ceiquitica', 'Ceiquititica', 'Ceiquininga', 'Ceiquinininga' y 'Allí mimito')

Amachá: (de 'macho' y 'amacharse'= volverse estéril una planta o animal) Mujer que demuestra apariencia masculina en su actuación y manera de vestir. (ver 'Machorra')

Amamantai: (de 'amamantar= acondicionar el recién nacido la mama o ubre para lactar) Se dice de alguien que le dice cosas agradables y convenientes a otro para que crea en él, o para engañarlo. 'Manuei lo que taba era amamantándote pa'que tu le prete lo cien peso eso.'

Amanesía: (Amanecida) Se dice de la carne que amaneció sin refrigerar, y aunque no huele mal, no se debe comer. (ver 'Resentía'. 'Pasá'. 'Adoimía')

Amanesió con'ei moño parao: (Amaneció con el moño parado) Se dice de la persona (hombre o mujer) que, como no es normal para ella, ha amanecido irritada, no quiere hablar con nadie y contesta de mala forma cuando le dirigen la palabra. 'Tengan cuidao, que Juansito amaneció con'ei moño parao'.

Amanesío: (Amanecido). Que no ha dormido en toda la noche. 'Yo toi amanesío. ¡Adió y no mi'hicién quedai jat'el'amanecei!'. (ver 'Mi'hicién')

Amaraco: Fingir que se va a hacer lo que se le ha pedido. 'Juansito na'má ta'haciendo el amaraco en ve di'hacei lo que le dije'. (ver 'Namá')

Amarrao. Amarre: (C: amarrado) Enamorado intensamente, que no deja de pensar ni hablar de la novia. 'Juansito t'amarrao'. '¡Ese Juansito tiene un amarre!

Amemao: Que no pone atención en un grupo de animada conversación.. 'Juansito ta como amemao'.

A mi mi'han dicho: (ver Apéndice)

¡A mi no me cabe ni'un mandao!: (¡A mi no me cabe ni un mandado!) Quiere decir que ha comido tanto que ya no puede comer más, aunque quisiera. (ver 'Mandao')

A moco tendío: (A moco tendido) Se dice de alguien que va caminado o corriendo tan rápido, que se van saliendo los mocos de la nariz.

Amoi dei prietico: (Amor del prietito) Se dice de los novios que están muy enemorados y se ven juntos con más frecuencia de lo regular para otros novios. '¡Esi'amoi de Pedro y Juana e'dei prietico!'. (ver 'Prietico')

Amolando y siempre boto: (ver 'Aquí'amolandu'y siempre boto')

Amononao: Novios sentados y abrazados, de caras pegadas, tranquilos y medio dormidos. 'Juansito y Sofía tan amononaito ahí'.

Amor'econdío: (Amores escondidos) Tener amores sin que lo sepan los padres, sobre todo los de la muchacha. (ver 'Emburujo'; 'Lío'; 'Tienen su liíto')

Amorrao: (Del castizo 'amorrar') Con la cabeza baja sin querer hablar con nadie) Que está triste y como preocupado; apartado del grupo y sin hablar con nadie.

Ampaya. Ampalla: (del inglés 'umpire') Árbitro del juego de béisbol. Son cuatro, uno detrás del 'Jom', los otros en Primera, Segunda y Tercera base. (ver 'Jom')

A poco bagaso poco caso: (A poco bagazo poco caso) Significa que no se le debe poner atención a tonterías o conversaciones insignificantes.

Amugai. Amigando: (C: amagar= hacer ademán de herir o golpear) Verbo. Cuando los caballos, burros o mulos se enojan y bajan la cabeza y viran las orejas hacia atrás, a veces moviendo el rabo despacio de lado a lado.

Anacahuita: Fruta y semillas del árbol del mismo nombre.

Anafre: (Anafe) Hornilla portátil.

Anaiboa: Zumo que sale cuando se exprime la yuca rayada. (ver 'Sumo')

Anda: Segunda y tercera persona de singular de 'andar'. 'Anda búcame do naranja'.

¡Andaaa! o ¡Andáaa!: Interjección de sorpresa cuando alguien cuenta algo que no le ha salido tan bien como esperaba; o de ligera molestia cuando es uno que está haciendo algo y no le sale bien.

Anda como gallina sin nío: (Anda como gallina sin nido) Se dice de la persona que se ve inquieta y algo preocupada, dando paseítos sin dirección determinada.

Anda com'un loco: (Anda como un loco) Se dice de alguien que se ha visto caminado en diversas direcciones, como sin rumbo definido. (ver 'Sin rumbo')

Anda con la sog'a ratro: (ver 'Tiene la sog'a ratro')

Anda con mala junta: Se dice de alguien que cuyas nuevas amistades son personas de mala fama socialmente, o que han estado envueltos en problemas legales, etc.

Andana: (castizo: andana= orden de cosas puestas en línea) Diente permanente que sale sobrepuesto a otro. (ver 'Jacha')

¡Anda'la!... o ¡And'ei! Primera parte de una expresión de sorpresa muy común, debido a una noticia con frecuencia desagradable o un ligero accidente personal, a la que se le añade el primer sustantivo que se venga a la mente. (ver los siguientes términos)

¡Anda'la caiseta!: (ver '¡And'ei...!' y 'Caiseta')

¡Anda'la cepa!: (ver '¡And'ei...'; 'Cepa')

¡And'ei carajo!: (ver '¡And'ei...!')

¡Anda'la mieida!: (ver '¡And'ei...!')

¡And'la peineta!: (ver '¡And'ei...!'; 'Peineta')

¡Anda'la porra!: (ver 'And'ei ...!'; 'Porra')

¡Anda'la semilla!: (ver ¡And'ei...!'; 'Semilla')

Anda pianito: (de 'piano'= con sonido suave y poco intenso) Se dice de alguien que anda con mucho cuidado de no cometer un error, o con miedo por haberlo cometido. Más cauteloso que antes. También de un niño que está tranquilo después de haber sido castigado, o se le ha 'dado una pela' por alguna malcriadeza. (ver 'Pela')

¡And'ei casabe!: (ver '¡And'ei...!'; 'Casabe')

¡And'ei coño! (ver '¡And'ei...!'; 'Coño')

And'ei cuchillo!: (ver '¡And'ei...!')

¡And'ei culo!: (ver '¡And'ei...'!)

¡And'ei demontre!: (ver ¡And'ei...!; 'Demontre')

¡And'ei diablo!: (ver '¡And'ei...!')

¡And'ei diache!: (ver '¡And'ei...!; 'Diache')

¡And'ei diantre!: (ver '¡And'ei...!'; 'Diantre')

And'ei fote: (ver '¡And'ei ...!'; 'Fote'.

¡And'ei fuiche!: (ver '¡And'ei...!'; 'Fuiche')

Anda'la caiseta: (ver 'And'ei ...'; 'Caiseta') Se usa más para evitar el uso de las 'malas palabras'.(ver 'Mala palabra')

Anda sin rumbo: El mismo significado de 'Anda com'un loco'. (ver)

And'y no gatea: (ver 'Cree qui'and'y no gatea')

Anegriao: Se refiere a la persona de color 'indio', pero de facciones negroides. (ver 'Indio')

Angito: Aberración del diminutivo 'angelito', y apodo del nombre masculino 'Ángel'. ('Angito' parece más aceptable como apodo de hombre que 'Angelito')

Angurria. Angurrioso: Deseo exagerado de hacer o conseguir algo. '¡Juansito tien'una angurria de dise pa Nueva Yoi!'. 'Ese pedro e'jun angurrioso.' (ver 'Dise'; 'E'jun')

Anidaise: (Anidarse) Quedarse como las gallinas casi todo el día asentada sobre los huevos para empollarlos. Se dice de las personas que no salen a tiempo para el trabajo, o que siempre hay que esperarlos para salir con ellos. '¡Oye Juansito, pero tu si ti'anida!'

Ánima nimamea: (Ánima ánima mea) Parcial repetición del *ánima mea* que pronuncia el cura en la misa. (*Ánima* + [*á*]*nima mea*)

Animai: (C: animal) Se refiere a los cuadrúpedos, nunca a las aves, las culebras o los peces. (ver 'Pájaro', 'Peje' y 'Animai feró') Cuando alguien no aprende y pocas veces hace las cosas bien después de enseñárselas.

Animai: (C: animar) Animal. Instilarle ánimo a una fiesta o reunión. '¡Vamu'animai eta fieta!'.

Animai feró: (Animal feroz) Se aplica a las fieras, como el tigre, león, leopardo, etc. También se aplica a un perro bravo que gruñe y enseña los dientes. Y se le dice también a un compañero que se ha enojado por algo que ha dicho alguien del grupo. (ver 'Detente animai feró')

Animita: (ver 'Nimita')

¡Anjá!: (C: ¡Ajá!) Interjección usada para indicar aprobación, sorpresa o ironía, de acuerdo a su inflexión. En el último ejemplo se usa con prolongación de la 'a' última: '¡Anjáaa!'

¡Ante que te coj'el agua!: (¡Antes que te coja el agua!) Se le dice a alguien que tiene que irse de donde está y está nublado. '¡Vete pronto ante que te coj'el agua!' (ver 'Agua')

Ante qui'orégano sea o **Ante qui'orégano no sea:** (Antes que orégano sea. Antes que orégano no sea) Quiere decir: Hacer lo que hay que hacer antes que pase algo malo, o antes que se complique la situación de una manera desagradable.

Antojo: (C: deseo vivo de alguna cosa. Mancha o lunar en la piel que la gente atribuye a un antojo de la madre durante el embarazo) El mismo significado que el castizo; además se dice del deseo anómalo de la embarazada por cosas no comestibles. 'A Juanita li'ha cogío la barriga con comei caibón'. (ver 'La barriga')

Anugaise. Anugao: (C: añusgarse= atragantarse) Atragantarse con comida, 'Me anugué con'ese mangú'. (ver 'Añugao'; 'Atorao')

Añafile: (Talvez de 'añafil'= trompeta morisca usada por los moros en España) Adornos supérfluos en un aparato para llamar la atención. '!Cuántu'añafile li'han pueto'ese carro eti'año!'.

Añagai. Añagasa: (Del castizo 'añagaza': artificio para atraer con engaño) Agarrar de repente y fuertemente con las manos o gancho. A veces se 'tira una añagaza' y no se agarra. 'Esi'hombre me tir'una añagaza y no me llegu'a cogei'.

Añemao: Persona decaída y floja, sin deseo de trabajar, o que está trabajando más despacio de lo que es su costumbre. Deprimido. 'Juancito ta comu'añemao hoy'.

Añingotao: (Del castizo: ñangotarse) Ponerse en cuclillas, bajando la cabeza y cruzando los brazos, a veces por no sentirse bien. 'Juansito si'ha pasao ei día como añingotao'.

Añoñao: (ver 'Ñoño')

Año uno: Lo dice alguien exagerando, cuando otro del grupo habla de algo como que ocurrió recientemente, pero que realmente sucedió un poco antes. 'Ay muchacho, eso fue en el'año uno!'

Año poi coipo: (¿En día de Corpus? ¿Una vez al año?) Algo que ocurre muy de vez en cuando. 'Ay m'ijo, eso ej'año poi coipo qu'esi'ombre si'aparece por'eto lao. (ver 'M'hijo'; 'Lao')

Añudai. Anudai. Ñu: (C: Añudar. Anudar. Ñudo. Nudo) C: '¿Tu no v'añudai esa soga?' R: 'Ya yo l'hic'ei ñu'. (ver 'L'hic'ei')

Añugao. Anugao: (del castizo 'añusgarse'= atragantarse, estrecharse el tragadero) El mismo significado que en castizo. Pero en general se cree que 'añugao' como se dice en los campos, no es la pronunciación correcta, y que debe ser 'anugado' como se dice en el pueblo, que es incorrecto.

Ao: (inglés: out= fuera) Plural= aos. En el juego de béisbol el 'Ao' consiste en: aparar la pelota bateada por el jugador contrario, antes de que rebote en el suelo; tocar con la pelota en el guante al corredor del equipo contrario que está corriendo de una base a otra; cuando un jugador con la pelota en el guante pisa la base que le corresponde al jugador contrario antes que este llegue a ella; cuando el bateador le tira tres veces a la pelota lanzada por el 'pitcher' contrario y no le toca. (ver 'Jugador'; 'Robaise'; 'Pelota'; 'Ao aparao' 'Ponchaise'; Etraicao')

A pan'y agua: (A pan y agua) Se dice de un castigo fuerte para un preso en la cárcel, cuando lo mantienen en una celda, y su único alimento consiste en pan y agua. (ver'Solitaria')

Ao aparao: (Out aparado) De 'aparar'. En el juego de béisbol, cuando un jugador apara la pelota bateada por el jugador contrario antes que esta toque el suelo. Existen varias clases de 'outs'. (ver 'Ao')

¿Aónde? Adonde. ¿Adónde?: (C: adonde; ¿adónde?) P: '¿Aónde tu va?' R: 'Onde maría'. (ver 'Onde')

Apacochao: Que tiene mucho dinero guardado y nadie lo sabe. ¡Njú! Juansito dice que ta probe, pero ese t'apacochao'. (ver 'Pacocha'; 'Probe'; ¡Njú!')

Apagán: (C: apagaron) 'Si'apagán tu'a la luce y no quedamo ocurito'. (ver 'Ocurito')

A paite: (A parte= A ninguna parte) Se le dice a alguien, casi siempre a los muchachos, cuando no deben ir adonde quieren. 'Tu no va a paite' o 'Tu no va pa paite.'

Apalatrao: (¿De 'apalear'?) Se dice de la persona que luce enferma, o ha estado enfermiza por un tiempo. 'Juansito luce medio apalatrao'.

Apaliao. Tu'apaliao: (Apaleado. Todo apaleado) Se dice de alguien que ha recibido muchos golpes en una riña, no necesariamente con palos. 'Pedro ta tu'apaliao dei pleito di'anoche'.

A paso di'hoimiga: (A paso de hormiga) Que camina muy despacio, sobre todo cuando se le asigna un mandado. Haragán.

Apasote: Planta herbácea cuyas hojas se usan para bebidas medicinales (tisanas)

Apatao: (de 'pasta', 'pastoso') Se dice del arroz blanco o el 'moro', cuando queda de una consistencia más o menos pastosa, en vez de granos sueltos. (ver 'Moro' y 'Graniao')

Apea o Apiaise: (De 'apear'= bajar) No cambiarse de vestido. "¡Jovina no si'apea ese vetido di'alitao!' 'Ese muchacho no quiere apiaise d'esa mat'e coco regoso a caeise'. (ver 'regoso' y 'Ai regoso')

Apéami'uno: (Apéame uno) Prenda de vestir barata o de poca calidad. 'Juansito compr'un sombrero d'eso di'apéamiuno'.

Apeitrechaise: (de pertrechos) Prepararse con lo necesario para un evento. Llevar comida para un viaje largo en las montañas, o para un día en la playa.

Apegao: (Del casizo 'apego'= afición o inclinación a una persona ocosa) Afición persistente a una persona. ('Le cogió con ...')

Ápero: (C: áspero= que no es suave al tacto) Ojeto que no es suave al tacto. Persona difícil en su trato social. '¡Ese tipo si'e ápero'!

¡A'perro!: Interjección para espantar los perros, especialmente cuando están 'velando' muy de cerca de quien esta comiendo. (ver 'Velando' y 'Acosai')

Aperruche. Aperruchai. Aperruchao: Probablemente de apretar o exprimir fuertemente una fruta. Se usa afectuosamente refiriéndose a un abrazo 'bien apretado'. Objeto o fruta aprensado parcial o totalmente, hasta el punto de no ser útil, o servir para comer. 'Esa naranja ta t'ua aperruchá; bótala.' 'Le di'un abrazo bien aperruchao'.

Apiai. Apiaise: (C: appear. Apearse= Bajar alguien de donde estaba: una montura; un árbol, etc. '¡Ese muchacho no si'acaba di'apiai d'esa mata'e naranja!'o, '¡Ese muchacho nu'acaba di'apiaise d'esa mat'e naranja!'

A picu'e botella: Tomarse un líquido de la botella.

Aplatai: (C: aplastar= aplanar una cosa) Aplanar una cosa, como las rodajas de plátano para hacer 'tostones'. (ver 'Totone')

Aplataise. Se aplató: (C: de 'aplastar'= aplanar una cosa) Ponerse en cuclillas. Puede ser verbo reflexivo. 'Me aplaté pa'vei mejoi'. 'Aquí'é mejoi aplataise que tai parao'.

Aplatao: (Aplastado) En cuclillas.

Apleplao: Persona lela o tonta.

¡Ah po ...!: (¡Ah pero ...! o ¡Ah pues ...!) 'Com: Juansito se va la semana que viene pa Nueva Yoi. ¡Ah po yo creía qu'er'ei me que viene'. (ver 'Nueva Yoi'; 'Po'; 'Qu'er'ei'

Aporriao: (de 'porra': garrote corto de madera para dar golpes) Machacado ligeramente por fuera; sobre todo refiriéndose a frutas. Alguien que ha recibido golpes y lo han dejado hinchado y amoratado en la cara. "Juansito se meti'en'un pleito anoche y salió tu'aporriao. (ver 'Veti'a la porra')

Aposentro: (C: aposento= cuarto o pieza de una casa) Cuarto de dormir de una casa. 'Yo me voy pa'l'aposentro a'cotaime'. (ver 'Pa'l')

Apota: (C: aposta= adrede. De propósito = con intención determinada) Adrede. De propósito. 'Yo creo que Juansito lu'hiso apota'. También designa una exageración en la forma natural de alguien ser. (ver 'Es'e feo apota')

Apotema: (Ver 'Potema')

Apretaise: Verbo de acción reflexiva. Sensación intensa de presión interna que tiende a trastornar el razonamiento y la realidad del momento cuando se está a punto de ganar en cualquier competición, o terminando un proyecto con posibilidades de triunfo. Sentir miedo. 'Juansito si'apretó a lo úitimo'.

Aprevenío: (Prevenido) Persona que siempre anda con precaución y preparada para cualquier eventualidad. 'Juansitu'e j'un'hombre aprevenío.'

Aproisimasión: (Aproximación) (ver 'Me saqué l'aproisimasión')

A propósito. A propósito de ... : Se usa como un aparte de la conversación, cuando se escucha algo o el nombre de alguien, y el hablante quiere decir algo diferente acerca de lo mencionado. 'A propósito de Ventura, ei me dejó coigao con'uno cuaito que me debe hace tiempo. (ver 'Ei'; 'Coigao'; 'Apota')

Aprueba. Apruébalo: (Prueba. Pruébalo) Se le dice a alguien para que pruebe algo comestible y se entere de su sabor.

Apuchai, Apuchando: Reunir los labios en su medio, extendiéndolos hacia adelante, como cuando los niños están por llorar. "¡Ay míralo, ya t'apuchando!" También los adultos 'apuchan' los labios por un segundo o menos, hacia la derecha o la izquierda para señalar a alguien que está cerca, cuando no quieren que los vean señalando con el dedo, o los escuchen. (ver 'Señalar')

Apueta: (C: Apuesta) Apuesta.

Apueto a... : Expresión de desafío, generalmente amistoso, de que alguien no es capaz de hacer algo, descifrar un acertijo, etc. Este desafío nunca es seguido de lo que entra en la apuesta: 'Apueto a que no adivina'; 'Apueto a que no lo hace'.

Apuñaliaise: (Apuñalarse) Vocablo reflexivo. Que estudia un sujeto antes de ir a una reunión donde regularmente se discute ese tema o algo similar. En empleos de gobierno, persona que se aprovecha para hacerse rico. Se 'apuñalea' el que reparte dinero, y se queda con la mayor parte.

A puño limpio: Que peliaron puramente a los puños, sin el uso de armas. Pero podría ser 'A puñalá limpia' o 'A balazo limpio'.

¡Apúrate!: Se le dice a alguien que se está demorando para reunirse con el hablante. También a alguien que se envía a un encargo que no toma mucho tiempo.'Juanito, toma lo cuaito p'ai queso, ¡pero apúrate!' (ver 'P'ai')+

Apuro: (ver 'Eso me d'apuro')

Apurruchao: Apretadado entre dos personas en un espacio pequeño. 'Muévanse p'allá que me tienen apurruchao'. Exprimido, refiriéndose a frutas.

¡A que ...! ¡A que te ...!: Amenaza en forma de apuesta velada. (ver '¡Qui'a que te ...!'; '¡Qiáquete!')

Aquí'amolandu'y siempre boto: (Aquí amolando y siempre boto) Lo dice el que trabaja mucho y gana poco, cuando le preguntan cómo está.

Aquí aquí: Modalidad de respuesta, que no se siente ni bien ni mal, a un saludo entre amigos que se ven con frecuencia. S: '¿Cómo va jefe? R: Aquí aquí.' (ver 'Jefe')

'Aquí bregando': Es una expresión campesina, cuando alguien llega de visita y saluda al dueño de casa que está descansando en una hamaca, diciendo "Buena taide, ¿cómo ta compadre?" La respuesta es:

"Aquí bregando compadre".

Aquí'entre nosotro: (Aquí entre nosotros) Especie de introducción para decir algo que el hablante considera privado entre él y otro u otros.

Aquí entre tu'y yo: (Aquí entre tu y yo) Algo privado que el hablante quiere divulgarle a otro amigo. (ver 'Aquí entre nosotro')

Aquí hay gato entre macuto: También se dice 'Ahí hay gato encerrao'. Alguien se guarda una razón o secreto importante en un negocio para ganancia o engaño.

Aquilloso: (Talvez derivado de 'Asco'. C: Asqueroso= propenso a tener asco) Que no le gustan ciertas comidas que generalmente les gustan a la mayoría de la gente. Mira y remira la comida, y a veces hasta la huele antes de decidirse a probarla. (ver 'Finiqui')

¡Aquí va'habei sangre!: Amenaza que se hace en algunas fiestas campesinas, y casi siempre entre borrachos, cuando ha habido insultos.

Arañai: Arañarse la piel con las uñas o algo agudo. Buscar cualquier trabajo que aparezca para ganar algo y mantenerse (Este sentido es parecido al castizo). 'Yo tu'arañando por ahí pa ganaimi'uno centavito'. (ver 'aruñai')

A rempujone: (A rempujones) Se dice de alguien que no hace lo que es su deber a menos que se lo repitan una y otra vez. 'Juansito hace la cosa a rempujone'. (ver 'Una y otra vez')

Arico. Arica: (C: arisco: áspero; intratable) Se dice del animal que no se deja que se le acerquen los humanos. Que no es manso. A veces se les aplica a los niños que lloran cuando se le acerca un extraño. '¡Ay, peru'ese muchachito sie'jarico!'

Aro: (C: arado) Arado. 'Vamu'a poneile el'aro a lo bueye pa comenzai a'rai temprano'.

Aroplano: Aeroplano.

Arrancai: (C: Arrancar) Arrancar una hierba o arbusto. Ponerse un automóvil en movimiento. (ver 'Que no puedo arrancai')

Arracaise: (C: Rascarse) 'Ese perro debe tenei puiga. Nomá vivi'arracándose')

Arrachao: Que ha perdido todo su dinero en un jueo. 'Anoche mi'arracharon en'ei juegu'e poque'. 'Quedé arrachao'. (ver 'Poque')

Arrancao: (C: arrancado= arruinado) Que no tiene dinero ni para comer. 'Don Lui, préteme manque sea do peso que toi arrancao eta semana'. (ver 'Manque', 'Debaratao', 'Prángana' y 'Tragándosi'un cable')

Arrasai. Arrasó. Arrasaron: (C: arrasar= allanar una superficie. Destruir) Comprar o llevarse todo lo que había de venta o de regalo, sin dejarle nada a nadie. Ganarse todo el dinero en un juego. 'Juansito arrasó con lo melone'. 'Arrasu'a tu'ei mundo en'ei dominó'. (ver 'Tu'ei')

Arrasó con to: (Arrasó con todo) La definición aquí es similar a la de 'Arrasai' (ver), pero con frecuencia aquí se usa para la persona que en una mesa de varios platos diferentes, ha comido exageradamente de todo, incluyendo bebidas. '¡Utede se fijaron, Pedro arrasó con to!'

Arratrao: (C: Arrastrado= muy pobre) Adulador de manera abierta y descarada. Se le brinda a los jefes servilmente para servicios innecesarios, y les trae chismes acerca de los otros empleados. También le trae regalos, para adquirir beneficios personales. (ver 'Chupamedia'; 'Lambe culo'; 'Lambe naiga')

Arrebiatao: (C: arrebatado= precipitado; impetuoso; violento) Que se enoja fácilmente. Que hace las cosas de repente y con brusquedad. 'Juansito e medio arrebiatao'. (ver 'Medio')

Arrecuéidate.   Arrecuéidense: (Recuérdate.   Recuérdense) 'Arrecuéidate lo que diji'ayei, que no te bañar'en'ei río.'

Arrellanao: (C: arrellanado= encontrarse a gusto en el lugar de empleo o trabajo) Estar cómodo y a gusto sentado en un sillón. Vivir a costa de otro, sin tener que trabajar. 'Juansito vive arrellanao en cas'e su tía María'.

Arresitío: (C: del verbo 'resistir') Animal de carga (casi siempre el mulo) cuando rehúsa caminar o moverse, a pesar de ser empujado o tirado del cabestro o freno. Casi siempre usado en forma reflexiva: 'La mula vieja esa se me arresitió en'ei medio'e la cueta'. (ver 'Vieja' y 'Cueta')

Arretao: (C: arrestado= audaz, arrojado) Que no le tiene miedo al peligro. 'Esi'ombre siej'arretao!'.

Arrevesao: (C: arrevesado= intricado; dificil) Persona dificultosa en el trato.

Arrib'e trecienta: (Arriba de trescientas) Más de trescientas. Casi siempre se refiere a personas. P: '¿Ycuánta genti'habí'en'ei mitin? R: Arrib'e trecienta'.

Arricao. Arricá: (C: arriscado= lleno de riscos. Ágil; gallardo; atrevido) Que se ríe mucho de seguido. Que mantiene una sonrisa con los labios abiertos por mucho rato. '¡Mira, Juansito t'arricao'e la risa!'. Morirse: '¡Njú! Tomá si'arricó haci'año ya'. (ver '¡Njú!'; 'Dient'ial'aire')

Arrinconaise: (C: arrinconarse= quedarse en un rincón de la casa) Quedarse en un rincón de la casa. Usado más para referirse a alguien que últimamente no toma parte en actividades sociales como antes. 'Utede si'han fijao que Pedro ha tao como arrinconao'. (ver 'Tao'; 'Como')

Arró: (Arroz)

Arró blanco: (Arroz blanco) Se dice del arroz cocinado simplemente con agua aceite y sal a gusto, y queda con su color natural. Y valga decirlo: bien cocinado es sabroso sin acompañamiento.

Arró cariaco: Arroz mayormente blanco, con granos de colores diferentes.

Arró con duice: (Arroz con dulce) Arroz cocinado con azucar. Se usa como postre.

Arrojai: (Arrojar) Vomitar. 'Juanito t'arrojando, parece que ta malu'el'etómago'.

Arró pilao: (Arroz pilado) Arroz descascarado en el pilón con la mano de pilón de madera. (ver 'Manu'e pilón')

Arroyai o **Arrollai:** (C: arroyar= formar la lluvia arroyadas en la tierra) Se dice cuando un equipo de deportes ha ganado varios partidos seguidos. 'Las'Águila tan arrollando'. Tirar hacia atrás con los dedos el prepucio, pasado de la cabeza del pene (glande). Expresión más común entre niños y adolescentes.

Aruñón: Arañazo. '¡Me di'un aruñón grandísimo cuando pasé poi lo'jambre'!

Asadura: (C: hígado y bofe, o todas las entrañas de un animal) Sólo el hígado.

Asagaya: (C: azagaya= lanza o dardo pequeño) (ver 'Laj'asagaya')

Asando batata: Alguien que se descuida en cualquier situación o negocio, cuando debería estar atento a ello todo el tiempo. En béisbol, cuando no regresa a tiempo a la base: 'Taba robando en teisera y lo cogieron asando batata'. (ver 'Robai'; 'Teisera')

Asao: Asado. Asado de carne. (ver 'Me tiene asao')

Asaroso: (C: azaroso= que tiene en sí azar o desgracia) Persona que se considera desagradable porque tiene tendencia a crear problemas, y a presentarse en reuniones donde no es bienvenida. '¡Ahí viene el'asaroso esa otra ve!'. (ver 'Ve'.

Asechai: (C: acechar= observar. Aguardar cautelosamente con algún proposito) Observar. Aguardar cautelosamente con algún propósito. (Aclaración: C: Asechar (corresponde a nuestro vocablo cibaeño 'asechai', si bien no en significado) = Poner asechanzas. Asechanzas= engaño o artificio para hacer daño a otro) 'Yo tu'asechando a vei si Juan viene'. 'Yo lo tu'asechando por'ete abieito entre lo palo'. (ver 'Abieito')

Aseitero: (C: certero) El mismo significado: que tiene buena puntería. 'Juansito si'e'jaseitero, onde ponel'ojo pone la bala. (ver 'Onde')

Asentai: Afilar la navaja de afeitar en un banda de cuero. 'Asentail'ei filo.'

Asentao. Asentá: Se dice de alguien que ha mejorado su situación económica con un empleo fijo o un negocio prometedor. También de un hombre mujeriego que se casa y es buen esposo. 'Juansito poi fin t'asentao.' Ave que está posada en una rama.

Aserenaise: Caminar afuera al descubierto expuesto al sereno. 'Mira muchacho entra que te v'aserenai y te va dai catarro.'

Asesai: Respirar profundo y rápido debido al cansancio. 'Juansito llegó corriendo de La peña y t'asesando a to lo que da.' (ver 'A to lo que da')

¡Asesina!: Piropo que se le dice a una mujer de porte distinguido y bonita de cara y de cuerpo.

Así o asao: Juego de palabras entre 'así' y 'asado'. Se refiere a algo que puede quedar bien en una forma o en o en la otra.

Asimbao: Condición de una persona cuando ha comido en extremo y se siente incómoda y con cierta dificultad para respirar. 'Juansito t'asimbao de tanto comei'.

Asimplao: (C: asimplado= que parece simple) Decaído. Que no se quiere mover.

Asina: 'Así' antiguamente, en la frase 'Asina memo= Así mismo'. (ver 'Memo')

Asina memo. Asina mimo: 'Así mismo' antiguamente. (ver 'Memo')

¡Así ni ei diablo!: Expresión usada por alguien que ha hecho algo bien hecho, pero le exigen que lo haga mejor, usando otro método más difícil.

¡Así ni ei diache: (ver 'Así ni ei diablo')

Asinita mimo: Más seguro que 'así mismo'. Dado por seguro, sin ninguna duda.

Asinserai. Asinseraise: (de 'Sinceridad') Decir la verdad. Hablar con sinceridad. 'Yo me vu'asinserai contigo ahora'. (ver 'Vu'a')

¿Así o asao?: Pregunta sobre de qué manera quiere que se haga.

Así se la de Dio: Es la respuesta cuando se dan las 'Buenas tardes' de despedida (ver 'Buena Taide'; 'Bueno día')

¡Así sí!: Indica "Ahora si estoy de acuerdo". (ver '¡Ah, no si')

Así también tampoco: Se responde así a algo que se ha dicho o hecho antes, y se repite de nuevo de otra manera que tampoco es correcta para el oyente. Algo demasiado fuerte para aceptarlo.

Así tamo. Así tamo to: (Así estamos. Así estamos todos) Expresión que corrobora lo que se ha dicho de otra persona que parece no estar bien de la mente. Comentario: 'La pobre Juana t'ahora hablando sola.' R: 'Asi tamo' o 'Así tamo to'.

Así y asao: (Talvez 'así y asado') Se dice de algo que se puede hacer de diferentes formas. Si uno dice de una el otro dice otra y añade 'así y aso'.

Asopao: Plato de arroz y vegetales, y a veces carne, con bastante líquido, pero no tanto como sopa.

Asorao: (Del castizo 'azorar'= espantar, asustar) Se dice de la persona que tiene los ojos abiertos exageradamente, observando algo con insistencia, como si estuviera asustado. También para designar a alguien, que sin ser parte de una conversación se dedica a mirar escuchar con insistencia lo que los otros hablan. '¡Adió, peru'ete muchacho sie'jasorao!'.

Asunta: Imperativo del verbo 'asuntar'. Poner atención.

¡Asunta!: Exclamación, mientras se mira a los otros del grupo, cuando alguien dice algo exagerado o incrédulo.

Asutao: (Asustado) 'Juansito diba mirando pa lo lao, como ei que va asutao'. (ver 'Diba'; 'Pa lo lao')

Atabujnai. Atabujnando: (verbo cibaeño) Comer con la boca llena y tragando al mismo tiempo, sin parar. 'Fíjense como Juansito se ta'atabujnando esa comida.

Atajando paqui'otro enlace: (Atajando para que otro enlace) La expresión completa es 'Aquí'atajando paqui'otro en lace'. Es la respuesta de alguien que está descansando y otro le pregunta '¿Qué tu t'haciendo?' 'Aquí'atajando paqui'otro enlace'. Se refiere a que para enlazar animales (caballos, vacas, etc) se necesitan dos personas, una que les salga al atajo para detenerlas, y otra para que los enlace. También se refiere a trabajar mucho mientras otro aprovecha los beneficios de su trabajo.

Atanasia. Atanasio: (Anastasia. Anastacio) Nombres propios.

Atentai la gallina: Tocar la gallina con los dedos alrededor del ano, o introducir ligeramente el dedo en el ano, para ver si se siente el huevo ya formado.

Atetao: (Atestado) Espacio lleno de cosas y 'tereques'. (no confundir con 'atetai').

Atetai: (Atestar) Pegar a alguien por la fuerza contra una pared.

Atoitojao. Atoitojaise: Actuar torpe por un momento en hacer las cosas que son de rutina.

A to lo que da: (A todo lo que da) Se refiere a que alguien está haciendo algo al máximo de su poder o habilidad, incluyendo huir de algo que lo ha asustado, tomar bebidas alcohólicas en una fiesta. Se aplica a todos los tiempos de conjugación. 'Juansito ta bebiendo a to lo que da úitimamente'. 'Vamu'a bebei romo eta noche a to lo que da'. Ir corriendo muy rápido, o ir un vehículo a gran velocidad. 'Yo salí di'ahí a to lo que da'. (Ver 'A to metei'; 'Jullendo')

A to metei: (A todo meter) Al máximo de lo que sea que se esté hablando. Simbolismo de la velocidad de un vehículo cuando se presiona (mete) el acelerador hasta el piso. 'Pedro vive a to metei; debe t'haciendo mucho cuaito.' 'Ese carro va a to metei'. (ver 'Metei ei clavo')

Atorao: (Del castizo 'atorar'= obstruir, atascar, atragantarse) No poder seguir por un pasadizo estrecho. Más común, ahogarse con un bocado de comida. '¡Denle poi l'epaida a ese muchacho, que t'atorao!' (ver 'Anugaise'; 'Atacao')

Atotonaise: Vocablo reflexivo. Asustarse. Perder de repente el ánimo de hacer algo que demanda decisión y valentía. 'Juancito si'atotonió cuando vio la veidá'.

Atrá: (Atrás) Lo que queda a las espaldas de uno. Detrás. 'Juansito se quedu'atrá'.

Atrabanco: (C: acción de 'atrabancar'= ir saltando obstáculos) Se refiere a personas que no trabajan, que viven de los demás, y con frecuencia son un estorbo para los que bestán trabajando. 'Juansito nomá ta di'atrabanco ahí'. (ver 'Ta'; 'Nomá')

Atronao: (C: 'atronado') Que hace las cosas, o camina precipitadamente, a veces sin mucho concierto. 'Esi'hombre ta como atronao'.

Atrá del'oreja: (Atrás de la oreja) Expresión usada para decir de alguien que se cree blanco de color, pero es 'indio claro', 'Ei cre'qu'e blanco, pero tien'ei negro atrá del'oreja.' (ver 'Indio'; 'Indio claro'; 'Indio ocuro'; 'Anegriao'; 'Morenito'; 'Negrito')

¡Atrévete!: Expresión de advertencia a alguien que está tratando de hacer algo que no debe. Se usa con frecuencia con los muchachos, y de chanza en conversaciones entre adultos.

Atrevío: (C: Atrevido) Atrevido. 'Adió, peru'ese muchacho si'e j'atrevío!'

Atronao: (Atronado) Se dice de la persona que camina o hace las cosas precipitadamente, y a veces sin concierto. '¡Esi'hombre si'e j'atronao!'

A tuas'hora: (C: A todas horas) A todas horas. Con frecuencia se exagera, aún cuando ocurre solo dos veces al día. 'Juansito ahora se baña a tuas'hora'.

A tu'ei sabio se le v'una punta. A cuaiquiei sabio se le v'una punta: (ver 'Ai ma sabio se le v'una punta; 'Tu'ei')

Atuidío: (C: aturdido= atolondrado; desconcertado) Atolondrado. Desconcertado. (ver 'Grajo')

Aufí: (Inglés= outfield) En el juego de béisbol se le llama 'oufi' al área donde se encuentran los jugadores que atrapan lo batazos largos y, que queda detrás del 'infield' (infi). (ver 'Infí'; 'Lefí'; 'Centerfí'; 'Raifí')

Auyama (uyama o uñama) no pare calabaza: Se dice de alguien que tiene malas costumbres cuyos hijos salen tal como él.

Ave María Purísima: Expresión de sorpresa, casi siempre causada por algo increíble o desagradable. (ver '¡Vigen Santísima!' o '"¡Santísimo!!')

Aventación: Muchos gases en el estómago que causan molestia.

Avisorao: (C: 'avisón') Alerta. Cuidadoso. Que no se deja engañar muy fácil.

A volai qu'ei soi cambea: (A volar que el sol cambia) Se refiere a salir de una reunión en la tarde, antes que el sol se acueste y se ponga oscuro, o a cualquier hora del día, con tal de salir temprano. (ver 'Soi')

¡Ay! ¡Ay! ¡Ay!: Las tres interjecciones se expresan de corrido y rápido, cuando un accidente o situación inesperada está a punto de ocurrir; con frecuencia un niño que está a punto de caerse; reacción a una noticia peligrosa que alguien cuenta: '¡Ay!¡Ay!¡Ay! ¡No me diga!'; ¡Ay! ¡Ay! ¡Ay! ¡Se cai!'. Se le dice a alguien que molesta: '¡Ay! ¡Ay! ¡Ay! ¡no joda tanto!' Después de un cuento largo, cuando todos acaban de reírse, alguien dice 'Ay, ay, aaay'. También, durante un bostezo largo, se dice con la boca abierta '¡Ayayayayyy … qué sueño teeengo!'.

¡Ay carijo!: Forma atenuada de decir '¡Ay carajo!'.

¡Ay critiano!: Expresión de aprobación de algo que parece exagerado. 'P: ¡Y ella le dijo to'eso y ei se quedó como si ná? R: '¡Ay critiano, y tu no sabe ni dei creo a la mitá.' (ver 'Se quedó como si ná' y 'Tu no sabe ni dei creo a la mitá')

¡Ay … cuánta cosa!: (¡Ay … cuánta cosa!) Expresión común, que se dice con un ligero suspiro, cuando en un grupo ya se han contado varias historias, y ya no hay más nada qué decir.

¡Ay Cuca!: Expresión de advertencia sobre algo que se ha dicho que puede traer consecuencias desagradables.

¡Ay dei que se ríe dei! o **¡Ay dei que se ríe d'ella!**: Se dice la persona que se enoja exageradamente cuando alguien se ríe de algo que haya dicho.

¡Ay Dio mío!: (¡Ay Dios mío!) Expresión de sorpresa, casi siempre debido a una noticia inesperada o desagradable. También debido a cansancio. '¡Ay Dio mío, no me diga eso!' '¡Ay Dio mío, qué cansá toy!'. (ver 'Dio' y '¡Pero Dio mío!')

¡Ay fo!: Se dice cuando se siente un olor insoportable. Esta expresión casi siempre se acompaña pinzando la nariz con los dedos índice y pulgar. '¡Ay fo; qué bajo!' (ver 'Bajo')

¡Ay jijo! ¡Ay m'hijo!: No querer decir algo o dar algo que se pide. '¡Ay jijo! Yo no tengo ni'un chele'. ¡Ay m'ijo, yo ni me acueido d'eso!'. (ver 'M'ijo')

¡Ay mamá! o **¡Jay mamá!**: (¡Ay mama) Expresión de advertencia con consecuencias tácitas. '¡Ay mamá, si yo te vueivo a vei haciendo eso!'

¡Ay mamasita! o **¡Jay mamasita!**: (¡Ay mamasita!) Similar significado que ¡Ay mamá!, pero a un nivel más intenso. También tiene otras acepciones durante el proceso de hacer el amor.

¡Ay mijijo! ¡Ay mijito!: (¡Ay mi hijo! ¡Ay mi hijito!) Ambas se usan como expresiones que denotan algo difícil o imposible de conseguir o hacer. '¡Ay mijito (mijijo), tu cree qu'esu'e tan fácil!'

¡Ay muchacho!: (¡Ay muchacho!) Expresión exclamativa cuando se dice algo extraordinario que el oyente dice que no sabía. '¡Ay muchacho, tu nunca ha vito cosa así!' (ver 'Vito')

¡Ay ñeñe! o **¡Ay ñaña!**: Expresión que indica preocupación por alguien que ha emprendido una acción muy difícil de consegurir o concluir. '¡Ay ñeñe, ese si no sab'en lo que si'ha metío!'. (ver 'Si'ha')

¡Ay ombe!: (¡Ay hombre!) Expresión de desinterés después de una conversación larga acerca del mismo tema. Casi siempre se dice mientras se bosteza ligera o desganadamente. Se dice cuando alguien está haciendo movimientos exagerados, como de baile, etc.

¡Ay papá! o **¡Jay papá!**: Expresión de advertencia, cuando alguien, casi siempre un niño, está tratando de hacer algo que no debe. '¡Jay papá, a que no ti'atreve!'

¡Ay, pero Juaaan!: Expresión de ligera reprimenda a Juan, cuando este le ha dado una mala respuesta a uno del grupo que le ha hecho una pregunta. A veces con énfasis prolongado en la 'a' de 'Juan'.

¡Ay Santísimo!: (¡Ay Santísimo!) Expresión de sorpresa cuando se ve o se oye algo inesperado y extraordinario.

¡Ay si tu supiera!: Se le dice a alguien que ha contado un suceso, pero no sabe las consecuencias de lo que ha contado.

¡Ay Vigen!: El mismo significado de '¡Ay Santísimo!' (ver) (¡Ay Virgen!)

¡Ay Vigen de l'Aitagracia!: (¡Ay virgen de la Altagracia!)

¡Ay Vigen S antísima!: Expresiones, a veces repentinas, de sorpresa o susto. '¡Ay vigen, me tuvi'ai caei!'. O al oír algo que hace mucho tiempo que ha ocurrido: ¡Ay Dio mío, pero d'eso hace tanto tiempo!'.

Azaroso: Se dice de la persona molestosa y de la que siempre trae malas noticias. También se dice de cualquier persona que cae mal. 'Ese ej'un azaroso viejo.' (ver 'Viejo')

Azorao: (del castizo 'azorar'= conturbar; sobresaltar) Sorprendido. Extrañado. Desconcertado. Que tiene los ojos muy abiertos, debido a una sorpresa o susto.

Azui: (C: Azul) Nombre de una pastilla azul de alrededor de una pulgada cuadrada por poco menos de media pulgada de espesor que, disuelta en agua se usa (o se usaba) para 'blanquear' la ropa blanca en el lavadero (ver 'Lavadero')

Azuliai: Mojar la ropa blanca en una solución de azul después de lavada para blanquearla. 'Se mi'oividu'el azui pa blanquiai la ropa'. (ver 'Azui')

B: (Letra B, b, be) Be, be. 'Ecríbeme la letra be'.

B de burro y **V de vaca:** Se dice para indicar el tipo de letra que va en una palabra. (Es que 'B' y 'V' tienen el mismo sonido en los países de habla española)

Babilla: (C:Región de las extremidades posteriores de los cuadrúpedos que equivale a la rodilla humana) Talvez debido al líquido articular que parece baba. La rótula humana. 'Me caí y me di'un goipe en la babilla'. (ver 'Cayí')

Babita: Diminutivo gracioso para la saliva que a veces le chorrea a los bebés de la boca. Pulpa tierna y comestible del coco. (ver 'Coco di'agua'; 'Se le salió la babita')

Babosa: Molusco cubierto de una concha dura, que habita en los bosques, debajo de las ojas. Segrega un líquido viscoso, por lo que resulta repugnante para los humanos.

Baboso: (C: bobo, tonto, adulador) Que habla mucho sin razones ni pruebas. Que se ensalza a sí mismo. Que habla de sus poderes y riquezas. 'Qué baboso e'jese tipo'. (ver 'Babosa')

Babucha: (C: Zapato sin taco de los moros) Camisita o blusa de niños.

Babunuco: Rollo redondo y aplastado de tela de cualquier prenda de vestir, que en los campos se ponen las mujeres en la cabeza para llevar objetos grandes y pesados: lebrillos, calabazos o bidones grandes de agua, etc. (ver 'Calabaso'; 'Lebrillo')

Baca: (ver 'Vaca')

Baca jorra: (ver 'Vaca jorra')

Bachata: Reunión festiva en los campos donde se baila al son de los instrumentos musicales básicos de acordión, güira y tambora. En los últmos años, nombre de un género musical típico.

Baibaraso: (De 'bárbaro') Hombre que hace cosas exageradas, buenas y malas. 'Juancito e'jun baibaraso'.

Baibiquín: (Berbiquí) Barreno de mano.

Baico grande andi'o no ande: (barco grande, ande o no ande) Indica que hay cosas que son preferidas mientras más grandes sean.

Bailai pegao: (Bailar pegado) Se dice cuando durante el baile el hombre y la mujer mantienen sus pechos y barrigas contiguos o 'pegados'.

Baila ma qui'un trompo: persona que no deja de bailar una pieza en una fiesta. 'Juansito bailó ma qui'un trompo en la fiesta anoche'.

Baina: (ver 'Vaina')

Baisa. Una baisa: (Balsa. Una balsa) (C: balsa: plataforma flotante. Clase de madera. Otros significados, menos el cibaeño) Gran cantidad de lo que sea que se hable. 'Yo tengo una bais'e'casabe en casa, si tu quiere'. 'Una bais'e cacao. 'P: ¿Tu tiene aguacate en tu casa? R: Yo tengo baisa.' 'Yo comí baisa y toy lleno'. (ver 'Casabe'; 'Rollo'; 'Bais'e...')

Bais'e...: (Balsa de) 'Yo tengo bais'e frut'en casa.'

Bais'e gente: (Balsa de gente) Mucha gente. 'En'esa fieta di'anoche habi'una bais'e gente'.

Bais'e papele: (Balsa de papeles) Lo dice alguien cuando ha recibido los documentos de una venta o compra que ha hecho, y no los sabe leer o no los entiende. '¡Ello me direron una bais'e papele ahí que yo nu'entiendo na!' (ver 'Ello'; 'Nu' ; 'Na')

Baisino: Color de algunos gatos, en vetas gris claras alternando con gris oscuras. Gatos de Abisinia.

Báitulo: (C: bártulos= utensilios, muebles, instrumentos de casa) Noticias y chismes que andan por el vecindario. "Por'ahí andan báitulo que Juanita se fue con'ei novio'.

Baja bien: Se dice de algo, casi siempre de tomar, que es normalmente fuerte de sabor o de sensación en la garganta, pero en ese momento se siente más suave. '¡Ete Brandy baja bien!'

Bajai la comía: (Bajar la comida) Hacer la digestión después de haber comido. 'Yo vu'a camin'un rato pa bajai la comía esa'. (ver 'Vu'a')

Bajiá: (vaheada) (C: de 'vaho'= vapor que despide un cuerpo en ciertas situaciones) Cuando un alimento, especialmente carne, está ligeramente pasada de tiempo y empieza a oler mal. '¡Njú, eta cajne ta como medio bajiá!'. (ver '¡Njú!; 'Como'; 'Medio')

Bajiai: (C: vahear= echar de sí vaho o vapor) Se dice de las culebras, que bajean las gallinas para tranquilizarlas y empezar a tragárselas despacio por la cabeza. Las culebras grandes en El Cibao, de tres a tres y medio pies, amenazan sacando la lengua bifida y siseando cuando alguien se les acerca, o para atrapar una presa.

Bajiao. Bajiá: (C: vaho; vaheada) Alguien que habla mal de un gobierno dictatorial (en tiempos de Trujillo), y se sabe por lo bajo que lo van a apresar o matar. Carne que tiene olor ligeramente desagradable, indicando que no está fresca.

Bajo: (C: vaho) Olor o vapor desagradable que despiden los cuerpos humanos y de animales, vivos o muertos, y comidas pasadas o rancias. '¡Fo, qué bajo tiene esi'ombre!'. '¡Fo, por'aquí hay un bajo a podrío!'.

Baju'e la boca: (Vaho de la boca) Mal olor de la boca. Halitosis. (ver 'Bot'ei baju'e la boca')

Bala peidía: (Bala Perdida) Bala que no se sabe de donde vino y mató o hirió a alguien. 'Por'ai dicen qui'a Manuei lo mat'una bala peidía.' A veces se le aplica a alguien que se contradice con frecuencia. '¡Minguito! No ombe, es'e j'una bala peidía'.

Balle: (C: vaya) 'Juansito no quiere que yo balle ma a su casa'.

Ballolla: Barriga grande. 'Qué ballolla tiene l'heiman'e Juansito'. (ver'L'heiman'e')

Bandiáisela: Vocablo reflexivo. Ganarse la vida en tiempo o lugar de escasas oportunidades de trabajo. 'Juansito sabe bandiáisela lo má'bien.' (ver 'Bucáisela')

Bandiao: (Quizá remotamente de 'banda', como 'de banda a banda) Que va o iba a corriendo a gran velocidad. 'Esi'ombre iba bandiao por'ese camino eta taidecita'.

Bañaise con catarro: (Bañarse con catarro) Darse un baño mientras se sufre de un catarro, algo que puede ser desastrozo para la salud. '¡Y tu te va bañai con'ese catarro? ¡Po tu ta loco! ¿Tu no sabe que te puede dai una pulmonía?' (ver 'Po')

Baño de pie ja'cabeza: (Baño de pies a cabeza) Se dice cuando se está muy cansado y sudoroso de trabajo, etc., y se va a dar un baño completo. 'Me vu'a d'un baño de pie ja'cabeza'.

Bañu'e'gato: Bañarse rápidamente, talvez sólo algunas partes del cuerpo. 'Adió, pero tu si te bañate rápido; eso f'un bañu'e'gato'.

Baquiní: Velorio y fiesta de niños muertos. La gente come, toma, canta y se divierte, porque el niño va para la gloria. También designa cualquier reunión pequeña con música para bailar.

Barajai: (Barajar) Perder el tiempo. Poner excusas y 'peros' para evitar hacer una obligación o algún favor que se le pide. 'Juanito ta barajando pa no di a l'ecuela'.

Barajita: Muchacha o mujer que anda frecuentemente con diferentes hombres. 'No me hable de Juana, es'ejuna barajita'. Que anda vestida con piezas de diferentes colores que no combinan.

¡Barajo!: (Origen desconocido. Talvez aberración de '¡Carajo!') Interjección de sorpresa de ver a alguien. '¡Barajo! ¡Cuánto tiempo sin verte!'.

Barato: Cosa que no cuesta mucho, o no tanto como se esperaba. Objeto de pobre calidad.

Baratoso: Objeto que se le nota su mala calidad. Puede ser un poco mejor que 'barato'. También se aplica a personas de bajos modales y poca educación. (ver 'Gente di'orilla')

Barraco: (C: verraco= cerdo macho que no ha sido castrado) Cerdo macho sin castrar. Hombre fuerte y progresista. 'Ese Pedro ej'un barraco.'

Barrancolí. Colí: Avecilla pequeña de plumaje amarillo que pone sus huevos en agujeros que ella hace en las paredes verticales de barrancos y despeñaderos.

Barriga llena corasón contento: (Barriga llena corazón contento)

Satisfacción y felicidad después de una buena y abundante comida. Se dice cuando alguien se ríe a carcajadas y conversa animadamente después de haber comido.

Barriga veide: (Barriga verde) Insulto prolongado, que incluye varias expresiones ofensivas y humillantes. 'Juancito taba tan bravo que le dijo a José jata barriga veide'. Quizá 'barriga verde' es lo que falta por decir después de agotar totalmente el lenguaje insultante. (ver 'Jata')

Barrigu'e bobo: Hombre que naturalmente tiene la parte inferior de la barriga prominente. 'Juansito tiene una barrigu'e bobo.' (ver 'Bobo')

Barrigu'e maco: (ver 'Barrigu'e bobo')

Barrió con to: (Barrió con todo) Se lo ganó todo en un juego de azar. Un ladrón se llevó muchas prendas. Se comió casi toda la comida que había. (ver 'To")

Barruesa: Bata larga y holgada de las mujeres estar en casa, sobre todo después de dar a luz.

Básiga o **Vásiga:** (C: 'báciga'= juego de naipes entre dos o más personas) Un buen amigo para el otro. '¡Oiga básiga, yo creo qui'a uté le fue muy bien anoche!'

Basudero: (C: Basurero) Basurero. Cuando hay muchas cosas desperdigadas en una habitación. '¡Ete cuaito ej'un basurero!'. '¡Utedi'han dejao eta casa vueit'un basudero!'

Batajola: (C: 'batahola') Ruido molestoso y persitente.

Batante. Bastante: (Bastante= que basta. Ni mucho ni poco) Cantidad entre mucho y poco; bien definida, como se entiende entre los que usan este vocablo; que somos casi todos.

Batantico: (De 'bastante') Diminutivo que significa mucha cantidad. P: '¿Tu cree qui'hay suficiente gente ya'. R: 'Bueno, ya hay su batantico'. P: '¿Tu cree que Juansito tiene mucho cuaito?' R: 'Ei si tiene su batantico'. (ver 'Cuaito')

Batata: Tubérculo dulce y comestible. Músculos de la parte posterior de la pierna, donde esta se abulta (pantorrilla). (Ver 'Hábana de batata')

Batea: Recipiente en forma de bandeja, labrado de trozos de madera verde. Es de diferentes tamaños, entre uno y medio y dos a tres pies de diámetro. Se usa en los campos para transportar alimentos, pero las bateas más grandes para la ropa que se lava en el río. Las pequeñas y un poco más hondas, se usan para el agua de lavarse las manos y la cara al levantarse por las mañanas (ver 'Lebrillo'; 'Babunuco')

Batimento: (C: bastimento: provisiones para sustento de un ejército o ciudad) Plátanos hervidos para comer. También se aplica a yuca, ñames hervidos, etc. (ver 'Troso')

Batola, le pusieron la: Al esposo que tiene que pedir permiso a la esposa para salir con los amigos le han puesto la batola. '¡Nju! Yo creo qui'a Juansito li'an pueto la batola'.

Batón: (Talvez de 'bastón'=vara de madera para apoyarse al caminar)

Bastón. Frecuentemente se usa para definir que a alguien le ha caído un sueño muy pesado. ¡Mi'ha caí'un batón!'.

Batuquiai: (C: batuquear; bazucar; bazuquear= menear o revolver un líquido moviendo la vasija en que está) El mismo significado que en castizo, pero el movimiento es frecuentemente con las manos o los pies. '¡Mira Juanito déjate de tai batuquiando ese lo con lo pie!' (ver 'Tai'; 'Lo')

Batuta: (Bastón corto de director de orquesta) Mujer de carácter fuerte que manda en la casa, incluyendo al esposo. 'La mujei de Juansito ej'una batuta'.

Bebedera: Se refiere a alguien, o un grupo de personas que se han pasado la noche o el día tomando bebidas alcohólicas. '¡Juansito y tu'esa gente tienen una bebedera dede ayei!'. (ver 'Dede')

Bebedoi: Que toma bebidas alcohólicas con frecuencia. 'Mayoimente bebei romo'.

Bebentina: (C: bebendurria) Reunión donde se toma muchas bebidas alcohólicas. '¡Esa gente dei cruce tenían una bebentina anoche!'

Bei: (Haber) 'Com: Aquí va'bei pleito. R: ¡Qué va'bei na!' 'Yu'era de bei dió contigo'. (Ver 'Habería'; '¡Qué va'bei na!'; 'dió' con minúscula)

Beibaje: (C: brebaje= bebida compuesta de ingredientes desagradables al paladar) Bebida medicinal de hojas y raíces hervidos. (ver 'Tisana')

Bejé: (Vejez) 'La bejé ej'una baina'. (Ver 'Baina'; 'Ej'una')

Belitre: (C: pícaro. De malas costumbres) Persona débil, decaída y sin fuerzas. 'Juanita ta como medio belitre en'eto día'. (ver 'Ta')

Belluga: Bolita de vidrio que usan los niños para jugar a las chatas y otros juegos. (ver 'Chata')

Bembe: (C: labios) Bemba. Labios grandes. (ver 'Bemb'e molleja' y 'Bembú')

Bemb'e molleja: Persona de labios muy gruesos. (ver 'Chemba' y 'Bembú')

Bembetero: Hablador. Chismoso. Que siempre está dando información chismosa sin que se la pidan. (ver 'Jabladoi')

Bembetiai: (De 'bembe') Verbo. Hablar mucho, especialmente de chismes y noticias recientes. 'P: ¿Y Juanita no vino contigo? R: No. Ella se quedó bembetiando con María'. (ver 'Bembe')

Bembú: (C: bezudo= que tiene labios gruesos) Labios muy grandes. '¡Esi'hombre si'e bembú!'

Bendita. Bendito: Designación de algo que se ha perdido en un lugar difícil de encontrar; talvez con la esperanza de que designándola 'bendita' o bendito' pueda ayudar en su busca y encontrarla.

Bendito sea Dio: Expresión de estar de acuerdo y reafirmar la esperanza positiva que se ha recibido de alguien.

Berencone, jata lo: (Hasta los 'berencones') Algo que le introdujeron en el cuerpo a alguien que le llegó hasta ese lugar mítico llamado 'berencone', que parece estar más allá del centro del cuerpo. (ver

'Jat'onde dicen Cirilo'; 'Siquitrilla'; que son otros lugares míticos de nuestro cuerpo)

Berriai: (C: berrear= dar berridos los becerros. Cantar desentonadamente) Berrear los becerros. Cantar mal y por mucho rato. 'Juansito, dili'a esa mujei que deje de berriai tanto'.

Berrió com'un chivo: (Berreó como un chivo) Llorar a gritos por miedo a algo.

Berrón: (Del inglés 'bay rum') Líquido aromático que se usa para fricciones y 'sobo', cuando se sufre de una fiebre o de catarros. (ver 'Sobo')

Besai la mano: (Besar la mano) Saludo que, sobre todo en los campos, los niños debían hacerle a los padres, familiares adultos y a los padrinos. Debían arrodillarse, si bien, lo corriente era hacer el intento doblando ligeramente una rodilla y pedir la bendición al mismo tiempo. Es decir, pedir la bendición se llamaba 'besar la mano', como era costumbre para con los reyes y reinas. Orden: 'Juanito bésale la mano a tu padrino'. Acción: Se dobla una rodilla diciendo a la vez 'Sión padrino'. R: 'Que Dio te cri'pai cielo'. (ver 'Que Dio te cri'pai cielo')

Betia: (C: bestia= cualquier animal cuadrúpedo de carga) La hembra del caballo. '¡Ese'juna betia de paso fino!'

Biá. Bián: (C: Había. Habían) '¡Po yo no biá vitu'eso nunca!'. "Yo creo qu'ello no lo bián vito tampoco'. '¡Yo creía que tu biá tao en misa hoy!' (ver 'Po', 'Vito' y 'Se biá'; 'Tao)

Biata: (Beata) Mujer muy religiosa, que va a misa con frecuencia y regularidad.

Biá tenido: (Hubiera tenido. Hubiese tenido) Pretérito de 'haber'. Si yo biá tenido mucho dinero me biá comprao cádila'. Aquí se usa 'tenido' en vez de 'tenío'. (ver 'Cádila')

Bi'a vei: (ve a ver= mira a ver) Algo así como modo imperativo del verbo 'ver': 'P: Yo creo qu'eso fue ei florero que se cayó. R: po bi'a vei.' (ver 'Po')

Bibi: pene de los bebés y niños.

Bibitu'y coliando: (Vivito y coleando) Quizá en referencia a los peces cuando están fuera del agua y vivos, que se las pasan coleando. Alguien que estuvo enfermo, se recuperó y está muy bien. P: 'Oye, ¿Cómo sigue Juansito?' R: 'No, Juansito se sanó y and'ahí bibitu'y coliando'.

Bicho. Bichito: (C: animal pequeño) Se aplica a los niños. Apodo.

Bico: (C: bizco). 'Ese que viene ahí e'Juancito'ei bico'.

Biejaca: Pez de río parecido a la trucha, pero un poco más pequeño.

Bien malo. Bien fueite: (Bien malo. Bien fuerte) Aquí el vocablo 'Bien' reemplaza al vocablo 'Muy' en ciertas expresiones que denotan gran intensidad, tamaño, etc. 'Eso tiene un saboi bien malo'. 'Un'oloi bien fueite'. 'Una casa bien grande'.

Bien parao: (bien parado) Que ha conseguido un buen trabajo, o lo han ascedido de posición. 'Juancito si ta bien parao en ese trabajo que tiene.' (ver 'Mai parao')

¡Bien se sabe!: Se le dice a alguien que está dando opiniones de algo que no sabe, o acerca de alguien que no conoce. '¡Bien se sabe que tu no conoce a Pedro.'

Bigañuelo: Ratoncito.

Bija: Nombre del árbol (Mat'e bija= mata de bija) y de las semillas pequeñas de su fruto, cubiertas de una pulpa de color rojo intenso, que después de seca se usa como colorante de alimentos.

Biloido: Talvez de 'bilocarse'= creencia de hallarse en dos lugares a la vez) Confundido cuando está haciendo algo, sobre todo algo que normalmente sabe hacer. '¡Adió, pero esi'ombre ta biloido!'.

Billete pelao: Billete de lotería que no salió premiado. Persona poco productiva; que no trabaja y se las pasa pidiendo prestado. 'Ese'jun billete pelao.'

Bima: (C: bizma= emplasto para aliviar dolores del cuerpo) Emplasto para aliviar dolores del cuerpo, casi siempre de hojas verdes que se conocen como curativas, mantenidas en su lugar con tiras de tela por varias horas o días.

Blanca o blanco com'una pitajalla: Cosa, casi siempre una persona, muy blanca, o que se ha puesto blanca de un susto o del miedo. 'Esa muchacha se puso blanca com'una pitijalla'. (ver 'Pitijalla')

Blanco jojoto: Se dice de la persona de piel blanca pero de facciones mestizas o negroides.

Blandengue: (Talvez de 'blando') Persona floja en el trabajo. Que no puede levantar o transportar objetos livianos. 'Ese Juansito ej'un blandengue viejo.' (ver 'Viejo')

Blandiningo-a: (del castizo: blando= Tierno, que cede fácilmente al tacto) Objeto muy blando al tacto. Casi siempre se refiere a una fruta cuando está pasada de madura. (ver 'Movía')

Blandito: (C: blando= tierno, que cede fácilmente al tacto) Cualquier substancia que cede fácilmente al tacto. Persona floja, que no le gusta trabajar, ni levantar cosas de poco peso. 'Juansito ej'un blandito viejo'. (ver 'Blandiningo' y 'Viejo')

Blanquito: Forma de ligero sarcasmo hablando de una persona de color blanco. '¡Yo no se lo que se cree ese blanquito!' 'Eso'j'empleo se lo dan a lo blanquito namá." (ver 'Namá')

Bla: (Blas) Nombre masculino. (ver 'Hacei como Bla')

Blumen: (Del inglés 'bloomer'= Pantalones cortos hasta las rodillas y abombados, que usaban las mujeres antiguamente para deportes) (C: Pantaleta. Braga) Prenda interior femenina que cubre el área de los genitales.

Bobo: Persona tonta, que se deja engañar fácil. Ave silvestre que no es espantadiza y es fácil de cazar con tirapiedras y goma.' (ver 'Tirapiedra' y'Goma')

Bocaíto: (Bocaíto) (ver 'Un bocaíto')

Bocajonda: (Boca honda) Labios hundidos debido a la falta de dientes. Casi siempre en personas mayores de edad. (ver 'Sumío')

Boca jundía: (Boca hundida) Es lo mismo que 'Bocajonda' (ver)

Boca sucia: (ver 'Tiene la boca sucia')

Boche: Regaño que se le da a alguien. 'Don Luí le di'un boche a Masú poique coitó la mat'e naranja.'

Bocón: Persona que normalmente habla en alta voz. Sujeto que habla mucho acerca de que no le tiene miedo a nada ni a nadie. (ver 'Priv'en guapo') 'Pedro habla mucho y nu'hace na; ese nu'e ma qui'un bocón'. (ver 'Nu'e' ...)

Boibotone: (C: borbotones= Hablar acelleradamente. Borbollones= erupción de agua de abajo hacia arriba) Erupción de agua de abajo hacia arriba.

Boisillo: (C: bolsillo) Bolsa que se le agrega a las prendas de vestir para guardar cosas, especialmente dinero. 'Yo ando con lo boisillo vacío hoy.'

Boisón: (Bolsón) Bolsón a causa de un golpe, en la cara u otra parte del cuerpo.

Boisú: (De 'bolsa'= escroto) Persona tonta, que se deja engañar fácilmente. 'Juancito ej'un boisú, se deju'engañai dei puipero.' (ver 'Puipero').

Bojote: bulto grande. 'Juansito, ¡pero y qué bojote ej'ese que tu trai ahí?'.

Bola: (C: bola= cuerpo esférico de cualquier materia) 1. Cuerpo esférico de cualquier materia. 2. En el juego de béisbol se le llama 'bola', cuando la bola que tira el lanzador, al llegar frente al bateador pasa muy alta, muy baja, o fuera del área del 'home plate', a la derecha o a la izquierda. (ver 'Etrai'; 'Ampaya'; 'jom'; 'Ta vendío')

Bola de humo: (Bola de humo) En béisbol, cuando el lanzador hace un lanzamiento a gran velocidad, tanto, que el bateador no le da tiempo a hacer buen contacto con el bate. (se calcula que algunos lanzadores alcanzan una velocidad de noventa y cinco a cien millas por hora)

Bola, una: (Una bola) Cuando alguien recibe transporte gratis en un vehículo. 'Juansito me di'una bola en su carru'e concho pai pueblo ayei'. (ver 'Concho')

Bolero: Género musical. En béisbol, cuando el lanzador (pitcher) está lanzando muchas bolas y no estraiks (strikes)

Bolita: Bola chica. Elevación pequeña de la piel en cualquier parte del cuerpo, casi siempre indolora. '¡A mi como que mi'ha salío una bolita aquí en'ei pecuezo, que no me guta!'

Bolo: Varios significados en castizo y en otros países, menos el del Cibao, que designa un animal, como perros y ganado, cuando se le ha cortado el rabo. 'Juansito, oideña la vaca bola primero.'

Bollito de hilo'80: Bollo de hilo que venía de fábrica marcado con el número 80, talvez su grosor o calibre. Se decía de alguien cuando se enredaba tratando de explicar algo. 'Juansito ta maj'enredao qui'un bollito de hilo'80.'

Bollo: Bola formada de cualquier material: bollo de hilo, bollos de yuca, etc. Genitales externos femeninos. (ver 'Ei mueito al'hoyo y ei vivo ai bollo')

Bombolón. Bombolona: Globoso. Globular. Abombado. Se refiere casi siempre a la nariz ancha y globosa. (ver 'Narí bombolona')

Narí chata: Se refiere a la nariz ancha y aplastada. (ver 'Chata')

Bondale: Yerba trepadora que produce frutas del tamaño de una pera. Son comestibles para algunas personas.

¡Bonito cueipo!: (Bonito cuerpo) Expresión admirativa que describe una mujer de cuerpo bien formado. '¡Qué bonito cuerpo ti'esa hembra!'

Boqu'e burro: (Boca de burro) Torpe. Bruto. Que habla disparates.

Boque'chivo: (Boca de chivo) Persona por lo demás normal, que dice cosas que generalmente salen como ha dicho.

Boqu'e guábina: (Boca de Guábina [pez de río]) Persona de boca grande de lado a lado. (ver 'Boqu'e sago')

Boqu'el'etómago: (Boca del estómago) Epigastrio. Parte superior del abdomen debajo del esternón. 'Teng'un doloi en la boquel'etómago dend'eta mañana.' (ver 'Dende')

Boquepueico: (Boca de puerco) Que no sabe nada. Que habla muchas boberías.

Boqueroso: (Del castizo 'boquera'= excoriación de las comisuras de los labios) Que tiene boquera. También designa a la persona que acostumbra a elogiarse a sí mismo, o disminuir la importancia de otros. 'Ese e'jun boqueroso viejo'. (ver 'Viejo')

Boqu'e sago: (Boca de sago. Sago= pez de río) Persona de boca grande de lado a lado.

Boquete: (C: boquete= entrada angosta de un lugar. Abertura hecha en una pared) Agujero accidental o hecho en una pared.

Boqu'e ventosa: (Boca de ventosa) Persona de boca ancha y labio superior que se separa del inferior más de lo normal cuando habla y cuando ríe.

Boquiai. Boquiando: (C: boquear. Boqueando) Respiración profunda y dificultosa, con la boca abierta, del que esta a punto de morir. 'Señore, esi'ombre se pasó casi un día boquiando ante de morise'.

Borona. Boronita vieja: (C: borona= migaja de pan) Le pagaron muy poco dinero por lo que valía el negocio. 'Juan tiene su buena borona'. 'Me dieron una boronita vieja na'má'.

Borrai con sique'gato: (borrar con sica de gato) Olvidarse de una persona para siempre debido a un severo mal entendido. (ver 'sica')

Borrón y cuenta nueva: Cuando hay una discusión entre el acreedor y el posible deudor, aunque haya un 'debo y pagaré' escrito, el deudor insiste en que no debe nada y pide al acreedor que borre lo anterior y haga una cuenta nueva de lo que va a tomar a crédito en ese momento. También en una discusión entre amigos, cuando no se llega a un acuerdo y se quiere acabar con la discusión, se dice '¡E má, borrón y cuenta nueva!'. (ver 'Debo y pagaré'; '¡E má!')

Boruga: Leche cuagulada y batida con su suero. Se le añade azúcar y se toma como refresco. (ver 'Bosu'e boruga')

Bosu'e boruga: (de 'bozo') Se les llamaba así a los hombres con el bigote grande, copioso y blanco. (ver 'Boruga')

Bosu'e chipa: (Bozo de chispa) Se dice del hombre con el bigote muy delgado, y con los pelos de los extremos largos y apuntando hacia arriba.

Botafango: Parte de los vehículos a motor que cubre las llantas. También se le llama 'guardalodos'.

Botai: (C: botar= arrojar, tirar algo. Decirle a una persona que se vaya de la casa. Hacer saltar una pelota, tirándola contra el suelo) Arrojar o tirar algo. Decirle a una persona que se vaya de la casa. (ver 'Picai')

Botai póivor'en gaisa: (Botar pólvora en garzas) Se refiere a tratar de enseñar, o darle consejos a alguien que ya es conocido por no aprender o agradecerlo. 'Pedro no aconseje tanto a Miterio, qu'eso botai póivor'en gaisa'. (ver 'Bot'ei baju'e la boca')

Botao: Terreno de cultivo, o parte de una sabana, con frecuencia extenso, que está abandonado y cubierto de hierba. 'Juansito fu'ai botao a bucai la mula.' Río desbordado es 'Río botao'.

Botaron (lo): (Lo botaron) Se refiere al acto de despedir a alguien de su empleo o trabajo. '¡Oye, y a Juansito dique lo botaron del'empleo que tenía poi tanto tiempo!' (ver '¡Oye'!; 'Dique')

Bot'ei ... : (Botar el ...) (ver 'Bot'ei baju'e la boca')

Bot'ei baju'e la boca: (Botar el vaho de la boca) Persona que se mete en conversaciones sin ser invitada, y habla disparates. 'Pero a Juansito si le guta bot'ei baju'e la boca'. Se dice de alguien que está hablando de cosas sin importancia: 'Esu'e pa bot'ei baju'e la boca.'(ver 'Metío'; 'Bot'ei')

Bot'ei goipe: (Botar el golpe) Se refiere a alguien que se ha mejorado sicológicamente de algún problema serio, sobre todo en negocios; de una bancarrota, etc. 'Juansito ya parece que botu'ei goipe.'

Botellero: Se usaba antiguamente aplicado a los médicos y boticarios de pueblos que no se considraban buenos, y para cualquier malestar siempre daban botellas de medicinas.

Botellita: Botella pequeña. Usaré este diminutivo como ejemplo de nombre de cualquier objeto de tamaño promedio, más grande, o aún gigantesco, pero que es bueno, bonito, gracioso y le gusta a todos, porque es como lo designamos, quizás para darnos el prestigio de haberlo usado o disfrutado. 'No tomamo tre botellita de ron Brugai'. 'Me comí'un bitesito que no hay quien se li'aceique.' 'Doña Juana nu'his'un mangusito, que mire, njú.' (ver 'No hay quien se li'aceique', 'nu'his'un', 'Mire, njú')

Botija: Vasija de barro. Pero en El Cibao solo se usa este nombre para designar esa misma vasija llena de monedas de oro, que dizque dejaban los españoles enterradas en ciertos lugares secretos, como cerca de un árbol centenario: caoba, seiba, etc.

¡Botó la vergüenza!: Se dice de alguien, a manera de broma, que ha hecho o dicho algo que nunca había hecho en grupos, tal como hacer cuentos 'picantes', bailar, etc. (ver 'Cuentos picantes')

Brabo: (Bravo) Hombre que no le tiene miedo a nada ni a nadie. Que pelea por cualquier cosa. (ver 'Guapo' y 'Poneise bravo')

Brechero: Joven que acostumbra a mirar a través de las brechas para ver mujeres desnudas.

Bregando, aquí: (Aquí bregando) (del castizo 'bregar'= trabajar afanosamente) Lo dice el campesino cuando está sentado y alguien llega y lo saluda: 'P: ¿Cómo ta Gerónimo? R: Aquí bregando.'

Bréjete: (talvez del castizo 'Berenjenal') Ruido de discusión entre gente. Desorden. Lío.

Brica de jabón: (¿De 'brisca': juego de naipes?) Barra de jabón, sólo el de lavar ropa. 'Juansito, ve'a la puipería y cómprami'una brica'e jabón'.

Brincachaico: (Brinca charco) Pantalón largo que queda corto por encima del tobillo.

Brinca la Tablita: (ver sección 'Juegos Cantados de Niños')

Broque: Bosque o sabana con muchas hierbas altas, arbustos y bejucos, muchos con espinas.

Bu'á: (ver 'vu'á')

Brutalidá (la): (La brutalidá) Se dice cuando alguien hace algo completamente fuera de lo normal. También se lo dice uno ismo cuando se quivoca en algo que ya sabe hacer bien. '¡Qué brutalidá la desi'hombre'. '¡Coño, pero que brutalidá la mía!'

Bu'a ta. Bu'a tai …: (Voy a estar…) "Bu'a ta fuera un rato, ya vengo'. 'Bu'a tai en casa tu'ei día'. (ver 'Tu'ei')

Buba: Enfermedad contagiosa caracterizada por erupción purulenta de la piel. (ver 'Yo no tengo buba')

Bucai como aguja: (Buscar como aguja) Se refiere al acto de buscar algo intensamente y por mucho tiempo.

Bucaile la vueita: (Buscarle la vuelta) Cuando un asunto no está saliendo como se esperaba, hay que encontrar una manera diferente de manejarlo. 'No ti'apure, búcale la vueita, y tu verá que te va'salí bien.'

Bucaile lo tre pie j'ai gato: (Buscarle los tres pies al gato) No hay gatos con tres pies, o patas. Indica que uno no debe meterse en situaciones o negocios que no conoce o que no existen, porque sin duda le va a salir mal. (ver los próximos dos dichos.)

Bucai lo que no se li'ha peidío: (Buscar lo que no se le ha perdido) Persona que en una reunión insiste en hacer comentarios que pueden causarle problemas con otros del grupo. Persona que crea situaciones problematicas. (ver 'Bucai perro con cencerro')

Bucai perro con cencerro: (Buscar perros con cencerros) Persona que en una reunión insiste en hacer comentarios que pueden causarle serios problemas con otros del grupo. Se dice de alguien que se arriesga a hacer un negocio que puede ser peligroso, o perder mucho dinero. 'Juansitu'anda bucando perro con cencerro metiéndose en negocio con'eso tíguere.' (ver 'Tíguere')

Bucáisela: (Buscársela) El mismo significado de 'bandiáisela'. (ver 'Bandiáisela')

Búcaro: (C: búcaro= tierra arcillosa para hacer vasijas. Florero) Ave silvestre difícil de cazar porque es muy veloz corriendo.

Bucavida: Que anda siempre buscando algo qué hacer por paga. 'Juansito ej'un bucavida'.

Buche: (C: estómago. Porción de líquido en la boca) Porción de líquido o sólidos en la boca. Prominencia natural de los lados de la cara. 'Pedro tiene lo buche grande.'

Buch'y pluma o **Buch'y pluma nomá:** (Buche y pluma o Buche y pluma nada más) Hablar mucho y hacer poco. Empezar un proyecto y tardarse mucho en terminarlo. 'Juansito se voivió buch'ipluma nomá'.

Buchú: que tiene la cara gorda, sobre todo los carrillos. 'Ese muchacho si'e buchú'.

Bucón: (castizo: buscón) Muchacho que por paga busca clientes para negocios, y pasajeros para carros públicos en las paradas. 'Yo salí ma temprano poique un bucón me consigui'ún carro público.'

Buena gente: Se dice de la persona que está siempre dispuesta a ayudar a los otros, que es honesta, no murmura ni engaña a nadie.

Buena mano: (buenas manos) Se refiere a quien tiene un talento natural para algo. Aquellas personas, que sin haberlo aprendido en la escuela, le quedan ciertas cosas, especialmente comidas, trabajo en madera, etc., mejor que a cualquiera. 'Juana tiene buena mano pa'haci'un sancocho'. 'Juan tiene buena mano pa'traj'en madera'. Llevarse bien con los animales: 'Pedro tiene buena mano pa lo perro'.

Buenaso: (C: buenazo= persona calmada y de buen carácter) Algo de comer que es muy bueno. 'Ese sancocho ta buenaso'. También se aplica a personas de buen carácter y muy amistosas, que les gusta ayudar, y se preocupan por la salud de los demás. '¡Ese Pedro e buenaso!'

Buena taide: (Buenas tardes) Se usa 'Buena taide' como saludo, respuesta y despedida después de mediodía. (ver 'Así se la de Dio')

Buenisano: Saludable. 'Yo no se poi qué Juansito no va a trabajai, poiqu'ei ta buenisano!'

¡Buenísimo que me pase!: Se lo dice uno mismo sarcásticamente cuando le ocurre algo desagradable, cuando ya sabía de antemano que podía ocurrirle y haberlo evitado. (ver '¡Quién me mandó?')

¡Bueno! ...: Se usa cuando se va continuar un relato después de una interrupción, '¡Bueno! ...'

Bueno día: (Buenos días) Se usa 'Bueno día' como saludo y respuesta antes del mediodía.

Bueno entonce: Manera de seguir adelante con la historia cuando se interrumpe lo que se ha estado contando.

¡Bueno vea! o **¡Bueno veeea!:** Cuando no se sabe la respuesta, o no se quiere dar la respuesta a una pregunta (segunda versión).

Buen puiso: (Buen pulso) Se dice de la persona que tiene buena puntería tirando algo con la mano, o que no le tiemblan las manos cuando las extiende hacia delante.

Buensoidao: (Talvez de 'buen soldado') Trabajador. Que le gusta el trabajo. 'Juancito si'e buensoidao'.

Bugañuelo o **Bigañuelo: (**Probablemente del castizo 'musgaño'= ratón pequeño) Ratón pequeño. 'Juansito corre mat'ese bigañuelo que se tan comiendo tu'el'arró'.

Bugarrón: (Bujarrón= sodomita) Maricón. Hombre afeminado.

Buido: (C: Burdo= tosco, grosero) Tosco, grosero. Socialmente inaceptable.

¡Búilate!: (¡Búrlate!) (ver '¡Ríete!').

Buito: (Bulto) Funda de llevar cosas. También se refiere a una sombra más oscura que la noche misma y que se mueve con propósito, que ve alguien mientras va por un camino solitario. Para él es un 'muerto'. (ver 'Mueito')

Bullucón: Paquete de cualquier cosa, sobre todo se usa refiriéndose a dinero. 'Juansito salió dei juego'e poke con su buen bullucón'. (ver 'poke')

Buquí: (origen desconocido. Talvez de 'buque': espacio para contener) Persona que come mucho. 'Juancito come com'un buquí'; 'Toy ma jaito qui'un buquí'. (ver 'Toy'; 'Ma'; 'Jaito')

Bureo. Bureíto: (C: del francés 'bureau'= junta administrativa. Entretenimiento) Dar un paseo para entretenerse o inspeccionar algo. 'Yo voy a d'un bureíto por'ahí'.

Burricá: (C: borricada= dicho necio) Conversación de poco sentido, o que no es verdadero lo que se dice. 'Cállate Juansito, que tu ta'hablando burricá'. (ver 'Burro')

Burro: Asno, Animal de trabajo. Persona ruda; que se le dificil aprender simples instrucciones.

Burro no come bicochito: (bizcochito: diminutivo de bizcocho) Se dice de alguien que no ha logrado suficiente educación social, se siente torpe e incómodo cuando se encuentra participando en ellas.

Burru'e caiga: (Burro de carga) Burro de carga. (ver 'Yo no soy burru'e caiga')

Burrundanga: (C: Morondanga, burundanga: confusión, enredo, plato de varios vegetales) Hablar sin concierto; disparates. 'No hable burrundanga muchacho viejo'.

C: (Letra C, c, ce. Sonido similar a 'z' antes de e, i) Se. se. 'Ecríbeme la letra se'.

C: Esta letra se pronuncia con conido de *z* antes de *e*, *i*, en gran parte de España, y con sonido de *s* antes de *e*, *i*, en los países iberoamericanos.

Ca: (Cada) 'Juansito sale con ca'cosa que cuaiquiera se queda azorao'. Como suena algo que se rompió de repente. '¡Y entonce hiso ca y se rompió!' (ver 'Ca'cosa' y 'Azorao')

¡Ca!; ¡Pa!; ¡Ran!: Dicho onomatopéyico de cuando se cae un objeto. '¡Hiso pa y se cayó!'.

Caballá: (C: caballada= manada de caballos) Hablar disparates. Animaladas. 'Mira muchacho nu'hable tanta caballá'. 'Déjate de t'hablando caballá'.

Cabañuela (la): (Las Cabañuelas) Pronosticación popular del tiempo durante el año. Los primeros doce días del mes de enero representan los doce meses del año, y de acuerdo a como se presente el tiempo cada día, así será durante todo ese mes.

Cabello bueno: Pelo cabelludo lacio.

Cabello malo: pelo de la cabeza corto y muy crespo. Cuando se enrosca en bolitas se dice 'en motas' o 'moticas'.

Cabesa dura: (Cabeza dura) Terco. Obstinado. '¡Oye, pero qué cabesa dura ej'ese muchacho!'.

Cabesa llena di'al'e cucaracha: (Cabeza llena de alas de cucarachas) Se dice de alguien que con frecuencia hace planes sin sentido práctico. 'Pedro parece que tiene la cabesa llena di'al'e cucaracha'. (ver 'di'al'e')

Cabesaso: (C: cabezazo) Golpe voluntario que da alguien con la cabeza a un objeto u otra persona. (ver 'Cacaso')

Cabesa vana: (Cabeza vana) (C: cabeza vana= la que está débil y flaca por enfermedad) Se dice cuando se siente la cabeza como si estuviera vacía, durante una gripe o 'flu'. (ver 'Flu')

Cabesú: (C: cabezudo: cabeza grande. Terco) Terco. Que no entiende cuando le explican las cosas. Se aplica mayormente a los muchachos, 'Ese muchacho si'e cabezú.' (ver 'Si'e'; 'Jata'; 'Tetarú'; caco duro)

Cabo: Rango de las fuerzas armadas y la policía. Cabo de tierra en el mar. Lo que queda de un cigarro (puro) después de fumado parcialmente. '¡Bot'ese cabo que ya jiede!'. El extremo por donde se agarra un objeto, *v.g.*: cuchillos, machetes, etc. (ver 'Colilla' y 'Túbano')

Cabra. Cabro: Mamífero rumiante doméstico. Chiva. Chivo. (ver 'Ma loca [loco] qui'una cabra'; 'Aloquetiao'; 'Chiva. Chivo')

Cabretiao pu'ei rabo: (De 'cabestro': soga que sujeta el caballo por cabeza y cuello) Se aplica a los niños y jóvenes mal educados y traviesos. 'Ese muchacho ta cabretiao pu'ei rabo'.

Cabronaso: (C: cabrón= Macho de la cabra) El que consiente el adulterio de su mujer) Tipo engañoso; que ya le ha hecho malas pasadas a otros amigos.

Cábula: (C: cábala= superstición) Cuando alguien se encapricha con algo. Superstición.

Cabusiai: (Talvez del inglés 'caboose'= último carro de un tren, y cocina de un barco) Castigar a los muchachos, a veces dándole una paliza y mandándolos a acostar. (ver 'Pela')

Cabuya: (pita) Planta y fibra del mismo nombre que se usa para tejer cuerdas, lazos, etc. (ver 'Fuete')

Caca. Cacá: Heces fecales, casi siempre en referencia a la de los niños. 'Ete niño parece que ta'hecho caca'. 'Fo, yo creo qu'ete niño t'haciendo cacá'.(ver 'Ete'; 'Fo'; 'Pupú')

Cacabei: (Cascabel) Cascabel.

Cacaguai: (C: cacahual o cacaotal) Terreno sembrado de árboles de cacao. Finca de cacao.

Cácara: (Cáscara) Cáscara de árbol y algunas frutas. (ver 'Cacarón')

Cacareo: Conversación escandalosa y persistente. Designado así por las personas cercanas, a quienes les molesta el 'cacareo'.

Cacariai: (C: cacarear= voces repetidas de las gallinas y gallos) Voces repetidas de las gallinas y gallos. Persona que habla y repite mucho en alta voz, sobre todo en un tono agudo. 'Juanita se pas'ei tiempo cacariando por'ei chime de la hija'.

Cacarita: Diminutivo de 'cáscara'. (ver 'Ponei una cacarita')

Cacarón: (Cascarón) Cascarón del huevo. Cualquier cubierta de un objeto del que se ha sacado todo su contenido.

Cacaroso: (Cascaroso= que tiene mucha cáscara) Expresión despectiva para alguien que no hace nada de valor ni de progreso, sin embargo se alaba a sí mismo en las conversaciones. 'Es'e j'un cacaroso viejo'.

Cacarrañoso-a: (C: cacaraña: hoyos de viruela en la cara) Cualquier objeto o persona con irregularidades en su superficie o piel de la cara. '¡Mira, ese tipo si tiene esa cara tuá cacarrañosa!'. (ver 'Tuá)

Cacaso: Golpe que alguien se da accidentalmente en la cabeza contra un objeto inmóvil. '¡Oye, me di'un cacaso en'esa pueita.' (ver 'Cabesaso'; 'Coscorrón')

Cacata: Araña grande, casi siempre negra y peluda, o de color rojizo.

La gente dice que 'pica y mata'.

Cachafú: Revólver.

Cacharra: Aparato viejo que ya no funciona bien. Casi siempre se refiere a vehículos viejos que hacen mucho ruido. 'Pedro, bot'esa cacharra y compra un carro nuevo.'

Cachasa: (C: cachaza= lentitud y sosiego en el modo de hablar. Flemático) Piel gruesa y dura, como callosidades, que se forma en la planta del pie en personas que andan descalzas en los campos. Cuando alguien engaña a un amigo se dice: '¡Qué cachasa tiene ese tipo, engañó a su mejoi amigo!' También se dice; 'Ese tipo si'e cachasú'.

Cach'e nacre: (Cacha de nácar o nacre) Chapas de nácar que forman la empuñadura de un puñal, revólver, cuchillo, etc. 'Mi papá tien'un puñai cach'e nacre.'

Cacheo, de: Cuando una persona le pide a otra con frecuencia que le traiga, le sirva, le regale lo que ella le pide, la tiene 'de cacheo. 'Oigan, pero Juansito me tiene de cacheo'.

Cachetú: (Cavhetudo= carrilludo) Se dice del que tiene la cara ancha, sobre todo los pómulos.

Cachicambiao: Algo que tiene diferentes partes, pero que no están en orden. Usar una media de un color en el pie izquierdo y de otro en el derecho. Se aplica a personas de carácter y acciones afeminadas. También a aquellas que con frecuencia cambian de su forma de ser, o de vestir. 'Juansito luce diferente di'ante, ta como cachicambiao'.

Cachimbo: Pipa para fumar. Se usa también como 'carajo', cuando no se quiere decir esta palabra.

Cachimbu'e tusa: (Cachimbo de tusa) Cachimbo, cuya parte adonde se pone el tabaco y se prende consiste en un pedazo de tusa ahuecado por un extremo hasta conectar con el tubo por donde pasa el humo hasta la boca.

Cacho: Cuernos. Exageración de lo bueno o bonito de un objeto, fruta o aún una mujer. 'Esu'er'un cacho e melón d'ete tamaño' 'Eso nu'e que na, esej'un cacho e jembra.' (ver 'Nu'e que na' y 'Jembra')

Cachucha: Especie de gorra ancha y aplanada a su alrededor y con visera.

Caco: (C: ladrón. Hombre tímido. Cobarde) Casco. Cabeza. 'Caco' y 'cabesa' se usan para designar la cabeza de los humanos. La de los animales es siempre 'cabesa'. 'Esi'ombre tiene ei caco pelao'. 'A Juan le dieron un palo puei caco (o 'la cabesa) ayei'. 'A la culebra ai que coitaile la *cabesa* pa'que se muera'. (ver 'Coitaile'; 'Pa'que')

Caco duro: terco (ver 'Cabesú')

Caco pelao: (Casco pelado) Se refiere a la persona calva.

Caco rapao: (Casco raspado) Que lo pelaron (recortaron) demasiado corto. (ver 'pelao ai coco')

Ca cosa: (Cada cosa) Algo sorprendente que acostumbra a decir alguien, que no se considera parte de la conversación habitual. '¡Juanita saita con ca cosa!' (ver 'Ca' y 'Saita con')

Cacú: (C: cabezudo) (Cascudo) Que tiene la cabeza grande.

Cacu'e comején: (Casco de Comején) Persona de mucho pelo negro y esponjado alrededor de la cabeza. (ver 'Comején')

Cacu'e locrio: (Casco de Locrio) De pelo enmarañado, si bien no 'malo', pero medio colorado. (ver 'Cabello malo' y 'Locrio')

Cacu'e losa: (Casco de loza) Persona calva. (ver 'Cacu'e queso')

Cacu'e queso: (Casco de queso) Persona calva (ver 'Cacu'e losa')

Cada uno tira pa su lao: (Cada uno tira para su lado) Se dice cuando se oye que alguien ha tomado la mayoría de algo para él, o se ha defendido de una situación y abandonado su grupo.

Cadencia: (Cadencia) (ver '¡Qué cadencia!')

Cádila(Cadillac) Marca de automóvil norteamericano.

Cadillo: Planta herbácea, cuya flor después de seca contiene múltiples pequeñas espinillas ganchudas que se pegan a cualquier clase de ropa con solo tocarle ligeramente.

Caei de jocico: (Caer de hocico) Se dice de la persona que se ha caído boca abajo. '¡Tu vite como Pedro se cayó de jocico!' (ver 'Vite')

Caei di'aito: (Caer de alto) Se refiere a alguien que ha llegado a unas buenas condiciones económicas y de repente pierde todo; o que ha conseguido una alta posición política y la pierde. '¡Oye, la veidá e que Juansito cayó di'aito!'

Ca'en'ei gancho: (Caer en el gancho) Aquel que sin darse cuenta se mete en un problema serio, de donde le da trabajo salir. O alguien que creía algo fácil de resolver y no pudo resolverlo. 'Juansito cayu'en'ei gancho'.

Caei redondo: (Caer redondo) Persona que recibe un golpe y cae al suelo sin conocimiento. 'A Juansito le dieron u trompón anoche en la fieta que cayó redondo.'

Cae'n: (Caer en) '¡Cuidao, que te pué ca'én la funia esa' (ver 'Pue'; 'Funia'; 'Fujnia')

Cagaise de la risa: (Cagarse de la risa) Reírse a carcajadas y con mucho gusto y por un ratol largo.

Cagaise fuer'ei cajón: (Cagarse afuera del cajón) Las letrinas tienen un cajón con un agujero grande en el centro sobre el que la persona se sienta para defecar. Algunas personas se ponen en cuclillas sobre el agujero para defecar y corren el chance de defecarse fuera de él. La implicación de la frase se refiere a decir lo que no se debe sin darse cuenta. 'Juansito se cagó fuer'ei cajón por'hablai tanto.'

Cagao: (C: cagado) De 'defecar'. Se refiere mayormente al niño que ha defecado en su pañal, como en 'Ta cagao'. '¡Fo, ese muchacho debe tai cagao en lo trapo!' También se usa para alguien que le le han ocurrido varios problemas seguidos. 'Ei pobre Pedro parece que ta cagau'e lo pájaro.' (ver 'Fo'; 'Tai'; 'Trapo'; 'Cagau'e lo pájaro')

Cagalera: (Cagalera) (C: diarrea) Mosca cagalera= Mosca grande de color rojo y azul que pone sus huevos (queresa) en la carne que se deja descubierta y en heridas expuestas al aire. (ver 'Le cayén la queresa')

Cagao de la gallina. **Cagau'e la gallina**. **Cagau'e lo pájaro**: (Cagado de las gallinas. Cagado de los pájaros) Se dice de alguien a que le han ocurrido varios problemas o desgracias últimamente. Período de mala suerte. 'Juansito parece ta cagau'e lo pájaro últimamente.' 'Yo toy cagao de la gallina'. (ver 'Toy')

Caguaza: Yerba trepadora que crece en los conucos descuidados, que da una frutita de saboe ácido o agrio.

Cagueta: Se dice de la persona, casi siempre un hombre, que no hace bien las cosas; que no progresa, o que es cobarde. 'Ese Pedro ej'un cagueta.' (ver 'Ej'un')

Cai: (Cal. Cae= de 'caer') Cal=óxido de calcio. 'Hay que poneile cai a eso pa'que la cucaracha no pasen.' De caer: '¡Cuidao muchacho, que te cai d'esa silla!'

Cai bien. Cai mai: (ver 'Me cai bien'. 'Me cai mai')

Caicalí: Sonido del canto, y nombre que se le da a la rana que lo emite. Se escucha en los campos, con frecuencia en la tardecita, antes de oscurecer. Suena algo así como: 'cai-calí calí calí'.

Caicamonía: (C: calcomanía= imagen que se pasa de un papel a otra superfice) Significa lo mismo. (Eso nu'e de veidá, esu'e j'una caicamonía.' (ver 'Nu'e' y 'Nu'e de veidá')

Caicoma, le cayó: (Carcoma, le cayó) Mueble o madera roído por la carcoma. Alguien que está sufriendo pérdidas después de haber estado en buenas condiciones económicas por mucho tiempo.

Caicomío: (del castizo 'carcomer'= roer la carcoma) Cualquier objeto con múltiples agujeros de insectos. Aparato ya viejo, oxidado por diferentes partes debido a mucho uso.

Caicomío poi dentro: (Carcomido por dentro) Se refiere a alguien que está sufriendo 'por dentro', debido a algo que pudo haber hecho para ayudar a otra persona, pero no lo hizo. (ver 'Caicomío')

Caicurimbo: Esquivo e intranquilo. Persona que a veces mira mucho y de seguido en todas direcciones, como si lo tuvieran acechando. (ver 'Caiquirumbo' 'Asechai')

Cáida: (caída) Mayormente usado en el campo adentro. 'Me di'una cáida que casi me romp'una canilla'. (ver 'Canilla')

¡Caí de pendejo! y **¡Cayí de pendejo!**: (¡Caí de pendejo!) Se lo dice alguien a un amigo, contándole que se dejó engañar por alguien que le habló de un negocio. 'Ese tipo hablaba tan de pronto, que dique yu'iba ganai mucho cuaito, ¡que caí de pendejo!'. (ver 'Cuaito; 'Cayí')

Caidosanto: (C: cardo) Planta que se da en campos baldíos. Tiene un tallo central de seis a doce pulgadas de alto y muchas hojas espinosas alrededor.

Caiga. Caigo: (Cargar) Carga que llevan los animales. Llevar consigo cualquier objeto pequeño. Llevar puesta una prenda de vestir. 'A Pelegrino se lo llevaron preso poique caigaba un puñai.'

'Juansito siempre caiga pueta esa camisa colorá.' 'Yo siempre caigo pluma y papei p'apuntai cosa pa'qe no se mi'oividen'.

Caigan: (Del verbo 'caer') Se dice cuando las moscas depositan sus huebecillos en carne a la intemprie o llagas de animales, y cuando se desarollan los gusanos. 'A esa cajne le cayén queresa'. 'Ai mulo gacho le cayén gusano, hay que poneile criolina'.

Caigao: C: cargado) Cargado. Persona o animal que lleva todo el peso puede. Arma de fuego armada. Dados de juego preparados para que salgan de la manera prevista.

Caiga pueta: (Lleva puesta) Se refiere a una prenda de vestir que se lleva puesta. 'Juansito caiga puet'esa camisa to lo día!'

¡Cáimate animai feró!: (¡Cálmate animal feroz!) (ver '¡Detente animai feró!').

Caimita: Apodo, diminutivo de Carmen.

Caimito: Árbol alto de fruta esférica, de unas 2-3 pulgadas de diámetro; pulposa y dulce.

Caimoní: Planta silvestre de frutos pequeños.

Caimonise (Lo): (Lo Caimonise) Poblado en República Dominicana.

Caipetoso: (Carpetoso) Persona o niño molestoso.

Caipián: Que no trabaja ni se dedica a nada más que estar de vago y comiendo gratis donde le dan la comida. 'Ese Monsito ej'ei caipián ma caipián que yo'e vito'. Pájaro carpintero.

Caipirrio: Sujeto maleducado y difícil de socializar con él. 'No li'haga caso, es'e jun caipirrio.'

Caiquirumbo: Esquivo. Que hace las cosas con rapidez y sin orden. Es lo mismo que 'Caicurimbo.' (ver 'Caicurimbo' y 'Aloquetiao')

Caisá: (C: calzada= calle; carretera) Acera. Ser femenino que lleva zapatos puestos. 'Juanita parece que va pa l'iglesia, poique va caisá de taco aito.'

Caisapollo: (Calza pollo) Zapato barato de lona, casi siempre ancho para que no 'aprieten'. 'Pedro no deja de poneise lo caisapollo p'entr'ai pueblo.' (ver 'P'entrai')

Cáise: (C: cárcel) Cárcel. 'A Minguito lo metieron a la caise ayei'. En el campo adentro se usaba 'cáise' por 'caerse'. 'Juanito tuvu'ai cáise de la mat'e mango'.

Caiseta: (C: calceta: media de pies. Tejido de punto) Zapatilla de cuero ligera sin talón, para caminar cómodamente. 'Casimira, ham'ei'favoi, pásame'esa caiseta' (el par). (ver 'Hame')

Caisone: (Calzón. Pantalón) Calzón. Pantalón. 'María, plánchame lo caisone, que tengo que di'a Macorí hoy temprano'.

Caisumino: Solución de cal y agua que se usaba, o quizá se usa todavía, para pintar interiores de enramadas, letrinas, etc.

Cajetiaise: (Cajetearse; ¿darse cejetazos?) Pelear a los puños. 'Juansito y Pepe se cajetiaron en la bachata di'anoche'. A veces se dice de los novios cuando se han visto besándose y manoseándose medio a escondidas. '¡N'ju, yo creo que Caimita y Pedro tan enredao!'. (ver 'Enredao')

Cajne. Cane. Caine: Carne.

Cajón: Caja pequeña de medida de granos más o menos la cuarta parte de una caja. Caja de madera unida al piso de las letrinas con un agujero redondo en la parte superior para sentarse a defecar. Siempre hay una más pequeña al lado para los niños. Algunos se aplastan sobre el cajón, en vez de sentarse. (ver 'Se cagó fuer'ei cajón')

Cajuí: (Cajuil) Árbol de fruta muy apetecible, tal como la semilla después de tostada.

Calabasa o **Jigüero:** (Calabaza o Higüero) Fruto del árbol higüero, redondo u ovalado y de diversos tamaños, de cáscara dura y delgada, que se usa como recipiente después de limpio por dentro y seco. (ver 'Calabaso' y 'Jigüero')

Calabaso: Recipente hecho del higüero (calabaza) más grande (alrededor de doce a quince pulgadas por el diámetro más largo y ocho a diez pulgadas de ancho). Solo tiene un agujero. Se usa en los campos para transportar agua del río. Lo llevan las mujeres asentado en la cabeza sobre un babunuco. (ver 'Babunuco')

Calabrote: (C: calabre= cuerda gruesa. Calabrote= cabo grueso con varios cordones) Pedazo de madera grueso sin pulir. Cualquier objeto sin pulir o deformado.

Calaca (la): (La Calaca) Onomatopeya de la 'muerte' en forma de esqueleto. 'La calaca vino y se la llevó'.

Calamidá: (C: calamidad) Apodo de un reputado y popular chófer que transportaba clientes de San Francisco de Macorís a Santo Domingo.

Calibolate: (Inglés: chalybeate; pronounced 'kalibeat'= líquido que contiene sales de hierro) (ver 'Trementin'y Calibolate')

Calié: Espía del gobierno. 'Ten cuidao qu'ese ej un calié'.

Calientico: (C: calentito) Recién hecho. De un caliente agradable. 'Tómat'ei café que ta calientico'.

Calientísimo: (C: calentísimo) Muy caliente.

Calimochai: Recortar algo sin orden ni propósito. 'Pero Juanito, ¿poiqé tu tiene ese cuaceno to calimochao? 'A ti en ve de pelaite te calimocharon'.

Calitomé o **Calito me:** La expresión completa es 'Llevai a calitomé'. Llevar los niños a horcajadas en los hombros o en las espaldas. Más como un juego para entrener niños.

¡Cállate que ...!: En vez de mandar a callar a alguien, indica que se va a dar una noticia más importante de lo que se está hablando, pero en relación al mismo tema. Cuando se habla de un rumor o chisme, y alguien dice, 'Y dicen que Juanita tab'ahí esa noche', otro refuerza el rumor diciendo en tono de mejor noticia para el chisme: '¡Cállate, y diqu'ei marío l'andaba bucando!'. (ver 'Dique'; 'Onde')

Callejera: (C: perteneciente a la calle) Mujer de la vida. Prostituta. De menor significado: Mujer que pasa los días caminando por las calles.

Callejero: (C: perteneciente a la calle) Hombre que se pasa los días andando por el pueblo.

Cállese, que lo muchacho hablan cuando la gallina mee: Se le decía antes a los niños y jóvenes cuando opinaban en conversaciones de adultos, o se aparecían con alguna queja mientras los adultos conversaban.

Camán: (Del inglés, a través de las películas de vaqueros: Come on= ven; venga) '¡Camán, no diga eso que eso nu'e veidá!'

Camarón: Crustáceo de río; es comestible. (ver 'Eso ta camarón')

Camarón que se dueime se lo lleva la corriente: Indica y aconseja que hay que mantenerse alerta en todas las empresas de la vida desde la más pequeña hasta la más importante. Aquel que se duerme pierde en la contienda de la vida.

Cambiai lo trapo: (Cambiar los trapos) Antiguamente lo que hoy es 'cambiar los pañales'. 'Cámbiale lo trapu'ese muchachito que ta to miao.' (ver 'To')

Cambita: (C: cambista= que cambia dinero) Que cambia dinero; sobre todo dólares y pesos.

Cambumbo: Vasija de metal u otro material de mediano tamaño, para transportar líquidos. 'Mira muchacho pásam'ese cambumbo pa di a bucai agua'. (ver 'Di')

Camina jamaquiándose: (Camina hamaqueándose) Se dice de la persona que camina con cierto balanceo de un lado a otro, ya sea por costumbre natural o defecto físico. '¡Mir'esi'hombre como camina, jamaquiándose!'.

Caminando apurao: (Caminando apurado) Caminar más rápido de lo acostumbrado o promedio. '¡Pero miren, Juansito si va caminando apurao! ¿Qué le pasará?'

Camión de voiteo: (Camión de volteo) Camión de cama metálica para transportar arena, tierra y piedras.

Camisa di'once vara: Se dice de alguien que comienza un negocio, o está haciendo algo que se sospecha que no es capaz de completar, o triunfar. 'Juancito si'a metió en'una camisa di'once vara'.

Camisilla: Prenda sin mangas que se usa debajo de la camisa. (ver 'Franela')

Campiao: Listo para pelear si es necesario. 'Esi'ombre se campió allí lito pa'peliai con cuaiquiera'. '¡Pero vean a Juansito como ta campito ahí!'

Campu'adentro: (Campo adentro) Se refiere a las aldeas, caseríos o vecindarios de los campos que están muy lejos y más o menos aislados de los pueblos y ciudades, sobre todo los campos de las lomas.

Campuno: (campesino) Persona que vive en el campo.

Camuca: Engaño. 'Ei puipero mi'am'una camuca, y se quedó con tu'ei menú.' (ver 'Tu'ei' y 'Menú')

Can: (C: 'perro' y otras acepciones) Bullicio de voces, reunión alegre de cuentos, risas, etc., '¡Y qué can e que tienen Juana y Rosa y tu'esa gente en la cocina?' (ver 'Tu'esa')

Canana: (C: cinto para cartuchos) Estuche o funda de cuero para armas de fuego. Problema que se le presenta a alguien: '¡Qué canana eta!' (ver 'Vaina')

Cancaniai: Repetir una queja con persistencia frente a otro. 'Déjate de cancaniai tanto Juansito'.

Candelita: (Llama pequeña de candela. Chispa de candela) Decir o vocear 'Candelita' cuando estaba nublado era una amenaza mortal, y si se decía mirando hacia las nubes, y sobre todo entre los muchachos era peor, pues la creencia era que esta palabra atraía el rayo o la centella. Cuando alguien decía 'candelita' en alta voz los otros niños salían despavoridos en todas direcciones. (ver 'Centella')

Candongo: árbol frutal.

Canilla: (C: pierna, entre la rodilla y el pie, sobre todo si es delgada) Significa lo mismo que en castizo, pero como es de uso rutinario y freacuente, parece regional. Clase de arroz (arroz canilla)

Canillú. Canillúa: De 'canilla'. Que tiene las piernas largas y flacas. '¿Tu te fijat'en Juanita como si'ha pueto, tan canillúa?

Canita. Canito: (De 'Can' [ver]) Designa la persona que anda de fiesta en fiesta, y cuando no, encuentra excusas para un jolgorio, etc. '¡Pero Juansito si'e canita, cada rato t'invetand'una fieta!' (ver 'Can'; 'A ca rato')

Canquiña: (C: charamusca= confitura acaramelada en forma de tirabuzón, hecha de azucar y otras sustancias) Dulce delgado, alargado y quebradizo, con vetas de colores en espiral (¿tirabuzón?) a su alrededor. Le gusta mucho a los niños.

Cansau'e decite: (Cansado de decirte) Se usa cuando se ha repetido la misma cosa más de un vez, y el que recibe la información continúa preguntando. 'Toy cansau'e decite que yo no se na d'eso.'

Cantai: (Cantar) Cantar canciones. También se usa para designar la acción de una persona cuando le responde a otra que la ha agraviado. (ver las siguientes expresiones aue comienzan con 'Cantail'ei'.

Cantail'ei gallo: (Cantarle el gallo) Significa contestar una ofensa o falta de respeto, declarando la ignorancia y cualidades desagradables del acusador, ya bien conocidas por los demás. 'Tomá me faitu'ei repeto y ahí mimo le cant'ei gallo en su propia cara'. 'A mi que no me vengan con vaina, que yo le cantu'ei gallo a cualquiera'. (ver 'Matail'ei gallo en la mano')

Cantail'ei panamá a cuaiquiera: (Cantarle el panamá a cualquiera) Elmismo significado de 'Cantail'ei gallo'. (ver)

Cantaile la un'y una: (Cantarle la una y una') Su uso es muy parecido al significado de 'Cantal'ei gallo' (ver).

Cantaile tre veidade: (Cantarle tres verdades) Manera y palabras que usa una persona para contestarle a otra que la ha agraviado. 'Juansio le cantó tre veidade a Pedro anoche' o 'Juansito le cantó la tre veidade a Pedro anoche'. (ver 'Tre veidade')

Cántara. Cantarita: Lata redonda o cuadrada de aluminio o latón, de pequeño o mediano tamaño, donde ha venido comida procesada o líquidos, que después de vacía se mantiene para uso casero, como transporte de granos o líquidos. 'Juansito pásame la cántara esa p'ech'eto frijole que sobraron'. (ver 'P'ech'eto')

Cantaso: (C: cantazo= golpe dado con una piedra o canto) Golpe fuerte que se recibe o se da con cualquier objeto. En el hablar dominicano casi siempre el golpe se lo da uno mismo. 'Me di'un cantaso con una piedra en'ete deo que casi me lo llevo con'tó'. (ver 'Llevaise' y 'Con'to')

Cantéate o **¡Cantéate!:** (Del castizo 'cantear'= poner o asentar ladrillos o piedras de canto. Se le dice a alguien cuando en una discusión le toca hablar o defenderse, y está indeciso. '¡Ahí ta Juancito, cantéate!') En el juego de niños, poner las bolitas o semillas que le corresponden en el ron. En el mismo juego quedar la chata sobre la raya : quedar 'cantiá'. (ver 'Ron'; 'Chata'; 'Cantiá')

Cantiaise: Pararse erguido con los pies separados y la cara muy seria. 'Esi'hombre ta cantiao ahí como lito pa peliai'. (ver 'Campiao')

Cantiá. Cantiao: En el juego de 'chata', cuando ésta, tirada desde el círculo queda sobre la raya. 'Juansito quedó cantiao', y le toca tirar primero al círculo donde están las bellugas o semillas. (ver 'Chata')

¡Cantidá!: (C: cantidad= mucho) En Rep. Dom. Se usa también para describir dolor, sensaciones, etc. 'P: ¿Te duele la cabeza? R:Cantidá'. 'P: ¿Ta contento? R:¡Cantidá!'. 'Yo tengo cantidá de libro'.

Caña: Planta de caña de azúcar. Muñeca y antebrazo de una persona, casi siempre del hombre. '¡Qué caña tiene Juansito!'

Cañafítola: (Cañafístula) Árbol frutal.

Cañaso: (C: cañazo=golpe dado con una caña) Golpe dado a alguien con el puño; probablemente nunca con la muñeca). '¿Tu oíte?, anoche Juansito le di'un cañaso a Pedro que casi lo tumba.' Niño que tiene los brazos bien desarrollados, '¡Ese muchacho va teni'una buena caña!'

Cañera: (C: utensilio para para sujetar las cañas de vino) Dolor en una o las dos piernas por debajo de las rodillas.

Caño: Cañerías que recogen el agua de lluvia de los techos. Arroyo.

Cañone: (Cañones) Plural de cañón de armas de fuego. Plumas de las aves cuando empiezan a nacer y a salir de la piel, y tienen el color azul, y todavía sin barbillas. Después de que se ha desplumado el pollo se pasa despacio sobre la llama hasta quemarle los cañones. '¡Quítale lo cañone a ese pollo ante de limpiailo¡' (ver 'Limpiai')

Cañojondo: Plátano guineo; el que se come crudo cuando está maduro.

Cañuto: C: Canuto. Cañuto) Tubo de bambú o de cualquier caña hueca.

Capá: (Capaz) Usado más con el significado de 'atreverse' que como 'capacitado'. '¡Juansito e capá de llevais'esa muchacha!' (ver 'E') Árbol de madera muy dura, que dicen que mella sierras y serruchos.

Capatá: (Capataz= El que gobierna y vigila varios trabajadores) Persona encargada de vigilar y organizar el trabajo de un grupo de obreros.

Capulario: (Escapulario) '¿Tu te fijate? Ei capulario dei padre taba como manchao.'

Cáquete: Golpe dado en la cabeza con los nudillos de los dedos, sobre todo a los niños. (ver 'cocorrón')

Caquito: (Talvez de 'casquitos' de maiz) Durante parte de la década de los cuarenta y después del terremoto, con la economía por el suelo en República Dominicana, el maíz seco machacado y granulado (caquito) era el alimento más barato para todos.

Cara'e machete: Persona de cara muy seria. 'Mir'esi'hombre, tiene la cara'e machete'. (ver 'Machete')

Cará: Carajo y todos sus derivados. 'Ma malo qu'ei cará'; 'Ma bueno qu'ei cará'.

Carabela: (C: calavera= esqueleto óseo del cráneo humano) Calavera. (ver 'Sacaile la carabelita')

Carabina: Arma de fuego similar al fusil, pero más corta.

¡Caracha!: Aberración de 'carajo'. (ver 'carajo' y 'caranche')

Cara chata: Persona de facciones aplanadas.

¡Carache! o **¡Ay carache!:** (Probablemente aberración de 'carajo'. Interjección que denota sorpresa o frustración.

Carajá: (De 'carajo') Se dice de algo mal hecho o fuera de lugar que ha hecho o dicho alguien. 'Juansito ha dich'una carajá'.

Carajete: Diminutivo despectivo de 'carajo'. Persona molestosa, de personalidad inmadura y poco atractiva. Peor que 'carajo'. '¿Tu'hablao con Juansito?' "No, ese tipo e'jun carajete'.

Carajito. Carajita: Diminutivo de 'carajo'. Muchacho travieso y molestoso: '¡Qué carajito ma jodón ese!'. Cualquier joven o jovencita. '¡Qué bonita ta'la carajita esa! (ver 'Ma'; 'Jodón')

Carajo: (C: pene) Expresión representativa de varios estados de ánimo. 'Carajo, qué pasa aquí'. '¡Carajo, pero qué bonita t'esa mujei'. "¡Carajo se me cayu'ei vasu'e ron!'. También designa a alguien desagradable socialmente, 'Ese e'jun carajo' y 'Ese e'jun carajo a la vela' (ver).

Caraju'a la vela: (Carajo a la vela) Persona socialmente desagradable y algo inestable. Que se jacta de que sabe mucho. La expresión completa es: 'Ese'jun caraju'a la vela.' (ver 'Ese'jun')

Cara lambía: (Cara lamida) persona de cara pálida y facciones suaves.

¡Caranche! o **¡Caaaranche!:** Derivado de 'carajo'. '¡Caaarache, se me ta botando el'aceite'. (ver 'Carache')

Ca'rato. A ca'rato. Cada rato: (Cada rato) Expresión bastante usada para designar algo hecho por alguien con frecuencia. Si bien, a veces se exagera, cuando la persona lo ha hecho solo dos o tres veces. 'Pedro se pon'esa camisa ca'rato'. 'Juansito se pon'eso sapato cada rato'. 'Yo hagu'eso a ca'rato.' (ver 'Li'ha cogío con...')

Car'e luna llena: (Cara de luna llena) Persona de cara grande y redondona. (ver 'Redondona')

Car'e machete: (Cara de machete) Persona de cara seria, que parece como si estuviera enojado.

Car'e mico: (Cara de mico) Persona de cara delgada y facciones pequeñas. (ver 'Mico')

Car'e mime: Cara de mime) Persona de cara o rasgos faciales pequeños. (ver 'mime'; 'Lengu'e mime').

Car'e naiga: (Cara de nalga) Persona de cara ancha y 'regoidía' (ver).

Car'e pendejo: (Cara de pendejo) Aspecto de bobo o de asustadizo.

Caretú: Persona que tiene la cara grande. (ver 'Carú')

Cariaco: (ver 'Arró cariaco')

Cariai: (Carear) Término gallero. Agarrar dos gallos y ponerlos de frente con las caras cerca uno de otro para provocarlos a la pelea, casi siempre antes de la pelea oficial, pero también cuando se cansan en medio de ella.

Carijo: (Carajo) Se usa cuando no se quiere decir 'carajo'.

Carimbo: (Carajo) Se usa cuando no se quiere decir 'carajo'.

¿Car'o cudo? o **¿Car'o cru?:** (¿Cara o escudo? o 'Cara o cruz?) Se dice mientras se tira una moneda al aire. El interpelado gana lo que sea si acierta a cómo cae la moneda. (ver 'Cudo'; 'Cru')

Carrache: Base de donde nace un apéndice externo del cuerpo, casi siempre en referencia a las uñas. '¡Se me fu'esa uña por'ei carrache!' '¡Me coit'esa uña por'ei carrache!'. (ver 'Se me fue ...')

Carrao: Ave zancuda y de poca carne y pico largo, cuyo nicho es a lo largo de los ríos. Persona flaca. 'Juanita ta com'un carrao de flaca'.

Carrera en caballito: En béisbol solo hay tres bases para acomodar corredores del equipo contrario; cuando hay un corredor en cada base y el pitcher le tira cuatro bolas al bateador, este va a ocupar la primera base, el que está en tercera base entra caminando a home con una carrera más. Esta es la 'carrera en caballito'. (ver 'La base llena')

Carú: Persona que tiene la cara grande. (ver 'Caretú')

Casá: (Casada) 'Ella ta casá con'ei'. (ver 'Con'ei')

Casabe: (Cazabe) Torta delgada hecha de yuca rayada.

Casa di'aito: (Casa de altos) Casa de dos pisos. Existe un poblado de nombre Casa Di'aito.

Casao: (Casado) 'Esi'hombre ta casao. ¿Tu no le ve el'anillo?' También cuando dos galleros cuadran dos gallos para una pelea.

Casi: Se dice cuando a algo le faltó poco para suceder.

Casi casi: Se dice de algo que estuvo al punto de ocurrir. Es más inminente que 'Casi'. 'Juansito casi casi se cai d'esa silla'. (ver 'Cai'; 'Ai trí'; 'Ai trisito')

Casi me mata: Se dice cuando alguien o algo le ha pasado por el lado muy rápido al hablante, pero sin tocarlo.

Casimente: Algo que casi llegó a suceder, o quizá comenzó a suceder, pero nunca llegó a ocurrir por completo. 'Ese carro diba matándose poi la carretera y casimente me mata'. (ver 'Matándose')

Casimí: Casimir. Tela de lana y pelo de cabra con que se fabrican trajes, mayormente de hombres.

Casi nunca: Se dice de algo que sucede muy esporádicamente. 'Esi'hombre casi nunca pasa por'aquí'.

Casi siempre: Se refiere a algo que sucede con frecuencia, pero no 'siempre'. 'P: ¿Tu conoci'a Juanita? R: Si, casi siempre nu'encotramu'en'ei meicado.'

Catañ'ocuro: (Castaño oscuro) (ver 'Y'eso se pasa de catañ'ocuro')

Catebía o **Catibía:** Yuca rayada. Harina de yuca. (ver 'Yuca')

Cateiba: (C: caterva= multitud de gente, o cosas consideradas en grupos, pero sin organización) Grupo numeroso de gente o cosas. 'Ahí había una cateiba de genti'a caballo'. 'Una cateiba de pavo j'y ganso'. (ver 'J'y')

Catre: Cama de la gente pobre en los campos, hecha de dos patas de madera cruzadas en cada extremo y dos listones gruesos a cada lado de donde se pega la lona u otra tela fuerte, y sobre la cual se tiende la colchoneta. Se cierra como tijera. (ver 'Fueitiazui'; 'Cochoneta')

Ca've: (Cada vez) 'Yo mi'aruño ca've que paso por'abajo d'esoj'alambre'. 'Ca've que yo le digu'aigo s'enroña'.(ver 'Aruñai'; 'Esoj'alambre'; 'Enroñai. Enroña')

Cayén: (Del verbo 'caer') Cayeron. (ver 'Cayí'; 'Me cayí')

Cayí: (Caí= Primera persona, tiempo pasado del verbo 'caer') 'Yo diba crusandu'ei río y me cayí'. (ver 'Diba')

Cayó a to'lo laigo: (Cayó a todo el largo) Alguien que ha caído al suelo a todo el largo del cuerpo. (ver 'Cayó redondo', 'Cayó tendío', 'Cayó seco')

Cayó com'una guanábana: Se cayó y dio con todo el cuerpo de lleno en tierra. (ver 'Guanábana')

Cayó de indio: Se dejó engañar fácilmente

Cayó di'aito: Se dice de alguien que estaba buenas condiciones financieras y de repente lo pierde todo. 'Ese Ventura si cayó di'aito. ¡Tanto cuaito que tenía esi'hombre!'

Cayó redondo: Cayó al suelo sin conocimiento. Talvez encogido como un ovillo. (ver 'Cayó seco')

Cayó seco: Cayó al suelo sin conocimiento; talvez sin respiración. (ver 'Cayó redondo')

Cayó tendío: Cayó al suelo, se podría decir sin conocimiento; talvez con las extremidades extendidas. (Ésta, y las dos expresiones anteriores tienden a ser exageraciones del acto descrito)

Cayu'en'ei gancho: (Cayó en el gancho) Se dejó engañar. (con un poco más de trabajo que cuando 'Cayó de indio')

Ceboso: (ver 'Seboso')

Ceica: (C: cerca) Que no queda lejos.

Ceiqu'e...: (Cerca de...) 'Yo taba ceiqu'e la casa cuando me di'ei mareo.' (ver 'Di'ei')

Ceiquita: Más cerca que 'ceica'.

Ceiquitica: Más cerca que 'ceiquita'.

Ceiquititica: Más cerca que 'ceiquitica

Ceiquininga: Más cerca que 'ceiquititica'.

Ceiquinininga: Más cerca que 'ceiquininga'. (ver 'Allí mimo')

Celaje: (ver 'Selaje')

Centefí. Centerfí. Centerfil: (En béisbol= campo central) (ver 'Ei centefí')

Centella: (C: rayo de poca intensidad) El rayo más potente y destructor que se podía cocebir. Se decía que consistía en una piedra redonda más dura que todas las conocidas en el mundo. La centella era algo mitológico en los campos.

Cepa: Parte más gorda de la raiz de una planta, como el plátano. Órganos genitales femeninos. '¡Qué cepa debe ten'esa jembra!'. (ver 'Jembra')

Cero al'iquieida: (ver 'Sero a l'iquieida')

Cerrero: Se dice de los animales, sobre todo del mulo que no está domesticado, pero principalmente se dice cuando no quiere dejarse aparejar y patea al aire repetidamente para evitarlo.

Chabacano: Persona que se viste mal. Persona que anda siempre 'abandonao'. (ver 'Abandonao'.

Chabo. Chabito: (ver 'Chavo'; 'Chavito')

Chaico: (C: charco= remanso del río) Remanso del río. 'Yo me tiri'ai chaico dede lo má aito de la peña.' (ver 'Tiri'ai; 'Dede')

Chambón: Persona que con frecuencia hace las cosas mal hechas. Que falla mucho en los juegos de precisión. 'Juansito e'jun chambón, no pega una'.

Chambra: (C: Blusa) Alfiler doble con resorte que se usa para sujetar partes de la ropa. (ver 'De chambra')

Chambre: (C: pillo) Guiso (asopao) de frijoles verdes (frescos), cilantro y otros vegetales. (ver 'asopao')

Champola: Original: refresco hecho de guanábana y leche, pero también de otras frutas.

Chanfle (de): (De chanfle) Se dice de un golpe dado de sesgo. 'Esa piedra le pasó de chanfle poi la cabeza.'

Changüí, dai: (C: chasco; engaño) Cuando alguien le da envidia a otro con algo nuevo, caro y apetecible que ha comprado. 'A Juansito si le guta dai changuí'.

Chanse: (Anglicismo de 'Chance'= casualidad; suerte) Casualidad. Suerte. Oportunidad. 'Eso fue de chanse que no me rompi'ei caco cuando me caí'. (ver 'Caco')

Chapapote: Original: asfalto espeso. Cualquier material muy espeso, hasta de comer.

Chapea. Chapeíta: Genérico campesino para comida criolla simple. 'Lo trabajito qui'hago por ahí solo me dan pa'ganaime la chapea'. 'Lo que me dieron f'una chapeíta vieja, depué que sudé tanto ayudándolo'.

Chapiai: Para los países del Caribe: chapear= limpiar tierra de malezas y hierbas con machete. Cortar hierbas altas y malezas con el colín. (ver 'Colín'; 'Machete) También golpear la ropa en las piedras del río para que despida el sucio. (ver 'Lavadero')

Chapita: Pedazo de cualquier material que cubre la superficie o agujero de un objeto. Tapa metálica de las botellas. Mote popular, despectivo, del dictador Trujillo.

Chapusero: (del castizo 'chapuza': obra hecha sin arte ni esmero) Trabajo hecho sin arte ni esmero. 'Juansito si'e chapucero, ¡adió, y no me hizo la cajita vieja esa y ahora la tapa no le sive!' (ver 'Adió!; 'Sive')

Charamico: (C: charamusca= tres significados: a) leña menuda con que se hace el fuego en el campo. b) chispa que salta del fuego de leña. c) confitura en forma de tirabuzón hecha de azúcar y otras sustancias y acaramelada) Las ramas más delgadas y secas de los árboles. Mujer muy delgada. '¡Juanita si'ha vueit'un charamico!' (ver 'Canquiña')

Charro. Charra: Se dice de algo barato, mal hecho. Persona mal educada, de lenguaje inculto y vulgar. 'Qué tipo ma charro ese que ta hablando con Juansito.' (ver 'Ma')

Chata: (C: bacín o bacinilla) Piedra plana con la que los niños juegan al 'ron-y-raya'. También para tirarla de plano sobre la superficie del agua en los ríos para que salte repetidamente. Botella de licor de lados aplastados (chatos). 'Mire puipero, deme una chata de ron Brugai'. (ver 'Ron')

Chato: Objeto con uno o los dos lados aplanados.

Chavo. Chavito: (Centavos. Centavitos) Talvez de 'ochavo'. Se refiere a dinero en monedas y en general, que podría ser en gran cantidad o poca. Gran cantidad: 'Juansito tiene su bueno chavito, así com'utede lo ven.' 'No ombe, yo lo que tengo son do'jo'tré chavito viejo.' Apodo de hombre. (ver 'Viejo'; 'Chabo'; 'Chabito')

Checheré: Personaje legendario, (talvez brujo haitiano) que ayudaba a los enfermos y desfavorecidos, y tenía poder para curar o salvar a cualquiera de las peores enfermedades y dificultades. (ver 'No lo saiva ni Checheré')

Cheicha: Reunión donde hay mucho alboroto, mayormente de conversación, casi siempre alegre. '¡Tu oye, qué cheicha tien'esa gente en la cocina!'

Chele: (Talvés de la moneda inglesa 'chelín= shilling') Un centavo. 'Toi arrancao; no vaigo ni'un chele'. (ver 'Arrancao'; 'Ni'eùun chele colorao')

Cheliai. Cheliando: Se refiere a la persona que compra lo más barato de la clase de cosas que le gustan. 'Pedro se pasa ei tiempo cheliando, y na de lo que compra sive'. (ver 'Na'; 'Sive'.

Chelito: (ver 'Uno chelito') Tener dinero. 'Juansito tiene su bueno chelito guaidao'. Con cierta socarronería: 'No ombe, yo lo que tengo son uno chelito viejo pa la vejé.'

Chemba: Labios gordos y grandes. 'Diantre, qué chemba tiene esi'ombre'. (ver 'Diantre', 'Bembe', 'Bemb'e molleja' y 'Bembú').

Cheo: Alias de los 'José'. (ver 'Chepe')

Chepa: (C: joroba; corcova) Casualidad. 'Me caí d'esa mata y de chepa no me rompi'ei pecueso'. Que hizo algo bueno que nunca había hecho: 'Esu f'una chepa.' (ver 'F'una')

Chepe: Alias de los 'José'. También se usa 'Cheo' y 'Cheíno'.

Chequeo: (Del inglés 'check up') Se le llama así al exámen que le hace el médico al paciente en el consultorio. 'La semana que viene voy a Macorí pa'qu'ei médico mi'hag'un chequeo'.

Chévere: Expresión favorable en todo uso o sentido. 'Juansito luce chévere'. 'Yo tengo un jefe chévere'. 'Ese traje te queda chévere'. 'Ese fue un viajecito chévere'.

Chiba: (del castizo: chiva) Hembra del chivo. Muchacha coqueta, que se enamora fácil, y tiene siempre varios enamorados o novios. (ver 'Chibirica')

Chibatiai: (Para los países del Caribe: chivatear) Acusar, delatar a alguien en secreto y con cautela.

Chibirica: (ver 'Chivirica')

Chibito jaitu'e jobo: (Chivito harto de jobo) Se dice de alguien que le gusta aparentar mejor o más de lo que es; que habla de cosas que ha hecho que no son verdaderas. 'Nu'hablemos de Ramón; es'e j'un chibito jaitu'e jobo. (ver 'Jaito'; 'Jobo')

Chibito viejo: (C: chivito) Se refiere a alguien que anda aparentando que tiene o puede más que cualquiera sin serlo. 'No ombe, ese'jun chibito viejo'. (ver 'ombe' y 'viejo')

Chichí: Niñito, casi siempre refiriéndose al menos de un año de edad.

Chichigua: De significado diferente en varios países latinoamericanos. En República Dominicana es cualquier cometa de papel o tejido plástico. Papalote en Méjico.

Chichón: Es castizo, pero ya nos parece un localismo. Bulto del cuero cabelludo, resultado de un golpe en la cabeza.

Chiguete. Chiguetico: El mismo significado del castizo 'chisguete': chorro de líquido que sale vilentamente. Diminutivo: 'Juansito échami'un chiguetico'e café aquí'.

Chilata: (Talvez de 'chele') Poca cosa. Poca cantidad de algo. 'Lo que me dio f'una chilata poi tu'eso mango que le llevé.' (ver 'Chele'; 'Chilatica'; 'F'una')

Chilatica: Menos que 'chilata' (ver). 'Lo que me dio f'una chilatica vieja poi tu'eso mango que le llevé.' (ver 'Vieja'; 'Viejo'; 'Chele')

Chimbilín: Muchacho más pequeño que el promedio de su edad. A veces se usa como despectivo para el jovencito que se cree hombre: '¡Cállate que tu'ere un chimbilín viejo!'.

(ver 'Vieja'; 'Viejo')

Chime o **Chijme (Chimoso-a):** (C: Chisme. Chismoso) Comentario acerca de una persona o familia que se disemina entre el público; a veces por curiosidad, otras como intriga para conseguir beneficio, y aún otras con intención de hacerle daño.

Chimicuí: Ente legendario, animal o vegetal, que debe despedir un olor extremadamente desagradble e insoportable.

Chimicuí, jiede a: Persona u objeto que huele muy mal. '¡Fo! Eso jiede a chimicuí'. (ver 'Fo'; 'Chimicuí')

Chin (un chin)**:** un poquito. 'Dami'un chin namá'.

China: Naranja. 'Me comí tua'la china que habían'. (ver 'Tua'la')

Chin a chin: Poco a poco o poquito a poquito. 'Juansito, no lu'haga de goipe, halo chin a chin pa que te saiga bien'. (ver 'De goipe')

China molonga. Chino molongo: Se le llama de gracia o broma a los niños o jóvenes con facciones achinadas. (talvez 'molonga' sea aberración de 'mongol' o 'Mongolia')

Chincha: (C: chinche) Insecto que vive en las ropas de camas, de vida nocturna, y produce una picadura irritante. Cuando pica se llena de sangre y toma una forma redondeada. (ver 'Jaito com'una chincha')

Chinchilín: Ave silvestre de unas siete a ocho pulgadas de largo y plumas negras y lustrosas. Los muchachos las cazan con 'gomas' o 'tirapiedras'. Despide un olor ligeramente desagradable cuando se olfatea de cerca (ver 'Goma'; 'Tirapiedra')

Chinchín: Menos que un chin. 'Pero eso si, un chinchín namá'. (ver 'namá')

Chinchorro; (C: red para pesca. Hamaca) Red para pescar. Casita mal hecha. Objeto ya viejo o de mala calidad. Pulpería pequeña y no suficientemente surtida. (ver 'Rancho')

Chininingo-a o **Chiquiningo-a:** Más pequeño que 'chico' o 'chiquito'. Colocando las manos juntas, una encima de la otra: 'Yo lo vide, ¡e j'una coshita así chinininga!'. (ver 'coshita')

Chipa. Chipaso: Chispa. Chispazo.

Chipiai. Que chipiaba: (C: chispear= despedir chispas de fuego)

Cuando alguien se enoja de repente y violentamente. 'Esi'ombre salió di'allí que chipiaba'. Los mulos cuando se enojan y patean. 'Cuandu'esa mul'empieza a chipiai no hay quien l'apareje'. Cuando un carro pasa sobre agua apozada y moja a un transeúnte. 'Ese carro me chipió to.' (ver 'To')

Chipita: (Chispita) Chispa de fuego pequeña. Muy poca cosa de algo. 'Utede vieron qué nublaote, y no cayó ni'una chipita di'agua.' (ver 'Chipito' y 'Nublaote')

Chipito: Poca cantidad delo que sea, casi siempre algo de comer. '¡Y ese chipito e'lo que tu me va dai nomá?'. (ver 'Chin')

Chiquiningo: Más chiquito que chiquito.

Chiquinininengo: Más chiquito que 'chiquiningo'.

Chiquirriningo: Más chiquito de 'chiquiningo'.

Chiquirrininingo: Más chiquito que 'chiquirriningo'.

¡Chiquito pu'apretao!: (Chiquito pero apretao) Lo dice, casi siempre un hombre de poca estatura y en broma: 'Yo soy chiquito pu'apretao', queriendo decir que le gana a los más grandes en cualquier competición física, ya sea en una lucha o en un 'puiso'. (ver 'Puiso')

Chiquitón. Chiquinón: De 'chiquito'. Se dice de alguien que es mas bien de baja que alta estatura, y casi siempre un poco gordo o 'lleno'. 'Esi'amigo de Pablo e medio chiquitón'. (ver 'Lleno')

Chiripa: (C: En juego de villar, cuando se gana por casualidad) Casualidad en cualquier situación. Poca cosa, sobre todo de dinero. 'Lo que me dio fue una chiripa'.

Chiripita vieja: Menos que 'chiripa'. 'Juansito lo que me dio fue una chiripita vieja'.

Chirola: (C: chirona= cárcel de presos) Cárcel. 'P: Hace tiempo que no veo a Juansito. R: ¡Tu no lo sabía? Juansito t'en la chirola hace un me'. (ver 'Foitaleza')

Chirriningo: Más chiquito que 'chiquiningo'.

Chite: (C: chiste) Chiste

Chiva. Chivita: La hembra del chivo. Barba que crece en el mentón (barbilla), a veces de manera puntiaguda. Se le llama 'chivita' cuando es pequeña, o es la única barba en la cara. Mujer que anda con varios hombres. '¡Qué chive'jesa mujei.' (ver 'Chivo')

Chivatiai: Delatar a alguien.

Chivato: el que delata.

Chivato: Delator. Casi siempre a nivel político.

Chivería: Una o más jóvenes que van por la calle riéndose, saltando y hablando a gritos, sobre todo si van con hombres. '¡Y qué chivería ej'esa que llevan esa muchacha?'.

Chivirica: Muchacha vivaracha y coqueta que flirtea con diferentes hombres. (ver 'Chiva' y 'Jíbara')

Chivito jaitu'e jobo: (ver 'Chibito jaitu'e jobo'; 'Jobo')

Chivito viejo: Persona de poca importancia social y económica.

También se refiere a alguien que se cree poderoso en diferentes sentidos y muy rico, pero no lo es, por lo menos no tanto como se cree. 'No ombe, si Juan ej'un chivito viejo comparao con Ventura y esa gente'.

Chivo: Cabro; macho de la cabra o chiva. Mentira. '¡Tu oíte qué chivo dijo ete?' (ver 'Chiva')

Chivo loco: (ver 'Se hizu'ei chivo loco')

Chocansore: (Del inglés 'shock absorbers'= amortiguador) Parte de vehículos a motor (resorte o muelle) que amortigua la vibración y choques sobre el chasis.

Chochando: Facultades mentales débiles debido a la edad. 'Ei pobre viejo Tomá, ya ta chochando.

Choclán: Como suena el canto repetido de las guineas domésticas, 'choclán choclán'. (ver 'Guinea')

Chófe: (C: chófer= Persona que por oficio maneja un automóvil) Persona que maneja cualquier clase de vehículo a motor.

Choiba: Vehículo viejo y destartalado, pero que todavía sirve para transporte.

Choncho: cerdo joven o marrano. (ver 'lechón')

Chopa: Muchacha joven de los barrios. Se le aplica también a las sirvientas.

Chorisa: morcilla. (ver 'Morcilla')

Chu: La última parte de atrás de una fila. (ver 'Se quedu'en la chu')

Chuá-chuá: Nombre de ave silvestre. Onomatopeya de su canto.

Chubai. Chúbale: (Probablemente del inglés *shoo* [espantar animales], durante la ocupación americana del 1916), o del español 'Chus', voz que se usa para llamar el perro. Echarle un perro, o los perros a un ladrón, o a los animales para que caminen. 'Juancito chúbale lo perro a esa vaca, pa'que caminen'.

Chucho: Látigo. Desvío corto de una linea ferroviaria hacia un pueblo pequeño u otro lugar. Apodo de hombre. (ver 'Guebu'e toro' y 'Fuete')

Chueco: (C: piernas torcidas, arqueadas hacia afuera) Persona que hace tiempo que se mantiene ligeramente enferma. Enfermizo. 'Juansito anda medio chueco en'eto día'.

Chuflai: Cajita con dulces y un juguetico-sorpresa para niños, que se vendía mayormente por las décadas de los treinta y cuarenta.

Chuí chuí: Imitación del sonido de la llave o el pestillo de una cerradura. '¡Yo creo que llegó Juan, poique y'oí ei chuí chuí de la pueita di'alante'. (ver 'Alante')

Chuíí chuííí Chuííí: Imitación del grito de los cerdos cuando se les agarra, y de los cerditos corriendo detrás de su mamá.

Chujma: (Chusma) Gentuza. Populacho.

Chulo: Múltiples significados. Bonito. Gracioso. El que trafica con mujeres de la vida. Joven que viste diferente y se cree guapo y muy enamorado. (Ver '¡Qué chulo!').

Chulupún o **Chuluplún:** Sonido onomatopéyico de caerse o tirarse al agua de alto.

Chulupón: La acción de caerse al agua de un alto. 'Se calló ai chaico di'un chulupón'. Darse un baño en el río. 'Me vua'dai un chulupón'.

¡Chup'ahí! o **¡Chup'ahí ahora!:** Se le dice a alguien que está sufriendo las consecuencias de un exceso o abuso, del cual fue previamente advertido. 'Yo te lo dije. ¡Chup'ahí ahora!'

¡Chupa cajeta!: (¡Chupa cajetas!) Se le dice a alguien que ha sido regañado por hacer o decir lo que no debía. También se usa '¡Chúpat'esa!' en este contexto. (ver '¡Chúpat'esa!'; '¡Chup'ahí!')

¡Chupa cajeta Maitín de la cueta!: (¡Chupa cajetas Martín de la cuesta!) La primera parte de esta expresión tiene el mismo significado de '¡Chup'ahí!' y '¡Chupa cajeta!'. Esta última rima con la segunda parte para intensificar el efecto. Se usa especialmente con los niños. (ver '¡Chup'ahí!'; '¡Chupa cajeta!')

Chupamedia: (Chupa medias) Adulador servil. (ver 'Arratrao'; 'Lambe culo'; 'Lambe naiga')

Chupao: (C: chupado) Flaco y aparentemente débil, a veces parece enfermo. 'Esi'ombre se ve como chupao'. (ver 'enjutío')

Chupao poi la bruja: (Chupado por las brujas) Se dice de la persona de color pálido, flaco y enfermizo.

¡Chúpat'esa!: Se le dice a alguien que ha estado hablando con mucha autoridad, cuando otro le hace una pregunta que deja absorto al hablador. '¡Chúpat'esa Juansito ahora!'

Chupi'uté y déjem'ei cabo: (Chupe usted y déjeme el cabo) Analogía con darle un cigarro a alguien para que fume primero y le deje el cabo. Se dice de algo que está muy bueno o agradable, y a veces de un plato que está saboroso. 'Eso ta de chupi'uté y déjem'ei cabo.' (ver 'Cabo')

Chupón: Biberón de los bebés. Brote que le sale en el tronco y ramas gruesas a los árboles frutales, como el cacao, y le chupa la sabia. (ver 'Decojollai') Moretón en el cuello de las mujeres, casi siempre en las jóvenes, debido a un beso fuerte del novio.

Churria: (Talvez del castizo 'churre'= grasa, limpia o sucia, que chorrea) Diarrea. Se aplica también a los animales. 'Don Luí la vaca pinta amaneció con churria eta mañana.'

Churrioso. Churrioso viejo: Que tiene churria. También es insulto, refieriéndose a alguien que se cree mejor que los otros en varios aspectos, sin realmente serlo. '¿Ese Tomá? Ese nu'e ma qui'un churrioso viejo'. (ver 'Viejo'; 'Nu'e ma que ...')

Ciega: Mujer que no ve. Nombre o apodo de mujer, aunque pueda ver. 'Juanito llégati'onde Ciega y dile que me veng'a leei la taza.' (ver 'Llégate'; 'Onde'; 'Leei la taza')

Ciegu'a terroi: (Ciego a terror) Completamente ciego. También se dice de alguien que ha estado perdiendo la vista, aunque todavía pueda ver algo. 'Dicen que Juan ei de Chea ta ciego a terroi'. (ver 'Ta')

Cielo raso: (C: techo o superficie que cierra en lo alto una habitación) 'La gotera mi'han dañao ei cielo raso.'

Cierra la boca qu'e tiempu'e moca: (Cierra la boca que es tiempo de moscas) Se le dice a los niños que tienen la costumbre de mantener la boca abierta, con la idea de quitarle el hábito.

Cigua: (ver 'Sigua')

Cigüela: Ciruela.

Cigüeña: Carro de manivela para servicios especiales que corre sobre los rieles del tren.

Cilantro: (ver 'Silantro d'Epaña'; 'Silantro sabanero')

Cincha: Faja de cuero u otro material, ceñida al cuerpo de las cabalgaduras, con los extremos atados a ambos lados de la silla o aparejo, para asegurarlos sobre el lomo.

Cinqueño: (C: juego del hombre entre cinco) Que tiene un dedo adicional en las manos, casi siempre atrofiado. (El sufijo –eño debería aplicarse a 'seis': *seiseño*)

¡Claro! o **¡Claaro!**: Interjección que indica que lo que el hablante ha dicho es bien sabido, y está claro.

Claru'y pelao: (Claro y pelado) Lo que dice alguien de acuerdo a su opinión, sin importarle que otro u otros se ofendan. 'Yo se lo dije claro y pelao pa'que m'entendieran'. (ver 'No tiene pelu'en la lengua'; 'Se la canté')

Clavao: Nombre de la antigua moneda dominicana de veinte centavos, un poco más grande y pesada que la actual de veinticinco centavos.

Clavo: Le llaman así los trabajadores de fincas en los campos al callo doloroso de los pies. 'Vu'á tenei que di'al'hopitai pa'que me saquen ete clavo.' (Ver 'Vu'á') Se llama así al pedal de la gasolina de un vehículo a motor. 'Métel'ei clavu'a to lo que da.' (ver 'A to lo que da'; 'Metei ei clavo')

Clin: (C: crin de la especie equina) Crin del caballo.

Clineja: Crizneja: trenza de cabellos.

Cloche: (Clutch) Pedal de automóviles no automáticos.

Co. Codo: (Codo) 'Co' en el campo adentro. 'Me duel'ei co y no puedo etericai ei braso'. (ver 'Etericai')

Coa: Instrumento metálico de labranza con un filo de cuatro a cinco pulgadas, y en el otro extremo ahuecado para recibir el mango de madera de uno cinco pies de largo. Se usa para hacer hoyos anchos y profundos.

Coba: (ver 'Dai coba')

Cobero: El que acostumbra a adular para que le den algo, objetos, empleo, etc. (ver 'Dai coba')

Cochoneta: (C: colchoneta= colchón delgado) Colchón delgado que se le pone a las camas y los catres. (ver 'Catre')

Cocina. Cosina: (C: Cocina) En los campos y en un gran número de casas en los pueblos (más común en tiempos ya pasados), la cocina es especie de casa pequeña, detrás de la casa principal.

Coco: Fruto del cocotero. Pequeña vasija de higuero, bien terminada con diseños por fuera y por dentro. Se usa en los campos para tomar agua. Cabeza y/o cerebro de los humanos. (ver 'Pelao ai coco'; 'Mai dei coco')

Coco di'agua: (Coco de agua) Fruto nuevo y comestible del cocotero, con todo su líquido en su interior y pulpa todavía tierna. (ver 'Babita')

Coconete: Dulce de coco rallado con melao. (ver 'melao')

Cocorrón: (C: coscorrón) Golpe dado en la cabeza con los nudillos de los dedos, casi siempre a los niños como castigo. (ver 'cacaso'; 'cabesaso')

Cocotaso: (C: 'cocote') Golpe dado con el puño u otro objeto en el cogote o la cabeza. (ver 'cocote')

Cocote: (C: 'cogote') Parte trasera del cuello. 'Fíjate qué cocote tiene Juansito'.

Cocotú: (de 'cogote') Pescuezo ancho. Persona poderosa y de influencia en finanzas o en política. 'Juansito e'de lo cocotuse (plural) d'eto lugare'. (ver 'D'eto')

Cochoneta: Colchoneta.

Cogedera: (C: 'coger'= entre varios significados, 'cubrir el macho a la hembra') Se dice de un lugar o casa donde hay mujeres y entran y salen hombres con frecuencia. 'En la case'la equina parece que hay una cogedera tesa'. (ver 'Tesa' y 'Cogei')

Cogei: (C: coger= entre varios significados, 'cubrir el macho la hembra') Agarrar un objeto con las manos. Tener contacto sexual el hombre con la mujer. 'Juansito anda diciendo que se cogió a Belén'.

Cogei cueida: Cuando alguien se enoja después de un rato que otros lo han estado fastidiando o chinchando. (ver 'Enchinchai')

Cogei de indio: Lo engañaron fácilmente: 'Lo cogieron de indio'. 'Me quería cogei de indio'. Probablemente en referencia a las baratijas que les daban los Conquistadores a los Indios por el oro.

Cogi'ei ei sueño: (Cogió el sueño) (ver 'Me cogi'ei sueño')

Cogei un'aire d'epaida: (Coger un aire de espalda) Lo dice alguien que de repente comienza a estornudar y no se siente bien. 'Yo creo que cogi'un'aire d'epaida anoche'.

Cogei un viento d'epaida: (Coger un viento de espalda) Se dice cuando duele una parte del cuerpo, casi siempre la espalda. 'Me duel'ei cueipo, parece que cogi'un viento d'epaida anoche'. (ver 'Aire en l'epaida'; 'L'epaida')

¡Cógelo!: (Talvez por no decir 'coño') Interjección de sorpresa por algo exagerado que se ha dicho.

¡Coge punta!: (C: coge puntas) Se le dice a otro del grupo con ligera sorna, cuando alguien está hablando de cómo hacer cosas maravillosas y exageradas. '¡Tu oye Pedro! ¡Coge punta!' (ver 'Punta')

Coge y deja: (ver 'Coj'y deja')

¡Cogi'ahí y ve lo que te mandaron!: Se le dice a alguien cuando el hablante le presenta algo muy bueno, como una información muy importante que el oyente no conocía.

Cogiendo jaiba: Pescar jaibas en los ríos. También cuando una pareja se va al río a romancear. '¡N'ju!, yo vidi'a Juansito y Maita qu'iban pai río a cogei jaiba.' (ver '¡N'ju!') (ver 'Cogi'una jaibita')

Cogió: (Del verbo coger) Se usa más aplicado a hábitos y costumbres. 'A Juansito li'ha cogió con'eso'. Que lo andan persiguiendo y ya lo tienen casi acorralado. 'No ombe, ese ya ta cogío'. (ver 'Ombe')

Cogioca o **Cojioca:** Alguien que en un empleo (casi siempre 'del gobierno') se aprovecha para adueñarse de parte del dinero que administra. 'Juancito te'n la cogioca'.

Cogió la deguindá: (Cogió la desguindada) Se dice de alguien que ha triunfado en política, negocios, etc, y empieza a perder reconocimiento o ganancias, hasta el punto de que ya se menciona poco. '¡Tan bien que l'iba a Juansito en'ese negocio, y parece que ya cogió la deguindá!' (ver 'La deguindá'; 'L'iba')

Cogió la deguindá

Cogí p'allá: (Cogi para allá) Lo dice el que salió de un lugar y se fue a otro. 'Anoche me dijieron que la fiet'er'onde Petronila y cogí p'allá'. (ver 'Dijieron'; 'Er'onde'; 'P'allá')

Cog'y deja: (Coge y deja) El acto de coger y dejar entre varias cosas. Representación de la función mental de elegir lo que conviene opuesto a lo que no conviene. Saber discernir. 'Juansito coj'y deja. A ese nu'hay quien lu'engañe.'

Coicojita o **A la coicogita:** Caminar a saltitos en un pie. '¡Míralo, caminando a la coicojita!'.

Coidón de gente: (Cordón de gente) Se refiere a un gran número de personas en línea para entrar una tienda o cualquier otro lugar. '¡Oiga compai, ahí habi'un coidón de gente qu'eso no tiene nombre!' o ' … no tiene madre'. (ver 'Compai'; 'Eso no tiene nombre'; 'Eso no tiene madre')

Coigalesa: (C: colgajo) Cualquier cosa que cuelga, a veces de donde no debe. Tira de tela que cuelga de un traje, etc. (ver 'Guindalesa')

Coigao: (Colgado) Se dice de lo que cuelga. Engaño. 'Juansito me dejó coigao con'uno cuaito que me debe hace año'. (ver 'Cuaito')

Coigao del'aima: (Colgado del alma) Casi siempre lo dicen las mujeres cuando saben que un familiar o amigo ha estado sufriendo, sea económicamente o de mala salud por algún tiempo, sin solución o cura. 'Ei pobre Juansito, yo lo tengo coigao del'aima.'

Coitá: (Cortada) Herida por instrumento cortante. 'Me di'una coitá en'ete deo con la mocha esa.' Se dice de la leche cuajada. (ver 'Mocha'

Coitaile: Cortarle.

Coitai los'ojo: (Cortar los ojos) Mirada seria y de lado mientras se frunce el seño y se pestaña con más presión palpebral que cuando la mirada es espontánea. Se le dirige a alguien que le ha dicho algo desagradable a quien le da la 'mala mirada'. (ver 'Mala mirá')

Coitai poi la verea: (Cortar por la vereda) 'Juansito llegó ma pronto poique coitó poi la verea.' (ver 'Verea')

Coit'en'el aire o **Coit'un pelu'en'el aire:** (Corta en el aire o Corta un pelo en el aire) Persona que engaña con facilidad, y sin que el angañado se de cuenta hasta muy tarde. También se dice de una arma blanca cuando está tan perfectamente afilada que puede cortar un pelo en el aire. (ver 'Navajita' y 'Cuchillu'e do filo')

Coit'e patelito: se dice cuando durante mucho tráfico, un vehículo cambia de repente de un carril al otro muy cerca del vehículo que va en este último.

Coito de vita: (Corto de vista) Que no ve tan bien como antes. Casi siempre lo dice la persona que sufre de ello. 'Yo como que me toy poniendo medio coito de vita.'

Coit'un pelo en'el'aire: (Corta un pelo en el aire') (ver 'Coit'en el'aire').

Coiva: Parte de atrás de la rodilla.'Me ta doliendo la coiva, taivé me dai aitriti'.

Coiveja: Que tiene mucho pelo en la cabeza; arriba, a los lados y atrás. Siempre se aplica al hombre. '¡Pero qué coiveja si'ha dejao Pedro!' (ver 'Pelú' y 'Peludencia')

¡Cójelo! o **¡Cójete!:** Interjección al escuchar una noticia inesperada, buena o mala.

Cojete o **Cohete:** (C: cohete) Cohete espacial. Cohetes de fuegos artificiales. ('ver 'Éte cojete')

Cojete eplotao o **Cohete eplotao:** (Cohete explotado) Persona que le ha ido bien en casi todo en la vida, y sin aparente razón empieza a fracasar hasta perder lo que tiene. 'Ya Pedro e'jun cohete eplotao'. 'Cojete' se usa en el 'campo adentro. (ver 'Campo adentro')

¡Cójete!: Expresión de sorpresa, sustituyendo a '¡Coño!' (ver)

Cojná: (C: cornada) '¡Oiga compai, ese toro le di'una cojn'esi'hombre que de casualidá ta vivo.'

¡Cojollo!: Interjección de admiración o de disgusto, por no decir '¡Coño! (ver '¡Coño!' y ¡Cooñó!')

¡Cojone!: (¡Cojones!) Testículos. Interjección de sorpresa o de disgusto, con el mismo efecto o impacto que '¡Coooñó!'. (ver '¡Qué cojone!'; 'Esu'e tenei timbale')

Cojonú: (C: cojonudo= estupendo; magnífico; excelente) Persona atrevida; que no tiene miedo. "Ese'ju'nhombre cojonú de veidá". (ver '¡Qué cojone!')

Coj'y deja: (Coge y deja) Sopesar algo entre dos proposiciones.

Colática: Como se le llama a 'Escolástica', nombre propio femenino.

Colí o **Barrancolí:** Ave silvestre y pequeña, de color amarillo, que pone sus huevos en barrancos de tierra o barro.

Colilla: Porción que queda del cigarrillo después de terminar de fumar.

Colín: Machete delgado y largo marca Collins. Se usa para chapear malezas. (ver 'Chapiai' y 'Machete')

Coloi de mono juyendo: (Color de mono huyendo) Casi siempre se refiere a la tela de un traje o vestido. Es un color indefinido, algo así como pardo o terroso. La inferencia es que talvez cuando los monos van corriendo no se puede ver muy bien el color de su pelo, y se le nota pardo o terroso.

Colorao: (C: Que tiene color. Más o menos rojo) Color rojo. También insecto muy pequeño y difícil de ver, que cuando pica produce una comezón persistente. Piel de la cara enrojecida por algo. '¡Tu si ta colorao!' Pez de escamas rojizas. (ver 'Ni'un chele')

Colorauco: Ligeramente rojo. 'Que tiende a color rojo'.

Comadriai: (C: 'comadrear'= chismear, murmurar) Chismear, murmurar. Se dice de la costumbre de una persona de reunirse con frecuencia con los que conocen los 'chismes' del pueblo. '¡A Juana si le guta comadriai!' (ver 'Guta')

Comai: Comadre.

Come bola: Bobo. Amuchachado. 'Juansito ej'un come bola.'

Come coco: Persona torpe. Poco inteligente. 'No ombe, ese e'jun come coco'. (ver 'Come légamo' y 'Légamo')

Come com'un desamparao: Que come mucho y rápido, siempre con la boca llena de comida. (ver 'Gandío')

Come com'un pajarito: (Come como un pajarito) Se dice de la persona que come muy poco. 'Pedro come com'un pajarito'.

Come con los'ojo: (Come con los ojos) Se dice de la persona que cuando le gusta una comida se sirve más cantidad de la que es capaz de comer. 'Juansito come con los'ojo'.

Comegén: (ver 'Comején')

Comegente: (Come gente) Ente mítico que se dice que sale de noche y se come los caminantes. Es muy útil para hacer que los niños se porten bien y dejen de ser malcriados, porque corren el riesgo de que se los coma el comegente. '¡Mira Juanito, si vueivi'hacei eso te va sali'ei comegente!' (ver 'Cuco')

Comei: Además del significado corriente de comer comida, es también, en los juegos de mesa, el vocablo que designa el acto de ganarle una ficha al jugador contrario. 'Ya yo te comío tre ficha.'

Comei gallina: Se dice que están 'comiendo gallina' cuando los novios se sientan uno al lado del otro, pegaditos, hablando y agarrados de mano.

Comei liviano: (Comer liviano) se refiere a comer alimentos ligeros, tales como ensaladas, sopas, talvez un muslo o ala de pollo y frutas. (ver 'Mulito'; 'Alita')

Comei pesao: (Comer pesado) Se refiere a haber comido alimentos fuertes, y más de lo necesario, tales como carne de res o cerdo, huevos fritos, plátanos, yuca y mucha grasa. 'Yo vu'a dejai de comei pesao ante di'acotaime'. (ver 'Vu'a')

Coméisela: Lo dice el hombre: Tener relaciones sexuales con una mujer que le gusta mucho. '¡Poi fin me la comí!'

Comeise la media: Se dice cuando la media se mete entre el zapato y el talón. 'Eto sapato se comen la media'.

Coméiselu'a dicho: (Comérselo a dichos) (ver 'Se lo comi'a dicho')

Comei y racai solo hay qu'empesai: (Comer y rascar solo hay que empezar) Es difícil resistir el placer del primer bocado y la primera rascada y no seguir comiendo o rascándose. Esto es un simbolismo para las cosas que nos deleitan en la vida.

Comején: Panal casi totalmente esférico de alrededor de un pie de diámetro, de color marrón oscuro, que construye el comején (termita) pegado a los troncos o ramas gruesas de los árboles. Cabeza de 'pelo malo' y esponjado todo alededor; algo así como lo que se llama 'Afro' (ver 'Cacu'e comején')

Come légamo: Que se deja engañar fácilmente. (Ver 'Légamo'; 'Come rulo'; 'Come mieida'; 'Come yuca')

Cómeme: Persona fea o mal ataviada. '¡Oye, esa mujei parece un cómeme de fea!'

Come rulo. Come coco. Come yuca. Come cácara: Persona que habla mucho, haciendo creer que sabe. 'Ese no'e ma qui'un come rulo'. (ver 'rulo')

Come mieida o **Comesica:** Que no sabe, o no sabe hacer nada bien. Que se deja engañar fácilmente. A veces se lo dice uno mismo cuando no le salen bien las cosas que normalmente hace bien. (Ver 'sica')

Comesolo: Que se adueña de dinero que no le pertenece en el empleo o el negocio que administra. Con frecuencia se refiere a los políticos. (Ver 'cogioca').

Comesón: (Comezón) Picazón con deseo de rascarse en alguna parte del cuerpo. 'Me come la plant'ei pie.' 'Teng'una comesón entre lo deo'e lo pie'.

¡Cómet'esa ahora!: (Cómete esa ahora) Cuando se le dice algo a alguien que este no sabe o entiende, y el aludido no encuentra cómo contestar.

Come yuca: Aquel que se la da de que sabe mucho, pero no ha triunfado en nada. 'Ese'j'un come yuca'.

Comi'ahí papá: Dicho por una tercera persona cuando uno del grupo le dice a otro que tiene algo mejor que lo de él, y éste no puede rebatirle.

Comi'e'lo gusano: (Comido de los gusanos) Materia orgánica (carne, etc.) que tiene gusanos. (ver 'Le cayén gusano' y 'Se lo comién lo gusano')

Comién: (C: comieron) 'Taban tan jambriento que se comién jata lo plato'. (ver 'Se lo comién lo gusano'. 'Jata')

Comiendo bolita: (Comiendo bolitas) Se dice de la persona que no se da cuenta que ha sido engañada con facilidad. 'Lo cogieron comiendo bolita'. Talvez una representación de los niños inocentes que comen bolitas dulces.

Comiíta: (Comidita). 'Lo que no dieron f'una comiita vieja'. (ver 'F'una...', 'Viejo', 'Vieja')

Cominilla: Algo preocupante y persistente, que no deja tranquila a la persona. '¡Teng'una cominilla poi dentro!'. Comezón ligera y persistente en la piel.

Comío poi dentro: (Comido por dentro) Fruta que se ve bien por fuera, pero está dañada por insectos por dentro. Se dice de alguien que está aguantando una rabia sin decir nada. 'Depué que Pedro dijo eso, Juansito nu'ha dicho na, si'ha quedao comío poi dentro.'

Comité: (Comiste) 'Te comite tu'el arró'. (ver 'Tu'el')

Como: (C: conjunción) Conjunción comparativa de uso muy frecuente, que indica cierta duda, o evita compromiso. 'Juansito si ta flaco, ta como enfeimo'. 'Juansito ta como medio enjutío'. También ayuda a evitar situaciones comprometedoras. 'Ei venía como asutao'. (ver 'Medio'; 'Como medio'; 'Enjutío'; 'Asutao')

Como burro poi cácara: (Como burro por cáscara) Muchos deseos de hacer algo. Se dice del hombre que anda detrás de una mujer solo por relación sexual.

Como chivo sin ley: Se dice de alguien que actúa como le da la gana y por su cuenta, sin respetar el drecho de los demás. 'A esi'hombre que vino de la Guárana hay que parail'ei coche, poiqui'anda como chivo sin ley.' (ver 'Parail'ei coche')

Como dei cielo a la tierra: (Como del cielo a la tierra) Se dice de la gran diferencia entre dos cosas, cuando se cree que una es muy inferior la otra. También diferencia en color, riquezas, belleza, etc.

Como ei pleito d'ei huevu'y la piedra: (Como ei pleito del huevo y la piedra) Se dice cuando un hombre pequeño y flaco desafía a pelear a otro hombre más grande, fuerte y muscular. También cuando una persona de pocos haberes o influencia política está envuelto en pleitos legales con otra rica y buenos contactos políticos.

Como jaiba sin pata: (Como jaiba sin pata) Que no tiene manera de salir de su casa. No tiene carro ni quien lo lleve a sus diligencias.

Como la do naiga: (Como las dos nalgas) Se dice los amigos o amigas que siempre andan juntos.

¡Como la jond'ei diablo!: (¡Como la honda del diablo!) Se refiere a la persona que va, o se vio que iba corriendo a toda velocidad, casi siempre de alguien que lo perseguía, o alguna travesura que hizo. '¡Juansito diba por'aí como la jond'ei diablo!'.

Como loco. Com'un loco: (Como loco. Como un loco) Algo que está ocurriendo exageradamente. 'Lo j'aguacate tan cayendo como loco. Parece qu'e j'ei caloi.' 'La comida taba tan buena que comimo como loco.' 'Esi'hombr'iba juyendo com'un loco.' (ver 'E'j'ei'; 'Taba'; 'Juyendo')

Como medio ...: (... como medio ...) Componente de una expresión que no compromete a una decisión total. '¡Esi'animai ta como medio mueito!'. 'Mir'a Maita, Juansito, ¿tu no cre'que ta como medio preñá?'. 'Ta como mueito' es poco comprometedor, pero 'Ta como medio mueito' o 'Como que ta medio mueito' es aún menos comprometedor.

Como mojon'en chorrera: (Como mojones en chorrera) Gran número de gente, animales u objetos que se van moviendo a lo largo de un camino o calle. Similitud con las vacas y animales de carga cuando defecan mientras van cruzando el río y los excrementos van flotando en la corriente.

Como muele'gaisa: (Como muelas de garza) (ver 'Como muel'e gallina')

Como muel'e gallina: (Como muelas de gallina) Debido a la falta de dientes en las aves, esta expresión se usa para denotar algo de gran necesidad, pero que está muy escaso. 'Lo cuaito tan como muele'gallina' o '... como muel'e gaisa.' (ver 'Cuaito' y 'Gaisa')

¡Como na!: (Como nada) Hacer cosas difíciles de manera que parecen fáciles. '¡Juansito se comió tre plato'e sancocho como na!'.

Como pan caliente: La expresión completa es 'Se ta vendiendo como pan caliente'. Se refiere a cualquier objeto, prenda de vestir, aparato, etc., que está muy de moda, y 'tu'ei mundo' lo está comprando. (ver 'Tu'ei mundo')

Como Pedro poi su casa: (Como Pedro por su casa) Se dice de alguien que se toma exgerada confianza en casas ajenas, como si fuera la suya. Que no pide permiso cuando debe.

Como perro rialengo: (Como perro realengo) (C: 'realengo': se aplicaba a los pueblos que no eran de señoría) Animales, perros, sin dueño. Se dice de la persona haragana, que anda por los caminos y entra a las casas para que le den de comer.

Como poco coco como poco coco compro: Se usa como trabalenguas, pero también sugiere que no se debe gastar dinero en lo que es de poca o ninguna necesidad o utilidad.

Como que ...: (... como que ...) Componente de una expresión que no compromete a una total decisión. 'Juansito como que mi'a cogío odio'. 'Me siento como que me va dai catarro. (ver 'Como medio')

Como quien dice: Expresión usada para explicar algo complicado con palabras simples y corrientes. 'Cuando ei oyó ese ruido se quedó, como quien dice, paralisao.' (ver 'Ei')

Como quiera dicen di'uno: (Como quiera dicen de uno) Indica que la gente siempre tiende a chismorrear. Lo dice alguien cuando hace algo o usa una prenda de vestir que cree de uso corriente o de moda, y otro le dice que eso no se hace, o esa prenda no se usa. 'A mi no m'impoita. Como quiera dicen di'uno.' (ver 'Por'ai dicen ...'; 'Dicen')

Como quier'e lo mimo: (Como quiera es lo mismo) Significa lo mismo que 'Ej'iguai to.' (ver 'To')

Como si fuera gran cosa: Se dice de alguien que se las da persona importante sin tener las cualidades que lo harían tal. Se dice también, de gracia y sorpresa, cuando los niños hacen algo que corresponde a más edad de la que tienen: ¡Mira, como si fuera gran cosa!'

Como si fuera na. Como si no fuera ná: (Como si fuera nada. Como si no fuera nada) Las dos frases, positiva y negativa, significan lo mismo: Se refiere a alguien que ha hecho algo ilícito o extravagante y no se inmuta. 'Pedro engañó a su papá con eso de la compra de la finca y y si'ha quedao como si no fuera na' o '... si'ha quedao como si fuera na'. (ver 'Como si na')

¡Como si ná!: (Como si nada) Mantenerse tranquilo a pesar de la conmoción a su alrededor, o las posibles consecuencias. 'Esa vaina eplotó y Juansito se quedó como si ná'. (ver 'Como si tai cosa')

Como si tai cosa: Se dice de la persona que se mantiene tranquilo a pesar de la conmoción a su alrededor. También del que engaña descaradamente a la familia y amigos y continúa tratándolos como sus buenos amigos y familia. 'Depué que lo engañó se quedó como si tai cosa'. (ver 'Como si ná')

¡Como si yo fuera na!: (¡Como si yo fuera nada!) La persona que lo dice indica que fue ignorada por el grupo, sin que se excusaran con ella. ¡Adió, y ello no se pusieron hablai solo y m'inorán como si yo fuera na!' (ver 'Inorán')

¿Cómo ta la cosa?: (¿Cómo está la cosa?) Expresión de salutación, o más común, que sigue al saludo inicial entre dos amigos/amigas, y que significa '¿Cómo estás tu, tu vida y tu familia?'.

Como te dig'una cosa te digo la otra: (Como te digo una cosa te digo la otra) Se dice después que se ha dado una opinión totalmente contraria a lo contado por alguien del grupo, y de inmediato la misma persona va a dar otra a favor de lo contado por el otro.

Compai: (¿Del castizo: compaisano?) Cualquier conocido o amigo. Probablemente 'compadre'. Expresión de asombro. (ver'¡Oiga compai!')

Comparón. Comparona: Se dice de la persona que quiere aparentar más alto de lo que es; ya sea en el vestir, hablar, etc.

Compinche: (C: amigo; camarada) Se dice de alguien que ayuda a otro a hacer algo ilegal. 'Ei compinche de Pedro en'ei robo ese fue Juansito.'

Completico: De 'completo'. Pero cuando se dice 'completico' no es que solo se ve completo, sino que no hay duda de que está realmente completo.

Compone aigo: (Compone algo) Persona importante, que resuelve problemas; pero también puede ser perjudicial para la sociedad. 'Juansito e j'una gente que compone aigo'.

Comu'ei diablo a la cru. Comu'ei diablu'a la cru: (Como el diablo a la cruz) Se dice de alguien que le tiene un miedo exagerado a algo. Simbolismo religioso que enseña que el diablo se aleja cuando se le presenta una cruz. 'Pedro le tiene ma mieo a eso qu'ei diablu'a la cru'. (ver 'Ma'; 'Qu'ei')

Comu'ei que no quié la cosa: (Como el que no quiere la cosa) Demostrar poco interés sobre algo importante frente a otros, si en ese momento no le conviene porque puede comprometerse. También: cuando alguien hace algo ilícito o antisocial frente a otros, y no se inmuta. (ver 'Se quedó como si na')

Comu'ei que se cagu'y no lo siente: (Como el que se caga y no lo siente) Que habla mucho, y con frecuencia hace o dice cosas que afectan a los presentes desfavorablemente sin tenerlo en cuenta. 'Juansito habla comu'ei que se cagu'y no lo siente'.

¿Cómu'é? o ¿Cómu'é primo?: (¿Cómo es?) Expresión a modo de saludo cuando se encuentran dos amigos, que sinifica '¿Cómo estás?' o '¿Qué hay de nuevo?' También usada para pedir aclaración. (ver '¿Cómo ta la cosa?')

Comu'ei diablo a la cru: (Como el diablo a la cruz) Se dice de alguien que le tiene mucho miedo a algo. 'Pedro le tiene ma mieo a eso qu'ei diablo a la cru'. Simbolismo religioso que dice que el diablo se aleja cuando se le presenta una cruz.

Comu'el anchu'el embú: (Como el ancho del embudo') (ver 'El anchu'el embú')

Comu'el arró blanco: (Como el arroz blanco) La expresión completa es 'Tu t'en tuá paite comu'el arró blanco'. Relación con el arroz blanco que es casi comida diaria en la mayoría de las familias dominicanas. (ver 'Arró blanco' 'Tuá'; 'T'en')

Com'una gallina mat'ecobaso: (Como una gallina matada a escobazos) Se dice de la mujer despeinada, sin maquillaje y desaliñada de vestido. Similitud con una gallina con las plumas revueltas debido a haber recibido golpes con una escoba. A veces lo dice ella misma: ¡Ai Dio; yo to toy com'una gallina mat'ecobaso!'

Com'una gallina sin nío: (Como una gallina sin nido) (ver 'Anda com'una gallina sin nío')

Com'una jaiba sin pata: Cuando alguien se queda solo en la casa y no puede salir porque no tiene transportación.

Com'una pedr'en'un'ojo: (Como una pedrada en un ojo) La frase completa es 'Eso le queda com'una pedr'enun'ojo', es decir, un traje, vestido, sombrero que le queda a alguien muy mal. '¡Ay m'hija, no te pongu'ese sombreo que te queda com'una pedr'enun'ojo.' También se dice de alguien que cae muy mal a otro. 'Ese tipo me cai com'una pedr'en'un'ojo.' (ver 'Cai')

Com'un bacalao: Persona, casi siempre mujer, muy flaca. '¡Adió, pero Juanita si'a pueto com'un bacalao!'.

Com'un hilu'e bollito: (Como un hilo de bollito) Se dice cuando alguien se enreda en lo que está contando, y se queda pensativo. 'Juansito tiene la cabesa com'un hilu'e bollito.'

Com'un Pachá: (C: Pachá= que vive con lujo y opulencia) El mismo significado, pero casi siempre se refiere a alguien que vivía moestamente y se ha hecho de mucho dinero y hace demostraciones exageradas de ello.

Com'un quicio: Se dice de la persona haragana. Talvez porque el quicio no se mueve como la puerta. 'Ese Juaniquito e'má jaragán qui'un quicio.' (ver 'Jaragán')

Com'uña y deo: (Como uña y dedo) Que andan siempre juntos; quizá enamorados. 'Juansito y Julia andan com'uña y deo úitimamente'.

Conchai: Trabajar como taxista. 'Juansito se fue pa'i pueblo y se metió a conchai'.

Concho: Designa un automóvil de alquiler (taxi o taxímetro) en todo el país (ver 'Conchai' y 'Taxi')

¡Concho!: Alteración que modera el vocablo 'coño', y se usa como interjección de sorpresa, o cuando algo en que se trabaja, de repente sale mal, o uno se da un golpe accidentalmente. (ver 'Concho' sin signo de admiración y '¡Contra!')

Conchoprimo: Personaje legendario, probablemente desde las revoluciones de la independencia dominicana. (ver 'De cuando Conchoprimo')

Concón: Capa de arroz tostado en el fondo de la paila donde se cocina el arroz blanco o el moro (ver 'Moro' y 'Rapa')

Conconete o Coconete: Dulce de coco y harina, de forma redonda, de tres a cuatro pulgadas de diámetro y de consistencia seca y ligeramente tostado.

¡Con decile ...!: (¡Con decirle ...!) Expresión usada al final de la descripción de algo extraordinario para reforzar lo descrito. '!Con decile qui'ahí había gente de tuá paite, jata de la Capital!'. (ver 'Tuá'; 'Jata')

Con Dio mi'acueto ... :(Con Dios me acuesto ...) (ver Apéndice)

Con'ei: (Con el) Dirigiéndose a un amigo acerca de una pareja cercana: 'Ella ta casá con'ei'. (ver 'Casá'; 'Ta')

Con'ei moco p'abajo: (Con el moco para abajo) Se dice de la persona que anda triste con el semblante decaido, 'Pedro anda hoy con'ei moco p'abajo', en analogía con el moco del pavo, que cuando el pavo está tranquilo el moco le cuelga. (ver 'Moco')

Con'ei moño parao: (Con el moño parado) (ver 'Amanesió con'ei moño parao'.

Con'el'agu'ai cuello: (Con el agua al cuello) Que tiene tanto tiempo pasando dificultades que ya no sabe qué más hacer para mejorar su situación. Juansitu'ha pasao tanto trabajo con'esa finca que ya tiene el'agu'ai cuello.'

Conficao: (C: confiscado= maldito; travieso) Travieso. Que hace maldades. '¡Adió, y ei conficao muchachu'ese no se quedó con lo cuaito que le di p'ei mandao!' (ver 'P'ei')

Confite: (C: pasta hecha de azúcar u otro ingrediente, en forma de bolitas) Dulce pequeño y de diferentes formas, de consistencia dura, pero quebradizo al masticarse. Usualmente se mantiene en la boca mientras se disuelve.

Confrontai: (Confrontar) Comparar el número de un billete de la lotería con la lista de números premiados que se publica en el periódico.

Con la batuta alante y ei fuete atrá: (Con la batuta delante y la fusta detrás) Se dice de la persona que recibe muchas órdenes de otra, y es mal tratada cuando no obedece.

Con la lengu'afuera: (Con la lengua afuera) Se dice de cualquier función que hubo que hacerla con tanta rapidez que se terminó cansado-a. Desde luego, como es normal en nuestro hablar, se exagera 'un poco', agregando que terminó o llegó respirando por la boca y con la lengua afuera.

Con ma mieo que veiguenza: (Con más miedo que vergüenza) Se dice de alguien que ha hecho algo por pura necesidad y no por deseo; o que ha sido forzado a hacerla por otro de más autoridad.

Con paciencia y caima se subi'un burro a una paima: (Con paciencia y calma se subió un burro a una palma) Descripción de una acción exagerada, pero que sirve para infundir calma a alguien que está extremadamente preocupado por algo que por el momento no le encuentra la solución.

Conseguí: (Conseguir) Obtener lo que se desea o necesita. Hacer que una mujer lo acepte como novio. (ver 'No sac'una gata a miai'; 'Dai ei si')

Conseguísela: (Conseguírsela. Conseguirla) Estar enamorado y haciendo todo lo posible por que la hembra lo acepte o le de 'el sí'. 'Juansito t'enamorao de Eteivina, y ta poi conseguísela'. (ver 'Dai ei sí')

¡Consegui'un pájaro comu'ese nu'e fácil!: (¡Conseguir un pájaro como ese no es fácil!) Indica que conseguir un empleado o socio para un negocio, tan bueno como el de que se está hablando, no va a ser fácil.

Consejo: (ver 'Ei que se lleva de consejo muere de viejo')

Consencia: (Consciencia) '¡Eso nu'e tenei consencia, engañai a su propio heimano!' Usado por lo regular en el 'campo adentro.' (ver 'Capu'adentro' y 'Sin consencia')

Contai con'ei polo pero no con'ei moquillo: (Contar con el pollo pero no con el moquillo) Se le dice a alguien que está ensalzando un negocio que tiene en pie, y que según él va a ganar mucho dinero en poco tiempo. Se refiere a la epidemia de moquillo que se presenta inesperadamente y se disemina con gran rápidez entre las gallinas, de la que regularmente mueren muchas de ellas. 'Tu ta contando con'ei pollo pero no con'ei moquillo'.

Contén: (Probablemente del inglés 'container') Recipiente. Contenedor. 'Juanito, tom'eto do peso y vi'a cómpraimi'un contén de leche.' Muro de tierra y rocas que se pone en una zanja para retener el agua.

Contimá: (C: 'cuanto más' o 'cuanto y más') Persona que dice de ella misma que puede hacer más y mejor lo que otra le dice con orgullo que ha hecho.

Con tó: (Con todo) Exageración de haber perdido una parte pequeña del cuerpo en un accidente junto a otras partes no mencionadas. 'Ayei me di'un trompesón que me llev'esa uña con'tó. (ver 'Llevaise' y 'Un con'tó').

¡Contra!: Atenuación del vocablo 'coño'. Se dice cuando uno se da un golpe accidentalmente, o cuando se escucha una noticia mala o de gran trascendencia.

Contravención: Se dice cuando el policía le da un tique o nota de citación por haber contravenido una ley. 'Ei policía me pus'una contravención poique diqu'iba muy rápido en'ei motoi.'

Contu'y: (Con todo y…) 'Contu'y veni corriendo llegué taide.'

Con tuá la gana: (Con todas las ganas) Se dice cuando se está esperando con gran ansiedad hacer o comer algo, y la oportunidad tarde en llegar. Lo dice el hombre cuando se queda esperando la mujer y el momento de sus sueños. 'Esa maivá, me dejó con tuá la gana'. (ver 'Maivá')

Con tu'ei mundo: (Con todo el mundo) Expresión exagerada que se usa con frecuencia en la conversación. Corrientemente se refiere a un número limitado personas. 'Pedro poifía con tu'ei mundo'. Juansito habla con tu'ei mundo'. (ver 'Poifión'; 'Tu'ei')

Contu'y eso…: (Con todo y eso…) 'Tanto que le dije como lu'hiciera y contu'y eso lu'hiso malo.'

Conuco o **Cunuco:** Terreno de cultivo sembrado de frutos menores, tal como frijoles, yuca, arroz, etc., casi siempre solo uno de estos productos a la vez.

Conuco limpio: Se dice del conuco que has sido desyerbado y está libre de yerbas

Conuco peidío: (Conuco perdido) Se dice del conuco que ha sido descuidado y esta cubierto de yerba. 'Hace tiempo qu'ese conuco ta peidío'. (ver 'Conuco limpio')

Con'una manu'alant'y otra'atrá: (Con una mano delante y otra detrás) Que está totalmente falto de dinero. 'Yo vivo con'una manu'alant'y otra atrá'.(ver 'Ni'un cinco' y 'Ni'un chele colorao')

Con'un di'atrá p'alante: (Con un de atrás para adelante) La frase completa es 'Me salió con'un di'atrá p'adelante'. Se dice cuando alguien hace un comentario ofensivo a lo que otro ha dicho de manera natural y sencilla.

Conveitío: (Convertido) Se refiere a la persona perteneciente a una religión que no sea católica. '¿Tu sabía que Pedro e conveitío?' O que era católico y convirtió a protestante u otra religión.

Coñaso: (C: coñazo= persona o cosa latosa o insoportable) Golpe dado en cualquier parte del cuerpo. 'A Juansito le dieron un coñaso en la cabesa anoche'. (ver 'Totaso')

Coño o Coooñó: (C: 'coño'= parte externa de los genitales femeninos) Expresión versátil: de alegría cuando algo sale bien; de enojo cuando sale mal. Y si es una mujer bonita: '¡Cooñó qué jembra! ¡Coño, qué trompesón me di!' (Ver 'recontracoño')

Copaso: (De 'copo' de nieve, pero aquí se aplica a copo de humo del cigarrillo) Pedir un copaso entre los jóvenes es pedir una fumada o 'jalá' el que no tiene cigarrillos al que está fumando. (ver 'Jalá')

Coroso: (Corozo) Fruto de una especie de palmera con semilla muy dura y brillosa, tanto, que se usa para anillos y collares. En la conversación regular se refiere casi siempre a la semilla. (ver: 'Rompei coroso').

Corredoi: (Corredor) Persona que corre. En el juego de béisbol, el jugador del equipo contrario que está una de las bases esperando la oportunidad de correr hacia la próxima o a jom. (ver 'Jom')

Corre ma qui'una guinea: Presume que la guinea, silvestre o domesticada, es más veloz que las otras aves corriendo en tierra. Persona que es muy veloz corriendo. 'Juansito ej'una una guinea corriendo'.

Corretiai: (Corretear) 'Llamen ese muchacho p'adentro, que si'ha pasao la taide corretiando.' (ver 'Si'ha')

Corrompío: Sustancia comestible, por lo regular líquidos, que no huelen bien. Malestar intestinal con gases y ligera diarrea. 'Yo tengo lo'jintetino medio corrompío.'

Cosa: (ver 'Tiene la cosa'; 'T'en la cosa')

Cosa que no van: (Cosas que no van) Quiere decir traer a colación temas que no tienen relación con la conversación del momento. (ver 'Saita con cosa')

¡Coshita!: Diminutivo exagerado de 'cosa'. Se dice casi siempre con las manos juntas, una encima de la otra a nivel de la cara, y los labios en puchero. Se usa para femenino y masculino. (ver 'Apuchando')

Cosin'un: (Cocinar un ... Cocinado un ...) 'Esa mujer ha cosin'un pailón de sancocho que no lo sait'un chivo'. (ver 'Pailón; 'Nolo sait'un chivo')

Cosita: Este vocablo reemplaza el nombre de cualquier objeto, para mover, entrar, sacar, tapar, cubrir, halar, empujar, pasar, etc. 'Éntrale la cosita esa, y tu verá que trabaja'. 'Métele la cosita esa', 'Tápalo con la cosita esa', 'Empújale la cosita esa', 'Pásame la cosita esa', 'Dale vuelta al cosita esa pa'que funcione', 'Bota la cosita esa, que ya no sive'. (ver 'Sive')

Coso: Masculinización del castizo 'cosa'= cualquier objeto inanimado. Ejemplo: el martillo es masculino, pero si no nos acordamos de 'martillo' en el instante que lo necesitamos, decimos 'Pásam'ei coso ese'. '¿Comu'e que se llama coso, el amigo tuyo?'

Cota: (Talvez de 'cota'= piel callosa que cubre el espinazo y los lados de los cerdos, jabalí, etc.) Capa de suciedad visible, frecuentemente en el cuello. 'Juansito hace tiempo que no se baña, ya tiene cota'.

Cotanero: (Costanero) Se dice de alguien que quiere entrar adonde no está invitado o bienvenido. Representación de algo que está cerca de la costa. (ver 'Obenqui')

Cotica: Cotorra. Gracioso diminutivo de cotorra.

Cotó: (Costó) Costó. 'P: ¿Cuánto te cotó? R: Do peso'. (ver 'Do')

Cotorra: Ave silvestre que se domestica con facilidad. Mujer fea.

Cotoso: Que tiene 'cota' por falta de baño. (ver 'Cota')

Crápula: Es lo mismo que el castizo, significando persona de vida licenciosa, pero su uso es muy frecuente en el hablar de El Cibao, dando la impresión de ser vocablo local.

Crebá (en el campo adentro) (Quebrá en el pueblo): Quebrada o arroyo pequeño. 'En'ei cruc'e'la crebá sali'un mueito a la media noche.' (ver 'Mueito'; 'Quebrá'))

Crebantao (en el 'campo adentro'). **Quebrantao** (en el pueblo): (C: quebranto= descaecimiento; falta de fuerza) Que siente un ligero malestar de enfermedad. (ver 'Malo'; 'Campu'adentro')

Crebao (en el 'campo adentro'). **Quebrao** (en el pueblo): Que se ha quedado con poco o nada de dinero. 'Juansito prétame die peso, que toy crebao en'eto día'. Hernia inguinal o escrotal, sobre todo cuando es grande y abulta el pantalón. (ver 'Campu'adentro')

Cree que tieni'a Dio cogío p'una pata: Se dice de la persona que cuando es dueña de algo, cree que eso es mejor que lo de los otros, y lo comenta con frecuencia. Alguien que se autoestima con exageración.

Cree qui'and'y no gatea: (C: gatear= andar a gatas) Se basa en los niños que andan a gatas antes de empezar a caminar. Se refiere a alguien que quiere hacer cosas sin estar preparado para ello. O que quiere aparentar más alto de lo que en realidad es. 'Juansito cree qui'anda y no gatea'.

Cren: (Creen) '¡Ello cren que me van a cogei de pendejo!'

Creta: (C: creta='carbonato de cal'; Cresta= carnosidad roja que tiene los gallos y otras especies de aves en la cabeza) Cresta de los gallos. Genitales externos de la mujer. (ver 'Cret'e gallo')

Cret'e gallo: (Cresta de gallo) Enfermedad venérea en forma de verrugas (papilomas).

¡Cre'tu!: (¡Crees tu!) (ver '¡Que cre'tu!')

Cretú son lo gallo: (Crestudos son los gallos) Respuesta burlona a la expresión '¡Que cre'tu!' (ver '¡Que cre'tu!')

Creyí: (Creí) Pasado del verbo 'creer'. Usado en el campo adentro, y más en tiempos pasados. 'Ei medijo queyu'iba ganai mucho cuaito y yo cayí de pendejo y se lo creyí'. (ver 'Cuaito'; 'Cayí'; 'Caei de pendejo')

Cría cueivo pa'que te saquen los'ojo: (Cría cuervos para que te saquen los ojos) Darle mala crianza a los hijos, sin castigarlos por su mala conducta, lo que hace que les pierdan el respeto a los padres.

Cría fama y échati'a doimi: (Cría fama y échate a dormir) Se refiere a alguien que era reconocido como responsable y buen trabajador, y ya hace un tiempo que anda my descuidado y no busca trabajo.

Criao puei'rabo: (Criado por el rabo) Comparado a ser criado por la cabeza debe ser lo opuesto y peor. Que no ha tenido buena educación familiar, y se comporta de mala manera socialmente. 'Ese muchacho ta criao pu'ei rabo.' (ver '°Pu'ei')

Crica: (C: partes pudendas de la mujer) Genitales externos de la mujer.

Criolina: Mezcla líquida y oscura de creosota y alquitrán, que se le aplicaba a las llagas del espinazo de los animales de carga para evitar las moscas y sus complicaciones de gusanos. 'Baibino ponle criolina to lo día de madrugá a esa mula pa'que no le caigan gusano en'esa matadura. (ver 'Matadura'; 'To'; 'Caigan')

Criquita: Un poquito de algo. 'Dame una criquita de ese casabe'. (ver 'Chin')

¡Critiano!: (¡Cristiano!) Interjección de mediana sorpresa. '¡Critiano, nu'hagu'esa cosa!' (ver '¡Ay critiano!')

Cro'que: (Creo que) Casi siempre siguiendo a 'Yo'. 'Yo cro'qu'eso nu'ej'así'. Pero cuando se le quiere dar énfasis y veracidad a la creencia, se dice 'Bueno, yo creo que eso nu'ej'así'.

Cru: (C: Cruz) Cruz. 'Jesucrito muri'en la cru'. (ver '¿Car'o cru?')

Crujía: (C: Borda de la cubierta de un barco de popa a proa, por donde pasaban el delincuente entre dos filas de marineros, mientras le daban golpes con cordeles y varas) Contratiempos y problemas recurrentes. (ver 'Pasai crujía')

Crusetiai: Del castizo 'cruzar' y 'cruzador') Persona que anda por el pueblo de un lugar a otro. 'Juansito si'ha pasao la taide crusetiando pondequiera'. (ver 'Si'ha'; 'P'onde')

¡Cru y raya! O **¡Cruj'y raya!:** (¡Cruz y raya!) Expresión que da por finalizado un tema que se ha prolongado más de la cuenta. 'E má, yo digo que ej'así. ¡Cru y raya!' (ver '¡E má!')

Cuaba: Madera olorosa e inflamable y aromática. Río Cuaba. (ver 'Echaile la cuaba...')

Cuadre: Postura que se adopta para tratar de lucir mejor. (ver 'Cuadre echadoi' y '¡Llevab'un cuadre!'.

Cuadre echadoi: (Cuadre echador) Postura erguida con los pies ligeramente separados y cara seria, en demostración de desafío. Fantoche. Puede ser fingido mientras se cuenta un incidente personal. (ver 'se cuadró')

Cuadritu'e tierra: Finca pequeña. 'P: Hace tiempo que no se te ve por'eto lao Juansito. R: E que toy trabajado duro en un cuadritu'e tierra que compré del'otro lao'ei río.' (ver 'Lao')

Cuaiquiei: (C: Cualquier) Cualquier.

Cuaiquei cos'e siqu'e perro: ('Cualquier cosa' es sica de perro) 'P: ¿Qué tu quiere comei? R: Cuaiquei cosa. Com: 'Cuaiquei cos'e siquè perro.' (ver 'Sica')

¡Cuaiquiera le d'un etrallón!: (Cualquiera le da un estrellón) (de 'Estrellar') Lo dice alguien bajo la frustración de pasar bastante tiempo tratando de hacer o arreglar un objeto y no puede. (ver 'Etrallón')

Cuaita: (C: palmo) Distancia desde la punta del dedo pulgar a la del dedo meñique con la mano completamente extendida. 'Mire Jefe, deme do cuait'e longaniza, pero bien media'.

Cuaitiao: (C: de cuartear: dividir una cosa en cuartas partes) Objeto agrietado, sin estar roto por completo. Puede ser un objeto sólido, una vasija o una fruta. 'Mira, esa olla ta cuaitiá, ¡cuidao si se rompe en la candela!'

Cuaitico: Poco dinero o mucho dinero, dependiendo del contexto. Mucho dinero: 'Juansito tiene su bueno cuaitico.' Poco dinero: 'No ombe, Juansito lo que tiene son uno cuaitico viejo.' (ver 'Viejo')

Cuaitillo (Cuartillo): (Cuartillo) Medida de granos, más o menos la cuarta parte de un cajón. (ver 'Cajón')

Cuaito: (Cuarto: moneda antigua española de cuatro maravedís) Dinero. 'Lo cuaito tan difici di'hacei'. 'Yo loqui'ago son uno cuaitico viejo pa'la chapea'. Habitación; cuarto. (ver 'Chapea')

Cuaitu'en mano, culu'en tierra: (Cuartos en mano, culo en tierra) Metáfora: Una vez en posesión de mi dinero es como estar sentado en tierra firme. 'Pague primero y después hablamos' o 'Pague primero y después nos sentamos a hablar'. Algo así como no vender fiado. (ver 'Cuaito'; 'Hoy no fío mañana si')

Cuajao: (C: cuajado= dícese del que se ha quedado dormido) Perezoso. Que trabaja despacio, o no le gusta trabajar. 'Juancito ej'un cuajao viejo'. (ver 'Viejo')

Cuaje. Cuaja: Expresión de cuando se está cansado o sin deseos de hacer nada. A veces desperezándose y bostezando largamente: '¡Teng'un cuaaaje!'. '¡Teng'una cuaja que lo que quiero e t'acotao!'. (ver 'T'acotao')

Cuajo: Fermento que existe en el estómago de los mamíferos durante el período de lactancia. (ver 'De cuajo' y 'Sacail'ei cuajo ai caballo')

Cuajó (ya): (Ya cuajó) Se dice del dulce, casi siempre de leche, cuando está solidificándose en paila donde se está haciendo.

Cuandu'ais'ei tiempo. Epera qui'ais'ei tiempo: (De 'alzar') (Cuando alce el tiempo. Espera que alce el tiempo) Se dice cuando está nublado. 'No te valle tuavía, epera cuandu'ais'ei tiempo'. 'Epera qui'ais'ei tiempo'. (ver 'Tuavía'; 'Epera')

Cuando a la rana le nacan pelo y ai maco rabo: (Cuando a la rana le nazcan pelos y al maco rabo) Se dice cuando se escucha algo que se cree imposible que vaya a ocurrir. 'Eso va a sei cuando a la rana le nacan pelo y ai maco rabo'. (ver 'Maco'; 'Nacan')

Cuando Conchoprimo: (Concho Primo es personaje dominicano, probablemente fantástico que xistió en tiempos muy antiguos) Se le dice a alguien que está contando algo que ya no es de actualidad, o realmente muy viejo. (ver 'En lo tiempo de Concho Primo')

Cuando Cuca bailaba con Rotetán: Se refiere a algo que ocurrió hace ya mucho tiempo. 'Eso fue cuando Cuca bailaba con Rotetán'. Existen varias versiones que denotan eventos aniguos o legendarios. (ver 'Cuando Conchoprimo') Cuca y Rotetán eran personajes legendarios.

Cuando hay un negro y un blanco junto ... : (Cuando hay un negro y un blanco juntos) (ver Apéndice)

Cuando la gallin'heche diente: Algo, que de acuerdo al hablante no va a ocurrir nunca. 'Eso será cuando la gallin'heche diente'.

Cuando la gallina mee: (ver 'Cállese que lo muchacho hablan cuando la gallina mee')

Cuando lo perro si'amarraban con longaniza: Algo que ocurrió hace ya mucho tiempo. 'Esu'era cuando lo perro si'amarraban con longaniza'. (ver 'Cuando Cuca bailaba...' y 'Cuando Conchoprimo')

Cuando lleguen lo sombero ya no va'habei cabeza: (Cuando lleguen los sombreros ya no habrá cabezas) Refrán de los tiempos del dictador Trujillo, refiriéndose a los frecuentes asesinatos.

Cuando mataron a Lola: (ver 'Eran las tres de la tarde' en el Apéndice)

Cuando meno lu'epera: (Cuando menos lo espera) Se dice de algo, que aunque es muy fifícil de conseguir, se le presenta a uno en el momento que no está pensando en ello.

Cuando nu'é Juan e Juana: (Cuando no es Juan es Juana) Se refiere a que cuando todo va marchando bien, con frecuencia se presenta algo contrario a la planificación que se ha hecho. También se dice cuando se le arregla una parte a un aparato y pronto se le daña otra. (ver 'Nunca fait'un pelo' y 'Cuando nu'é j'una cosa e la otra')

Cuando nu'é j'una cosa e la otra: Expresión similar a 'Cuando nu'é Juan e Juana'. (ver)

Cuando tu vinite yo y'habiá llegao: (Cuando tu viniste yo ya había llegado) El hablante se refiere a que ya él sabía lo que el otro está dando como noticia nueva.

Cuandu'eso: (Cuando eso) En esos tiempos o En ese entonces. 'Yo taba muy chiquito cuandu'eso.'

¡Cuánta cuiva y yo sin freno!: Piropo a joven bien formada y esbelta, indicando que no puede contenerse si no le dice algo.

Cuaitai: (de 'Cuaito'= dinero) Se dice de la persona que se supone rica. 'Don Juan debe teni'un cuatai'. (ver 'Cuaito')

Cuantico: Tan pronto. Cuanto antes. 'Cuantico llegue Juansito saigo p'allá'.

Cuantitico: Más pronto que 'tan pronto'. 'No te desepere, cuantitico llegue Juan no vamo.' (ver 'Desepere'; 'No vamo')

Cuaito: (C: cuarto= entre muchas otras definiciones se incluye 'dinero' como designación o figura familiar) Dinero. 'Juansito tiene mucho cuaito'.

Cuantico. En cuantico: (Cuanto. En cuanto) (Diminutivo de 'cuanto' como pronombre exclamativo. Lleva acento prosódico en la **i**). Asegura a alguien que lo que él pide se hará en el menor tiempo posible. '¡Cuantico llegue Juan yo te llamo pa que no juntemo!'. (ver 'Pa que no juntemo')

Cuanto cuanto: Solo un poco de lo que se va a hacer. (ver 'Nam'e cuanto cuanto')

Cuarent'en brica: (Cuarenta en Brisca) (ver 'La cuarent'en brica')

Cuatr'ojo ven ma que do: (Cuatro ojos ven más que dos) Se dice cuando alguien anda buscando algo y no lo halla, pero otro que viene a ayudarlo lo encuentra.

Cubieito: Tenedor. 'Fefa, pásam'ese tenedor, que no tengo.'

Cubujón: Rincón interno de un cajón o caja, o del estómago. 'Mira en lo cubujone de esa caja a'vei si quedan ma grano'e café todavía'. 'En lo cubujone caben má cosa todavía."Oiga doña, yo deji'ún cubujoncito pa'lo frijole con duice'.

Cuca: Como se les llama a las cotorras. Es apodo de mujer. (Ver 'Cuando Cuca bailaba...') Es también otro nombre para los genitales de la mujer. (ver 'Toto'; '¡Ay cuca!')

Cuchillu'e do filo: (Cuchillo de dos filos) Puede ser un cuchillo con un filo cortador en cada borde; pero es más frecuente aplicado a la persona que es engañadora. 'Ten cuidao con Juansito, qu'ese ej'un cuchillu'e do filo.' (ver 'Navajita' y 'Coit'en'el aire')

Cuchuciento: (Cuchuciento) Más de cien. Gran cantidad de lo que sea que se esté hablando. 'Ahí habían cuchucienta guinea aisá'. (ver 'Aisao', 'Aisá')

Cuchumí: (Cuchumí) Más de mil. Gran cantidad de lo que sea que se hable. Se supone que 'cuchumí' es más grande cantidad que 'cuchiciento' (ver).

Cuco (sali'ei): (Salir el coco) Fantasma imaginario para meterle miedo a los niños. '¡A que si sigue de maicriao te va'sali'ei cuco!' (ver 'Comegente')

Cucú. Ta cucú: (Está cucú) Se dice de alguien que no está actuando normal, y hablando disparates (sin estar borracho). 'Pedro parece que ta medio cucú. Será la vejé.'

Cucurucho: (C: cucurucho: papel arrollado en forma cónica) Lo más alto de un edificio o una montaña. (ver 'Pico')

Cucurucúuu: Forma como algunos imitan el canto del gallo. También el canto de la paloma en un tono más suave. Usado en una antigua canción mejicana= 'Cucurucúu, ¡ay! cucurucúu paloooma'.

Cucusa: Muchacha o mujer fea.

Cucuse: (ver 'Tan como lo cucuse')

Cucuyo: Cocuyo.

Cudo: Escudo. Se dice cuando en un juego hay que cantar 'cara' o 'escudo' rápidamente antes que la moneda tirada al aire caiga y se asiente en el suelo. El que tira la moneda canta '¿Cara o Cudo?'.

Cueipo coitao: (Cuerpo cortado) Se usa en la frase 'Tengu'ei cueipo coitao' o 'Me siento ei cuerpo coitao'. Sensación un poco febril, cuerpo adolorido y deseo de estar en cama. 'Déjenme tranquilo, que yo me sientu'ei cueipo medio coitao'.

Cueipo de tentación cara di'arrepentimiento: (Cuerpo de tentación cara de arrepentimiento) Se refiere a la mujer de cuerpo bonito y cara fea.

Cueipo indino: (Cuerpo indigno) Se refiere a la mujer que trata de demostrar su elegancia, pero tiene una figura de cuerpo que no es agradable a la vista. '¿Y qué lo que se cre'esa mujei, con'ese cuerpo tan indino!'.

Cueipo pesao: (Cuerpo pesado) Esta sensación es prima hermana del cansancio, pero también apunta a sospecha de no sentirse bien, por lo que se dice con cara de desánimo: 'Tengu'ei cueipo pesao. ¡No tengo gana di'hacei na!'

¡Cuéntamel'otra ve!: (¡Cuéntamelo otra vez!) Se le dice a alguien que ha relatado algo extraordinario, que no se le cree. '¡Cuéntamel'otra ve!'

Cuentaso: (de 'cuento') Lo dice el oyente cuando alguien le está dando una excusa dudosa por no haber podido pagarle a tiempo, llegar a tiempo a la cita, etc. '¡No me venga con'ei cuentaso!'.

Cuento chino: Excusa falsa que se da para quedar bien en una situación. (Edit 'Cuerpo pesao' to 'Cueipo pesao')

Cuento picante: Se dice de los chistes mordaces, sexuales, etc. 'Juansito, nu'haga chite picante eta noche, que ahí va'bei mucha mujere decente'. (ver 'Chite'; 'Eta'; 'Va'bei')

Cuento trite: (Cuento triste) Historia que se hace para excusar un error o falta de cumplimiento. 'No mi'haga cuento trite, yo se lo que pasó'.

Cuentu'e camino: (Cuento de camino) Explicación ficticia que parece verdadera, que se le da a alguien para convencerlo. '¡A mi no me venga con'eso cuentu'e camino!'

Cueriai: (C: cuerear= comprar cueros de animales) Andar con prostitutas y acostarse con ellas. (ver 'Cuero')

Cuero: (C: piel de un animal, curtida) Mujer de la Vida. Prostituta. Ramera. Puta. De acuerdo a la esposa, la querida de su esposo. 'Esa e'jun cuero viejo'. (ver 'Viejo' y 'Cueriai')

Cueta: (C: cuesta= terreno en pendiente) Terreno en pendiente. Se exagera o se disminuye a conveniencia: '¡Me cansé poiqu'esa cueta e muy pará!'. 'Esi'ombre e'jun blandito, si'esa cuet'e llanita'. (ver 'Blandito')

Cuet'una mano y ei pie: (Cuesta una mano y el pie) (ver 'Cuet'un'ojo y la mitá del otro')

Cuet'un'ojo y la mitá del'otro: (Cuesta un ojo y la mitad del otro) Algo extremadamente caro. Un trabajo extremadamente difícil y peligroso para conseguir algo deseado. 'Eso me va salí por'un'ojo y la mitá del'otro.'(ver 'Cuet'una mano y ei pie' y 'Va salí por'un'ojo y la mitá del'otro')

Cuíca, saitai la: (Saltar la cuica) Juego de niños saltando la cuerda.

Cui-cui: Onomatopeya del ruido que se hace al tragar líquidos. Tomarse un vaso o taza de líquido sin respirar, sobre todo si es desagradable. (ver 'Cuique-cuique')

Cuicutiai o **Ecuicutiai:** (Onomatopeya de hacer ruido dentro de una gaveta, caja, etc.) Escrutar. Escudriñar. Buscar algo con insistencia dentro de una gaveta, caja o funda, donde hay varias otras cosas más, a veces con bastante ligereza y sin orden. Curiosear. '¿Qué tu t'ecuicutiando ahí?'.

Cúido: ((C: cuido= acción de cuidar) 'Dej'ei muchachito aquí, yo lo cúido'. '¡Ei viejo Pedro ta bien, peru'e por'ei buen cúido que le dan los'hijo!'

¡Cuidáo!: (Es el vocablo 'cuidado', pero con tono de sorpresa-chisme no significa 'bien mantenido' o 'tener prudencia') Cuando una pareja que nunca andaban juntos, va agarrada de manos y mirándose amorosamente. Alguien del grupo exclama '¡Cuidáo!', o '¡Cuidao si'aquí va'habei matrimonio?'.

Cúidesen. Cúidesen: (Cuídense) 'Cúidesen (Cuídesen) de lo perro.'

Cúique-cúique: Onomatopeya. Similar a 'cúi-cúi'.

Cuiso: (Curso) Se pronuncia 'cúiso'. En las escuelas, tiempo de nueve meses a un año para cursar estudios. En los campos también se refiere al ano. 'A Pedrito lo quemaron en'ei seto cuiso'. 'Juansito ta botando sangre pu'ei cuiso'.

Cuitiembre: (C: curtiembre= tenería; curtiduría) Suciedad en un lugar o en la ropa. '¡Ese muchacho tieni'una cuitiembre arriba!'

Cuitío: Prenda de vestir con sucio o mancha difícil de sacar. 'Ese pantalón ta demasiao cuitío'.

Cuivea: (Curvea= de 'curva') 'Ese piche cuivea mucho esa bola'. (ver 'Piche')

Cuivilínia: (C: Curvilínea: que se compone de líneas curvas) Se dice de la mujer que tiene bonito cuerpo, de curvas perfectas. '¡Diablo. Qué cuivilínia t'esa jembra!' (ver '¡Diablo!'; 'Jembra')

Culambre: Lugar donde se ven muchas nalgas de mujeres, como en la piscina o en la playa. '¡Diablo, pero qué culambre!'

Culatiai: Golpe del arma de cacería (escopeta) en el hombro durante el disparo. Movimiento lateral de la parte trasera de un vehículo, debido a un defecto mecánico.

Culebro: (C: culebrón= hombre astuto y solapado) Astuto, solapado y sabichoso. '¡Esi'hombre e j'un culebro!' (ver 'Sabichoso')

Culeca: (castizo: clueca) Gallina en la etapa de poner huevos, y canta y cloquea después de poner el huevo. También lo hace cuando está incubando sus huevos.

Culelé: Persona boba, insignificante. '¡Ese tipo? No ombe esej'un culelé. (ver 'ombe')

Culiai: (De 'culo' o 'cola') Movimientos instintivos con el cuerpo que hace una persona en un juego tratando de dirigir una bola que ha tirado hacia un agujero u objetivo. '¡Culéala pa'que entre!'

Culiambre: (De 'culo') Vocablo que toma las veces de 'culo' o nalgas cuando estos no se quieren mencionar. 'Pedro no puede caminai bien poique tiene un nacío en'ei culiambre'. '¡Mira muchacho, a que te doy do fuetazo en'ei culiambre!'

Culiloco: Mujer que tiene varios novios o más de uno a la vez. Alguien que hace muy pocas cosas bien hechas. A veces la misma cosa en diferentes maneras o formas.

Culiando: (De 'culo') Se usa en la expresión 'Se tan culiando', por decir que dos novios están teniendo relaciones sexuales

Culitueito: Que camina de lado a lado por no poder ver bien de un ojo. Que hace las cosas sin ton ni son. También ocurre en las galleras cuando a un gallo le dan un golpe o espolazo en un ojo, que se queda dando vueltas.

Culillo. Culilla: (Aceptado por la RAE como vocablo usado en algunos países hispanos) Enojo causado por algo desagradable y que mlesta. Alguien 'da culillo' y el otro 'coge culillo'. Concentrarse en algo, o hablar sobre de un tema con extremada persistencia. (ver 'Enculillaise')

Culito: Se dice cuando se recibe una cantidad muy pequeña de lo se pidió. 'Lo que me dio f'un culitu'e duice na'má.' (ver 'F'un'; 'Na'má'; 'Chin')

Culo: Ano. Nalgas prominentes de mujer. '¡Qué culo tien'esa jembra!' (ver 'Jembra' y 'Sieso')

Culo cagao: (Culo cagado) Se dice del muchacho, o joven (casi siempre varón), que no se porta bien, haciendo cosas de gente grande, hablando o afectando una actitud de hombre.

Culo chato. Naiga chata. Sin naiga: Mujer cuyas nalgas son menos prominentes que el promedio.

Culo flojo: Se dice del que se le salen pedos con frecuencia. También se le llama 'Tira peo'.

Culoloco: Mujer que se acuesta con cualquiera. Persona torpe e insegura.

Culo puyú: (de 'puya': punta de una barra) Nalgas prominentes hacia atrás. 'Esa muchacha si tiene ese culo puyú'. (ver 'Tirai puya' y 'Tirai punta')

Culu'ei mundo: Muy lejos. (ver 'En'ei culu'ei mundo)

Culu'e yegua. Culo je'llegua: (Culo de yegua. Culos de yegua) Ano de la yegua. Hablar disparates. 'Nu'hable tanto culu'e yegua ombe'. 'Tu t'hablando culo je'yegua.' (ver 'Ombe'; 'Tet'e yegua')

Culumpio: Columpio.

Cundiamoi: (Cundiamor o Cunde amor) Planta trepadora que crece en las cercas y alambradas, de fruto amarillo con centro jugoso y dulce y semillas rojas.

Cundío: (Del castizo 'cundir'= llenar) Lugar lleno de cosas. Muchas picadas de insectos en la piel. 'Toy cundío de piqué'moquito'. (ver 'Mi'asaron')

Cunuco: (ver 'Conuco')

Cuña: Pieza de madera o metal para dividir o sostener cuerpos sólidos. Perona de poder de la que se vale otra para conseguir algo importante.

Cuquiai: (C: de Cuba 'cuquear'= azuzar) Fastidiar a alguien para que se enfade y pelée con otro. (ver 'Juchai'; 'No cuquée laj'avipa')

Cuquicá: ¿Origen *patois* [*patuá*]?) Objeto de baja calidad, casi siempre de uso personal. '¡Qué raro, Juansito usando eso pantalone de cuquicá!'.

Curá: (Curada) Curarse de un achaque o enfermedad. Carne sazonada por algunos días.

Curioso: Persona que tiene habilidad para hacer cosas de uso, y arreglar objetos dañados. Brujo o curandero.

Curiosiai: (Curiosear) Ocuparse de averiguar lo que pasa en la vida de los otros. Mirar con insistencia y talvez indiscreción, lo objetos y adornos de una casa donde se está de visita. (ver 'Intruso')

Curise, como lo: (Como lo curise) Se refiere a la mujer que tiene muchos hijos. 'Lola ta como lo curise, pariendo tu'ei tiempo.' (Curí debe ser un mamífero roedor parecido al conejo, como el conejillo de Indias)

Curita: Vendaje adhesivo para pequeñas heridas superficiales y rasguños.

Currú: Aferrarse insistentemente a un juego, una novia u otra situación, casi siempre agradable. '¡Juansito li'ha cogío un currú con'esa muchacha de Tenare!'

Currutá currutá, qué bueno que ta: Se dice cuando algo de comer gusta mucho.

Cusumbo: Gente que vive en las lomas; considerados por los del campo llano como menos cultos que ellos. (ver 'Campuno')

Cutupe: Incluye varias sensaciones: envidia, celo, . 'Juansito tiene cutupe poique su amigo se compró un carro cádila'. Sensación de presentimiento en el estómago de algo desagradable que puede suceder. 'Tengo' o 'me da un cutupe aquí', se dice mientras se pone la mano en el área del estómago.

D: (Letra D, d, de) De, de. 'Ecríbeme la letra de'.

Dadivoso. Dadivosa: Se dice de la persona que es generosa, que fácilmente da de lo suyo a cualquiera. En el sentido femenino se aplica a la mujer que se entrega con facilidad sexualmente.

Dai agua a bebei: (Dar agua a beber) (Ver 'Nu'ha dao agua a bebei')

Dai caipeta: (Dar carpeta) Molestar con frecuencia y de diferente formas. Hijo o familiar cercano que es causa de constantes problemas en la familia. 'Ese muchacho si li'ha dao carpeta a eso padre.'

Dai cintura: (Dar cintura) Mover la cintura de lado a lado y pegado a su compañera mientras baila.

Dai coba: (Dar coba) Adular a alguien para conseguir algo esa persona. (ver 'Cobero')

Dai culillo: Molestar persistentement a alguien con algo que no le gusta y fácilmente propenso a anojarse debido a la persistencia del otro.

Dai dei cueipo: (castizo: hacer del cuerpo) Defecar. (ver 'Di ai monte' y 'Obrai')

Dai de mamai: Darle del seno al bebé.

Dai ei medio: Después del bautismo el padrino debía dar el 'medio' a quien se lo pidiera. El medio era representado por una moneda de cinco centavos.

Dai ei pecho: (Dar el pecho) Dar de lactar a un bebé.

Dai ei sí: (Dar el sí) Cuando la joven acepta al joven enamorado como novio. 'Por ahí ande'i runrun que Rina le dio ei sí a Juansito'. (ver 'Runrun')

Dai en'ei blanco: (Dar en el blanco) Adivinar, o definir con exactitud el significado de lo que se está hablando.

Dai en'ei clavo: Tiene el mismo significado que 'Dai en'ei blanco.' (ver 'Dai en'ei blanco') 'Ya nu'hay qui'hablai ma; Juansito dio en'i clavo.'

Dai gabela: Dar ventaja en una apuesta cuando se tiene buena posibilidad de ganar. Se usa mayormente en peleas de gallo.

Dai guata o **Dai guate :** (Dar guata-e) (de la voz india Centroaméricana: *ohuatl*= que se presenta en pares) Usar intensamente y con frecuencia un objeto o aparato. Usar la misma ropa con frecuencia: 'Tu si li'ha dao guata a ese pantalón.' (ver 'Guata')

Dai julepe: (Dar julepe) (C: Julepe: esfuerzo o trabajo exesisvo) Darle uso constante a un objeto personal o prenda de vestir. "Juansito si li'ha dao julepe a eso zapato marrone.' (ver 'Julepe')

Daile poi la ven'ei guto: (Darle por la vena del gusto) Hablarle a alguien del sujeto que más le gusta. Se dice cuando hay una conversación intensa y aparentemente interesante entre dos personas. 'Parece que Pedro le dio a Juansito poi la ven'ei guto'.

Dai la pela: (Dar la pela) Se le da la pela al que paga la cuenta por todos en un restaurante, etc. (ver 'Pela')

Dai lija: (Dar lija) (Lija: papel con arenilla, que sirve para pulir) Adular a alguien que tiene buena posición, para conseguir algo, un empleo, etc.

Dailo poi cácara: (Darlo por cáscara) (ver 'Lo da poi cácara'; 'Lo da poi na')

Dailo poi yuca: (Darlo por yuca) (ver 'Lo da poi cácara'; 'Lo da poi na')

Dai Manigueta: (Dar manigueta) Enchinchar a alguien para que se enoje con otro del grupo. Nunca llega a nivel de pelea o enemistad.

Dai poi la ven'ei guto: (Dar por la vena del gusto) Se dice del aludido, cuando uno de los presentes lo alaba, o describe sus buenas cualidades. 'A Juansito le tan dando poi la ven'ei guto'.

Dai por'atrá: (Dar por detrás) Se dice del coito homosexual. 'Pedro y Juan se dan por'atrá'.

Daise con'una piedr'en lo diente: (Darse con una piedra en los dientes) Se le dice a alguien que ha conseguido algo extraordinario, talvez más de lo que esperaba, y se está que quejando de algunos pequeños detalles de lo conseguido. '¡Oigan a ete! Mira muchacho, tu debía taite dando con'una piedr'en lo diente'. Es decir, ofrecer un sacrificio por haber conseguido algo tan bueno para él. (ver 'Ete'; 'Taite')

Dáisela: (ver 'Dándosela')

Daise lengua: (Darse lengua) Se dice de una pareja que ha estado besándose por un buen rato. 'Anoche taban Juansito y María dándose lengua en'ei paique'. (ver 'Taban')

Dáiselo: (Dárselo) Se dice de la entrega de una mujer a un hombre. 'Juana dique se lo dio a Pedro'.

Daisi'uno cuanto palo: (Darse unos cuantos palos) Tomarse varios tragos de ron. 'Juansito y yo no pegam'uno cuannto palo.' (ver 'Pegaise')

Dai su brasu'a toisei: (Dar su brazo a torcer) (ver 'No dai su brasu'a toicei')

Dai una bola: (Dar una bola) Llevar una persona en un vehículo público de un lugar a otro sin cobrarle. Juansito me di'una bola ai pueblo en'ei motoi'.

Dai un palo: (Dar un palo) Darle a alguien con un trozo de madera. 'A Juansito le dien un palo anoche en la fieta.' Conseguir un buen trabajo, o la muchacha más bonita del lugar. (ver 'Le cayeron a palo')

Daja vei: Déjame ver.

Dame: Del verbo 'dar', como en 'Dame má café'; pero se usa para comprar, 'Mira Juan, dami'una chata d'ese ron Mariposa.' (ver 'Chata')

Damemá: (Damemás) Dulce de corteza de naranja con melao (ver 'Melao')

Dami'una ceniza: (Dame una ceniza) (ver 'Una fría')

Dami'un timbraso: llámame por teléfono.

Dami'un'equinita: Como se pide un poco de la comida del compañero de mesa.

Dan. Da: (Del verbo 'dar') Se refiere a 'dar' o 'regalar'. También a 'vender': 'En la pulpería dan eso poi vente centavo'. 'Juansito me da ei foco poi tre peso'.

Dandí: Enfermedad de los cerdos y las gallinas. (ver 'Moquillo')

Dándose cajeta: Se dice de la pareja está besándose intensamente o haciendo el coito. 'Juansito y Ana taban dándose cajet en'ei teatro anoche.' (ver 'Dándose lengua'; 'Taban')

Dándosela de... Se la da: Persona que se cree superior, y trata de demostralo, pero no se ve natural. Presumido. 'Juansito t'ahí dándosela de rico'. (ver 'Privando en fruta fina') '¡Juanita si se la da contu'eso'janillo y collare que se pone!'. (ver 'Privón')

Dao: (Dados. 'Dado' del verbo 'dar') Juego de azar de piezas cúbicas de hueso o marfil. 'Anoche taban jugando dao en la puiperi'e l'equina'. 'Comí tanto que mi'ha dao jipo.' Se dice de alguien que no quiere trabajar o hacer nada, talvez deprimido:'Pedro ta dao'. (ver 'Taban'; 'Jipo'; 'Entregao')

Date: (Enclítico del verbo 'dar' y pronombre 'te': daste) 'Date pronto que yo ya casi me voy.'

Debaío o Debaido: (C: desvaído= que ha perdido el color) Prenda de vestir que ha perdido el color, debido al uso y frecuentes lavadas. (ver 'Deteñío')

Debalío: (C: desvalido= desamparado) Débil; decaído.'Ei pobre Juansito ta debalío.'

Debaná. Debanao. Debaneo: (Desvanecida. Desvanecido. Desvanecimiento) (Del castizo 'desvanecer= turbarse la cabeza por un vahído) Sentirse ligeramente mareado. '¡Tengo la cabesa como devaná hoy!' 'Me siento como debanao'. '¡Me pasao ei día con'un debaneo!'

Debanaise lo seso: (Desvanecerse los sesos) Se dice cuando se ha estado pensado mucho tratando de recordar algo. 'Se me tan debanando lo seso tratando di'acoidaime d'ese nombre'. (ver 'Tan')

Debaratao o Ejbaratao: (C: desbaratado= de mala vida, o conducta. Deshecho) Que no tiene dinero. 'Yo toy debaratao'. Algunos dicen 'Yo no vaigo ni'un chele, toy ejbaratao', en un tono de desánimo y que denota algo peor que 'debaratao'. (ver 'Chele')

Debembao. Debembá: Torcido; desformado; caído de un lado; 'medio mal hecho', pero no roto. 'Ese vetido de Juanita se ve como debembao'. (ver 'Vetido')

Débi: Débil. '¡Qué debi t'ese niño!'

Debilitando al'enemigo: (Debilitando al enemigo) Lo dice la persona cuando en una fiesta privada alguien le pregunta en el momento de servirse uno de ya varios tragos. P: '¿Qué tu hace"? R: 'Aquí debilitando al'enemigo.' Relación con la guerra, cuando una nación se apodera de las proviciones de la nación enemiga. (Expresión favorita del Dr. Moncho Rojas)

Deboronao: (Desboronado. Desmoronado) De 'desboronar'y 'desmoronar'. Se dice de las dos maneras.

Debo y Pagaré: Nota que da el acreedor al deudor, donde aparece el nombre de este, el dinero o productos recibidos, el interés y la manera y fecha a pagar.

Decacarao. Decacará: (C: descascarado) Se dice de la persona que ha estado en buenas condiciones y ahora se ve triste, delgada y desaliñada de vestido. 'Juansito ta medio decacarao úitimamente.'

Decáido. Decaído: (C: decaído= abatido. Débil) Débil, sobre todo después de una enfermedad. Deprimido. 'Juansito si'ha quedao muy decáido depué que salió del'hopitai'.

Decaimiento: Persona que está triste y desalentada. Es diferente de estar cansado. 'Yo teng'un decaimiento en'eto día que no quiero hacei na. A vece me siento que no sivo pa na'. (ver 'No sivo pa na')

Decaiso. Decaisa: (C: Descalzo. Descalza) Descalzo. Descalza. '¡Juanita y poiqué tu'anda decaisa?'

Decalabrao. Ecalabrao: Señales de golpes en varias partes del cuerpo después de un accidente o pelea. (ver 'Agoipiao'; 'Tu'agoipiao')

Decalentá: Se dice de la muchacha o mujer que se entusiasma y emociona fácilmente cuando está alrededor de los hombres.

Decalentao: Enojado. Exitado. Fogoso. Alegre, bailando todas las piezas. 'Se decalentó Juansito ya'.

De calidad: Gallo, gallina y pollos que se crían para lidia. (ver 'Gallo de pelea' y 'Pelón')

De calle: Se dice cuando algo es seguro que va a suceder. 'P: ¿Tu cre'que Las'Aguila se ganan al'Ecogido? R: Esu'e de calle'.

De cama: Se dice del que está muy enfermo, de estar en cama. 'Me dijién que Juansito ta de cama.' (ver 'Dijién')

Decasiai: (Escasear) 'Yo creo que la naranja van a decasiai eti'año.'

De chambra: De casualidad. 'Tu me ganate esa mano de chambra'. (ver 'De chepa')

De chanfle: De lado. Por el lado. Se usa en la expresión 'Le dio' o'Me dio de chanfle'.

¡De chipita no me caí! o ¡Por'una chipita no me caí!: (De chispita no me caí) Que faltó muy poco para caerse. Una 'chispa' de candela es fracción de segundo de duración. Y aquí es aún más pequeña la chispa.

Decí: (Decir) (ver 'Desí')

Décimo: Porción de un billete de la Lotería Nacional, que estaba dividido en diez porciones. 'Mira billetero, dami'un décimo de'ese número.' (ver 'Dame')

Decocotai: (Descocotar) Cortarle el pescuezo a alguien. Darle muerte a alguien; casi siempre el gobierno. Tomarse varias botellas de ron. '¡Anoche decocotamo varia!'

Decogío: (Escogido) 'Nu'e mucho, pero ta bien decogío.' Más en el campo adentro. (ver 'Ecogío')

Decojollai: (Descogollar) Cortar los brotes que les salen a las plantas frutales (cacao, etc.). Los trabajadores de finca dicen: 'Hoy vamu'a decojollai'. (ver 'Chupón')

De contino: (C: Contino= contínuo) (De contínuo) Que con frecuencia hace algo desagradable para los otros. 'Pedro de contino tose y ecarrea cuand'uno ta comiendo.' (ver 'Ecarriai')

Decosechai: (C: cosechar) Indica lo contrario de la acción que sugiere. 'Don Lui, ¿cuándo uté va a decocechai lo frijole?'

Deconchabao: (Del castizo: desconchabarse= descomponerse; descoyuntarse) Descompuesto. Que no luce completo. Desarmado, con las partes en desorden. 'Eto no se pu'arreglai. Ya ta to deconchabao.'

Decricajao: Persona que normalmente ha estado bien y ahora anda mal vestida y deprimida. Alguien a quien le han propinado muchos golpes y no se ve bien. Objeto o instrumento que está desformado o le faltan piezas.

De cuaiquiei yagua sale un grillo: (De cualquier yagua sale un grillo) Representa aquello de 'el que uno cree que menos puede llegar, llega'. También sugiere que no se le debe tener mucha confianza a un desconocido que aparenta honesto. (ver 'Yagua')

De cuajo: (Cuajo: fermento del estómago en los mamíferos [RAE]) Arrancar algo de raíz. (ver 'Se lo llevó de cuajo')

¡De cuándo a dónde? o **¡Pero y de cuándo a dónde?:** (¡De cuándo a dónde? o ¡Pero de cuándo a dónde?) Talvez queriendo decir '¿Cuándo y dónde has hecho eso antes?' Expresión de reprimenda a alguien que ha hecho algo sin permiso, sobre todo si es la primera vez. Con frecuencia se aplica a los niños cuando inciden en una desobediencia no esperada de ellos. (ver 'Dende' y '¡De juradió!')

De cuando Conchoprimo. Cuando Conchoprimo: Algo ocurrido hace tanto tiempo que nadie se acuerda. '¡No ombe, si'eso de cuando Conchoprimo!'. (ver 'Conchoprimo')

Dede. : (C: Desde) (ver 'Dende')

Dede chiquito nacen sabiendo: (Desde chiquitos nacen sabiendo) Se dice del niño (pero se pluraliza) que demuestra cierta precocidad, haciendo cosas que 'antes' los niños no sabían hacer hasta varios años más tarde.

Dede Dio: (Desde Dios) Quiere decir desde que hace mucho tiempo que pasó lo que se ha preguntado.

Dede que Dio e Dio: Quiere decir que el sujeto de la conversación es bien conocido desde hace mucho tiempo. '¡Adió, peru'eso ha tao ahí dede que Dio e Dio!' (ver 'Tao')

Dede que s'inventaron la j'ecusa nadie queda mai: (Desde que se inventaron las excusas nadie queda mal) Ironía acerca de que las excusas casi siempre hacen quedar bien al que cometió la falta.

Defendeise: (Defenderse) Defenderse de alguien que lo ataca. Se usa para designar un trabajo que da para vivir relativamente bien. 'P:¿Cómo te va Pedro? R: Yo ahí. Me defiendo con un trabajito que conseguí en la Secretaría'.

Defifarrai: Desgarrar; destrozar; desbaratar. Se dice de los novios que están actuando sexualmente. 'Pedrito y Juana taban defifarrándose anoche en'ei paique'.

Defifarrao: (C: despilfarrado) Que anda con la ropa sucia y en andrajos y hasta medio triste. 'Juansito anda to defifarrao úitimamente'.

Deflecai: Tomar mucho ron o cerveza. 'Anoche deflecamo má de siete chata de romo en Pontón'. (ver 'Chata')

Defueisao: Sin fuerzas. Débil. 'Depué dei catarro ese me'quedao como medio defueisao'.

Defundillao: Alguien con los fondillos de los pantalones 'vacíos'. De nalgas planas o chatas. (ver 'Fundillo vacío' y 'Naiga chata')

Degallai. Degallai el'arró: (Desgallar. Desgallar el arroz) Sacarle los granos que quedan con cáscara (¿gallos?) al arroz descascarado, antes de cocinarlo. (ver 'Gallo')

Degaritao: (del castizo: desgaritar= perder el rumbo) Sujeto que va corriendo muy rápido sin nadie saber para donde va. '¡Esi'ombre diba degaritao por ese camino!'. 'Juansito salió degaritao cuando si'aimu'ei pleito'.

De goipe: (De golpe) Hacer las cosas de pronto. '¡Juansito un'hagu'eso tan de goipe!'.

Degonsao: (C: desgonzado= desencajado) Que camina despacio, medio jorobado y moviéndose de lado a lado. 'Juansito ta como degonsao en'eto dia'.

Degrasiaise: (de 'desgracia') Se dice de alguien que le ha salido algo muy mal, y está sufriendo mucho por sus consecuencias.

Degrasiaíto: Muchacho o joven que hace travesuras, pero no tan malas o perversas como el que se tilda de 'Ese'jun degraciao.' (ver 'Ese'jun degraciao' y 'e'jun')

Degrasiao: (C: desgraciado) Persona de malos instintos. Se usa más como insulto. 'Ese degraciao me engañó.' También con pena por alguien que ha robado algo insignificante o para poder comer. 'Ese ej'un pobre degraciao.' (ver 'Probe' y 'Malacata') Infeliz. Desafortunado.

Degrasimao: Un poco menos insultante que 'Degraciao'. Dicho sin irritación o enojo.

Degrampao: Menos insultante que 'Degraciao', y talvez ligeramente menos que 'Degracimao'.

Degreñao. Degreñá: (Desgreñado.Desgreñada) Despeinado. Con el cabello desordenado.

Deguabinao: (¿De 'guábina', pez de río?) Persona que estaba en buenas condiciones y lo ha perdido todo, y anda triste y hasta mal vestido.

Deguañangao: Persona que camina despacio y con la cabeza caída, debido a enfermedad, haraganería o cansancio. Que camina casi cayéndose. Aparato que le faltan piezas. 'Esa maquinilla ta tuá deguañangá'. 'Qué deguañangue llev'esi'hombre'. (ver 'Tuá')

Dei: (Del) (contracción de la prep. 'de' y el art. 'el') 'Juansito se cayó dei palo'.

¡Dei cará!: Contracción de '¡Dei carajo!'. 'Esu'e dei cará'. (ver '¡Dei carajo')

¡Dei carajo!: (del carajo) Recibir un susto, o en referencia a cualquier cosa o evento muy grande, o fuera de lo normal. '¡Ese muchacho me di'un suto dei'carajo!'. '¡Esa Feria de la Flore fue dei carajo!' '(ver 'Suto', '¡Dei diache!', '¡Dei diablo!', '¿Qué diablo e'jeso?', '¡Esu'e dei carajo!')

Dei cielo a la tierra: (Del cielo a la tierra) (ver 'Como dei cielo a la tierra')

Dei Creo a la mitá: (ver 'Tu no sabe dei Creo a la mitá')

Dei o D'ei: (De él) (contracción de la prep. 'de' y el pron. 'él') "Hablando de Pedro, etu'e dei'. (ver 'Etu'e')

Deidei: (Del de él) 'Yo no quiero deidei, yo quiero deidella'. (ver 'Deidella')

Deidella: (Del de ella) 'Yo quiero deidella'.

¡Dei diache! ¡Dei diablo!: (¡Del diache! ¡Del diablo!) (ver '¡Dei carajo!', '¡Andei diache!', '¡Andei diablo')

Dei dichu'al'hecho hay mucho trecho: (Del dicho al hecho hay mucho trecho) Se le dice a alguien que ha dicho que va a hacer algo que los otros consideran imposible para él, o que no creen que se atreva a hacerlo.

Dei pique: Del pique. (ver 'De pique')

Dejai: (C: dejar: retirarse o apartarse de algo o alguien, etc.) Retirarse o apartarse de algo o alguien, etc. (ver 'Lo dejaron')

Dejai ei claro: (Dejar el claro) (ver 'Le deju'ei claro')

Dejai en sapatera. Dejai sapatero: Se dice de alguien que no ha ganado ninguna mano de los juegos de mesa que ha jugado. 'Juansito y yo jugamo cuatro mano de poke y lo dejé en sapatera.' (ver 'Poke' y 'Mano')

Dejaise cogei ei lao flaco: Se dice de la persona que obedece a todo lo que otra le ordena sin corresponderle a ella hacerlo, perdiendo con el tiempo la autoridad de reclamar su derecho.

Dejaise de juego: (Dejarse de juegos) Dicho que aconseja que para hacer las cosas bien hechas hay que trabajar con seriedad. Es como el decir: 'Déjese de monerías y póngase serio.'

Dejao: (C: dejado= flojo negligente, que no cuida de su persona) Persona negligente, que no cuida de su persona y obligaciones.

Dejarretao: (Desjarretado) Se dice del animal, ganado caballar o vacuno que camina cojeando debido a un daño del jarrete. (Ver 'Jarrete')

¡Déjate de pendejá! (C: Déjate de pendejadas) Lo dice alguien a otro en tono amenazante, pero a veces a modo de consejo.

¡Déjate de pendejo! (C: Déjate de ser pendejo) Lo dice alguien a otro que se está dejando engañar en un negocio u otra situación.

¡Déjate de vaina!: (¡Déjate de vainas!) Se le dice a alguien que está molestando mucho, o que ha dicho algo que el hablante no considera verdadero. '¡Déjate de vaina, eso no fu'así!'

¡Dejémolo así! o **Dejemu'eso así:** Advertencia de una de las partes en una discusión, cuando ésta se acalora más de lo conveniente. (ver 'Dejémolo d'ese tamaño')

¡Dejémolo d'ese tamaño!: Advertencia de una de las partes durante una discusión, cuando esta va acalorándose más de la cuenta. (ver '¡Dejémolo así!')

¡Dejemu'eto!: Dejemos esto. Se usa como 'Dejémolo así' y '¡Dejémolo d'ese tamaño!', si bien más tajante.

Dejilo: (C: de hilo= derechamente; sin detenerse) Ahora. De una vez. Cuando alguien se detiene por un momento antes de seguir adelante. 'No puedo quedaime. Me voy dejilo.' Talvez se refiere a 'seguir el hilo' de la caminata.

Dejnú en pelota. Dejnuítu'en pelota: (Desnudo en pelotas. Desnudito en pelotas)

Completamente desnudo. 'Juansito se baña en'ei río dejnuítu'en en pelota'.

Deju'ei claro: (Dejó el claro) Huir de una situación peligrosa. 'Cuando si'aimu'ei pleito Juansito deju'ei claro'.

Deju'ei plumero: (Dejó el plumero) Sedice de la persona que se comió todo lo que había de comer y no le dejó nada a nadie. Simbolismo por las plumas que deja el ave de rapiña en el lugar adonde se comió otra ave.

¡De juradió!: (¿De jura a Dios?) Expresión de sorpresa y regaño a la vez. Casi siempre usado por las mujeres: madres, tías y abuelas, cuando un niño ha hecho una travesura nueva, de más calibre que las anteriores. Se usa con 'Pero': '¡Pero de juradió Juanito, poi qué tu'hac'eso?' (ver '¡De cuandu'a dónde!')

De la basinill'ai catre: (De la basinilla al catre) Se dice de la persona que tiene diarrea, y se pasa el tiempo entre ir a la basinilla a defecar y acostarse de nuevo en el catre o cama. La expresión tiende a exagerar la frecuencia. 'Pedro se pasó la noche de la basinill'ai catre'.

Delechai: (C: deslechar= quitar a los gusanos de seda las hojas que desperdician) Destetar al niño, y al becerro de la vaca. (ver 'Detetai')

Del'ete: Del este. Se dice cuando no se sabe con certeza de qué lugar o pueblo viene alguien. 'Ese tipo viene del'ete.'

Del'etropeo: (Del estropeo) Parte de las expresiones que indican cansancio. 'No me po movei del'etropeo que tengo'. 'Me toy muriendo del'etropeo'. (ver 'Po')

Delia de gente: 'Delia' de delicadeza.Se dice de la persona amable, educada y cortés. 'Pedro ej'una delia di'hombre'.

Delicao. Medio delicao: Se dice de la persona que se ofende fácilmente y por poca cosa. También de la persona que ha estado enferma muy de seguido, sobre todo si tiene tuberculosis.

Delisia: (Delicia) Comida o fruta que tiene muy buen sabor. Se dice de la persona amistosa, y que tiene una personalidad agradable. 'Antonio e j'una delisia di'hombre'.

De lo barrio: Se dice de la gente que vive en los barrios marginales y pobres de los pueblos, sobre todo cuando no se comportan como los de los del centro del pueblo o ciudad. 'Ese tipo parece qu'e de lo barrio'.

De lo bueno quedamo poco: (De los buenos quedamos pocos)

De lo diente pa'fuera: (De los dientes para afuera) Se dice del que habla de decirle algo delicado a otro, casi siempre un amigo, pero que se sabe que no lo va a hacer. 'Pedro dice to eso de lo diente pa'fuera'.

De lo lao de…: (De los lados de …) Expresión usada para decirle a alguien de los alrededores de qué lugar es la persona recién llegada. 'Esi'hombre e de lo lao'e Moca. (ver 'Del'ete'lfammm

Del'ete: (Del este) 'Esi'ombre e del ete' o 'de lo lao del'ete'. Nunca oí que se dijera que alguien viniera del oeste, norte o sur, si bien, me acuerdo que algunos trabajadores venían del oeste, del sur y del norte. En este caso, si se conocía, se mencinaba el paraje o pueblo de donde venía. (ver 'De lo lao de …)

De lo diente p'afuera: (De los dientes para afuera) Se dice de alguien que ha dicho y prometido hacer algo, pero nadie le cree, pues se supone que lo ha dicho para impresionar. '¡Juansito dise eso de lo diente p'afuera!' (ver 'Dise')

Del'otro lao: (Del otro lado) Se refiere a algo que está del otro lado de un lugar bien conocido por todos, o de un río. También se usa para definir discretamente un hombre afeminado. '¡Njú! Yo creo qu'esi'hombr'e del'otro lao'.

Del'otro mundo: Algo extraordinario y difícil de describir de una manera regular. 'Esa f'una fieta del'otro mundo'. También: 'Se me peidió mi'anillito, ¡que nu'er'una cosa del'otro mundo peru'er'un bonito recueido!'.(ver 'F'una')

De lo bueno quedamo poco: (De los buenos quedamos pocos) Se le añade a un consejo que se le da a alguien para que se cuide de su salud. 'Cuídate que de lo bueno quedamo poco'. (ver 'Que Dio ti'ayude')

De lo vivo a lo pintao: (De lo vivo a lo pintado) Se refiere a alguien que estuvo enfermo por mucho tiempo, y se ha mejorado por completo. También se dice de objetos que han sido arreglados o remodelados. '**P**: ¿Cómo sigue Juansito de su enfeimedá? **R**: No, y'ei ta de lo vivo a lo pintao.' (ver 'No...' y 'Y'ei ta...')

Delullío o **Dilullío:** (talvez de 'desleír' o 'diluír') Ropa de vestir que debido a su frecuente uso se ha desgastado en ciertas partes, como los pantalones en las rodillas y las sentaderas.

De maidá: (De maldad) Hacerle algo desagradable a otro a manera de venganza benigna. 'De maidá no le vu'hablai ma a Juansito, poi dejaim'eperando anoche.'

De mala mueite: Algo de mala calidad.

Demandingue: Desorden de cosas que estaban organizadas. Estado de confusión, gritos y pleitos que se desata de repente en una fiesta. 'La fieta taba de lo ma buena, cuando si'aim'un demandingue'. (ver 'Taba'; 'Ma')

De mano'ja boca: (De manos a boca) Encontrarse de repente con algo u otra persona sin estarlo esperando; como encontrarse en una esquina, cada uno viniendo de lados diferentes. (ver 'Topaise', 'Mano', 'Poi manu'ei diablo', 'Manu'e trapo', 'Manu'e pilón', 'Mano mueita', 'Mano liviana')

Demasiá. Demasiao: Ambos vocablos indican 'demasiado'. 'Ahí hay demasiá piña' o 'Ahí hay demasiao piña'.

De mat'y cuaita: (De mata y cuarta) ('Mata' es 'ganar' y 'cuaita' es 'cuartos': dinero) Se dice cuando se sabe que alguien va a ganar antes de comenzar el juego. 'Juansito va de mat'y cuaita.'

Demesana: (C: Damajuana) Vasija de barro para guardar líquidos.

De mieo pujao: (De miedo pujado) Se le dice a alguien, casi siempre a los muchachos y, entre muchachos, cuando tienen que hacer un trabajo, encargo o cualquier otra cosa por obligación, sobre todo si ya se han negado. 'Juaniquito, tiene qui'haceilo de mieo pujao.'

Demijagai. Demijagao: (C: Desmigajar. Desmigajado) Se refiere a cualquier objeto que está parcial o completamente desbratado, aunque sea de madera o metálico. '¡Miren comu'ese muchacho demijagó ese juguete en do día qui'ha tao jugando con'ei!'

Demi'anque si'una boronita: (Deme aunque sea una boronita) Alguien pidiendo dinero, aunque sea algo de menudo.

Demontre: (Diablo) Se usa solo en la expresión 'Ande'i demontre' (ver).

De ná: (De nada) En general se refiere a algo que ocurre debido a la más mínima causa. 'Juansito se pone bravo de ná.' 'Utede si'han fijao que Juana se ta cayendo de ná úitimamente.' (ver 'Si'han'; 'De nada')

De nación: (De nación) De nacimiento. Costumbre o hábito heredado.

De nada: Se dice para corresponder a las gracias dadas. En este caso se pronuncia el vocablo 'nada' correctamente.

Dende o **Dede: (**C: Desde) '¿Y dende cuándo viven utedi'aquí?'. Más común en la forma'dede'. 'Esu'e j'así dede Dio'. (ver 'Dede Dio')

Dio en'ei clabo: (Dio en el clavo) Se dice cuando, después de varias opiniones en el grupo, alguien da la correcta y aceptada por todos. '¡Tu ve, Pedro si dio en'ei clabo!'.

De noche to lo gato son prieto: (De noche todos los gatos son prietos (negros). Como los objetos y las personas no se pueden ver de noche, se consideran negros como la noche. También, cuando algo no queda perfecto, pero funciona como debe, se dice 'Eso ta bien así, de noche to lo gato son prieto.' (ver 'Prieto')

Dentitería: (C: odontología) Oficina del dentista. (ver 'Dientita')

Dentrai: (Entrar) '¡Adió, pero yo no te vide cuando tu dentrate!' (ver '¡Adió!' y 'Vide')

Denú o **Dejnú:** (C: desnudo) Desnudo. Pero en El Cibao se puede estar más que simplemente desnudo; se podría estar 'denuíto' o 'tu'ejnú'. (ver 'Ejnú' y 'Tu'ejnú')

Denuíto o **Dejnuíto:** (Desnudito) Completamente desnudo. (ver 'Tu'ejnú')

Deo: (Dedo) '¡Oye, casi me llevu'ete deo coitandu'eta cajne!'. (ver 'Llevaise' y 'Ete')

Deo malo: (dedo malo) Tener un dedo ligeramente hinchado o doloroso. 'Hase do día que tengu'ete deo malo.' (ver 'Ai deo malo to se le pega'; 'Do')

¡Depabílate!: (De 'despabilarse'= estar despierto, desvelado). Se aplica a alguien que está trabajando despacio, o es un poco haragán. '¡Depabílate muchacho, no si'a tan jaragán!'.

De pacotilla: (ver 'Pacotilla')

Depaipajaise: (C: desparpajar: despabilarse, etc) Librarse de una situación engorrosa.

Depaipajao: Listo. Despierto en su actuación.

Depalotai: Tumbar árboles para preparar un terreno para cultivo. Tomarse más de una botella de ron en una fiesta. 'Anoche depalotamo cinco botellita de romo'. 'Botellita', como otros diminutivos, en este contexto tiende a indicar lo contrario, que eran de las grandes.

De paño j'y mantele: (De paños y manteles) Se dice de dos amigos que se han disgustado por un tiempo, y han vuelto a hacer las paces, reuniéndose más a menudo que antes. 'Ya Juansitu'y Pedro tan de paño j'y mantele'.

De pe a pa: Indica desde el principio hasta el final. Todo. 'Ei se sabe to eso de pe a pa'. (ver 'To')

Depecuesai: (De 'pescuezo= cuello. Parte del cuerpo desde la nuca hasta el tronco) Cortar el cuello, incluyendo el pescuezo a un humano. También a una gallina, o animal en el matadero. Engañar con gran cantidad de dinero en un negocio: 'Eso j'abogado me depecuesaron en'ei negocio ese de la única finquita que tenía'.

Depeidigai: (C: desperdigar: dispersar desordenadamente) Dispersar objetos desordenadamente. También: 'Juansito depeidigó su herencia'.

Depeluñai: Sacarle partes a algo con las uñas, con más insistencia que 'peluñai' (ver).

De pie'j'a cabesa: (De pies a cabeza) Se dice cuando uno se baña el cuerpo completo en la ducha, es decir, desde la cabeza a los pies, o 'de pies a cabeza', si es que se puede en este orden. 'Me vu'a d'un baño de pie'j'a cabesa'. (ve 'D'un')

Depintai. Depinta: ('Despintar. Despinta'). (ver 'Eso no me lo depinta nadie')

De pique o **Dei pique:** Hacer algo bajo un enojo o rabia, sin razón o cálculo. 'Juansito etralló ese vaso de pique'. 'Pedro se fue de la fieta dei pique.' (ver 'Pique')

Deplumándose: Se dice de los novios cuando están abrazados y besándose, etc., en algún lugar público, pero medio escondido. 'Juansito y la novia taban deplumándose anoche en'ei paique'. (ver 'Deplume'; 'Un deplume'; 'Daise lengua')

Deplume: (C: desplume= desplumar) (ver 'Un deplume', 'Deplumándose')

¡De poi Dio!: (¡De por Dios!) Interjección de ligero enojo o desesperación por algo que le molesta al hablante. '¡Pero muchacho, de poi Dio deja eso ahí donde taba! Te lu'he dicho ma de mi vece!' (ver 'Taba'; 'Lu'he'; 'Mi'; 'Poi Dio')

De poi sí: (De por sí) Se refiere a una costumbre, buena o mala, que alguien tiene por mucho tiempo.

De poi viá tuya: (De por vida tuya) Lo dice alguien a otro que lo está molestando y no lo deja hacer su trabajo con tranquilidad. 'Pero de poi viá tuya déjame quieta.'

Depué dei palo dao ni Dio lo quita: (Después del palo dado ni Dios lo quita) Ese decir, una vez recibido un golpe ya no se puede borrar o quitar; indicando que uno se puede reponer de una pérdida o, recobrar sicológicamente de una desgracia, pero ni la pérdida ni la desgracia se pueden borrar.

Depué de Pacua pasá: (Después de Pascuas pasadas) Se dice de algo que se hecho u ocurrido cuando ya no se necesita. Se le dice a alguien que ha llegado tarde a la cita.

¡De que e bueno e bueno! ¡De que e malo e malo! ¡De que e rico e rico!, etc.: (¡De que es bueno es bueno! ¡De que es malo es malo! ¡De que e rico e rico)) Expresiones que reaciertan lo dicho por otro en el momento.

¡De que sabe sabe!: (ver 'Ei que sabe sabe')

Derechura: (De 'derecho') Significa 'yendo derecho en esa dirección se llega'. 'Eso queda en derechura a La Peña.'

De relajo: De broma.

De remate: (ver 'Ta de remate')

De resoite: (De resorte) Se refiere a alguien que reacciona repentinamente a lo que ocurre a su alrededor. Si alguien llama: 'Oye Juansito', este responde al llamado antes de oír su nombre. 'Juansito ta de resoite hoy.'

De robo: Se dice de algo que la persona de que se habla hace fácilmente, talvez porque ya lo ha hecho varias veces. '¡Ah no! Juansito va de robo en'esa apueta'. (ver 'Va de robo'; 'Apueta')

Derrajetao: (ver 'Dejarretao')

Derrengao. Derrengá: Lo dice alguien que tiene un dolor bajo en la espalda, que aunque no es muy fuerte lo hace caminar ligeramente cojo-a. 'Yo toy medio derrengá hace doj'o tre día'.

Derretío: (Del castizo 'derretir'= disolver por medio del calor) Plomo o estaño derretido. Persona que está muy enamorada. 'Juansito ta derretío poi Teresa.'

Derriengue: (De 'derrengado'= dolor de espalda o cadera que impide caminar erecto) Se refiere al sujeto femenino del enamoramiento que es 'el derriengue' del hombre, quien se pasa los días pensando en ella. 'María ej'ei derriengue de Juansito'. (ver 'Ej'ei')

Derrique: Derrumbe de tierras en las lomas. Derrocadero. Precipicio. Cuesta peligrosa.

Desabrío: Poca gracia en el hablar, o que casi no habla. 'Esiombre si'e desabrío'.

Desaiboliai: Tocar el lugar donde se albergan insectos que pican, y espantarlos para que revoloteen ardedor. '¡Mira muchaco no desaibole'sa j'avipa!' Traer a colación un sujeto que enoja a alguien del grupo, y hace que este se enfade y hable sin darle oportunidad a nadie más.

Desagerao: (C: Exagerado) Exagerado. '¡Pero muchacho no siá tan desagerao!' (ver 'Siá')

Desaiboliao: (Desarbolado: lugar desprovisto de árboles) En un grupo, aquella persona que se enoja y habla muy alto en tono de desafío. 'Cuidao quesi'ombre ta desaiboliao'..

Desalencao: Que anda cojeando por un dolor en las caderas.

Desamino: Examen médico. 'Ei médico me jiso un desamino y me encontró bien'. (ver 'Jiso')

Desandarao: Talvez del castizo 'desandar': volver atrás; perdido. En El Cibao es usado como comilón; que come con mucha hambre y rápido. 'Juansito ta comiendo com'un desandarao'. (ver 'Gandío')

Desanímo: (Desánimo= falta de ánimo; desaliento) Falta de ánimo; desaliento. '¡Hase do día que teng'un desanímo!'

Desenterrai: (Desenterrar) Sacar algo (un muerto) que estaba enterrado. Se dice de alguien que anda en compañía de una persona de baja ralea. '¡Y di'onde desenterró Juansito ese tipo?' También se usa con frecuencia para sacar un objeto que está debajo de cualquier cosa. 'Dame mi taza que debe t'enterrá abajo de tu'esa losa'. Hasta los que vivimos en el extranjero pecamos de decir 'Tuve que desenterrai mi carro di'abajo de tu'esa nieve.' (ver 'Tu'esa')

Desepere: (Desespere) 'No te desepere que cuantico llegue Juan salimo juyendo di'aquí'. (ver 'Cuantico'; 'Salimo juyendo')

Desetrujai: Quitarle el estrujamiento a una tela. "Déjala que se desetruje'.

Desí: (Decir) Lo primero qui'hase e desí grasia ante de comei'.

D'esi'aito: (De ese alto) Lugar que está a cierta altura del suelo. '¿Tu vite comu'ese muchacho se tiró d'esi'aito?'. (ver '¿Tu vite... ?') Diciendo e indicando co la mano la altura de algo o alguien. 'Ese muchachito nomá tiene cuatru'año y ta desi'aito'. (ver 'Nomá)

Desinquieto: Se dice del niño que es intranquilo. Talvez 'desquieto' sería más justificable.

Desocao: Tan cansado que ya no puede caminar más. 'Sigan utede, yo no puedo dai un paso má.'

Desoiden (desorden): Ruido molestoso y persistente. Es como 'batajola'. Falta de orden.

Desollao: Animal que se le ha sacado el cuero. Erosión de la piel causada por un roce con algo duro. 'Tengu'ete deo to desollao di'un goipe que me di ayei.' Que habla vulgarmente. "Ese tipo si'e desollao hablando.' (ver 'Deo'; 'To')

D'eta. D'esa: (De esta. De esa) 'Eso si'hace d'eta manera.' 'Yo creo que d'esa no lo saiva nadie.'

Detaitalao: (C: Destartalado= descompuesto, sin orden) Vestido en desorden, despeinado, con la camisa parcialmente desabotonada y fuera de los pantalones, sin afeitar, etc. (ver 'Abandonao')

Detapaise. Se detapó: (Destaparse. Se destapó) Cuando a una botella se le sale el tapón. En conversación: '¿Quién detapu'ete fraco? ¡Poiqu'ei no va'detapaise solo!' Salir corriendo de repente. 'Tábanu'aquí tranquilo, y Pedro se detapó a correi por'ai'. Decir imprecaciones contra alguien. '¡Adió, y cuando el'aicaide vino, y ei no se detapó a decile malo dicho!' (ver 'Tábano'; 'Malo dicho'; '¡Adió!'.

D'ete: (De este) 'Nu'e di'aquei lao que ta, e d'ete lao.' (ver 'Nu' e', 'Ta', 'Lao')

Detelengao: Sujeto que luce muy cansado, caminando con los brazos caídos y de un lado a otro. (ver 'Deguañangao'). Aparato que no funciona porque le falta una o más piezas. '¡Eti'aparato ta to detelengao!'.

¡Detente animai feró!: (¡Detente animal feroz!) Se le dice con serenidad, a modo de aligerar el momento, a un compañero o amigo que se ha enojado ligeramente.

Deteñío: (C: desteñido) Tela o prenda de vestir que ha perdido el color original debido a su uso. (ver 'Deabío')

Detetai: (Destetar) Desacostumbrar a los niños de mamar, y al becerro de la vaca. (ver 'Delechai').

Detroncao: Tener dolor de cintura muy fuerte. 'Toy detroncao di'un doloi de cintura dendi'ayei.' (ver 'Di'un')

De tu a tu: Lo dice alguien que debe hablar algo muy serio con otra persona. 'Eso tenemo qui'hablailo de tu a tu'. (ver 'Ech'un conveisao')

Detusai: (C: destusar= quitarle la cáscara a la mazorca de maíz) Quitarle la cáscara a la mazorca de maiz. Cortarle la cresta y la barbilla al gallo de pelea. Mala recortada de pelo: '¿Quién te detusó Pedrito?' Esta definición, en referencia al maíz es equívoca, pues cuando la mazorca de maíz se destusa, lo que se le quita es la cáscara que la envuelve y no la tusa, la que todavía retiene los granos.

Detutanao: (Talvez de 'tuétano', que se considera que da fuerza al cuerpo) Muy cansado, con falta de fuerzas. 'Yo me siento to detutanao de tanto trabajai en'eto día.' (ver 'To')

Devalío: (ver 'Debalío') Que está enfermo y solo en su casa. 'Ei viejo Pedrito ta to devalío y no tiene familia poi tu'eto pedazo.'

Devanecío: (ver 'Evanecío')

De viaje: (Pronto) 'A Juansito lo cogieron preso y lo soitaron de viaje.' 'Pedro vino y se fue de viaje.)

De vicio. Ei vicio: (De vicio. El vicio) Se dice de cualquier cosa exagerada, o que se hace con exagerada frecuencia. 'Ese pobri'hombre ta pasando hambre de vicio'. A Juansito li'ha cogío ei vicio de di'ai pueblo tuá la semana.' (ver 'Tuá' y 'Diai')

Devoivei: (Devolver) Volverse antes de llegar adonde iba. Vomitar. 'Atiendan ese muchacho que parece que ta poi devoivei.'

Deyeibai y **Deseibai:** (C: desyerbar o desherbar) Cortar las hierbas de raíz a los conucos con machete de hoja ancha para prepararlos para la siembra. (ver 'Cunuco' y 'Machete')

Di: Infinitivo del verbo 'ir'. Imperativo del verbo 'decir'. Pasado y reflexivo de primera persona de 'Dar') 'Ir': 'Juancito ¿y tu no va'di a La Peña hoy?'. 'Decir': ¡Di lo qu'iba a decí; a que te rompo la boca!' 'Dar': 'Me di un goipe en'eta rodilla.' (ver 'I')

¡Diablo!. ¡Diajblo!: Expresión de sorpresa, agradable o desagradable. '¡Diablo, que jembra tan buena!'. '¡Diablo, qué trompesón me di en'ei deo grande!' Cuando es sobre algo extraordinario es 'Diajblo, no me diga!" (ver 'Diablo a caballo'; 'Diantre'; 'Trompesón')

Diablo a caballo: Persona, casi siempre hombre, que se la da de muy macho o que sabe más que cualquiera, y que no existe nadie que lo engañe. 'Ese tipu'ej'ei diablo a caballo.' Es como si el estar montado lo hiciera más poderoso.

Diache: (ver '¡Diantre!')

Di'ai: 'De ahí', como en 'De ahí después' o 'Después de ahí'. (ver 'Di'ai dipué. También 'Ir al...', como en 'Li'ha cogío con di'ai pueblo.'

Di'ai dipué: (Probablemente 'de ahí después') Más tarde. 'Yo lo vu'hacei di'ai dipué'. Común en el campo adentro.

Di'ai monte: (Ir al monte) Defecar. Ir a defecar en el bosque, detrás de un árbol. 'Tuve que di'ai monte de camino'. 'Ete muchacho no ha dío ai monte hace tre día.' (ver 'Di'; 'Dío')

Di'al'e...: (De alas de...) (ver 'Cabesa llena di'al'e cucaracha')

¡Dianche!: (ver '¡Diantre!')

¡Diantre! ¡Dianche! ¡Diache! ¡Diablo!: (Diablo. Satanás. Lucifer) Expresión de sorpresa, casi siempre agradable, refiriéndose a un amigo. ¡Diantre Juanita! ¿Pa'donde va tan bonita!'

Di'apagui'vámono: (De apaga y vámonos) La expresión completa es 'Eso e di'apagui'vámono'. Quiere decir 'ya no hay que ver más, apaga la luz y vámonos.' Significa que lo que se ha visto o descrito es extraordinario, y no hay que ver más de ahí.

Di'a poquito: (De a poquito) Se dice de alguien que no rinde en su trabajo. Persona que toma mucho tiempo haciendo cosas fáciles de hacer. 'Pedro si'e di'a poquito.'

Di'aquí: (De aquí...) 'Di'aquí allí nu'hay ni'un kilómitro.' (ver 'Kilómitro')

Diarrea de lengua: Persona que habla tanto y tan seguido que no deja hablar a los otros.

Diba: (Iba) 'Juansito diba maj'alante'. (ver 'Maj'alante'; 'Maj'alantico'; 'Alante')

Diba por ahí com'un celaje: (Iba por ahí como un celaje) Lo que fuera, iba a un paso excesivamente rápido. 'Juancito me pasó por'ei lao com'un celaje'. (ver 'Celaje'; 'Diba')

Dicha: (C: suerte feliz) Suerte para ganar premios en rifas, sorteos, etc.

Dicho: (C: dicho= definición #6 del diccionario de la RAE: Expresión insultante o desvergonzada) Palabra o dicho de mal gusto, como 'coño', 'mierda', '¡qué cojone!', 'hiju'e puta'. '¡Jesú santísimo, cuánto dicho ta diciendu'esi'hombre!'. (ver 'Ta'; '¡Qué cojone!'; 'Jesú santísimo'; 'A mi mi'han dicho', en el Apéndice)

Dichoso: (C: que tiene suerte) Que tiene suerte para que les salgan bien las cosas. También se le aplica a objetos en situaciones desesperantes: '¡Pero ya nu'hable tanto dei dichoso reló ese!'

Dicoidia: (C: Discordia) Diferencia acalorada de opiniones, a veces prolongada por mucho tiempo. 'Juansito y Pedro tienen una dicoidia entre ello que ya ni se hablan.'

Diconfianza: Desconfianza.

Dicosoi: Sensación de falta de confianza a alguien, o de que no le cae bien. 'Juansito como me tiene un dicosoi, yo no se poi qué.' Sensación de ligero malestar en el estómago.

Di'e ...: (Día de ...) 'Mañana ej'ei di'e to lo santo'.

Dié: (Diez) Número y cantidad 'diez'. El vendedor astuto dice: 'Dame dié peso y nu'hablemo ma'.

Di'ei...: (Dio el...) 'Yo taba llegando cuando me di'ei mareo'. (ver 'Taba')

Di'en: (Día en). '¿Ti acueida dei di'en que no fuimo to pa Jarabacoa?' (ver 'To'; 'Pa')

¡Diente con'ella!: (¡Diente con ella!) Se dice de algo comestible que se ve tan bueno y sabroso que pronto se empieza a comer de ello. '¡Esa fruta se veían tan freca y buena que yo me dije: diente con'ella!'. (ver 'Meteil'ei diente')

Dient'e gallina: (ver 'Como dient'e gallina'; 'Como muel'e gallina')

Dienti'al'aire: Se dice de quien se pasa el tiempo riéndose. Que tiene la dentadura superior saliente hacia delante.

Dientita: (Dentista) Dentista.

Dientú. Dientúa: (Dentudo: dientes desproporcionados) Que tiene los dientes grandes, o la dentadura superior saliente hacia adelante.

Difísi. Defise: (Difícil) Algo difícil de hacer. Persona dificultosa socialmente. 'Defise' en el Campo adentro. (ver 'Sujeto')

Difísi de tragai: (Difícil de tragar) Se dice de la persona que no cae bien por su manera de ser y de hablar, con frecuencia grosera.

¡Dígalo!: (ver '¡Y vueiv'y dígalo!' o '¡Y vueiv'y dilo!')

¡Dígamelo!: Saludo entre amigos que se ven con frecuencia.

¡Digo yo con'eta bocota mía! o **¡Digo yo con'eta bocot'e caitón!:** Lo dice alguien proponiendo una solución pacífica a una discusión acalorada, auto acusándose de entrometido para evitar que lo acusen de tal.

Digo yo entre mi: Dice alguien después de expresar una opinión personal acerca de algo, y cree que los otros no la comparten.

Dije yo entre mi: Dice alguien contando algo pasado y lo que él pensaba cuando le ocurrió.

Dijién. Dijieron: (C: dijeron) Dicho con asombro y en altavoz: 'Asigún dijién dique Juansito le tiró y salió juyendo'. 'Ello me dijieron que se bia acabao la fieta'. (ver 'Aisigún'; 'Biá')

Di lo qu'é: Expresión imperativa. 'Di lo que es' o 'Di lo que tienes que decir'. (ver 'Macujiai')

Dimanai: (C: dimanar= provenir una cosa de otra, agua, etc.) Dimanar.

Dime: Del verbo 'decir': 'Dime otra ve, que noti'oí'. Del verbo 'ir': 'Yo quiero dime ya'.

Dime j'y direte o **Dim'y direte:** (Sería 'Dimes y diretes') Discusión seria y prolongada, cuando ambas partes se dicen y se contestan por un rato largo. 'Juansitu'y Pedro taban ahí a lo dime j'y direte'.

Dímel'otra ve: (Dímelo otra vez) Se le dice con cierto sarcasmo a alguien que dicho algo como noticia nueva, y que en realidad ya es bien sabido. '¡Anjá! Dímel'otra ve'. (ver 'Anjá'; 'Ve')

Dio: (Dios) (ver varios 'Que Dio...')

Dio la clé: Murió. Usado mayormente en referencia a la muerte de personajes históricos, actores o políticos contemporáneos; nunca acerca de familiares o amigos cercanos. Se oye el vocablo 'dio' con énfasis en la 'o' en frases como 'Yu'era de bei dió contigo'. (ver 'Bei')

Dío: (C: 'ido' del verbo 'ir') Se dice de la persona que no pone atención a la conversación; que está en el limbo. 'Pero miren a Juansito, ta como dío. Campo adentro: Tiempo pasado del verbo 'ir': 'Juansito se biá dío cuando yo llegué'. (ver 'Se biá'; 'Ten'el aire'; 'Elevente'; 'T'en la nube')

Dio lo cría y ello se juntan: (Dios los crea y ellos se juntan) Se dice de la persona que cuando joven era malcriado y travieso y se ha envuelto con gente de mala calaña y con gangas. 'Com: Y dicen que Pedrito ta metío en una ganga. R: Bueno, ello dicen que Dio lo cría y ello se juntan'. (ver 'Ello')

¡Dio me libre!: Lo dice alguien cuando le preguntan algo que esa persona detesta, o que teme que le ocurra. 'P: ¿Y tu no te va a casai otra ve? R: ¡Ay Vigen, Dio me libre!' (ver '¡Ay Vigen!')

Dio quiera que orégano no sea: (Dios quiera que orégano no sea) Lo dice alguien en presencia de una discusión que se va poniendo muy seria y enojosa, que pude terminar en pleito. (El refrán castizo es: "Dios quiera que orégano sea—Y no se nos vuelva alcaravea" (planta usada como condimento)

¡Dio te libre!: (¡Dios te libre!) Orden, advertencia o amenaza a alguien para que no haga lo que se propone. Casi siempre se le dice a los niños y adolescentes, acompañado de una mirada severa.

Dipué o **Depué:** Después. 'Dipué' es común en el campo adentro. (ver 'Campu'adentro')

Dique: (C: dizque) 'Por'ai dicen que Juansito dique se sacu'ei premio'. (ver 'Por'ai'; 'Sacaise').

Dirá: (Irá) '¡Par'onde dirá Juanita?' También '¡Par'ond'irá Juanita?' (ver 'Par'onde')

Dise: (Irse. Dice) Marcharse de un lugar. 'Vámono que mamá quié (o 'quiere') dise' o 'Vámono que mamá se quie di'. También el que está hablando 'dise' algo. Objeto o mueble que se le nota fácilmente que está hecho para un lugar especial: 'Esa silla dise que v'en la sala.' (ver 'Quié'; 'Di')

Disen: (Dicen) Tercera persona del plural del verbo 'decir'. Lo que habla la gente en el vecindario que es probablemente un chisme. 'A mi no m'impoita; como quiera disen di'uno.'

Dísere: Díceres.

Di'un: (De un. Di un) 'Como que se mi'ha safao ete tubillo di'un saito que di.' 'Me di un goipe en'eta mano eta mañana'. (ver 'Mi'ha', 'Tubillo')

Di'una sentá: (C: de una sentada) Hacer algo sin descanso, y probablemente en corto tiempo. 'Juansito se comi'una manu'e guineo di'una sentá'. (ver 'Manu'e' y 'Di'un goipe')

Di'una ve: (De una vez) De inmediato. 'Juanita vino eta mañana y se fue di'una ve'. 'Yo lo vu'hacei di'una ve'.(ver 'Ve'; 'Vu'hacei')

Di'un brinco. Di'un brinquito: (De un brinco. De un brinquito) Pronto. Rápido. 'Déjame di'a la puipería di'un brinco (o 'di'un brinquito', sobre todo si no está lejos)

¡Di'un fuetazo!: (¡De un fuetazao!) Algo que se hace con más rapidez que lo normal. Casi siempre se refiere a comer. '¡Diantre, Juansito se comió tu'esa comía di'un fuetazo!'. (ver 'Tu'esa'; 'Plato con moño'; 'Mita')

Di'un goipe: (de un golpe) Hacer algo de una vez, sin descansar. 'Juansito se comió sei naranja di'un goipe'. (ver 'Di'una sentá')

Di'un jalón: (de 'halar'= tirar hacia sí de una cosa) Hacer varias cosas juntas, sin descansar. 'Yo freí lo huevo, jeibí lo plátano y seiví la mesa, to di'un jalón.' (ver 'Jeibí')

Di'un saito. Di'un saitico: (De un salto. De un saltito) Similar a 'De un brinquito'. 'Yo voy y vueivo di'un saito (di'un saitico.)' Cuando se pide un favor y se dice 'diún saitico' indica, o se quiere hacer creer que no es muy lejos (ver 'Di'un brinco'; 'Volío')

Divariai. Divariando: (C: desvariar= delirar) Persona que habla sin sentido. 'Juansito ta divariando.' (ver 'Ta')

Dividí: En matemáticas la regla de 'dividir'. Anglicismo: DVD= (Digital video disc) Disco de video digital.

Do: Número 'dos': 'Yo fui do vece'. Nota musical 'do'.

Doble pepunte: (C: pespunte=punto de costura) Algo que se dice con doble intención. 'Yo creo que Juansito me diju'eso con doble pepunte'.

Dobo: (De 'adobo': sazonar') Guiso de carnes con salsa, casi siempre de color rojizo y mucho sabor. 'Joseína hizo un dobo'e gallina muy sabroso'.

Doimí: (C: dormir) Dormir. 'Ese gallo no me dejó doimí anoche cantado a tuas'hora'. (ver 'Tuas'hora')

Doimí redondo: (Dormir redondo) Dormir la noche entera sin despertar.

Do jo'tré: (Dos o tres) Número indefinido, pero mas bien poco que cuantioso. 'Juanito súbeti'a la mat'e naranja y túmbame do'jo'tre de la má madura.' (ver 'Túmbame'; 'Ma'')

Dolama: (C: dolama= achaque que aqueja a una persona) Dolor ligero, pero persistente por varios días, casi siempre en en la misma región del cuerpo

Do loma no se juntan pero dos'hombre sí: (Dos lomas no se juntan pero dos hombres si) Se dice cuando se encuentran al azar dos amigos que hace tiempo no se veían.

Dolorosa, la: Se le llama así a la cuenta a pagar en el restaurante. 'Oye moso, traime la dolorosa'. (ver 'Moso')

Domao: (Domado) (Del castizo 'domar'= amansar un animal) Animal amansado; caballo, etc. Se dice de la persona que con gran frecuencia se sienta en el mismo banco del parque. También cuando alguien (esposo o esposa) hace siempre lo que el otro dice. 'Ei viejo Juansito tien'ese banco domao'. 'L'epos'e Pedro lo tiene domao'.

Domí: (dos mil) Dice el vendedor negociando: 'Dame domí peso ¡Y te lo toy regalando!' (ver 'Se lu'arranqué de la mano')

Dominicanyoi: (Dominicanyork) Dominicano de Nueva York o de cualquier parte de los Estados Unidos de Norteamérica que llega a la República Dominicana. Con frecuencia aplicado al que regresa y derrocha dinero con gran facilidad, a veces pagando el doble o triple del valor de las cosas.

Dóminobobico: (Dominus vobiscum: Que El Señor sea con usted) Lo que dice el cura en la misa.

¿Dónd'é! ¿Dónd'ej'eso?: Se usa como 'donde' y 'adonde'. P: '¿Dónde me dejate lo cuaito?' R: 'Te lo dejé donde Juanita'. '¿Dónde e que vamo?' (ver 'Onde')

Donde manda capitán no manda soidao: (Donde manda capitán no manda soldado) Implica que hay que obedecer a los superiores, esto incluye, para los niños, sus padres y las personas mayores.

Doña: Señora casada; sobre todo si tiene hijos. (ver 'Ta doña')

Do poi tre: (Dos por tres) (ver 'En'un do poi tre')

Dosienta. Dosiento: Doscientas. Doscientos.

¡Duéimeme con'ese cuento!: (Duérmeme con ese cuento) Lo dice alguien cuando otro le está explicando algo que parece favorable para el oyente, pero éste nota cierto tinte de engaño, o mentira.

¡Duéeeimeme, duéeeimeme!: El mismo significado de '¡Duéimeme con'ese cuento' (ver), pero expresado despacio, prolongando la 'e', indicativo de que sospecha la intención del otro.

Duisero: (Dulcero) Que le gusta y come mucho dulce. También el que vende dulces por las calles.

Duisísimo: Muy dulce. 'Dulcísimo' no se reporta en el RAE.

Duisisísimo: 'Más dulce que duisísimo.

D'un. D'una...: (Da un...Dar un... Doy un ...Doy una ... Da una ...) Casi siempre en medio de frase. "Ese le pue d'un jonrón fácimente'. 'Po yo le d'una patilla nomá.' 'Ella le d'una cuchará nomá'. (ver 'Jonrón'; 'Po'; 'Patilla'; 'Nomá')

Dunda o Dundo: Mariado. Tonto. Que no está hablando coc concierto. 'Juancito ta'dundo'. 'Tamo dundo'. (Ver 'tonto')

D'un puiso: (Dar un pulso) (ver 'Ech'un puiso')

Duro: Objeto difícil de romper o rayar. Ruido muy alto. Persona tacaña, mezquina, que gasta poco en sus necesidades, y no coopera con dinero para ayuda a la comunidad. 'Pero la veidá'e que José e duro'. 'Juansito ronca muy duro'. (ver 'La veidá e' y 'Ma sangre d'un ladrillo')

Duro com'una piedra: (Duro como una piedra) Persona tacaña en extremo. Más tacaña que el 'tiñoso'. (ver 'Tiñoso'; 'Ma manteca dún ladrillo')

E: (Letra E, e) E, e. 'Ecríbeme la letra e'.

E: (Es) P: '¡Tu tiene los'ojo casi cerrao!' R: 'E qui'acabo de alevantaime.' 'Ese tipo e buena gente.' También sustituye a 'de': 'Eso queda pegaítu'e Macorí.'(ver 'Alevantai'; 'Pegaíto')

¡Ea Dio!: Interjección de sorpresa sobre algo que se ha escuchado que ocurrió y que se creía que no podía suceder. '¡Ea Dio, qué cosa tan rara!'

Ebaratao o **Ejbaratao:** (C: Desbaratado= de mala vida o conducta) Falta de dinero. 'Hace tiempo que no tengo trabajo. Toy ebaratao'. (ver 'Debaratao')

E bueno (es bueno): Se refiere a lo agradable de algo de comer, o a la noble personalidad, o experto profesionalismo de alguien.

Ecalabrao: (Del castizo 'escalabrar' o 'descalabrar': herir; maltratar) Escalabrado. Descalabrado. (ver 'Tu'ecalabrao'; 'Decalabrao')

Ecalofriíto: (Escalofriítos) Ligeros escalofríos.

Ecambroso: (Talvez de 'cambrón': arbusto de ramas torcidas y enmarañadas y espinosas) Persona esquiva y cuidadosa de no dejarse engañar de nadie, o de que no lo envuelvan en problemas.

Ecarriai: Sonido que se hace con la garganta seguido de la expulsión de flema, después de la tos. (ver 'Garrapela' y 'De contino')

Ecaso. Ecasa: (Escaso. Escasa) 'Lo cuaito tan ecaso. No se consigue ni'un chele colorao.' (ver 'Ni'un chele colorao')

Echá: Se dice de la gallina durante el estado de incubar los huevos en el nido. 'Esa gallina t'echá.' (ver 'Echao')

Echadía: (Echa días) Trabajador en las fincas a quien se le paga por día de trabajo. Persona que anda en los caminos de los campos con un machete de hoja ancha en al hombro. (ver 'machete de hoja ancha'; 'colín')

Echadoi: (Echador) Que se cree más valiente que cualquiera. Fanfarrón.

Echai baina: (Echar bainas) Lo hace alguien que se pasa el tiempo hablando a otros de su poder y riquezas. 'A Juansito le guta echarle baina a los'otro con su grande negocio y casa de lujo'. También obligar a otro a hacer lo que no quiere.

Echai en cara: (Echar en cara) (ver 'Sacai en cara')

Echaile la cuaba a...: (Echarle la cuaba...) Echarle la culpa a otro. 'Por'ai and'un chijme grande, y li'han echao la cuaba a Juansito'. (ver 'Li'han')

Echai mano: (Echar mano) Agarrar algo de repente, antes que otro lo agarre. 'Y vino Juansito y l'echó mano ai cuchillo y salió por'ai como la jond'ei diablo'. (ver 'Como la jond'ei diablo')

Échali'un'ojo a eto en lo que yo vengo: (Échale un ojo a esto en lo que yo vengo) Pedirle a alguien que le vigile algo por un momento.

Echao: (Echado) Se dice de los huevos cuando están empollados en período de incubación. 'No te com'ese huevo Juansito que t'echao'. (ver 'Alusai')

Echicharrai: (C: achicharrar= quemar) Dejar quemar una cosa. '¡Juansito saqu'esa caine de la candela, sev'echicharrai!'.

Ech'una jaibita o **Ech'una pavita:** (Echar una jaibita o Echar una pavita) Dormir una siestecita corta durante el día.

Ech'un cubo: (Echar un cubo) No pagar después de estar con una prostituta. 'Juansito e'malo, le ech'un cubo a la pobre mujei'.

Ech'un conveisao: (Echar un conversado) Lo dice alguien que quiere hablar con otro de algo serio. 'Juansito y yo tenemo qu'echai un buen conveisao'.

Ech'un lío. Jech'un lío: (Echo un lío) Se dice cuando uno mismo u otra persona se le está haciendo difícil resolver un problema o situación. 'Yo toy ech'un lío con'ete aparatico viejo'. 'Juansito ta jech'un lío en'ese negocio de la finquita'. (ver 'Viejo')

Ech'un poivo: (Echar un polvo) Tener un orgasmo durante la relación sexual con una mujer.

Ech'un puiso o **D'un puiso:** (Echar un pulso o Ir un pulso) Entrelazar las manos dos personas, con los codos apoyados en la mesa, y tratar cada uno de tumbarle la mano al otro hasta la horizontal, a nivel del codo. "Vamu'a ech'un puiso Pedro'. 'Vamu'a d'un puiso Juanito.' (ver 'Di')

Ecó: (Scotch whiskey). 'Dami'un trago d'Ecó.'

Ecobita nueva barre bien. Ecoba nueva barre bien: (Escoba nueva barre bien) Empleado nuevo es más cumplido y se esmera en trabajar más y mejor. Equipo y aparatos nuevos funcionan más suaves y sin falla alguna.

Ecogío. Ecogía: (Escogido. Escogida) Elegir lo o la que más le gusta, o lo mejor. "Semo poco peru'ecogío.' 'Esa mujer mía fue ecogía entre la mejore'. (ver 'Decogío' y 'Semo')

Ecoidión: (Acordeón) Instrumento musical. Puede ser Acordeón o Bandoneón 'de mano', o Armónica: acordeón 'de boca'.

Écolecuá o **Écolecuai:** (¿Vendrá esta expresión del tiempo de la ocupación americana y el vocablo 'equal'= igual?) Para nosotros indica 'ese mismo' o 'así mismo', 'Eso es'. 'P: ¿Es'era ei que tu decía? R: Écolecuá'.

Econdei o **Encondei:** (Esconder) Esconder. 'Yo vu'econdei eto cinco peso pa'que no me lo roben.' (ver 'Vu'e')

Ecribí: (Escribir. Pasado de 'escribir') 'Te voy a ecribí mi nombri'aquí'. 'Yo l'ecribí una caita a mi mama'yei'.

Ecuicutiai: (ver 'Cuicutiai')

¡Ecupío (parece)! o ¡Ni que fuera ecupío!: (¡Escupido [parece]! o ¡Ni que fuera escupido!) Se dice del hijo/hija que se parece mucho a uno de los padres. "¡Ese muchacho parece ecupío de su papá!', o '... de su mamá.' 'Jesú Santísimo, igualito a su madre. Ni que fuera ecupío.' A veces se usa 'padre' o 'madre' para darle más énfasis a lo dicho.

Ecupíu'e lo santo: (Escupido de los santos) Se dice de la persona que le sale todo bien. Que tiene mucha suerte. 'Juansito parece que t'ecupíu'e lo santo'. (ver 'Lo')

Ecuresei. Ecurese: (Oscurecer. Oscurece) 'Ahora empieza a ecuresei má temprano.' 'Ahora ecurese demasiao temprano.'

Ecuridad: (C: Oscuridad. Obscuridad) Oscuridad. Obscuridad.

Ecusa: (C: Excusa) (ver 'Dede que s'inventaron la j'ecusa nadie queda mai)

Edá dei pavo: (Edad del pavo) Se dice de los niños en la pubertad que se pasan el tiempo riéndose de cuentos bobos.

Efeito, poneile: (Efecto, ponerle) Darle movimiento giratorio a una bola lanzada con la mano, para se desvíe en su trayecto. En el juego de billar: 'Ponle efeito contrario a esa bola pa que se siembre ahí.' (ver 'Sembraise')

Egaritao o Degaritao: (C: desgaritado) Una persona puede estar 'egaritá' o 'degaritá' del hambre o corriendo a todo dar. 'Juansito diba por'ai degaritao'. (ver 'jonde'i diablo')

¡Eh! o ¡Éeeh!: Como se responde cuando se llama a alguien.

Ei: Él. 'Cuando ei llegó tu'ei mundo se calló.' (ver 'Tu'ei')

¡Ei bendito gato ese!: (¡El bendito gato ese!) Expresión usada con cualquier animal que ha hecho algo fuera de lo normal. '¡Adió, y ei bendito mulo ese no tumbó a juansito!' '¡Ei bendito gato ese se taba bebiendo la leche dei vasu'e Juaniquito'.(ver 'Adió'; 'Taba')

Ei blancu'el'ojo: (El blanco del ojo) Se refiere a la parte blanca de los ojos. 'A Juan nomá se le ve ei blancu'el'ojo cuando dueime'.

Ei caido salió ma caro qu'ei pollo: (El caldo salió mas caro que el pollo) (ver 'Salió ei caido má caro qu'ei pollo')

Ei caminu'e jodeise: (El camino es joderse) Lo dice alguien cuando le han ocurrido varios problemas o desgracias en poco tiempo. Es decir: 'Con todo lo que estoy pasando no hay más camino que joderse.'

Ei caminu'e peidei siempre t'abieito: (El camino de perder siempre está abierto) Lo dice la persona que ha sufrido dos o tres reveses en poco tiempo, casi siempre económicos.

Ei Centefi. Ei Centerfil: (Del inglés 'center field'= campo central) En el juego de béisbol, como se llama al jugador que cubre el campo central.

Ei cigarro e malo peru'hay que fumáiselo: (El cigarro es malo pero hay que fumárselo) Se refiere a una situación dificultosa a la que uno tiene que adaptarse. Se usaba durante el gobierno del dictador Trujillo, que no se podía hablar libremente.

Ei coite: (El corte) Banda de terreno yerboso entre las hileras de cultivos. Cada trabajador desyerba una banda. 'Juansito se quedu'atrá en'ei coite dei'. (ver 'Dei')

Ei cueipo no me lo pide. Ei cueipo no me pide na: (El cuerpo no me lo pide. El cuerpo no me pide nada) Lo dice alguien que no tiene deseo de comer algo que le han ofrecido. Cuando alguien no se siente bien, o no tiene deseo de hacer nada, quizá deprimido, dice 'Ei cueipo no me pide na'.

Ei cúiso: (el curso) El ano. 'Dicen que Juansito ta botando sangre pu'ei cúiso.' (ver 'Pu'ei')

Ei diablo le pas'ei rabo a la viuda: (El diablo le pasa el rabo a las viudas) Se refiere a que las mujeres después de enviudar parecen rejuvenecer y se ponen más atractivas y buenas mozas. Se envuelve al diablo en esta mejoría, talvez porque socialmente se ve mal que en vez de guardar luto por el resto de su vida, un gran número de ellas se ponen en pie de gozarla. Y quizas muchas se lo merezcan. (¡Algo bueno tendrá el diablo!)

¡Ei diablo prendi'en candela!: (¡El diablo prendido en candela!) Se dice de la persona extremadamente enojada y que está por pelear con alguien. 'Cuando a Juansito le dijieron hiju'e puta, Jesú Santísimo, esi'hombre se puso comu'ei diablo prendi'en candela.' (ver '¡Jesú Santísimo!)

Ei día bueno mételu'en tu casa poiqu'ei malo se mete solo: (El día bueno mételo en tu casa porque el malo se mete solo) Refrán que se auto define.

Ei dichoso: Ligero insulto sarcástico debido a frustración por algo que ha ocurrido, o a un objeto que se ha perdido. 'P: ¿Qué te pasa Juansito? R: ¡Adió, y no se mi'ha peidío ei dichoso reló ese!'

Ei dominicano epera que le roben pa ponei candao: (El dominicano espera que le roben para poner cnadado) Es un dicho común en República Dominicana, pero en realidad es una reacción, se pudiera decir, genérica de la humanidad.

¡Ei fote!: (¡El fote!) Expresión de sorpresa y dolor cuando uno se golpea el dedo con el martillo, o cualquier otro incidente inesperado. (ver 'Fote')

Ei goipi'avisa: (El golpe avisa) Sarcasmo usado cuando se está en compañía de alguien que está a punto de hacer algo que puede redundar en un accidente, como por ejemplo cuando alguien lleva un vehículo en reversa cuando hay otros vehículos detrás.

¡Ei guaidia con'ei tolete!: (El guardia con el tolete) Se refiere a algo que hay que hacer por compromiso, si bien se le pidió de favor, pues hay responder de ello a alguien (que es el guardia con el tolete). La frase completa es '¡Y ei guaidia con'ei tolete!'. (ver 'Tolete')

Ei guto ej'ei que ratrilla y ei pitón ej'ei que etralla: (El gusto es el que rastrilla y el pistón es el que estalla) En las escopetas de pistón hay que halar el gatillo, que representa el 'gusto' o 'deseo', para que la cabeza del gatillo caiga sobre el pistón y lo detone ('estalla'), que es lo que representa los resultados del 'gusto' o 'deseo'. Estos resultados pueden ser buenos o desagradables. El refrán se refiere a que uno debe estar preparado para las consecuencias de sus acciones o preferencias. (ver 'Ratrilla'; 'Etralla').

Ei jodío coso ese: Se dice cuando se recibe un golpe con algún objeto con que se trabaja, o accidentalmente porque estaba donde no debía, pero la molestia del momento no deja que uno se acuerde del nombre. 'Me di'un goipe con'ei jodío coso ese'. (ver 'Coso')

Ei lefi o **Ei lefil:** (Del inglés 'left field'=campo izquierdo) En béisbol, como se le llama al jugador que cubre el campo izquierdo.

Ei losero: ((El lozero) (de 'loza') Se aplica al conjunto de platos, vasos y utensilios de mesa amontontonados sobre la mesa o el fregadero después de comer. 'Vamu'ayudaili'a Juanita con'ei lozero ete.'

Ei mai: El mar océano. Ataques de nervios que le da a las mujeres en los velorios, con tendencia a caerse al suelo con temblores. 'Agarren esa mujei que le ta dando ei mai'.

Ei mentao: Se dice de alguien que tiene cierta fama en la región, cuando se menciona su nombre de pila. '¡Ah si, ese e'Mano Recia ei mentao!'.

Ei miembro: Se dice así en una conversación para no decir 'pene' o 'güebo.' (ver 'Güebo')

Ei mieo e libre: (El miedo es libre) Se refiere a que cada cual tiene la libertad de evitar lo que le cause temor. (ver 'Mieo')

Ei mimo que vit'y caisa: (El mismo que viste y calza) Cuando se encuentran dos personas que hace mucho tiempo que ne se habían visto, uno de ellos dice, afectando sorpresa, '¡Y tu'ere Juansito?'; el otro responde con una sonrisa, 'Ei mimo que vit'y caisa'.

Ei muchacherío: Muchos muchachos reunidos en un lugar. '¡Si uté hubiera vito. Eso tab'ei muchacherío!'

Ei mueito al'hoyo y ei vivo ai bollo: (El muerto al hoyo y el vivo al bollo) Se refiere a que el muerto se lleva al hoyo y se le olvida, y el vivo sigue dándose gusto. La connotación de 'bollo' aquí es de los genitales externos femeninos.

Ei mueito ni siente ni padese: (El muerto ni siente ni padece) Lo dice alguien en referencia a sí mismo, talvez debido a depresión, o simplemente como parte de la conversación, indicando que los muertos no tienen problemas, por lo que están mejor que los vivos.

Ei mundo no se v'acabai por'eso: (El mundo no se va a acabar por eso) Se le dice a alguien que está extremadamente preocupado por algo que no es de gran importancia.

Ei negru'e comi'e pueico: (El negro es comida de puerco) Expresión despectiva y radical de intolerancia étnica, referente a las personas de color oscuro. En la República Dominicana esta expresión es muy corriente de una persona de color oscuro a otra, a veces menos oscura que ella.

Ei negro cuando nol'hace a l'entrá l'haci'a la salía: Expresión despectiva de intolerancia étnica, referente a las personas de color oscuro. Con frecuencia lo dice una persona de color oscuro a otra, a veces menos oscura que ella.

Ei oye mucho: (El oye mucho) Se dice de la persona que trata de escuchar lo que otros están hablando. 'Nu'hable duro qu'ei oye mucho'.

Ei padre preso: (El padre preso) Se dice cuando alguien (hombre o mujer) tiene los pantalones o el vestido prendido entre las nalgas.

Ei palu'e la gata: (El palo de la gata) Se refiere a un hecho, a veces inesperado, que contribuye de una manera decisiva al triunfo de un negocio, partido de deportes, etc. 'Ese jonrón con tre j'en base en'ei quinto inin fu'ei palu'e la gata'. (ver 'Jonrón'; 'En'ei'; 'Inin')

Ei pan nuetro: (El pan nuestro) De la oración 'El pan nuestro de cada día ...', que se repite en las misas. Se refiere a alguien que con frecuencia se une a un grupo sin ser invitado. Alguien que repite los mismos cuentos y anécdotas. '¡Ay, ahí vien'ei pan nuetro'.

Ei peje grande se come'ei ma chiquito: (El pez grande se come al más chico [chiquito]) Quien tiene más influencia o poder político y económico, siempre domina al que no lo posee.

Ei Pinto: (El Pinto) De 'pintas' o 'pecas' en la piel, sobre todo en la cara. Apodo de hombre.

Ei pleito dei huevo y la piedra: (El pleito del huevo y a piedra)El huevo se rompe cuando cae sobre la piedra. Se refiere a que el más chico pierde del más grande, y que el pobre pierde del rico. El poderoso tiene más recursos para ganarle al ciudadano regular.

Ei que come tierra qui'ande con su terrón en'ei bolsillo: Aquel que acostumbra a crear problemas, que ande preparado para resolverlos él mismo.

Ei que de su faida coita su naiga enseña: (El que de su falda corta su nalga enseña): Sugiere que no se debe hablar mal de sus propios familiares a personas extrañas.

Ei qu'ecupe p'arriba en la cara le cai: (El que escupe para arriba en la cara le cae) Sugiere que nadie debe decir que nunca haría algo absurdo o descabellado que le han contado que hizo otro.

Ei qué dirán: (El qué dirán) Tener temor a los comentarios de la gente si hace algo. 'Yo no visito la viuda de mi amigo Pedro por'ei qué dirán.'

Ei que evita nu'e pendejo: Aquel que no anda por lugares peligrosos, o no se envuelve en riñas y problemas personales entre otras personas, no es porque sea cobarde. (ver 'Pendejo')

Ei qu'hiso la ley hiso la trampa: (El que hizo la ley hizo la trampa) Se refiere a algunos políticos que tergiversan las leyes para sacarle dinero al público. En un juego, cuando alguien establece reglas que lo favorecen a él o ella.

Ei que juega con candela se quema: (El que juega con candela se quema) Consejo para personas que insisten en envuolverse en situaciones peligrosas.

Ei que juega poi necesidá pierde por'obligación: (El que juega por necesidad pierde por obligación) Refrán que sugiere la pérdida de dinero a que conlleva el hábito de comprar boletos de la lotería. (Cortesía del Dr. Luis salomón)

Ei que l'hace la paga: Declara que aquel que hace un mal a otro, tarde o temprano le pasa algo desagradable a él también.

¡Ei que me buca me encuentra!: (El que me busca me encuentra) Es como un desafío que hace quien ha cído que alguien ha estado hablando mal de él y lo anda buscando.

Ei niño que no llora no mama. (El niño que no llora no mama) Simbolismo basado en que cuando el niño grita se le da de mamar, indicando que para tener la posibilidad de conseguir algo hay que pedirlo. (ver 'Dai ei pecho')

Ei que no sabe e'comu'ei que no ve: (El que no sabe es como el que no ve) Este dicho dominicano se explica por sí mismo.

Ei que nu'a tenío gallina cre'que la sica e huevo: (El que no ha tenido gallinas cree que la mierda es huevo) Se dice de alguien que nunca ha poseido cosas de valor, y cuando consigue o compra algo de poca importancia, lo usa o lo pregona a toda oportunidad o sin ella. (ver 'Sica')

Ei que pait'y repaite coge la mayoi paite. Ei que pait'y repaite le toca la mayoi paite: (El que parte y reparte coge la mayor parte. El que parte y reparte le toca la mayor parte) Este dicho se autodefine a sí mismo, y casi siempre lo dice el que está partiendo y repartiendo.

Ei que pas'el'agua abaju'e lo cacao se moja do vece: (El que pasa el agua [la lluvia] debajo de los cacaotales se moja dos veces) Porque se moja cuando está lloviendo y después que pasa la lluvia, siguen cayendo las gotas de las hojas.

Ei que petaña pieide: (El que pestañea pierde) (De 'pestañear') Se refiere a que en ciertas situaciones de la vida, uno no debe descuidarse el más mínimo instante, porque puede perder grandes oportunidades de mejoría.

Ei que sabe sabe o **¡El que sabe sabe!:** (El que sabe sabe) Se usa esta expresión para halagar a alguien que ha hecho algo bien. A veces se lo dice uno mismo de broma frente a los amigos3.

Ei que se acueta con muchacho amanece cagao, o **miao:** Significa que la persona que hace arreglos o negocios con gente joven no resultan como ella espera como adulto.

Ei que se lleva de consejo muere de viejo: Se explica por sí mismo. Aquel que sigue las enseñanzas de los que tienen más experiencias tiende a tener más oportunidades de triunfar en la vida.

Ei que si'acueta con muchacho amanece cagao: (El que se acuesta con muchachos amanece cagado) Se refiere a que no se debe hacer contratos con, o aceptar promesas de jóvenes o personas sin experiencia, porque existe la posibilidad de que los resultados no sean favorables.

Ei que tiene ma saliva come maj'ojadra: (El que tiene más saliva come más hojaldre) Indica que quien tiene más poder, económico, político o social, tiene más oportunidades de triunfo en negocios, etc. (ver 'Ojadra')

Ei raifí. Ei raifil: (Del inglés 'right field'=campo izquierdo) En béisbol, como se le llama al jugador que cubre el campo derecho.

Ei samán de Juanico: Se refiere a una mata de samán a un lado de la carretera o de un camino real, al que la casa más cercana es la del señor Juanico. Este apelativo es importante para dirigir a los viajeros. (ver 'Samán')

Ei sangrerío: Se refiere al lugar donde hay mucha sangre, casi siempre sangre humana. '¡Ese piso taba qu'esu'er'ei sangrerío'! (ver 'Ei sangrero') Ocasionalmente se usa para definir una pérdida rapida de dinero o de un negocio por alguien . '¡Ei pobre Pedro y su negocio, t'ei sangrerío!'

Ei sangrero: Se dice de la persona (rara veces de animales) que está echando sangre de una herida o heridas. '¡Juye, buc'un trapo pa tapail'esa coitá a ese muchacho que t'ei sangrero!' (ver 'Juye'; 'Coitá'; 'T'ei')

Ei sasón: (El sazón) (C: La sazón) 'Me guta ei sasón d'eto frijole'. 'Eta fruta t'en sazón'.

Ei tabaco'e fueite pero hay que fumáiselo: La economía está mal, pero ¿qué vamos a hacer? Se aplica también en los tiempos de la dictadura de gobierno.

Ei tiempo de la vaca flaca: (El tiempo de la vaca flaca) Se refiere al tiempo en que ha dejado de irle bien a alguien en los negocios. Temporada de pobreza. "Hay que economisai pa'lo tiempo de la vaca flaca.'

¡Ei tira su tirito por'ahí!: (¡El tira sus tiritos por ahí!) Se refiere a alguien que todos consideran una persona tranquila, pero el que lo conoce mejr dice 'El'e tranquilo peru'ei tira su tirito por'ahí', queriendo decir que tiene novias, o que va a las casas de mujeres de la vida de vez en cuando.

Ei vicio: (El vicio) (ver 'De vicio')

E j'ei...: (Es el...) 'Juanita e j'ei derriengue de Pedro.' '¿Ete e j'ei que tu me dijite? (ver 'Derriengue'; 'Ete'; 'E j'ei)

E j'ete: (Es este) Como en '!Pero Dio mío y qué lío e'jete!' (ver 'Lío')

E j'iguai to: (Es igual todo) Dicho con cierta displicencia, como si lo dicho por otro es lo mismo que se ha estado hablando. (ver 'Como quier'e lo mimo')

¡Ej'igualito!: (¡Es igualito!) Se dice de una cosa que es muy parecida a otra; especialmente de dos familiares que tienen algún parecido entre ellos. (ver 'Parec'ecupío')

Ejnú. Enú. (Desnudo) 'Mir'ese muchacho como ta tu'ejnú'. (ver 'Denú' para todas las variaciones)

E j'un caso peidío: (Es un caso perdido) (ver'Etu'e j'un caso peidío')

Ej'una... Ej'un...: (Es una... Es un...) 'Ese pedro e'jun angurrioso.' 'E'juna sola ve que lo vu'hacei namá.'(ver 'Angurria' y 'Namá')

E j'una degracia veni'aquí: (Es una desgracia venir aquí) Lo dice alguien cuando no le va bien visitando un lugar de compras o de paseo.

E j'un cuchillo: (Es un cuchillo) Se dice de algo (casi siempre medicinal) que es muy efectivo para lo que se usa. "Esa tisana di'anamú con miei di'abeja e'jun cuchillo pa la to.' (ver 'To')

E j'un gallo: (Es un gallo) Persona hábil. Generalmente se refiere a alguien que ha hecho, o regularmente hace cosas importantes para él o para la comunidad. 'Ese Juansito e'jun gallo'. (ver 'Gallo'; 'Se le sali'un gallo'; 'Cret'e gallo')

Ej'un toro: (Es un toro) Se dice de alguien sabe mucho de algo; que ha llegado a una alta posición en su trabajo o política en poco tiempo. Es de poco uso ya.

El'amoi: (El amor) (ver 'Apéndice')

El'amoi no se compra con dinero: (El amor no se compra con dinero)

El'anchu'el embú: (El ancho del embudo) Símbolo basado en que la parte ancha del embudo atrapa la mayoría de lo que sea, y muy poco va pasando por la parte estrecha. Representa la persona que en una repartición trata de tomar la mayoría para ella. Alguien que hace o manipula a su favor o conveniencia. '¡Oye, pero ese tipo e'como el anchu'el embú. Lo quié to'pa ei!' (ver 'Quié'; 'To')

El au'e mama: (El 'out' de mama) En béisbol se dice del jugador que cuando le toca batear se poncha con frecuencia, y es un 'out' fácil. 'Ahora vien'el au'e mama'.

Elemento: Se dice de la persona que se está criticando, y el oyente evita mencionarla por su nombre. Com: 'Ese Juan m'engañó con'uno cuaito que le preté. R: ¡Ay mijo; yo conocu'el elemento!'

Elétrico: (C: eléctrico: que contiene o transmite electricidad) Se dice de la persona que siempre camina y actúa muy rápido. Hiperactivo.

Elevente o T'elevente: (Elevente. Está elevente) Alguien que no pone atención a la conversación, ni se acuerda de lo que recientemente se ha hablado junto a él. Que anda sin orientación. 'Pedro anda hoy comu'elevente' o 'Pedro t'elevente como ei'que nu'entiende.' (ver 'Alelao'; 'T'en'la nube'; 'T'enel'aire'; 'Divariando'; 'Dío')

El'heimanu'e...: (ver 'L'heimanu'e...' y 'L'heiman'e...'

El'hígado ta funcionando bien: (El'hígado está funcionando bien) Lo dice alguien de un grupo que ha estado tomando ron o cerveza por un buen rato, después de haber ido a orinar varias veces.

Ello: (C: ellos; tercera persona del plural) Nombre que le da el oyente al tema del hablante. 'Ello parece que qu'e j'así, peru'ello puede sei di'otra manera.'

Ello dicen: Expresión de afirmación sin compromiso personal. 'Julio: Oye Pedro, ¿tu sabía que José fue que mató a Juan?' Pedro: Bueno, ello dicen'. (ver 'Ello')

Ello son blancu'y s'entienden: (Ellos son blancos y se entienden) Se dice cuando hay pleitos y demandas entre personas acaudaladas, o problemas entre los países europeos, o entre estos y los norteamericanos.

E lo mimo atrá qu'en la j'epaida: (Es lo mismo atrás que en las espaldas) Se refiere a dos cosas que se pueden hacer de la misma manera y quedan o terminan iguales. Dos definiciones correctas para la misma cosa.

El Pumpunao: (ver Sección 'Cantos y Juegos de Niños')

El qui'aprende viejo y con pelo abajo, aprende malo y con trabajo: Este dicho se sobrentiende por si mismo. (*Se lo debo a nuestro gran amigo que en paz descanse, Dr. Malelo Pellerano*)

El'úitimo mono ej'ei que si'ajoga: (El último mono es el que se ahoga) La idea de que cuando algo le sale bien a varias personas de seguido, le corresponde al siguiente que le salga mal. Talvez el simbolismo es que durante una estampida de animales (monos en este caso), el último o los últimos corren el riesgo de ahogarse. A veces se usa el burro.

¡E má!: (¡Es más!) Interjección, seguido a la cual se añade algo que le da finalidad a una conversación, o se desafía a alguien, dependiendo de las palabras que le sigan. '¡E má! Ya no hablemo ma d'eso'. 'E má, sai pa'fuera pa'que no fajemo.' (ver 'Fajaise')

Embalao: (C: embalar= lanzarse un corredor a gran velocidad) Alguien que va corriendo muy rápido. 'Por'ahí diba Juansito embalao'.

Embicai. Embicaise: (C: embicar: acertar a introducir algo en una cavidad) Tomar líquido de una vasija, casi siempre una botella. '¡Tu vite, como Juansito s'embicó esa botella entera de ceiveza?'

Embique: Juguete compuesto por dos piezas pequeñas de madera, atada cada una al extremo de un cordón. El juego consiste en que una encaje en la que se sostiene con la mano, después de dar una vuelta completa en el aire. El ganador es quien repita esta acción más veces sin fallar.

Emboibío: (C: Envuelto) Envuelto. 'Ese paquete ta mai emboibío'.

Embotai. Embotao: Cubrirle las espuelas a un gallo de pelea para toparlo con otro y no lo hiera. Persona que no se acuerda de cosas tan bien como antes. "Yo toy como medio embotao de la mente.'

Embragao: (C: bragado= hombre fuerte y firme en sus deciciones) Hombre de carácter firme y que no le teme a nada. 'Juancito ej'un'hombre embragao'.

Embromai: (C: meter bromas. Engañar) Molestar. Fastidiar. Casi siempre son los niños. '¡Mira muchacho deja de embromai tanto!'.

Embromando: estar atareado continuamente en diversas ocupaciones. 'Aquí, haciendo cosa y embromando.'

Embromao: Que le ha ido mal en un negocio. Que no tiene trabajo. 'Ei pobre Juansito si t'embromao'.

Embromón: Se dice de alguien que molestaron frecuencia. También cuando un problema se presenta difícil de resolver. Algo que no está bien. Cuando está muy nubladob y parece que se aproxima una tempestad. 'Bueno señore, eto si t'embromón.' 'Ei tiempo si t'embromón hoy'.

Embuchao: Malestar de estómago después de haber comido algo que sospecha que se le ha paralizado en el estómago y no puede eructar. 'Yo creo que m'embuchao con'esa longanisa.'

Embullao: Entretenido. 'Mira, Juaniquito si t'embullao jugando con'esa bolita.'

Embullo: Que tiene sus amorios por el vecindario. 'Yo creo que Juansito tien su embullo por ahí'.

Emburujo: Tener amores recientes y clandestinos o escondidos. (ver 'Amor'econdío') Se usa la 'r'.

Embute: (C: embuste= mentira. Baratija de poco valor) Mentira. '¡Esu'e j'embute de Juan!'

E mejoi creeilo qui'averiguailo: (Es mejor creerlo que averiguarlo) Se dice cuando alguien dice algo exagerado o difícil de creer, indicando que no se pierde nada con hacerle creer al hablante que uno lo cree lo que ha dicho, pues el trabajo de averiguarlo se haría imposible.

E mejoi un pájaru'en la mano que cien volando: (Es mejor un pájaro en la mano que cien volando) Sugiere que hay que conformarse con lo que se tiene, o se ha podido conseguir, y no quejarse por no haber conseguido más.

Emigajai. Emijagai: (C: Desmigajar= desmenuzar o hacer migas una cosa) Desbaratar o romper cualquier objeto en varios pedazos, pequeños o grandes. '¡Esi'hombre se quitu'esa camisa y l'emigajó dei pique!' 'Yo no quieru'ese pan, ta tu'emigajao'. (ver 'D'ei pique')

Empache. Empachao: (C: empacho= indigestión) Malestar de estómago después de comer. 'Tengu'el'etómago como medio paralisao, yo creo que teng'un'empache'. 'Yo creo que tu'empachao.'

Emparejá: (ver 'Un'emparejá') Cuando solo se quiere un recorte ligero de pelo se le dice al peluquero 'Dami'una emparejá na'má.' (ver 'Na'má')

Empegotao o **Empegotá:** Debía ser 'empegotado' o 'empegotada', pero no es castizo. Se dice cuando algo, una comida, etc., queda en forma de engrudo, cuando debía quedar como masa suave. (ver 'Apatao') Cuando alguien esta vestido de diferentes colores que no concuerdan. '¡Juanita si t'empegotá hoy!'. (ver 'Pegotoso')

Empella: (de 'pella': manteca de puerco cruda)Protuberancia de grasa subcutánea alrededor del tronco, especialmente del abdomen, común en personas gordas. 'Juanita t'engoidando, ya se le ven la'jempella'.

Emperiquetá o Emperiquetao: (castizo: emperejilar; emperifollar) Excesivamente ataviado o acicalada. 'Qu'emperiquetá t'esa mujei'. '¿P'adond'irá Juan que ta'tan emperiquetao?'

Emperrao: (del castizo 'emperrarse': obstinarse, empeñarse en algo) Muy enamorado, que no piensa en nada más que en la mujer de su amor. 'Juansito t'emperrao con Teresa'.

Empinao: (C: empinado: muy alto. De gran pendiente) Persona parada en la parte delantera de los pies. (ver 'T'empinao')

Emponjao, Eponjao, Ejponjao: (Esponjado) Algo que se crece, aumentado de tamaño. Alguien que se pone orondo por algo bueno que ha hecho. 'Míralo, qu'emponjao ta'.

Empollai: (Empollar) Calentar los huevos la gallina. (ver 'Empollao' y 'Echá')

Empollao: Cuando ya se ha formado el embrión en el huevo. Ampollas en la piel. (ver 'Alusai'; 'Toy tu'empollao')

Empretai. Emprétame: (Castizo antiguo: emprestar) Prestar. 'Juansito no me quiere empretai ni'an siquier'un peso'. 'Pedro emprétame cinco peso.' (ver 'Ni'an'; 'Pelao')

Emprimentai: (castizo: experimentar) Experimentar. 'Juansito se pusu'a emprimentai con'un cojete y l'eplotó en la mano'. (ver 'Cojete')

Embeleco: (C: engaño) Demostración excesiva de temor u otras sensaciones. '¡Mira muchacha vieja, un'haga tanto embeleco!'.

En boca cerrá nu'entran moca: (En boca cerrada no entran moscas) Indica que mientras menos se habla menos errores se cometen. (ver 'Jabladoi')

En bruto: Cuando algo está ocurriendo de manera exagerada. '¡Ta lloviendo en bruto!'.

En buena mano t'ei pandero: (En buenas manos está el pandero) Se dice de un objeto o negocio del cual está encargado una persona seria, responsable y que sabe mucho de ello.

Encabronao: (Del castizo 'encabronar': enojar; enfadar) Persona tan enojada y molesta que lo exterioriza en su expresión facial, y a veces con palabras. '¡Juansito t'encabronao por aigo!'.

Encaigo: (C: encargo) Orden que se le da a alguien para que haga o compre algo. Lista de provisiones, etc., escrita o verbal que se le da al muchacho de los mandados para hacer la compra en la pulpería. Estar encinta. '¿Utede oyeron, que Juanita ta d'encaigo!' (ver 'Muchachu'e mandao')

Encajó. Encajaron: (Encajar) Conectar o acoplar bien dos cosas. Irle bien a alguien en un trabajo nuevo. 'Juan encajó bien en ese tabajo.' Cuando una mujer y un hombre que han sufrido varios fracasos en amores, se encuentran y se casan y le va bien. 'Pedro y Juana poi fín encajaron.'

Encalacao. Encalacá: Estar muy enamorado/enamorada. 'Juansito dique ta muy encalacao con Fefita'. (Ver 'Dique')

Encandilao: (C: encandilado= erguido; levantado) Refunfuñando y hablando con gran enojo, a veces sin saberse la razón de ello. 'Dejen esi'hombre tranquilo, que t'encandilao'.

¡En ca'pata!: (¡En cada pata!) Se dice cuando alguien dice su edad en años, y el oyente cree que es mucho más viejo. P: '¿Cuántos'año tu tiene? R: 'Ventinuevi'año'. Com: '¡En ca pata!'

Encapotao: (Del castizo 'encapotar'= cubrirse el cielo de nubes tormentosas) (ver 'T'encapotao')

Encaquetaise. Encaquetao. Encaquetá: Ponerse su mejor prenda de vestir. Se dice de la persona que anda bien vestida, mejor de lo común para ella. '¡Oye, pero Juanita si se encaquetó hoy pa la misa!' (ver '¡Oye!')

Encaramaise: (Encaramarse: treparse a una altura) Treparse a una altura. (ver 'Encaramichaise')

Encaramichaise: Subirse a una posición precaria o peligrosa, como a las ramas delgadas de un árbol, que se doblan con el peso del cuerpo. 'Encaramarse' denota más seguridad, como treparse a las ramas gruesas del árbol. '¡Tu vi'onde t'ese muchacho encaramichao!' (ver 'Vi'onde')

Encaramiche: Se refiere a objetos que han sido colocados, a veces precariamente, uno encima del otro sin un orden adecuado, con frecuencia dentro de un recipiente. A veces se refiere a platos, pailas, etc. (ver 'Ta bollando')

En carrera laiga no se pisa base: (En carrera larga no se pisa base) En béisbol, cuando el corredor va de primera base hacia tercera, tiende a pasar sobre segunda base sin pisarla, lo que tradicionalmente no se toma (o tomaba) en cuenta. Algo similar se le aplica a ciertas funciones de la vida, cuando, si apremia conseguir una meta importante no se le pone atención ciertos detalles, especialmente si son irrelevantes.

En cas'ei diablo: (En casa del diablo) Es decir 'eso queda muy lejos'; como en 'No peidimo y fuimu'a parai en cas'ei diablo.'

Encatai: (C: encastar) Cruzar animales de mejor calidad con otros para mejorar la clase o casta.

Enchalinao: Persona bien vestida y con chalina. 'Juansito diba tu'enchalinao pa l'iglesia eta mañana.'

Enchinchai: (C: chinchar= fastidiar) Fastidiar. Instigar a alguien para que se enoje y pelée.

Enchibaise: (ver 'Achibaise')

Enchoclao: Que no puede o no quiere salir de donde está. 'Juansito no vino poique li'ha cogío con tai enchoclao en su casa'. (ver 'Tai', 'Li'han' y 'Li'ha')

Enchuflai: (C: Enchufar= ajustar la boca de un caño en la de otro) Conectar el cable eléctrico de una lámpara o aparato eléctrico en el enchufe o toma corriente, casi siempre localizado en una pared.

Enchuflao: Pareja de macho y hembra que están juntitos o abrazados. 'Mira, eso do tan enchuflao'.

Enclenque: (C: Enclenque= débil, enfermizo) El mismo significado que el castizo, pero se usa con más frecuencia aplicado a los animales y aves domésticas. 'Fíjense en'ei pollo giro, ¡ta como medio enclenque!'. (ver 'Ta'; 'Como'; 'Medio'; 'Como medio')

Encogío: (De 'encoger') Tímido. Que habla poco. 'Ese muchacho e como medio encogío'. Contracción de un músculo o parte del cuerpo, con o sin dolor. (ver 'Samuro'; 'Aisao'; 'Múculo')

Encoicovao o **Encoivao:** (Corcovado) Doblar el cuerpo a nivel de la espalda, a veces debido a un problema físico o a la vejez. 'Juansito como qui'anda encoicobao'.

Encojonao: (Probablemente referente a los cojones= testículos) Extremadamente enojado. 'Juancito salió anoche encojonao con Pedro de la reunión. (ver 'Como peo'e mula')

Encoloretá: Maquillada. Que se ha puesto colorete, talvez más de lo necesario. 'Par'onde dirá Juanita que ta tu'encoloretá'. (ver 'Par'onde'; 'Dirá')

Enconao o **Encojnao:** (C: enconado) Inflamarse dolorosamente una punzada o herida.

Encontró la hoima de su zapato: (Encontrar la horma de sus zapatos) Se dice de la persona que nunca se ha portado bien socialmente y se asocia con alguien que lo/la controla y cambia. Se refiere comúnmente al cambio positivo que da el hombre o mujer después de 'juntarse' o casarse. '¡Ya Pedro (o Juana) si encontró la hoima de su zapato!' (ver 'Juntaise')

Encontró la tus'e su culo: (Encontró la tusa de su culo) Es más vulgar, pero tiene el mismo significado de 'Encontró la hoima de su zapato' (ver). Simbolismo basado en el uso de la tusa en los campos para limpiarse el ano después de defecar.

Enculillai. Enculillaise. Enculillao: Hacerle bromas a otro hasta que se enoje. 'Pero Juan si s'enculilla fáci'. 'Juansito t'enculillao'. (ver 'Culillo'; 'Cogei cueida').

Endiablao: (Endiablado) Persona mala y perversa. 'Ese e'jun'hombre endiablao. Ni li'hablen.'

En'ei: (En el) 'La naranja tan en'ei cajón'. (ver 'Tan')

En'ei culu'ei mundo: (En el culo del mundo) Algo que está muy lejos, o un lugar adonde no se puede llegar fácil. **En'ei güebu'el oído. Me di'en'ei güebu'el'oído:** (En el huevo del oído. Me dio en el huevo del oído) Por 'güebo' (que es 'huevo'), talvez se refiere al centro, o parte tubular del oído. La expresión casi siempre describe un golpe dado en plena oreja. A Juansito le dieron una galleta en'ei güebu'el oído y lo dejaron medio atuidío'. (ver 'Oído'; 'Me rompió ei güebu'el oído')

¡En'ei mimo deo! o **¡En'ei mijmo deo!**: (¡En el mismo dedo!) Se refiere a un accidente, tropezón o algo pesado que le ha caído en un dedo de los pies, casi siempre el dedo gordo. La expresión, debido al énfasis que se le da por el disgusto, insinúa que ha ocurrido más de una vez, pero con pocas exepciones es siempre la primera. '¡Adió, y no me di un trompezón con la piedra esa en'ei mijmo deo ese!' o 'Me di'un trompezón'ei mijmo deo malo'. (ver '¡Y no me di ...!'; 'Trompezón')

En'ei paí de lo ciego ei tueito'e rey: (En el país de los ciegos el tuerto es rey) Aquel que sabe un poco domina al que no sabe.

En'ei samán de Juanico: Esto puede ser cualquier 'samán', al que se le da el nombre de quien vivae más cerca de él, y que sirve para dar direcciones. (ver 'Samán')

Enemigo malo: El diablo o demonio. Casi siempre se dice 'El'enemigo malo'. 'Un dia'deto te va a salí el'enemigo malo'.

Enemocá: (C: nuez moscada) La especia nuez moscada.

En'esa cosina no se prendi'un fóforo: (En esa cocina no se prende un fósforo) Quiere decir que en la cocina referida no se cocina, o se cocina poco, debido a tacañería. Ocasionalmente, y con pena, se dice de la de una familia pobre. Lo de fósforo es para prender el carbón o la leña.

Enfoiforaise. Enfoiforao: Enojarse o alborotarse de mala manera sin suficiente razón. '¡Ahora a Juansito li'ha cogío con enfoiforaise poi na!'. '¡Pedro ta enfoiforao por'aigo!' ('Li'ha cogío con'; 'Poi na')

En foima: (En forma) Estar en buena condición. Se refiere a cualquier cosa bien hecha, bonita e impresionante. 'Nueva Yoi e'juna ciudá en foima'. 'Juanita e'juna hembra en foima'. 'Es'e'jun edificio bonito en foima'.

Engatusai: (C: engatusar= ganar la voluntad de alguien con halagos) El mismo significado que en castizo, pero con más tendencia a denotar engaño. Es de frecuente uso en el localismo cibaeño. 'Juansito engatusó a Pedro pa'que le diera la mula en ve de compráisela.' (ver 'Tan medio engatusao'

Engrampao: (Engrapado) (ver 'Tan engrampao')

Engranojaise: (C: engranujarse= llenarse de granos) Erizárseles a alguien los pelos debido a una impresión o emoción muy intensa.

Enjaima. Enjaimote: (Enjalma. Enjalmote) Almohadilla que se pone a las bestias de carga debajo del aparejo para evitarle llagas (mataduras) en el lomo.

Enjutío: (del castizo 'enjuto') Flaco, medio jorobado y aparentemente enfermo. 'Esi'ombre ta como'enjutío'. (ver 'Chupao')

En la lona: (Talvez simbolismo por el boxeador que cae sin conocimiento en la lona del cuadrilátero). No tener dinero. 'Toi en la lona'. 'Juansito t'en la lona'. (ver 'Arrancao' y 'Ni'un chele')

En la mamadera: Se dice de la persona que tiene un empleo fácil y le pagan bien por los buenos contactos que tiene. 'Juansito t'en la mamadera.'

En la punt'e la lengua: (En la punta de la lengua) Se dice de algo que está a punto de recordarse, solo hay que pensar un poco más.

En la quimbamba: (C: quimbambas= lugar lejano, impreciso) Lugar legendario y desconocido, muy lejos de cualquier lugar. "Eso t'en la quimbamba'.

En las'úitima: (ver 'T'en las'úitima')

Enliao: (Liado) Enredado: un hilo, soga, muchos objetos desordenados. 'Ete hilo ta tu'enliao'. (ver 'Ete'; 'Ta'; 'Tu'en-')

En llegandito: Tan pronto llegue

En lo que cant'un gallo: (En lo que canta un gallo) Se dice cuando se hace algo, se ha hecho o se piensa hacer con rapidez. Con frecuencia se usa como alarde: 'No ombe, eso lu'hago yo en lo que cant'un gallo.' (ver 'Ombe'; 'En meno de lo que cant'un gallo')

En lo quel'acha va y viene decans'ei palo o **En lo que la jacha va y viene decans'ei palo:** Define que en lo que se espera los resultados de un trabajo, o la resolución de un problema, se debe hacer algo, también de importancia y provecho. (El 'palo' representa el árbol que el hacha corta, o quizá el mango del hacha, que no sufre mientras la sostiene cuando esta 'va y viene', entre golpe y golpe. De todos modos ambos desacansan, si bien, uno obviamente más que el otro)

En lo que petañ'un pollo. (Enlo que pestaña un pollo) Algo que se piensa hacer o se hizo muy rápido. A veces se exagera diciendo 'Eso lu'hago yo en meno de lo que petañ'un pollo.'

En lo tiempo de Concho Primo. En lo tiempu'e Cocho Primo: (ver 'Cuando Concho Primo')

En meno de lo que cant'un gallo: (En menos de lo que canta un gallo) Se dice de algo que se piensa hacer, o cuando se hace alarde de que se va a hacer en menos tiempo de lo que normalmente se toma. 'No ombe, eso lu'hago yo en meno de lo que cant'un gallo'.

Enmojosiai: Se dice cuando se deja deja un aparato de metal (especialmente de hierro), a la intemperie por mucho tiempo. 'Eso se te v'enmojosiai si lo deja afuera'. (ver 'Mojo')

Enmorroñao: Andar enojado sin nadie saber por qué. '¿Qué'lo que le pasa a Juancito qui'anda como 'enmorroñao?

En paite: (En ninguna parte) 'Esi'animai no lu'han vito en paite.' 'Eso que tu quiere no s'encuentr'en paite.' (ver 'A paite')

Empretai. Empretao: (C: vulgar por 'prestar'; no es usado) Prestar. Prestado. 'Juansito me empretó cinco peso'. 'Pedro, ¿tu me puede empretai cinco peso hat'ei maite?'

En pi pá: Gran cantidad de lo que sea que se esté hablando. 'Ahí hay frut'en pi pá'.

¿En qué paró la cosa?: Después de un tiempo que el hablante se encuentra con un amigo que estaba envuelto en un problema, le pregunta: '¿En qué paró la cosa?' o '¿Y en qué paró la cosa?'

¿En qui'ha parao ...? o **¡En qui'habrá parao ...?**: (¿En qué ha parado ...? o ¡En qué habrá parado ...?) Se le pregunta a alguien acerca de una persona que ha llevado una vida aventurera, y que hace tiempo que el hablante no sabe de ella. '¡En qui'habrá parao Pedro y su negocio de compr'y venta?'

Enredao: (Del verbo 'enredar'= tender redes. Enmarañar) Enmarañado. Tener amores una pareja.

Se dice regularmente de uno de ellos: 'Yo creo que Juansito ta medio enredao con Catalina'. ('Ta'; 'Medio')

Enreo: (C: enredo=engaños y mentiras que causan disturbios y pleitos) Chismes entre dos o más personas que causan cierto grado de enemistad. 'Por'ahí and'un enreo de que lo Pere y lo Gaicía tan peliao'.

Enrevesao: (C: enrevesado) (ver 'Arrevesao')

Enrroñao: (C: enroñar= lleno de roña, sarna de las ovejas) Muy enojado, que no habla con nadie. 'Ese muchacho si t'enrroñao hoy; ¿qué le pasará?'. (ver 'entruñao')

Ensaibai: (C: salvar= pasar sobre la cima de un obstáculo) Saltar por encima de un obstáculo. 'Pedrito diba tan asutao qu'ensaibó l'empalizá di'un saito'. '¡Yo mi'atrevo a ensaibai esa piedra!'(ver 'Diba'; '¡Yo mi'atrebo!')

Enserrao: (RAE: Encerrado: 1) de 'encerrar'. 2) breve, sucinto. Dicc. de Sinónimos Sopena: emparedado, prisionero, incomunicado) Se dice del que se aferra a una idea, aunque esté claramente errado. Que no cede en una discusión. 'Juansito si'e j'enserrao'. Preso en la cárcel.

Ensetai: Tomar el primero de varios artículos u otras cosas que vienen organizados dentro de un envase: el primer cigarro de una caja, etc.

Enteriso: (C: enterizo= entero. De una sola pieza) No completo. Casi entero.

En solitaria: (En solitaria) Se dice del preso en la cárcel que es mantenido en una celda de paredes sólidas sin ventanas. '¡Tu oíte quial'hijo d'Iraei lo tienen en solitaria poique matu'a su papá?'

Ensopao: (Del castizo 'ensopar': hacer sopa con el pan, empapándolo. Ensopar el pan en vino) Mojarse la ropa bajo la lluvia. 'Ta lloviendo. Juansito va llegai tu'ensopao.'

Ensusiai: (Ensuciar) Manchar o poner algo sucio. Defecar, por lo general fuera de la casa, en la finca o el bosque. '¡Peru'ese muchacho nu'ensusiao dendi'ayei; debe tai entreñío.' En el bosque: 'Yo vu'ensusiai atrá d'ete palo'. (ver 'Entreñío')

Ensueiva: (Ensuelva) Talvez de 'ensolver': incluir una cosa en otra) Forma de embrujo, cuando en los campos se muere un animal sin saber de qué, se dice 'En ti s'ensueiva', para que la muerte no pase a los otros animales o alguien de la familia.

En tiempu'e reyeita cuaiquei boquet'e pueita: (En tiempos de reyertas cualquier boquete es puerta) Se refiere a que cuando el hombre siente grandes deseos sensuales, no le importa lo fea o desaseada que esté la mujer del momento, para acostarse con ella. (ver 'Boquete')

¡Esu'e j'un robo!: (¡Eso es un robo!) Se le dice a alguien que acaba de comprar algo a un precio que se considera excesivamente bajo. También se usa para decirle a alguien que lo han engañado.

Entablai: (Entablar: cubrir o asegurar con tablas) Empatar dos personas o dos equipos en un juego. (ver 'Te maté' y 'Tabla')

Entanguliao: (Probable del inglés: entangle= confuso; enredado). Retorcido. Enredado. Persona que camina moviéndose exageradamente de un lado a otro. '¡Juancito si camina entanguliao!'.

Enterradoi: (Enterrador) (ver 'Sacatecla')

Enterraise: (ver 'Me enterré ...')

Enterrao: (Enterrado) Además de significar bajo tierra, este término es igualmente usado, talvez con más frecuencia, cuando un objeto está debajo de otras cosas. 'Pásam'ei cepillo, que t'enterrao abajo de tu'esa ropa'. (ver 'Tu'esa' y 'Abajo') También usamos este vocablo en Norteamérica: 'Se me peidió la caitera, debe t'enterrá en la nieve.'

Entraile: (Entrarle) Quiere decir iniciar la pelea. Caerle a golpes, casis iempre al puño.

Entrao en...: 'Yo tengo trent'año entrao en trent'y uno'.

Entrapao: (C: llenarse de polvo una tela o el cabello) Empaparse de agua una persona o una cosa. 'Debe tai lloviendo recio, poique Juansito entró tu'entrapao'. Se dice cuando un líquido o algo sucio ha penetrado dentro del material de un objeto y no se puede sacar.

Entrasijao: (Casi siempre se refiere a los ijares de los animales) Vientre hundido, debido a no haber comido por algún tiempo. '¡Ese probi'animai si t'entrasijao!' (ver 'Probe')

Entre día: (Entre días) Se dice de algo que ocurre en días alternados, es decir un día si y el otro no. (ver 'Entre día de ve j'en cuando')

Entre día de ve j'en cuando: (Entre días de vez en cuando) Se dice de algo que ocurre unas veces en días alternados y otras varios días después de la última vez. 'Juansito viene por'aquí entre día debe j'en cuando namá'. (ver 'Namá')

Entre do: ((Entre dos) Algo dudoso. Significa 'más o menos'; 'ni uno ni lo otro'.. 'Bueno, yo creo qu'eso t'entre do'.

Entr'ei... : (Dentro de... o Dentro del...) 'Nunca fait'un pelo entr'ei sancocho'.

¡Entre la gente!: '¡Ese muchacho si'e j'entremetío, mira como se poni'a jugai con agua entre la gente!' '¡Ese degraciao se tir'un peo entre la gente!'

Entre Luca y Juan Mejía. Entre Lucqu'y Juan Mejía: (Entre Lucas y Juan Mejía) Se refiere a algo que no se puede decir que está bien ni está mal, o que sea mentira o verdadero. También se dice de alguien que está indeciso entre dos opciones convenientes acerca de un problema o negocio.

Entremiliao: (C: entremezclado) Mezclar diferentes clases de cosas. También: '¿Qué donde ta Pedro? Ei debe tai entremiliao entre tu'esa gente.' (ver 'Ta', 'Tai' y 'Tu'esa')

Entreñío. Etreñío: (C: estreñido: estreñimiento) Que padece de estreñimiento. '¡Ese muchacho t'entreñío, poiqu'ei nu'ha cagao dendi'hace tre día!' (ver 'Cagao')

Entreseco: Flaco. Muy delgado. Raquítico.

Entre si y no: Se dice de alguien que está indeciso acerca de una decisión. 'Pedro ta entre si y no'.

Entripao: (C: entripado= enojo forzado a ser disimulado. Que le duelen las tripas. Animal muerto que no se le han sacado las tripas) Se dice de la vestimenta muy mojada, casi siempre debido a la lluvia, o de los niños jugando afuera con agua. '¡Mir'ese muchacho como ta, tu'entripao!'.

Entrotao. Entrotá: Que está muy enamorado o enamorada. Andan juntos con frecuencia, agarrados de mano y comportamiento amoroso . '¡Parece que Juansito y Ana tan muy entrotao!'.

Entruñao: Muy enojado en silencio, con el entrecejo fruncido, los labios medio en puchero y cara muy seria. '¿Qué li'habrá pasao a Juancito que ta tan entruñao hoy?' (ver 'Enmorroñao' y 'Truño')

En tu j'andansa …(En tus andanzas…): Expresión usada cuando no se encuentra algo en casa, para pedirle a alguien que durante sus movimientos diarios lo tenga en mente por si lo ve. Indica que no se dedique a buscarlo. 'En tu j'andasa mira'vei si tu ve mi chancleta por'ai'.

Entumío: Disminuída sensación (adormecimiento) en uno o ambos brazos, o una o ambas piernas. 'Tengu'ete braso medio entumío dende ayei'.

E'nun do poi tre: (En un dos por tres) Algo que se puede hacer con facilidad, o que se hizo muy rápido. 'Juansito fue y vino e'nun do poi tre'.

Envenenao: (Envenenado) Intoxicado con veneno. Muy enojado por algo. 'A esi'hombre no hay quien l'iable'. 'Esi'hombre te'envenenao'. 'Esi'hombre ta qu'eplota.' (ver 'Ta qu'eplota')

Epabilao: (C: de despabilar= quitar el pabilo quemado a la vela para que arda mejor. Alerta, despierto) Alerta. Despierto. Que hace las cosas a tiempo. Que no se deja engañar fácil. 'Juansito si ej'epabilao. Ese no se dej'engañai de nadie.'

Epaida: Espalda. 'Teng'un doloi en'et'epaida que no me puedo doblai. Parece que cogi'un'aire.' (ver 'Cogi'un'aire')

Epaidai: (Espaldar) Parte posterior del cuerpo. Armazón de madera o metal en la cabecera de la cama. Respaldo de las sillas.

¡E paitío que toy!: (¡Es partido que estoy!) Lo dice a modo de queja el que no tiene dinero, sobre todo cuando le piden prestado.

Epantai: (C: espantar= causar espanto. Echar de un lugar a una persona o un animal) Echar un animal fuera de un lugar. 'Juanito, epant'ese perro di'ahí.' 'Ana, epanta la gallinaj'esa que se tan comiendo el'arró.'

Epantai la mula: (Espantar la mula) Se dice del marido, cuando en secreto se pasa parte de la noche (o día) en la cama con otra mujer. '¡Oigan, yo supe que don Tomá epantó la mula anoche!'

Epantao: Hombre hábil que no se deja agarrar desprevenido. ¡Masú siej'un'hombre epantao!'

Epantai lo demonio: Mejorar a alguien de frecuentes ataques de nervios. 'Colasa, la curandera, l'epantó lo demonio a la mujei de Juansito'. (ver 'Epantai')

Epaviento. Epanientoso: (de Aspaviento= demostración excesiva o afectada de espanto, admiración, etc.) Similar significado. 'Y ¿poi qué tan haciendo tanto epaviento?' '¡Esa muchacha si'ej'epavientosa!'

Epeque: (C: espeque: puntal que sostiene una pared) Cada una de las estacas de madera, con el extremo inferior hundido sólidamente en la tierra, que sostienen la valla o alambrada que rodea un cercado.

Epera: (Espera) 'No te valle tuavía, epera qui'ais'ei tiempo'. (ver 'Valle'; 'Tuavía'; 'Ais'ei tiempo'; '¡Y yo epera, epera y epera!')

Eperando lo que no ta de vení. Eperando lo que no va vení: (Esperando lo que no está de venir. Esperando lo que no va a venir) Lo dice alguien cuando está esperando a otro que no es cumplido en sus promesas, y le preguntan '¿Qué haces aquí?'. (ver '¡Y yo de pendejo!')

¡Epérate, epérate!: Interjección usada cuando algo muy importante se viene a la mente y hay que expresarlo antes que el resto del grupo continúe con la conversación.

Eperesaise: (Desperezarse) Comentario: '¡Tu si t'eperesándote mucho!' Respuesta:'E qui'acabo de levantaime, y t'uavía tengo sueño'. (ver 'T'uavía')

Epesa. Epeso: Espesa. Epeso. 'Esa sopa ta demasiá epesa.' (ver 'Demasiá')

Epilético o **Epiléitico:** (Epiléptico) Que sufre de epilepsia. Más corrientemente en el campo se le aplica a la persona que fácilmente se enoja; se monta en rabia de repente por asuntos irrelevantes, o hace cosas de repente; buenas o malas.

Epín: (Del inglés 'spin'= vueltas o revolución de un objeto) Usado más en golf y béisbol: 'Esa bola te cogió epín pa la derecha'. 'Ese piche le da muchu'epín a la bola y le cuivea mucho'. (ver 'Piche'; 'Cuivea')

Epírito de contradición: (Espíritu de contradicción) Se dice de alguien que con frecuencia comenta en contra de lo que los otros opinan. 'Pedro ej'un epírito de contradición'.

Epirrichao o **Epurruchao:** Aplastado o aprensado con fuerza, a veces irregularmente o deformado.

Eplotaise de la risa: (Explotarse de la risa) Empezar a reírse a carcajadas de algo chistoso que se ha oído o visto. 'Juansito s'eplotó de la risa cuando vi'a Pedro con pantalone coito'.

Eplotao: (C: explotado) Que ha sido detonado.(ver 'Ese"j'un cohet'eplotao'; 'Eplotaise de la risa')

Epolaina: (C: Polaina= especie de media bota de cuero o lona que cubre la pierna hasta la rodilla) Media bota que cubre la pierna hasta la rodilla.

Eponjao: (Esponjado) Inflado, casi siempre refiriéndose al estómago o abdomen.

Eposa: Esposa. 'L'eposa de Juansito t'encinta.' (ver 'Le pusieron la j'eposa')

Epresione: (C: Expresiones) Epresione.

Eprimío-a: Ropa mojada cuando se retuerce para que bote el agua. Esprimir las frutas para sacarle el jugo. Persona muy flaca y con arrugas. (ver 'enjutío'; 'chupao')

Epuela: Espuela de gallo. (ver '¡Ese tieni'unaj'epuela!)

Epuelaso: (C: espolazo o espolada) Golpe dado por un gallo a otro con la espuela. Punchar el caballo con la espuela para que corra.

Epuelú: (de 'espuela') Significa que tiene las espuelas grandes, simbolizando que siempre trata de sacar ventaja en el juego por dinero y en los negocios. 'Juansito ej'un epuelú.'

Équi: (C: equis, la letra)

Eran la tre de la tarde: (Eran las tres de la tarde) (ver Sección 'Cantos y Juegos de Niños')

Erón: Asesino. Cruel. 'Ese matadoi siej'erón, degolló a ese pobr'infelí.'

Er'onde: (Era donde) 'Er'onde Juansito que yo taba'. (ver 'Taba')

¡Errr diache!: (¡El diache!) Interjección denoting extraordinaria sorpresa. Uno: 'Ray, aquí en Chicago hace 16 grados Centigrados bajo cero.' Ray en RD: '¡Errr diache!' (ver 'Diache'; 'RD')

Er'un ...: (Era un ...) 'No pasamo la Noche Buena en Nueva Yoi, ¡y esu'er'un frío!'

Eruto: (Eructo) Ruido de los gases del estómago cuando salen por la boca.

Esa jodienda: (de 'joder') Se dice con ligera frustración, cuando uno no se acuerda de algo importante de lo que está contando. '¡Tu sabe ... esa jodienda!'

Esa lo da: Lo dice alguien a sus amigos cuando ve pasar una mujer que dizque sabe él que con facilidad se acuesta con cualquier hombre. (ver 'Acotaise'; 'Esa tira')

Esa nam'e fea y le luce: (Esa nada más es fea y le luce) Mujer de rasgos físicos pocos atractivos, pero muy simpática y agradable.

¡Esa si no me la van a met'a mi!; Expresión usada por la persona que no quiere ser envuelta en un chisme o un mal negocio.

Esa son gana de preguntai: (Esas son ganas de preguntar) Se le dice a alguien que insiste en preguntar sobre algo que es bien sabido por todos.

Esa tira: (Esa tira) Tiene el mismo significado de 'Esa lo da'. (ver)

Ese chaico tap'un'hombre parao con lo brazo p'arriba: (Ese charco tapa un hombre con los brazos para arriba) Se dice para definir el charco de un río que es profundo, y que puede ser peligroso para nadar en él.

Ese chin e'jei qu'engoida: (Ese chin es el que engorda) Se le dice a alguien que ha terminado de comer y, al momento se sirve un poco más. (ver 'Chin')

Ese e'comu'ei morivivi: (Ese es como el 'moriviví') Se dice de la persona que se recobra de los contratiempos (casi siempre económicos) de la vida, quedando a veces en mejores condiciones que antes. (ver 'Moriviví')

Ese feo apota: (Ese es feo aposta) Se dice de alguien que se percibe tan feo, que se presume que él mismo trabajó con el propósito de ser realmente feo. (ver 'Apota')

Ese f'un viaje chino: (Ese fue un viaje chino) Se refiere a ir lejos y no conseguir o ver lo que se esperaba. 'Ese f'un viaje chino, fui a La Peña a comprai longaniza y nu'habían.' (ver 'F'un')

Ese huevo quiere sai: (Ese huevo quiere sal) Este dicho se basa en que el huevo necesita sal para mejorar su sabor. Se le aplica a alguien que anda dándole vuelta a algo, y hablando acerca de lo mucho que le gusta, con la disimulada intención de que se lo regalen, o si es hora de comer, para que lo inviten. En este dicho se usa el vocablo 'huevo' apropiadamente. (ver 'Ronsiai'; 'Sai'; 'Ese mueito quiere misa')

Ese'j'otra: (Esa es otra) Se dice después que se ha hecho una declaración que resuelve la situación a mano muy bien, y otro da una opinión que no es tan buena como la primera. El primer hablante dice con cierto énfasis: 'Ese'j'otra'.

Ese'j'un. Ese'e j'una: (Ese es un. Esa es una) '¡Es'j'un mieida!'; '¡Es'j'una jembr'e mujer!'. (ver 'Jembra')

¡Ese'j'una liebre!: (¡Ese es una liebre!) Se dice de alguien conocido como engañador.

¡Ese'j'un'amenasa! o **¡Ese tipu'e j'un'amenasa!**: (¡Ese es una amenaza! o ¡Ese tipo es una amenaza!) Se refiere a alguien, casi siempre un joven, que trata de conseguir lo que le gusta sin tener que pagar o contribuir en fiestas y reuniones de amigos. '¡Ese tipu'e j'un'amenaza. Ya no lu'invitamo ma!'

¡Ese'j'un'ave rara!: Se dice de alguien que actúa algo fuera de lo natural o promedio para su tipo: hombre que camina o habla con afeminamiento, o mujer que tiende a la masculinidad en su actuación.

Ese'j'una barajita: (ver 'Barajita')

Ese'j'una camion'e comía: Indica o exagera que hay más comida de lo necesario para la gente que hay. (ver 'Ahí hay comía pa tre día')

Es'e j'una veleta: (Ese es una veleta) Se dice de alguien que con frecuencia presenta cambios de temperamento. Tiene tiempos que es amistoso y hablantinoso, y otros que ni saluda. 'Ese tipo que vino de La Vega e'j'una veleta'.

Ese'j'un blandito viejo: (Ese es un blandito viejo) Se refiere a alguien que no puede hacer algo que es fácil de hacer para cualquiera con menos fuerza o capacidad que él. (ver 'Blandito y 'Viejo')

Ese'j'un caraju'a la vela: (Ese es un carajo a la vela) (ver 'Caraju'a la vela')

Ese'j'un caso peidío: (Eae es un caso perdido) Se dice de alguien, casi siempre un joven, que no progresa, o no se lleva de los consejos para mejorar su vida. '¡Oivídate, Juanito e'j'un caso peidío!'

Ese'j'un chivito viejo: Se dice de alguien sobre quien otro ha estado diciendo maravillas de riquezas y otras cosas. '¡No ombe! Ese'j'un chivito viejo comparao con Juansito.' (ver 'Ombe'; 'Ese'j'un')

Ese'j'un cohet'eplotao o Ese'j'un cojet'eplotao: (Ese es un cohete explosionado [o detonado]) (de 'explosionar') Se dice de la persona que ha sido exitosa por un tiempo, pero que ya no se oye suficiente sobre sus actividades y triunfos anteriores.

Ese'j'un degraciao: (Ese es un desgraciado) Se dice de la persona de malos instintos, chismosa, que engaña a sus amigos y su familia. 'No ti'haga amigo d'ese tipo. Ese'j'un degraciao'.

Ese'j'un linse: (Ese es un lince) Que engaña fácilmente; pero también se dice del que triunfa en los negocios con más facilidad que cualquiera.

Ese'j'un mieidita o Ese'j'un mieida: (Ese es una mierdita o Ese es un mierda) Se refiere a alguien que no se comporta bien socialmente; que es chismoso. 'Ese'j'un mieidita' es un poco más insultante, porque disminuye aún más la calidad de la persona. (ver 'Mieida')

Ese'j'un sinseiví: (Ese es un 'sin servir') Persona de poco valor. Que no trabaja o hace nada por su vida, ni se le puede tener confianza. '¡Ei Pedrito ese? Es'ej'un sinseiví.' (ver 'Sinseiví')

Es'e la niñ'e su'sojo: (Esa es la niña de sus ojos) Se dice de la persona que quiere mucho (y lo demuestra) a su hija, hijo o familiar cercano.

¡Ese maidesío!: (¡Ese maldecido!) Lo dice alguien de otro que lo ha engañado, o que ha estado hablando mal de él. (ver 'Maidesío')

Es'e ma viejo qu'ei mundo: (Ese es más viejo que el mundo) Se dice cuando alguien pregunta la edad de una persona que se considera muy vieja.

Ese me v'enterrai: (Ese me va a enterrar) Lo dice alguien de un familiar más viejo que se pasa el tiempo diciendo que se va a morir pronto. 'Tu lo lo oye hablando así, peru'ese me v'enterrai'.

¡Ese mieida!: Expresión insultante cuando el hablante se refiere a alguien que lo ha engañado o hablado mal de él. '¡Ese mieida! Lo mejoi e que no nu'encontremo poique lo v'a pasai mai'.

Ese mueito quiere misa: (Ese muerto quiere misa) Similar a 'Ese huevo quiere sai', pero de uso más común refiriéndose a alguien que se le nota claramente el deseo de que lo inviten a comer.

Ese nam'e blanco y le luce: Se refiere a la persona de la raza blanca bien parecida.

Ese no sac'una gata'a miai: (Ese no saca una gata a mear) Alguien que no sabe lo suficiente para ganarse la vida. Haragán. Que no 'consigue' novias o mujeres. (ver 'No sac'una gata a miai')

Ese no sabe ni la o: Se dice de alguien que no sabe leer ni escribir. (ver 'Yo no se de letra')

Ese no tiene jiei: (Ese no tiene hiel) Se dice de alguien que ha cometido un crimen horrible, casi siempre un asesinato. También se usa para aquellos que abandonan a sus hijos y familia, y a los que engañan vilmente a sus amigos íntimos. La forma más común es 'Esi'hombre no tiene jiei'. (ver 'Jiei')

¡Ese nu'e chivito di'ahora!: (¡Ese no es chivito de ahora!) Se dice de la persona que se sabe que es más vieja de lo que aparenta, o de lo que ella dice que es. 'Com: Juansito debe tenei como cuarent'año. R: ¡No ombe. Ese un'e chivito di'ahora!'

¡Ese nu'e ma qui'un alabancioso!: (¡Ese no es más que un alabancioso!) Se dice despectivamente de alguien que es jactancioso; se alaba a sí mismo en sus conversaciones con amigos, etc. 'Alabancioso' es vocablo castizo, pero la expresión es un localismo.

Ese pleito ta casao: (Ese pleito está casado) (de 'casar'= cuadrar una cosa con otra) Se dice cuando dos personas se han insultado y se presume que van a pelear.

Ese (Esa) se lo (se la) juego yo a cuaiquiera: En referencia a gallos de lidia, el gallo que su dueño cree que se gana a cualquiera otro. El enamorado que cree que no hay otra más bonita que su novia: 'Esa se la juego yo a cualquiera d'esa qui'utede tan hablando.'

¡Ese si no sab'en lo que si'ha metío!: (¡Ese si no sabe en lo que se ha metido!) Se refiere a alguien que se ha envuelto en un negocio del que sabe muy poco. También se dice metafóricamente refiriéndose a un objeto nuevo, prenda de vestir, zapatos, etc., que el dueño usa a diario.

¡Ese tieni'unaj'epuela!: (¡Ese tiene unas espuelas!) Se dice de la persona que sabe mucho de negocios y es engañador. '¡Ese Manolín tien'unaj'epuela!...Nu'hagan negocio con'ei.'

¡Ese tipu'e la mueite!: (¡Ese tipo es la muerte!) Se refiere a alguien que está en todas fiestas y eventos de celebraciones. etc. Que toma dinero prestado y se hace difícil que pague.

Ese trapu'e...: Se le llama a algo que produce enojo por alguna razón: un objeto que no se ha podido arreglar; algo que lo venden más caro de lo que se cree que vale; algo que hace sentir al dueño arrogante, etc. 'Yo no quiero ese trapu'e carro. Mejoi lo vu'a regalai'. 'Juansito se cree mejor que tu'ei mundo depué que compró ese trapu'e casa'. 'Yo no quiero ese trapu'e comía.'

Esi'hombr'iba rajao por'ahí: (Ese hombre iba 'rajado' por ahí) Se dice de alguien que se vio que iba corriendo muy rápido. (ver 'Rajao')

Esi'hombre e'juna lisa: (Ese hombre es una lisa) (lisa: pez de río, difícil de agarrar). Hombre que se envuelve en problemas y siempre sale bien de ellos. Difícil de engañar.

¡Esi'hombre no come pelo!: Hombre que no le tiene miedo a nada.

Esi'hombre no tiene jiei: (Ese hombre no tiene hiel) Se dice de alguien que engaña hasta a su propia familia, y 'se queda como si ná'. (ver 'Se quedó como si na'; 'Na')

Esi'hombre ta veneno: (Ese hombre está veneno) Se dice del hombre que está muy enojado y con ganas de pelear. 'No li'hablen a Pedro, qu'esi'hombre ta veneno'.

¡Eso!: Cuando uno no se acuerda de un aspecto importante de lo que está hablando y otro en el grupo lo menciona, se dice '¡Eso!' y se sigue con el cuento.

Eso cuet'un'ojo y la mitá del otro: (Eso cuesta un ojo y la mitad del otro) Se refiere a algo extremadamente caro, o que requiere mucho trabajo y pérdida de tiempo conseguirlo.

Eso da doloi o **Esu'hace daño:** (Eso da dolor. Eso hace daño) Se dice de algunas frutas acerca de las que se cree que causan dolor de estómago si se come a ciertas horas del día, o junto a otras frutas. '¡Muchacho, no coma guineo con piña qu'eso da doloi'. 'Yo no como piña con leche, esu'hace daño'.

Eso e paja pa'la gaisa: (Eso es paja para la garza) Eso es muy poca cosa. Eso es insignificante. Algo no tiene importancia.

Eso j'alambre: (Esos alambres) '¡Muchacho, no pase por'abaju'eso j'alambre que te coita!'.

Eso la jode. Esu'e la de jodeise: (Eso la jode. Eso es la de joderse) Se refiere a algo que es muy difícil de llevar a cabo, y además, con frecuencia trae malas consecuencias.

¡Eso le sumba! o **¡Eso le sumb'ei mango!** o **¡Eso le sumba la manigueta!:** (ver 'A eso le sumba')

Eso lo saben jata lo chinu'e Bonao: (Eso lo lo saben hasta los chinos de Bonao) Se dice cuando alguien da una noticia que cree muy nueva o nunca oída. Otro del grupo dice 'Eso lo saben jata lo chinu'e Bonao'. (Bonao es el pueblo donde paraban siempre los viajeros de El Cibao para almorzar en el restaurante de 'los chinos', de camino hacia Santo Domingo)

Eso lo sabe tu'ei mundo: (Eso lo sabe todo el mundo) Se le dice a alguien que ha dicho algo que considera noticia nueva, y se le dice a veces de broma, aunque solo lo sepan dos o tres personas 'en el mundo'.

Eso lu'hago yo con la manu'iquieida: (Eso lo hago yo con la mano izquierda) Se le dice a alguien que se está dando bombos por algo que ha hecho, que cree ser muy difícil de hacer por cualquiera. La expresión completa es: 'No ombe, eso lu'hago yo con la manu'iquieida'. (ver 'Ombe')

¡Eso mata!: Se dice como advertencia exagerada a alguien, casi siempre a un muchacho, para que no coma ciertas frutas o alimentos mezclados, porque pueden hacerle daño. Algunas de estas mezclas eran guineo con leche; piña con leche; jugo de naranja con guineo, piña, leche, etc. '¡Ay muchacho, no coma esa do cosa junta, qu'eso mata!'

Eso me d'apuro: (Eso me da apuro) Eso me da vergüenza. 'Apuro' en castizo y en el hablar dominicano significa 'apremio', 'prisa', 'urgencia', y también 'vergüenza'. 'Eso me da apuro' concuerda y está correcto para describir la emoción del momento, aunque a algunos de nosotros nos de la impresión de ser localismo.

¡Eso me da mal'epina!: (Eso me da mala espina) Es expresión castiza, pero se usa con mucha frecuencia en el Cibao. Tener recelo de algo. Lo dice alguien que ha escuchado una noticia que le indica algo peor de lo que se reporta.

Eso me retosa poi dentro: (Eso me retoza por dentro) (Del castizo 'retozar'= saltar y brincar alegremente) Se refiere a la sensación de extrema molestia, casi siempre a causa de un abuso cometido por un amigo a un mutuo amigo, y en el cual el hablante no debe envolverse para intermediar.

Eso no me lo depinta nadie o Esa no me la depinta nadie: (depinta: derivado de 'despintar'= borrar lo pintado. Frustrar una cosa) Autopromesa de triunfar en un negocio, o 'conseguir' una muchacha de la que se está enamorado. '¡Esa no me la depinta nadie!' (ver `Conseguísela')

Eso no coge o ¡Eso no coge!: Se refiere a un objeto que no engancha o encaja con otro, y que se presume que debería encajar o enganchar.

¡Eso no fue por'obri'gracia!: (¡Eso no fue por obra y gracia!) Se refiere a algo grande y de mucha importancia que ha logrado una persona, y el hablante, que conoce la gran capacidad del mencionado, quiere indicar que lo que ha hecho no fue por suerte, ni por obra y gracia del Espíritu Santo.

¡Eso no fue poi su cara bonita!: Se dice de alguien que en corto tiempo ha llegado a una posición alta en la compañía, debido a su capacidad. Sus amigos dicen '¡Eso no fue poi su cara bonita!', aunque la persona a que se refieren sea fea.

Eso no me quit'ei sueño: (Eso no me quita el sueño) Quiere decir que aunque lo que se está hablando tiene relación, quizá desfavorable, con alguien del grupo, este demuestra que ello no le preocupa para nada, diciendo 'Eso no me quit'ei sueño'.

¡Eso no se diga! o ¡Eso ni se diga!: Se refiere a algo que es más exagerado de lo que se está contando, tanto, que no se puede describir con palabras. 'En ese matrimonio tenían un banquete con tanta comida que eso no se diga'. 'Yo no biá vito tanta gente en misa comu'ei domingo. Eso ni se diga'. (ver 'Biá)

Eso no se qued'así, eso se jincha: (Eso no se queda así, eso se hincha) (ver 'Eso se jincha')

Eso no sive p'un carajo: (Eso no sirve para un carajo) Se refiere a algo que es de poca utilidad.

¡Eso no tiene madre!: Se refiere a algo extraordinario, sea ya una catástrofe que ha destruido una región, o un hecho admirable o de gran valor logrado por alguien. '¡Eso qu'hizo Juansito no tiene madre!'

¡Eso no tiene nombre!: El mismo significado de 'Eso no tiene madre', pero de menos intensidad. (ver '¡Eso no tiene madre!')

Eso no vale ni'un carajo. Eso no sive ni p'un carajo: (Eso no vale ni un carajo. Eso no sirve ni para un carajo) Se dice de algo que no tiene valor, o no tiene uso para nada.

¡Eso nu'e di'ahora!: (¡Eso no es de ahora!) Se dice cuando alguien hace un comentario sobre un evento que ocurrió hace mucho tiempo, como si hubiera sucedido recientemente.

¡Eso nu'e na!: (¡Eso no es nada!) Cuando alguien ha contado algo que considera muy importante, otro dice '¡Eso nu'e na, si t'hubiera vito lo que me pasu'a mi!' (ver 'Y eso nu'e na')

¡Eso nu'e na y m'hija preñá? o **¡Eso nu'e na y mi jija preñá?:** (¡Eso no es nada y mi hija preñada!) Expresión de sorpresa e interrogación a la vez, en respuesta a otro que ha dicho al hablante que no se preocupe o, que no es nada el haber perdido parte de su hacienda, pues ya vendrán tiempos mejores. Alusión a tener una hija preñada sin saber de quién, o de algún malvado.

¡Eso nu'e ñarra!: (¡Eso no es 'ñarra'!) Significa 'eso no es poca cosa'. A veces se usa para exagerar algún hecho o evento. '¡Eso qu'hizo Juansito nu'e ñarra!'

¡Eso nu'e paj'e coco!: Se refiere a algo muy importante. Algo grande que ha hecho alguien que no se esperaba de él.

¡Eso nu'e que mamá me dijo!: (Eso no es que 'mamá me dijo') (ver '¡Nu'e que mamá me dijo!')

¡Eso nu'e que 'na'!: (¡Eso no es que 'nada'!) (ver '¡Nu'e que na!')

Eso queda ceica de... o **Eso queda pegaíto de...:** (Eso queda cerca de... o Eso queda pegadito de...) Parte de las direcciones que se le da a alguien acerca de cómo llegara a un lugar, casi siempre lejano, incluye la frase 'eso queda pegaíto de...' otro lugar bien conocido por todos. (ver 'Pegaíto')

Eso quiero yo veilo: (Eso quiero yo verlo) Se le dice en tono de incredulidad a alguien que ha contado algo increíble.

Eso rompe los'ojo: Se le dice a alguien que está frente a algo y no lo ve.

Eso sait'a la vita: (Eso salta a la vista) Se dice de algo que está claro y definido, casi siempre en una conversación.

Eso se cai de su peso: (Eso se cae de su peso) Se le dice a alguien cuando ha hecho algo extremadamente fuera de lo normal.

Eso se jincha: (Eso se hincha) Se dice de una discusión que ha comenzado tranquila, pero de momento alguien empieza a levantar la voz para imponer su idea. (ver 'Eso no se qued'así, eso se jincha')

¡Eso si...!: Se antepone a una frase que exige compromiso: '¡Eso si, no vemo mañana aquí mimo, a la mima hora'. (ver 'No'; 'Mimo'; 'Vemo')

Eso se vinu'abajo: (Eso se vino abajo) Se dice cuando en una reunión o un concierto, el público aplaude y grita por largo rato la actuación de un artista. Se dice también cuando un discurso ha sido del gusto general, con largo aplausos y voces.

Eso son aiboroto di'ala: (Esos son alborotos de alas) Se dice de alguien que está muy enojado y vociferando que no le tiene miedo a nadie, y que algo malo que le hicieron se lo van a pagar muy caro. Pero los que lo conocen saben que no pasa m[as all[a del enojo.

Eso son guto que merecen palo: (Esos son gustos que merecen palos) Se refiere a alguien que dedica exagerados esfuerzos por hacer algo que no tiene importancia.

¡Eso tab'así de gente!: Se quiere decir con esta expresión que había mucha gente en el lugar de que se habla, pero siempre frotando el dedo pulgar con el índice y el del medio, los tres en dirección hacia arriba. (ver 'Eso taba jiviendo de gente')

Eso taba jiviendo de gente: (Eso estaba hirviendo de gente) Quiere decir que había una gran muchedumbre en ese lugar. (ver 'Taba'; 'Jeiviendo')

¡Eso ta'camarón! o ¡Ta camarón!: Un negocio o propuesta que luce que puede salir mal, o que parece engañoso. (ver 'Ta com'un camarón', que no es lo mismo que 'Ta camarón')

Eso t'ecrito: (Eso está escrito) Lo dice alguien después de haber dicho algo que considera una verdad absoluta, a veces a modo de consejo a otro.

¡Eso tengo yo que veilo pa creeilo!: (¡Eso tengo yo que verlo para creerlo!) (ver 'Veilo pa creeilo')

Estaba la pájara pinta: (Aquí la palabra 'estaba' se pronuncia correctamente) (ver Sección 'Cantos y juegos de Niños')

Está ocupada: (Así, bien pronunciada) Lo dice el caballero cuando en una fiesta viene otro caballero a sacar a su pareja a bailar. (ver 'To'cupá')

Estraik: Del inglés 'straike', nombre del lanzamiento que pasa a la distancia apropiada del bateador y sobre el jom. (ver 'Jom')

Esu'e: (Eso es) Eso es.

¡Esu'e como tai mueito!: (¡Eso es como estar muerto!) Lo dice alguien cuando otro le dice que tiene un amigo que acostumbra dormir hasta medio día los domingos.

¡Esu'e dei carajo!: (¡Eso es del carajo!) Se dice cuando se ve o se oye contar algo que aparenta sobrepasar loextraordinario. '¡Yo no se lo mandu'a decí con nadie. Esu'e dei carajo!' (ver 'Yo no se lo mandu'a decí con nadie')

¡Esu'e'j'ahí mimo!: (¡Eso es ahí mismo!) Se le dice a alguien que quiere saber a qué distancia queda el lugar adonde tiene que ir. Esta expresión es sospechosa de que casi siempre el lugar queda lejos.

Esu'e j'así: (Eso es así) 'Esu'e j'así como yo lo digo'. 'Eso nu'e que na, esu'e j'así'. (ver 'Eso nu'e que na')

Esu'e j'aisigún: (Eso es según. Eso depende) (ver 'Aisigún')

¡Esu'e j'una bendición! o ¡Esu'e j'una bendición de Dio!: (Eso es una bendición o Eso es una bendición de Dios) Se dice cuando le ha llegado algo agradable y de gran beneficio a alguien que ha estado sufriendo de salud, o en malas condiciones económicas por largo tiempo.

Esu'e j'un caso peidío: (Eso es un caso perdido) Se refiere a algo que ya no tiene arreglo. Común en referencia a alguien que no mejora su comportamiento, o su vida, a pesar de la mucha ayuda que se le prestado.

Esu'e j'un cuchillo...: (Eso es un cuchillo) Se refiere a una medicina o tisana que cura seguro y rápido aquello para lo que se está recomendando. 'Esu'e j'un cuchillo pa lo dolore de muela.'

Esu'e j'un'enema: (Eso es una enema) (ver 'Esu'e j'un puigante')

Esu'e j'un'enema: (Eso es una enema) Tiene el mismo significado de 'Esu'e j'un puigante. (ver)

Esu'e j'un mango: (Eso es un mango) Se refiere a algo fácil de hacer o de obtener. (ver 'Mango')

Esu'e j'un puigante: (Eso es un purgante) Representación de lo desagradable que son los purgantes. Se refiere a algo molesto o fastidioso que hay que hacer en contra de nuestros deseos. Por ejemplo verse comprometido a ir por invitación a un lugar que no es de nuetro agrado. Cualquier problema.

¡Esu'e j'un robo!: (¡Eso es un robo!) Se le dice a alguien cuando está vendiendo un producto muy por encima de su precio de venta regular. También se le dice a alguien que ha comprado un objeto muy por debajo de su valor de venta regular. 'P: ¿Cuánto te cotó? R: siete peso. Com: ¡Esu'e j'un robo!' (ver 'Cotó')

Esu'e j'un tiro: (Eso es un tiro) Se dice de algo que siempre seguro en su acción y efecto.

¡Esu'e lo úitimo!: (¡Eso es lo último!) Se dice cuando alguien ha hecho algo exagerado, bien o mal hecho, o dicho algo desagradable de un amigo mutuo. '¡Esu'e lo úitimo que tu diga eso de Juan!'

¡Esu'e mucho decí!: (Eso es mucho decir) Se dice cuando se escucha de alguien que ha hecho o progresado un poco más de lo que se esperaba, sobre todo si es en algo en que él no tenía habilidad. 'Com: Dicen que Pedro voivió a l'ecuela a etudiai negocio. R: Esu'e mucho decí'.

¡Esu'e pa qui'aprenda!: (¡Eso es para que aprenda!) Se le dice a los niños después de haberles dado un pela debido a una travesura. (ver 'Pela')

¡Esu'e pa reqien'etejno!: (Eso es para requiem eterno) Se dice de una situación que parece que no va a mejorar por mucho tiempo o nunca. Com: 'Mi'han sali'una mancha en'eta piejna'. R: '¡Ay m'hija, a mi me salieron también. Esu'e pa requien'etejno!'

¡Esu'era grito, grito y grito ...!: Se dice de alguien que se pasó mucho tiempo gritando, sea un niño por haberle ocurrido algo o en un velorio.

¡Esu'era lo que faitaba! o **¡Etu'era lo que faitaba!** (¡Eso era lo que faltaba! o ¡Esto era lo que faltaba!) ¡No faltaba más! Cuando las cosas no van marchando bien y de repente se presenta un problema peor que los anteriores. (ver ¡Nunca faita una!', '¡Namá faitaba eso!', '¡Nunca fait'un pelo entri'un sancocho!')

¡Esu'e tenei cojone!: (¡Eso eso es tener cojones!) (ver '¡Esu'e tenei timbale!')

¡Esu'e tenei timbale!: (¡Eso es tener timbales!) De timbal=tambor, y el plural 'timbales'= cojones o testículos. Se dice de alguien que es atrevido, o falta de tacto, casi siempre en el hablar. Por ejemplo decirle a su jefe que él ha ordenado no está correcto, o insultar a otro sin sufrir consecuencias. (ver 'Cojones')

¡Esu'e to?. ¡Y esu'e to? : (¡Eso es todo? ¡Y eso es todo?) Se le dice a alguien que ha explicado algo, pero el oyente cree que le falta algo importante.

Esu'hace daño: (Eso hace daño) (ver 'Eso da doloi')

Eta: Esta. 'Eta e la que yo quiero'. (ver 'E')

Etacao: (Del castizo 'estacado': estar inmóvil y tieso en forma de estaca) Que está de pie con las piernas más separadas que lo normal, o que camina de esta manera. Casi siempre debido a algo que le molesta entre las piernas. 'Esi'hombre camina como medio etacao.' (Ver 'Sambo').

¡Eta mieida nunca me sale bien!: (¡Esta mierda nunca me sale bien!) Demuestra frustración cuando no se puede hacer algo apropiadamente, aunque ya la haya hecho antes.

Etaraquiai. Etaraquión: (ver 'Taraquiai'; 'Taraquión')

Ete: (este). 'Ete e'jei que me toca a mi'. (ver 'E j'ei')

¡Ete cojete!: (¡Éste cohete!) Que no va a conceder lo que se le pide, porque se considera exagerado, o se lo han pedido varias veces. Interjección a veces acompañada de un gesto señalando la parte trasera del hablante. (ver 'cojete')

¡Eteee!: (¡Esteee!) Interjección que se expresa casi siempre mirando hacia arriba, tratando de recordar algo que se le ha preguntado, y de lo que antes sabía la respuesta.

¡Ete f'un día echao!: (¡Este fue un día echado!) Día de mucho trabajo y complicado. Cansado al final del día.

¡Ete juego lu'invent'un mudo!: (¡Este juego lo inventó un mudo!) Lo dice, en los juegos de cartas y de dominó, el jugador que tiene un `buen juego' en la mano, y alguien que no está jugando hace comentarios sobre cómo su contrario debe hacer su próxima jugada.

Etericai: (C: estirar) Estirar una banda de goma; extender la pierna; el brazo. "¡Pero muchacho eterica esa goma'to lo que da!' 'Me duel'ei codo y no puedo etericai ei braso'.

Etericao: (Estirado) Persona orgullosa, que no es fácil de establecer conversación con ella. 'Esa mujei si e'jeterica'.

Eterilla: C: esterilla= estera) Almohadilla cuadrada, alrededor de una pulgada de espesor, que se pone debajo del aparejo para prevenir llagas en el lomo del animal de carga.

Ete sancocho levanta mueito: (Este sancocho levanta muertos) Quiere decir que el plato de sancocho está tan sabroso que es capaz de revivir muertos. (ver 'Sancocho')

Etilla: (Astilla) Astilla. 'Venía corriendo y me clavi'un'etilla en'ete pie.' Tener relaciones sxuales. Tomá se pasó la noche en laj'aitura dndu'etilla.' (ver 'Laj'aitura')

Eto. Eta: Esto. Estos. Esta. Estas. 'Eto moquito me tan comiendo'. 'Eta joimiga si tan braba'. (ver 'Tan'; 'Joimiga')

Etógamo: (C: Estómago) Estómago. Barriga. Ahora talvez se puede oír en el campo adentro. 'Tengu'el'etógamo comu'eponjao'. (ver 'Eponjao')

¡Eto levanta mueito!: (¡Esto levanta muertos!) (ver '¡Eto revive mueito!')

Etómago: (C: Estómago) Estómago. Barriga. (ver 'Etógamo')

Eto me lo puso Dio: (Esto me lo puso Dios) Se dice cuando de repente se encuentra algo que ha sido deseado por mucho tiempo.

¡Eto nu'e conmigo!: (¡Esto no es conmigo!) Reacción acerca de algo que está ocurriendo que no le conviene, o puede ser peligroso para uno. Se le dice a un amigo que está al lado: '¡Eto nu'e conmigo! Yo me voy di'aquí.'

¡Eto revive mueito: (¡Esto revive muertos!) Se dice de una comida que está muy sabrosa, casi siempre una sopa o un sancocho. (ver 'Sancocho')

Eto se jincha: (Esto se hincha) Se refiere a algo, como un diálogo o discusión, que comienza de una manera normal y corriente, y gradualmente comienza a acalorarse.

¡Eto tiene la cara seria!: Se refiere a una situación que es difícil de resolver.

Etrai: (Del inglés 'strike' en el juego de béisbol) Define el lanzamiento cuando la bola que tira el lanzador pasa a una distancia y orientación determinada sobre el 'home', cantada como 'strike' por el 'umpire', o cuando el bateador le tira a cualquier lanzamiento sin pegarle a la bola. (ver 'Jom'; 'Ampaya'; 'Bola')

Etraicao: (Del inglés 'strike out') En béisbol, cuando un bateador le tira tres veces a la pelota lanzada por el 'pitcher' contrario y no le pega a ninguna. (ver 'Piche'; 'Trucai'; 'Ponchai')

Etralla o **Etrallai:** (C: estallar) Tiro de un arma de fuego, o de los fuegos artificiales. '¡Ese torpedo nu'etralló!'. 'Yo creo qu'ese pitón no va a etrallai'. Tirar fuertemente un objeto al suelo por enojo.

Etralló'ei sombrero: Se dice de alguien ya enojado por la frustración de no poder resolver un problema después de haber tratado por mucho tiempo, se quita el sombrero y lo tira de repente al suelo. (La historia original contada por los doctores Moncho y Oriol Rojas, es la de un señor de apodo Mano-Boso, que 'arreglaba los feos', pero un día le trajeron un tipo tan feo que era inarreglable, y lleno de frustración después de mucho bregar, 'etralló' el sombrero, porque no podía arreglarlo)

Etrallón (daisi'un): (Estrellón: de 'estrellar'= arrojar con violencia una cosa contra otra, haciéndola pedazos) Caerse al suelo de repente, casi siempre debido a un tropezón. "Oye, me di'un etrallón allí al'entrá'la casa, que de casualidá no me maté'. (ver 'Cuaiquiera le d'un etrallón')

Etralloso: Algo que se rompe fácilmente, sobre todo en múltiples pedacitos. Frágil. Que crepita y suena cuando se mastica.

Etranjera (guayaba, etc.): (ver 'Injeita')

Etropajosa (lengua): (C: estropajosa) Se dice de la persona que pronuncia las palabras de manera confusa, debido a enfermedad o borrachera. '¡Tu taba bebiendo, que tiene la lengua etropajosa? (ver 'Taba' y 'Lengua pesá')

Etropeo: (del castizo 'Estropear') Se usa más como'¡Teng'un etropeo!', como en la expresión '¡Teng'un etropeo que lo que quiero e t'acotao!' (ver 'Etropiao')

Etropiao: (C: estropeado= algo maltratado o echado a perder) Sentirse cansado y adolorido de tanto trabajo o ajetreo. 'Yo toy muy etropiao, vu'a vei si mi'acuet'un ratico.' (ver 'Vu'a')

Etrujai: (Estrujar=apretar una cosa fuertemente) Apretar una tela plegándola y arrugándola. (ver 'Desetrujai')

Etrujao: Es casi lo mismo que 'macao' (ver 'Macao').

Etu'e...: (Esto es...) 'Etu'e de Juansito'.

Etu'e j'un caso peidío: (Esto es un caso perdido) Se dice de algo que se piensa que no se puede arreglar; como después de darle el mismo consejo varias veces a una persona, esta continúa cometiendo el mismo error.

Etu'e j'un lío: (Esto es un lío) Se dice cuando objetos tirados sin orden por el suelo, y cuando hay varias personas hablando al mismo tiempo.

Evanecimiento: (Desvanecimiento) Ligera sensación de mareo, por momentos, pero por varios días. '¡A mi me dan uno j'evanecimiento hace día que no puedo andai pará!'

Evanecío o Ejvanecío: (C: desvanecido= Vahido. Perder el sentido) Persona que le ha dado un desmayo. Vahído. Que anda un poco fuera de balance. 'Juansito anda como medio ejvanecío.'

¡E veneno! o ¡Esu'e veneno!: (¡Es veneno! ¡Eso es veneno!) Se dice cuando alguien insiste en hacer algo que ya le salido mal a otros. '¡No te met'en'esa clas'e negocio, qu'esu'e veneno!' También cuando un jefe de trabajo regaña mucho o bota empleados por poca cosa. ¡Esi'hombr'e veneno! No trabaje pa'ei'. (ver 'Pa'ei')

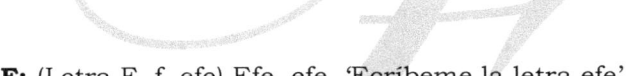

F: (Letra F, f, efe) Efe, efe. 'Ecríbeme la letra efe'.

Fáci: (C: Fácil) Fácil. '¡No crea qu'esu'e fáci di'arreglai!'

Facitoi: Engreído. Pedante. 'Que priv'en guapo' (ver 'Privai'). 'Ese tipo si'e facitoi'.

Facúito: (Faculto) Médico. Que sabe mucho.

Faidero: Hombre mujeriego.

Faidiquera: (C: faltriquera. Faldriquera) Bolsillo de cualquier prenda de vestir.

Faifullero: (Farfullador: que habla muy de prisa y atropelladamente) Que habla mucho y se elogia a si mismo. 'Ese Tomá si'e faifullero.' (ver 'Priv'en guapo')

Fajaise. Fajao. Fajá: (de 'fajarse') Ponerse una faja para sostener el abdomen. Dedicarse de lleno a un estudio, negocio, etc. '¿Oye, yo no se qué li'a dao a Juancito que ta'fajao etudiando ahora?' '¡Juanita ta fajá lavando ropa hoy!'. 'Pedro ta fajao viendo ei juego'. (ver '¡Oye!') Pelear de palabras o al puño. 'Juansito y Pedro se fajaron a peliai anoch'en la fieta.'

Fantoche: (C: sujeto vanamente presumido) Sujeto que se las da de que hace todo mejor que los demás. Guapetón.

Fao: Del inglés 'foul' en béisbol= Batear al bola fuera de las líneas rectas que comienzan en el jom, siguen paralelas a las paredes de la derecha y de la izquierda del estadio, y terminan en la pared del campo derecho e izquierdo del terreno de juego. (ver 'Jom')

Farolero: Pesrona que antes prendía los faroles de la calles. Persona que anda haciendo alardes de ser muy importante, tanto el vestir como en hacer que lo inviten a las fiestas que no pertenece. '¡Oye, pero Mingo si'e farolero!'

Fatulo: De 'fatal'. Persona que le parece que todo le sale mal. 'Yo toy medio fatulo últimamente.' Con frecuencia en referencia a gallos de lidia: el gallo que pierde más de una pelea.

Féfere: (Féferes) Trastos, cosas y aparatos pequeños de cocina y caseros. 'Vomu'a oiganizai tu'eto féfere ante de salí.'

Feli: (Felix) Nombre masculino.

¡Fenómeno!: (C: cosa extraordinaria o sorprendente) Se dice cuando se está de acuerdo con lo dicho. Indica que todo lo se hizo está bien.

Feró: (C: feroz= que obra con ferocidad) (ver 'Animai feró')

Fete: Excremento, humano o de animal. '¡Tuvite ai pis'una fete'gallina!'

Fiao: (C: Fiado= Digno de confianza. Al fiado= Vender sin tomar tomar el valor de la venta) Vender sin tomar el valor de la venta. (ver 'Hoy no fío mañana sí')

Fieta: (Fiesta) '¿Tu va di a la fiet'eta noche?' '¿Tu va i a la fiet'ete noche?' (ver 'Di'; 'I')

Figao: Mirar intensamente, especialmente a otra persona. '¡Njú! Yo creo que Juansito t'enamorao de Teresita. ¿Tu ve como ta figao con'ella?'

Fiebre loca: (ver 'Fiebre pa crecei')

Fiebre pa crecei: (Fiebre para crecer) Se dice de la fiebre que le da a los muchachos un día sin ningún otro síntoma, y amanecen bien al otro día. También le llaman 'Fiebre loca'.

Figuriai: Tratar de aparentar más o mejor de lo que en realidad es, por orgullo personal o para conseguir algo, casi siempre un enamorado o enamorada. A veces se dice 'Fulano t'en'ei figureo.'

Filacha: (C: hilacha= pedazo de hilo que se desprende de la tela) Pedazo de hilo que se desprende de la tela. 'Juanita, déjame quitait'esa filacha que te ta coigando de la faida'.

Filo celoso: Filo de arma blanca que corta de solo tocarlo ligeramente.

Filo con filo no se coitan: Imagen que sugiere que dos personas que saben mucho de negocios no se pueden engañar uno al otro. Creo que dos cuchillos podrían mellarse ambos con sus filos, algo que figurativamente podría ocurrir también con los dos negociantes.

Fime: (Firme) Región llana entre las lomas, donde hay caseríos. 'Tomasa y ei marío se mudaron pa'i fime haci'un me.' (ver 'Pa'i' y 'Marío')

Fimó: (Firmó) 'Ei lo fimó ya'. 'Yo lo fimé ya'.

Fininingo: Cerca de lo más fino que puede ser algo. 'Cóitalo fininingo' o 'Cóitalo bien fininingo'. (ver 'Finininingo')

Finininingo: Más fino que 'fininingo'.

Finitico: Má fino que 'finito'.

Finito: Muy delgado. 'Mir'esi'hombre. Pero qué finito e.' 'Esa tabla e muy finita pa lo que yo quiero.' Diarrea muy líquida y frecuente'. (ver 'Finitico'; Fininingo'; Finininingo')

Finodo: Persona que quiere aparentar fina y educada, y no lo hace natural. (ver 'Mítico')

Firifolla: (Firifollas) Adornos y filigranas innecesarios o exagerados, en cualquier objeto, casa, automóvil, etc, y a veces hasta en el hablar. "Esa casa si tiene firifolla'. 'Esi'hombre habla con tanta firifolla'. 'Ese carro tiene demasiao firifolla.'

Físico: Persona que en reuniones quiere aparentar que es educado y deforma las palabras, por ejemplo adicionándoles 'eses', 'eles', etc. , donde no corresponden.

Flaca (Flaco) com'un'aguja: (Flaca (Flaco) como una aguja) Se dice de una persona en extremo delgada. (ver 'Flaca com'un'ecoba; 'Se voivió güeso')

Flaca (Flaco) com'un'ecoba: (Flaca como una escoba) Cualquier persona más delgada de lo que se considera el promedio de delgado. (ver 'Flaca com'un'aguja; 'Se voivió güeso'

Flai: (del inglés fly=volar) Por el aire. En baseball, batear la bola a gran altura.

Flan flan: Que no está atento a lo que sucede o se habla a su alrededor, como si estuviera flotando en el aire. (ver 'ta dío', 'elevente' y 'divariando')

Flaquenco: Se dice de la persona muy flaca, o que ha rebajado en exceso en las últimas semanas o meses. '¡Pedro si si'ha pueto flaquenco úitimamente!' (ver 'Flaquindé')

Flaquensia: Flaqueza. '¡Qué flaquensia tiene Juana!'

Flaquindé: Flaqueza exagerada. '¡Utede si'han fijao que flaquindé tiene Juana!'

Fleco: Pedazos de hilo o hilacha que se desprende de los vestidos. Mujer muy delagada. '¡Ay, pero qué fleco si'ha vueito Ramona!' (ver 'Filacha')

Flecoso: Que tiene muchos flecos. Se aplica a las cosas que no deben tener flecos. '¡Esa faida de Juanita si ta flecosa!' 'Adió Juansito, ¿y ese sombrero tan flecoso, dónde lu'encontrate?'

Flechai. Flechero. Tan flechao: Los enamorados cuando no se quitan la vista uno del otro. 'Flechero' es el hombre que mira intensamente a cualquier mujer. (ver 'Orejero')

Fleje: Mujer, por lo general delgada, de cuerpo y cara poco atractivos. '¡No me diga que Juansito ta locu'enamorao d'ese fleje!'.

Flequito: (fleco muy chico de algo fibroso) Pedir un 'flequito' de algo del plato del vecino de mesa. Mujer muy flaca. '¡Mira, ese flequito!'.

Fletación: (Fletar: frotar. Restregar) Aunque parece localismo, es castizo con el mismo significado en El Cibao: fricción para aliviar dolores.

Flinfli. Flinfle. Flinflín: Persona flaca y aparentemente débil y frágil.

Flochón: Molestoso, majadero. Algo difícil de resolver y que está dando mucho trabajo. 'Ete muchacho si'e flochón'. 'Eto ta medio flochón.'

Flojai: (Aflojar) Desasir algo que se tiene amarrado o agarrado. Soltar un animal que está amarrado. 'Floj'esi'animai pa que coma en'ei batei.'

Floresita: (¿Florsita?) Una flor chica, o conjunto de flores de pequeño tamaño.

Floretiai: Caminar de un lado a otro en el mismo lugar, como si deseara algo.

Flu: Traje completo de hombre, con saco (chaqueta) y pantalón. De 'influenza'=gripe. Malestar general, a veces con fiebre. 'Hace do día que teng'un flu muy malo.' (ver 'Do'; 'Cabesa vana')

¡Fo!: (C: ¡Fo!) Expresión de asco. La incluyo por ser de uso habitual en todo el país, tanto que parece un localismo. (ver 'Bajo' y 'Hacei ei fo' 'M'hisu'ei fo')

Focu'e tre pila: (Foco de tres pilas) Foco poderoso, que alumbra muy lejos. 'Juansito compr'un focu'e tre pila qui'alusa un kilómitro.' (ver 'Kilómitro)

Fóforo. Foforito: Fósforo. Persona activa y trabajadora, Que hace las cosas con rapidez.

Foiniai: (quizás del castizo 'fornecer'= prepararse para algún fin) Practicar el bateo antes de un partido de basebol. También se aplica irónicamente a los novios cuando se sospecha que tienen contacto sexual. 'Esu'e foiniando que tan'. Es decir, 'practicando' antes de casarse.

Foisá. Foisao: (C: Forzada. Forzado) Forzada. Forzado.

Foitaleza: (Fortaleza) Cárcel de presos. 'A Pelegrino se lo lleván pa la foitaleza ayei por'un puñai que caigaba.' (ver 'Caigai')

Follón: (C: ventosidad sin ruido) Pedo silencioso pero hediondo. Es castizo, pero la incluyo porque es parte indefectible, aun íntima de nuestro folclor.

Foró: Que presume de jefe, y se enoja con facilidad para infundir temor y respeto. '¡Pero Juansito si se a pueto foró!'.

Forrao: (Del castizo 'forrar': poner forro a algo) Algo con forro por dentro o por fuera. Persona que se ha hecho y tiene mucho dinero. 'Juansito ta'forrao e cuaito'. (ver 'cuaito')

Fote: Ano. Culo o nalgas. '¡Qué fote tien'esa mujei!'

Fotanga. Fotingo: Carro antiguo o ya viejo, especialmente aquellos que les cruje la carrocería.

Fraco: Frasco. 'Juanito, pásam'ei fraco ese pa pon'eta galletita.'

Franela: (C: tejido fino de lana y algodón) Prenda de tejido fino de algodón y sin mangas que usan los hombres debajo de la camisa. (ver 'Camisilla')

Freco. Freca: (Fresco. Fresca) Fresco (de temperatura): 'La temperatura ta freca'. Se dice de la persona que se introduce donde no está invitado. Se mete en una conversación sin ser del grupo hablante. '¡Tu vit'eso? ¡Qué freco e'jese tipo!' (ver 'Ta'; 'Vit'eso'; 'Trasendío')

Fregai y **Lavai:** (Fregar y Lavar) Se 'friega la losa' (platos), pero se 'lavan lo vaso' (vasos y copas)

Frequito: (Fresco) Sentirse bien en un lugar fresco. '¡Ay, qué bueno t'ete frequito!' Persona que se introduce en una conversación: 'Ese joven e medio frequito'. (ver 'Freco'; Gutierre')

Freyendo: (friendo) Más común en el campo adentro. 'No se vayen que María ya ta freyendo ('friendo' en los pueblos) lo totone'. (ver 'Vayen'; 'Totone')

Fría: (ver 'Una fría'; 'Una ceniza')

Fría y guindando: Analogía con la parte sexual masculina en estado de relajación. Cuando todo está tranquilo en la vida de una persona, y alguien pregunta '¿Cómo ta la cosa?', se responde 'Ahí, fría y guindando.' (ver '¿Cómo ta la cosa?')

Friaidá: (Frialdad) No sentirse bien de salud recientemente, a veces con ligeros escalofríos. 'Yo creo que me vu'enfeimai; poique teng'una friaidá dendi'ayei!' (ver 'Dende')

Friendo y comiendo: Similitud a cocinar y pasárselas probando la comida. Se dice cuando alguien declara que va a hacer algo, e inmediatamente empieza a hacerlo. Cuando alguien quiere hacer dos cosas al mismo tiempo.

Frío: Temperatura ambiental ligeramente más baja que el promedio, pero que se siente fría. (ver 'Ya yo tuviera frío en mi casa')

Frío frío: Hielo raspado del bloque, y puesto en un vasito de papel con sirope. (ver 'Guallao' y 'Mabí')

Friísimo: Muy frío.

Friquitín: Lugar. al lado de las calles, esquinas, avenidas o parques, donde se fríe carnes, empanadas, tostones, etc. para la venta. (ver 'Totón'; 'Fritanga'; 'Venducha'; 'Pueto')

Frisa: (C: frazada) Frazada.

Fritanga: Mesa puesta con varias comidas fritas. Puesto en las aceras, esquinas o parques, donde se fríen carnes, tostones, papas y empanadas para la venta. (ver 'Friquitín', éste apelativo es más usado)

Frondoso: (C: abundante en ramas y hojas) Árbol con muchas ramas y hojas. Persona alta, abultada y fuerte. '¡Oye, pero Juanita se ve muy frondosa!'.

Fuá: Describe la rapidez y el sonido que hace un objeto largo (fuete, vara, ramo, etc.) cuando se mueve de un lado a otro con las manos. Se refiere a algo que se hace muy rápido. 'Ese tipo hisu'así fuá y se bebió tu'esa botell'e ceivesa sin repirai'. Un merengue dice: "...y veniá'la brisa fuá y me l'apagaba'.

F'uá: (Fue a...) 'Juansito f'uá Macorí ayei y no mi'avisó pa yo di con'ei.' (ver 'Di'. 'Pa')

Fuá fuá fuá: Es lo mismo que 'Fuá', pero repetido dos o tres veces cuando se refiere a más de una cosa que se hace rápido. Con frecuencia se acompaña con el movimiento de una mano moviéndose de un lado a otro con cada 'fuá'. 'Taba tan bueno ese locrio qu'hisi'así fuá fuá fuá, y me comí tre plato' (a veces 'platao') (ver 'Platao').

Fu'así: (Fue así) 'Te lo juro poi mi madre (o 'mai') si no fu'así.' (ver 'Mai')

Fucú: Empecinarce en hacer algo por largo tiempo. '¡Juancito tiene un fucú (li'a dao fucú) con esa bicicleta!'

Fu'ei ...: (Fue el ...) 'Fu'ei vaso que se me cayó'.

Fueitiasui: (En castizo sería 'Fuerteazul', pero no está listado en el diccionario de la RAE) Tela de algodón un poco gruesa y dura, de color azul, preferida para pantalones de trabajo, y últimamente para 'jeans' (pantalones vaqueros). (ver 'Jin'; 'Catre')

Fuen: (C: fueron) 'Ello se fuen adelante'. (ver 'Adelante').

Fuérano: (Fuéramos) "Si nosotro (o nojotro) fuérano rico viviéranu'en'ei pueblo.'

Fuete: (C: fusta) Látigo tejido de tiras de cuero o fibras de cabulla (pita), atada en un extremo a un mango de madera y el otro, más delgado, terminando en una escobilla (rabiza) del mismo material, y que emite un estallido fuerte y agudo cuando se sacude con rapidez en el aire. Se usa para estimular el ganado con su estallido. (ver 'Rabisa'; 'Chucho'; 'Guebu'e toro')

Fuí: Pasado del verbo 'ir'. Ano. (ver 'Fuiche')

Fuiche: (ano, nalgas). '¡Qué fuiche tiene'esa mujei!'. 'Déjame quieto; ya me tieni'jate'i fuiche'. (ver 'Jat'ei')

Fujnia. Funia: (C: furnia= caverna) Caverna. Hoyo muy extenso y hondo en la tierra, casi siempre cubierto de hierbas y malezas. 'Mira muchacho no corra por'ai que te va ca'én la fujnia esa.' (ver 'Por'ai'; 'Ca'én)

Fulá: (C: fular= tela de seda muy fina con dibujos. Pañuelo para el cuello de este tejido). Pañuelo con dibujos. Este nombre es de poco uso ya.

Fulano: (C: fulano) Primera persona imaginaria. (ver 'Perensejo')

Fuma ma qui'un muiciélago: (No se qué acción del murciélago tiene similitud con el acto de fumar) Se le aplica a la persona que fuma en extremo. 'Juancito fuma ma qui'un muiciélago'.

Fumaise: Además de fumarse un cigarro, significa también terminar algo muy rápido, o tener que oír o ver hasta el final algo desagradable. 'Me fum´'ese libro en do día.' 'Tuve que fumaim'esa película poi tres'hora.'

F'un: (Fue un) '¡Lo que me dio f'un chin na'má!' (ver 'Chin')

F'una: (Fue una) '¡Lo que me dio f'una naranjita vieja!' (ver 'Vieja')

Fundillo: (C: fondillos= parte trasera de los pantalones) Parte trasera de los pantalones. Nalgas de mujer. ¡Qué fundillo tien'esa jembra!' (ver 'Jembra')

Fundillo vacío: Hombre que tiene nalgas chicas o planas, y los fundillos de los pantalones se ven flojos o 'vacíos'.

F'una...: (Fue una...) 'Lo que me dieron f'una comiíta vieja'. (ver 'Comiíta'; 'Vieja')

Fuña, fuñón: (C: 'fuñar'= estrujar, pisar, refunfuñar) Molestar con frecuencia y de seguido. 'Mira muchacho, no fuña tanto'. 'Ese muchacho si'e fuñón'.

Fuñenda: Situación desagradable que se ha presentado, casi siempre sin estar esperándola. Dificultad en arreglar algo. '¡Qué fuñenda eta. Tan tranquilo que taba yo.'

Fuñí. Fuñío: (Serían 'fuñir', 'fuñí' y 'fuñido', tiempos del verbo 'fuñir', que no existe) Aberración del verbo 'fuñar'= estrujar, pisar, refunfuñar. Salir algo muy mal, probablemente sin solución. 'Ahora si'e veidá que me fuñí'. '¡Pedrito no me fuña que toy ocupao!' (ver 'Toy'; '¡Qué fuñenda!')

Fuñite, te: (Talvez 'te fuñaste') Se dice a alguien que ha hecho un mal negocio, o que lo andan buscando para hacerle daño. 'Te fuñite, esi'ombre ta muy bravo contigo y ti'anda bucando'.

Furufa: Mujer joven, de pobre educación y poco lucimiento. Ocasionalmente se usa 'furufo' para el hombre.

G: (Letra G, g, ge) Ge, ge. 'Ecríbeme la letra ge'.

Ga: Gas. 'Juanito cierr'esa llave pa'que no se gat'ei ga ese.'

Gabela: (C: impuesto. Gravamen) Provecho. Ventaja que se le da al que tiene menos posibilidad de ganar, para competir en una carrera, apuesta, etc. (ver 'Vam'una gabela')

Gabiaise: (ver 'Gaviaise')

Gacho: (C: de 'agachar'; animales de orejas o cachos caídos) Que le falta una oreja, o la tiene inclinada hacia abajo. Casi siempre se refiere a un animal; pero puede referirse también a una persona.

Gaguiando: (C: gaguear= tartamudear) Se dice de alguien que se quedó esperando lo que quería; casi siempre se refiere a comida. "Juansito se quedó gaguiando.'

Gaigajo: C: gargajo) Es buena palabra cibaeña, pero es ligera variación de la castiza 'gargajo': flema espesa que se esputa cuando se tose. Cuando se ve uno grande en el suelo se exclama: '!Coño, pero qué gaigajo tiru'esi'hombre!' Se supone que es casi siempre el hombre que esputa el gargajo.

Gaigüero. Guaigüero: (C: garguero: parte superior de la tráquea) Persona de un tono de voz naturalmente muy alto. 'Pero qué gaigüero tiene esi'hombre. Se puede oí a un kilómitro'. (ver 'Kilómitro')

Gaisa: (Garza) Ave zancuda que vive a lo largo de los ríos y lagos. Se alimenta de peces y camarones. (ver 'Como muel'e gaisa')

Galiando (se quedó): (Se quedó galiando) Se dice de alguien se quedó esperando que le dieran de algo que se estaba repartiendo: regalos, comida, etc. (ver 'Gaguiando')

Galillo. Gañote. Gaznate (gaznate): Galillo, gañote y gaznate son castizas, pero de uso tan frecuente localmente que ya parecen localismos.

Galleta: (pan aplastado y redondo) Golpe dado en un lado de la cara con la mano abierta. "A Juancito le dieron una galleta anoche que cayó redondo'. (ver 'Cayó redondo').

Gallina: Ave doméstica, necesaria por los huevos y como alimentación. Aplicado a una mujer elegante y bonita se dice: '¡Qué gallina!' o '¡Qué buena gallina!', o '¡Qué gallinota!.' (ver '¡Qué gallina!') Pero aplicado a un hombre lo designa como cobarde, '¡Esi'hombre si'e gallina; adió y no salió juyendo cuando Pedro le dijo sai pa'fuera pa'que no matemo'. (ver 'Sai pa'fuera...')

Gallina mee: (Vea 'Cállese que lo muchacho hablan cuando la gallina mee')

Gallinero: Donde se guardan las gallinas. Parte de atrás de los cines.

Gallinita ciega: Juego de niños, en el que uno de ellos con los ojos cubiertos debe tocar a otros, o encontrar a los que están escondidos.

Gallito: Gallo pequeño. Persona de mal genio y busca pleitos. 'Pedro tub'otro pleito anoche. Ese si'ha vuet'un gallito'. (ver 'Quiquiriquí')

Gallito Quiquiriquí: (ver 'Quiquiriquí")

Gallo: Macho de la gallina. Algunos granos con cáscara que quedan en el arroz descascarado, que se sacan a mano antes de cocinarlo. (ver 'Degallai'; 'Cret'e gallo'; 'Se le sali'un gallo'; 'Gallito')

Gallu'e pelea: (Gallo de pelea) Gallo de lidia. También 'gallo de calidad' (ver 'Detusai')

Gallo tapao: Persona que hace manipulaciones para su beneficio, con frecuencia ilegales, en la economía y la política, sin que su nombre salga a relucir. 'Venturita ej'un gallo tapao'.

Gambao: (Talvez del castizo, procedente del italiano 'gamba': parte del animal entre el pie y la rodilla) Que tiene las piernas más separadas a nivel de las rodillas. 'Esi'hombre'e gambao'.

Gancho: Gancho de ropa. (ver 'Cayu'en'ei gancho')

Ganchoso (eso ta): (Eso ta ganchoso) Algo que no está claro, o puede dar mal resultado.

Gandío: (C: gandido= hambriento. Necesitado) Comilón. Que come con exageración, con rapidez, y no le deja comida a los demás. 'Esi'ombre si'e gandío, no le va deja'na a nadie. (ver 'Desanadarao')

Ganga: (Ganga) Se dice algo que se está vendiendo mucho más barato que su precio regular. '¡Juansito, en la tienda de Wadí Acra tienen una ganga de tela de fuietiazui!' Grupo de jóvenes que rondan por las calles de las ciudades, y que pelean por cuestiones de drogas.

Gangorra: Cuerda sólidamente tejida de una fibra muy fuerte, que no se deshilacha. (ver 'Cabuya')

Gangoso: Que habla con un tono nasal, talvez debido a un defecto físico en las fosas nasales. (ver 'Ñato')

Garata: Castizo por 'riña' o 'pelea', pero ya nos parece de origen Cibaeño, talvez por su frecuente uso denominando una riña a voces e insultos, casi siempre en una fiesta, pero donde no hay muertos.

Garoíta: Cosa pequeña. Algo insignificante o fácil de hacer.

Garrapatoso: Persona sucia, y además molestosa.

Garrapela: (C: Carraspera= iiritación de la garganta que obliga a toser) Irritación de la garganta con tos frecuente.

Gasá: (Gaza) Nudo con lazo, como se amarran los cordones de zapatos.

'Amárralo con una gasá'.

Gatai póivor'en gaisa: (Gastar pólvora en garzas) Hacer uso de energías y el valor del tiempo haciendo cosas sin importancia o innecesarias. Simboliza el gasto de cazar garzas que tienen muy poca carne.

Gatiai: (C: gatear: trepar como los gatos. Subir por un tronco valiéndose de los brazos y piernas) Subir por un tronco valiéndose de los brazos y piernas. Se dice de los niños antes de empezar a caminar, cuando se mueven de un lado a otro con el uso de las manos y las rodillas.

Gato: Felino doméstico. Ladrón. Que roba con frecuencia, especialmente cosas de poco valor. Los gatos se trepan a cualquier lugar descubierto para comerse (robarse) la comida guardada. 'Ese Ramonsito ej'un gato'. A veces para más énfasis: 'Ese e'jun gato baisino'. 'Ma ladrón qui'un gato.' (ver 'Baisino')

Gaviaise: (Talvez de 'gavia': vela del mastelero mayor) Treparse a un lugar, principalmente a un árbol, palmera, cocotero, etc. 'Juancito gavéate a esa mate'coco y túmbame aiguno, pero de lo nuevo'. Menos frecuente: tener relaciones sexuales. 'Yo creo qu'ei se le gavió ya'.

Gavillero: (C: el que hace las gavillas durante la siega) Revolucionario antiguo en los campos dominicanos.

Gente di'orilla: Gente de bajos modales y poca educación. (ver 'Baratoso')

Gina: Fruto y árbol del mismo nombre. El fruto es en vaina, con semillas cubiertas por una pulpa blanca, esponjosa y dulce.

Gleba: (C: gleba= terrón; tierra; campo) Gente 'de los barrios'. Grupo de gente que causa desorden en la vía pública. (ver 'De los barrios')

Goido: Se dice de la persona gorda. Grasa de la carne de res. 'T'engañaron Juanito, poiqu'eta caine tiene mucho goido'.

Goigojo. Goigojito: (de 'gorgojo': insecto de granos y raices comestibles) Niño o adulto pequeño y delgado. ''¡Esi'ombre si e chiquito!, pareci'un goigojito'.

Goigorito, haciendo (gorgorito): (C: quiebro de la voz al cantar) Que ha comido tanto, que está eructando con sonido líquido. 'Juancito si'ha dao una jaitura tan grande que ta'haciendo goigorito'. Sonido que hace el agua en la garganta cuando se burbujea.

Goip'e barriga: (Golpe de barriga) Movimiento vertical de ondulación de la barriga cuando se 'baila pegao' o durante el coito. (ver 'Balai pegao')

Gole gole: Forma como algunos imitan el sonido del pavo cuando anda con la pava, y cuando espera que le echen de comer (el maíz de la mañana y de la tarde)

Golilla: Prominencia del cartílago tiroides en la parte anterior del cuello. Nuez de Adán.

Goma: Líquido viscoso para pegar objetos. Goma de borrar. Llantas de vehículos. Dispositivo para los muchachos cazar aves, que consiste en dos bandas de goma atadas por uno de sus extremos a una horqueta hecha de rama de árbol, y por el otro a una bolsita de cuero, donde se coloca el proyectil.

Gon jó: que va a todo dar. 'Ese tipo diba gon jó'.

Gorro: Gorra para cubrirse la cabeza. (Ver 'Aguantar el gorro' y 'Poner el gorro')

Gota: Gota de líquidos, y también de sólidos. 'A eta tinaja no le queda ni'una gota di'agua'. 'Juana me dio mucho arró y una got'e cajne'. 'Tengo que comprai jabón de lavai, solo me qued'una gota'. (ver 'Gotagota'; 'Pluma'; 'Le dio la gota'; 'Ni'una gota'; 'Gotininga'; 'Gotinininga')

Gotagota: (C: gota a gota) Gotear un líquido de un grifo. 'Dejaron ei tanque gotagota' o 'gotiando' o 'goteriando'. (ver 'Goteriando')

Goteriando: (De 'gotera'= agua de lluvia que se filtra por el techo) Se usa para designar cualquier vasija de líquidos cuya pluma se ha dejado goteando. 'Juanito, dejat'ei tanque goteriando. Ciérralo'.

Gotiai. Gotió: (C: gotear= caer en gotas) Caer un líquido gota a gota. Caerse del árbol las frutas maduras. Caerse alguien de una silla o cualquier altura. 'Juancito gotió com'una guanábana'.

Gotininga: De 'gota'; pero en tamaño descendiente después de 'Gotica', 'Gotitica', y antes de 'Gotinininga'. Puede ser de algo sólido, casi siempre comida. (ver 'Gotinininga')

Gotinininga: Cantidad de lo que sea, sólido o líquido, más pequeña que 'gotininga'.

Gracia ja'Dio: (Gracias a Dios) (ver 'Grasisadió')

¡Gracia mil!: Denota más agradecimiento que simplemente 'gracias'. (ver Nu'hay de qué)

Graciosona: (De 'graciosa') Mujer que no es bonita, pero tiene cierto atractivo, bonito cuerpo y estilo de caminar.

Grajo: (C: ave parecida al cuervo) Olor desagradable del sudor de las axilas. '¡A esi'ombre le sali'un graaajo!'. 'Ese tipo me dejó atuidío con ese grajo'. (ver 'Atuidío' y 'Aimao')

Grandetero: (Gran estero) Área lagunosa del río Yuna, desde mucho antes de su desembocadura en la Bahía de Samaná. Para el que no conocía este lugar, representaba un sitio legendario, talvez debido a su nombre altisonante.

Graniao: (graneado) Designa el arroz cocinado que queda suelto en vez de pastoso.

Grano, lo: (los granos) (C: granos de vegetales) Cuando se habla de vegetales se dice 'los granos de' arroz, frijoles, etc. 'Lo grano' al final de frase son los testículos del hombre: 'Le dieron poi lo grano'. "Tengo lo grano jinchao'. (ver 'Cojone'.

Grano a grano se llena la gallin'ei buche: Indica que no hay que comenzar en grande para triunfar en la vida. Es más fácil poco a poco. Es decir, con un paso delante del otro se llega a la meta'. Economizando dinero, aunque sea de a poco, se hace rico.

Grasisadió. Grasijadió. Grasiajadió: (Gracias a Dios) 'Grasisadió que Pedro si'alebrecao de su enfeimedá'. Con frecuencia se repite el nombre de Dios: '¡Graciajadió Dio mío que tu'eto pase!' (ver 'Alebrecao'; 'Tu'eto')

Graudai: Graduar. 'Don Luí, ¿uté no va graudai ei peso pa lo sacu'e cacao?' (ver 'Peso')

Grayumbo: ('Yagrumo' en otros países del Caribe) Árbol alto que crece mayormente a la orilla de los ríos, cuyas hojas son grandes y blancas por debajo y se voltean cuando hay brisa moderada que precede lluvia o tormenta.

Greca: Aparato metálico de tres compartimientos para hacer café. 'Ponte la greca pa'que mi'haga'un cafecito.' (ver'Ponte')

Gringo: Norteamericano. Persona alta y rubia.

Grullone: Apellido 'Grullón'. 'Lo Grullone tan vendiendo la finca de Montenegro.'

Grumo. Grumoso: (C: partículas sólidas suspendidas en líquidos. Coágulos en la leche) Lomas cubiertas de vegetación, más aún cuando está lloviznando. 'Ei tiempo ta grumoso pa'la loma'.

Guabá: Especie de alacrán grande. 'No te deje picai dei guabá qu'e venenoso.' (ver 'Abaju'e la cama t'ei guabá')

Guachimán o **Uachimán:** (Del inglés: watchman= vigilante) Vigilante.

Guachipa: Comezón de la piel con irritación y granitos, que no se alivia por varios días. 'Haci'una semana que teng'una güachipa que no me deja doimí de noche'. (ver 'Doimí'; 'Raquiña')

Guachupita: Barrio pobre o de prostitutas en algunos pueblos.

Guagua: (C: cosa sin importancia) Autobús. '¿A qué hora tu coge la guagua pa'i'meicado? (ver 'Pa'i')

Guagüero: El chófer de Guagua.

Guaida pan pa'mayo y harina p'abri, qui'a to pijotero le guta pedí: Se le dice a quien nunca da de lo suyo, pero se mantiene pidiendo. (ver 'pijotero')

Guaidia: Miembro de las fuerzas armadas, principalmente cuando andan patrullando, haciendo las veces de policías. 'Econd'ese puñai qui'ahí viene la guaidia.'

Guaigüero: (C: gargüero= parte superior de la tráquea) Garganta, principalmente la laringe y la tráquea. '¿Utedi'oyen qué guaigüero tien'esi'hombre!'. (ver 'Gaigüero'; 'Se le va a romp'ei guaigüero')

Gualeba: (Gualevas) Pies grandes. 'Mira qué gualeba tien'esi'hombre.'

Guallai: (C: rallar) Desmenuzar una cosa con el rallador. 'Juana, guáyam'esa yuca pronto'.

Guallai la yuca: (Rayar la yuca) Trabajar fuerte y mucho para ganarse la vida. 'A Juanito que se deje de tai pidiendo y se ponga a guallai la yuca.' (ver 'Tai'; 'Guallai'; 'Yuca')

Guallao: Hielo raspado del bloque, en un vasito de papel con sirope (ver 'Frío-frío' y 'Mabí')

Guallaso: Raspón accidental de la piel. 'Trompesé allí y me di'un guallaso en'ete braso. (ver 'Trompesai')

Guallo: (C: Rallador) Hoja de metal (Zinc) con múltiples agujeros hechos con un clavo, que del lado cortante sirve para rallar o desmenuzar alimentos sólidos .

Guama: Árbol alto que produce fruta en vainas con semillas cubiertas de pulpa blanca y dulce. El árbol se usa para darle sombra a los cafetales. Moneda de un peso, o dólar. 'Yo pagué trenta guama por'ese poloché.' (ver 'Poloché')

Guamaso: (Debe ser `Guamazo') Golpe dado con cualquier objeto en el área de la nuca con un palo de la Guama. (ver 'Guama)

Guamiai: Trabajar mucho para ganarse la vida. 'Yo tengo que guamiai mucho pa'tai dando mi cuaitu'así.' (ver 'Pa'tai'; 'Cuaito')

Guanábana: Árbol alto, cuya fruta es bastante grande y elongada, de unas 8-10 pulgadas de largo y 4-6 pulgadas de diámetro; muchas se maduran en el árbol y debido a su peso, cuando caen se revientan parcialmente. (ver 'Cayó com'una guanábana')

Guanajo: (En otros países hispanoamricanos: especie de pavo) Persona haragana. 'Ese Pedro e j'un guanajo.' (ver 'E j'un')

Guanguá: Maldición o brujería que se le hace o 'se le echa' a alguien. 'Yo creo quel'haitiano l'ech'un guanguá a Masú, poique esi'hombri'anda que no sive pa ná.'

Guanimo: Masa cocinada de plátano envuelta en la cubierta de la mazorca de maiz.

Guantazo: Golpe dado con cualquier cosa. 'A Pedro le diron tre guantazo anoche en la fieta. Trago grande de ron. 'Anoche me pegué vario guantazo en la fieta y doimí redondo.' (ver 'Doimí redondo')

Guapo: (C: guapo: persona bien parecida) Bravucón. Que no le tiene miedo a nada ni a nadie. '¡Ese si'e'jun'ombre guapo!'.

Guaraguao: Gavilán.

Guarre guarre: (De 'guarrear'= gritar los niños) Regularmente se usa repetido dos veces. 'Y qué tedr'ese niño, que ya tiene casi'una hora guarre guarre'.

Guasábara: Arbusto espinoso que crece principalmente en las sabanas.

Guata: Algodón engomado para almohadillar colchones, guantes y trochas de béisbol, etc. (ver 'Dai guata' y 'Trocha')

Guatacaso y **Guacataso:** (Talvez del folclor cubano: guataca= azada corta) Golpe fuerte que se le propina a algo o alguien con un objeto pesado. (En cuba con la guataca)

Guayai o **Guallai:** Rallar yuca, coco, maíz u otra cosa en el rallador.

Guayai la yuca: (Guallar la yuca) Trabajar mucho ganando poco. 'Juansito se fue pa Santiago dique pa tai mejoi, y oí decí que t'allá guallando la yuca'. (ver 'Tai'; 'T'allá'; 'Yuca')

Güebero: (C: huevero= el que trata en huevos. Utensilio) Se le aplica al perro que come huevos de los nidos de las gallinas. Como escarmiento y lección se pone un huevo caliente en la boca. Algunos, quizá la mayoría no aprenden. (ver 'Perro guebero, aunque le quemen la boca'.

Güebo: Uno o más huevos de aves. 'Juansito vi'a vei cuánto güevo ha pueto la gallina gira'. Nombre que se da al pene. (ver 'En'ei guebu'el oído')

Güebón: (huevón) Persona simple. Bobo. (ver 'Güebú')

Güebú: (huevudo) Persona que tiene el pene grande. Persona simple. Bobo. (Ambas definiciones dependen del contexto de la conversación) (ver 'Güebón')

Güebu'el oído: (huevo del oído) (ver 'En'ei güebu'el oído')

Güebu'e toro: (huevo de toro) Látigo hecho del órgano sexual del toro para pegarle y estimular los animales de trabajo. (ver 'chucho' y 'fuete')

Güeco: (castizo: hueco) Hueco por dentro. (ver 'Agüecao')

Güéifano: (castizo: huérfano) 'La probe Juanita, se quedó güéifana.' (ver 'Probe')

Güela. Mamagüela: Abuela. (ver 'Güelo' y 'Mamá')

Güele: Huele. 'Juanito, tu güeli'a pichón, veti'a bañai.' (ver 'Pichón'; 'Un güele')

Güeli'a pichón: (Huele a pichón) Olor que despiden los niños y adolescentes cuando están sudados, o les hace falta un buen baño. (ver 'Pichón')

Guelo: Apodo derivado del nombre Miguel.

Güelo. Papagüelo: Abuelo (ver 'Güelo' y 'Papá')

Güenmoso: Buenmozo. Usado más en el 'campo adentro'. (ver 'Campo adentro').

Güempán: Árbol que da la castaña.

Güépere: (Huésped) Especie de mariposa, que cuando entra a la casa, aún sea por unos segundos, se dice que anuncia visita pronto. 'Mir'ese güépere, vamu'a tenei visita'.

Güero: (C: huero= vacío, vano) Huevo con el cascarón intacto, pero que se nota que está pasado o dañado. 'Ese huevo ta güero, bótalo'.

Güesamenta: (C:osamenta) Esqueleto o huesos esparcidos de humanos o animales. ¿Utede si'acueidan del'hombre ese que mataron haci'un año? Ayei encontraron la guesamenta ceiquei río.' (ver 'Ceiqu'ei')

Güesitu'e la contentura: (Huesito de la contentura) Coxis, que es el hueso que forma el extremo inferior de la columna vertebral. A algunos les cosquillea cuando se toca ligeramente. El dicho mayormente se aplica cuando se cae sentado en algo duro y duele.

Güeso: (Hueso)

Guigusia: Mujer simple, insignificante, y hasta fea.

Güimba. Güimbo: Uso de una media de un color y otra de otro. 'Juanita, tu'anda güimba'.

Guindalesa: (C: guindaleza= cabo o soga gruesa en los barcos) Cualquier hilacha o cinta que cuelga de un vestido de mujer o de hombre.

(ver 'coigalesa'). Se aplica también a los órganos genitales de un hombre desnudo. 'Mira la guindalesa desi'hombre'.

Guinea: (gallina de Guinea) Ave *galliforme* originaria de Guinea (África). En El Cibao existen dos clases o especies: una doméstica de plumaje gris azuloso y pintas blancas, y otra silvestre, de plumaje negro azuloso y pintas blancas. (ver 'Guine'aisá')

Guine'aisá: (Guinea alzada [silvestre]) Guinea silvestre. También se dice del hombre delgado, alto, de ágil caminar, y que aparenta siempre alerta, mirando hacia los lados. 'Esi'hombre pareci'una guine'aisá.' 'Ese tipo corre ma qui'una guine'aisá.'

Guineo: (C: ciudadano de Guinea; plátano guineo) Variedad de plátano (musa sativa) que se come hervido cuando verde y, con más frecuencia crudo cuando maduro, que es dulce. 'Eso guineo taban tan duice que me comí tre di'un goipe'. (ver 'Taban' y 'Di'un goipe')

Guineo con piña mata. Guineo con piña envenena: (Guineo con piña mata) La frase completa sería 'Comei guineo con piña mata'. Muchos campesinos no comen estas dos frutas juntas, a veces ni el mismo día, aún separadas por varias horas.

Güira: Instrumento musical hecho de una calabaza o güiro. Casi indispensable para el merengue. (ver 'Güiro' y 'Merengue')

Güiro: Fruto del calabazo o calabaza, redondo y alargado; más bien ya vacío y pulido por fuera para ser usado como vasija, que se le llama 'morro'. (ver 'Calabaso' y 'Morro')

Gurupela: Aberración del vocablo castizo grupera. Cinta o correa de cuero acolchada que va debajo del rabo de la caballería, con los dos extremos atados a la silla o aparejo, para mantenerlos en su lugar, (ver 'Cincha')

Guta: (Gusta) 'A Juansito le guta ecribí'. (ver 'Ecribí')

Gutaile lo mango bajito: (Gustarle los mangos bajitos) (ver 'Mango'; 'Le gutan lo mango bajito')

Gutaili'un can: (Gustarle un can) Se dice de la persona que le gusta crear o envolverse en discusiones aborotadas, si bien amistosas. Que anda de fiesta en fiesta. (ver 'Can')

Gutico: (C: gustito) 'Yo quiero daim'ese gutico de di a Nueva Yoi un día'. (ver 'Di')

Gutierre: Apellido 'Gutierrez'. También de 'gusto': sensación agradable. (ver 'Guto')

Guto: (C: Gusto= placer o deleite que se recibe de cualquier cosa) Placer o deleite que se recibe de cualquier cosa.

Guto cubano: (Gusto cubano) Erupción de la piel con persistente comezón.

H: (Letra H, h, hache) Hache. 'Ecríbeme la letra 'hache'.

Hábana de batata o **ábana de batata:** Se le llama así al tallo rastrero de la planta de la batata con sus hojas. 'Juanito, llévale las'hában'e batata a lo pueico.' (ver 'Batata'; 'Ábana')

Habiá: (C: Había) Había. 'Et'ej'ei mijmo reló que se mi'habiá peidío'. (ver 'Mimo')

Habíano: (Habíamos) 'Tábano bañándono en'ei río y no nu'habíano pueto la ropa cuandu'empesaron lo trueno'. (ver 'Tábano')

Habería: (Habría) 'Yo no habería de bei hecho eso.' (ver 'Bei')

Hablai caballá: (Hablar caballadas) Persona que insiste en hablar de lo que no viene al caso, y casi siempre disparates. (ver 'Hablai poi boqu'y narí')

Hablai comu'ei que cagu'y no lo siente: (Hablar como el que se caga y no lo siente) Persona que habla mucho sin saber de lo que está hablando, de acuerdo al oyente. 'Esi'ombre habla comu'ei que cagu'y no lo siente' (ver 'diarrea de lengua').

Hablai culu'e yegua: (Hablar culos de yegua) Se dice de alguien que habla disparates. 'Ahí ta Pedro, hablando culu'e yegua como siempre.' (ver 'Hablai caballá')

Hablai duro: Hablar en voz alta. '¡Juansito nu'hable tan duro qui'aquí no hay soido'.

Hablai entre lo diente: (Hablar entre los dientes) Hablar en murmullo, que no se entiende completamente. Talvez cuando se está inseguro de lo que se quiere decir. "Juansito, nu'hable entre lo diente que no t'entiendo'.

Hablai poi boqu'y narí: (Hablar por boca y nariz) Se dice de alguien que habla por largo tiempo sin descanso. '¡Oigan, peru'ese tipo habla poi boqu'y narí!'

Hablai sabroso. Hablaisito sabroso: (Hablar sabroso. Hablarsito sabroso) Hablar de un tono ligeramente agudo, a veces con sonido de la lengua tocando el paladar (casquido). Similitud con el malsonante ruido que se hace cuando se saborea un alimento gustoso.

Hablan con la i: (Hablan con la i) Lo dicen los habitantes de otras regiones del país refiriéndose a la manera de hablar de la gente de El

Cibao. 'Lo dei Cibao hablan con la i'.

Hablando como lo loco: (Hablando como los locos) Se dice cuando entre amigos se quiere cambiar de conversación a otra totalmente diferente. Esta frase hace las veces de permiso pedido, concedido y usado, pues inmediatamente se procede al nuevo tema de conversación.

Hablando de to como lo loco: (Hablando de todo como los locos) Ver 'Hablando como lo loco'.

Hablando sin sabei: (Hablando sin saber) Se dice de alguien que está opinando sin tener conocimiento de la situación o del tema que se ventila. 'E que Pedro t'hablando sin sabei'.

Hacei como Bla o Hisite como Bla: (Hacer como Blas o Hiciste como Blas) Se le dice a alguien que está de visita y tan pronto come se marcha. 'Tu hisite como Bla, ya comite ya te vá'. (ver 'Hisite'; 'Bla'; 'Comite'; 'Moquito picó voló')

Hacei de tripa corazón: (Hacer de tripas corazón) Conseguir algo muy difícil, trabajando mucho y duro. Levantar algo muy pesado haciendo un esfuerzo extraordinario. 'Juansito ta'hasiendo de tripa corasón pa levant'ese negosio'.

Hacei ei fo: Rechazar una oferta de alguien conocido o amigo. No ir a la casa de un amigo siendo invitado a una reunión. 'Juansito l'hisu'ei fo a Pedro.' (ver 'Fo')

Hacei equina: (Hacer esquina) Andar y pararse con frecuencia en la esquina más cerca de la casa de la enamorada, tratando de verla o hablar con ella sin que los padres se dieran cuenta. Al gunas veces se le daba vueltas nerviosamente a una cadena con llavero en el dedo índice, casi continuamente.

Hacei eso na: (Hacer eso nada) Que definitivamente no lo va a hacer. 'Yo novu'hacei eso na'.

Haceile la cru de cenisa: (Hacerle la cruz de ceniza) En los campos hacen cruces de ceniza en el suelo, cerca de la entrada a la casa, para evitar que enfermedades, personas indeseadas y ventarrones se presenten a su hogar.

Hacei lico: (hacer lico) Entre niños, con cara de satisfacción darle envidia a otro que no tiene lo que él tiene, casi siempre algo de comer que le gusta a cualquiera: 'lico..lico..lico'; se dice de corrido.

Hacei poi la vida: (Hacer por la vida) Comer. Al que está comiendo se le dice '¡T'haciendo poi la vida, eh!'

Haceise de la vita goida: (Hacerse de la vista gorda) Se dice de alguien que finge que no se ha dado cuenta de lo que está ocurriendo, o se está hablando, quizá porque no le conviene.

Haceis'ei chivo loco: (ver 'Haceis'ei loco')

Haceis'ei loco. Se hisu'ei loco. S'hisu'ei loco: ('Hacerse el loco'. 'Se hizo el loco') Persona que finge que no entiende algo, cuando no le conviene. Actuar como que no entiende lo que le están diciendo, si sabe que es algo que tiene consecuencias desagradables para él.

Haceise la paja: Masturbarse.

Hacei su diligencia: (Hacer su diligencia) Se dice de alguien que fue al sanitario. Se refiere mayormente a defecar. 'P: ¿Pedro ya camina y se asea sin'ayuda? R: '¡Oh siii! Ei jata hace su diligencia solito.' (ver '¡Síii!'; 'Jata')

Hacei toitilla: (Hacer tortilla) Sexo entre mujeres.

Hace juego con ...: Se dice de algo, casi siempre prendas de vestir, que combinan de moda y de color. 'Esa blusa hace juego con la faida y lo sapato'. (ver 'Sapato')

Hace mile di'año: (Hace miles de años) Típica exageración de cualquier período de tiempo, así sea solo un mes. 'Hace mile di'año que yo no veo a Julio'. (ver 'Hace siglo').

Hace siglo: (Hace siglos) Una de nuestras típicas exageraciones. Puede que haya pasado un mes, seis, un año o dos, que no se come algo especial que han servido en una cena de invitados: 'Ay, mira, jalao, hace siglo que yo no comía jalao.' 'Hace siglo que yo no comía chambre.' (ver 'Chambre')

Haciendo cerebro: Pensar intensamente en algo se desea. Casi siempre se dice del hombre que está mirando con insistencia una mujer bonita.

Haciendo poi la vida: (Haciendo por la vida) Metáfora por estar comiendo. P: ¿Cómo ta tu Mingo?' R (mientras se lleva una cucharada de comida a la boca): 'Aquí, haciendo poi la vida'.

Haciéndose. Jaciéndose: (ver 'Haciéndos'ei pendejo')

Haciéndos'ei pendejo. Jaciéndos'ei pendejo: (Haciéndose el pendejo, o el bobo) Se dice de alguien que aparenta no entender lo que se está hablando acerca de su responsabilidad, o de lo que debió haber hecho.

Hadré: (Haré, del verbo 'hacer') 'Yo no se como mi'hadré yo sin encontrai manque sea un trabajito por'ai.' (ver 'Manque sea'; 'Por'ai')

Haiga: (Haya, del verbo 'haber) P: ¿Onde tan mi llave?' R: 'E posible que yo l'haiga pueto en la canatica de lo reguero'. (ver 'Onde'; 'Tan'; 'E')

Halo: (Hazlo) 'Halo como tu quiera, y depué yo lo veo'.

Halo do jo'tre vece: (Hazlo dos o tres veces) Es decir lo puede hacer más de un pero no más de tres. 'varias' veces, pero no muchas. (ver 'Halo'; 'Do'; 'Tre'

Hame: (C: hazme) Hazme. 'Juanita, hame un cafesito poi favoi'.

¡Ham'ei favoi!: (¡Hazme el favor!) Se le dice a alguien que ha dicho algo que no es verdad, o pedido algo imposible de conceder. 'P: Prétame mi peso que me vu'a casai. R: ¡Ham'ei favoi!' (ver 'Mi'; 'Vu'a')

Hano: (Hemos) 'Poi fin, hano llegao. ¡Eso queda lejos!' 'Hano comío bueno y mucho'. Usado en el campo adentro.

Hasta la tambora o **Jata la tambora: (**Tambora= tambor) Estar hastiado de algo: de escuchar la misma noticia por mucho tiempo, o de comer más de lo necesario. 'Yu'he comío tanto sancocho que toy hasta la tambora.' '... jata la tambora' en el campo adentro.

Hay amore que matan: Cuando alguien quiere a otra persona tanto que la cela en extremo, y pelea con ella. 'Juansito cela tanto a su mujer que no la deja salí sola de la casa'.

Hay que sabei nadai y guaidai la ropa: (Hay que saber nadar y guardar la ropa) Si se tira al río a nadar, guarde su ropa en lugar seguro para que la encuentre. Se refiere a que hay que estar atento a todo lo que nos puede ocurrir en la vida. Proteger su propiedad en caso que lo engañen. Estar preparado para la defensa en caso que sea uno el engañador.

Hay blanco feo, pero le dan trabajo: Insinuando que las personas de raza blanca casi siempre son bien parecidas. (ver 'Ese nam'e blanco y le luce' y 'Sei blanco e'juna profesión')

¡Hay gente!: Lo dice el que está en el baño cuando tocan a la puerta.

Hay guto que merecen palo: Se refiere a alguien que se dedica por su gusto a hacer cosas muy difíciles, peligrosas, y que toman mucho tiempo, y que realmente no benefician a nadie, como por ejemplo escalar montañas, etc.

Hay ma día'que longaniza: (Hay más días que longaniza) Lo dice el que ha sido engañado y promete vengarse algún día. Indica que no importa cuan largo el tiempo (como la longaniza), un día se venga.

¡Hay que bucaile la vueita! (¡Hay que buscarle la vuelta!) Se dice cuando hay que resolver un problema muy serio, o un negocio que no progresa como se esperaba.

Hay qui'oí la do campana: (Hay que oír las dos campanas) Cuando se escuchan las quejas de una persona acerca de otra se debe escuchar las quejas de la otra. Indica que no se debe llegar a una decisión definitiva hasta no hacer un estudio completo del asunto.

Hay que poneilu'en su pueto. V'habei que poneilu'en su pueto: (Hay que ponerlo en su puesto. Va haber que ponerlo en su puesto) Se dice de la persona a quien nadie le ha dicho que es grosera, mal educada y falta de respeto, y que hay que explicarle su actitud, para que aprenda a comportarse. 'A Pedro hay que poneilu'en su pueto'. 'A Pedro v'habei que poneilu'en su pueto'. (ver 'V'habei')

¡Hay que quitais'ei sombrero!: (¡Hay que quitarse el sombrero!) Se dice cuando se habla de algo muy bueno, comida, etc., o una persona que es superior en su contacto con otros. 'Ete mangú ta que hay que quitais'ei sombrero'. (ver 'Mangú')

Hay que sabei nadai y guaidai la ropa: (Hay que saber nadar y guardar la ropa) El que hace negocios debe estar preparado para no perderlo todo si acaso fracasa. Se aplica también a cualquier arreglo personal en la vida diaria.

¡Hay que tenei cojone!: (Hay que tener cojones) Se dice de alguien que hace cosas que otros no se atreverían hacer, sea porque son difíciles, muy complicadas o moralmente no aceptadas.

¡Hay que teneilo bien pueto!: (¡Hay que tenerlos bien puestos!) (ver '¡Hay que tenei cojone!')

Hechiso. Hechisai: (Hechizo. Hechizar) (C: hechizo = artificioso o fingido) Hierro con las letras iniciales o marca del dueño de un ganado, con el que se marcan los animales.

Hecho leña: Se dice cuando se está muy cansado por haber trabajado fuerte por mucho tiempo.

Hecho trapo, recomendao pa'remiendo: (Hecho trapos y recomendado para remiendo) Con frecuencia lo dice alguien que no se siente bien, de salud o económicamente, cuando lo saludan y le preguntan '¿Cómo ta tu?'

Hijo: (Hijo. Hijos) Hijos de humanos y otros animales. También se les llama 'hijos' a los repollos que nacen alrededor y en el tronco de los árboles y otra vegetación.

Hijo dei mundo: (Hijo del mundo) Hijo natural. Se dice aunque se le conozca el padre. 'Juanita solo tuv'un'hijo dei mundo.'

Hijo potiso: (Hijo postizo) Se dice del hijo que ya tiene la mujer o el hombre cuando se juntan. Ese niño es 'hijo postizo' del que no es su padre o madre. (ver 'Junto'; 'Se juntaron')

Hiju'e la caiseta: (Hijo de la calceta. Calceta=media de pies y pierna) Manera suave de llamar a alguien 'Hiju'e puta'. (ver 'Hiju'e puta')

Hiju'e la calle: (Hijo de la calle) Que ha nacido sin los padres estar casados o vivir 'juntos'. 'Ese muchachu'e Jovina e hiju'e la calle, poiqu'ella no tiene marío'. (ver 'Junto', 'Marío', 'Hijo potiso'; 'Hijo dei mundo')

Hiju'e puta: (Hijo de puta) Extraño que este insulto cae más en la madre que en el insultado. Su madre puede ser que sea conocida como la mujer más honorable del lugar. Casi siempre el insultado no está presente. 'Ese tipo nu'e ma qui'un hiju'e puta'.

Hinchao. Jinchao: Hinchado.

Hisite: Hiciste.

¡Hisiti'una cagá! o **¡Hisite la cagá!**: (¡Hiciste una cagada! o ¡Hiciste la cagada') Se le dice al alguien que ha hecho algo muy mal, talvez con desagradables consecuencias; sobre todo cuando insistió que quería hacerlo porque sabía cómo.

Hitoria trite: (Historia triste) Se dice de la excusa que se da para quedar bien frente a quien se es responsable, pero que no es creíble.

Hoima: (Horma) Molde de madera para zapatos. (ver 'Encontró la hoima de su zapato')

Hombre de pelu'en pecho: (Hombre de pelo en pecho) Hombre que no se arredra frente a problemas serios o situaciones peligrosas. 'Juansitu'ej'un'hombre de pelu'en pecho.'

Hombre di'alante: (Hombre de adelante) Hombre progresista, que le va bien en los negocios. 'Juansito ej'un'hombre di'alante'. (ver 'Mujei di'alante' y 'Joven di'alante')

Hombre di'orilla: (hombre de orilla) Persona maleducada y malcriada, que no sabe comportarse y tiende a hablar con groserías donde no debe.

Hondo. Jondo: Hoyo o charco de agua profundo. Río desbordado se dice: 'Ei río va jondo' o 'Ei río va hondo'.

Hoy no fío mañana si: (Hoy no fío mañana si) Aviso (letrero) presente todos los días en las pulperías de los campos y pueblos. Es decir, nunca se fiaba, pero se decía que algunos clientes regresaban al día siguiente para el fiado.

Jujú: 'Ju' dos veces seguidas, con un sonido gutural que suena como un quejido corto. Significa 'No' sin tener que pronunciar la palabra. Otra descripción sería: un sonido creado con la garganta y la boca cerrada, y ocasionalmente acompañado de un movimiento negativo de la cabeza.

Huevo de Yautía: Yautía es una raíz comestible muy apreciada, en forma de gota de agua, ovalada y abultada en un extremo y aguda en el otro. La parte ovalada le merece el apelativo de huevo.

Huevu'y la piedra: (ver 'Como ei pleito dei huevu'y la piedra')

Humadera: (Humareda) 'Parece qui'hay un fuego en la loma, ¡Miren tu'esa humadera!' (ver 'Tu'esa')

I: (Letra I, i) I, i. 'Ecríbeme la letra i'.

I: Infinitivo del verbo 'ir'. En los pueblos: '¿Tu va'i a la fiet'eta noche?' También se dice 'di' en los campos. (ver 'Di')

¡Igualito! Se refiere al parecido entre dos (ocasionalmente más de dos) objetos o personas (familiares o no). '¡Pero tu'y José tienen que sei heimano, poique utede son igualito!'

¡Igualiiito!: El mismo significado de 'Igualito', pero con más énfasis porque el parecido entre dos personas impresiona al hablante como muy notorio. Casi siempre se refiere a personas, y cuando no están presentes. 'José y Juansito son igualiiito'.

Ime: (Irme) 'Yo no veo ei día de ime di'aquí'. (ver 'Dime')

Imponeise: (Imponerse) (C: imponerse= poner carga. Infundir respeto o miedo) Acostumbrarse. (ver '¡No t'imponga!'; '¡Te vua dejai pero no t'imponga!')

Imposible: Irrealizable. Lisiado. 'Dipué d'ese goipe que le dieron Juansitu'ha quedao imposible.'

Impueto: (C: impuesto= tributo; carga) Costumbre. Acostumbrado. 'Juansito t'impueto a bañaise de taide en'ei río.'

Incensio: (Incienso) 'A mi me guta di'al'iglesia pue'l'oloi a incensio. (ver 'Pue'l'oloi')

Incoidio: Incordio= tumor del área genital, prolongado y doloroso. Corrientemente se le aplica a la persona con frecuencia molestosa en reuniones sociales. 'Pedro si'ha conveitío en'un incoidio.'

Indiesito: (Indiecito) Se dice de la persona de piel de color moreno claro. También se dice 'Medio indiesito' (ver)

Indino. Endino: (C: indigno) Persona de mal trato; que engaña hasta a su propia familia.

Indio: Persona de color medianamente oscuro, pero de facciones finas. No se considera negro. (Ver 'Indio ocuro', 'Indio claro', 'Indiesito'; 'Ocurito', 'Quemaíto', 'Anegriao')

Indio claro: Persona de piel ligeramente oscura, más claro que 'indio'.

Indio ocuro: Persona de color un poco más oscuro que 'indio'. (ver 'Ocurito', 'Quemaíto', 'Morenaso'; 'Anegriao') (Nota: Solo el nativo dominicano es capaz de distinguir con cierta aproximación la diferencia entre los colores de piel definidos arriba)

Infajnate: Persona descarada. Que no obedece a las reglas sociales. El vocablo castizo más cercano que he encontrado es 'infamante'= que infama.

Infelí: (Infeliz) Persona pobre. Alguien a quien pocas cosas le salen bien en la vida. Persona apocada y extremadamente bondadosa. "Déjenlo quieto, qu'ese tipo ej'un infelí.'

Infí. Infil: (Inglés= infield) El área en el juego de béisbol donde se encuentran el jome, primera, segunda y tercera bases, que también se le designa 'cuadro' y 'campo corto'. (ver 'Aufí')

Ingüente: (Ungüento) 'Juanita pásam'es'ingüente que t'ahí en'esa mesa.'

Inin: (Del inglés 'inning' en el juego de cricket, y en América, de béisbol= entrada o turno que le corresponde a cada equipo, y que dura hasta que le toman tres 'outs'. (ver 'Ao')

Injeita: (Injerta) Injerta es cualquiera de nuestras frutas de una especie cuyo fruto es más grande que al que estamos acostumbrado, aunque el árbol luzca similar. Así conocemos 'guayaba injeita', 'guama injeita', etc. También se le llama 'Guayaba etranjera', 'guama etranjera', etc.

Inorán: (Ignoraron) '¡Ello se pusieron hablai solo y m'inorán, como si yo fuera na!' (ver '¡Como si yo fuera na!')

Insuito: (Insultos) Insultos y comunes sobrenombres irreverentes: Barrigón; Bembú; Boisú;

Boqu'e sago; Buchú; Car'e naiga; Caipirrio; Come légamo; Jaitu'e jobo; Jediondo; Lagañoso; Mocoso; Naiga puyúa; Naigu'e maco; Naigú; Narisú; Oju'e pavo cagón; Pategaisa.

Insúito: (C: insulto= ofender a alguien con palabras o acciones) Ofender a alguien con palabras o acciones. "Ese tipo lu'insuitó alante la gente.' (ver 'Alante')

Interesao: Se dice del que hace diligencias solo por paga. Que no hace un favor a nadie si no le pagan. 'Juansitu'e j'un interesao. Ese no li'haci'un favoi a nadie si no le pagan, lo que le quit'ei sei un favoi'.

Intrusiai: (Del castizo 'intruso'= que se introduce sin derecho) Adulto o muchacho que se introduce en conversaciones sin pedir permiso. Persona que cuando está de visita acostumbra a averiguar dónde y cómo están las cosas en casas ajenas. (ver 'Pone mano')

Intruso: (C: intruso= que se ha introducido sin derecho) Se refiere a alguien, adulto o joven, que se une a un grupo o conversaión sin haber sido invitado. Con frecuencia se refiere más a los jóvenes y 'muchachos'. '¡Mira muchacho no siá tan intruso!' (ver 'Siá')

Invitai a un no se qué: (Invitar a un no se qué) Lo dice alguien que ha sido invitado a un evento que no entiende bien acerca de lo que se trata.

'Juansito m'invitó a un no se qué en su casa.'

Iquieido. **Iquieida**: (Izquierdo. Izquierda) Zurdo. Zurda. 'Tu ti'ha fijao que Juanito e j'iquieido'.

Ise: (Íes) Plural del nombre de la letra 'i'. 'A mi me gut'hablai claro y ponei lo punto sobre la ise'.

Iso. Isa: Herida o llaga de la piel que tarda en cicatrizar. 'Teng'una llaguita en'ete deo que ta isa. (ver 'Rámpano')

J: (Letra J, j, jota) Jota, jota 'Ecríbeme la letra jota'.

Jaba: (C: haba) Haba: grano comestible parecido al frijol o guisante, pero más grande y de color blanco. (ver 'Pagai la jaba')

Jabao: (C: habado) Persona negroide, pero de piel clara y pelo amarillento, pero en motas. Gallina o gallo con plumaje de pintas pequeñas y variadas, pero mayormente gris claro y gris oscuro.

Javilla: Árbol muy alto que comúnmente crece en las riberas de los ríos, y cuya corteza está cubiertas de agudas espinas. (ver 'Pueico no raqu'en javilla')

Jabladoi: (C: hablador) Mentiroso. 'No le crean. Ese Tomá no'e ma qui'un jabladoi.'

Jablanchín: (C: hablanchín= que dice lo que no debe) Que habla mucho y es mentiroso.

Jabonera: Excremento. (ver 'Sica jabonera')

Jacha: Hacha de cortar árboles gruesos y picar leña. Dientes grandes. '¡Qué jacha tiene Tomasito!' (ver 'Andana')

Jacho: (C: hacho= manojo de paja o leño resinoso, encendido para alumbrar) El mismo significado que el castizo. 'Juancito prend'ei jacho pa'que no vamo, que ta muy ocuro ya'. También el 'jacho' 'sale' de noche, siempre en el mismo lugar, representando un 'muerto.' (ver 'Mueito')

Jagalla: (C: agallas= branquias de los peces) Branquias de los peces. Codicia exagerada. Quiere más de lo que necesita. '¡Qué jagalla tiene esi'hombre!'.

Jagua: fruta del árbol del mismo nombre.

Jaibita: (ver 'Ech'una jaibita')

Jaida: (C: ladera) Declive de una loma. Cuesta que baja a un río. 'Juansito se cayó en la jaida di'un rebalón que se dio'. (ver 'Rebalón').

Jaidín: Jardín.

Jaija: Que tiene poder, o que todavía le queda mucho. 'Juansito tiene jaija'.

¡Jai'mama! o **¡Jai'mamacita!:** (¡Hay mamá!) Advertencia con consecuencias. Algo así como 'Atrévete a hacer eso'.

Jaito: (C: harto) Más que satisfecho después de haber comido. (ver 'Jaito com'una chincha)

Jaito com'una chincha: (Harto como una chinche) Hartura de comida. (ver 'Lleno com'una chincha'; 'Chincha')

Jaitu'e jobo: Alguien que con frecuencia habla boberías, haciendo creer que sabe mucho. A veces se usa la expresión 'Ese e'jun chivito jaitu'e jobo'. (ver 'Chivito jaitu'e jobo'; 'Chivito viejo' y 'Jobo')

Jaitón: (Hartón) Hambrón. Que come mucho. Siempre anda con deseos de comer.

Jaitura: (C: hartura; hartada; llenura) Cuando la hartura es excesiva, se prolonga la 'u' en 'jaitura' elevando un poco el tono de voz. '¡Tengu'na jaituuura!'.

Jalá: (del castizo 'halar'= tirar de un objeto) Se refiere aquí a 'una fumada' que pide alguien a otro que está fumando un cigarrillo. 'Dami'una jalá nomá.' (ver 'Nomá' y 'Copaso')

Jalai: (del castizo 'halar'= tirar de un objeto) Halar el 'jalao' cuando se sostiene con los dientes. (ver 'Jalao') Sacar un cuchillo de la vaina o un revólver de la canana para usarlo agresivamente. 'Pedro jaló por'ei revoive y le peg'un tiro.' En el campo adentro: 'Juan jaló pu'ei cuchillo y lo apuñalió.'

Jalai a bailai: (Halar a bailar) En una fiesta, invitar a una mujer a bailar. 'Juansito jaló a bailai a Milagro'.

Jalaise: Apostar dinero dos personas. Los amigos no se 'jalan'. (ver 'No me jalo con...')

Jalao: (del castizo 'halar'= 'tirar' de un objeto) Dulce viscoso y elástico de coco con melao. También se dice de la persona que aparenta enferma, o está convelesciente, luce pálida, deshidratada y muestra los párpados caídos, como si le hubieran tirado de la piel hacia abajo. (ver "Melao; 'Jalai')

Jalea: Dulce de batata con melao, de consistencia floja y ligeramente elástica.

Jaleíto: Malestar ligero de estómago que no impide comer ciertas cosas. Se dice mientras se pone una mano en el estomago y se ha un gesto de ligero disgusto: 'Teng'un jaleíto aquí en el'etómago dendi'ayei que no se me quita.'

Jalemengue: Variación rápida y repetida del ritmo del merengue, casi siempre tocada por el acordeón u otro instrumento solo. (ver 'Jaleo')

Jaleo: Variación del ritmo del merengue, tocado con más rapidez. (ver 'Merengue')

Jalo: (hazlo) Imperativo del verbo 'hacer'. 'Jalo otra ve'. (ver 'Ve')

Jaló. Jalóo: (localismo por el inglés 'hello'= saludo telefónico) Salutación cuando se recibe una llamada telefónica. Pasado del verbo 'halar'. '¡Pedro me jaló pu'ei brazo y casi me lo arrancó'. (ver 'Pu'ei')

Jamaquiai: (Hamaquear) Mecer a una persona acostada en una hamaca. En un pelea, agarrar con las dos manos uno al otro por la camisa y moverlo vilentamente de un lado a otro. (ver 'Tira de la camisa' ; 'Camina Jamaquiándose')

Jambroso: Que siempre anda buscando qué comer dondequiera que va. Que nunca tiene dinero para cooperar en pagos de grupos de amigos. Tacaño.

Jamona: (C: jamona= mujer que ha pasado de la juventud especialmente cuando es gruesa) Mujer que ha pasado de la juventud y no se ha casado. También se le aplica al hombre por la misma razón: jamón. 'Pedro si'ha quedao jamón.'

Japoné. Japonesa: Especie de gallo o gallina sin plumas en el cuello. 'Yo creo que la gallina japonesa t'echá, poiqui'hace día que no la veo.'

Jáquima: Soga que se usa para atar animales a un árbol o estaca, especialmente caballos, mulos y burros, mientras se alimentan de hierba.

Jaquimaso: (C: jaquimazo= golpe dado con la jáquima) Golpe dado con cualquier objeto. 'A Pedro le dieron do'jo'tre jaquimaso en la fieta dei sábado'. (ver 'Do'jo'tre')

Jaragán: Haragán. Hombre que no le gusta trabajar.

Jaragana: (Haragana) Mujer que no le gusta trabajar. Silla mecedora.

Jarana. Jaraniando: (C: jarana= diversión bulliciosa) Decir algo que parece en serio acerca de uno de los presentes, pero es por juego. 'No te ponga bravo Juansito que yo lo dije jaraniando' o '... de jarana.' (ver 'Poneise bravo')

Jariniai. Jarina. Jarinita: (Talvez de harina tirada al aire, por cambio de 'h' por 'j' y por semejanza del acto) Lloviznar. Llovizna. 'Entra muchacho, que y'empezó a jariniai.' '¡Qué jarinita tan jodona eta!'

Jarrete: (C: corva de la pierna) Parte posterior del pie: talón. 'Juansito se di'un goipe en'i jarrete y anda cojiando'. (ver 'Rajete'; 'Dejarretao'; 'Derrajetao')

Jarriai: (Arrear: estimular las bestias para que echen a andar) 'Juansito, ¡pero jarrea esa mula pa que camine!'

Jata: (C: hasta) Hasta. Se usa más en el campo adentro: 'Juansito se jué caminando jata La Loma'. En el pueblo: 'Juansito se fué caminandu'hata la loma'. (ver 'Jué')

¡Jat'ahí llegó mi amoi! ¡Hat'ahí llegó mi amoi: (¡Hasta ahí llegó mi amor!) Así se expresa alguien que ha prestado mucha ayuda a otro, y este continúa pidiéndola sin señales de ayudarse a si mismo.

Jata lo chinu'e Bonao: (Hasta los chinos de bonao) (ver 'Eso lo saben jata lo chinu'e Bonao')

Jata ma'no podei: (Hasta más no poder) Que hace las cosas exageradamente hasta que se les gastan las fuerzas. Que come exageradamente hasta sentirse mal de la hartada. 'Juansito comió jata ma'no podei'.

Jat'ei ...: (Hasta el ...) 'Le doi graci'a Dio que no me enfeimao jat'ei día di'hoy'.

Jat'ei día di'hoy: (Hasta el día de hoy) Se dice de algo desagradable que no le ha ocurrido nunca al hablante, casi siempre mientras da tres golpes en madera con los nuillos de los dedos. 'Yo no m'enfeimao jat'ei día di'hoy, a Dio gracia.'

Jato: (Hato) Finca de ganado vacuno. 'Yo mañana vu'a trabaj'en'ei jato.' (ver 'Vu'a')

Jat'onde: Hasta donde... '¿Jata onde llegu'ete camino?'

Jat'onde dicen Cirilo: (Hasta donde dicen Cirilo) Meter algo hasta lo más profundo, casi siempre referente al cuerpo humano. "A esi'hombre le metieron ese cuchillo jat'onde dicen Cirilo. (ver 'Jat'onde...') Nadie sabe adonde está anatómicamente localizada esta parte de nuestro cuerpo que es capaz de hablar y siempre está diciendo 'cirilo'.

¡Jaujau!: Como se le enseña a los niños el nombre del perro. Onomatopeya de su ladrido..

¡Jay mamá!; **¡Jay mamita!**; **¡Jay mamasita!:** (ver '¡Ay mamá!'; '¡Ay mamasita!')

¡Jay ñeñe!: (¡Hay ñeñe!) Indica que hay que prepararse para las consecuencias. Si se dice algo nocivo acerca de alguien ausente pero que puede saberlo, uno de los presentes podría decir '¡Jai ñeñe!'. (ver 'Ñeñe')

¡Jay papá!: (ver '¡Ay papá!')

Jebra: (C: hebra) Hebra. 'Pásam'esa jebra p'amarr'ete saco.'

Jecho: (Hecho) Ya es muy raro encontrar esta pronunciación del vocablo 'hecho', fuera quizás en el campo adentro. (ver 'Campu'adentro')

Jechoi: (hechor, garañón). Mulo o burro grande para cubrir yeguas, mulas o burras. 'Ese burro ta'jechoi': está en calor, listo para cubrir burras.

Jech'un...: (Hecho un...) 'Ese cáñamo ta to jech'un ñu'. Ya mayormente se dice 'Hech'un nu'(ver 'Ta to" y 'Ñu')

Jediondita. Jediondito. Jediondito viejo: (del castizo: hediondo: que despide mal olor. Molesto; enfadoso; insufrible) Persona, casi siempre joven, vanidosa, que se cree muy fina sin evidentemente serlo, y trata de aparentar más importante de lo que es. 'Esa muchacha e como medio jediondita'. Si ya es conocido por su manera de ser, se dice 'Ese'j'un jediondito viejo'. (ver 'Ese' j'un')

Jedoi: (C: hedor) Mal olor. 'Fo, por'aquí hay un jedoi malo.' (ver 'Fo')

Jediondón-na: Que no le gusta lo que le gusta o le atrae a la mayoría. Vanidoso. Que se cree mejor que los otros. (ver 'Jediondita')

Jefa: Esposa mandona, que le da órdenes al esposo.

Jefe: (Jefe: superior o cabeza de un cuerpo u oficio) Encargado de un departamento militar. Parte de un saludo afectuoso entre amigos. 'S: ¿Cómo ta jefe?' R: Aquí aquí.' (ver 'Aquí aquí')

Jeibedero: (C: hervidero) Malestar de estómago con acidez. 'Ese mondongo que me comi'en cas'e Juansito me ha dao jeibedero.'

Jeibí: (De 'hervir') Hervír. Jeiví. (ver 'Jeibiendo')

Jeibiendo. Jiviendo: (C: Hirviendo) 'Ya lo plátano tan jeiviendo. Hay qu'echaile recocío.' (ver 'Recocío')

Jeibío: (C: hervido) Algo comestible que ha sido hervido en agua. (ver 'Sabi'a jeibío')

Jeiboi: (C: Hervor) (ver 'Jeibedero')

Jeibura: (de 'hervor') Malestar agrio en el estómago. '¡Teng'una jeibura en'ete etómago hoy que no puedo comei na.'

Jején: Insecto muy pequeño, difícil de ver, cuya picada produce una comezón persistente.

Jembra: Mujer de cuerpo bonito y estilo elegante. '¡Pero qué hembra que ta buena!' (o 'jembrota'). 'Buena jembra' (ver 'Ta'; 'Plátano jembra')

Jembra tresienta: (Hembra trescientas) Plátano más pequeño que el plátano regular, y del que se dice que el racimo trae trescientos plátanos. (ver 'Plátano jembra')

Jembrero. Hembrero: (Tavez del verbo 'embrear= engendrar solo hembras) Se dice del hombre casado, de quien por lo menos los tres primeros hijos son hembras. Casi nunca se dice lo mismo de la mujer. '¡Oye pero Juansito si'e jembrero!'

Jembrota: El mismo significado de 'Jembra', pero más atractiva sexualmente. (ver 'Jembra')

Jeme: Distancia desde el extremo del dedo pulgar al del índice de la misma mano, completamente extendidos. Es castizo, pero nos parece localismo. 'Peru'eso no tiene ni'un jeme'.

Jeresano: (C: jerezano= natural de Jerez) Gallo y gallina de por lo menos tres colores menudos entremezclados.

Jesucrito: Jesucristo.

¡Jesú Mar'y José!: (Jesús, María y José) Exclamación de asombro por algo extraordinario, casi siempre desagradable, repulsivo o lamentable. (ver '¡Jesú Santísimo!')

¡Jesú santísimo! o ¡Jesú Dio mío! ¡Jesú Mar'y'José!: Expresión de admiración, susto, mucha pena y otras sensaciones emocionales. '¡Jesú santísimo, cuando yo vide esi'hombre como taba...!'. '¡Jesú Dio'mío ampárame!'. '¡Jesú Mari'José que no le pase na!'.

¡Jesú saveno! o ¡Jesú savejno!: Se dice durante una impresión muy grande por algo increíble, o cuando un muchacho o alguien dice una 'mala palabra entre la gente.'

Ji: Lo más mínimo que cree el dominicano que se puede expresar vocalmente. 'El'habló muchísimo y yo no dije ni ji.' (El artículo 'el' con frecuencia se usa correctamente en esta frase) En béisbol, batear la bola y llegar a primera base es un 'ji', del inglés 'hit', donde la 'h' suena como 'j'. El cibaeño y el dominicano en general no pronuncia la 't' final. Ocasionalmente, después de escuchar una anécdota humorosa y verdadera, bajo el efecto de la risa el adverbio afirmativo 'si' suena como 'ji'. Riéndose a carcajadas: 'Ji yo tab'ahí cuandu'eso pasó'.

Jíbara: Muchacha que se enamora fácil y le gusta flirtear. (ver 'Chibirica')

Jíbaro: Campesino de las lomas. Muchacho vergonzoso, que habla poco, apocado, que se mantiene alejado de la gente. '¡Ese muchacho'e como medio jíbaro!'. (ver 'Aisao')

Jibe: 'Jigüera' a la que se le ha hecho muchos agujeros para que sirva de cedazo. (ver 'Jigüera')

Jibijoa: Insecto muy pequeño que vive en los cacaotales y montes espesos, y cuya picada produce una comezón molestosa y persistente. De aquí la expresión 'come ma qui'una jibijoa.'

Jícara: La segunda corteza interna del coco (fruto del cocotero), que es muy dura.

Jié: (Hiede) Se usa en el campo adentro. Más común es 'jiede' (ver 'Jiede' y 'Na le guele y to le jié'))

Jiede: (C: hiede) Que huele mal. 'Juansito llévat'eso di'ahí que jiede mucho'.

Jiede a chimicuí: (Chimicuí: ¿?) Casi siempre se refiere a personas que les salen mal olor del cuerpo. 'Ese muchacho jiede a chimicuí'. (ver 'Jiede')

Jiede a chinchilín: (hiede a chinchilín) Se refiere a algo que despide mal olor. (ver 'Chinchilín') **Jiede a jiedevivo:** (Hiede a Jiedevivo) Algo que despide un muy mal olor. (ver 'Jiedevivo')

¡Jiede a perro mueito!: (Hiede a perro muerto) Sugiere que el peor mal olor que pueda existir es el de un perro muerto. Casi nunca se refiere a personas. (ver 'Jiede') '¡Ay fo! Por'aquí jiede a perro mueito, ¿Qué será?' (ver '¡Ay fo!'; 'Fo')

Jiede a pichón: Olor de los niños y adolescents cuando están sudados. Es un olor similar a los pichones de aves.

Jiedevivo: (Hiede vivo) Insecto volador que despide un mal olor intenso. Probablemente hiede igual cuando está muerto.

Jiei: (C: hiel) Hiel. En el contexto de este trabajo parece ser el centro del alma. Humor o líquido misterioso y benéfico, que hace de aquél que le falta, una persona peligrosa y dañina para la sociedad. (Ver 'Esi'hombre no tiene jiei')

Jierro: (Hierro) Metal hierro. También se aplica la mujer elegante y de bonito cuerpo. 'Esu'e lo que se llama un jierro de mujei.'

Jigo: (Higo) 'Esa mat'e jigo (o 'mata d'higo') si ta bien paría eti'año'.

Jiguera: Nombre popular de un árbol pequeño de hojas muy grandes, que produce racimos de frutas, cuyas semillas contienen el aceite de ricino o higuereta, que se usa como purgante. 'Dali'una cuchará d'higuereta a ese muchacho pa'que se le limpien los'intetino'.

Jigüera: (Higüera) Una de las vasijas hechas de un higüero cortado en dos mitades por el diámetro mas largo. Su tamaño varía de acuerdo al tamaño del higüero. Hay 'jigüeras' y 'jigüeritas'.

Jigüero: (Higüero) El árbol, también conocido como 'totumo', 'güiro' y 'huiro'. El fruto del higüero. Nombre de un poblado: Ei Jigüero.

¡Jii!: (¡Sii!) El vocablo 'si' prolongado. Lo dice el oyente, afirmando con cierto grado de emoción durante una conversación intensa cuando alguien ha dicho algo muy importante y bien conocido por todos.

Jijo: Hijo. Se dice 'jijo'por 'hijo' en el campo adentro, y en general en la expresión '¡Ay jijo!' (ver '¡Ay jijo!')

Jilo: (Hilo) Hilo de coser ropa. Más común en el campo adentro. (ver 'Dejilo')

Jimiquiai (C: gemiquear= sonidos lastimeros de pena) Sollozar y quejarse de seguido por lo bajo, casi siempre los niños. "Mira muchacho, deja de tai jimiquiando tanto`.

Jin: (Del inglés 'Jeans'= pantalones de tela de algodón azul) Pantalones de tela de 'fueitiasui' (ver 'Fuitiasui')

Jinchao. Jinchá: (C: hinchado; hinchada) Hinchado. '¿Y de qué tu tienes'oreja tan jinchá? (ver 'Recresío')

Jincho: (Del castizo 'hinchar'= aumentar el volumen de una cosa. Hinchado= vano; presumido) Persona que luce pálida y de cara algo edematosa o hinchada.

Jipai. Jipando: (Hipar. Hipando) Estar sentado erecto con la barriga ligeramente echada hacia delante y a veces con las manos sobre ella después de haber comido con exageración. 'Juansito comió tanto que ta jipando'. Puede estar eructando, hipando o no.

Jipato: Persona de piel pálida o amarillenta. 'Ese muchacho ta jipato, llévenlo ai médico. Seguro tiene lombrice'. (Ver 'Jojoto' y 'Lombrice').

Jipío: Sonido súbito que acompaña los sollozos cuando se está llorando, como de que se cierra repentinamente la laringe. Muy fuerte en las mujeres cuando lloran un muerto.

Jipo: (C: Hipo) 'Comí tanto que jata jipo mi'ha dao.' (ver 'jata'; 'Mi'ha')

Jiriguao: Insecto muy pequeño, que cuando pica deja una picazón persistente en el área de la picada. (ver 'Colorao)

Jiro o Giro: Gallo y gallina cuyas plumas son de color blanco, negro y amarillento, todos en manchas menudas.

Jiso: (C: hizo) Hizo. 'Juansito fue que lo jiso', o en los pueblos: 'Juansito fue que lo hizo'.

Jobero: (C: Overo. Pío-a= Caballo u otro animal de color claro o blanco con manchas oscuras) Cualquier animal de color blanco con manchas oscuras. Raramente se aplica a personas con vitiligo.

Jobo: Ciruela silvestre. El árbol que produce esta fruta es más grande y frondoso que el jobobán.

Jobobán: Árbol frutal; especie de ciruelo silvestre. (ver 'Siguela')

Jocico. Josico: (C: hocico: parte prolongada de la cabeza de animales donde está la boca y la nariz) Nombre despectivo de la boca humana, sobre todo si tiene los labios grandes. "A que te paito'ei josico si me sigue jodiendo.'

Jodedoi: Molestoso. Que sabe mucho. Que gana en varias clases de juegos. (ver 'Jodón')

Jodei: (Joder) Expresa frustración en la frase '¡Qué jodei!', cuando no salen las cosas como uno espera. También, cuando debido a un esfuerzo físico le queda adolorida una región del cuerpo: 'Qué jodei, ayei me puse a subi'un saco di'arró ai camión y me jodí la rabadilla.' (ver 'Rabadilla')

Jod'ei paito: (Joder el parto) Llegar a molestar un grupo que está hablando tranquilamente. Que molesta mucho y seguido. 'No veng'a jod'ei paito ahora'.

Jodeise: (Joderse) Sufrir malas consecuencias de un negocio mal hecho. Morirse alguien. ¿Tu oíte qu'ei pobre Juan se jodió?'

Jodío: (Jodido= de joder) Se dice de quien está en malas condiciones económicas o de salud.

Jodío pero contento: (Jodido pero contento) Se refiere a que si bien se está pasando por una etapa de problemas, en general se siente bien y con esperanzas de mejorar.

Jodón: (del castizo: joder) Molestoso: 'Ese muchacho si'e jodón'. Positivo: Alguien que sabe mucho, o se gana a cualquiera en diferente encuentros: '¡Esi'ombre e'jun jodón!'.

Jodonoso: (de 'joder') Se dice de algo en que se tiene duda si debe hacerse o no, ya sea por difícil o porque no se quiere hacer. (ver 'Jodón')

Jodorai: (C: horadar= agujerear) Horadar. Hacer agujeros en algo. 'Ete morro ta to jodorao' (ver 'Ta to'; 'Morro')

Jodorao: (C: horadado= agujereado) Agujereado. Se refiera a la vasija u otro objeto que tiene agujeros. 'Ete morro ta to jodorao'. (ver 'Morro')

Jodoro: (C: horado u horaco= agujero que atraviesa de una parte a otra) Agujero. 'Ete calabaso tiene un jodoro, poique ta gotiandu'agua'. (ver 'Calabaso'; 'Gotiai'; 'Piche')

Joicón: (C: horcón) Palo que sirve para aguantar una pared o rama de un árbol.

Joigen: Nombre propio 'Jorge'. Quizá el único vocablo que en castizo termina en vocal y en el hablar cibaeño termina en consonante. 'P: ¿Quién te peló? R: Joigen'.

Joimiga: C: hormiga) Hormiga. 'Esa joimiga me picaron poi tua paite. (ver 'Tuá'; 'Tango')

Joinalla o **Jojnalla:** (Hornilla) Cavidad en el fogón, abierta por arriba donde se ponen las pailas, y abierta por un lado, que es por donde entran la leña para la candela. Agujeros nasales grandes. '¡Que jonalla tien'esi'hombre que t'allí sentao!'

Jojoto: (C: fruto que no está en sazón) Fruta madura, pero de pulpa dura en vez de blanda. Raíz comestible (yuca, yautía) que no se ablanda cuando se hierve. Persona de piel pálida. 'Ese muchacho ta medio jojoto, ¿Tendrá anemia o lombrise'? (ver 'Jipato' y 'Blanco jojoto'; 'Medio')

Jolla o **Joya:** Cuesta o pendiente cubierta de hierba o árboles. Con frecuencia a los lados de los ríos.

Jollai: (talvez de 'hollar'= pisar; aplastar) Usar zapatos por primera vez para amoldarlos a la forma de los pies. (ver 'Matando l'araña' o 'Pisando araña')

Jollín: (C: hollín) Sedimento que deposita el humo en la superfice de los cuerpos.

Jollo o **Joyo:** (C: hoyo) Hoyo. (ver 'Joyo')

Jollaso o **Joyaso:** Hoyo muy grande. 'Esa gente tumbaron la casa y dejaron ei jollaso abieito'.

Jom: (Del inglés 'home'= hogar, y 'plate'= plato) En el juego de béisbol, el platillo plástico de forma pentagonal que representa la cuarta base para completar una carrera, y sobre el cual, a una distancia determinada, debe pasar la bola que tira el lanzador para que sea un 'etrai'. (ver 'Etrai'; 'Trucai').

Jonalla: (Derivado de 'horno'. Si fuera castizo sería 'hornalla') Cavidad horizontal hecha de barro o cemento por tres lados, abierta por arriba (donde se coloca la paila), y por uno de los lados, donde se introduce la leña para el fuego. Tres o cuatro de estas cavidades, cada una contigua a la otra, componen el fogón.

Jond'ei diablo: (ver 'Como la jond'ei diablo')

Jondiai. Jondiaise: (de hondear: disparar la honda) Se tiró o se arrojó de un alto. 'Juan se jondió de'sa peña ai chaico'. Refrán para el que anda exagerando sus problemas: 'Buc'un jollo y jondéate'. Comerse algo por hambre o porque le gusta; 'Me jondié'ese plato di'arró y frijole di'una ve'. (ver 'Yo no lo pido ni lo goloseo...'; 'Ai'; 'Chaico')

Jondión: Tirar, arrojar algo con fuerza y lejos, casi siempre con enojo. 'Se lo via'pedío hace tiempo y no me lo daba, y cuando le dio la gana de dáimelo le di'un jondión, que nadie sabi'onde ju'a parai'.

Jondo: (C: hondo) Hondo. 'Et'e j'ei chaico ma jondo dei río'. (ver 'Ma')

Jondoná: (Hondonada) Hoyo muy profundo. El fondo o base de un precipicio muy alto.

Jonjolí: Ajonjolí.

Jono o **Hojno:** (C: horno) '¿Sácat'ei pan dei jono?' o 'Sácat'ei pan del'hojno'. (ver 'Sácat'ei')

Jonrón: (Del inglés 'home run'= batear la bola fuera del estadio) Batear la bola fuera del estadio dentro de los límites asignados, y recorrer todas las bases. (ver 'Fao')

Joroba: Corcova. Problema. Contrariedad. Molestia. (ver 'Jorobai'; '¡Qué joroba')

Jorobai: Molestar. Ser impertinente. 'Juansito, no jorobe tanto'.

Jorocón: Hombre que tiene mucho poder o mando. Fuerte físicamente. (ver 'Macho [un]')

Jorra: (ver 'Vaca jorra')

Josai. Josando: (C: hozar) Hozar los cerdos. 'Don Luí lo pueico le tan josando tuá la yuca en'ei conuco. (ver 'Tan'; 'Tuá')

Joven di'alante: Joven progresista; que le va bien en los estudios, y trabaja para mantenerse e ir a la escuela.

Jovero: Persona que tiene manchas blancas en la piel. Talvez por la fruta madura del jobo que tiene pintas pequeñas en la cáscara.

Joya: (ver 'Jolla')

Joyai lo sapato: (ver 'Jollai')'

Joyao o Jollao: (de 'hoyo') Se dice de los zapatos después de ser usados la primera o segunda vez. (ver 'Lleno di'hoyo')

Joyo: (Hoyo) 'Hay qui'haci'ún joyo grande pe'enterré'si'animai'. (ver 'Jollo')

Juanalablanca: Planta de cuyas hojas se hacen tisanaspara la cura de varios malestares. 'La tisana de juanalablanca e j'un gallo pa lo riñone'. (ver 'Tisana')

Juan Bobo y Pedro Animale: Nombres de dos personajes aventureros de cuentos costumbristas populares de la primera mitad del siglo XX. Era tradición en los campos. Juan Bobo era listo e ingenioso, pero de poca fortaleza física; Pedro Animale era fuerte y muscular, pero de menos habilidad mental que Juan Bobo.

Juanibré: Planta herbácea cuyas raíces se muelen y se mezclan con ceniza para pescar. La mezcla la echan río arriba para envenenar los peces. Está prohibido legalmente.

Juaquín: Nombre propio: Joaquín.

Juchai: (C: huchear= lanzar los perros en cacería dando voces) Lanzar los perros contra animales, gente u otro perro. 'Júchale lo perro a esoj'animale pa que se vallen di'ahí.' (ver 'Vallen')

Judío: Ave negra de mediano tamaño, que anda en bandadas de seis a diez. Es omnívoro. 'Tacaño'; 'Avaro'..

Jué: ('Fue'; 'Juez') 'Fue': Pasado del verbo 'ir', tercera persona. Campo adentro: 'Juansito se jué muy temprano pa la loma'. Pueblo: 'Juansito se fue ayei. 'Juez': 'Ei jue lo declaró culpable.'

Juebe: Día Jueves. Herida grande. Machetazo. 'Ei mueito teni'un juebe así de grande en'ei pecueso'.

Juén: Fueron. 'Toíto se juén de la fieta temprano.' (ver 'Toíto'; 'Toitico'; 'Jueron')

Juera: (Fuera) En la parte de afuera. Pretérito del verbo 'ser'. '¡Saqu'ese perro pa'juera!' 'Si yo juera chiquito comprar'ese juguetico'.

Jueron: (Fueron) Del verbo 'ir'. 'Ello se jueron adelante y me dejaron'. (ver 'Alante')

Jugadoi: (Jugador) El que juega un juego. Con frecuencia se refiere al jugador de béisbol.

Jugai a l'encondite. Jugai a la j'econdía: (Jugar al escondiste. Jugar a las escondidas) Juego de niños en el que uno se esconde mientras el otro se cubre los ojos hasta que el escondido dice 'Ya', que es cuando el otro empieza a buscarlo.

Jugai con candela: (Jugar con candela) Meterse o inmiscuirse a sabiendas en algo peligroso, un negocio, etc. 'Juansito ta jugando con candela metiéndose en negocio con'esa gente.'

Jugai sucio: (Jugar sucio) Quebrantar las reglas con ideas de triunfo durante el juego entre dos personas o equipos. Traicionar uno de los novios o esposos a su pareja con otra persona. 'Por'ai dicen que Juana y Pedro se divoiciaron poiqu'ella le jugó sucio con'otro'.

Jugai tuá la base: (Jugar todas las bases; en referencia al juego de béisbol)

Juí: (Huir. Fui) 'Ese muchacho sabe juí ma que tu'ei mundo'. Pasado del verbo 'ir', primera persona. 'Yo me juí temprano de la fieta'. (ver 'Juye que juye'; 'Juyendo'; 'Juiga')

Juiga. Juye. Juigan: (Imperativos del verbo 'huir'= Huya. Huye. Huyan. 'Poi mucho que juiga siempre llego taide'. 'Poi mucho que tu juye no lu'aicansa'. '¡Juigan qu'ei toro no ta aicansando!' (ver 'No'; 'Ta')

Julepe: Es castizo. Jarabe, poción. Trabajo excesivo de una pesrsona, o uso excesivo de una cosa. (ver 'Dai Julepe')

Jullendo. Juyendo: (Huyendo) 'Me di'un suto tan grande que salí juyendo a to lo que da'. (ver 'A to lo que da')

Jullí. Juyí: (Huí) Usado más en en el campo adentro. 'Poi mucho que jullí (juyí) Juansito mi'aicansó'. (ver 'Juí')

Jumiadora: (de 'humo'. Que humea) Lámpara de queroseno con mecha que se prende para alumbrar.

Jumo: (C: Humo. Humera o jumera= borrachera. Embriaguez) Humo. 'Ta saliendo mucho jumo de la cosina. Borrachera. Embriaguez. '¡Juansito se di'un jumo dei diache anoche!'. (ver 'Diache')

J'un. J'una: ('un', 'una', siguiendo al vocablo cibaeño 'e'= es) 'Ese nu'e j'un limón, e j'una naranja'. 'Esa si'e j'una hembra de veidá'. 'Es'e j'una de la mejore'.

Jundí: (Hundí) Tiempo pasado de primera persona del verbo 'hundir'. 'Me jundí'en'ei lodo'.

Junta: Reunión que se hace, especialmente en los campos, para un trabajo de más envergadura que los usuales y corrientes de desyerbar y podar, tal como un desmonte o tumba para hacer conucos, etc. (ver 'Tumba' y 'Conuco' y 'Anda con mala junta')

Juntai lo manso con lo simarrone: (Juntar los mansos con los cimarrones) Se le dice a alguien que está mezclando en su conversación dos cosas completamente opuestas, y que no concuerdan. Es un simbolismo de cuando se castraban o se marcaban (hechizaban) los animales domésticos. (ver 'Hechisai')

Juntaise: (Juntarse) Reunirse. Vivir juntos hombre y mujer sin estar casados. **Juntiña:** Se refiere al hecho de dos personas andar siempre juntas, sin tener que ver con amores. 'Yo no se que juntiña e que tienen Juansito y Pedro últimamente.'

Junto: (Juntos) Gente o cosas cuando están reunidos o muy cerca. Se dice cuando una mujer y un hombre viven como esposos sin casarse. 'Juansito y María se juntaron' o 'viven junto'.

Junto pero no reburujao: (Juntos pero no reburujados) De reburujar: apretar cosas que deberían estar sueltas, en un paquete. Quiere decir que hay personas con quienes uno puede conversar, pero no para tratarse como amigos.

Junumucú o **Jumunucú:** Lugar mítico y muy lejano, adonde tiene que ir el sujeto que está pidiendo direcciones de cómo llegar a él. Allí también se encuentra algo muy deseado por todos, talvés por ser tan lejos. 'Eso queda en Junumucú'. 'Esi'hombre vive en Junumucú.' (ver 'Quimbamba')

Júpero: Pálido, Muy flaco. (ver 'flin-flin')

Jupiai: Vocearle dichos, insultos y relajos a otro de lejos.

Jura'vei: (¿Jura a ver [si es verdad]?) Se le dice a alguien que ha declarado algo muy importante, pero que parece dudoso. (ver 'Mi madre que si' y 'Que me caiga mueito aquí mimo').

Jurón: (hurón) Mamífero roedor, más grande que una rata, de pelo largo y rojizo. Es carnívoro y se se alimenta mayormente de huevos, por lo que hay que proteger los nidos de gallinas en los gallineros.

Jurunela: (C: huronera= cueva de hurones) Monte o bosque espeso y grande donde es fácil perderse. 'Esi'ombre se metió en'esa jurunela y no salió ma'. Lugar muy lejano, y casi siempre entre las lomas.

Jurungai: (C: hurgar= revolver o menear cosas en el interior de algo) Tratar de meter algo forzosamente donde no cabe. Meter un palo o la mano en una funda o caja y moverlo al azar en busca de algo o para sacar algo. 'Yo vidi'a Juansito jurungando en'esa caja ayei'.

Juto: (C: justo= que actúa con justicia y razón) El mismo significado que en español castizo. 'Pedro ej'un'hombre juto.'

Jututo: (Fotuto) Instrumento que soplado por un extremo hace un ruido fuerte y prolongado. Los caracoles grandes son los mejores 'jututos'. Son usados por los carniceros en los pueblos para anunciar la carne del día, imitando el sonido de la vaca o del cerdo.

Juye o **Julle:** (de 'huir': huye) '¡Juye Juanito qu'ese toro te v'aicansai!'.

Juye ma qui'una guinea: (Huye más que una guinea) Guinea es la gallina de guinea, que además de volar muy bien, es de correr muy veloz. 'Juanito cuando t'asutao juye ma qui'una guinea.' '¡Muchacho, a esi'hombre nu'hay quien lu'aicance, ese juye ma qui'una guinea!'

Juye que juye: (Huye que huye) 'Juancito diba juye-que-juye dei suto que llevaba'. (ver 'Suto'; 'Diba'; 'Dei')

Juyendo: (C: Huyendo. Del verbo 'huir'). Con frecuencia es usado aunque solo sea caminando, talvez aún despacio. 'Anoche taban dicutiendo en la fieta y yo salí juyendo a to lo que da. (ver 'A to lo que da'; 'Taban'; 'Lo devoiví juyendo'; 'Salió juyendo com'un loco')

J'y: (y) Se dice 'j'y' sustituyendo a 'y' después de palabra terminada en vocal: 'Una cateiba de pavo j'y ganso'. 'Venían mucho camione j'y carro'. 'Tocaban merengue j'i cumbia'.

K: (Letra K, k, Ca) Ca, ca. 'Ecríbeme la letra ca'.

Kilómitro: (C: Kilómetro) 'Yo teng'un foco de tre pila que alus'un kilómitro.' (ver 'Alusai')

Kioco: Kiosco.

Kepi: Sombrero de agente de la policía. (del alemán 'kappi' a través del francés 'képi' y el inglés 'kepi')

Kermé. Quermé: Galicismo para denominar fiesta con rifas, etc. De uso en los pueblos; nunca usado en los campos.

L: (Letra L, l, ele) Ele, ele. 'Ecríbeme la letra ele'.

L'acabose: Se refiere a un evento natural o causado por el hombre que ha causado estragos en una región. '¡Ay muchacho, eso fue l'acabose!' (ver 'Ay muchacho!')

Labagallo: (Lavagallo) Ron de mala calidad y que sabe mal. Comparación con el agua que escurre cuando se le lava la cabeza y el pescuezo ensangrentados a los gallos después de una pelea.

Labao: (lavado) Se dice de la persona de color claro, pero de facciones ordinarias. (ver 'Indio'; 'Indio ocuro'; 'Indiesito')

La barriga: 'La barriga' reemplaza a 'embarazo' en este contexto. No es lo mismo que llamar esa región del cuerpo 'barriga'. 'A Juanita li'ha cogío la barriga con comei tierra.'

La base llena: (Las bases llenas) Se dice en el juego de béisbol cuando hay un corredor del equipo contrario en primera, segunda y tercera base (todas las bases están ocupadas o 'llenas') (ver 'Corredor')

La bendisión padrino: (La bendición padrino) Antiguo saludo de los niños y jóvenes para sus familiares, padrinos, y con gran frecuencia para cualquier adulto amigo de la familia. (ver 'Que Dio te cri'pai cielo'; 'Besai la mano')

¡La bendita...!: Expresión de frustración cuando alguien se empeña en repetir algo que le ha ocurrido. '¡Ay Juansito! ¡Ya nu'hable má de la bendita culebra esa'!

Labia: Estilo de conversación que se usa para engañar a alguien.

Labioso: Que habla mucho y seguido, a veces en forma de adulación para conseguir lo que quiere, es decir, que tiene labia. (También usado en Ecuador con el mismo significado)

La bolit'ei mundo y ei libritu'e Dio: (La bolita del mundo y el librito de Dios) Después de haberse dicho muchos dichos y nombres, esto lo dice uno del grupo de muchachos para que ya nadie pueda ganarle.

La cácara guaid'ei palo: Se le dice a la persona que se sospecha que no se baña, o se baña con poca frecuencia, casi siempre de broma. Referencia burlona a que el sucio proteje la piel como la cáscara al árbol.

¡La cagate!: (¡La cagastes!) Se le dice a alguien que, talvez por descuido, ha dicho o hecho algo desagradable o mal hecho, y que puede traer malas consecuencias.

La calentura no t'en la sábana: (La calentura no está en la sábana) (ver 'La fiebre no t'en la sábana')

Lacena: (Alacena) Armario para guardar platos, vasos y otros objetos.

La chú: Último lugar. 'Salimo sei corriendo hat'ei cruse, y Juansito quedu'en la chú.' (ver 'Sei')

La cortina del palacio: (Las cortinas del palacio) (ver Sección 'Cantos y Juegos de Niños')

La coloi: (el color) 'Juanito se di'un suto tan grande que se le fue la coloi.'

La cosa ta'apretá o **La cosa ta'floja:** son antagónicos, pero tienen el mismo significado: que la situación no está buena, social, económica o políticamente.

La cosa t'embromona: (C: embromar= meter bromas. Engañar) Se dice cuando la situación económica del país no está bien. Entre familias, cuando hay problemas.

La cotumbre hace ley: La costumbre hace ley.

La cuarent'en brica: (Las cuarenta en brisca: ganarlo todo en el juego de brisca o tute) Se usa para definir lo contrario que en el juego: que está pasando por serios problemas económicos y talvez junto a enfermedades en la familia, o lo han insultado. 'A mi mi'han caío la cuarent'en brica.' 'A Juansito le cantaron la cuarent'en brica.' 'Pedro ta pasando la cuarent'en brica'. (ver 'Le cantaron la un'y una')

La cuatro Ce: (Las cuatro Cs) Se dice del que vive con su novia en casa de los padres de ella, que son gente acomodada. Se refiere a que se está aprovechando de **C**asa, **C**omida, **C**ulo y **C**arro. 'Juansito e j'un gallo. Tiene la cuatro ce'. (ver 'Acomodado'; 'La tre ce')

La deguindá: (La desguindada. De 'desguindar'= bajar lo que estaba guindado) Se usa mayormente en la frase 'Cogió la deguindá'. (ver)

La de jodeise o **Etu'e la de jodeise:** (La de joderse o Esto es la de joderse) Lo dice alguien cuando está pasando por un período de inconveniencias que no lo dejan tranquilo.

¡La de jodeise!: (La de joderse) Expresión usada cuando una situación, negocio, etc., no se arregla por mucho que se haya tratado. La expresión completa es '¡Etu'e la de jodeise!' (ver 'Jodei')

La de peidei nunca faita: (La de perder nunca falta) Indica que la manera de que falte algo o que algo salga mal es inevitable. Es un dicho un poco pesimista, pero debido a la ley universal de probabilidades, no está muy lejos de la verdad.

La derrumbá: (La derrumbada) (ver 'Cogió la derrumbá')

La die tarea: (Las diez tareas) Ley de los tiempos del dictador Trujillo, que todo hombre hábil debía tener diez tareas de cultivo. El castigo era encarcelamiento.

La dolorosa: La cuenta que se le da al cliente en el restaurante. 'Mira Juan, traime la dolorosa'.

Ladrón que roba'a ladrón tiene dies'año'e peidón: (Ladrón que roba a ladrón tiene diez años de perdón) Indica que está bien que a un ladrón le roben, para que vea cómo se siente quien no es ladrón cuando le roban. (ver '¡Pa'que vea lo que'bueno!')

La fiebre no t'en la sábana: (La fiebre no está en la sábana) Se le dice a alguien que le atribuye la causa de sus problemas a algo que nada tiene que ver con ellos, pues casi siempre la causa es él mismo. 'Juansito, ¿No te pong'a creei, que la fiebre no t'en la sábana?' (ver 'No te pong'a creei'; 'T'en')

La fruta que ta pai'burro no se la comen lo puerco: Lo que le corresponde a uno, tarde o temprano le llega.

Lagaito o **Alaigaito:** Lagarto o lagartija. Recrecimiento localizado del músculo bíceps cuando se contrae voluntariamente y se le da un golpe rápido con el borde de la mano, o se pincha fuertemente entre los dedos índice y pulgar.

La gallina di'arriba cagan la di'abajo: (Las gallinas de arriba cagan a las de abajo) En las fincas las gallinas duermen en un árbol cerca de la casa. El significado aquí es obvio. El paralelismo con el humano es que el rico lleva una gran ventaja sobre el pobre.

La gallina (o 'paloma') tan poniendo en lo yayale: (ver Sección 'Cantos y juegos de Niños')

La gallinita ciega: (ver Sección 'Cantos y Juegos de Niños')

Lagañoso: Muchacho o joven que quiere hacer cosas de adultos, y se jacta de ello sin hacerlas bien. '¿Y qué lo que se cree ese lagañoso viejo?' (ver 'Mocoso'; 'Viejo')

La gatiqu'e María Ramo que tira la piedra y econde la mano: (Dicho de origen cubano) Se dice casi siempre de los niños cuando hacen alguna travesura y actúan como que no han hecho nada. O un chismoso que aparenta inocente. (ver "Décimas campesinas y otras cosas")

La gota: Ataque de gritos y jipidos que les da a las mujeres en los velorios.

La guaidia: (la guardia) El ejército. Los soldados. Se usa casi siempre cuando andan de patrulla.

La Guaidia Vieja: Apodo de una prostituta de San Francisco de Macorís de los años 1940.

La Hormiguita y el Ratón: (ver Sección 'Cantos y Juegos de Niños')

Laigaise: (C: largar= irse, ausentarse) Irse de un lugar debido a algo que no le agrada; a veces sin despedirse. 'Yo me laigué de la fieta esa temprano.'

Laiguicoito. Laiguicoita: (Largo y corto. Larga y corta) Se refiere a algo que a la vista aparenta
largo o corto para los fines que se desea. (Vocablo provisto por nuestro

amigo Dr. Malelo Pellerano)

Laíto: (Ladito) Apodo de 'Abelardo': Lalo y Laíto. Muy cerca: 'Tu vite como te pasu'esi'hombre pu'ei laíto. Casi te lleva d'encuentro'. (ver 'Pu'ei'; 'Llevaise d'encuentro')

¡La'jagalla que tienesi'hombre! o **¡Qui'agalla tienesi'hombre!:** (¡Las agallas que tiene ese hombre! o ¡Qué agallas tiene ese hombre!) Se dice de alguien que no tiene escrúpulos, que engaña a sus amigos y familiares. (ver 'Qué cojone!')

La'jaitura: ('Las alturas') En algunos pueblos se le llama así a los barrios de prostitutas.

Laj'asagaya: Órganos abdominales cuando brotan hacia afuera debido a puñaladas. 'A Joigen le sacaron laj'asagaya de tre puñalá'. (ver 'Joigen')

La lechuza no se encuentra sus'hijo feo: (La lechuza no encuentra sus hijos feos) Es decir, no importa lo feo del niño, la madre siempre lo encuentra bonito.

La lengua se econde y ei jocico ej'ei que paga: (La lengua se esconde y el hocico es el que paga) Se refiere a que es muy fácil hablar, a veces de lo que no se debe, pero hay que estar atento a las consecuencias personales. (ver 'Jocico')

La limona con l'ecopeta: (La limosna con la escopeta) Se refiere a cuando alguien recibe un regalo, pero el que regala le pide un favor en cambio del regalo; a veces de más valor que el regalo.

La losa: (La loza) Juego de platos del material que sea. 'Juanita, pon la losa que ya vamu'a comei.' (ver 'Lo plato'; 'Pon la mesa')

La luna: El satélite de la tierra. (ver 'Tenei la luna')

La lu ta petañando: (La luz está pestañando) Se dice cuando la luz eléctrica se apaga por un breve instante, y se repite dos o tres veces. Ejemplo clásico de atribución de cualidades antropomórficas a objetos inanimados.

Lama: Capa de hongo o alga que se forma alrededor de las piedras y rocas de ríos, lagunas y pantanos. 'Esa piedra tiene una capa de lama epesa.' (ver 'Epesa')

La mala: Algo desagradable o engañoso que le hace a alguien a otro. Se dice, 'Le dio la mala'. (ver)

La mala lengua: (Las malas lenguas) Se dice de una o más personas, que aunque talvez conocidas, no se quiere mencionar sus nombres, que andan diseminando un chisme por el vecindario. 'P: Y quién te diju'eso? R: Lu'andan diciendo por ahí la mala lengua.'

La mala no se da: Se dice cuando alguien quiere hacerle daño a otro y el daño le ocurre a él. Se considera tan justo que se le hecho un verso: *La mala no se da, y si se da no se cría, y si se cría crece toicía, y si se endereza e poi Césa.* (no se qué tuvo 'César' que ver con ello)

La Manífica: (La Magnífica) (ver 'No lo saiva ni la Manífica'; 'No lo saiva ni la Santísima')

Lambe culo: Adulador común y vulgar. Se le brinda sus superiores, les dice quién los critica y les da regalitos para adquirir beneficios. La versión moderna es 'Chupamedia'. (ver 'Arratrao')

Lambe lo deo: (Lambe [lame] los dedos) La expresión es: 'Cuaiquiera se lambe lo deo', cuando se ha disfrutado en extremo algo de comer. 'Ete pollo guisao ta que cuaiquiera se lambe lo deo.'

Lambe naiga: (Lambe nalgas) Adulador servil. (ver 'Arratrao'; 'Lambe culo'; 'Chupamedia')

Lambía: (Lamida. Lambida) (ver 'Cara lambía')

Lambío: (C: lamido= de *lamer*) Se dice de la persona, casi siempre hombre, que luce excesivamente acicalado. 'Juansito si ta lambío hoy, ¿par'onde será que va?' (ver 'Par'onde')

Lambón: (C: lambón= persona delatora y aduladora) Persona que ensalza exageradamente y con frecuencia a sus jefes u otra persona de poder para conseguir beneficios personales.

La Milagrosa: Se refiere a la Virgen María cuando parece que ha ayudado a alguien a salir bien de un problema o ileso de un accidente. 'A ese lo saivó la Milagrosa, si no a eta hora tuviera mueito.' (ver 'A eta hora')

La mil'y quinienta. La mi'ji qinienta: (Las mil y quinientas) (ver 'La mile'ji quinienta')

La mile'ji quinienta: (Las miles y quinientas) Se dice de alguien que ha pasado o está pasando mucho trabajos en varios aspectos de su vida, casi siempre de salud. 'Pedro ta pasando la mile ji'quinienta.'

La mima que vit'y caiza o **Ei mimo que vit'y caiza:** (La misma que viste y calza o El mismo que viste y calza) Lo dice alguien cuando le preguntan si es la misma que conocía cuando joven. O cuando le preguntan por teléfono si es la persona que se busca.

Lámpara: Lámpara de alumbrarse, sobre todo las de keroseno. Mancha grande en la ropa u otro objeto.

Lamparoso. Lamparosa: Sucio. Con manchas en la ropa el vestido. También como insulto a alguien que no le cae bien al hablante: 'Ese e'jun lamparoso viejo.'

La mujere son como la naranja, una salen duice y otra salen'agria: (Las mujeres son como las naranjas, unas salen dulce y otras salen agrias) Este refrán se explica por sí solo.

Lambe lo deo (cuaiquiera se): Se dice cuando se ha disfrutado de una comida muy sabrosa. 'Ete pollo guisao ta que cuaiquiera se lambe lo deo.'

¡La mueite!: (ver '¡Ese tipu'e la mueite!')

La música poi dentro: (La música por dentro) (ver 'Tiene la música poi dentro')

L'Aniega: (Del castizo: *aniego*= anegación) Lluvia legendaria que ocurrió a principios del siglo XX, y que según se cuenta inundó muchas regiones de El Cibao. Su presunta época de ocurrencia se usa para fechar ciertos eventos personales importantes. 'Mi abuela nació cuando l'Aniega.'

La niña de sus'ojo: (Las niñas de sus ojos) Se dice del amor que alguien tiene por sus hijos, un amigo o un (una) enamorado (enamorada). 'Esa novia e la niña de sus'ojo'.

Lanzadoi: (Lanzador) (En béisbol, traducción del inglés 'pitcher' o 'pitch= lanzamiento). Posición número uno en béisbol; el jugador que tira la bola al bateador. (ver 'Piche')

Lao: Lado. Lados. 'Eso queda poi lo lao'e Macorí.' 'Esi'hombre nu'e d'eto lao.'

La ofendió: Tuve relaciones con ella siendo señorita y sin su consentimiento. (ver 'Señorita')

La Oración: El rezo. La plegaria. Pero aquí se refiere a 'la hora de la oración': la prima noche, cuando la gente se recoge, y muchos rezan por ellos mismos, sus familiares y amigos. 'A Ramona li'ha cogío con acotaise al'oración en'eto día.'

La Pájara Pinta: (ver Sección 'Cantos y juegos de Niños')

La papera se bajan a lo grano: (Las paperas se bajan a los granos [o tetículo]) (ver 'Granos')

La pasó poi las'aima: (La pasó por las armas) Se dice entre amigos cuando otro amigo se acostó con una mujer que era difícil de conseguir. '¡Juanita? Pedrito la pasó poi las'aima'. (ver 'Conseguir')

La pelota: El juego de béisbol. 'Juansito, vamu'a la pelota mañana'. (ver 'Pelota')

La'préndice: (El apéndice) 'Me dijién que'liju'e Juansito l'operaron de la'préndice ayei.' (ver 'Dijién')

La primera: En el juego de béisbol, nombre de la base y del jugador que cubre la primera base.

La pura veidá e ...: (La pura verdad es ...) Se dice cuando se han dado varias opiniones acerca de un sujeto, y el hablante considera que ninguna ha dado en el clavo, y quiere decir ...bueno ...la verdad pura: 'La pura veidá e que a Juansito no le cai bien Pedro'. (ver 'D'en'ei clabo')

L'ardilla corre, l'ardilla vuela: (ver Apéndice, sección "Cantos y Juegos de Niños.")

Las'agria no se pagan: Letrero en la carreta de un vendedor de naranjas bien armado de confianza y fe en su producto.

Las'áigana: (Las árganas) Par de canastos o cestas tejidas de hoja cana, que se le pone a los animales de carga para transportar productos. "Nico, ponle las'áigana a la mula esa, pronto'. (Siempre se usa el plural del artículo correctamente antes de sustantivos que indican más de un objeto y comienzan con 'a', 'i').

Las'anca: (Las ancas) Parte posterior del lomo de los animales de carga y de silla (caballos, mulos, burros) 'Si tienen que di lo do, a Juanito que se mont'en las'anca.' Nunca se usa el vocablo solo 'ancas'(ver 'Di')

La Santísima: Debe ser una santa que tiene el poder de salvar a cualquiera de cualquier situación, no importa lo difícil que sea, si bien, hay veces en que a alguien no lo va a salvar 'ni la santísima'. (ver 'No lo saiva ni la Santísima'; 'No lo saiva ni la Manífica')

La'sarandela: (Las arandelas) Título de un merengue tradicional.

La Segunda: En el juego de béisbol, nombre de la base y del jugador que cubre la segunda base.

La soga se rompe poi lo ma fino: (La soga se rompe por lo más fino [o por la parte más delgada]) Simbolismo por la convicción de que el más pobre o débil es el que siempre pierde, o el que más sufre.

La sonaba: Que se acostaba con la mujer de que se habla. 'Dicen que Pedro la sonaba'.

L'asuca: (la azúcar; es femenino) (C: el azúcar; es masculino) Aparenta masculino en 'Juanita pásame'l'asúca'. Pero no lo es en 'L'asúca ta cara'. (ver 'Ta')

Lata: Vasija de metal para líquidos. Palo o vara largo. Hombre o mujer muy altos. 'Esi'hombre pareci'una lata.' Conversación aburrida.

Lataso: (C: latazo: discurso largo; lata; fastidio) Talvez de 'látigo'. Comunmente se refiere al golpe dado con una correa (correazo). 'Juaniquito no te ponga de maicriao, o a que te doy do latazo.' (ver 'Maicriao' ; 'O a que te…')

La teisera: (La Tercera) En el juego de béisbol, nombre de la base y del jugador que cubre la tercera base.

Latigaso: (Latigazo) Golpe dado con el látigo. Dolor punzante y pasagero, de cualquier parte del cuerpo, casi siempre en las extremidades. 'Yo tengu'aigo en'ese deo poique me dan uno latigaso muy fueite'.

Latío. Latido: (de 'latir', el corazón, etc.) Se dice de un golpe o un absceso, casi siempre en las extremidades, cuando da la sensación de dolor intenso por un instante, pero de una manera regular. Es debido a los latidos del corazón. '¡Ete nasío se me va ponei ma malo poique me ta dand'uno latíiio'! Cuando se extiende la 'i' es que el dolor de los latidos se sienten más intensos. 'Ete goipe en'ei deo goido me ta dand'uno latido fueite'. Cuando se dice 'latido' se le da más intensidad a la sensación de dolor. (ver 'Nasío')

La tre calienti'ai día: (Las tres calientes al día) Se dice de alguien cuyo trabajo solo le da para las tres comidas del día. 'Yo creo qu'ese trabajito solo le da pa la tre calienti'ai día'.

La tre ce: (Las tres Cs) Se dice de alguien que vive con su novia en casa de los padres de ella. Se refiere a **C**asa, **C**omida y **C**ulo. 'Pedro e j'un gallo. Tiene la tre ce'. (Ver 'La cuatro ce')

La tusa limpia, raca y desenreda: (La tusa limpia, rasca y desenreda) Dicho chistoso referente al efecto de la tusa durante su uso para limpiarse el ano. (ver 'Tusa')

Lau'e: (Lados de) 'Juansito se mudó pa lo lau'e Saisedo'.

Lavadero: Lugar a la orilla del río donde las campesinas van a lavar la ropa; casi siempre hay piedras grandes que se usan para golpear la ropa repetidamente después de enjabonadas para que bote el sucio. (ver 'Chapiai')

Lavagallo: El agua sanguinolenta que queda cuando se lava un gallo después de una pelea. Popularmente también se le llama así al ron de mala calidad.

Lavai: Lavar. (ver 'Se dejó lavai')

La mit'e mucho: (La mitad es mucho) Se dice acerca de algo tan bueno que aún la mitad ya es mejor que el todo.

La veidá e que...: (La verdad es...) Expresión que indica que algo que se ha hablado antes, sobre todo acerca de alguien, es verdadero. ' La veidá e que José'duro'. (ver 'duro').

La veiguenza: (Las vergüenzas) Se dice de las partes privadas del cuerpo. Los genitales.' 'Juansito tien'un rompío en lo pantalone que se le ven jata la veiguenza.' (ver 'Rompío', 'Jata')

La vela: Se refiere a velar el difunto.

La vida buena nu'e mala: (La vida buena no es mala) Esta expresión es la defininición más simple de lo que la buena vida.

La vida no repolla: (Comparación con el repollar de las plantas, formar nuevas hojas y ramas) Se dice de alguien que gasta sin control todo lo que tiene, como si fuera a vivir de esa manera para siempre. Indica que uno debe controlarse en esta vida, porque esta vida no forma o repolla otra.

La yagua que ta p'ai burro no se la comen la vaca: Esperanza de que si algo le corresponde a uno, nadie se va a adueñar de ello.

Le aserruchó'ei palo: Lo hace el que calumnia a otra persona, y a esta la botan del empleo.

Lebrillo: Especie de bandeja de madera, redonda o ligeramente ovalada, hecha a mano en los campos de las raices anchas del árbol amapola. Dependiendo de su uso, varía de unos doce a veinticuatro pulgadas de ancho, con bordes ligeramente elevados. Se usa para transportar ropa de lavar en el río, frutos y vegetales. También se conoce como 'Batea'.

Le cantó la trej'y una: (Le cantó las tres y una) Cuando alguien insulta a otro sin causa, este le contesta declarándole sus defectos y fallas personales y familiares. 'Juansitu'y Pedro se fajaron a dicutí anoche, y Juansito le cantó la trej'y una a Pedro.' (ver 'Sacai lo trapo j'ai soi' y 'Fajaise')

Le canto la un'y una. Le cantarno la un'y una: (Le canto la una y una. Le cantaron la una y una) (ver 'Le cantó la trej'y una')

Le cantó tre veidade: (Le cantó tres verdades) Lo que le dice una persona que se siente ofendida a la que ha hecho comentarios acerca de ella. 'Juansito se puso brabo con Pedro y le cantó tre veidade'. (ver 'Brabo'; 'Cantai')

Le cayén a palo: (Le cayeron a palos) Alguien que en un pleito le cayeron a garrotazos.

Le cayén gusano o Le cayeron gusano: (Le cayeron lo gusano) Se dice de alguien que ha estado en buenas económicamente y lo ha perdido casi todo, y ya no puede juntarse con los amigos tanto como antes. (ver 'Le cayén lo mime atrá')

Le cayén a palo o Le cayeron a palo: Le dieron muchos golpes con garrotes o pedazos de madera.

Le cayén la queresa o Le cayén queresa: Se dice de la persona que ha pasado por muchas dificultades, principalmente económicas en los últimos tiempos. 'Ai pobre Ventura parece que le cayén la queresa.' (ver 'Queresa'; 'Cayén')

Le cayén lo mime atrá: (Le cayeron los mimes atrás) Persona que le ha llegado una racha de mala suerte, sobre todo en cuestiones financieras. 'A Juansito le cayeron lo mime'. (ver 'Mime'; 'Atrá')

Le cayó la yagu'e cenisa: Se dice de alguien a quien le han ocurrido muchos inconvenientes, o recibido recientemente varias malas noticias de seguido.

Le cayu'ei moquillo: (Le cayó el 'moquillo') Se dice de alguien que ha estado por mucho tiempo en buenas condiciones económicas o políticas, y está pasando por un período de problemas financieros o políticos. "¡Njú, yo creo qui'a Ventura le cayu'ei moquillo!'

Le cayu'ei piogán: (Le cayó el piogán) Se dice de la persona que le ha llegado una racha de mala suerte, sobre todo económica. También en política cuando alguien ha perdido varias elecciones. (ver 'Piogán')

Leche: La leche de las mamas de los mamíferos. Semen. (ver 'Qué leche tiene ...')

Leche coitá: (Leche cortada) Esto es leche cuajada o coagulada por efectos del calor o un ácido (jugo de limón). 'Yo no me bu'a tom'esa leche, esa leche ta medio coitá'.

Leche con piña mata o Leche con piña envenena: (Leche con piña mata o Leche con piña envenena) Esto era una antigua creencia campesina de que no se debía comer (o tomar) leche con piña porque envenenaba. En tiempos modernos esta frase, así como 'guineo con leche envenena' (ver), se usa a modo de chiste.

Lechero. ¡Qué leche tiene ...!: Persona que vende o reparte la leche. También se aplica a alguien que tiende a conseguir casi todo lo que quiere, o que tiene 'suerte'. 'Juansito si'e lechero, vendió ei solai carísimo y ahora se sacó cien peso en la quiniela'. '¡Qué leche tiene Juansito!' (ver 'Quiniela')

Lechón: Cerdo que todavía mama (lechoncito). También el cerdo joven. (ver 'choncho')

Lechosa: Se le llama así al árbol del papayo y su fruto, talvez porque cuando se le hace un corte al árbol o la fruta cuando está verde, supura un líquido lechoso y espeso.

Lechuza: Ave rapaz nocturna. Mujer fea. 'Esa mujei parece una lechuza. ¡Y sueite que tiene pa'lo novio!'

Le cogió con ... : (Le cogió con ...) Se dice de la persona que se ha apegado a alguien o algo. 'A doña Juana li'ha cogío con andai vetía de negro'.

Le cogió ei lao flaco: (Le cogió el lado flaco) Le encontró la parte sicológicamente débil al otro, y se e se está aprovechando de él cuantas veces quiere para su beneficio.

Le cogió lo güeso: (ver 'Gueso; 'Le cogió ei lao flaco')

Le cogió tirria. Le tiene tirria: ('Tirria' es castizo por 'odio', ojeriza) 'Tirria' da la impresión de ser localismo. 'Juansito le tiene tirria ai perru'e Mon'. 'Mon le tiene tirria a Pedro'.

L'ecuridá: (La oscuridad) 'Ei se fue taide, ya con l'ecuridá'. (ver 'Ei')

Le dejaron ei claro. L'hisién ei claro: (Le dejaron el claro. Le hicieron el claro) Se dice de la persona que por alguna razón, quizá porque se ha enojado (u otras situaciones comprometedoras) lo dejan solo en el lugar de reunión, fiesta, etc. 'Anoch'en la fieta li'hisién ei claro a Ventura'. (ver 'L'hisién')

Le dien bola negra: (Le dieron bola negra) Se dice de alguien que ha sido excluido de una sociedad, o no ha sido invitado a un evento.

Le dien bola negra: (Le dieron bola negra) Se dice de alguien que ha sido excluído de una sociedad, o no ha sido invitado a un evento.

Le dien neivio o Le dien lo neivio: (Le dieron nervios. Le dieron los nervios) Se dice de alguien que se puso muy nervioso, y talvez hubo que llevarlo al hospital o al médico.

Le dien poi la ven'ei guto: (La dieron por la vena del gusto) Se dice de alguien a quien se le ha preguntado algo sobre el tema que más le gusta hablar, o que más sabe. '¡Mira a Juansito, no si'a parao di'hablai; parese que le dien poi la ven'ei guto'.

Le dien un viaje: (Le dieron un viaje) Le dieron un golpe fuerte.

Le diju'hata barriga veide: (Le dijo hasta barriga verde) (ver 'Barriga verde')

Le dio ei mai: (Le dio el mal) Se dice de las mujeres, cuando en los velorios les dan ataques nerviosos, gritan sin control y tienden a caerse si alguien no las sostiene.'

Le dio la gota: Es lo mismo que 'Le dio ei mai.' (ver)

Le dio la mala: Se refiere a alguien que le ha dado instrucciones erradas a otro para que el proyecto no le salga bien. También se refiere al que ha engañado a otro en un negocio. 'Pedro le dio la mala a Juansito en'ese negocio'.

Le di'un di'atrá p'alante: (Le dio un 'de atrás para adelante') Se dice del que se ha enojado de repente y comienza a decir cosas, muchas veces insultantes. 'Anoch'en la fieta le di'un di'atrá p'alante a Juansito que desafió a Julio a peliai'. (ver 'Alante')

Le di'un insuito: (Le dio un insulto) (C: Insulto= pérdida de sentido o movimiento) Se marió. Perdió el conocimiento momentáneamente. 'A Juanita le di'un insuito en la vela dei difunto.'

Leei la tasa: (Leer la taza) Después de tomar café, se pone la taza boca abajo hasta que se secan los chorreaditos de café en la pared de la taza. La creencia es que estos representan el futuro del que tomó el café. En los campos hay 'leedoras de tasas'. 'Jovina sabe leei la tasa'.

Le faita tutú: (Le falta tutú. Tutú= cerebro) Se dice de la persona que no sabe hacer las cosas que son fáciles de hacer para la mayoría. Que olvida fácilmente. 'Yo creo qui'a ese muchacho le faita tutú'

Lefi. Lefil: (ver 'Ei lefí')

Légamo: (C: lodo. Parte arcillosa de las tierras) Especie de alga de color verde rojizo, de consistencia suave, que crece en las piedras y rocas de los ríos. En las chorreras del río crece como una cabellera, hasta cerca de una yarda de largo. La persona que se deja engañar fácil es un 'come légamo'. (ver)

Legón: (Leghorn) Especie de gallinácea doméstica, poco más grande que el promedio, y de mucha carne. Se le llama también 'pelón'o 'pelona'. (ver 'Pelón')

Le gutan jata la j'ecoba: Se dice del hombre que se enamora de cualquier mujer aunque sea fea y mal ataviada.

Le gutan lo mango bajito: (Le gustan los mangos bajitos) Se dice de la persona que prefiere hacer las cosas fáciles, sin esfuerzo alguno. Referencia al fruto del mango, que se alcanza con la mano, sin treparse al árbol. 'A Pedro nomá le gutan lo mango bajito'. (ver 'Mango')

L'heiman'e...: (La hermana de...) 'Es'e l'heiman'e Juansito'.

L'heimanu'e... o **El'heimanu'e:** (El hermano de...) 'L'heimanu'e Juansito. El'heimanu'e Juansito"

Le matu'ei gallo en la mano: (Le mató el gallo en la mano) Se refiere a una respuesta tan contundente que deja al acusador sin palabras. Talvez simbolismo del gallo de pelea que le 'vuela' al otro gallo mientras está en manos del dueño y lo mata de un espolazo. (ver 'Epuelaso')

Lembo: (C: embarcación pequeña) Algo más grande que el promedio para su clase o especie. Persona grandulona. 'Qué lembo ej'esi'ombre'. (ver 'Ñeplo' y 'Ñongo') Exageración del tamaño de lo que se cuenta.

Le mentó la mamá o **su mamá:** Quiere decir que le dijo 'hiju'e puta' (hijo de puta) (ver 'Hiju'e puta')

Le metieron dosienta línia: (Le metieron doscientas líneas) Estudiante de la escuela primaria que es castigado con escribir en un cuaderno la misma frase en cada línea doscientas veces. (ver 'Dosienta')

Lengua pesá: (ver 'Etropajosa (lengua)')

Lengua etropajosa: Se dice de la persona que mezcla las palabras y no se le entiende bien lo que habla, con frecuencia debido a embriaguez alcohólica.

Lengua laiga: Persona que convierte en chisme cualquier comentario insignificante que haya oído. (ver 'Lengu'e bíbora' y 'Lenga viperina')

Lengua sucia: Persona que siempre usa malas palabras en su conversación.

Lengua viperina: El mismo significado de 'Lengü'e víbora'.

Lengüe mime: (Lengua de mime) Puñal largo, de punta muy fina, que penetra con gran facilidad. (ver 'Mime')

Lengüetera. Lengüetero: Persona chismosa. (ver 'Lengü'e bíbora', 'Lengua viperina' y 'Lengua laiga').

Lengüina: El mismo significado de 'lengüetera', pero usando un vocablo menos burdo.

Lengü'e víbora: Persona, casi siempre mujer, que con frecuencia levanta calumnias. 'Juanita tieni'una lengü'e víbora.' (ver 'Lengua viperina')

Lengüita: El mismo significado de 'lengüetera, pero haciendo uso de un vocablo menos burdo.

León: El animal felino, león. Hombre que triunfa fácilmente en los negocios, y se ha sabido que a veces engaña. 'Juansito ej'un león en lo negocio, peru'hay que cuidaise d'ei.' (ver 'Ej'un'; 'D'ei')

L'epaida: (La espalda) 'Me duele l'epaida, parece que cogiun'aire anoche'. (ver 'Cogei un'aire')

Le paitién ei pecueso: (Le partieron el pescuezo) Quiere decir que le dieron muerte por política, casi siempre secretamente y en los tiempos de dictadura. 'A Isidro Gumán le paitieron ei pecueso poi t'hablando en contr'ei gobieno.'

Le par'ei coche: (Le paré el coche) Ponerle paro a una conversación hostil. 'Pedro empezó a hablaime mai de mi familia y yo le par'ei coche.' (ver 'Mai' y 'Mataile ei gallu'en la mano')

¿Le po'dai?: (¿Le puedo dar?) Preguntando si ya le puede dar a un clavo con el martillo, o a una bola de golf (al cibaeño le gusta jugar golf).

Le pusieron la batola: (Probablemente de 'bata': prenda de vestir larga que usan las mujeres para estar en casa) El hombre que no puede salir de casa para reunirse con los amigos porque la esposa no lo deja. Dicho con ironía: 'A Juansito li'han puet'una batola laiga, ya nu'hay quien lo vea.'

Le pusieron la j'eposa: (Le pusieron las esposas) 'A Pedro se lo llevó la guaidia anoche y le pusieron la j'eposa' o '...con la j'eposa pueta.' (ver 'La guaidia')

Le pus'una cacarita: (Le puso una cascarita) (Ver 'Ponei una cacarita')

L'equina: (La esquina) 'T'epero en l'equina'. (ver 'T'epero'ñ 'Hacei equina')

L'equin'e los'ojo: (La esquina de los ojos) Extremo externo de los ojos. (ver 'Mirai con la rabiz'el ojo')

Le sacaron lo trapoj'ai soi: (Le sacaron los trapos al sol) (ver 'Sacai lo trapoj'ai soi')

Le sale. Le salió: (Le queda. Le quedó) 'A Juansito le salen bien la cosa'. Cuando alguien hace algo muy bien sin tener el conocimiento apropiado. Comentario: '¡Oye Juansito eso te salió muy bien!' Respuesta: 'Que me salió no, e'que yo se'. (ver 'E...')

Le salió ei tiro poi la culata: Se aplica a alguien que iba muy seguro a emprender un negocio y fracasó; o alguien que creía que la muchacha estaba enamorada de él y cuando la invitó a salir ella se negó.

Le sali'ún mueito. Me sali'un mueito: (Le salió un muerto. Me salió un muerto) Creer que se ha visto el espectro de alguien que ha muerto. 'A Juancito le sali'ún mueito anoche'. (ver 'Mueito')

Le sumb'ei mango: (ver '¡A eso le sumba!' '¡A eso le sumba la manigueta!')

¡Le sumba la manigueta! ¡Le sumb'ei mango!: (¡Le zumba la manigueta! ¡Le zumba el mango!) (ver '¡A eso le sumba!', y estas mismas frases precedidas de 'A eso')

Le ta sacandu'ei jugo: (Le está sacando el jugo) Se refiere a alguien que está viviendo a costa de otro. 'Juansito le ta sacandu'ei jugo lo papá' (ver 'Lo t'eprimiendo')

Le tiene tirria: (C: tirria= odio u ojeriza alguien) Que le tiene odio u ojeriza a alguien. 'Tirria' se ha considerado por muchos de nosotros como localismo, pero es castizo.

Le tir'una cacarita: (Le tiró una cascarita) Significa poner disimuladamente un tema, para que otro, de quien se sabe que conoce un secreto que todos quieren saber, se desate a declarar todo lo que sabe. Simbolismo con la cáscara de guineo maduro, que quien resbala en ella se cae.

Le va cotai que ...: (Le va a costar que ...) Se dice de alguien que no está haciendo el esfuerzo necesario para completar una faena, o ese ha envuelto en un negocio que no avanza o mejora. 'A Juansito le va cotai que depieite y eche p'alante en'ese negocio'.

Levantáisela: (Levantársela) Del verbo 'levantar', pero refiriéndose aquí a que la enamorada lo aceptó como novio. Siempre entre jóvenes. (ver 'Dai ei sí')

Levantaise con'ei cantu'ei gallo o **...ai cantu'ei gallo:** (levantarse con el canto del gallo o ...al canto del gallo): Levantarse muy temprano; de madrugada. (ver 'Acotaise con la gallina')

Levant'una paja: (ver 'No levant'una paja')

¡Le va pesai! o **¡Te v'a pesai!:** (¡Le va a pesar!) Advertencia que se hace cuando se encuentra algo mal hecho en la casa. También a los niños si no traen buenas notas de la escuela. '¡Si tu no saca buena nota eti'año te va pesai!'

Ley y **Trampa**: (ver 'Ei qu'hiso la ley hiso la trampa')

Liadoi: (de 'Lío') Engañador. 'No te met'en negocio con Pedro. Ese e'j'un liadoi.'

Liao. Liá. Lián: (del verbo 'liar'= amarrar; envolver) 'Juansito y Pedro ta liao en'un negocio secreto.' Juanita ta liá con'esi'hombre que vino de Moca.' 'Mon y Jesú se lián a lo puño anoche.'

Li'arrac'un riñón: (Le arrancó un riñón) Se dice de la persona que le vendió algo extremadamente caro a otra, o del que engaña vilmente a otro.

L'iba: (Le iba) '¡Tan bien que l'iba a Juansito en'ese negocio!'

Libiano: (Liviano) Objeto de poco peso. Persona de buen carácter, fácil en el trato; que raramente se enoja. 'Juan es una persona liviana'. (ver 'Me cai bien')

Libre, vamo: (vamos libres) En un juego de mesa entre varias personas, dos de ellas declaran antes empezar el juego 'tu'y yo vamo libre': el que gane reparte la ganacia entre los dos.

Libro: (ver 'Si este libro se perdiere...')

Lico, lico, lico: (ver 'Hacei lico')

Li'ha: (Le ha) (ver 'Li'han')

Li'há cogío con...: (Le ha cogido con...) Adquirir un hábito, y continuar con él por mucho tiempo, como enojarse fácilmente; hablar acerca del mismo tema con frecuencia, etc. Molestar a la misma persona con frecuencia. 'A Juansito li'ha cogío con Pedro'; 'A Juanita li'há cogío con leei novelita di'amore ahora.' Se usa también para objetos inanimados: 'A ete carro li'ha cogío con botai aceite'. 'A eta cafetera li'ha cogío con dañaise ca'tre mese.' (ver 'Nomá vive...'. 'Li'ha'. 'Ete'; 'Ca')

Li'ha dao agu'a bebei: (Le ha dado agua a beber) Se dice de alguien que le está dando mucho trabajo tratando de hacer o arreglar algo. 'Esi'aparato li'ha dao agu'a bebei a Juan'.

Li'ha dío. Li'ha ido: (Le ha ido) 'A Juansito li'ha ido bien en'ei negocio ese.' 'Saludo Jovina. ¿Cómo li'ha dío?'

Li'han. Li'ha: (Le han. Le ha)'A Juansito li'han dicho jata barriga veide.' (ver 'Jata' y 'Barriga veide')

L'hic'ei... o L'his'ei: (Le hice el...) 'Ya yo l'hicei ñu a la soga'.

L'hisién ei fo. L'hisieron ei fo: (Le hicieron el fo) (del castizo ¡Fo!= expresión de asco) No lo invitaron al baile o a la reunión. 'A Juansito l'hicién ei fo pa la fieta di'anoche'. (ver "L'hicién'; 'Fo'; 'Pa')

L'hisién: (Le hicieron)

Liíto: Lío pequeño. (ver 'Tienen su liíto')

Lija: (ver 'Dai lija')

Limao: (de lima y limar) Persona difícil de engañar. 'Juansito ta limao. A ese nu'hay quien lu'engañe.'

Limonero: (C: Limonero= árbol que su fruto es el limón. Limosnero= pordiosero, y el que da limosna) Limosnero. Pordiosero.

Limpia. Limpio: Lugar u objeto que no está sucio. Mucho de lo que sea, casi siempre en situaciones agresivas. "Mire, esa do gente se fajaron a puñalá limpia jata que cayeron ai suelo.' 'Se fajaron a puño limpio.'

Limpiai: (Limpiar) Asear; quitar suciedad. Cuando se come, no dejar nada en el plato, 'A Pedro le gutó tanto que limpió ei plato.' Cortar un ave o un pescado antes de cocinarlo a lo largo de la parte ventral y sacarle todos los órganos que no se van a comer. Quitar todas las hierbas de un conuco. 'Limpia ese pollo bien, pero no bote la molleja y l'asadura. (ver 'Conuco')

Limpiaise: (Limpiarse) Limpiarse entre las nalgas después de defecar. (ver 'Tusa')

Limpianío: (Limpia nido) Persona que roba cosas de poco valor, y muchas a la vez. Referencia a los perros 'güevero' que se comen todos los huevos de los nidos de gallinas: 'limpian' el nido. (ver 'Güevero'; 'Limpiai')

Línia: Servicio de vehículos para el público de una ciudad a otra o dentro de la ciudad.

Linse: (C: lince= gato salvage) Persona astuta y engañadora. '¡Ese Juansito ej'un linse!'.

Lío: Envoltura sin orden. Cordón enmarañado en si mismo. Problema difícil de salir en que se ve envuelto una persona. Se dice de 'amores escondidos'. (ver 'Liíto'; 'Tienen su liíto'; 'Tollo'; 'Amor'econdío'; 'Si'aim'un lío'; '¡Y qué lío ej'ete!')

Liogábaro. Leogábaro: Se dice de alguien que en una repartición o ndgocio toma mucho más de lo que le crresponde. Alguien que engaña. 'Ese Pedro e j'un liogábaro.'

Liriai: (Lidiar) Tratar con personas difíciles y molestosas. 'Juansito e'jei que sabe liriai con'esa gente; yo no doy pa eso.' (ver 'E'jei'; 'Pa')

Litera: Especie de camilla portátil compuesta de dos varas gruesas a los lados de una banda larga de lona, donde se llevaban los enfermos al hospital y los muertos del campo al cementerio. 'Ei pobre Juansito se puso muy malo anoche y lo llevaron en litera ai pueblo.' (ver 'Parigüela' y 'Lo llevaron en parigüela.')

Lito: (C: listo= astuto; inteligente) Terminado. Completo. Hábil. Preparado para empezar algo. Muy cansado. 'Ese trabajo e tan fueite que me dejó lito'. (ver 'Litu'y seivío')

Litu'y seivío: (Listo y servido) Muy cansado. 'M'he pasao ei día subiendu'y bajando esa cueta; toy litu'y seivío'.

Liviano: Objeto que no pesa mucho. Se dice de la persona fácil de tratar y simpática. (ver 'Pesao')

Llenaise de ... : (Llenarse de ...) En el reflexivo se refiere a haber comido más de lo necesario. '¡Yo me llené d'ese sancocho!'. '¡Me siento lleno depué de comei tanto!'

Llevaise de encuentro: (Llevarse de encuentro) Se dice cuando alguien va caminando rápido o corriendo, y choca con otra persona u objeto, aún sea ligeramente. '¡Adió, y Juansito no venía caminando apurao, y casi me lleva d'encuentro!' (ver 'Caminando apurao')

Lo: (Los) 'Mañana ej'ei di'e to lo santo'. (ver 'Ej'ei'; 'Di'e'; 'To')

Lo. Lodo: (Lodo) 'Ei camino se llenó de lo depué de la jarinita vieja esa!' (ver 'Llenaise de'; 'Vieja')

Lobanillo: Tumor no doloroso y benigno debajo de la piel, en la cabeza u otra parte del cuerpo. Es castizo, pero con frecuencia se cree que sea localismo.

Lo barato sale caro: (Lo barato sale caro) Indica que los objetos que se compran por un precio muy bajo comparado con su valor regular casi siempre se dañan en poco tiempo, y hay que pagar para arreglarlos.

Lo'biá...: (Lo había) Yo lo'biá hecho ya, pero naiden se dio cuenta. (ver 'Naiden')

Loca: Mujer que ha perdido la razón. Hombre afeminado. (ver 'Locón')

L'ocasión la pintan caiba y si'agarra pu'ei cabello: (La ocasión la pintan calva y se agarra por el cabello) Se dice cuando se escucha acerca de las oportunidades que ha tenido alguien conocido de haber hecho un buen negocio y no las ha aprovechado.

Locón: (de 'loco') Hombre afeminado. (ver 'Loca')

Loco con'eso: Cuando alguien se apega en demasía a algo, ya sea un juego, comida, lugar, etc. 'Juansitu'e loco con la pelota'. (ver 'Pelota' y 'La pelota')

Lo cogieron de pendejo: Se refiere a alguien que lo han engañado vilmente y con facilidad.

Lo cogieron mansito: (Lo cogieron mansito) Se refiere a alguien que ha sido descubierto desprevenidamente, haciendo algo que él no quería que se supiera.

Loco poi...: (Loco por...) Que tiene muchos deseos de hacer algo: ir a un lugar que hace tiempo que no visita, o comer algo que hace tiempo que no come. 'Toy loco poi voivei a Nueva Yoi'. 'Toy loco poi comeimi'un sancochu'e gallina hecho poi Juana.' (ver 'Jecho' y 'Voivei')

Loco sueito: (Loco suelto) Se dice de la persona que socializa generalmente bien, pero algunas veces actúa de una manera ligeramente anormal, hablando solo, y pasa días que no habla con nadie. 'Y di'onde salió ese loco sueito'.

Lo comío poi lo seivío: (Lo comido por lo servido) Se dice de la persona que recibe un sueldo muy limitado; o no gana más que para la comida. No hacer más de lo que es su deber. Que no ayuda a menos que le paguen. A este último se le llama 'un interesao' (ver 'Interesao')

Loco viejo: Persona que se ríe de cualquiera o de cualquier cosa sin razón ninguna, y se pasa el tiempo pidiendo dinero. 'No li'haga caso, ese'jun loco viejo.' (ver 'Viejo')

Locrio: Plato dominicano que consiste en arroz cocido, ligeramente húmedo, con carne, sazones y colorante de bija. (ver 'Bija'; 'Mojao')

Lo da poi cácara: (Lo da por cáscara) Mujer que se acuesta fácilmente con hombres. La implicación es que la cáscara, de huevo, árbol, etc, es de poco ningún valor. (ver 'Lo da poi na'; 'Cácara')

Lo da poi na: (Lo da por nada) Dicho entre hombres, refiriéndose a una mujer que con demasiada frecuencia anda con diferentes hombres y se acuesta con ellos. 'Caimita lo da poi na' (ver 'Caimita'; 'Esa lo da')

Lodasai: (C: lodazal) Sitio o camino cubierto de lodo.

Lo dejaron: (Lo dejaron) Se dice del estudiante, especialmente de escuela primaria, que es castigado con no dejarlo salir de la escuela junto a los otros a la hora regular de salida. 'A Juanito lo dejaron hoy'. (ver 'Le metieron dosienta línia')

Lo devoiví juyendo: (Lo devolví huyendo) Algo que se devuelve rápidamente. Aquí se refiere a una compra, que al llegar a casa no le convenía por alguna razón, y la devolvió el mismo día de la compra, o probablemente días después.

Lo grano: (Los granos) (castizo: granos de vegetales) Testículos.

Lo'jatabale: (Los atabales) Música rítmica de tambores que se toca por las calles en las procesiones religiosas durante la Semana Santa. (ver 'Lo Palo')

Lo j'elemento: (Los elementos) El cielo. Por los cielos. 'Esi'aroplano diba poi lo'j'elemento.'(ver 'Diba' y 'Aroplano')

Lo lavaron. Se dejó lavai: Lo engañaron. Se dejó engañar. 'Juansito se dejó lavai en'ese negocio.'

Lo limpiaron: Exageración acerca de alguien que le han robado algunas cosas de la casa. 'A Juansito se le metieron anoche y lo limpiaron.'

Lo llenó com'una longanisa: Lo insultó y le dijo muchos dichos. Es decir, como se hace una longaniza, rellena a tensión de carne sazonada.

Lo llevaron en parigüela o **Se lo llevaron en parigüela:** (Lo llevaron en parihuela) Esta expresión se usa en casos de pleitos, cuando le han dado golpes a alguien y ha caído al suelo inconsciente momentáneamente, aunque no se lo hayan llevado en parihuela o litera. (ver 'Parihuela' y 'Litera')

Lo maduru'a goipe: (Lo maduró a golpes) Se dice de alguien que le dio una paliza tan fuerte a otro que este quedó hinchado y amoratado en varias partes del cuerpo. Es referencia a las frutas que se ablandan cuando están maduras.

Lo mandi'ai carajo. Lo mandu'ai carajo: (Dicc. RAE: carajo= pene; miembro viril) (Lo mandé al carajo. Lo mandó al carajo) Respuesta a un insulto o falta de respeto. 'Se puso de maicriao conmigo y lo madi'ai carajo.' (ver 'Carajito', 'Carajete')

Lo má mínimo: (Lo mínimo) Exageración de algo en poca cantidad; con énfasis en 'ma'.. 'Ei me dio lo má mínimo que pudo'.

Lo matán o **Lo mataron:** Darle muerte a alguien. En el juego de béisbol, cuando el jugador contrario le pega el guante con la pelota al corredor que viene a 'robarse' esa base. 'A Juansito lo matán en segunda base anoche. (ver 'Ao' y 'Robaise')

Lombrise: (De 'Lombriz') Parasito intestinal en forma de gusano largo y delgado. Con este nombre se llama a cualquier parásito intestinal. 'Ese muchacho si ta barrigón. Taivé tiene lombrise.' (ver 'Taivé')

Lom'e comía: (Loma de comida) Se dice del plato que se le ha servido alguien, que está rebosando y abultado hacia arriba de comida. '¡Qué lom'e comía se ta comiendo esi'hombre.'

Lo moquito tan bravo: (Los mosquitos están bravos) Se dice cuando los mosquitos están picando mucho. 'Vámono di'aquí que lo moquito tan bravo'.

Lo muchacho hablan cuando la gallina méen: Se les decía antes a los adolescentes cuando interrumpían una conversación entre adultos, opinando en ella o haciendo preguntas. 'Cállate, que lo muchacho hablan cuando la gallina méen.'

Longana: Longanisa (ver) (Also delete z from 'Longaniza' in text, and replace by s)

Longaniza: Salchicha larga de carne de cerdo. Cualquier cosa o línea de gente muy larga. 'Yo me devolví poique esu'er'una longanise'gente demasiao laiga.' (vdr 'Devoivei')

Lo nueve día: (Los nueve días) Se refiere a los nueve días de rezos que siguen al entierro del difunto.

Lo odeo a mueite: (Lo odio a muerte) Se refiere a un odio intenso y permanente. Pero no estoy seguro si es 'a la muerte' del que odia o del odiado.

Lo Palo: Música rítmica de tambores que se toca (quizá no tanto en los últimos tiempos) por las calles, durante las procesiones religiosas, sobre todo en Semana Santa. (ver 'Lo'j'atabale')

Lo papá: (Los padres) Padre y madre. 'Juansito ya no vive con lo papá dei'. 'Salió a lo papá'.

Lo peone: (C: Los peones) Se denomina así a los jornaleros que trabajan en las fincas, y que se les paga por día de trabajo; casi siempre los viernes al final del día.

Lo pie no me dan: Se refiere a cansancio, sobre todo en las piernas debido a reciente actividad física. Cuando una señora ha bailado mucho en una fiesta, o no quiere bailar, cuando es invitada dice 'Gracia, pero e que lo pie no me dan'.

Lo pollito dicen: (ver Sección 'Cuentos Cantados de Niños')

Lo puso por'ei suelo: (Lo puso por el suelo) Le dijo a alguien palabras humillantes.

Lo que no mata engoida: (Lo que no mata engorda) Frase con la que se incita a alguien a comer más de algo, o lo que ha sobrado de una comida. (ver 'Pa que se pierda que mi'haga daño')

Lo que no se v'en grito se v'en gemido: (Lo que no se va en gritos se va en gemidos) Se refiere generalmente a las finanzas personales, cuando alguien se queja de que además de gastos necesarios (gritos), hay otros más pequeños pero frecuentes (gemidos), como una ayuda aquí y allí a los familiares lejanos, vecinos, amigos, etc.

Loquera: (C: la que cuida locos) También locura de enamoramiento, y otros hábitos exagerados. 'Pedro tiene una loquera con Ramonita'.

Lo que se llama ... o Esu'e lo que se llama ...: Se usa para darle énfasis y exagerar lo que se dice. 'Esu'e lo que se llama un cachu'e mujei.' (ver 'Cacho')

Lo que ta de Dio ta de Dio. Lo que ta de Dio viene: (Lo que está de Dios está de Dios. Lo que está de Dios viene) Se refiere a la inevitabilidad de ciertas cosas, buenas o malas. A veces se aplica a situaciones que el hablante ignora que eran evitables, o, si es un problema, para hacer sentir bien al receptor.

Lo que va viene: Se cree que aquel que hace un mal a alguien, eventualmente la paga en una forma u otra. Se usa también con el significado de que el bien que se hace, con otro bien se paga.

Lo qui'hay que ...: (Lo que hay que ...) 'A ese muchacho lo qui'hay que daili'una pela'.

Loquito. Loquita: Hombre afeminado. Muchacha que cambia de novios con frecuencia.

Lo regaño: (Los regaños) Se le llama así a los intestinos y otras vísceras cuando salen del abdomen debido a una herida accidental. ¡A esi'hombre le sacaron lo regañoj'afuera de tre puñalá.'

Loro viejo no aprendi'hablai: Después de viejo se hace difícil aprender cosas nuevas. Según dice la rima: 'Ei qui'aprende viejo y con pelo abajo, aprende malo y con trabajo'; como decía nuestro gran amigo Dr. Malelo Pellerano.

Lo sacó dei nío o La sacó dei nío: Se refiere a una persona tranquila, que participa poco o nada en actividades sociales, y un día, cuando alguien la saca pasear y fiestar, de allí en adelante sigue saliendo. Casarse con una muchacha muy joven. (ver 'Nío')

Lo sancadilló: (Lo zancadilleó) Se dice del que traicionó a otro en un negocio, etc.

Lo tengo ma j'arrib'ei moño: (Lo tengo más arriba del moño) (ver 'Ma j'arrib'ei moño')

Lo t'eprimiendo: (Lo está exprimiendo) Se refiere a alguien que vive a costa de otro, o que le pide prestado con frecuencia y no le paga. (ver "le ta sacandu'ei jugo')

Lotería: (ver 'Ei que juega ...')

Lo tiene amarrao: (Lo tiene amarrado) (ver 'Amarrao')

Lo tiene bien pueto: (Los tiene bien puestos) Se refiere a los testículos. Cuando un hombre no le teme a nada, o resuelve problemas extraordinarios, se dice 'Eso nu'e que na, ese Ventura lo tiene bien pueto.' (ver 'Nu'e que na' y 'Timbale')

Lo tienen arreglao: (Lo tienen arreglado) Se refiere a un negocio, lotería, etc., que se sospecha que los dueños o directores le han hecho arreglos o componendas para engañar al público o clientes.

Lo tieni'atrá de l'oreja: Algo que se hereda, casi siempre con una connotación que no es deseable para el aludido, la forma de una parte del cuerpo, el color de la piel, etc. 'Tu ve a Juansito así, pero ei tien'ei negro atrá de l'oreja.'

Lo trancaron: (De trancar: encerrar) Se refiere a alguien que ha sido encarcelado. 'A Sebatián lo trancaron poique se le reboitió a la guaidia.' (ver 'Revoitiaise' y 'Guaidia')

Lo vide con mi mimos'ojo: (Lo vi con mi mismos ojos) Expresión que tiende a probar la veracidad de lo dicho. '¡Nu'e que taivé no. Y lo vide con mi mimos'ojo!' (ver 'Taivé')

Lu: (Luz) 'Dame lu aquí, que no veo bien'.

Lusia: (Lucia) Pequeño reptil de unas seis a siete pulgadas de largo; es de color marrón lustroso. Vive en los sembrados y matorrales. Su predador son los gatos.

Lu'ha ... Lu'he ... : (Lo ha ... Lo he ...) 'Juan se lu'ha dicho to a Pedro'. 'Yo se lu'he dicho to a Pedro'. (ver 'To')

Lu'hago con la mano iquieida o Lo hago con la manu'iquieida: (Lo hago con la mano izquierda) La frase completa es 'Eso lu'hago yo con la manu'iquieida. Lo dice el hablante, indicando que sabe hacer el sujeto de que se habla con suma facilidad.

Luse: (Luces) 'Juansito dejó tuá la luse prendía'.

Lusesita: Poquita luz. 'Dami'una lusesita aquí, que no veo bien.'

Lu'hé. Lu'há: (Lo he...Lo ha...) 'Te lu'he dicho mi vece.' 'Lu'ha peidío to.' (ver 'Mi' y 'To')

Lu'hiso: (Lo hizo) 'Tanto que le dije cómo lu'hiciera y con tu'y eso lu'hiso malo'. (ver 'Tu'y')

Luna: Satélite del planeta Tierra. Menstruación. (ver 'Tu'en'ei me')

La fiebre no t'en la sábana: (La fiebre no está en la sábana)

Llagua: (Yagua) Cubierta fibrosa que envuelve la parte superior del tronco de las palmeras y que le sirve de base a la penca u hoja de este árbol.

Llaguasí: Debe ser 'yaguacil', pero no aparece en el diccionario español. Envoltura fibrosa del racimo de las semillas de la palmera cuando está nuevo.

Llaguaso o **Yaguaso**: (Yaguazo) Nombre genérico de un golpe dado con cualquier objeto a una persona. 'A Juansito le dieron tre yaguaso anoche en la fieta'. (ver 'Llagua'; 'Tre')

Llamaile l'atención: (llamarle la atención) Decirle a alguien con firmeza pero sin ofenderlo, que lo que ha dicho o hecho está fuera de lugar socialmente. 'A Pedro hubo que llamaile l'atención anoche en la reunión de Juansito.'

Llamará: Futuro de tercera persona, singular, del verbo 'llamar'. Llamarada de candela.

Llame: (Ñame) Raíz comestible.

Llantén: Planta herbácea cuyas hojas se usan para bebidas medicinales (tisana)

Llégate: (Imperativo para pedir un favor) 'Juanito, llégati'onde Jovina y dile que venga a leeime la taza.' (ver 'Leei la taza')

Llenai com'una longaniza: (llenar como una longaniza) Se refiere a cuando alguien se siente insultado por otro y le canta a quien lo ha insultado todas sus faltas, defectos y problemas que ha tenido en su vida. 'Pedro me insultó y lo llené com'una longaniza pa que no se propase ma conmigo.' (ver 'Propasao')

Lleno. Llena: Recipiente ocupado completamente. Se dice de la persona ligeramente gorda. 'Juanita nu'e que sea goida peru'e medio llena' o 'medio llenita'.

Lleno com'una chincha: (Lleno como una chinche) Se dice cuando se ha comido en exceso y se tiene la sensación de llenura. 'Toy lleno com'una chincha'. (ver 'Toy' y 'Chincha')

Lleno di'hoyo: (Lleno de hoyos) Se dice cuando un objeto no debe tener agujeros u hoyos, o quizá muy pocos, o de un terreno con algunos hoyos. A veces se dice aunque los hoyos sean pocos.'Esa tabla ta llena di'hoyo'.

Llenu'e roncha: (Lleno de ronchas)

Llenu'e sangre: (Lleno de sangre) Exageración, talvez por la gran impresión que produce la vista de sangre causada por accidentes. '¡Esi'hombre se di'una coit'en la mano y taba llenu'e sangre!'

¡Llevab'un cuadre!: Alguien, especialmente una mujer que iba caminando en un estilo llamativo; con la cabeza erguida y moviendo las caderas con cierta sensualidad.

Llevaise : (C: llevarse [algo consigo]) A veces, exageración de haber perdido una parte pequeña del cuerpo en un accidente leve. 'Me di'un trompesón ayei que casi me llevu'eta uña con'tó' (ver 'Con'tó'). Seguir una idea sin importancia, y talvez peligrosa, ya sea propia o de otro. 'Eso le pasó poi dejai llevaise de Juansito'. (ver 'Se la llevó')

Llevaise d'encuentro: (Llevarse de encuentro) Cuando alguien va caminando o corriendo y tropieza con un objeto u otra persona. 'Juansitu'iba corriendo y se llevó d'encuentro la batea.' (ver 'Batea')

Llevaise entre lo pie: (Llevarse entre los pies) Tropezar dos o tres veces corridas con un objeto en el suelo, pero sin caerse. 'Me llev'ese juguet'entre lo pie poi tailo dejando en'ei suelo.' (ver 'Tailo')

Llev'y trai: (Lleva y trae) Se dice de la persona que comenta la vida de otros a sus amigos y conocidos.

Llico o **Yico:** Ridículo; que no coordina con los colores del cuerpo principal. 'Qué blusa ma yica tiene esa mujei.'

Llorón viejo: Se dice de la persona que se las pasa quejándose de las mínimas dificultades de la vida. 'Juansito ej'un llorón viejo. Siempre se ta quejando di'aigo.'

lloviendito (Ta): (Está lloviendito) Se dice cuando está cayendo una llovizna. (ver 'Jarina'; 'Jariniai'; 'Jarinita'; 'Ta')

Llueve, trueni'o venté: (Llueva, truene o ventée) Se refiere a algo que se va a hacer con toda seguridad, sin importar las dificultades que se presenten para evitarlo. 'Yo me mudo pa'Santiago ei domigo llueve, trueni'o venté.'

M: (Letra M, m, eme) Eme, eme. Ecríbeme la letra eme.

Ma: (Mas) Adverbio que denota aumento; incremento. Vocablo que reemplaza a 'tan' cuando se exagera una cualidad. '¡Pero qué comida ma buena (ma mala) esa di'anoche!' '¡Qué mujei ma mai vetía!'. '¡Qué brisita ma buena!'

Mabí: Árbol pequeño de República Dominicana. Sirop o zumo de diversas frutas que se le echa al frío-frío (guallao) para darle buen sabor como refresco. (ver 'Frío-frío' o 'Guallao')

Ma bien que Lola: Realmente 'Mas bien que Lola antes de las tres de la tarde'. La antigua canción dice: "Eran las tres de la tarde cuando mataron a Lola." Cuando uno se siente bien y alguien le pregunta '¿Cómo tá?', se le contesta: 'Ma bien que Lola', presumiendo que se quiere decir 'antes de las tres de la tarde.'

Ma bravo qu'el'ají pití: (Más bravo que el ají pití) Se dice de la persona que pelea por la más ligera provocación. (ver 'Pleitico')

¡Ma bueno qu'ei cará!: (¡Más bueno que el carajo!) Se refiere a algo que le parece al hablante más bueno que simplemente bueno. 'Ese sancocho que no comimo anoche taba ma bueno qu'ei cará'. (ver 'Ma malo qu'ei cará'; 'Taba'; 'No')

Macá: Mascadura de tabaco. 'Juansito, bot'esa macá de la boca, que me moleta veite'. 'Prenda de vestir que no está planchada'. (ver 'Moleta'; 'Ropa macá'; 'Veite')

Macai: (C: Mascar= triturar la comida con la dentadura torpemente)

Triturar la comida con la dentadura. (ver 'Maque'; 'Macando como lo pueico')

Macana: (voz caribe) Pedazo de madera dura, redondo y pulido, de alrededor de quince pulgadas de largo, usado por las autoridades (policía, etc.) para imponer el orden.

Macando como lo pueico: (Mascando como los puercos) Masticar la comida con la dentadura torpemente y audible.

Macao/Macá: Se aplica mayormente a la ropa que 'no ta planchá'. 'Esa blusa si ta macá'. 'Ese pantalón ta to'macao, no te lo ponga'.

Macarao: (probablemente de 'enmascarado') Enmascarados disfrazados de diferentes formas, muchos con cuernos, que salen por las calles en grupos saltando y haciendo 'musarañas' durante el Carnaval. También se les llaman 'Diablos cojuelos'. (ver 'Musaraña')

Macheti'ai'coite: (Machete al corte) Se refiere a que el trabajador con machete va desyerbando una banda de terreno que se lellama 'el corte'. Hacer una decisión y empezar de inmediato con lo que se ha decidido hacer. 'Uno: ¿Tu ta di'acueido conmigo? Otro: 'Si'. Uno: Po macheti'ai coite'.

Machete o **Machete de hoj'ancha:** (Machete de hoja ancha) Machete del mismo largo que el 'colín', pero más ancho en el extremo de la hoja (alrededor de seis pulgadas de anchura), que se usa para desyerbar el terreno entre las hileras de los sembrados, a lo que se llama 'el corte'. (ver 'Ei coite' y 'Colín')

Macho, un: (Un macho) Hombre fuerte y dominante, del que se dice que no tiene miedo. 'Esi'ombre e'j'un macho' o 'Ese'j'un macho di'hombre.' (ver 'Jorocón')

Machorra: (C: machorra y machorro= hembra y macho estéril) Más frecuente aplicado al animal hembra, y a veces aplicado a mujeres casadas que no habían tenido hijos, sin saber si la causa era el hombre.

Machucai. Machucao: (C: Machacar. Machucar= golpear una cosa hasta deformarla) Golpear una cosa hasta deformarla. También cuando una fruta está blanda en partes se dice que 'ta machucá'.

¡Ma claro no cant'un gallo!: (Más claro no canta un gallo) Lo dice el hablante después de haber explicado algo que los oyentes dicen, o fingen que no entienden. A veces se dice con ligero enojo.

Maco: (C: maco= tonto, estúpido, pícaro, bellaco) Sapo. Mucha cantidad de dinero cash, sobre todo si no es conseguido lícitamente. (ver 'Se tragu'ei maco'; 'Sangre'maco')

¡Ma cosa? o **¡Ma cosa todavía?:** Lo dice alguien cuando ha escuchado más de lo que quiere oír, y la otra persona continúa dando información o enumerando noticias y problemas.

Macujiai: Que le da trabajo expresarse cuando habla, especialmente tratando de explicar algo. 'Di lo qu'é que quié decí, y no te macujiando tanto.' (ver 'Di lo qu'é'; 'Quié'; 'Decí')

Macuto: Cesto tejido de hojas de cana, con asas para agarrarlo. Se usa en los campos para llevar objetos, comidas, etc. (ver 'Macutiai')

Macutiai. Macuteo: Hacer uso ilegal e impunemente de dinero u otras cosas de valor que maneja y administra en su empleo o trabajo. Sobornar. (ver 'Macuto')

Ma de la cuenta: (Más de la cuenta) Más de lo necesario. 'Taba tan bueno ese pollo guisao que comí ma de la cuenta'. (ver 'Me maté comiendo')

Ma de ventemí vece: (Más de veinte mil veces) (ver 'Ma di'un millón de vece')

Ma di'un millón de vece: Exageración de las veces que se ha dado una orden o un encargo. '¡T'he dicho ma di'un millón de vece que nu'haga eso'. Aún haya sido dos veces.

Maduraise un catarro: (Madurarse un catarro) Mejoría después de algunos días de sufrir de un catarro, cuando se mejora el malestar general, se afloja la congestión, y se hace más fácil expectorar la flema. 'Ya se me ta madurando ei catarro.'

Maetro: (Maestro) Maestro de escuela. Tratamiento amistoso. 'Maetro ¿qué uté cree d'ete sombrero que acabu'e comprai?' 'Maetro no me diga eso, qui'uté sabe que no conocamo.' (ver 'No conocamo')

Ma fea (feo) que la palabra sobaco: (Más fea que la palabra sobaco) Se dice de la persona que es percibida como muy fea.

¡Ma gente qu'ei diablo!: (¡Más gente que el diablo!) (ver 'Había má gente qu'ei diablo')

Mágica: (C: magia) El arte de la magia. '¡Y comu'hisu'esi'hombr'eso? ¡Eso parece mágica!'

Magullón: (C: magulladura) Contusión, casi siempre en los dedos de los pies o manos, cuando son aprensados accidentalmente entre dos objetos pesados.

Mai: (Mal. Mar) 'Esa ropa si le queda mai a Juanita'. ¡Qué bonito t'ei mai hoy!' (ver 'Ei mai'; 'T'ei') En algunos pueblos se usa por 'madre': '¿Cómo ta tu mai?, ¿Si'ha mejorao?'

Maí. Maj1́: (maíz) 'Majı́' es poco usado, quizá todavía en el 'campo adentro' (ver). Hay un juego de palabras picaresco con 'maí', de insinuación sexual: '¿Tu quiere ma mai?'

Maichante. Maichanta: (C: marchante= persona que compra en la misma tienda) Persona que compra en la misma tienda o en cualquiera otra. (ver '¡Qué maichante ete!')

Maibao: (Malvado) Persona mala, perversa. 'Esi'ombre ejun'maivao'. A veces se usa de broma: 'Pero no siá maivao Juansito, dame la bola esa'. (ver 'Siá' y 'Maidebá')

Maicriao: Malcriado.

Maidá: (C: maldad= acción mala e injusta) Acción mala e injusta. Malestar del cuerpo. '¡Ese muchacho si le gut'hacei maidá!' 'Teng'una maidá aquí en l'epaida que no se quita dendi'ayei'. (ver 'Epaida'; 'Dende')

Maidebá. Maidebao: Malvada. Malvado. '¡Pero qué maidebá ej'esa vieja, le tiró cenisa a lo pobre muchacho que taban jugando ceiqu'e su casa!' (ver 'Taban'; 'Ceiqu'e')

Mai dei coco. Malo dei coco: (Mal del coco. Malo del coco) Coco aquí se refiere a la cabeza. Se dice del que no está actuando normalmente, 'Juansito ta mai dei coco'. (Ver 'Coco')

Maidesío: (C: maldecido) Persona de mala calaña, que engaña a los amigos, y habla mal de ellos. 'Ese Panchu'e'jun maidesío.' Ver '¡Ese maidesío!'

Mai di'ojo: (C: mal de ojo) Maleficio que se ejerce con la vista sobre algo gracioso, bonito o de buena calidad, que pertenece a otro. Casi siempre se aplica a los niños. (ver 'Ojiai')

Maidito: (C: maldito= persona perversa, de mala intención) Persona de malas intenciones, que con frecuencia abusa de los débiles. '¡Qué maidito ej'esi'ombre!'.

Mai doimí: (Mal dormir) Se dice de niño, joven o adulto que despierta con frecuencia durante la noche, a veces con pesadillas. 'Ese muchacho mío tiene muy mai dormí'.

Máimara. Maimará: Gran cantidad de lo que sea que se esté hablando. 'Ahí habia'gente en maimará.'

Maimente: (Malamente= contrario a lo que es debido) Eso no es así. 'Pedro: ¡Juan, y fuite tu qu'hisite esa baibaridá?'. Juan: '¡Maimente!'. (ver 'Hisite')

Mai nacío: (mal nacido) Insulto. Que nació de mala calaña. Persona engañadora, que se las pasa hablando mal de todos. 'Ese'jun mai nacío'.

Mai parao: Que no está bien económicamente. Que está a punto de perder to lo que tiene. 'Bueno, yo no se lo mandu'a decí con nadie, pero yo veo a Juansito mai parao.' (ver 'Bien parao' y 'Yo no selo mandu'a decí con nadie.'

Maí pelao o **Mají pelao:** Maíz tierno cuando se hierve para que pierda la piel, y se come en un plato hondo con leche. Se le añade azúcar si se prefiere.

Maipiolo. Maipiola: El que administra y dispone de prostitutas.

Mai sentá: (Mal sentada) Se refiere a la mujer está senteda de manera que se le pueden ver los muslos. (ver 'Se le ve to')

Maite, ni te case ni t'embaique ni de tu familia ti'apaite: (Martes, ni te case ni te embarques, ni de tu familia te apartes) Parece que en los tiempos que nació este dicho en rima los días martes se consideraban agoreros.

Maitillo: (Martillo) Herramienta para clavar clavos. Mujer buenamoza; hombre elegante. 'Qué maitillu'e mujei e'jesa.'

Maivao. Maivá: Lo dice alguien que ha sido engañado por otro, o dejado plantado o esperando por una mujer. 'Ese Maivao se quedó con mi dié peso.' 'Esa maivá me dejó con tuá la gana.' (ver 'Con tuá la gana')

Majagua: Árbol de madera muy dura.

Majaguaso: (Majaguazos) En béisbol, golpe dado con el bate (batazo) con el que se embasa el jugador. A veces designa el peso dominicano o el dólar. 'Me pagó tresiento majaguaso'

Majai arró: (Majar arroz) Descascarar arroz, machacándolo en un pilón con una mano de pilón. (ver 'Mano de pilón')

Maj'aipaso qui'un chorro'e miei di'abeja: (Más despacio que un chorro de miel de abeja) Haragán. Despacio en hacer oficios.

Maj'alante. Maj'alantico: (Más adelante) Bastante más adelante: 'Juansito va maj'alante'. 'Maj'alantico' significa un poquito más adelante, aunque a veces significa mucho más adelante, dependiendo de la inflexión que se le de. '¡Eso queda maj'alantico!', y todavía más lejos: 'Ma j'alantitico'. (ver 'Alante'; 'Chin')

Ma j'allá: (Más allá) P: '¿Eso queda en La Peña?' R; 'No ma j'allá'. (ver 'Ma j'allasito')

Ma j'allasito: Un poquito más allá que 'má j'allá'. A veces es realmente mucho más lejos.

Ma jaragán qui'un quicio: Más haragán que un quicio. (ver 'Com'un quicio')

Majarete: (C: desorden, confusión) Especie de pudín de consistencia cremosa cuando está caliente y sólida a temperatura ambiental , hecho del zumo de maíz tierno y azúcar. A veces también se usa para designar confusión, enredo, etc.

Ma j'arrib'ei moño: (Más arriba del moño) Se usa con 'Me tiene'. Lo dice alguien cuando otro lo molesta con frecuencia con la misma queja que parece no tener solución. 'Juansito me tiene ma'jarrib'ei moño con'eso de mudaise pa'Santiago.'

Mají: (Maiz) 'Mira m'ijo pásam'esa masoique'mají'. (ver 'Maí pelao'; 'M'ijo)

Majnunca. Manunca: Probablemente 'más que nunca'. Nunca jamás. (ver '¡Manunca!'; 'Maninunca')

Malabarriga: Malestar de estómago, nauseas y vómitos en los primeros tres meses de embarazo. 'Juanita t'haciendo ma malabarriga con'ete embaraso que con'ei de Juaniquita.'

Mala cabesa: (Mala cabeza) Se dice del joven o adulto que no progresa en su vida, que gasta todo lo que gana en trabajos simples y ordinarios. 'Ei pobre Jesusito tiene (salió de) mala cabesa.'

Mala cata: Persona de malos instintos y engañadora. A veces se usa como insulto inmerecido, quizá porque no le cae bien al hablante. 'Ese'jun malacata.' (ver 'Degraciao')

Malacrianza: Malcriadeza. Expresión o palabra de mal gusto, casi siempre dicho por un niño delante de adultos. También como insulto: 'Ese e'jun malacrianza.'

Mala palabra: Palabra o dicho ofensivo o de mal gusto. '¡Pedrito, t'he dicho mi vece que no digu'esa mala palabra!' (ver 'Mi'; 'Palabra' y 'Dicho')

Malamaña: (Mala maña) Manía. Mala costumbre. Falta de cortesía. Tener un hábito desagradable. 'Qué malamaña esa de Juansito, que siempre llega taide'. Ver 'Mañoso')

Mala mirá: (Mala mirada) (ver 'Coitai los'ojo')

Malapaga: Así se le llama a quien pide prestado y no paga, o se hace difícil hacer que pague.

Malasangre: Molestia. Enojo. Pique. '¡Cogi'una mala sangre con Mingo eta mañana que todavía tengu'ei pique poi dentro!'

Mala pata: Lo dice alguien sobre ciertas cosas que no le salen bien. 'Yo tengo mala pata pa eso'.

¡Mal'aya mueite, por'aquí no ti'aceique!: Dicho campesino cuando se han muerto dos o más personas en el vecindario en un corto espacio de tiempo.

Mal'aya sea: (Maldición: 'Mal haya sea). "Mal'aya con'esi'ombre, que se valle di'aquí'. (ver 'Valle')

Mal'entraña: (Mala entraña) Persona desalmada, que no repara para engañar a sus amigos y familiares. 'Ese Pedro e'jun malentraña. Engañó a su propio heimano.'

Mal'epina: (Mala espina) (ver '¡Eso me da mal'epina!')

Maleta: Valija de viaje. Talvez de 'mal' o 'malo'. Persona que hace mal las cosas, o tiene problemas haciendo cosas que el promedio de la gente hace bien. 'Oye, peru'ese Pedro si'e maleta. ('ver 'Patojo')

Malo: Dañino. Maléfico. '¡Esi'hombre si'e malo!'. Malestar ligero. 'Yo m'he sentío como medio malo dende que me levanté hoy.' (ver 'Dende')

Ma loca (loco) qui'una cabra: (Más loca que una cabra) Se refiere a mujer que anda siempre hablando y más alegre que lo necesario. También se refiere a mujer que que cambia de novios con frecuencia.

Ma loco qui'un reló di'a peso: (Más loco que un reloj de a peso [de valor de un peso]) Se dice de la persona que con frecuencia habla sin mucho sentido; que lleva una vida desordenada, y no mantiene un trabajo. Simbolismo con un reloj que solo vale un peso (antes US$1.00) cuyas manecillas pronto andan a diferente horas de la correcta, es decir, 'anda loco'.

Malo dicho: (Malos dichos) Siempre en plural 'cibaeño'. Palabras desagradables, de mal gusto e insultantes. La misma definición que en 'Dicho', pero esta modalidad se refiere a cuando se insulta a alguien: 'Juansito le dijo tanto malo dicho a esi'ombre que no se cómo no peliaron'. (ver 'Dicho')

Malo geto: (Malos gestos) Se dice de alguien que está haciendo movimientos o señales de enojo o indecentes. 'Mir'esi'hombre como le t'haciendo malo geto al'otro. Parece que ta muy bravo con'ei'.

Malograise. Malograo: (Malograrse) Casi siempre en el hombre: salirle una hernia (escrotal o inguinal) después de levantar un objeto muy pesado. 'Yo me malogré haci'un me, cuando aizé un sacu'e cacao que pesaba ma de cien libra.' (ver 'Me' y 'Aizai')

Maloso: (De 'malo') De 'malo', refiriéndose a enfermedad. 'Yo me siento medio maloso hoy'. 'Juanita no va veni'a trabajai hoy poique se siente medio malosa'. (ver 'Medio')

Mallugao. Mallugadura: (Magullado. Magulladura) Contusión sin herida de una parte del cuerpo, con frecuencia un dedo o uña. 'Me mallugu'éi deo goido dei pie.'

Mamá: Madre. (ver 'Nu'e que mamá me dijo')

Mamadera: Se dice de la persona que gana un buen sueldo y trabaja muy poco o nada. 'Juansito ya t'en la mamadera con'ese empleo político que tiene.' (ver 'T'en')

Ma malo qu'ei cará o **carajo:** (Más malo que el carajo) Se refiere a algo que aparenta peor que simplemente mal. 'Esa medicina sabe ma malo qu'ei cará'. (ver '¡Ma bueno qu'ei cará!')

Ma manteca d'un ladrillo: (Más manteca da un ladrillo) Se dice de la persona avara. (ver 'duro')

Mamei: Fruta redonda del tamaño de una naranja, y árbol del mismo nombre.

Mameluco: Pantalón y camisa de una sola pieza para niños.

Mamila: Parte central de la teta (seno) humana. Chupete de goma para calmar los bebés cuando están llorando.

Mamita. Mamasita: Palabras de afecto del novio para la novia. 'Mamasita' se usa en momentos de intimidad más profunda. ('¡Jay mamita!')

Mamón: Fruta esférica de 3-4 pulgadas de diámetro, pulposa y dulce. Árbol del mismo nombre.

Mancai: (C: mancar= dejar de hacer algo por falta de alguien) No acertar en algo que se necesita precisión o puntería. 'Tu mancate, ahora voy yo.'

Mancha: Señal de diferente color que deja una cosa en un una tela u otro cuerpo. Mancha en el honor de una persona. Líquido viscoso y pegajoso de la cáscara del plátano.

Mancojnai: (mancornar= atar dos reses por los cuernos para que anden juntos) Ayuntar dos bueyes por los cuernos para el arado. Unirse hombre y mujer sin casarse. 'Juansito y Clara tan mancojnao'.

Mandaise: Salir corriendo. (ver 'Se mandó')

Mandai ai carajo: (ver 'Lo mandi'ai carajo)

Mandao: (C: Mandado= orden que se le da alguien para hecer algo) Orden que se le da a un empleado para que compre un encargo. (ver 'Encaigo' y 'Muchachu'e mandao')

Mandelu'a procurai: (del castizo 'procurar': conseguir o adquirir algo) Lo dice alguien a un amigo. 'Mándelu'a procurai con Juaniquito', cuando se necesita alguien que no ha llegado a tiempo.

Manfloro: Hombre afeminado. Maricón. También se dice 'Manflorita'.

Manga lucia: Se les llamaba a los niños que se limpiaban los mocos de la nariz con las mangas de la camisa, y esta quedaba lucia y endurecida debido a los mocos ya secos.

Mangansón: (Manganzón) talvez de 'mangonear': andar vagando sin saber qué hacer. Vago. Holgazán. 'Oye, pero Pedro si'ha vueit'un mangansón.'

Mango: Nombre de un árbol frutal y de su fruta. Muchas de estas cuelgan de un tallo largo y se pueden coger fácilmente desde el suelo. Empuñadura de un objeto de trabajo. (ver 'Esu'e j'un mango')

Mangrino: Persona de malos sentimientos, de carácter pernicioso. 'Ese Pedro ej'un mangrino.'

Mangú: Plátano verde hervido y machacado, con adición de sofrito de cebolla en aceite. Antes se usaba manteca de puerco en los campos, con adición de la surrapa que quedaba en el fondo de la paila donde se freían los chicharrones. Es mayormente plato de desayuno.

Mangulina: Música popular parecida al merengue.

Maní: (cacahuete) Voz taína.

Maniao: (¿De 'maniatar'?) Se dice de la persona haragana; que no ayuda aunque vea a sus compañeros trabajando con dificultad. '¡Adió, pero Juansito parece que ta maniao!'.

Manífica: (Talvez 'Magníficat': cántico que dirigió la Virgen María al Señor en la visitación de su prima Santa Isabel) Oración que da poder a quien la reza. (ver 'No lo saiva ni la Manífica)

Manífica nimamea: (Magnificat ánima mea) Expresión de asombro y ligero temor por algo desagradable o peligroso que ha ocurrido de repente.

Manilo: Gallo y gallina más grande que el gallo de lidia o 'de calidad', utilizdos para crianza, producción de huevos y consumo doméstico. (ver 'Pelón')

Maninunca: ('Más ni nunca', o talvez 'Más nunca que nunca jamás') Innecesario refuerzo del significado de 'nunca'. Se usa 'nunca', 'ma'nunca' y 'maninunca', en incrementos de seguridad de que algo que no va a ocurrir.

Manío. Manía: Pescado o carne comenzando a dañarse y con ligero mal olor. 'Yo creo qu'ete pecao (eta cajne) ta manío (manía)'. 'Manía' también es costumbre o hábito. 'Eta muchacha tiene la manía de comeise las'uña'. (ver 'Resentía')

Manise: plural de 'maní' (ver)

Manituoso: Persona, casi siempre un niño, que le pone la mano a todo lo que ve, aunque no sea suyo. '¡Mira muchacho deja eso, no si'a tan manituoso!'

Mano: Parte final del brazo que sirve para agarrar objetos. Amigo. Compinche. 'Oiga Mano, qué le parece a uté eto'. (ver 'Oiga Mano'). Una jugada completa en los juegos de mesa. (ver las expresiones que comienzan con 'Mano...' y 'Manu'e...')

Mano derecha: Se dice del socio en un negocio, el esposo o le esposa, que más contribuyen al progreso de la unión. 'Juansitu'e la mano derecha d'ese negocio.' 'Juana e la mano derecha de Pedro.'

Mano liviana: Se dice de alguien que hace su trabajo con facilidad, y si es médico o dentista, que lo hace sin causar dolor.

Mano mueita: (Mano muerta) Se dice de la persona que cuando da la mano se le siente floja.

Manorresia: (Apodo que indica 'mano fuerte') Apodo de un señor de San Francisco de Macorís, en las décadas de los cuarenta y cincuenta.

Manque: (C: aunque) 'Eto me lo como yo manque me de churria'. 'Eta naranja me la como yo manque sea agria'. (ver 'Churria').

Manque la tiera si'abra o **Manque la tierra me trague:** (Aunque la tierra se abra o Aunque la tierra me trague) Se dice como juramento de que se va a hacer algo con toda seguridad.

Manso con lo simarrone: (ver 'Juntai lo manso con lo simarrone')

Manten'ese teje: (Mantener ese teje) Sufrir una situación que es inconveniente por mucho tiempo: familiares o amigos viviendo en su casa sin pagar o ayudar; trabajar mucho y pesado por poca paga. 'Yo no se comu'e que Juansito mantiene ese teje'. (ver 'Teje')

Mantequ'e culebra: (Manteca de culebra) Expresión usada para decir de una mujer que no mueve suficientemente la cintura cuando baila necesita manteca de culebra como lubricante.

Manu'e: (Mano de) 'Manu'e plátano'; 'Manu'e guineo'.

Manu'e pilón: (Mano de pilón) Trozo de madera cilíndrico y repujado, de unas treinta a treinta y seis pulgadas de largo, con un extremo (la base) grueso y redondeado, que se usa para machacar y descascarar granos en el pilón. El mayor uso espara descascarar el arroz.

Manu'e plátano. Manu'e guineo: (Mano de plátanos. Mano de guineos) Porción del racimo de estas plantas que sale del tallo central y que contiene alrededor de seis a ocho frutas. (ver 'Guineo')

Manu'e trapo: (Manos de trapos) Torpe de manos. Que se le caen las cosas de las manos. 'Juana parece que tiene la mano'e trapo'. 'Coño, pero yo tengo la manu'e trapo hoy.'

¡Manunca! ¡Majnunca! ¡Manúunca!: ('Más nunca') Interjección que enfáticamente denota que en ningún tiempo en el futuro se volverá a repetir lo que se ha hecho. 'Yo manúunca vueivu'ayudai a Pedro.' 'Manúnca vueivu'hablail'ese mieida.' (ver 'Maninunca'; 'Ese mieida')

Manusiai. Manusiá: (Manosear) Pasar la mano o tocar con ella algo repetidamente. Mujer que ha tenido muchos novios o maridos. 'Esa muchacha ta muy manusiá.'

Maña: Cualquier hábito, por simple o inocuo que sea. 'Pedro ha cogi'una maña de petañai tre vece, una atrá di'otra.'

¡Maña fuera!: Se dice de alguien que teniendo la habilidad y capacidad de hacer cosas buenas, nunca las ha hecho, pero un día decide hacerlo. 'C: Juansito dijo que va a donai mi peso pa lo pobre. R: ¡Maña fuera! Y'era de veilo hecho hace tiempo'. (ver 'Pa'; 'Mi'; 'Y'era')

Maña vieja nu'e cotumbre: (Maña vieja no es costumbre) Presupone que 'maña' es un vicio desagradable para la mayoría, y 'costumbre' algo generalmente aceptable (cuando no es 'mala').

Mañan'e domingo de var'y pendón: (Mañana es domingo de vara y pendón) (ver 'Cantos y Juegos de Niños')

Mañoso: (C: que tiene destreza; habilidad. Que tiene vicios; resabioso) Persona que con frecuencia se adueña de lo ajeno. Que roba cosas sin mucha importancia. 'Tengan cuidao, qu'ese muchacho e medio mañoso'. Que no quiere hacer las cosas que debe hacer. "¡Adió, peru'ese muchacho si'e mañoso'.

Ma pasó cuandu'ei ciclón: (Más pasó cuando el ciclón) Se le dice a alguien que está quejándose exageradamente acerca de algo que le ha ocurrido. La referencia es al ciclón de San Zenón de 1930, que destruyó gran parte de la ciudad de Santo Domingo.

Mapiai: (Del inglés 'mop') Limpiar el piso con el mapo húmedo. (ver 'Mapo')

Mapo: (Del inglés 'mop'= esponja mojada para limpiar pisos) Trapos o esponja mojados, atados al extremo de un palo de escoba para limpiar pisos. (ver 'Palo d'ecoba')

Mapola: El árbol 'amapola'.

Mapuey: Raiz comestible muy apreciada por su consistencia y sabor.

Maque: (Masque, del verbo 'mascar') 'No maque tan aito que me moleta'. (ver 'Aito'; 'Moletai'; 'Moleta')

Ma'que buena-o: (Más que buena-o) Si bien esta frase indica que lo referido está mejor que bueno o buena, realmente significa que no está tan bien como debiera ser, pero se puede usar como está. 'P: ¿Cómo quedó la silla que ti'arreglé? R: Ta ma'que buena'.

Maquito: Sapo pequeño. (ver 'Maco')

Marabunda: (En Sudamérica se denomina 'marabunta' las migraciones de hormigas que devoran todo a su paso) Persona que come mucho y de todo. '¡José ta como la marabunda se comió to lo qui'había'. 'Ta como la marabunda'. (ver 'Fajaise').

Maraquiai: (De 'maraca'= instrumento musical que consiste en un para de calabazas secas con granos de maíz adentro que se mueven con las manos para el sonido) Persona indecisa para hacer cualquier cosa. 'Juansito, ¿y poi qué tu ta maraquiando tanto p'hacei esa cosita vieja?'

Marcharle: (siempre bien pronunciada) Que finalmente decidió enamorarla. "Juansito le marchó a Fefa'. Alguien que siendo molestado por otro decide pelear con él, casi siempre de repente.

¡Mariásantísima!: (María Santísima) Interjección de sorpresa o temor de acuerdo al contexto de la causa. 'Pero Mariásantísima y qui'ha pasao aquí?'

Mariao: (Mareado) Sentirse mal del estómago y la cabeza cuando se está en un barco o vehículo en movimiento. Las hojas de una rama después de cortada cuando se deshidratan, 'Ese silantro ya ta mariao.' (ver 'Silantro')

Marica: Maricón. Hombre afeminado. (ver 'Bugarrón' y 'Mariquita')

Maricón. Mariquito: Mal olor, casi siempre repugnante. 'Mariquito' representa algo más tolerable. 'Aquí como que se siente un mariquito'a cajne medio pasá.' (ver 'Pasá')

Maricutana: Título de un merengue.

Marimacho: Mujer con ademanes de hombre.

Marimaña: (talvez del castizo 'maraña': embuste para enredar un negocio) Embustes y enredos para engañar.

Mari'mujei: (Marido y mujer) Pareja de hombre y mujer que viven juntos sin estar casados. (ver 'Tai junto' y 'Marío') 'Ello que son mar'i mujei que s'entiendan'.

Marinovio: (Marinovio o Marinovios) Se dice de la mujer o/y el hombre que viven amancebados.

Marío: (C: marido) Esposo legal, o que viven juntos sin casarse. (ver 'Tai junto')

Mariposero: Hombre que anda enamorado con diferentes mujeres. 'Pedro si'ha vueit'un mariposero'.

Mariposiai: (Mariposear) Frecuentar un lugar tratando de conseguir algo que le interesa. Andar detrás de alguien tratando de conseguir su ayuda.

Mariquita: Diminutivo de 'María'. Afeminado. 'Ese'jun mariquita.' (ver 'Marica')

Mariquito (un): (de mariscos y su olor peculiar) Un mariquito. Un olor ligeramente desagradable. '¡Esi'hombre que me pasó por'ei lao le sale com'un mariquito jodón!'

Marotiai: Entrar a los montes o fincas ajenas, casi siempre más de un muchacho, a recoger frutas.

Marroce: (¿De marrubios?= planta herbácea) Lugar de muchas hierbas altas. 'Ese animai se metió pu'entre eso marroce, y nu'hay quien lu'encuentre'.

Ma sab'ei burro que tu: (Más sabe el burro que tu) (ver '¿Tu sabe de letra?' y 'Ma sab'ei burro qu'ei que va montao')

Ma sab'ei burro qu'ei que va montao, o qu'ei que lu'apareja: (Más sabe el burro que el que va montado, o, que el que lo apareja) Se refiere a que el burro se deja aparejar dócilmente, pero cuando presiente peligro se detiene y no obedece. Así, hay personas calladas, que parecen torpes, pero se ganan a cualquiera en negocios.

Masacote: Masa espesa hecha de diferentes ingredientes. Bulto o paquete mal hecho y deformado. Persona muy gorda que camina despacio por su peso. (ver 'Sacu'e papa')

Masamorra: (C: mazamorra) Plato de harina de maíz. Infección a hongos entre los dedos de los pies, causa de persistente comezón. 'Mi'a caío una masamorra que me saco sangre de tanto racaime'.

Ma sangre d'un ladrillo: (Más sangre da un ladrillo) Se dice de una persona muy tacaña. (ver 'Duro')

Masoica: (C: mazorca) Tusa con los granos del maiz. Fruta (baya) del cacao.

Masú: Apodo de hombre. Animal o persona gorda. '¡Qué masú si'ha pueto Pedro!'

Mata: (C: arbusto) Cualquier arbusto o árbol. 'Juanito, súbeti'a la mat'e coco y túmbame doj'o tre de lo nuevo') (Ver 'Palo', 'Planta' y 'Doj'o tre')

Mataburro: (Mataburros) Diccionario.

Mata de ... o **Mat'e ...:** Cualquier árbol, arbusto o trepadora que produce frutos. (Si el nombre de la fruta empieza con consonante se dice 'Mat'e'; si empieza con vocal se dice 'Mata de ...': 'Mat'e naranja'. Mat'e limón. Mat'e coco. 'Mata de aguacate'. 'Mata de uva'. 'Mata de orégano'. (ver 'Matica')

Matadura: (C: matadura= llaga en el lomo de bestias de carga) Llaga en el lomo de los animales de carga debido al roce de los aparejos.

Matai con cuchillitu'e palo: (Matando con cuchillitos de palo): La expresión completa es: 'Me ta matando con cuchillitu'e palo'. Se dice acerca de desacuerdos entre dos miembros de familia, casi siempre esposos, cuando uno critica al otro con frecuencia, pero sin crear enemistad. Es algo así como un ligero, pero persistente tormento sicológico. La inferencia es que un cuchillo de palo, si bien no causa heridas profundas, la continua frecuencia de estas, con el correr del tiempo pueden llegar quitar la vida. 'Esi'hombre me ta matando con cuchillitu'e palo'.

Matail'ei gallu'en la mano: (Matarle el gallo en la mano) Se refiere a contestar con la verdadera realidad lo que otro ha dicho falsamente.

Mataise. Matándose: (C: matarse= darse muerte; suicidarse) Exageración de una acción. Se usa cuando se ha hecho algo en extremo. 'Me maté comiendo'. 'Pa'hacei cuaito hay que mataise trabajando'. (ver 'Cuaito', 'Ni que me maten' y 'Se mató...') Los objetos también 'se matan': 'Ese carro diba matándose poi la carretera.' (ver 'Diba')

Mataíto: Hipérbole del verbo 'matar'. En la expresión 'lo mataron mataíto', se sugiere que fue muerto instantáneamente. 'A Tomá le pegaron un tiro anoche y lo mataron mataíto' o '... quedó mataíto'. (ver 'Mueitesito')

Matán: (C: mataron [le dieron muerte]) '¡Utedi'oyén, que matán a Pedro ei Tueito anoche?' En un partido, cuando un equipo gana por un margen amplio: 'Las'Àguila matán al'Ecogido anoche'. Cuando en béisbol le hacen 'out' al jugador contrario en una jugada difícil; 'Lo matán en segunda'. (ver 'Lo matán'; 'Oyén')

Matand'hoimiga: (Matando hormigas) Ir caminando muy despacio. 'Y cómo va llegai pronto si'ei va matand'hoimiga.'

Matando l'araña o **Pisando araña:** Estrenando zapatos nuevos. (ver 'Jollai')

Matándose comiendo: Comiendo demasiado. 'Juansito ta matándose comiendo sancocho'.

Mataso: Exageración de una caída accidental, casi siempre sin consecuencias dañinas. 'Oye, me di'un mataso en'ei camino que casi me rompo la siquitrilla.' (ver 'Siquitrilla')

Matavaca: Cuchillo largo y bien amolado que lleva la gente en los campos, escondido debajo de la ropa.

Mat'e coco: (Mata de coco) Cocotero. Especie de palmera que produce un fruto comestible y cuya composición es de importante uso industrial. (ver 'Coco di'agua')

Mat'ei día: (Matar el día) Pasar el día haciendo algo diferente a los otros días cuando no hay obligaciones.

Mat'ei gallu'en la mano: (Matar el gallo en la mano) Respuesta que en una discusión es imposible refutar. 'Juansito le matu'ei gallu'en la mano a Pedro.'

Mátesi'uté mimo: (Mátese usted mismo) Se le dice a alguien que ha propuesto algo a manera de pregunta, y cuya conclusión o respuesta es elemental y clara para el resto de los presentes. A veces alguien le dice cínicamente '¿Y tu, qué cree?' (ver '!Que cre'tu!')

Matica: (Matita) Cualquier árbol pequeño. Arbusto. Hierba alta. '¡Mir'esa matica de orégano'.

Matrácala: Cosa de poco valor o que no sirve para nada. 'Yo no quiero esa matrácala.'

Mat'y cuaita o **Maticuaita:** La expresión completa es 'Tu va de mat'y cuaita', indicándole al que se le dice esto, que ya él lleva una gran ventaja en el juego o negocio. Quizá indica que en un juego de mesa, el que lo gana todo 'mata', y si tiene buenas cartas antes de apostar, 'mata', y todavía le queda una cuarta de espacio.

Ma vale ca'en gracia que sei gracioso: (Más vale caer en gracia que ser gracioso) Sugiere que vale más caerle bien a alguien que puede emplear o ayudar a uno, que saber hacer bien las cosas.

Ma viejo qu'ei racai: (Más viejo que el rascar) Se dice de una persona que aparenta ser muy vieja pero nadie sabe su edad. '¿Tu t'hablando de Pedro Gaicía? No ombe si'ese ma viejo qu'ei racai'. (ver 'Ombe'; 'Racai')

Maye: Insecto muy pequeño, cuya picada deja una comezón persistente.

Me: Dativo del pronombre de primera persona: 'Yo me voy mañana'. Mes: 'Yo me voy pa Nueva Yoi ei me que viene.' El plural es 'mese' (ver 'Mese').

Me cagué de la risa: Me reí hasta más no poder. (ver 'Me morí de la risa'. 'Me mié de la risa')

¡Mé cago!: Reacción a una mala o penosa noticia. Solo '¡Me cago!', sin completar la frase.

¡Mé cago en...! Reacción de enojo por algo inesperado y molesto, un tropezón, un martillazo en el dedo, etc. El final de la expresión es muy diverso: 'Me cago en...la madre que te parió (a una piedra o martillo); ... la hostia; ...la puta que te parió (a una piedra o martillo); ...Dios; ... etc. También reacción a cualquier noticia: 'Juansito y Emma se separaron depué de 50 año de casao', Simplemente '¡Mé cago!', con énfasis en la é. (ver)

Me cai bien: (Me cae bien) Lo dice alguien describiendo cómo se siente acerca de otra persona; quizá porque percibe en ella un carácter suave y atractivo. (ver 'Me cai mai')

Me cai mai: (Me cae mal) Lo dice alguien acerca de otra persona, porque percibe en ella un carácter fuerte y cierta antipatía. También se refiere a una clase de comida que le produce malestar de estómago. 'Esi'hombre me cai mai'. 'El'aguacate me cai mai'.

Me caí mueito dei suto: (Me caí muerto del susto) Le dieron un susto muy grande. 'M'encontré con'esi'hombre tan feo en'ei camino anoche que me caí mueita dei suto', o 'Casi me caigo mueito dei suto.'

Me cayí: (Me caí) Me caí. 'Me cayí' casi siempre lo dicen los niños, y algunos adultos en el campo adentro. (ver 'Cayí')

Me cayu'atrá: (Me cayó atrás) Literalmente significa 'Empezó a perseguirme'. 'Yo tab'en la sabana casando sigua y ei toro me cayu'atrá'. (ver 'Taba'; 'Casando'; 'Sigua'; 'Ei')

Me cogi'ei sueño: (Me cogió el sueño) 'Eta mañana me cogi'ei sueño y no pude i'a la reunión'. (ver 'Eta'; 'I')

Me comieron... : Se refiere al efecto de muchas picadas de insectos, casi siempre de mosquitos u hormigas. 'Teng'una comesón poi tu'á paite, anoche me comieron lo moquito'. (ver 'Mi'asaron'; 'Tu'á')

Me comió: Se dice cuando después de bregar mucho no se puede resolver un problema o arreglar un aparato; cosas que regularmente han sido fáciles de hacer. 'Oye, ese juguéticu'e porra me comió'. 'Esa batidora se comió a Juansito, todavía no ha podío aimaila'. (ver 'Aimai')

Me contán. Me lo contán: Me contaron. Me lo contaron.

Me da Jalone: (Me da halones) Dolor en un punto del cuerpo, casi siempre los pies o dedos de estos, que es intenso y de poca duración.

Me da mal'epina: (Me da mala espina) (ver 'Eso me da mal'epina')

Me d'apuro: (Me da apuro) (C: apuro= vergüenza) Me da vergüenza.

Media: La mitad de algo. Se le llama 'una media' al medio litro de ron. 'Dami'una media de Brugai.' (ver 'Chata') También se usa 'media' en vez de 'medio': 'Juanita no ta bien, yo creo que ta media enfeima'. 'Eta naranja ta media podría'.

Media caña: Anillo de compromiso o de matrimonio.

Media turita: (Medias turistas) Se llamaba 'media turita' a unas medias cortas, por encima de los tobillos, que usaban los hombres. (ver 'Ahí viene Maitín' en el 'Apéndice'.

Medio: ('Medio', casi siempre precedido de 'como') Vocablo muy frecuente en el hablar dominicano, cuando no se está seguro (y aún se esté, para no comprometerse o 'cae'n'ei gancho') de la veracidad, forma, color, tamaño, distancia, etc. de algo. 'Eso queda medio lejo'. 'Cuando yo vid'esi'ombre, ei tab'así como medio mueito'. 'Juansito e como medio ocurito'. (ver 'Cae'n'ei gancho'; 'Ocurito'; 'Como')

Medio bruto: Se dice de la persona que no aprende aún depués de habérsele instruido varias veces sobre algo simple.

Medio dejao: (Medio dejado) Se dice de alguien que es descuidado en el trabajo y en sus obligaciones de la vida diaria. Haragán. Se refiere a 'dejar' cosas para después. 'Esi'hombre e como medio dejao'.

Mediofondo: Prenda de vestir femenina. Enagua corta, que se usa debajo de la falda.

Medio indiesito: (Medio indiecito) Se dice de la persona de piel de color moreno claro. Dependiendo de quien lo diga, es igual que 'Indiesito'. (ver)

Medio jodón: (de 'joder') Se dice refiriéndose a algo que no está funcionando bien, que es difícil de arreglar, o que parece estar fuera de su promedio. 'Bueno, eti'aparato ta medio jodón. Va'bei que compr'uno nuevo'. 'Esa dicusión ta medio jodona. Dejen eso'. (ver 'Va'bei; 'Va'habei')

Me dio la mala: Se dice cuando un amigo o conocido hace algo que no le conviene a uno, o lo engaña. 'Ese Juansito, tanto qui'hablamo d'eso y contu'y eso me dio la mala.' (ver 'Contu'y eso')

Medioluto o **Medio luto:** Ropa de diseños blancos y negros que se usa después del año de guardar luto completo, cuando se usa ropa de color negro.

Medio plegaoso: (Medio plegado) Se refiere a algo que está ligeramente arrugado o totalmente deformado. (ver 'Medio')

Medio regoidón: De 'regordido'. Persona gorda, pero que debido a su mediana o alta estatura no se le nota tanto. 'Agutín e medio regoidón'.

Medio vación: Se dice de la vasija que le que le queda muy poco de su contenido. 'Ese tanque ta medio vación'.

¡Me di'una peidía!: (¡Me di'una perdida!) Expresión de haberse perdido en el camino o en la ciudad de una manera exagerada, que le tomó mucho tiempo para volver a orientarse.

¡Me di'un maidito pique a mi!: (¡Me dio un maldito pique a mi!) Este es un pique más intenso que el pique regular.

Me duele la rabadilla: Se dice cuando se siente dolor en la parte baja de la espalda. 'Yo no me muevo di'aquí, me duele mucho la rabadilla'. (ver 'Rabadilla')

M'embaiqué: (Me embarqué) Se dice cuando se ha comido más de lo necesario de alguna parte de la comida. 'Me siento muy lleno; fue que m'embaiqué con'el'arró'.

Me enterré: Reflexivo involuntario del verbo 'enterrar', cuando accidentalmente penetra algo agudo en una parte del cuerpo. No tiene nada qué ver con tierra. 'Me enterré un'epina en'eta mano. Ven sácamela'. 'M'enterré un clavo en lo pie y se me t'enconando'. (el verbo 'enconar' es castizo)

Me fait'una equinita: (Me falta una esquinita) Quiere decir que puede seguir comiendo porque todavía hay un pequeño espacio vacío en el estómago.

Me fui en mieida: (Me fui en mierda) Quiere decir que le dio una diarrea tan fuerte que lo dejó muy débil. 'Me comí como una libr'e maní y me di'una churria que me fui en mieida'. (ver 'Churria')

Me gruñ'el'etómago o **Me ta gruñendu'el'etómago:** (Me gruñe el estómago. Me está gruñendo el estómago') Movimimiento audible del estómago cuando se tiene hambre, o cuando se tiene malestar de estómago.

¡Me guta pila!: (Me gusta pila) Me gusta mucho. (ver 'pila') 'Esa película me gutó pila'.

Meicocha: (melcocha) Dulce espeso y ligeramente elástico, muy gustoso y entretenido de comer.

Meimejo (mermejo): (¿?) Más grande que el promedio. Voluminoso.

Mejoi di'ahí se daña: (Mejor de ahí se daña) Se refiere a la perfecta función de un objeto o al buen sabor de un plato que le ha gustado al hablante. '¡Bueno comadre, eta comida mejoi de ahí se daña!' También se dice 'Ma bueno-a di'ahí se daña'.

Mejoisito: (Mejorcito) (ver 'Aliviaíto)

Me laigo di'onde no me quieren (Me largo de donde no me quieren)**:** ('laigo': de largar= ausentarse de un lugar con presteza) Lo que dice alguien cuando abandona un lugar, enojado porque no se le dedica atención.

Me jundí'en'ei lo o **Me jundí'en'ei lodo**: (Me hundí en el lodo) Simplemente significa que solo los pies se hundieron en el lodo del camino. (ver 'Jundí)

Me la levanté. Se la levantó. (ver 'Levantáisela')

Melao: (C: melado) Sirope viscoso, de color de la miel (de aquí su nombre) que se saca de la caña de azúcar durante el proceso de hacer el azúcar. Se dice del color de un caballo. 'Ese caballo melao tiene bonito paso'. (ver 'Rusio') Discusión severa; pleito. 'Anoche si'aimu'ei melao en la fieta de Juansito.'

Melaza: Líquido espeso y correoso cuando se esta cristalizando el azúcar.

Me limpio la naiga... (lo fundillo...) (ei culo...): (Me limpio las nalgas... (los fondillos...) (el culo...). Se dice significando que a lo que se refiere no sirve para nada. Se extiende a veces a lo que dice alguien. 'Yo me limpio la naiga con to lo que diga ese tipo.'

Me lleva la contra: Lo dice alguien cuando otro le contracdice su opinión con frecuencia. '¡Juansito siempre me lleva la contra!'

¡Me lo dice o me lo pregunta?: Dice el oyente con una combinación de extrañeza, interrogante, sorpresa y tono de seguridad, cuando está totalmente de acuerdo con lo que dice alguien. A veces con cierta sorna, preguntando si el hablante sabe o quiere saber de lo que se está hablando.

Me lo gané de calle. Se lo ganó de calle: Superar a alguien en un juego de mesa, una discusión o una carrera. Se sugiere que dejó atrás al perdedor la distancia de una calle completa. 'To me gané a Juansito de calle'.

Me lo coito..., Me lo mocho...: (Me lo mocho) Cuando alguien está seguro de lo que ha dicho y otro lo duda, se dice 'Me lo mocho si nu'ej'así', queriendo decir que está tan seguro de ello que se corta el pene si le prueban que no es como él dice. (ver "Mochai')

Me lo paso pu'atrá: (Me lo paso por detrás) Se dice de algo de poca valía, o que no tiene uso para el hablante. También se dice de 'algo malo' que han dicho de uno y que no se le da importancia: 'Eso me lo paso yo pu'atrá.'

Me lo paso pu'ei culo: (Me lo paso por el culo) Significa lo mismo que 'Me lo paso pu'atrá' (ver) pero expresado con más enojo.

Me lo puso Dio: (Me lo puso Dios) (ver 'Eto me lo puso Dio')

¡Me lo quitate de la boca!: (Me lo quitaste de la boca) Lo dice el hablante cuando otro dice lo mismo que él pensaba decir.

Me lo sampié: Se dice cuando se ha comido mucha cantidad de un plato especial, y con rapidez. 'Ese sancocho taba tan bueno que me lo sampié en'un do poi tre.' (ver 'Taba'; 'Do poi tre')

Me lo (la) tiré o **Me tiré:** ver o haber observado algo por completo, como un partido de deportes o una película. 'Yo me tiré'ei juego'e pelota completico'. 'Juansito:Yo no'e vito'esa película. Pedro: Ah no; po yo me la tiré completica'. 'Me la tiré': Acostarse al fin con una mujer que hacía tiempo que no había podido conseguirla. (ver '¡Ah no!' y 'Po')

Me mandé: Salí corriendo. 'Salí juyendo'. (Huir= juí. Fuí= juí)

Me maté comiendo: Le gustó tanto la comida que comió más de lo necesario, y se siente muy lleno. Se dice mientras se pasa una mano despacito, en un movimiento circular por la barriga: 'Esi'arró y frijole taban tan bueno que me maté comiendo'.

Me metí...: (Me comí una comida). 'Me metí tre platu'e sancocho. (ver 'Mi'ajuté')

Me mié de la risa: (Me meé de la risa) Me reí hasta más no poder. (ver 'Mi'oriné de la risa'; 'Se me salién lo miao de la risa'. 'Me morí de la risa')

Memiso: Árbol cuya corteza produce una fibra muy resistente, que se usa para cordeles y sogas.

Memo: 'Mismo' antiguamente. (ver 'Asina memo')

Me morí de la risa: Dice alguien que ha escuchado un chiste tan bueno que lo hizo reír hasta más no poder. 'Anoche me morí de la risa con lo chite de Juansito'. (ver 'Me mié de la risa')

¡Menéalo, menéalo: (Termina de decirlo pronto) Lo dice alguien a manera de advertencia a uno del grupo que está hablando de cosas delicadas para otro en la reunión.

Menéalo que s'empegota: (Menéalo que se empegota) Se le dice a alguien que está hablando demasiado para explicar algo simple; o que está tomando mucho tiempo en minucias innecesasarias para completar algo. Similitud con la harina en agua, que si no se mueve se convierte en pegotes. (ver 'Empegotai')

Meneo o T'en'ei meneo: (Está en el meneo) Formar parte de donde están los buenos negocios y el gran dinero, o donde sea que haya grandes beneficios. "Juancito t'en'ei meneo'. (ver 'Tai en la cosa').

Menéutica: (Quizá de 'meneo' o movimiento automático) Forma o manera especial acordada entre dos o más personas para hacer las cosas, tratarse entre si, o llevar un negocio. '¿Cuál'e la menéutica entri'utede?'

Mengano: (C: mengano) Tercera persona imaginaria. (ver 'Perensejo')

Menjúije o Menjúijen: (C: mejunje= mezcla de varios medicamentos) Cualquier mezcla de diferentes sazones. '¿Y qué menjuije ej'ese que tu'hicite ahí Juanita?'.

Mentao: (Mentado) Mentado. Mencionado. Se refiere a una persona que es famosa en la región. 'Ese que v'ahí e Manorresia ei mentao'. (ver 'Manorresia')

Menú: (C: menú= Conjunto de platos que constituyen una comida) Menudo: monedas de metal, especialmente las pequeñas.Devuelta en dinero que hace el vendedor al cliente. (ver 'Papeleta matu'a menú'; 'Morocota matu'a menú')

Menuíto. Menusito: Poco dinero en monedas pequeñas. Irónicamente refiriéndose a mucho dinero: Comentario: 'Por'ai dicen que tu tiene mucho cuaito'. R: 'No ombe, yo lo que tengo son uno menuíto guaidao.' (ver 'Ombe'; 'Por'ai'; 'Cuaito'; 'Chelito')

Menuse: (Menudos) Monedas en diferentes denominaciones. 'Se mi'acabaron lo menuse que tenía en lo boisillo.' (ver 'Boisillo')

Me paró la policía: Describe la acción de cuando un agente de la policicía le ordena a un conductor que detenga su vehículo por possible infracciòn de la ley. 'Anoche me paró la policía poique no llevaba la luce prendía.' (ver 'Luce')

Me pelé: Que no acertó a ganar un premio en un tique o billete de la lotería. Se dice también que el billete 'se peló'. (ver 'Me pelé por'un número')

Me pongu'alante comu'ei burro: (Me pongo delante como el burro) (ver 'Me vu'a poni'alante comu'ei burro')

Me quedé con la boca abieita: Alguien contando su sorpresa al oír algo insólito. con lo dicho por el hablante. Se dice en un tono que no demanda respuesta.

¡Me quemaron!: Cuando se cree que se ha aprobado un examen pero no lo aprueban.

Me quemé: Puede ser quemarse con candela; pero se usa también cuando no se aprueba un examen escolar. Cuando se cree que se ha aprobado el examen pero no lo aprueban, se dice 'Me quemaron'. (ver 'Pasai')

Menuse: (Menudos) Dinero en monedas, sobre todo las pequeñas. (ver 'Menudito')

Me qued'en'el aire: (Me quedé en el aire) Se dice cuando se ha escuchado una explicación o visto una película, de la cual ha entendido poco o nada. 'Yo me qued'en'el aire contu'eso que tu ha dicho'. (ver 'Contu'eso')

Me quedé tuche: Talvez del castizo 'estuche': caja o envoltura para guardar ordenadamente objetos) Quedarse paralizado de la sorpresa. 'Cuando ella diju'esa mala palabra, yo me quedé tuche'.

Merengue: Música folclórica dominicana, especialmente de la región del Cibao. (ver 'Jalemengue' y 'Jaleo')

Me rompió ei güebu'el oído: (Me rompió el huevo del oído) Se dice cuando ocurre un ruido o grito de tono agudo y alta intensidad muy cerca y los oídos se quedan zumbando por un rato.

Me salió con'un di'atrá p'alante: (Me salió con un 'de atrás para adelante') Se dice de la persona que ha dado una respuesta u opinión brusca y fuera del tono del momento durante una conversación entre amigos.

Me sali'ún jacho encendío. Me sali'una litera: (Me salió un hacho encendido. Me salió una litera) Dos variedades de espectros que de acuerdo a un caminante nocturno (nunca a más de uno) se le aparecen en el camino o en los bosques y fincas a los lados del camino, casi siempre a media noche. (ver 'Mueito'; 'Litera')

Me sali'un mueito: (Me salió un muerto) (ver 'Mueito')

Me saqé l'aproisimasión: (Me saqué la aproximación) En la Lotería Nacional esto significa tener el número que precede o sucede a un premio, y con lo que se ganaba una pequeña suma.

Mese: (Meses) Plural de 'me'. '¿Cuánto mese tien'ese muchachito?' (ver 'Me')

¡Me siento muy lleno!: Expresión usada después de haber comido más de lo necesario de una sentada. (ver 'Toy jaito' y 'Ta jipando')

Me tan comiendo: (Me están comiendo) Se refiere a frecuentes picadas de insectos: mosquitos hormigas, etc. 'Yo me voy di'aquí. Eto moquito me tan comiendo'. (ver 'Tan'; 'Eto')

Me tan mentando: (Me están mentando) Se dice cuando de repente se viene un zumbido agudo en un oído. Insinúa que alguien, en un lugar lejano lo ha mencionado por su nombre.

Me ta supiritando la comía esa: (ver 'Supiritai')

Metei ei clavo: (Meter el clavo) Empujar con el pie el pedal de la gasolina en un vehículo para acelerar su velocidad. (ver 'A to lo que da'; 'Clavo')

Metei la cuchara: (Meter la cuchara) Simbolismo de cuchara por lengua, y usar esta para hablar cuando no le corresponde. Entrometerse en las conversaciones ajenas. 'Juansito, no venga a metei la cuchara'.

Metei la pata: Cuando se dice algo que es un secreto para uno o más de los presentes. 'Juansito metió la pata anoche en la reunión'.

Meteil'ei diente. Le meti'ei diente: (Meterle el diente. Le metió el diente. Le metí el diente) Se dice de algo comestible que se veía tan bueno que pronto empezó a comérselo. 'Esa mita se veía tan buena que di'una ve le meti'ei diente'. (ver 'Mita'; '¡Diente con'ella!')

Meteilu'en cintura: (Meterlo en cintura) Corregir consistentemente a alguien, casi siempre un niño o adolescente de persistente mal comportamiento. 'Ese muchacho loqui'hay e meteilu'en cintura.' (ver 'Lo qui'hay')

Meteise: (Meterse) Entrar a un lugar. Comerse algo, casi siempre mucha cantidad de lo que sea. 'Yo me metí do platu'e sancocho'. 'Esi'hombre se metió to lo que sobró d'ese pailón de moro.' Tomar muchas pastillas de medicina. 'Yo me meto siete patilla tuá la mañana'. También juntarse un hombre con una mujer, o viceversa, a vivir en concubinato. '¡Hace ya tiempo que Juanita se metió con Pedro!' (ver 'Do'; 'To'; 'Pailón'; 'Patilla'; 'Tuá'; 'Moro')

Metéiselo: Forma vulgar de definir la penetración del pene durante el acto sexual.

Metéiselo frío: Definición del acto sexual sin erección. Se refiere a un engaño sin que la víctima se de cuenta. 'Yo creo qui'a Juansito se lo metieron frío en'ese negocio'.

Metéiselo poi los'ojo: (Metérselo por los ojos) Se refiere a la insistencia de alguien por que uno coma o compre algo que realmente no desea. También se dice cuando una noticia en la televisión se repite varias veces al día por varios días. '¡E que se la quieren metei a uno poi los'ojo!'

Metiche: (Del verbo 'meter') Se dice de la persona que toma parte en una conversación sin haber sido invitado. '¡Oye, pero Migo si'e metiche!' (ver 'Metío'; '¡Oye!'; 'Mingo')

Metién: (C: metieron) Pasado plural de 'meter'. Poner algo dentro de un espacio. Meterse en un problema. 'Juansito si'ha metío en camisa di'once vara'. (ver 'Camisa di'once vara')

Me tieni'a l'ecuela: (Me tiene a la escuela) Lo dice alguien cuando lo tienen atosigado para que le haga un favor, ya sea un niño pidiendo con frecuencia, o un amigo pidiéndole prestado regularmente cada cierto tiempo.

Me tiene asao: (Me tiene asado) Se dice de alguien que habla de la misma cosa constantemente. 'Pedrito me tiene asao con'ese problema de su herencia.'

Me tiene cansao: (ver 'Me tieni'hata la coronita')

Me tiene de vueit'i media: Que molesta mucho y con frecuencia, dando órdenes diferentes.

Me tieni'hata la coronita: (Me tiene hasta la coronita) Es decir, 'Me ha dicho lo mismo tantas veces que ya no aguanto más.' (ver 'Me tiene cansao con'eso'. 'Me tiene loco')

Me tiene loco: Lo dice alguien cuando otro le pide algo repetidamente por mucho tiempo. (ver 'Me tieni'hata la coronita')

Metío: (C: metido) Se dice de la persona que se 'mete' en las conversaciones de otros sin haber sido invitado. ¡Adió, peru'ete muchacho si'e metío, uté se fija!'. (ver 'Metiche'; 'Asorao')

Me tirán p'un lao: (Me tiraron para un lado) Quiere decir que el hablante fue ignorado por el grupo, y no fue incluido en la conversación. '¡Me tirán p'un lao y se pusieron hablai ello solo!' (ver '¡Como si yo fuera na!')

¡Me toy cagando!: (¡Me estoy cagando!) Lo dice el que tiene intensos deseos de defecar.

Me toy cayendu'a pedazo: (Me estoy cayendo a pedazos) Lo dice alguien, frustrado, cuando está pasando por un período de achaques seguidos uno detrás de otro.

Me toy miando: (Me estoy meando) Lo dice el que tiene intensos deseos de orinar, y tiene que ir pronto al cuarto de baño.

Me toy reventando: (Me estoy reventando) Se dice cuando se ha comido exageradamente, y se siente una sensación de llenura en el estómago.

Me vasié: (Me vacié) Se dice cuando se sufre de diarrea, después de haber defecado en forma líquida varias veces seguidas. "Me vasié con'eta diarrea'.

Me voiví loco bucándolo: (Me volví loco buscandolo) Exageración del estado de preocupación mientras se busca algo o a una persona.

Me vu'a poni'alante comu'ei burro: (Me voy a poner delante como el burro) Lo dice alguien que quiere y decide opinar antes que los otros acerca del sujeto de que se está hablando. (ver 'Vu'a'; 'Alante')

Mi: (Mi: pronombre) 'A mi namá me d'un chin'. Cantidad o número 'mil': 'T'he dicho ma de mi vece que no digu'esa palabra'. 'Cien mí'. (ver 'D'un'; 'Chin'; 'Namá'; 'Palabra')

Mi'agarró fuer'e base: (Me agarró fuera de base) Representación del juego de béisbol cuando se sorprende al corredor fuera de la base y se le toca con la bola es out. La frase se refiere a cuando sorprenden a alguien con una pregunta inoportuna que no puede evitar responder a ella.

Miai: (Mear) Mear. 'Hace rato que tengo gana de miai'.

Miai. Miaise. Miaime.: (Mear. Mearse. Mearme) 'Ei fue a miai atrá de aquei palo'. 'Fue tanta la risa que tuve ai miaime en lo pantalone'.

Miaise de la risa: (Mearse de la risa) 'Ese cuento era tan bueno que me mié de la risa'. (ver
'Morise de risa')

Miaja: (C: migaja de pan) Semen.

Mi'ajuté: (Me ajusté) Comerse una comida. Tomar algo líquido. Tomarse varias patillas de medicina. 'Mi'ajuté do plato di'aaró y frijole. (ver 'Me metí')

Miao: (Meado. Orina) Ropa húmeda de orina. 'Lo pantalone tuyo tan miao.'

¡Miamiao!: (C: ¡Miaumiau!) Como se le ensseña a los niños el nombre del gato. Onomatopeya del maullido del gato.

Mi'asaron: (Me asaron) Se refiere a la comezón y ardor de numerosas picadas de insectos, casi siempre de mosquitos u hormigas. 'Eso moquito mi'asaron anoche.' (ver 'Me comieron')

Mico. Miquito: (mico= mono pequeño de cola larga) Se aplica a los niños muy pequeños para su edad, y personas de caras delgadas y aparentemente pequeñas. ('¡Ay, pero qué miquitu'ese muchachito!') (ver 'Car'e mico)

Micuchuciento: (Milcuchucientos) Se dice cuando algo ha ocurrido hace tanto tiempo que no hay ni que saber el año exacto, o cuando el hablante no se acuerda del año en que ocurrió.

¡Miedda!: (¡Mierda!) Expresión con más efecto que simplemente '¡Mieida!' Expresa asombro por algo espectacular. '¡Miedda! ¿Tu vite comu'ese carru'iba por'ahí?' (ver '¡Mierrrda!")

Miei: (miel) Miel de abejas. (ver 'Miei da)

¡Miéicole!: Expresión de admiración equivalente a '¡Mieida!'. (ver '¡Mieida!')

Miei da: (miel dada) Miel regalada. Juego de palabras con 'mieida'= mierda, como en: '¿A ti te guta la miei da?' (ver ('Mieida')

¡Mieida! ¡Eta mieida! ¡Qué mieida! ¡Cuánta mieida habla...: Interjecciones de alteración de ánimo: sorpresa, enojo, frustración, etc. (ver '!Ese e'jun mieida!' y '¡Ese e'jun mieidita!'. 'Eta mieida nunca me sale bien'. 'Come mierda' pertenece al folclor cubano.

Mieidita: (ver 'Ese e'jun mieidita')

Mientra ma aito ma grand'ei goipe: (Mientras más alto más grande el golpe) Literalmente, mientras de más alto se cae más fuerte y peligroso es el golpe. Se aplica a la condición de aprietos económicos de quien ha estado en una alta posición en el gobierno o en grandes compañías, y de repente pierde el trabajo.

Mientra ma se bate la mieida ma jiede: (Mientras más se bate la mierda más hiede) Indica que mientras más se ventila o se habla de un chisme o problema familiar, peor o más peligroso se pone.

Mientra meno buito ma claridá: (Mientras menos bulto más claridad) Sugiere que los problemas hay que resolverlos a tiempo, sin andar con rodeos y complicaciones durante el proceso de resolución.

Mientr'uno ma vive ma ve: (Mientras uno más vive más ve) Lo dice alguien cuando le han contado algo sumamente extraordinario, o de un nuevo invento que hace cosas nunca vistas.

Mieo: (C: miedo) 'Juansito le tiene mieo a lo mueito'. (ver 'Mueito'; 'De mieo pujao'; 'Se cagó dei mieo; 'Se ta cagando dei mieo')

¡Miéquina!: Expresión de sorpresa para evitar la original, que es '¡Mierda!'

¡Mierrrda!: (¡Mierda!') El mismo efecto que '¡Miedda!'

Migajai: (ver 'Emigajai')

Mi'ha. Mi'han: (Me han. Me ha) 'Mi'han dicho que te mudate p'ai pueblo.' (ver 'P'ai') 'A mi mi'han dao como tre catarro ete me.' (ver 'Ete' y 'Me') 'Yo creo que mi'ha safao ete deo) (ver 'Deo')

M'hic'ei loco. S'hizu'ei loco: (Me hice el loco. Se hizo el loco) Se refiere a que cuando alguien no quiere comprometerse en algo, cambia de conversación, o se aleja del grupo y camina para allá y para acá como tratando de recodar algo.

Mi'hicién: (Me hicieron) 'No querían que yo me fuera y mi'hicién quedai taidísimo.'

M'hijo. Mi jijo: (Mi hijo. Mi hijo en el 'campo adentro') Designación para cualquier muchacho que está en los alrededores, para que pase o haga algo. 'M'ijo, pásam'esa funda'. (ver '¡Ay m'ijo!'; 'Ay mijijo!'; ¡Ay mijito!')

M'hisu'ei fo. L'his'ei fo: (Me hizo el fo. Le hice el fo) Se hace el 'fo' cuando no se invita a alguien allegado que esperaba ser invitado, y en otras situaciones similares.

Mi j'eimano: (Mis hermanos) 'Yo soi ei ma viejo de mi'jeimano'.

Mijijito: (De 'mi hijito') (ver 'Mijijo')

Mijijo: (De 'mi hijo') En esta forma se refiere a alguien físicamente débil (como un bebé), apocado o pequeño para su edad o especie. '¡Qui'hombresito tan mijijo ese!'. También se aplica a otras cosas más pequeñas que su promedio: 'Ese si e'jun aguacatico mijijo!' 'Mijijito' es aún más pequeño o débil que 'mijijo'.

Milaña: La porción más pequeña de lo que sea; casi siempre se refiere a comida, y lo dice el que recibe la porción. '¡Y esa milaña e to lo que tu me va'dai?' (ver 'Chin', 'Ñinga'; 'Milañoso'; 'Poquiningo') Milaña y Ñinga representan lo mínimo que se puede dar de lo que sea. Ambas designan menos cantidad que 'poquininingo'.

Milañoso: Persona que no da de lo suyo, y cuando ocasionalmente suele dar es por lo regular muy poco. Que no compra un producto completo, sino la mitad o menos.

Milej'e vece: (Miles de veces) Exageración de las veces que se le ha encargado algo a alguien o se ha dado una orden; aún haya sido dos o tres veces. 'T'he dicho milej'e vece que nu'haga eso!' (ver 'Ma di'un millón de vece')

Mi madre que si o **Poi mi madre que si:** Juramento determinante de una verdad inmutable (nunca 'mi mamá que si', pues parece que así no era tan efectivo) (ver 'Jura'vei').

Mime: Insecto díptero, especie de mosca muy pequeña, atraído en grandes cantidades y con persistencia por las frutas y otros productos orgánicos (carne, etc.), en estado de madurez o putrefacción. En algunos países le llaman 'mosca de frutas'. (ver 'Le cayeron lo mime'; 'T'ei mimero')

Mimito. Mimísimo. Mimitico: (Mismito. Mismísimo. Mismitico) Significa 'sin lugar a dudas ese es'. Todos estos vocablos demuestran más seguridad de que ''es el mismo' que 'mimo'. (ver 'Mimo')

Mimo. Mijmo. Mima: (Mismo) El que ha sido siempre. No otro. 'Ese reló ej'ei mimo que se mi'habiá peidío.' 'Juansito ej'ei mimo de siempre.' (ver 'Ei mimo que vit'y caisa')

Mingo: Apodo de 'Domingo'. '¿Tu'ha vito a Mingo'ei cojo úitimamente?'. La bola blanca en el juego de villar. (ver 'Vito')

Miñinguiai: Verbo. Comer despacio y 'di'a poquito', como el que no tiene hambre. 'Mira muchacho, ponti'a comei y déjate de tai miñinguiando.' (ver 'Di'a poquito') Que compra poca comida para economizar.

Minovesientoqueseyocuanto: (Mil novecientos que se yo cuanto) Se dice cuando no se recuerda el año o los años aproximados, de cuando ocurrió el evento que se está contando, lo que sugiere que el evento es más importante que saber la fecha. Se usa refiriéndose a cualquier siglo de que se hable. (ver 'Micuchuciento')

Mi'ofendió: Lo dice la joven del hombre con quien tuvo su primer coito, y perdió su virginidad. (ver 'Queseyocuanto')

Mi'oriné de la risa. Se me salién lo j'orine de la risa: (me oriné de la risa. Se me salieron los orines de la risa) Reírse demasiado y con intensidad, aún no se haya orinado.

¡Mira eso!: Se dice con asombro, cuando alguien ha contado algo increíble, sobre todo si ha sido hecho por un amigo a otro. La entonación es diferente a 'Mira eso' para señalar algo visible; pero también puede ser exclamativo si lo que se señala es algo que no es común.

Mirai con'ei rabu'el'ojo: (Mirar con el rabo del ojo) El mismo significado de 'Mirai con la rabiz'el ojo'. (ver)

Mirai con la rabis'el ojo: (Mirar con la rabiza del ojo) Mirar de reojo, disimuladamente por encima del hombro sin volver la cabeza. (ver 'Rabis'el ojo')

¡Míram'eso!: (¡Mírame eso!) Se le comenta al compañero o compañera cuando ve a alguien con un vestido extraño; muy feo; con poca ropa; muchos tatuajes; pelo de colores apuntando rígidamente hacia arriba; cara de loco; caminado raro, etc.

Misa de cueipo presente: (Misa de cuerpo presente) Misa que se le da al difunto mientras está en el ataud en la iglesia.

Misifú: Vocablo relacionado con gato (miso). Nombre simulado para la persona que está cerca o presente, para que no se de cuenta de que la conversación se refiere a ella. Casi siempre usado con los niños. (ver 'Miso'; 'Misuá')

Misifuá: El mismo significado que 'Misifú'.

Miso: Gato. Voz repetida que se usa para llamar a los gatos. 'Miso, miso, miso.'

Misuá: El mismo significado que misifú. (ver 'Misifú')

Mita: (C: mixta= mezclado-a) Plato de arroz, frijoles y carne guisada, casi siempre en los restaurantes chinos y los mercados, donde por los años cuarenta y cincuenta costaba 10 centavos. 'Chino, dami'una mita'.

Miterio: Como se le llama a 'Emeterio', nombre propio masculino. También, el sonido del vocablo 'misterio'. 'Eso no se sabe. Esu'ej'un miterio'.

Mítico o **Místico:** Persona delicada en sus modales. Siempre limpia de cuerpo y vestido; come poco, y solo cosas que sean regulares y corrientes. Se hace más intenso diciendo 'Juansito si'e mítico' en un tono burlón. (ver 'Finodo')

Mitin: Reunión pública, casi siempre los domingos, cuando viene un político a hablar a los pueblos y aldeas.

Mito: (Fábula. Ficción) Ficción. Explosivo que viene en rollitos para los revólveres de juguete.

Mi vece: (Mil veces) (ver 'T'e dicho ma de mi vece que no digu'esa palabra')

Moca: (Mosca) Insecto volador. Ciudad de El Cibao. (ver 'Moca cagalera')

Moca cagalera: (mosca cagalera) (C:cagalera= diarrea) Mosca grande de varios colores que deposita sus huevos (queresa) en varias hileras en las carnes expuesta a la intemperie.

Mocha: (C: mocha= cabeza humana) Machete corto. Cuchillo o machete delgado (colín) que le falta la punta. Las mochas de cuchillo se usan para pelar plátanos, y las de 'colín' para 'picar mazorcas de cacao. (ver 'Picai cacao' y 'Colín')

Mochai: (C: mochar= dar golpes con la cabeza; de 'mocha'= cabeza humana) Cortar arbustos, tela u otras cosas con cualquier instrumento cortante, tijeras, cuchillo o colín. 'Pero Juansito, ¿poi qué mochate tu'esa flore; tan bonita que taban?' (ver 'Colín', 'Mocha' y 'Me lo mocho')

Mochai pecueso: Cortar pescuezo. 'Esi'hombre e guapo. Ese le moch'ei pecueso a cuaiquiera.'

Mocho o **Ei Mocho:** Se dice de las personas que les falta una mano o parte de un brazo, debido a un accidente. 'Utedi'han vito pasai a Pedro ei Mocho en'eto día por ei camino'.

Moco: Mucosidad que sale de la nariz. Apéndice carnoso entre el pico y la cabeza del pavo que contrae y relaja: 'mocu'e pavo'. (Ver 'Con'ei moco p'abajo')

Mococoa: Cansancio, aturdimiento o ligera depresión que casi siempre se le viene a alguien de repente, pero que a veces puede durar un día o más. Quizá una forma de depresión ligera. 'A Juansito li'ha caío una mococoa, y ta como que no quiere hablai con nadie'.

Mocoso. Mocosa: Salir mocos por la nariz. Aunque es también castizo, se usa mucho en nuestro país para el joven que no se porta bien; que habla y quiere hacer cosas de adultos sin saber. '¡Qué'lo que se cree ese mocoso viejo?' o '¡Que'lo que cre'ese mocosito viejo?' (ver 'Lagañoso', 'Viejo').

Mofia: Persona despreciable. Que da mala suerte.

Mogola: Elevación indolora de la piel en forma de de bola en cualquier parte del cuerpo, casi siempre más grande que el puño. (ver 'Bolita')

Moidía: (Mordida) Morder algo, ya sea alimento u otra cosa. Dolor punzante, pasajero y repetido en alguna parte del cuerpo. (ver 'T'en la moidía')

Moisilla: (Morcilla) Por lejana similitud, el pene cuando se nota por encima del pantalón.

Moitificai: (C: mortificar) Molestar a alguien incesantemente, haciéndolo sentir mal. (ver 'Jodei ei paito)

Mojá. Mojao: (Mojada. Mojado)

Mojación: Más mojado de lo que se esperaba. 'Ei tanque se reventó, ¡y esu'era una mojación qui'había poi tu'a paite!' (ver 'Tuá')

Mojaile la mano: (Mojarle la mano) Darle dinero a alguien con cierto poder, para que le ayude con algo que a través de la ley o regulaciones no se consigue, o tomaría mucho tiempo para conseguirlo. También se dice 'Por'abajo' o 'Por abaju'e la mesa'.(ver).

Mojiganga: (C: mojiganga= cosa ridícula con que alguien se burla de otro) Similar significado, pero se refiere más a algo insignificante. 'Esu'e j'una mojiganga vieja.'

Mojianguita: Algo más insignificante o pequeño que una mojiganga. (ver)

Mojo: (C:'Moho'= capa de herrumbre que se forma en cuerpos metálicos) Moho que cubre todo o parte de la superficie de un objeto metálico. Sofrito de cebolla, ajo, vinagre y a veces otros ingredientes en aceite. (ver 'Mojosiao'; Mojosiai')

Mojón: (C: mojón= señal de linderos de fincas) Porción de excremento sólido. Expresión despectiva que se dice de alguien de menor valía de lo que él se cree. 'Qué mojón ej'ese tipo'. (ver 'Mojonete', '¡Qué mojón', '¡Qué mojonete' y 'Como mojon'en chorrera')

Mojonete: Aplicado a una persona, indica que es peor que 'mojón'. (ver 'Mojón)

Mojosiai: (del castizo 'moho') Se dice cuando alguien deja un objeto metálico que aprecia, cerca de un área húmeda. 'No dej'eso ahí que se te puede mojosiai.' (ver 'Mojo')

Mojosiao: (C: enmohecido) Se refiere a un instrumento de metal parcial o totalmente cubierto de moho. 'Bot'ese serrucho ya, no ve que ta to mojosiao.' (ver 'Mojo'; 'Ta'; 'To')

Mojoso: (C: mohoso, herrumbre) 'Esa llave ta tuá mojosa'. (ver 'Tuá'; 'Mojo')

Moletai. Moleta: (Molestar. Molesta) '¡A ese muchacho si le guta moletai!' 'No maque tan aito que me moleta'. (ver 'Maque'; 'Aito')

Mollero: (C: de 'muelle' a 'molledo' = parte blanda de la carne de los brazos) Brazos fuertes con los bíceps prominentes y duros.

Mollete: Labios muy grandes. '¡Qué mollete tien'esi'hombre!' (ver 'Bembe'molleja'; 'Bembón';)

Molleto: Hombre negro.

Mollina. Mollijna. Mollijnita: Lluvia menuda. Llovizna. '¡Pedrito no saig'afuera que te va'mollijnai!'

Molote: Alboroto, riña, desorden entre varias personas. 'Anoche si'aim'un molote en lo mejoi de la fieta.'

Mon: Apelativo de hombre, derivado de Ramón.

Mon'e traquiai: (mona de traquear) Gallo que se usa para entrenar otro gallo de pelea; ambos con las espuelas tapadas. Persona que hace todo que la otra le exige. 'Juansito tiene Pedro de mon'e traquiai'.

Monga: Infección respiratoria fuerte, a veces con fiebre ligera. Apelativo de mujer, derivado de Ramona.

Mono: El animal bípedo, simio. Se dice de la persona que hace gestos innecesarios o monerías. '¡Qué mono si'ha pueto Juanito!'

Montai ai pelo. Mont'ai pelo: (Montar al pelo) Montar un caballo, mulo o burro sin la silla o el aparejo.

Montante: (del castizo 'montar') De fuegos artificiales: cohete atado al extremo de una varilla, que se eleva rápidamente cuando se le enciende la mecha.

Montao: Montado en un animal de transporte. (ver 'Va montao')

Monte: Bosque. (ver 'Di'ai monte')

Monti'adentro: (monte adentro) Lugar de los campos y las lomas donde vive gente, pero hay pocos y malos caminos para llegar a él. (Existe una aldea de nombre Monti'adentro)

Montón: Acumulación de cosas o gente en un lugar, y tambien de tiempo. 'En la misa di'hoy habia un montón de gente'. 'Eso dei terremoto hace un montón de tiempo.'

Monumento: Edificio o estatua en memoria de un héroe o personje de importancia. Muchacha bonita y de bonito cuerpo. '¡Mira, qué monumento v'ahí!'(ver 'Jembra')

Moquero: (Mosquero) Muchas moscas alrededor. (ver 'T'ei moquero')

Moquillo: (de 'moco') (C: tumorcillo de la lengua de las gallinas) Enfermedad catarral de las gallinas, caracterizada por gran congestión y mucosidades. (ver 'Le cayu'ei moquillo')

Moquita: (mosquita) Mosca pequeña. (ver 'Mime')

Moquita mueita, haceise la: (Hacerse la mosquita muerta) Persona intrigante y engañadora, pero que se presenta en grupos como inocente y tranquila. Se aplica a ambos sexos. 'Pedrito se t'haciendo la moquita mueita. ¡Cuaiquiera que lo ve!' (Ver 'Vaquita mueita.')

Moquito picó voló: (Mosquito picó voló) Designa a la persona que llega a casa de visita, y tan pronto come se marcha. En referencia al mosquito, que pica, chupa y vuela. (ver 'Hacei como Bla')

Morenaso: Hombre de gran estatura, de destacada constitución física y color indio oscuro o negro. (ver 'Indio ocuro')

Morenito: Cualquier muchacho de piel oscura. 'Es'e j'ei morenito que vende lo letrero de la j'EtrellajOrientale'. (ver 'Negrito'; 'Negrito viejo')

Moreno. Morena: Persona de color oscuro que tira a negro. Puro negro. '¡Mir'esa morena, qué bonita!'

Moriqueta: (C: morisqueta= mueca) Gestos y muecas, casi siempre repetidos. '¡Y qué tanta moriqueta e que t'haciendo Pedro?'

Morivivi: (Morirvivir) Planta herbácea de hojas compuestas que al tocarla ligeramente, se le cierran las hojas, y después de unos minutos se abren de nuevo gradualmente. Cualquier persona que se enoja con facilidad y pronto vuelve a su normalidad. 'A Juansito no hay quien li'hable en'eto día, ta comu'ei morivivi'.

Morise d'ei suto: (Morirse del susto) Se refiere a darse un susto tan grande que lo ha dejado muy nervioso. 'Esi'hombre casi m'hizo morí d'ei suto.'

Morisoñando: (Debe venir de 'morirse soñando', que debe ser agradable) Bebida hecha de leche con jugo de naranja y azúcar. Muy sabrosa y apreciada. Especialmente se toma por las mañanas.

Moro: Comida hecha de la mezcla de arroz y frijoles rojos o negros. (En Cuba lo hacen con frijoles negros, y le llaman al plato 'Moros y cristianos')

Morocota matu'a menú: (Morrocota mató a menudo) (Morrocota era una antigua moneda de oro española de veite dólares) En general se refiere a que el rico siempre domina al pobre. Lo que cuesta mucho dinero no se compra con menudo. (ver 'Menú')

Moro j'en la cota: (Moros en la costa. Deriva de los Moros [Mauretania], en el norte de África, que invadierona España) Se dice cuando se está conversando algo privado y hay gente alrededor. 'Cuidao, no hable duro, qui'hay moro j'en la cota'. (ver 'Hablar duro')

Morro: (C: morro= cualquier cosa redonda semejante a la cabeza) Vasija hecha de un higüero pequeño, bien pulido por dentro y por fuera, alrededor de cinco a siete pulgadas en su dimensión más larga. Se usaba en los campos para tomar agua.

Moso: (Mozo= Joven que sirve en el restaurante) Persona que sirve en un restaurante. A veces usado despectivamente hacia otra persona que le ha dicho algo desagradable, '¡Y qué lo que se cre'ese moso?'

Mota: Moneda ya en desuso, equivalente a medio centavo (ver 'Chele'). Almohadillita redonda y plana de tela, de dos a tres pulgadas de diámetro que se usa para empolvarse la cara, el cuerpo, etc. Uno de los bollitos de pelo que se forman en la cabeza de la gente de color. Pelo malo. (ver 'Pelo malo')

Motete: (Motetes) Fuera de El Cibao, y en otros países hispanos: cesto tejido de fibras vegetales que se lleva a la espalda. Pertenencias dispersas por la casa. 'Recoge to'tu motete y vámono'. Lío o envoltorio, casi siempre de ropa.

Motón: (C: cabeza de carnero) Miembro del ganado vacuno que no le han nacido cuernos.

Motrenco: (C: mostrenco= Que no tiene casa ni hogar. Gordo. Pesado.) Animal, casi siempre caballo, que anda por los montes y caminos, sin conocerse el dueño. 'Ei caballo rusio ese e motrenco.'

Motrocolo: Persona haragana, que no ayuda en nada y casi siempre está sentada mientras los otros trabajan. Persona fea y deforme. '¡Yqué tu'hace ahí sentao com'un motrocolo? ¡Ven a ayudai!'

Movío: (C: movido) Huevo que pone la gallina en la membrana (sin cascarón). Como se pone la piel de las manos y la cara (blacuzca y ligeramente arrugada), después de mucho tiempo en el agua (lavando ropa en el río; fregando y bañándose). Persona floja, perezosa, descuidada en el trabajo.

Muchachita. Muchachito. Niño. Niña: Bebé. Niño de pecho.

Muchachito viejo: Expresión contradictoria en referencia a niños y muchachos antes de la pubertad, cuando han dicho o hecho algo que no deben por su edad. '¡Tu oít'ese muchachito viejo la palabrota que dijo?'

Muchachu'e mandao o **Muchachu'e lo mandao:** (Muchacho de mandados o Muchacho de los mandados) Persona, casi siempre un joven, que mantienen en algunas casas de familia y fincas, para hacer trabajos ligeros y los encargos o mandados.

Muchachu'e mieida: (Muchacho de mierda) Lo dicen alguien a quien un muchacho le hace maldades u se burla de él con frecuencia. 'Yo no puedo vei ei muchachu'e mieida ese'. (ver 'Maidá')

Muchachu'e porra: (Muchacho de porra) Muchacho molestoso y desobediente. 'Ete muchachu'e porra va'vei que daili'una pela'.

Mucha gracia: (Muchas gracias) Muchas gracias.

Muchíjima cosa: (Muchísimas cosas) Cuando se está hablando con rapidez y esta expresión viene al caso, la 's' de 'muchísima' se convierte en 'j'. (Y como indicamos en la Introducción, el plural se pierde)

Muchísimo: Más que mucho. Pero puede ser aún más cantidad todavía: Muchisísimo. 'Ahí había muchisísima gente'.

Múculo: (Músculo) 'Tengu'ete múculo d'ete mulo tu'encogío dendi'ayei'. (ver 'D'ete'; 'Tu'encogío'; 'Dende')

Mudaron, lo: (Lo mudaron) Se dice de alguien a quien le han robado varias cosas de su casa. 'Anoche se le metieron a Juansito y dicen que lo mudaron.' (ver 'Se le metieron')

Mueimo: (C: muermo= enfermedad de las caballerías con ulceración de las mucosas nasales) En personas, congestión nasal acompañada de estornudos. 'Yo como qui'amanecí con un mueimo medio malo hoy'.

Mueita. Mueitecita: (ver 'Ta mueita'; 'Ta mueitecita'; 'Mueitesito'; 'Mataíto')

Mueitesito (a): (Muertesito. Mueitesita) Hipérbole del significado de 'muerto'. 'A masú le pegaron tre tiro y lo dejaron mueitesito ahí en la calle'. (ver 'Tre'; 'Mataíto')

Mueito (a): (C: muerto. Sin vida) Difunto. Espectro que 'ven' los caminantes de noche en los campos, casi siempre cerca de donde ha muerto alguien. 'A Juancito le sali'un mueito anoche'. (Los 'muertos' 'le salen' solo a una persona, nunca a dos o más) (ver 'Jacho')

Mueito di'hambre: Que tiene mucha hambre o que hace días que no come. Que nunca paga su parte de la cuenta en restaurantes. '!Es'e j'un mueito di'hambre!' (Aquí no se usa la 'j' en 'hambre')

Mueitu'ei perro si'acabó la rabia: (Muerto el perro se acabó la rabia) El significado está claro cuando se refiere a un criminal en serie que ha sido condenado a muerte. Puede referirse a una persona chismosa que se ha mudado lejos del vecindario.

¡Mueitu'esi'abejón!: (¡Muerto ese abejón!) Se refiere a cuando se termina un trabajo completo y a satisfacción. También en deportes refiriéndose al perdedor en el momento que termina el juego o partido. (ver 'Abejón')

Muel'e cangrejo: (Muela de cangrejo) Cacho de cangrejo.

Muel'ei juicio. Muela dei juicio: (Muela del juicio) Última muela que nace poco antes de la pubertad, cuando se presume que se comienza a desarrollar la facultad de juicio.

Muelú: (Mueludo) Se dice de la persona que hablando mucho saca ventaja y engaña. Persona que sale con más ventaja que otros en cualquier negocio.

Mujei de la vida: (Mujer de la vida) Prostituta. (ver 'Cuero')

Mujei di'alante: (Mujer de adelante) Mujer progresista. Casada o no, hace negocios y le va bien en ellos. 'Juanita no vive sent'en la casa, ese'j'una mujei di'alante'. (ver '¡Qué mujerota esa!' 'Alante')

Mujeisita: (Mujercita) Entre los muchachos y jóvenes se les llamaba así a los compañeros que eran cobardes, y a los que no se atrevían a ir a los barrios de mujeres de la vida.

Mujerenguiando: De 'mujer'. C: mujerero= hombre dado a mujeres) Se dice del hombre que se enamora, o vive, casi siempre por corto tiempo con diferentes mujeres.

Mujerón: Mujer hermosa y de bonito cuerpo. Buena esposa en todo sentido.

Mujerota: (ver '¡Qué mujerota esa!')

Mula: hembra del mulo. Mujer corpulenta. '¡Qué mula e'jesa mujei!'

Mulito: (de 'muslo') Cuando alguien quiere fingir que no ha comido mucho dice: 'Yo lo que me comí f'un mulito namá'. (ver 'F'un'; 'Namá')

Mulo: Macho de la mula. Hombre corpulento y fuerte. '¡Es'ej'un mulo di'hombre!'

Mulo ancho: ('Muslo ancho' de pollo cocinado) Se refiere a la parte carnosa de más arriba de las patas de un pollo cocinado.

Mundo: El planeta tierra y sus habitantes. (ver 'Tu'ei mundo'; 'Hijo dei mundo')

Muñeca: Figura humana de materiales variados para las niñas jugar. Fortaleza de carácter para manejar un negocio. 'Hay que tenei muñeca pa manejai tu'esa gente.' (ver 'Muñeca abieita')

Muñeca abieita: (Muñeca abierta) Dolor en la muñeca cuando se levanta algo ligero de peso. A veces no se sabe de donde proviene, y es preocupante. 'Yo no puedo hacei na con'ete braso, e que tengo la muñeca abieita'. (ver 'Na'; 'Ete')

Muñequito, lo: (Los muñequitos) Se refiere a las tiras cómicas. 'Juanito se pas'ei día viendo lo muñequito en ve d'etudiai.'

Muriéndome dei sueño (toy)... dei cansancio... del'hambre: Mucho sueño... muy cansado... mucha hambre. (ver 'Toy...')

Muriéndome de la jambre (toy): (Estoy muriéndome del hambre) Se dice cuando se tiene mucha hambre. No tiene el mismo signicado de 'Muriéndome di'hambre' o 'Muriéndose di'hambre' (ver)

Muriéndome di'hambre. Muriéndose di'hambre: Alguien que está en muy malas condiciones económicas. 'La pobrecita Juana, ta muriéndose di'hambre.' (ver 'Ta')

Murió de repente: Se dice del que ha muerto de causas naturales sin estarse esperando. Casi siempre de un infarto cardíaco.

Musaraña. Haciendo musaraña: (C: 'musaraña'; 'musgaño= figura contrahecha o fingida de una persona. Sabandija, insecto) Mueca que se hace con la cara y las manos.

Musú: Fruta alargada no comestible, cuyo esqueleto fibroso de la misma forma, se usa como estropajo para fregar los utensilios de cocina. Persona fea y mal ataviada. (ver 'Musurete')

Musurete: Bulto sin forma y feo. Persona mal vestida y mal arreglada de cara y pelo. '¡Te fijat'en Juanita como taba? Paresía un musurete'.

N: (Letra N, n, ene) Ene, ene. 'Ecríbeme la letra ene'.

Na: (Nada) 'No me diga na, yo lo se to ya'. 'No me trajo na dei pueblo'. (ver 'To')

Nacan: (de 'nacer': nazcan) Nazcan. 'Me regala uno cuando lo perrito nacan'.

Nacei pa semilla: (Nacer para semilla) Se le dice a alguien de los setenta años arriba que está haciendo planes para beneficio personal a largo plazo, de quince y veinte años en el futuro. '¡Adió, pero Jesusito cre'que nació pa semilla, y nu'ha sembrao una mat'e dátile dique pa comei d'ella!'

Nasensia: (C: Nacencia; nacimiento; tumor de la piel) Es castizo por pequeño crecimiento o tumor de la piel, pero parece aberración del idioma, quizá por la frecuencia y manera con que es usado este vocablo.

¡Nació ciego! o **¡Ah, po nació ciego!:** Se dice, casi siempre de broma, cuando alguien anda buscando algo, que es fácil de encontrar, y no lo encuentra. (ver 'Po')

Nació: (Nacido. De 'nacer') 'Juansito nu'habiá nació cuandu'eso'. También infección en la piel, furúnculo. 'Mi'ha sali'ún nació en'ete pie'. (ver 'Sali'ún...')

Nacre (de): Antigua denominación de 'nácar'; del francés 'nacre'. ¡No tan mal para nosotros los cibaeños! 'Ese flu tiene to lo botone de nacre'. (ver 'To'; 'Flu')

Nadie sabe qué pato pusu'ese huevo: (Nadie sabe qué pato puso ese huevo) Se refiere a alguien desconocido que ha llegado a un lugar pidiendo alojamiento y dinero prestado.

Nadie se muere la vípera: (Nadie se muera la víspera) Nadie se muere el día antes de morirse. Usado como consejo para alguien que está extremadamente preocupado por algo importante que tiene que hacer o que cree que le puede ocurrir. '¡Pero Juansito, no te vay'a morí la vípera!' (ver '¡Ei mundo no se v'acabai!'; 'Vaye')

Na'ei. Na'ella: (Nada a él. Nada a ella) 'Se lo comió to y no le dio na'ella' o 'na'ei'. 'La mujei de Juansito ta regá poiqu'ei vendió ei carro sin decile na'ella'. (ver 'Regao'; 'Regá')

Naide. Naiden: (C: Nadie) Ya poco usado. Quizás todavía en el campo adentro. El uso regular es 'nadie'. (ver 'Campu'adentro')

Naiga chata: (Nalgas chatas) Persona que no se le nota forma de nalgas por encima de la ropa.

Naiga seca: (Nalgas secas) El mismo significado de 'Naiga chata' y 'Naigu'e maco' (ver).

Naigu'e maco: (Nalgas de maco) Que tiene nalgas pequeñas. (ver 'Maco')

Naigú. Naiguse: (Nalgudo. Nalgudos) Persona (o personas) que tiene las nalgas grandes. 'Eso Fulano son to j'uno naiguse.'

Naíta: Diminutivo de 'nada', que indica menos que nada, si es que esto es posible. 'No me que naíta de café'. 'No doimí naíta anoche'.

Naitica. Naititica: Solo hay que imaginarse algo menos que 'nada', 'naíta' y 'naitica'.

Na le guta y to'le jié: (Nada le gusta y todo le hiede) Alguien que no le gusta la mayoría de las cosas, comidas, o conversaciones que le gustan a los otros. (ver 'Privando en fruta fina' y 'Místico')

Na'má o **Nomá:** (C: nada más, no más) Se convierte en 'Name'jeso-e-a' o 'Nome'jeso-e-a' en las frases donde son usadas. Nada más. 'Na'má me dieron una sola galletica vieja'. 'Y nome'jese chin que tu me va'dai?'. (ver 'Chin'; 'Vieja'; 'Nomá')

¡Na'má faitaba eto!: (¡Nadamás faltaba esto!) (ver '¡Nunca falta una!')

Nam'é cuanto cuanto: (Nada más es cuanto cuanto) Expresión que indica que lo que se va a probar o hacer es muy poco. 'Advertencia: Nu'haga eso que se pue dañai. Respuesta; Nam'e cuanto cuanto.' (ver 'Cuanto cuanto')

Narang'e baboi: (Naranja de babor) Especie de naranja de sabor medianamente agrio; no tanto como el de la naranja agria.

Narí bombolona: (Nariz ancha, globulosa) Nariz ancha y redondeada. (ver 'Bombolona')

Narí Chata: Se refiere a la nariz ancha y aplastada. (ver 'Chata')

Narí pará: (Nariz parada) Se dice de la persona vanidosa y presumida, que se cree mejor que todos, y saluda sin sonreírse, cuando acierta a saludar. (ver 'Parejero')

Narí repingá: (C: nariz respingona) Nariz con la punta tirando hacia arriba. También se usa como 'Narí pará' (ver)

Nasío: (ver 'Nacío)

Nataguiai: (No existe vocablo similar en castizo, pero probablemente se refiere a nadar con dificultad) Tener grandes y prologadas dificultades en resolver un problema o negocio. 'Juansito ta nataguiando, pero nu'ha podío sali'a flote'.

Naturalesa: El mundo; el medio ambiente. Como son las personas; su caracter. Se usa también refiriéndose a los genitales o a la potencia sexual del hombre.

Navajita: (Navajita) Navaja pequeña. Persona que con frecuencia usa artimañas para engañar, sin que los engañados se den cuenta hasta muy tarde. 'Tengan cuidao con Juansito, ese e'juna navajita.' (ver 'Cuchillo e'do filo' y 'Navajú')

Navajú: Engañador. Hábil. Que siempre saca ventaja en los negocios sin que el otro se de cuenta.

Negoci'e capa perro: (Negocio de capar perro) Mal negocio, donde se puede perder todo lo invertido. 'A mi no me met'en'eso; esu'ejun negoci'e capa perro'. (ver 'Sale ma la sai qu'ei chivo')

Negocito: (de 'negocio') Tienda o bodega pequeña. 'Juansito mont'un negocito en'ei pueblo con lo cuaitico que se ganó en lotería.' Cuando no desea declarar un negocio de importancia que se ha emprendido, se dice 'Tengún negocito por'ai, que vamo a vei qué pasa'. (ver 'Pulpería' y 'Cuaitico'; 'Por'ai')

Negrito: Se dice del muchacho de colo indio oscuro o negro. 'Es'e j'ei negrito de la familia que vende lo duice bueno en'ei meicado'.

Negro: Persona de piel oscura. Apodo y tratamiento cariñoso de uso frecuente en el país. '¿Oye Negro, y cuándo llegate tu por eto lao?' 'Dale eto a Negro'. (ver 'Ei negru'e comi'e pueico')

Negro com'un tizón. Negro comu'ei caibón: (Negro como un tizón. Negro como el carbón) Persona de color muy negro.

Negru'e comi'e pueico (ei): (El negro es comida de puerco) Insulto racial, con frecuencia de un negro a otro, o de un indio a otro indio oscuro. (ver 'Indio'; "Indio ocuro')

Ni'amarrao: (Ni amarrado) Se refiere a algo que el hablante dice que no lo haría ni que lo amarraran para forzarlo a que lo hiciera. 'Yo nu'hagu'eso ni'amarrao'.

Ni'án: ('Ni aún' o 'Ni tan') 'Ni'án siquiera de la sobra me quiso dai'. (ver 'Ni tan siquiera')

Ni cata: (del castizo 'casta': ascendencia o linaje) Lo dice alguien indicando que no es familia de quien le hablan. 'Esi'hombr'y yo no semo ni cata ni garrapata'. (ver 'Ni cata ni garrapata')

Nica: Media mota. Se dice de algo que se considera que no tiene valor. 'Eso no vale ni media mota'. (ver 'Mota')

Ni cata ni garrapata: Se dice de alguien que no se conoce, ni es familia cercana ni lejana de la persona que habla. 'P: ¿Tu'ere familia de Juan Pere? R: No. No semo ni cata ni garrapata.'

Nico: Apodo de 'Nicolás' y 'Nicasio'.

Nidai, ei: (El nidal) El huevo que se le deja a la gallina en el nido para que no lo abandone y siga poniendo. 'Traime lo huevo de la gallina pinta, pero déjal'ei nidai.' La casa paterna para el hijo que está lejos.

Ni'e cajne ni'e pecao: (Ni es carne ni es pescado) El mismo significado de 'Ni güele ni jié.' (ver)

¡Ni ei diablo! ¡Así ni ei diablo!: (¡Ni el diablo! ¡Así ni el diablo!) Lo dice quien acaba de recibir un consejo que considera imposible de seguir. Consejo: 'Lo que tu tiene qui'hacei e daile vente mi peso pa que se calle.'

Respuesta: '¡Así ni ei diablo.'

Nigua: Insecto diminuto que deposita sus huevos debajo de la piel de los pies, y es causa de irresistible comezón e infección.

Ni güele ni jié o **Ni huele ni jiede:** (C: ni huele ni hiede) Se refiere a alguien que tiene poca personalidad, no le gusta la mayoría des cosas que normalmente le gustan a los demás, y aunque a veces participa en reuniones, habla poco y no se ríe de los chistes.

Ni ji ni ja: Expresión indicativa de que no se dicho nada, o no le han dejado decir nada. 'Yo no dije ni ji ni ja'. 'No me dejaron decí ni ji ni ja'.

Ni la o: (ver 'Ese no sabe ni la o')

Ni loco: Parte final de una expresión que indica imposibilidad de hacer o concluir un proyecto. 'Yo no me monto en avión ni loco.' 'Tu no te come tu'ese sancocho ni loco.' 'Tu no llega a Santiago a pie ni loco.' 'Esa no mira p'atrá ni loca.' (ver 'Ni que te mate')

Ni me pasa poi la mente: (Ni me pasa por la mente) Indica que no se tiene absolutamente nada de memoria acerca de lo que pregunta. '¡Ay m'hijo, eso ni me pasa poi la mente!'

Nimita. Animita: (Talvez de 'ánima') Insecto de la clase del cocuyo, pero muy pequeño, que despide destellos luminosos, más visibles durante la noche.

Ni ñarra: Nada en absoluto. Que no dio nada de lo que debía dar. 'No me dio ni ñarra.'

Niño que no grita no mama: El que necesita algo y no hace las diligencias necesarias nunca lo conseguirá. Y si es algo que pude ser de regalo, hay que pedirlo.

Nío: (Nido) "Juanito, vi'a vei si encuentr'un nío e gallina con huevo p'ai desayunao'.

Ni pie ni cabeza: Se dice de algo que está desorganizado, o de una explicación que no se tiene sentido. Es decir, algo que no entiende cómo comienza ni cómo termina. '¡Pero Juansito, eso no tiene ni pie ni cabeza!'

Ni que Dio lu'ampare: (Ni que Dios lo ampare) Que Dios no lo ayude. Imprecación que hace una persona para que Dios nunca ayude a alguien que le ha hecho un daño. 'Ese degraciao mi'ofendió y si'ha desaparecío. Ni que Dio lo ampare.'

Ni que me maten. Ni que te mate: Denota imposibilidad de concluir un trabajo o llevar a cabo un proyecto o deseo. A veces se usa en plural: 'Ni que me maten.' 'Tu no crus'ese río jondo ni que te maten'. 'Yo no voy a Saisedo a pie ni que me maten.' (ver 'Saisedo')

Ni tan siquiera: Quejarse de que alguien que estaba supesto a darle algo, no le dio nada ni de uno ni de lo otro. 'Ni tan siquiera un chin de queso medió'. (ver 'Chin' y 'Chin- chin')

Ni un'aima: (Ni un alma) Indica que no hay nadie en un lugar donde debía haberse reunido mucha gente. A veces, cuando se le cuenta a otro se exagera, y se usa esta expresión aunque hubieran dos o tres personas presentes. 'Yo no se pa'qué fuimo, si allí no había ni un'aima.'

Ni'una chipita di'agua: (Ni una chispita de agua) (C: chispa= partícula encendida que salta de la lumbre. Gota de lluvia menuda y escasa) 'Hace ma di'un me que no cai ni'una chipita di'agua.' (ver 'Me')

Ni'una gota: (Ni una gota) Esta expresión se usa más comúnmente para cantidades pequeñas de cualquier material que no sea líquido. 'Se comió tu'el'arró y no dejó ni'una gota'. Le pedí dei pollo asao y lo que me dio f'una gota' o 'no me dio ni'una gota' o 'lo que me dio f'una gotininga'. (ver 'Gotininga')

Ni'un chele. Ni un chele colorao: (Chele: centavo) Se dice de la persona, o lo dice ella misma, que no tiene dinero, que está muy pobre. 'Toy arrancao, no tengo niún chele colorao. Se dice también de algún objeto que vale muy poco. 'Eso no vale ni'un chele colorao'. Desde luego, todos los centavos son colorados (rojos) (ver 'Chele', 'Colorao'; 'Con'una mano alant'y otra atrá')

Ni'un cinco: Totalmente falto de dinero. (ver 'Con'una mano alant'y otra atrá'; 'Ni'un chele colorao')

Ni'un paso atrá ni pa coj'impuiso: (Ni un paso atrás ni para coger impulso) Frase histórica y legendaria dominicana, que sugiere que nunca se debe dejar de mirar hacia adelante para alcanzar los logros que uno se ha propuesto conseguir.

Ni vivo ni mueito: (Ni vivo ni muerto) Que no lo quiere ver nunca jamás en su vida. 'Yo no quiero v'esi'hombre maj'nunca, ni vivo ni mueito.'

¡Njú!: Sonido naso-gutural de cautela; de nuevo chisme-sorpresa, o de tener cuidado con algo adverso. '¡Njú! Cuidao con'esi'ombre, qu'e'medio peligroso'. '¡Njú!, yo vide a Pedro y Ramonita besándose anoche en'ei paique!'. (ver 'Vide')

No: Adverbio negativo 'No', se usa como tal. También usado como pronombre 'Nos': 'Pedro no hizo salí a to de su casa anoche'. (ver 'To')

¡No ...!: Se usa para reforzar una afirmación. Com: '¡Oigan, pero Juansito si me trató bien en su casa!'. Com: 'No, Juansito ej'una delisia di'hombre'; o con más énfasis: '¡Noo, Juansito ej'una delisia di'hombre!'. (ver 'Delisia')

No bota: Objeto o fruta que no produce lo que se espera o debe. 'Eta naranja no bota jugo.'

Noche Buena: Noche de la víspera de Navidad (24 de Diciembre)

No coge ma: (No coge más) Uno de nuestros antropomorfismos atribuidos a objetos inanimados. Se refiere a un recipiente cuando está lleno y ya no le cabe más líquido o sólidos. 'Ese calabaso ya no coge ma agua.'

No come ni deja comei: (No come ni deja comer) Se refiere a alguien que no está haciendo lo que debe, y además está ocupando el lugar o el tiempo donde o cuando otro tiene que hacer lo suyo.

No come pelo. No come pelu'e pueico: (No come pelo. No come pelos de puerco) Persona que no tiene miedo. 'Juansito no come pelo'. Raras veces se usa en primera persona: 'A mi que no me jodan mucho que yo no como pelo'. 'Esi'hombre no come pelu'e pueico.' (ver 'Esi'hombre no come pelo')

¡No conocamo!: (¡Nos conocemos!) Lo dice alguien después de haber oído a otro contar algo extraordinario que ha hecho, y que todos presumen que no es capaz de hacerlo. '!No siga maetro que no conocamo!' (ver 'Maetro')

No cree ni'en la manífica: (No cree ni en el magnificat) Se refiere a la persona muy escéptica. (ver 'No lo saiva ni la Manífica'; 'No cree ni'en la un'y una')

No cree ni'en la un'y una: (No cree ni en la una y una) Se dice de alguien que es escéptico; que no cree en lo que se le dice a menos que sea con pruebas irrefutables.

No cuquée la j'avipa: (No cuquée las avispas) (C: de Cuba 'cuquear'= azuzar) Se le dice a alguien que insiste en conversar sobre un sujeto que es enojoso para otro de los presentes. (ver 'Cuquiai')

No dai pie con bola: (No dar pie con bola) Se dice de alguien se está tomando mucho tiempo tratando de arreglar algo que es relativamente simple. En sentido figurado también se refiere a alguien que no puede explicar algo que noes nada complicado. 'Juana no da pie con bola poniendu'eso cuchillo y tenedore j'en la mesa'. 'Juansito no da pie con bola con'esa silla'.

No dai su brasu'a toicei: (No dar su brazo a torcer) Se dice de la persona que se mantiene fiel a su manera de ser en situaciones dificiles o contrarias a lo que le dicta su carácter o idiosincrasia. 'Juansito ej'un'hombre que nunca da su brasu'a toicei'.

No da que decí: (No da qué decir) Se refiere a alguien que es tranquilo y nunca habla mal de nadie. 'Yo no creo eso poique Juanita nunca da que decí'.

¡No digu'a uté que lo conoco!: (¡No digo a usted que lo conozco!) Se le dice a un amigo cuando este pide un favor. P: "¿Tu me puede traei un pan cuando venga?' R: '¡Yo no digu'a uté que lo conoco!'

No dijo ni pío: (No dijo ni pío) Se dice de alguien que ha estado hablando o discutiendo con insistencia acerca de algo, pero se calla después que otro lo convence con pocas palabras de lo contrario. 'Juansito convenció a Pedro qu'ei taba equivocao, y Pedro no dijo ni pío'. 'Pedro insuitó a Juan, y Juan no dijo ni pío'.(ver 'Qu'ei'; 'Taba')

No d'un goipe: (No da un golpe) Se dice de alguien que no quiere, o no le gusta trabajar. ('golpe' aquí se refiere a hacer algo bueno o extraordinario) (ver 'Goip'e barriga'; 'Bot'ei goipe'; 'Lo maduru'a goipe')

Nu'e fáci: (No es fácil) Se dice a manera de frustración cuando algún proyecto no sale bien, o acerca de un problema familiar difícil de resolver después de pasado un tiempo.

No era pa tanto: (No era para tanto) (ver 'Nu'era pa tanto')

¡No faita una!: (¡No falta una!) (ver '¡Nunca faita una!'; '¡Etu'era lo que faitaba'!)

¿No fué?: Expresión adicionada al final de un comentario que se considera verdadero, en respuesta a otro que no, hecho por alguien del grupo. 'Esa gente iba muy lejos cuando llegó la guaidia, ¿no fue?'

¡No hay cuidao!: (¡No hay cuidado) Indica 'No se preocupen, estoy bien'. Usado por la víctima cuando sale ileso de un pequeño accidente y la gente corre a ayudarlo.

No hay ma ciego quei'que no quiere vei: (No hay más ciego que el que no quiere ver) Se dice de la persona que se hace la desentendida cuando se le acusa de algo que realmente ha hecho.

No hay mai que dure cien año ni cueipo que lo resita: (No hay mal que dure cien años ni cuerpo que lo resista) Indica que de los problemas de la vida, muchos se resuelven y otros no, que es cuando se pierde parte o todo lo que se posee. Referencia directa de que muy pocos humanos llegan a vivir cien años.

No hay pondi'agarrailo: (No hay por donde agarrarlo) Qe no es ni bueno ni malo. Que es muy difícil de comprender sus ideas. Persona que siempre tiene una respuesta contraria.

¡No hay puntu'e comparación! o **¡Nu'hay puntu'e comparación!:** (¡No hay punto de comparación!) Se dice después de describir un objeto, una persona o una situación, que se pasa de los límites de tamaño, calidad, personalidad, beneficio, etc. '¡Con decile que ahí si'e veidá que nu'hay puntu'e comparación'. (ver 'Con decile …')

No hay quien se li'aceique: (No hay quien se le acerque) A una candela con grandes llamas no hay quien se le acerque. A alguien que está muy enojado hay que dejarlo tranquilo, y se dice: 'Pedro ta que no hay quien se li'aceique.' (ver 'Ta' y 'No se li'aceican ni la j'avipa')

¡No joda!: Cuando se escucha algo de suma importancia, que no se esperaba o sabía.

Nojotro: (Nosotros) 'Nojotro' ya es poco usado; quizá en el campo adentro.

No le pierde ni pie ni pisá: Se refiere a alguien que va donde quiera que va su amigo. 'Pedro no le pierde ni pie ni pisá a Juansito.'

No le vale: Se dice de la persona que se le ha dicho y repetido que haga algo, pero no lo hace o sigue haciéndolo mal hecho. 'Se lu'he dich'un millón de vece, pero no le vale.' (ver 'Un millón de vece'; 'Lu'ha')

¡No le valió na!: Se dice de la persona que por mucho que trabajó o bregó, no consiguió lo que quería. 'Miren que Juansito le dio mucho regalo y jat'una casa li'ofreció a esa mujei pa conseguísela, y no le valió na'. (ver 'Conseguila'y 'Conseguísela')

No levanta cabesa o **Nu'ha levantao cabesa:** (No levanta cabeza) Se refiere a alguien que ha estado trabajando por mucho tiempo y diligentemente en un negocio, pero no le va tan bien como debería.

'¡Juansito tiene muchos'año en ese negocio y todavía nu'ha levantao cabesa'.

No levant'una paja: (No levanta una paja) Se dice de la persona acostumbra a no cooperar con el trabajo común del momento; por ejemplo después de una cena se queda sentada y no ayuda a recoger utensilios y limpiar, etc. 'Juana ta que no levant'una paja.'

No lo paso: (C: pasar: tolerar, sufrir) No poder tolerar la personalidad o forma de ser de alguien.

No lo paso ni'en pintura: Lo dice alguien cuando le cae muy mal una persona, por su carácter o comportamiento.

No lo puedo vei ni'en pintura': (No lo puedo ver ni en pintura) Lo dice alguien refiriéndose a una persona que le cae muy mal. (ver 'No lo paso ni en pintura'; 'No lo paso')

¡No lo querían!, ¡qui'aguanten leña ahora!: El hablante se refiere a los que votaron por el candidato que les gustaba, quien después de ganar tiene al pueblo subyugado.

No lo sait'un chivo: (No lo salta un chivo) Se usa para exagerar cualquier cantidad, casi siempre cuando se refiere a un servicio personal de comida. '¡Mira, esi'hombre, se ta comiendo un platu'e moro que no lo sait'un chivo!' (ver 'Moro'; 'Locrio'; 'Mangú')

No lo saiva ni Checheré: Alguien que ha cometido un crimen y lo andan buscando. 'A ese no lo saiva ni Checheré'. (ver 'Checheré')

No lo saiva ni la Manífica: (No lo salva ni el Magníficat) Persona que está pasando por grandes problemas y en peligro de perder todas sus posesiones, y en algunas ocasiones, hasta la vida. Es similar a 'No lo saiva ni Checheré.' (ver 'Magníficat')

Nomá: (Nada más. Solamente) 'Nomás' en otros países hispanoamericanos. '¿Y ese chin e to lo que tu me va'dai nomá?' (ver 'Chin'; 'E'; 'To'; 'Na'má')

Nomá vive... Namá vive...: (Nada más vive...) Se dice de alguien que repite el mismo tema de conversación cada vez que se reune con sus amigos. 'Pedro nomá vive hablando de su trabajo.' (ver 'Li'ha cogío con'eso')

No me cabe ni'un mandao: (No me cabe ni un mandado) Se dice cuando se ha comido exageradamente, y se siente muy lleno, refiriédose a que un 'manadado' es algo inmaterial, que no ocupa espacio. (ver 'Mandao')

No me da: No es suficiente para lo que necesito. 'Ete pedazo no me da. Tiene que sei ma laigo.'

No me da la gana: significa que absolutamente no se quiere hacer lo que se le pide, o lo deba haber hecho. 'P: Juanito, ¿poi que tu no entra a la casa? R: Poique no me da la gana.'

¡No me dan!: Se refiere a tener problemas con las piernas o los brazos debido al cansancio. '¡Ay! Yo no vu'a seguí. Ya la piejna no me dan!'.

No me deja vida o **No le deja vida:** Cuando alguien persiste en estar junto a otro sin un propósito definido; por ejemplo un niño que 'no se despega' de su madre. Cuando alguien se empecina o pasa mucho tiempo tratando de resolver algo, o cuidar algún objeto exageradamente. 'Ese caballo que compró Juansito no le deja vida'.

No me deja ni pie ni pisá o **No le deja ni pie ni pisá:** (No me deja ni pié ni pisada) Se dice de alguien que no deja tranquilo al hablante o a otro de quien este conversa, que lo sigue donde quiera que va. Se refiere con frecuencia a niños siguendo a su madre.

¿No me diga!: Cuando la noticia es increíble, pero se esperaba, y quien la da es persona seria. Noticia: '¿Sabían que se murió Juanita anoche?'. Reacción: '¡No me diga!'.

No me entra: Quiere decir que alguien no le cae bien a quien lo dice. 'Ese tipo no me entra.'

No me jalo con...: (No me halo con...) No apostar dinero con un buen amigo. Yo no me jalo con Juansito. Semo amigo.'

No me lo pid'ei cueipo: (No me lo pide el cuerpo) Casi siempre se refiere a algo de comer, aunque ocasionalmente se relaciona a una invitación para ir al río a bañarse. Opinión: '¿Poi que no quiere comei helado?' Respuesta: 'Poique no me lo pid'ei cueipo'.

No me qued'otro camino: (No me queda otro camino) Verse forzado a hacer algo que no se quiere hacer, pero que es la única oportunidad para conseguir otra cosa que se desea.

¡No me reponda!: (¡No me responda!) Advertencia fuerte de los padres a los hijos cuando los han regañado y ellos tratan de defenderse con palabras, o les contradicen. '¡Mira, no me reponda que te pué salí mai!' (ver 'Sale mai')

No me sivién. No me siven: No me sirvieron o sirven. 'Me lo medí pero no sibién' o 'Me lo medí pero no me siben'. (ver 'Sibién' y 'Siben')

No mi'anuncie: (No me anuncie) De 'anunciar'; 'pronosticar'. Lo dice la persona a quien se le aconseja que no haga lo que se propone porque puede ser peligroso.

No mi'azare. No mi'azaré: (No me azare) Quiere decir que no me desée cosas malas; no me haga malos augurios. Uno: 'Yo no creo que tu no te va'congui'esa muchacha.' El otro: 'Pero no mi'azaré.'

No nací pa'semilla: (No nací para semilla) (ver 'Yo no nací pa semilla')

No no jalamo: (No nos halamos) (ver 'No jalaise con...'; 'No')

¡No, no, no!: Expresión de autosorpresa exagerada del hablante, refiriéndose a que lo que ha dicho es algo increíble o inaudito, principalmente por los oyentes. '¡No, no, no. Eso fu'increíble!'

¡No'ombe!: (no hombre (¿?)) Enfático negativo de algo que claramente no es verdadero.

No par'en... No par'aquí: (No para en... No para aquí) Se refiere a alguien que se ausenta con frecuencia del lugar donde vive. '¡Juansito no par'en su casa!' 'P: ¿Onde ta Juansito. R: Ei no ta. Ei no par'aquí'. (ver 'Onde'; 'Ta')

¡No pise la grama! ¡No me pise la grama!: (¡No pise la grama! ¡No me pise la grama!) Consejo que se da a alguien para que no cometa errores evitables, o que no diga nada disparatoso.

No po: (No puedo) 'A mi que no me den má comía. No po comei ma.' 'Teng'una coitá en la mano y no po lavai lo plato.' (ver 'Coitá'; 'Po')

No podía arrancai: (No podía arrancar) Comparación al arranque de un vehículo. 'Ayei no me sentía bien, y poi mucho que quería no podía arrancai.'

¡No pongan mano! o **¡No pongan la mano!:** Advertencia que le hace a los niños cuando están jugando y corriendo por la casa.

¡No puede sei!: (¡No puede ser!) Se dice con cara de sorpresa, cuando se recibe una noticia increíble. Las mujeres lo dicen con ambas manos en las caderas.

No quiero sabei d'ella: (No quiero saber de ella) Lo dice el novio o esposo cuya pareja lo ha tricionado con otro hombre. (ver 'No quiero sabei d'esi'hombre'; "Jugai sucio')

No quiero sabei d'esi'hombre: (No quiero saber de ese hombre) Lo dice la novia o esposa cuya pareja la ha traicionado con otra mujer. (ver 'Noquiero sabei d'ella'; 'Jugai sucio')

¡No quiero ve'si'hombre pa no malograime!: (No quiero ver ese hombre para no malograrme) Quiere decir, que si se encuentra con 'ese hombre' van a pelear, y uno o los dos van a morir o salir mal heridos, incluyendo, desde luego el hablante. Pero más directamente indiica que para no convertirse en criminal.

Normal. Noimai: (Normal) Se aplica a las cosas, sea aparatos, negocios, etc., que están funcionando bien, o como se espera. P: ¿Juanito, cómo te va en'ei negocio? R: 'Normal' o 'Bastante normal'.

No sabe ni papa: (C: papa= tontería; vaciedad) Quiere decir que a quien se refiere no sabe nada. (ver 'Vive en'ei monte'.

No sac'una gata a miai: (No saca una gata a mear) (Ver 'Ese no sac'una gata a miai') Persona que no sabe hacer las cosas rutinarias. Que no se le ha conocido novia, o 'consigue' mujeres. (ver 'Conseguí')

¡No se cuánta! ¡No se cuánto!: Expresión que indica una gran cantidad de lo que sea que se esté hablando. '¿Tu queri'una chalina p'eta noche? Ven a mi casa, yo tengo no se cuánta de to colore'. (ver 'P'eta')

No se deja jodei: (No se deja joder) Se dice de alguien que no se deja engañar. Lo opuesto es también usado: 'Pedro se deja jodei poi cuaiquiera'.

No se deja vei: (No se deja ver) Se dice de la persona que se ausenta del grupo de amigos que se reúnen con frecuencia. '¿Qué le pasará a Juansito qui'hace día que no se deja vei?'

'No se de letra': 'No se leer ni escribir'.

No se l'apea: (No se la apea) Se refiere a una prenda de vestir (camisa, etc) que el amigo de que se habla usa con frecuencia. 'Juansito compru'esa camisa haci'un me y se l'apea'. (ver 'Me'; 'No se lu'apea')

No se le dio: Quiere decir que no le salieron los planes como él (ella) esperaba.

No se le puede pedí mucho: (No se le puede pedir mucho) Se dice de una persona de poca capacidad, indicando que no se le debe exigir que haga cosas más alla de las simples y corrientes.

¡No se me quitó na!: Cuando alguien pregunta a otro si se le quitó el malestar que tenía con la tisana que le dio, si no se ha sanado, el enfermo responde '¡No se me quitó na!' P: '¿Y Juansito se fu'anoche temprano de tu casa?' R: '¡No se fue na!' (ver 'Na')

No se li'aceica ninguno. No se li'aceica nadie: (No se le acerca ninguno. No se le acerca nadie) Designación, talvez exagerada de algo, casi siempre una comida, que se ha disfrutado más que cualquiera otra de la misma clase. 'Ese Mangú qui'hace Juana no se li'aceica ninguno.' 'A Julia no se li'aceica nadie cocinando.'

No se li'aceican ni laj'avipa: (No se acercan ni las avispas) Se refiere a alguien que está extremadamente enojado y no se le puede o debe hablar. 'Juansito llegó que no se li'aceican ni laj'avipa.'

No se li'asient'un mime: (No se le asienta un mime) Persona que está muy enojada y cuando se le dirige la palabra responde con un resabio. (ver 'Mime')

No se lo mandu'a decí con nadie: (No se lo mando a decir con nadie) Cuando alguien necesita decir una noticia o una verdad muy importantes, con frecuencia empieza con la frase: 'Óigame, yo no se lo mandu'a deci con nadie... '.

No se lleva con... No me llevo con... o No no llevamo con...: Cuando no hay compatibilidad de caracteres entre dos personas, o tienen amigos mútuos pero entre ellos no se juntan amistosamente. 'Juansito y yo no no llevamo bien, siempre tamo contrario'. 'Pedro no se lleva conmigo'. (ver 'Tamo'; 'Nu'hacen liga')

No se lu'apea: (No se lo apea) Se refiere a objetos de nombre masculino, ya sean prendas de vestir o de llevar por alguna necesidad. 'Juansito compr'un sombrero y no se lu'apea'. 'Pedro comp'un puñai de siete clavo y no se lu'apea'. 'Juan compr'uno jin y no se lu'apea'. (ver 'Jin')

No se puede ponei onde no hay: (No se puede poner donde no hay) (ver 'Ponei onde no hay')

No se puede sei ma papita qu'ei Papa: (No se puede ser más papita que el Papa) Se dice cuando se habla de alguien que ha sido engañado por ser muy fácil de carácter y querer ayudar a cualquiera sin saber si es necesario.

No se puede tap'ei soi con'un deo: (No se puede tapar el sol con un dedo) Se le dice a alguien que ha cometido un grave error que fácilmente puede ser de público conocimiento, pero insiste en no pedir perdón porque cree que no se va a saber.

No se puén ganai toa. **No se pueden ganai toa:** (No se pueden ganar todas) Se le dice o aconseja a alguien que después de irle bien en varios negocios, está muy triste por haberle ido mal en el último. Más común en la vida diaria cuando alguien pierde una discusión y se siente mal por ello. '¡Adió, peru'e que no se pueden ganai toa!'. (ver 'Toa')

¡No se qué!: Se dice cuando se está contando algo y el hablante no se acuerda de un detalle: 'Entonce ella dijo no se qué, y se fue'. Se dice de una mujer que tiene una gracia en su forma de ser, caminar, etc. '¡Juanita tiene un no se qué!'

¡No se qué s'hiso! o **¡No se qué se hiso!:** (¡No se qué se hizo!) Se refiere a algo que se ha perdido, y se le instila vida por haberse 'desaparecido por si mismo'. '¡Yo no se qué s'hiso la cajita esa!'

No si'apea: (No se apea. Del castizo: 'apearse') Se usa en referencia a una parte del vestido o un hábito. 'Juansito no si'apea esa camisita colorá'. 'A Pedro li'ha cogío con fumai cachimbo y no se lo apea ni p'hablai.' (ver 'Li'ha cogío...')

No si'apea de su mujei. (...de Juana): Se dice chistosamente cuando se menciona que una pareja de amigos o conocidos tienen muchos hijos. '¡Ah, peru'e que Juansito no si'apea de su mujei!' (ver 'Peru'e')

No siente ni padece: Se dice de alguien que no reacciona con interés a las cosas importantes de la vida, aunque sea afectada por ellas. Persona tranquila, que no sonríe y habla muy poco.

¡No, siii, claro!: Este negativo-positivo refuerza el positivo normal, indicando un acuerdo total con lo que ha dicho alguien. Se le da un ligero tono gutural para darle aún más fuerza verídica. El reforzado positivo establece la imposibilidad del negativo, o de lo contrario de lo dicho. (ver '¡Si, nooo!' y '¿Si o no?')

No sive ni p'un carajo: (No sirve ni para un carajo) (ver 'Eso no sive ni p'un carajo')

No sivo pa na o **¡No sivo pa na!:** (No sirvo para nada) Lo dice alguien que ha estado pasando por una etapa de malestares diferentes, sin estar suficiente enfermo como para ir adonde el médico o el hospital, y tiene que trabajar. 'Yo toy que no sivo pa na tu'eto día'. También alguien que está deprimido. (ver 'Sivo'; 'Tu'eto'; 'Deacaimiento')

No soy de hierro. No soy de jierro: (No soy de hierro) (ver 'Yo no soy de hierro)

¡... No soy yo!: (¡... No soy yo!) Completa una frase negativa reforzada como positiva, cuando alguien se enoja consigo mismo por no poder hacer un trabajo fácil, o perder en un juego de alguien que sabe menos. '¡Qué mojonete no soy yo!'. '¡Qué mieida no soy yo!'. (Ver 'Mojonete')

No ta de Dio: (No está de Dios) Algo que se espera con cierta seguridad que no va a ocurrir

No taba de Dio: (No estaba de Dios) Algo que se esperaba con cierta seguridad que iba a ocurrir y no sucedió.

¡No ta frío na! ¡No ta lejo na!: (¡No está frío nada! ¡No está lejos nada!) Estas frases expresan total desacuerdocon el comentario de alguien sobre estos sujetos y otros similares. C: '¡Oye, peru'eso ta lejo di'onde tu vive!' R: 'Eso no ta lejo na. C: 'Dicen que Juansitu'e rico' R: 'Juansito un'e rico na'.

No te muera la vípera. Uno no se puede morí la vípera: (No te mueras la víspera) Consejo que se da a alguien para que no sea pesimista acerca de algo que puede que no suceda. (ver 'Puede')

No tengu'en qué caeime mueito: (No ten en qué caerme muerto) Lo dice alguien que se está quejando de no tener dinero. (ver 'Toy arrancao')

No te ría dei mai vetío: (No te rías del mal vestido) Aconseja que aquellos que están en buenas condicones no deben burlarse de los que no viven tan bien como ellos.

No tiene pelu'en la lengua: (No tiene pelos en la lengua) Se refiere a alguien que dice claramente lo que quiere o tiene que decir sin importarle que otro se ofenda. 'Juansito si e claro, ese no tiene pelu'en la lengua'. (ver 'Claro y pelao')

No tiene vueita floja: (No tiene vuelta floja) Se refiere a un problema que se le encuentra solución. 'Bueno Juansito, yo te vu'a decí la veidá, ahí si nu'hay vueita floja.' (ver 'Nu'hay pond'i agarrailo)

¡No ta frío na! ¡No ta lejo na!: (¡No está frío nada! ¡No está lejos nada!) Esta frase expresa total desacuerdo con la opinión de alguien sobre cualquier sujeto. C: '¡Oye, peru'eso ta lejo donde tu vive!' R: '¡Eso no ta lejo na!' C: 'Dicen que Juasitu'e rico' R: 'Juansito nu'e rico na.' (ver 'To'; 'Na')

No tengo con qué caeime mueito: (No tengo con qué caerme mueito) Quiere decir que está falto de dinero, o muy pobre. También se dice 'No tengo en qué caeime mueito'.

No tengu'en qué caeime mueito: (No tengo en qué caerme muerto) (Ver 'No tengo con qué caeime mueito')

No te pong'a creei: (No te pongas a creer) No te hagas ideas falsas. No pienses en lo contrario. 'No te pong'a creei que fue cuipa tuya'. 'No te pong'a creei, que la fiebre no t'en la sábana'. (ver 'La fiebre no t'en la sábana'.

¡No ti'haga!: (¡No te hagas!) Se le dice a alguien que finge no saber de lo que se está hablando, quizá porque lo afecta a él o ella. Es decir, 'No te hagas como que no sabes'.

¡No t'imponga!: (¡No te impongas!) (ver 'Te vua dejai pero not'imponga')

No valli'a sei cosa que ... No vall'a sei cosa que ...: (No vaya a ser cosa que ...) Por si acaso. Hacer algo a tiempo, por si acaso no se pueda después, o que por no hacerlo ahora provengan consecuencias desagradables. 'Yo me vu'a com'eto frijole ahora, no vall'a sei cosa qui'otro venga y se lo coma.' 'Y vu'a di ahora a comprai la cajn'e pueico no valli'a sei cosa que se acabe'. (ver 'Vu'a')

No vamo: Uso más frecuente como 'Nos vamo'= nos marchamos;

pero también como 'No vamos'= no vamos a ir hoy. (ver 'No')

Novelero: (C: deseoso de novedades, o que la esparce) Persona, casi siempre un muchacho, que con frecuencia se para a ver lo que los otros, casi siempre adultos, están haciendo, sin ser parte del grupo y sin pedir permiso. '¡Ese muchacho si'e novelero!'. '¡Vete di'ahí muchacho, no sea tan novelero!'. También mirando mujeres con insistencia.

No vemo: (Nos vemos) Expresión de despedida entre dos amigos.

Novena: Rezos o servicios religiosos praticados por nueve días. Equipo de béisbol.

No, yo no vu'a meclai o **No, yo no meclo**: (No, yo no voy a mezclar o No, yo no mezclo) Lo dice alguien del grupo que está tomando tragos, cuando le ofrecen un trago de una bebida diferente a la que él ha estado tomando.

Nublasón: (C: nublado) Nublado muy extenso. 'Parece que va'llovei; ¡hay una nublasón!'

Nublaote: Nublado grande y oscuro. (ver 'Rumasón'; 'Nublasón')

Nu'e ...: (No es ...) 'Eso nu'e j'así.'

Nu'e de veidá: (No es de verdad) Que no es original.

¡Nu'e di'ahora!: (¡No es de ahora!) (ver '¡Eso nu'e di'ahora!')

Nu'ej'así: (No es así) 'T'he dicho mi vece que nu'ej'así.' (ver 'Mi')

Nu'e lo mucho que jode sino lo de seguido: (No es lo mucho que jode sino lo de seguido [que lo hace]) Se refiere a alguien que no cesa de molestar, casi siempre a la misma persona.

Nu'e ma que ...: (No es mas que ...) Expresión siempre seguida de un vocablo insultante. 'Ese nu'e ma qui'un churrioso viejo'. 'Ese nu'e ma qui'un come sica'. (ver 'Churioso'; 'Churria'; 'Sica')

Nu'e poi na ...: (No es por nada ...) Se dice cuando se va acontradecir la opinión que ha dado otro del grupo. 'Uno: Yo pagué un millón de peso pu'ese terreno. Otro: Nu'e poi na, pero ei que te la vendió dice que te la dio poi seisiento mi peso namá'. (ver 'Pu'ese'; 'Seisiento'; 'Mi')

Nu'e que mamá me dijo: Se le dice al que anda con rodeos y excusas para contestar lo que se le ha preguntado. 'No me venga con que mamá me dijo'. También para reforzar algo que se ha dicho: '¡Eso nu'e que mamá me dijo!'

Nu'e que na o **¡Ahí si nu'e que na!:** (No es que nada o ¡Ahí si no es que nada!) Lo dice alguien que cree haber demostrado contundentemente que lo que otro ha dicho no tiene validez. 'Nu'e que na, e que esu'e j'así como yo digo.' Cuando alguien está de acuerdo con lo que otro ha expresado, dice '¡Ahí si nu'e que na!'. (ver 'Esu'e j'así')

¡Nu'era pa tanto! o **¡Nu'e pa tanto!:** (¡No era para tanto! o ¡No es para tanto!) Se le dice a alguien que se ha enojado sobremanera cuando otro del grupo ha dicho algo inócuo, pero la persona enojada se siente aludida.

¡Nu'e tan que se yo qué!: (¡No es tan que se yo qué!) Quiere decir, de una manera indirecta, que la persona de que se habla no es tan especial, ni de tan alta categoría como se ha estado comentando.

Nu'e tanto lo que jode sino lo de seguido: (No es tanto lo que jode sino lo de seguido) Lo dice quien es molestado por otro con la misma cantaleta todos los días, o cada vez que se reunen.

Nueva Yoi: (Nueva York) 'Nueva Yoi' representa los Estados Unidos. Se dice que el viajante va para 'Nueva Yoi' aunque vaya para Los Ángeles o Chicago.

Nueve día (lo): (Los nueve días) Los primeros nueve días siguientes al deceso, que se guardan para rezarle al muerto.

Nu'há...: (No ha...) '¿Nu'há llegao Cheo todavía?'. 'Pedro nua'ha ganao na en la rifa'. (ver 'Na')

Nu'hacen liga: (No hacen liga) Se dice de dos personas que tienen amigos mutuos, pero entre ellos no se juntan o actúan como amigos. 'Juansito y Pedro nu'hacen liga.' (ver 'No se llevan')

Nu'ha dao agua a bebei: (Nos ha dado agua a beber) Se dice cuando un problema persiste, o un familiar cercano continúa con su mal comportamiento, a pesar de grandes esfuerzos para resolverlo o ayudarlo respectivamente. '¡Oye, ese Juaniquito si nu'ha dao agua a bebei!'

Nu'hay de qué: (No hay de qué) Respuesta cortés cuando se recibe las gracias por algún obsequio o beneficio. 'Gracia poi tu'ayuda Pedro. R: Nu'hay de qué'.

Nu'hay ma feo qui'un viejo sin diente: (No hay más feo que un viejo sin diente) Se explica por si mismo, si bien no es totalmente cierto.

Nu'hay pondi'agarrailo: Se dice de un problema que aparenta no tener solución. (ver 'No tiene vuelta floja')

¡Nu'hay puntu'e comparación!: (¡No hay punto de comparación!) Se dice de algo que es único en su clase. Es decir, no hay manera de comparar esto de lo que se está hablando con ninguna otra cosa, que usualmente no se menciona. '¡No; eso nu'hay puntu'e comparación!'.

Nu'hay quien lu'entienda: (No hay quien lo entienda) Se dice de alguien que no se expresa con lógica acerca de un asunto, y ya tiene fama de ello. 'E qui'a Juaquín nu'hay quien lu'entienda' (ver 'Qui'a')

Nu'hay quien me lo meta. Eso nu'hay quien me lo meta: (No hay quien me lo meta. Eso nu'hay quien me lo meta) Quien lo dice indica que nadie le puede hacer creer que lo que se ha dicho es verdadero.

Nu'hay quien pueda: Se dice cuando no se puede terminar algo después de haber tratado varias veces. '¡Nu'hay quien pueda con'eto!'. Cuando se trata con alguien que no entiende aunque le repitan las cosas. '¡Oivídate, con Juaquín nu'hay quien pueda!'

Nu'he: (No he) 'Yo nu'he tao en Azua nunca'. (ver 'Tao')

Nunca fait'un pelo entri'un sancocho: (nunca falta un pelo en un sancocho) Siempre se presenta algo inesperado y desagradable, sobre todo cuando las cosas van caminando mejor después de haberresuelto un problema.

¡Nunca faita una!: (¡Nunca falta una!) ¡No falaba más!Cuando las cosas van marchando al paso deseado, de repente se presenta algo inesperado y desagradable. (ver '¡Etu'era lo que faitaba!' y '¡Namá faitaba eso!')

Ñ: (Letra Ñ, 'ñ, eñe) Eñe, eñe. 'Ecríbeme la letra eñe'.

Ñá: Se usa para sinificar lo rápido que se ha hecho algo. 'Y l'hici'así ñá y se lo arrebaté de la mano.'

Ñamai. Llamai: (llamar) Campo adentro: '¿Cómu'e que se ñam'esi'hombre?' Campos y pueblos: '¿Cómu'e que llam'esi'hombre?' o '¿Cómo e que se llama esi'hombre?'

Ñame: Raíz comestible. Referencia a los genitales fermeninos. '¡Esa jembra debe teni'un ñame!' (ver 'Jembra')

Ñáñara: Erupción o llaga en la piel, que a veces se mejora, pero tarda en curarse.

Ñapa: (Talvez del *quechua 'yapa'*, RAE) Pequeño regalo o propina que se le da al cliente en las tiendas, pulperías, etc.

Ñáquete: Similar a 'Ñá' (ver).

Ñarra: 'Ñarra' debe ser algo muy pequeño o de poco valor. (ver '¡Eso nu'e ñarra!')

Ñata: Nariz aplastada. '¡Mira qué ñata tien'esi'hombre!' (ver 'Ñato')

Ñato: (C: de nariz corta y aplastada), Que habla con un tono nasal. Se aplica de apodo: 'Juansitu'ei Ñato'. (ver 'Gangoso')

Ñeco: Que le falta una mano, o tiene una muñeca deformada.

Ñema: Yema de huevo. Glande del pene.

Ñeñe: Solo se usa en la interjección '¡Ay ñeñe!' o ¡Jay ñeñe!'. (Ver '¡Ay ñeñe!') Ocasionalmente se usa para demostrar por señas algo bueno y grande que se ha conseguido. 'Esué j'un ñeñe así', con los brazos y manos extendidos.

Ñeplo: Cualquier objeto o ser viviente más grande que lo que han visto los oyentes. Con frecuencia consiste en una exageración. 'Ese peje era un ñeplo así', extendiendo ambos brazos y manos a todo el largo. (ver 'Lembo'; 'Ñongo'; 'Peje')

Ñeque: Fuerza; sobre todo en los brazos.

Ñéquete o Ñáquete: Indica algo que ha ocurrido de repente; sobre todo cuando se agarra algo. 'Y Juansito vino ñéquete y l'echó mano ante que yo lo cogiera'. (ver 'Echai mano')

Ñinga: Lo más poco que se puede dar de lo que sea. '¡Y esa ñinga e'to lo que tu me va'dai!'. (ver 'Un chin'; 'Milaña'; 'Poquiningo').

Ñinguita: Menos que una ñinga.

Ñinguita vieja: Esto es una ñinguita de baja calidad; es decir, menos que una ñinguita.-

Ñoco: Que le falta parte de un dedo o el dedo completo. 'Juancito ei ñoco'.

Ñongo. Ñonga: Muy grande, quizá más que lo promedio. Se da a entender separando las manos hacia los lados hasta donde dan los brazos. 'Ese peje er'un ñongo así'. (Ver 'Ñeplo' y 'Lembo')

Ñoño: (C: ñoño= sumamente apocado; tímido; inseguro) Niño que llora con frecuencia por cosas que otros niños no lloran. '¡Ese muchacho si'e ñoño! Ei llora poi'ná'. Niño que le dan todo lo que quiere. "Ese muchacho si lo tienen ñoño' o 'Añoñao'.

Ñu: (C: nudo) '¡Juansito l'is'un ñu tan malo a eta soga que nu'hay quien lo sueite!' (ver 'Añudai'; 'Soitai').

Ñublao: (Nublado) Se usaba antiguamente en el campo adentro. Ahora se dice 'nublao'.

O: (O, o) O, o. 'Ecríbeme la letra o'.

O a que te...: Advertencia de un castigo. 'Juanito, no te ponga de maicriao, o a que te te d'un lataso'. (ver 'Lataso')

Obenqui: Persona que se aparece a una fiesta o banquete sin estar invitado, o que anda por los alrededores, tratando de que lo inviten. (Quizá una españolización del inglés *'Out of bounds'* [*Fuera de lugar*], expresión usada por los americanos durante la ocupación)

¡Obligao a nu'encontrailo! (¡Obligado a no encontrarlo!) 'Obligado' ocupa aquí el lugar de 'Por supuesto'. '¡Obligao a nu'encontrailo; si lo pusi'onde no era!' (ver 'Onde'; 'Onde no era'

Obrai: (C: obrar= defecar; mover el vientre) Defecar. '¡Ete muchacho hace tre día que no obra!' (ver 'Dai dei cueipo'; 'Di ai monte')

Ocurito o **Ecurito:** (Oscurito) Color de la piel entre indio e indio oscuro (ver 'Indio', 'Indio ocuro' y 'Prieto') 'Juansito e'medio ocurito'. (ver 'Medio') Se dice 'medi'ocuro' y 'medi'ocurito'. Si es amigo no se le dice 'negro', sino 'El'e medi'ocurito.' También significa oscuridad. 'Si'apagán la luce y se quedó t'ocurito' o '...tu'ecurito. (ver 'Apagán')

Odeo. Odea: Primera persona del singular, modo indicativo de 'odiar'. 'Yo a esi'hombre l'odeo.' 'Yo se que Pancha a mi mi'odea.' Se oía más en el campo adentro.

Odioso. Odiosa: (castizo: digno de odio) Persona que mantiene una expresión seria, habla poco, no saluda y pocas veces retorna un saludo. '¿Utede si'han fijao, qui'odiosa e'jesa mujei?'.

Oé oé; oé oá: Estribillo de las plenas que cantan los trabajadores en los campos cuando están cortando un árbol con hachas, o trillando arroz. (ver 'Plena')

¡Ofrécome!: (¡Ofréscome!) Interjección usada pidiendo ayuda sobrenatural ante una impresión subita e intensa.

¡Ofrécome a Dio y a la Manífica!: (¡Ofréscome a Dios y a la Magnífica!) (ver '¡Ofrécome a Dio y a la Vigen Santísima!; 'Manífica')

¡Ofrécome a Dio y a la Vigen Santísima!: (¡Ofréscome a Dios y a la Virgen Santísima!) Expresión usada en presencia de algo imprevisto, violento o peligroso. Similar significado que 'Ofrécome', pero ante una sorpresa más intensa. (ver 'Manífica')

Oí: Oír. 'Juansito, ¿tu me va oí o no?'

-oide: Sufijo que califica algo que aparenta ligeramente lo que la palabra con este sufijo define. Un objeto que tiene un mínimo pliegue o, con ligero cinismo aún esté completamente arrugado: 'Esa camisa ta como medio arrugaoide'. 'Ese bidón ta como medio sumioide'. (ver 'Bidón' y 'Sumío')

Oído: (Oído) Oreja. 'Me di'un goip'en'eti'oído'.

¡Oiga amigo!: Esta expresión puede ser amistosa, para pedir una información, o desafiante entre dos hombres. Si alguien dice algo que otro se siente ofendido (sobre todo en fiestas de bebentina), éste puede reaccionar objetando ''¡Oiga amigo, uté siej'atrevío!'

¡Oiga compay! ¡Oiga compaaai! ¡'Oiga copay!': Interjección indicativa de que se va a dar una noticia importante, o un consejo. '¡Oiga compai, ei rebú que si'aimó allí no fue cosa chiquita!'. 'Compaaai, aquí parece que va'habei pleito.' '¡Oiga copay , yo no se lo mandu'a decí con nadie, peru'ahí si'aim'un lío!' (ver 'Yo no se lo mandu'a decí con nadie'; 'Lío')

¡Oiga Mano!: Expresión que denota que se va declarar algo importante o extraodinario a un amigo. '¡Oiga Mano, yo no se lo mandu'a decí con nadie, pero...!' (ver 'Mano' y 'No se lo mandu'a decí con nadie.')

¡Oiga peje!: Expresión amistosa, a veces dirigiéndose al tipo que lo sabe todo en el barrio.

¡Oiga primo!: Similar significado que las otras expresiones que empiezan con '¡Oiga..."

¡Oiga tíguere!: Pedirle atención a un amigo para darle una noticia. Es algo similar a a '¡Oiga peje!'

Ojadra: (C: hojaldre) Hojaldre. (ver 'Ei que tiene ma saliva come maj'ojadra'.

Ojeroso: Es castizo por mancha lívida debajo de los ojos. Es de frecuente uso en El Cibao como indicativo de algún malestar general. 'Juansito ta ojeroso, parece como que ta medio enfeimo.'

Ojete: (Es castizo por 'ano', pero la frase es muy típica de nuestro hablar) Cuando alguien insiste en no devolver lo que pertenece al hablante, éste, ya desesperanzado y enojado le dice 'Métetelo pu'el ojete' o 'Métetelo por'el'ojete'. (ver 'Oju'ei culo')

Ojiai: (Ojear) Hacer o echar el 'Mai di'ojo' (ver 'Mai di'ojo' y 'Échali'un ojo a...')

Ojo galano: (Ojos galanos) Ojos de color marrón o verde; sobre todo en los mulatos o personas de color indio. (ver 'Indio')

Ojo malo. Seguera. Ojo pegao: (Ojo malo. Ceguera. Ojo pegao) Conjuntivitis. Cuando se pegan los párpados por la secreción o legañas. 'Ese muchacho tiene los'ojo malo. Pónganli'una gotica di'agu'e sai'. (ver 'Mai di'ojo')

Ojo tujnio: (C: ojo turnio= ojo torcido) Se dice de la persona que tiene un ojo (la abertura de los párpados) más pequeño que el otro. 'Ese muchacho tieni'un ojo tujnio'.

Ojo yelao: (Ojos helados) Se dice de la persona que tiene los párpados caídos, sea debido a cansancio o malestar del cuerpo, resaca, etc. '¡Qué le pasará a Juansito que tiene los'ojo yelao?' (ver 'Yelao')

Oju'ei culo: (Ojo del culo) Ano. Insulto acompañado frecuentemente de la frase 'Métetelo por'el...' cuando alguien insiste en no devolver lo que no le pertenece. 'Métetelo por'el oju'ei culo'. (ver ejemplo en 'Ojete')

Oju'e loco: (Ojos de loco) Se dice de alguien que tiene los ojos exageradamente abiertos, lo que se percibe como de aspecto ligeramente violento o agresivo. '¡Mir'ese tipo; tiene los oju'e loco!'

Oju'emboisao: (Ojo embolsado) (C: 'embolsar'= poner algo en una bolsa) Tener los párpados edematosos o hinchados. '¿Y de qué tu tiene los'ojo emboisao Juansito?')

Oju'e pavo cagón: Persona con los ojos grandes y medio tristes.

Oju'e pecao: (Ojo de pescado) Manchita de la piel, ligeramente oscura y plana.

Oju'e vaca cagona: Se dice de la persona que tiene los ojos grandes, sobre todo si es un poco pálida y delgada.

Oloi: (Olor) Olor. Olfato. 'Ei perro lu'encontró pu'el'oloi'. '¡Fo! Aquí hay un oloi a perro mueito'. (ver 'Fo')

Ombe. ¡Ombe!: (probablemente 'hombre') Interjección usada comúnmente en negativo o positivo, precedida de "No' o 'Si'. Ha adquirido su propio significado aparte de 'hombre': '¡No ombe!'; '¡Si ombe!' 'No ombe, eso lu'hago yo con la manu'iquieida'. (En Colombia se dice '¡Ombé!')

Ombligo pullú: Barriga grande después de comer. "Ta panzú di'úna jaitura que si'a dao".

O nació en jaula o se crió en rama: (O nació en jaula o se crió en ramas) Se dice en sorna acerca de alguien que aparenta afeminado.

Onde. ¿Ónde?: (C: Dónde. ¿Dónde?) 'D'ese mimo hay onde quiera'. '¿Onde queda eso?' 'Por'onde se llega a La Bajá?'. (ver 'Por'onde')

Onde Dio no puso no puedi'habei: (Donde Dios no puso no puede haber) Se dice de alguien que no aprende a pesar del esfuerzo que se hace tratando de enseñarle.

¿Ond'é? ¿Ond'e'jeso?: (C: ¿Dónde es? ¿Dónde es eso?) El mismo significado que castizo. (ver 'Aceitero'; 'Dond'é')

Onde no era: (Donde no era) Ocupa el lugar de 'donde no debía'. 'Lo pusi'onde no era= Lo puse donde no debía'. (ver 'Lo pusi'onde no era'; 'Onde')

¿Onde vamo?: (¿Adónde vamos?) (ver '¿Aonde?')

Onde manda capitán no manda soidao: (Donde manda capitán no manda soldado) Los muchachos y los empleados no deciden lo que se debe hacer en la casa o en el trabajo respectivamente. Los padres y los directores o dueños de compañías hacen las decisiones. (ver 'Onde')

Onde pon'el'ojo pone la bala: (Donde pone el ojo pone la bala) Se dice del cazador que es certero. Tambien se dice del negociante que le va bien en todos los negocios que emprende.

Onde quiera: (Donde quiera) Expresión usada cuando alguien habla de algo que le parece raro o misterioso. 'No ombe, eso lo ve tu onde quiera'. 'Eso lu'hacen onde quiera'. (ver 'Ombe')

¡Onde se mata la vaca se desuella!: (Donde se mata la vaca se desuella) Indica que las cosas y problemas deben hacerse y resolverse cuando se presentan. En tiempos pasados, en los campos, este era un desafío para un pleito seguro e inmediato, cuando alguien era insultado en público.

¿On'ta tu?: (¿Dónde estás tu?) (ver 'Ond'é')

Ooh, Ooh: Voz, con frecuencia repetida dos otres veces, para dirigir el ganado. 'Ooh, Ooh Lucero. Ooh, Ooh Lucero.'

Oquei: Calco de la expresión inglesa 'OK', abreviación de "oll korrect" que indica 'Correcto', 'Todo bien', 'Está bien'.

Oración: Rezo. Plegaria. (ver 'La Oración')

Orejero: Se dice del que siempre está buscando la manera de ver las partes íntimas de las mujeres cuando están mal sentadas. (ver 'Brechero')

Orejón. Orejona: (castizo: orejón= que tiene orejas grandes) Persona esquiva, que siempre anda mirando a su alrededor. Que mira a diestra y siniestra a ver si están hablando de ella.

Orilla: Los lados del río, del camino, del mar y de cualquier obje. t de dimenciones limitadas: 'Le pasate poi'l'orillita a esa mesa'. 'L'orillit'ei plato.' (ver 'Gente di'orilla')

-oso: Sufijo usado en la misma manera que '-oide'. (ver '-oide')

Orine: (Orina) '¿Tu limpiate lo j'orine que cayeron en'ei piso?'

¡Oye!: Interjección para empezar un comentario que demuestra sorpresa. '¡Oye, pero Juansito si ta trabajadoi en'eto día!'. Cuando alguien emite un comentario exagerado que uno de los oyentes no considera verdadero, este dice, dirigiéndose a uno o a todos los presentes: '¡Oye! ¡Pero tu oít'eso?' o '¡Oye! ¡Pero tu oíte a Juan lo que dijo!' Hay siempre una pausa entre '¡Oye!' y el resto del comentario. (ver 'Óyete')

¡Oye ahora! o **¡Oy'ahora!:** Expresión de fingida sorpresa, cuando alguien del grupo ha dicho algo extraordinario, o que no viene al caso.

Oyén: (C: oyeron) Oyeron. '¡Utedi'oyén que matán a Pedro ei Tueito anoche?' (ver 'Matán').

Óyete: Indica que el hablante quiere que le pongan atención a lo que va a decir.

¡Óyete! o **¡Óooyete:** Interjección de sorpresa al escuchar una noticia buena de otro amigo. '¿Supite que a Juansito lo subieron a diretor?'; ¡Óooyete!'

P: (Letra P, p, pe) Pe, pe. 'Ecríbeme la letra pe'.

Pa. Pá: (Para). P: '¿Pa'qué trajit'ese libro?' R: 'Pa'leei'. También para designar el acto de hacer algo muy rápido: 'Juansito hisu'así pá y salió diparao.' (ver 'Pa'ná' y 'Salió diparao')

Paba o **Pava:** Hembra del pavo. Sombrero de cana de alas anchas. '¿Y esa pava, donde l'encontrate?'

Pabete: Parte quemada de la mecha de la lámára de queroseno, cuando se ha apagado. 'Quítal'ei pabete a esa vela y préndel'otra ve.'

P'acá: Para acá. '¿Cuándo viene Juansito p'acá?' Con acento en la 'á' indica golpe que se da en algo, o caída de una persona u objeto. 'Juanito se rebaló y pá se cayó d'epaida.'

Pachá: (ver 'Viví com'un Pachá')

Pacho: Parche. 'Juansito cómprami'un pacho poroso p'ete jinchao que tengo en'eta rodilla.' (ver 'P'ete' y 'Jinchao')

Pachuché: Cigarrillo hecho a mano y mal hecho.

Pachulí: Planta de flores olorosas. Perfume 'barato' de olor empalagoso. (ver 'Barato')

Pacocha: Paquete de mucho dinero en efectivo. '¿Tu vite la pacocha de papeleta que tenía Juansito?

Pacolla: Pacocha. (ver)

Pa comía peidía tripa paitía: Si la comida está buena hay que comérsela aún después de estar satisfecho. (ver 'Pa'que se pieida que me haga daño'.

Pacotilla o **De pacotilla:** Aunque parezca localismo por su frecuente uso, es vocablo castizo designando un objeto de baja calidad. 'Eso sapato son de pacotilla'.

Padre: Cura. 'Mañana vien'ei padr'Henrique a dai misa a La Peña.'

Padre preso: (ver 'Ei padre preso')

Padrejón: Malestar misterioso y persistente del estómago (barriga), sin diarrea ni vómitos, que solo le da a los hombres. Se cura espontáneamente después de ver 'curanderos'. (ver 'Etómago')

Padrón: Macho de los animales que se usa como semental. (ver 'Padrote'; 'Encatai')

Padrote: (ver 'Padrón)

Pagai la Jaba: (Pagar la jaba) Se refiere a tener que pagar por lo que no debe o le corresponde. '¡Teiminé pagando la jaba!'(ver 'Jaba')

Paite, su: (Sus partes) Los órganos sexuales. '¡Adió, y no taban jugando y Ei Pinto le di'una patá poi su paite!' ('Ei Pito')

Pacho. Pache. Paiche o **Pajche:** Parche medicado que se pone en la piel, para dolor o hinchazones.

Paganini: Se sabe que es un músico antiguo, y su nombre se le aplica al que le corresponde pagar la cuenta de las bebidas de un grupo o una fiesta. 'Juansito e fu'ei paganini anoche.'

Pai: Padre. Papá. 'Me vu'a pas'una semana con mi pai ei me que viene'. (ver 'Vu'a'; 'Me')

P'ai...: (Para el...) 'Yo voy p'ai pueblo ei domingo si Dio quiere'. (ver 'Si Dio quiere')

Pa ei. Pa ella: (Para él. Para ella) 'Luí nu'ha llegao. ¡No te coma eso qu'esu'e pa ei!' 'Juana compró duice pa ella sola, y no me trajo na'. (ver 'Na')No los

Pailón: Paila más grande que el promedio. Con frecuencia se dice cuando la paila, aunque sea pequeña o mediana, está llena de comida. 'Esa mujei ha cosin'un pailón de sancocho que no lo sait'un chivo'. (ver 'Cosin'un'; 'No lo'sait'un chivo')

Paimito: Parte central del cogollo de la palmera, es tierno y de color blanco. Es apreciado como alimento y se come crudo y en ensaladas.

Paitío: Un objeto roto en dos pedazos. 'La masoiqu'e maí ta paitía en do.' Se dice del hombre que actúa afeminadamente.

Paivá: (Parvada) Cría de pollos. 'Una paivá de pollo'. Gran cantidad de cualquier conjunto de cosas, animales o aves. 'Ahí habían carro poi paivá.' (ver 'Poi paivá')

Paja: Hierba seca en las sabanas. Partícula pequeña y molesta en un ojo. '¡Juye, échame eta gota que me cay'una paja en eti'ojo.' (ver 'Haceise la paja')

Pájame: (Pásame) Se dice cuando se está de prisa, pronunciado con una jota casi imperceptible: 'Pajame'esa tijera'. 'Pájam'ei maitillo'.

Paja pa'la gaisa: (Paja para la garza) Algo de poca importancia, que no hay que preocuparse por ello. Algo que es muy fácil de hacer. Será porque las garzas llevan con facilidad grandes porciones de hierbas secas (paja) en el pico para hacer sus nidos.

Pájara: Mujer hombruna. Lesbiana. Un objeto de nombre femenino o animal hembra más grande que el promedio de su clase. '¡Ese'juna pájara grande de veidá!'

Pajaraca: Cáscaras de granos y hojas secas que quedan después de limpiar los sembrados, o en el suelo o piso, después de desgranar maiz o limpiar arroz en grano.

Pajarito: Ave pequeña. Se dice cuando se habla de un hombre que le ha ido muy bien en negocios, política, estc., o es viejo y quiere pasar como joven. '¡Ese pajarito sabe de negocio!' '¡Ese pajarito nu'e pichón di'ahora!' Pene de los niños.

Pájaro: (castizo: ave) Ave, principalmente las voladoras o salvajes; a las domésticas, como gallinas, gallos, patos, gansos, guineas, se les llama por el nombre de su especie. Hombre afeminado. Hombre homosexual. (ver 'Pájaro aisao', 'Pájaro bobo' y 'Guinea')

Pájaro aisao: Las aves que no son domésticas.

Pájarobobo: Ave silvestre que se mantiene en árbles de poca altura.

Paj'en'eti'ojo: (Paja en este ojo] Se dice cuando se siente una paja en un ojo. 'Me cay'una paj'en'eti'ojo.'

Paj'en'un'ojo: (Paja en un ojo) Se dice de una persona desagradable y molestosa. 'Ese tipo jode ma'qui'una paj'en'un'ojo.'

Pajmo: (castizo: pasmo= efecto de enfriamiento que causa resfriado o dolor de huesos) Dolor y parálisis de un a parte del cuerpo por salir de repente de lo caliente a lo frío. Quedarse algo o alguien sin crecer antes de llegar a su tamaño natural. 'Esi'aguacate ta pajmao.'

Pajón: Planta gramínea, cerca de medio metro de alto, de múltiples hojas delgadas que crecen amontonadas. Pelo de la cabeza, largo y desordenado. '¡Qué pajón si'ha dejao crecei Juansito!'. (ver 'Pajonú')

Pajonú: Que tiene el pelo de la cabeza largo y enmarañado, similar a un pajón. 'Juansito si'ha pueto pajonú úitimamente'. (ver 'Pajón')

Pa'l ...: (Para el ...) Usado antes de palabra que comienza con vocal: 'Me voy pal'aposentro acotaime'; 'Vete pa'l'infiejno'. Antes de palabras que comienzan con consonante se usa 'pai': 'Yo voy pai pueblo'. (ver 'Pai')

Palabra: Vocablo. También connota vocablo o dicho ofensivo y de mal gusto. "Maetra, ¿qué palabr'ej'eta?' '¡Pedrito, no diga mala palabra! (ver 'Mala palabra')

¡Palabras'han habido!: Cuando en un grupo alguien hace una declaración que afecta a otra persona del grupo. Casi siempre esta expresión se usa amistosamente.

Palabrita de domingo: (Palabritas de domingo) Se dice de los vocablos que no son comúnmente usados en las conversaciones diarias, sobre todo en el campo. Ejemplos: conspicuo (notable); inócuo (inofensivo); pertinaz (terco); obstinado (terco); asíduo (habitual); impúdico (indecente); sarcástico (burlón); exánime (desmayado). En el campo adentro, durante una discusión, había que tener mucho cuidado en llamar a alguien 'sarcástico', 'pertinaz', 'procaz' (sinvergüenza, descarado).

Palabrota: Palabra ofensiva; casi siempre en plural. 'Si t'hubiera vito a Juansito y Pedro. Se taban diciendo una bais'e palabrota. Yo no se cómo no se fajaron ai puño.' (ver 'Bais'e')

P'alante: (Para adelante) Caminar hacia delante. Motivar a alguien para que camine más de prisa: '¡Vamo, p'alante!', o que trabaje con más ahinco en un negocio: 'Tiene que echai p'alante.' (ver 'Alante')

Paleta: Varias acepciones castizas. Dulce-caramelo o helado de forma redonda o cuadrada con un palito en el centro por donde se agarra para chuparlo.

Paletero: Muchacho que vende dulces y helados por la calle. A veces va voceando: '¡Paleteeero!'

Pálido: Decoloración de la piel que se nota myormente en la cara, indicando posible enfermedad o anemia. '¡Utedi'han vito lo pálido que ta Juansito en'eto día?' (ver 'Vito')

Palito: Trozo de madera delgado y y no muy largo. Arbusto. '¿Tu coitate ei palito que taba atrá de la cocina?' (ver 'Taba')

Palito: De 'palo'. Cualquier objeto o aparato en forma de vara, mas bien corto y delgado, ya sea de metal, madera o material plástico.

P'allá: (Para allá) Para allá.

Palo: Trozo de madera alargado. Cualquier árbol. No se dice de los arbustos. Parte sin hojas de la rama gorda de un árbol. Las ramas delgadas sin hojas son 'palitos'. Garrote. Macana. (ver 'Macana' y 'Dai un palo') Batazo largo en el juego de béisbol. '¡Qué palo dio Soriano con doj'en base!'. (ver 'Palu'e la gallina' y 'Daisi'uno cuanto palo' y 'Le cayén a palo')

Palo dao ni Dio lo quita: (Palo dado ni Dios lo quita) (ver 'Ai palo dao ni Dio lo quita')

Palo d'ecoba: (Palo de escoba) Vara de madera larga que le sirve mango a la escoba. Palomitas de maiz.

Pa lo guto si'hicién lo colore: (Para los gustos se hicieron los colores) Básicamente define que aquello que le gusta o atrae a una persona no le gusta o atrae a otra. Es una de las leyes fundamentales de la vida, que si bien somos testigos de las consecuencias cuando no se aplica (dos hombres se enamoran de la misma mujer), ha evitado una infinidad de controversias.

Pa lo lao: (Para los lados) Se refiere al área donde queda lo que se anda buscando, o donde vive alguien. 'Eso queda pa lo lao e Moca'. 'Pedro se mudó pa lo lau'e Tenare'. (ver 'Lau'e')

Palomita: Paloma pequeña. En béisbol: batazo corto y elevado directo a uno de los jugadores del campo corto o infí. (ver 'Infí')

Palu'e la gallina: (Palo de las gallinas) Árbol donde duermen las gallinas. 'Y'hay mucha sica abaju'ei palu'e la gallina. Ha que di a limpiai eso pronto.'

Palu'e lu: (Palo de luz) Poste del alumbrado. 'Juansito chocu'ei carro anoche con un palu'e lu.'

Pambiche: (¿De Palm Beach, Flórida?) Variación de Merengue creada a mediados del Siglo XX.

Pa mi que ...: (Para mi que ...) Lo dice alguien que supone que algo que se ha dicho debe ser diferente. '¡Pa mi que eso nu'ej'así'! (ver 'Nu'ej'así')

Pamo o **Pajmo:** (Espasmo) Potencial de paralizarse, talvez temporalmente, partes del cuerpo si se meten en agua fría cuando están calientes. "Mira Juana, no te bañe depué de planchai, que te puede pajmai'. También, quedarse paralizado de una sorpresa o susto. 'Se quedó pajmá dei suto.' (ver 'Suto')

Pana: (del inglés 'partner'= socio) (castizo: tela gruesa semejante a terciopelo) Amigo confidencial. 'Juansito y yo semo pana.' (ver 'Semo o Somo')

Pa'ná: (Para nada) 'Eso no sive pa'ná'. (ver 'Sive')

Pan caliente: (Pan caliente) (ver 'Se van como pan caliente'; 'Pan di'agua'; 'Pan sobao')

Pancho: (Panchos) Ropa ajena cuando la lleva otro como vestidura. '¿Y eso pancho, quién te lo dio?'

Pan di'agua: (Pan de agua) Clase de pan esponjoso por dentro y ligeramente tostado por fuera.

Panecico: Pan de yuca, casi siempre frito, redondo y alargado, relleno de carne, queso, etc.

Pangola: Hierba especial para alimento del ganado vacuno.

Pan'y agua: (Pan y agua) (ver 'A pan'y agua')

Panó: Esterilla de lana o fieltro que se pone debajo del aparejo o la silla de montar para proteger el caballo. (ver 'Usa')

Pa no batí la mieida: (Para no batir la mierda) Se dice cuando no se quiere prolongar una discusión que está adquiriendo un carácter delicado y peligroso entre las partes. 'E má, dejemu'eto pa no batí la mieida' o '...pa no batí ma la mieida' (ver 'E má' y 'Dejemu'eto')

Pa no cansait'ei cuento: ('Para no cansarte el cuento', en vez de 'Para no alargarte el cuento') Muletilla de algunas personas cuando están contando una historia o evento. Casi siempre el cuento sigue largo a pesar del aviso.

Pan pan: Expresión onomatopéyica, donde 'pan pan' significa palabras dichas de seguido y con ralpidez, o quizá por su similitud con dos golpes dados con el puño de seguido en la mesa; que a veces este dicho se acompaña con esta acción. (ver 'Se la canté toa ahí mimo pan pan')

Panquiai: Se dice de cuando se está nadando, dar golpes en el agua con los pies y piernas.

Panquiaise: Morirse. No se dice de familiares y amigos. A veces se dice de personas poderosas y políticos. '¡Oyeron, que Criminón, ei ditadoi de Baturria se panquió?

Panseburro: Sombrero hecho de fieltro. ¿Será porque el color del fieltro es parecido al color de los palos del burro?

Pan sobao: Especie de pan ligeramente alongado y esponjoso, apropiado para el desayuno.

Pantaloncillo: (C: calzoncillo) Calzoncillo

Pantalone: (ver 'Tenei pantalone')

Paño: Manchas blancas en la piel, de diversos tamaños, causadas por infección a hongos.

Pañu'e lágrima: (Paño de lágrimas) Persona que nos sirve de consuelo y soporte para nuestros problemas en la vida. 'Juansitu'e mi pañu'e lágrima.'

Papá: Padre. (Ver 'Papaguelo' y 'Padre')

Papá Bocó: De origen haitiano. Persona de mucha influencia y poder en una comarca o Compañía. '¡No, Juansito e'j'ei papá bocó d'esa compañía!' (ver '¡No …!')

Papacote: Color de algunos cerdos, con manchas blancas amarillentas y grises oscuras.

Papa sin sai: (Papa sin sal) Se dice de alguien de poca personalidad y sin gracia. En referencia a que las papas hervidas sin sal tienen poco o nada de sabor. (ver 'Sai')

Papei de trasa: (Papel de estraza) Papel de envolver mercancías.

Papelera. Papelero: Persona hipócrita, que simula lo que no siente, para congraciarse con los jefes.

Papeleta: (C: papel con alguna información) Papel moneda. 'Dami'una papeleta di'a cinco y e tuyo'. (ver '…y e tuyo')

Papeleta mató'a menú: Representa la superioridad del papel moneda a la del dinero menudo (metal), y la superioridad del rico y poderoso sobre el el menos afortunado en estas categorías. (ver 'Papeleta'; 'Menú'; 'Morocota matu'a menú')

Papelito: Cualquier papel, no importa el tamaño, entregado a alguien o encontrado en el camino. Mensaje escrito en un pedazo de papel. 'Juana me mand'un papelito pa'que fuera a su casa ei domingo.' (ver 'Bais'e papele')

Papábocó: (probablemente del haitiano) El que manda más en el lugar.

Papelero. Papelera: Persona que hace el papel de lo que no es. Que hace creer que es amiga u honesta sin serlo.

Papola: (Pa-poi-la= Para-por-la…mañana) Se refiere a lo que en inglés en algunos restaurantes le llaman "doggy-bag"; sobrante de importancia de la comida que se puede usar al día siguiente, y se le da al cliente en una fundita. 'Eto e papola.'

Papujo. Papuja: Gallima o gallo con muchas plumas en el cuello y parte de la cabeza. (ver 'Pelón' y 'Japoné')

¿Pa'qué? Pa'que… ¿Para qué? Para que…: (¿Para qué? Para que) P: '¿Pa'qué me llamate?' R: 'Pa'que venga conmigo ai pueblo.'

Pa'qu'ei …: (Para que él …) Yo lo deji'ahí pa'qu'ei se lo coma'.

¡Pa'que le coja con tirai piedra!: (¡Para que le coja con tirar piedras!) Se dice de alguien que ha desarrollado la costumbre de exagerar cierto hábito, por ejemplo cantar sin tener voz para ello, comparando figurativamente su actuación con una locura.

¡Pa que lo sepa! o **¡Pa que tu sepa! ¡Pa que sepa!:** (¡Para que lo sepa!) Lo dice alguien después de darle una información nueva a otro que ha estado hablando en un tono de saber más que el resto del grupo. 'Lo que tu no sabía e que eso pasu'en Chicago. ¡Pa que lo sepa!' (ver 'E')

¡Pa'que no digan! ¡Pa'que depué no digan! o ¡Pa'que no me critiquen!: Lo dice alguien que ha sido criticado por no haber hecho algo bien anteriormente y esta vez se ha tomado todo su tiempo para hacerla correctamente.

¡Pa'que no joda!: (Para que no joda) Se refiere a alguien molestoso a quien se ha amenazado con algo poderoso para que desista. 'Denuncié a Juansito a la policía pa'que no joda má'.

Pa que no juntemo: (Para que nos juntemos) '¡Tan pronto llegue Juan yo te llamo pa que no juntemo'.

Pa'que no se me barajen lo plane: (Para que no se me barajen los planes) Se dice cuando se va a tomar un café, que debe tomarse sentado. Parece que si el café se toma de pie no se dan los planes que se han hecho. 'Déjame sentai a tomaim'ete cafesito pa'que no se me barajen lo plane.'

Pa'que no te decríe: (Para que no te descríe) Se le dice a un niño o adulto, que está mirando a uno comer algo, de una manera como que quiere de ello. 'Toma ete chin pa'que no te decríe.' (ver 'Chin'; 'Pa'que')

Pa'que se lo coman lo gusano que lo gocen lo critiano: (Para que se lo coman los gusanos que lo gocen los cristianos) Lo dice alguien que utiliza algo que algo se ha dejado abandonado. Comida que ha sobrado de algún banquete, y alguien quere llevársela. Lo dice un hombre que le hace el amor a una mujer poco atractiva que no ha tenido novio.

¡Pa'que sepa o sepan! ¡Pa'que lo sepa o sepan!: (¡Para que sepa! ¡Para que lo sepan!) Forma imperativa; es decir, la cosa es como lo ha dicho el hablante. 'Así é, pa'que lo sepa'. También como una expresión de venganza ligera por algo que se le ha criticado al hablante.

Pa'que se pieida que mi'haga daño: Define que si la comida está buena hay que seguir comiendo aunque se sienta mal de la hartura.

¡Pa que te coja con tirai piedra!: (¡Para que te coja con tirar piedras!) Se le dice a alguien que está haciendo o diciendo que piensa hacer algo raro o extraordinario que no ha hecho nunca. El simbolismo es la percepción de que los locos tiran piedras sin ninguna razón. Juansito: 'Yo me voy pa Nueva Yoi a meteim'en política. Pedro: ¡Pa que te coja con tirai piedra!'

¡Pa'que vea lo que'bueno!: (Para que vea lo que es bueno) Deseo cumplido de venganza ligera, expresado cínicamente. Se dice de la persona engañosa que ha sido a su vez engañada.

¡Paqui'aprenda!: Se le dice a alguien que le ha salido muy mal algo que insistió en llevar a cabo, cuando ya se le había advertido que no lo hiciera. (ver '¡Esu'e pa qui'aprenda!')

Pará: (Parada. 'Mano en un juego de mesa) Apuesta en cualquier juego de azar. El dinero que se apuesta. (ver 'Mano')

Para. No para: Acostumbrar a estar o no estar en un sitio. 'Juansito nomá para en la pulpería lo sábado de taidesita.' 'José no par'en su casa úitimamente'.(ver 'Nomá' y 'Taidesita')

Paracaidita: (Paracaidista) Persona que se aparece a una reunión o fiesta sin estar invitado.

Parail'ei coche: (Pararle el coche) Se refiere a controlar a alguien que se está exagerando en algo, como hablando mal del oyente o de un amigo de este. 'Tuve que parail'ei coche a Pedro anoche'.

Paralisao: (Paralizado) Falta de movimiento de algo que normalmente lo tiene. Con frecuencia se refiere a malestar de estómago. 'Hace día que tengu'el'etómago como medio paralisao.' (ver 'Como'; 'Como medio')

Parao: (Parado) Una persona de pie, sin moverse. Levantar un objeto caído y colocarlo sobre su base. 'Esi'hombre ta parao en'es'equina haci'una hora'.

Parapeto: (Baranda a los lados de los puentes) Alguien que no se quita del medio del camino que uno lleva, porque está alelado. 'Juansito t'ahí de parapeto'. Persona que no ofrece nada productivo para el grupo: 'Pedro t'aquí de parapeto. Persona mal vestida: 'Juanita pareci'un parapeto con tu'esa ropa'.

Párati'ahí: (Párate ahí) Máquina de coser de pie antigua que se manejaba con un un pie en un pedal cuadrado. (ver 'Párati'ahí pa'que pelee')

Párati'ahí pa'que pelee: (Párate ahí para que pelee) Amenaza que se le hace a alguien que no quiere pelear y sale caminando o corriendo.

Paratrapo: (C: esparadrapo= cinta de tela o papel, con una cara cubierta con un emplast adhesivo), Vendaje pequeño que se aplica sobre heridas menores y erosiones de la piel (ver 'Curita'; 'Rapón')

Parec'ecupío: (Parece escupido) (ver 'Ecupío [parece]'; '¡Ej'igualito!')

Pareci'un chinchilín: (Chinchilín: ave de plumaje intensamente negro brilloso) Persona de piel muy negra.

Par'ei coche: (Parar el coche) (Ver 'Le par'ei coche')

Parejero: (C: que corre en parejas. Caballo de carreras) Vanidoso. Presumido. 'Juansito si si'ha pueto muy parejero depué qui'anda con la hija dei teniente.'

Par'en...: (Parar en...) 'Si ei sigue por'ese camino va par'en la caise'. (ver 'Si ei sigue por'ese camino'; 'Vivi'haciendo lío')

Parese que le nacién pata o **Parese que le nacieron pata:** (Parece que le nacieron patas) Se refiere a cualquier objeto personal que se ha perdido. '¡Yo deji'una cajit'aquí y ya no ta; parese que le nacieron pata!' (ver 'Salién juyendo')

Par'eso: (Para eso) 'P: ¿Quiere lo cuaito ahora?. R: Par'eso fue que yo vine.'

Pariguayo: Este vocablo dominicano, de uso común y probablemente originado en la última mitad del siglo veinte, es definido de una manera diferente por diversos autores. Nunca lo oí para el tiempo en que salí, ya hombre, de la República Dominicana, en 1954; debido a ello, aquí les doy la opinión de dos autoridades: Orlando Inoa en *Diccionario de Dominicanismos*: "Persona que hace el ridículo por no estar a la altura de las circunstancias (DRAE). El origen de esta palabra es confuso.", y de aquí procede a ofrecer su posible nacimiento. Lucy Gomez Marín en *Diccionario para entender al dominicano*: "... persona lenta en sus reacciones, tonta, que viste de forma estrafalaria," etc. (En ambos libros la definición es más elaborada de lo que he citado a quí)

Parigüela: (C: parihuela) Es lo mismo que 'litera'. (ver 'Litera')

Parisión: (de 'parir') Se refiere a los frutos en los árboles frutales de una finca, sobre todo cuando comienzan a formarse, después de las flores, '¡Eti'año si va'habei una buena parisión!'

¿Par'onde? Par'onde: (¿Para dónde? Para donde) 'P: ¿Par'onde va Juanita que la veo t'ua pintá? R: Par'onde su tía Tata'(ver '¿P'onde?' 'T'uá'; 'Pintá')

Pasá. Pasao: Casi siempre se refiere a comida, especialmente la carne que no huele a fresca. 'Yo creo qu'eta cajne ta medio pasá.' 'Ete mondongo hueli'a pasao. Yo como tu lo boto.'

Pasá de moda: se refiere a cualquier prenda de vestir que ya no se usa, y que ya no se encuentra en las tiendas.

Pasai o Pasar: Pasar de un lugar a otro. Aprobar un examen escolar.

Pasai crujía. Pasando crujía: (castizo: 'Pasar crujía'= ver 'Crujía') Que está pasando mucho trabajo para mantenerse; o por otras situaciones difíciles de la vida. 'Juansito ta pasando mucha crujia úitimamente'.

Pasai poi las'aima: (Pasar por las armas) Comerse una comida exquisita. Se dice cuando alguien pregunta si ha comido. 'Ya yo la pasé poi las'aima'. (ver 'La pasó poi las'aima')

Pasé el'examen: Que aprobó el examen escolar.

Pa seña un botón: (Para señal un botón) Se dice de alguien que ha hecho cosas grandes, talvez fuera de la ley, pero solo se sabe de cierto de una de poca importancia.

Pasó de flai: Se refiere a cualquier objeto lanzado por alguien que le pasa al hablante por encima de la cabeza. (ver 'Flai')

Pata laiga: Se dice de la persona que se las pascaminando por el vecindario y visitando a los amigos. 'Juanita, tu si'ere pata laiga'. (ver 'Pat'e gaiza')

Pa'tai: (Para estar...) 'Yo guameo mucho pa'tai dando mi cuaito así.' (ver 'Guamiai'; 'Cuaito')

Pata pu'ei suelo: Persona bruta, que no sabe hacer nada. 'Ese'jun pata pu'ei suelo.'

Patatín patatao, y'ete cuento ta contao: (Patatín patatao, ya este cuento está contado) Expresión o estribillo que se usa al finalizar los cuentos que se les hacen a los niños antes de dormirse.

Pat'e gaiza: (Patas de garza) Persona, casi siempre mujer, de piernas delgadas y aparentemente más largas que el promedio. Garza es un ave de patas largas que se alimenta de crustáceos y peces en los ríos. Se dice con una sonrisa sardónica: 'Mir'a pat'e gaiza onde va.' (ver 'Onde')

Pat'e gallina: (Patas de gallina) Pliegues de la piel que comienzan en la esquina externa de los ojos y se separan hacia arriba y hacia abajo. (ver 'Rabis'el ojo')

Pat'e gallo: (Pata de gallo) Arrugas de la piel al lado de los ojos que comienzan unidas en la 'esquina del ojo' y se separan hacia fuera a la manera de una pata de gallina. (ver 'L'equina'e los'ojo')

Pat'e mulo: (Pata de mulo) (ver 'Pat'e pueico')

Pat'e perro: (Pata de perro) Andariego. Andariega. '¡Juanit'e j'una pat'e perro, ella no par'en su casa!'

Pat'e pueico o **Pat'e mulo:** (Pata de puerco) Que no hace las cosas rutinarias bien; que no aprende. Torpe. Bruto. (Juancito e'jun pate'pueico)

Pa'ti: (Para ti) 'Tu'eta naranja la traje yo pa'ti'. (ver 'Tu'eta')

Patilla: Sandía. Pastilla (de medicina). Pelo que se dejan crecer los hombres en el espacio entre las orejas y los ojos.

Pato: El macho de la pata. Afeminado. Marica. Maricón. Homosexual.

Patojo: (C: patojo= que tiene los pies o piernas torcidos) Que le da trabajo hacer cosas simples. 'Pero Juancito si'e patojo'. (ver 'Medio Bruto')

P'atrá comu'ei cangrejo: (Para atrás como el cangrejo) Se dice de la persona que en vez de progresar en el negocio o adelantar en los estudios, va perdiendo o quedando atrasado. Yo creo que Juansito va p'atrá comu'ei cangrejo en ese negocio que si'ha metío.'

Patuá: (Del francés 'patois'= dialecto) El lenguaje de los haitianos. A veces se refiere a la persona haitiana. 'Ese negrito debe sei patuá.'

Pava: (ver 'Paba')

Pa'vei: Para ver. 'Yo comi un chin pa'vei si me gutaba'. (ver 'Chin')

Pa viene de palo: (Paz viene de palo, y todo viene de que 'Pa con 'z' es 'Paz', y es también la primera sílaba de 'Palo') Palo es árbol, o cualquier trozo de madera repujado o no. El dicho sugiere que durante las dictadura trujillista las autoridades mantenían su clase de orden y 'la paz' a macanazos con palos repujados, llamados 'macanas', es decir, a palos. (ver 'Macana')

Pebú: del habla haitiana= mandar a callar a alguien, o 'Ya, no hablemos más de esto.'

Pecai: (castizo: pescar y pecar) Pescar peces. No se usa en el sentido de sorprender a alguien haciendo algo a escondidas. Pecar. 'Te va a condenai poiqu'eso e pecao.' (ver 'Pecao')

Pecao: (Pescado y Pecado) 'Mire señoi, ¿a cómo t'ei pecao hoy?'. 'Tu hablate mentira y esu'e pecao.'

Pechaise: (de 'pecho') Encontrarse dos personas conocidas en la calle, en el camino, la tienda, etc. 'Juansito y yo no pechamo en'ei paique eta mañana'.

P'ech'eto. P'ech'eta: (Para echar estos... Para echar esta [estas]...)

'Juansito pásam'esa cántara p'ech'eta semilla'. (ver 'Cántara')

Pecho parao y barriga sumía: Hombre que quiere aparentar fuerte y atlético. "Mira a Juancito, con'ei pecho parao y la barriga sumía, privando'en fueite'. (ver 'privai')

Pechú: (de 'pecho) Denota tener valor para afrontar problemas y al enemigo. También indica falta de vergüenza: 'Juansito si'e pechú, lo botaron di'onde lo Gaicía y a la semana si'apareció allá como si ná'. (ver 'Como si ná')

Pecoreo: (C: pecorea= diversión ociosa andando de aquí para allá) Se dice del que busca exgeradamente algo sin importancia.

Pecosá: Golpe dado en la cara con la mano abierta. (ver 'Galleta')

Pecueso: C: pescuezo: parte del cuerpo animal o humano de la nuca hasta el tronco) Pescuezo.

Pecueso duro: (Pescuezo duro) Cuando no se puede mover el cuello (pescuezo) debido a dolor en un lado o ambos. 'Tengu'ei pecueso duro' dice el afectado, entornando solo la vista hacia su interlocutor.

Pecuesú: (C: pescozudo) Persona que tiene el pescuezo grueso o muy largo. 'Qui'hombre ma pecuesú ese.' (ver 'Ma')

Pecusio: Diablo; pero más maligno que el diablo regular. 'Ojal'y se lo lleve ei pecusio a ese degraciao. (ver 'Degraciao')

Pedasué cajne con'ojo: (Pedazo de carne con ojos) Persona torpe, que no sabe hacer cosas simples.

Pedí cacao: (pedir cacao) Darse por vencido/a. Gritar, '¡Ya, no má!'.

Pedr'en'un'ojo: (Pedrada en un ojo) (ver 'Com'una pedr'enun'ojo')

Pega con...: Concuerda con... Combina con... 'La longaniza pega con'ei mangú.' 'Pont'eta blusa que pega bien con'esa faida.'

Pegai: (Pegar) Unir con cola o goma una superficie con otra. Dar en el blanco. Armonizar o corresponder una cosa con otra: 'Ei concón pega con lo frijole y la saisa de cajne adobá.' Acertar en una adivinanza. (ver 'Saisa', 'Adobá' 'Concón')

Pegai cuejno: (Pegar cuernos) Tener relaciones sexuales uno de la pareja de casados fuera del matrimonio, casi siempre la mujer con otro hombre.

Pegaise: (Pegarse) Comerse un plato grande de comida. 'Ese sancocho di'anoche taba tan bueno que me pegué do plato, además del'arró.' (ver 'Do') Tomar tragos de ron u otra bebida alcohólica. 'Ello no pegamo uno cuanto traguito anoche.' (ver 'Ello')

Pegáisela. Pegando: (pegársela) Serle infiel la mujer al esposo. 'Por'ahí and'un runrún que Manuelita se la ta pegando a Juansito con Minguitu'ei cojo.' (ver 'Runrún')

Pegaíto: (Pegadito) Se dice cuando una pareja está bailando muy junto uno del otro.

Pegaíto di'aquí. Pegaíto de Macorí: (Pegadito de aquí) Lugar que no está lejos de donde están los hablantes, o de otro lugar conocido conocido por todos. '¿La Guárana? No ombe si'eso ta pegaíto e Macorí.' (ver'Ombe' y 'e')

Pegajoso: Que se pega con facilidad. Persona que con frecuencia anda al lado de otra o de un grupo sin haber sido invitado. '¡Ese tipo si'e pegajoso!'. Ritmo despacio y repetido de la música folklórica que gusta y eleva el entusiasmo del oyente o bailarín. Sentir la piel ligeramente húmeda y pegajosa después de haber sudado durante el día. 'Toy to pegajoso. Me vu'a bañai.' (ver 'To' y 'Vu'a')

Pegao: (Pegado) Pegado con cola o cinta adhesiva. Muy cerca. 'Ese perro si ta pegao de ti. Acósalo di'ahí'. (ver 'Acosai' y 'Velai')

Pegapalo: Bebida preparada con bejucos molidos por los años de 1950, comercializada como estimulante del apetito sexual.

Pegaron: Puede ser que pegaron varias cosas con otras o con goma de pegar. También se usa para decir que le dieron un golpe, o un tiro de arma de fuego. 'Juansito le peg'una galleta a Pedro'. 'A Tomá le pegaron un tiro en'ei pecho anoche'. (ver 'Galleta')

Pegote: Bulto de masa o pasta. Algo mal hecho o mal arreglado. '¡Y que pegot'e que tu ha hecho ahí?' Persona extremadamente gorda. '¡Señore, pero miren ese pegot'e gente!'

Pegotoso-a: Persona vestida sin coordinación de colores o diseño. '¡Julia si'anda pegotosa hoy!' Cualquier comida que ha quedado pastosa. Cosa ordinaria o deforme.

P'ei...: Para el... 'Le di lo cuaito p'ei mandao y no si'ha'parecio.' (ver: 'P'un')

Peidía: Mujer que después de haber llevado una vida social normal se ha dedicado a salir con diferentes hombres. Usado también para hombres, cuando hacen un cambio radical para una vida peor. 'Tan buena mujei qu'era Juanita, y ya ta peidía'. '¡Tan bien que le diba a Juanito en lo negocio, y ahora anda como medio peidío. Tará enamorao! (ver: '¡Me di'una peidía!'. 'Tará'. 'Diba')

Péidida: (C: pérdida) Aborto, casi siempre cuando es espontáneo. 'Yo tuve tres'hijo y una péidida.' Período de baja económica en los negocios personales. 'Yo he tenío mucha péidida en los'úitimo mese.'

Peidién: (C: perdieron) 'Laj'Etrella peidién de Las'Águila ayei.' 'Se me peidién do vaca dei potrero. Yo creo que se la robaron.' (ver: 'Do'. 'Potrero')

Peidió ei juicio. Peidí ei juicio: (Perdió el juicio. Perdí el juicio) Que hizo algo fuera de lo normal, a veces de repente; refiriéndose a como lo haría un loco. A veces se dice chistosamente de alguien que ha triunfado inesperadamente y por primera vez en algo de gran importancia. '¡Adió, pero Juan ta peidiendo ei juicio; dique que va'correi pa gobeinadoi!' (ver 'V'a correi')

Peimanente: (Permanente) Peinado femenino de salón, mayormente con bucles.

Peiplejía: (C: apoplejía) '¡Utede no saben, que Pedro t'en el'hopitai dique con'una peiplegía'.

Peisiana: (Persianas) Precedido de nombre propio se aplica a personas que acostumbran a espiar la calle a través de las persianas. Así se dice: "Ahí va Juan Peisiana'.

Peisona: (C: persona= individuo de la especie humana) Personalidad. 'No. Esej'un'hombre serio. Esi'hombre tiene mucha peisona'. (ver 'No')

Peje: (C: pez) Pez de río y de mar. Persona que sabe negociar. Que tiene mucho dinero y poder.'A ese peje no lo ensaitan poi meno di'un millón.' Expresión amistosa entre jóvenes. (ver: 'Oiga peje')

Pejiguera o **Pegiguera**: Es castizo por cosas que traen problemas. Asunto o situación difícil. Se usa, o usaba con tanta frecuencia que ya parece localismo.

Pela: (C: acción de pelar) Castigo que se le da a los niños, casi siempre con una ramita o correa. Cuando alguien gana por muchos puntos en un juego, se dice que le dio una pela al perdedor. (ver '¡Esu'e pa qui'aprenda!')

Pelá: Recorte de pelo. Abrasión o erosión de la piel, 'pelaíta' cuando es pequeña. 'Subiendo l'ecalera me di'una pelaíta en'ete pie.' (ver 'Rapón' y 'Rapá')

Pela de faid'aisá: (Pela de falda alzada) Se dice cuando se le levanta las faldas a las niñas para darle una pela, porque duele más que pegarle sobre la ropa. (ver 'Pela')

Pelai ei diente: (Pelar el diente) Reírse por cortesía, respeto, temor, o por congraciarse con alguien que lo puede ayudar. 'Juanito siempre le ta pelandu'ei diente a don Ramón.' (ver 'Ta')

Pelaise: Recortarse el pelo. No salir premiado un billete de la lotería. (ver 'Me pelé')

Pelaíta: Pequeña erosión de la piel causada por accidente. 'Dami'una curita, que teng'una pelaíta aquí en'ei brazo'. Muchacha muy joven para tener novio. 'Dej'esa pelaíta vieja tranquila ombe. Ta muy joven'. (ver 'Ta')

Pelao: (Pelado) Que no hay pelo donde antes había. Que acaba de darse un recorte de pelo de cabeza. Que no tiene dinero en ese momento. Boleto que no sacó nada en la lotería. 'Pedido: Juansito emprétame do peso. R: Ay m'hijo, yo toy pelao.' (ver 'Emprétame'; 'M'hijo'; 'Toy'; 'Billete pelao')

Pelao a casón: (C: casón: casa señorial antigua) Pelado a casón. Recorte de pelo muy corto, casi siempre de hombre. '¡Y poi qué te pelate a casón?'

Pelao ai coco: Recorte de pelo muy corto, como 'a casón' (ver). (Ver 'Caco rapao')

Pelea en tuá la gallera. Pel'en tuá la gallera: (Pelea en todas las galleras) La expresión completa es 'Ese gallo pel'en tuá la gallera'. Se dice de la persona que se dedica a diferente clases de negocios, o que va a todas las fiestas de campo y de pueblo. Tiene novia en los barrios y de la sociedad, etc. (ver 'Tuá')

Pel'e lengua: (Pela de lengua) Decirle cosas desagradables, incluso insultos, a alguien que ha ofendido. (ver 'Cantail'ei gallo')

Pelico. Pellicai: (C: Pellizco. Pellizcar) 'Déjame quieta, a que te d'un pelico.'

Pelión. Peliona: Persona que por poca cosa crea una discusión seria o una riña. '¡Oooye, pero Juanita si si'ha pueto peliona!'. (ver 'Si'ha pueto')

Pelo malo: (C: pelo malo= plumón de las aves) Pelo de la cabeza muy rizado o enroscado, a veces 'en motas'. (ver 'Mota')

Pelón: (C: pelón= que no tiene pelo) Gallina, gallo o pollo que tiene muchas plumas, y es más robusto y carnoso que los 'de calidad'. (ver 'De calidad'; 'Manilo'; 'Legón')

Pelota: Una bola de cualquer material. El juego de béisbol. En referencia al juego de béisbol 'pelota' y 'bola' se usan indistintamente. '¡Pero tu vite como la segunda se quedó con la bola en'ei guante? (ver 'La pelota'; 'Vite'; 'La primera'; 'La segunda'; 'La teicera')

Pelotero: La persona que juega béisbol; refiriéndose principalmente al profesional.

Pelotosa: (ver 'Tuá pelotosa')

Pellón: Pieza de tela acolchada, a veces con un bolsillo grande a cada lado, que se pone sobre la silla de montar, para más comodidad y para llevar papeles y otras cosas.

Pelú: (C: peludo= que tiene mucho pelo) Que tiene mucho pelo en la cabeza. Se aplica siempre al hombre. (ver '¿Quién te peló que las'oreja te dejó?'; 'Coiveja' y 'Peludencia')

Peludencia: El mismo significado de 'pelú' y 'coiveja', pero usado en tono de admiración: '¡Qué peludencia tu tiene!' (ver 'Coiveja' y 'Pelú')

Pelu'e pueico: (Pelo de puerco) (ver 'Yo no como pelu'e pueico)

Peluñai: Sacarle partes pequeñas a algo con las uñas, como la cáscara, etc. Pellizcar. (ver `Depeluñai')

Penca: hoja de la palma.

Penco: (C: caballo flaco) Caballo flaco y débil. (Incluido aquí por su frecuente uso en el Cibao, que lo hace parecer como vocablo local). También pedazo grande de algo de comer. 'Me meti'un penco así de mujlu'e pavo)

Pendejá: Expresión tonta o estúpida. Situación molestosa, pero que con algún trabajo se puede resolver. 'Tan bien que taba yo y ahora se mi'a presentao eta pendejá'.

Pendejo: (C: pelo del pubis. Cobarde) Cobarde. Bobo; tonto; "Juansito si'e pendejo, se deju'engañai d'esa mujeisita vieja'. (ver 'vieja', 'viejo'). A veces, mucha cantidad de algo: 'Don Luí, uté no se pue quejai, eti'año va t'ei cacao pendejo.'

Pendejuana: Es lo mismo que 'Pendejá', pero un poco más leve.

Pendenciai: (C: pendenciar= reñir) Observar otras personas con curiosidad, tratando de enterarse de lo que hacen.

Pengundinia. Pengudinia: Sensación desagradable y prolongada cuando se espera heredar algo y no hay herencia.

Pengurria: Malestar que se siente cuando se ha ajetreado mucho después de la comida de mediodía.

Pensailo do vece: (Pensarlo dos veces) Se dice cuando se le hace una proposición dificultosa a alguien. 'Ta bien Juansito, pero yo tengo que pensai eso do vece.'

P'entrai: Para entrar. 'Yo me quito lo sapato p'entrai a la cas'e piso.

Peña: (C: piedra grande al natural) Roca o peñasco amarillento que forma el cañón de los ríos. 'Juanito se tiró ai chaico de la peña ma aita.' (ver 'Chaico', 'Aita')

Peo: (C: pedo) Ventosidad maloliente expulsada por el ano; a veces sonora. '¿Tu oíte? ¡Esi'ombre se tir'un peo ahí mimo!

Peo en cajeta: Fruta del algarrobo, cuya pulpa es polvorosa y de buen sabor, pero de olor desagradable.

Peo mojao: (Pedo mojado) Cuando a alguien se le sale un pedo que suena mezclado con líquido intestinal.

Peone: (ver 'Lo peone')

Peperra (hablai): (hablar peperras) Hablar lo que no viene al caso de la presente conversación. 'Nico. Déjate de t'hablando peperra'.

Pepillito: Joven presumido, que se cree mejor lucido que cualquiera. 'Ei sobrinu'e don Pedro e'jun cepillito.'

Pepita: Clítoris. (ver 'Semilla')

Pepunte: (C: pespunte= punto de costura) Algo que se dice, cambiando o alterando el significado del sujeto de que se habla, con intención de ganar una discusión o engañar.

Perensejo: (Perencejo) Cuarta persona imaginaria cuando se hace una historia que incluye personas cuyos nombres no se recuerdan o no se quieren mencionar. Esas personas son 'fulano, mengano y perensejo'. Las primeras dos son castizas.

Perequeté: Ataque de nervios con aparente pérdida de conocimiento, pero que se resuelve espontáneamente. 'A Juana le di'un perequeté anoche que tu'ei mundo si'asutó'. También usado para designar un pleito en una fiesta, sin consecuencias que incluyan heridos, etc. 'Anoche si'aim'un perequeté en la fietecit'e Pedro y Lala.' (ver 'Tu'ei')

Perico ripiao: Fiesta con acordeón, guira y tambora, casi siempre en los campos.

Periquito (poniendo): (Poniendo periquitos) Se dice de alguien que está poniendo excusas para evitarse un trabajo, o para explicar algo que no le conviene personalmente. 'Juansito no me venga poniendo periquito, y dime la veidá'.

Permíteme. Permítame: Se dice en la mesa para pedir una fuente de comida que no está al alcance del comensal hablante para servirse en su plato. 'Permíteme el arroz por favor'.

¡Pero bueno!? ¡Pero bueno y quéj'eto!: Expresado con un tono de sorpresa y pregunta, cuando alguien, con frecuencia un niño, hace algo fuera de lo normal o corriente. '¡Pero bueno Juanito, y qué lo que tu t'haciendo!?'

¡Pero critiano ...! (¡Pero cristiano ...!) Expresión intensa de sorpresa y frustración a la vez. 'Pero critiano, y poi qué tu hicit'eso'. (ver '¡Y ahora?')

¡Pero de poi Dio! o **¡Pero de porr Dio!**: Expresión de frustración, frente a la insistencia de algo que no es del agrado del oyente. Cuando se expresa con 'r' o 'rr' en 'por', es ya señal de desesperación.

¡Pero Dio mío! ¡Pero Diojmío!: Expresión usada cuando cuando de repente se le presenta a uno algo increíble. También cuando un muchacho desobedece repetidamente. '¡Pero Dio mío qué voy yu'hacei con'ete muchacho?' A veces se exagera añadiendo un sonido ligero de 'j' y extendiendo la 'i' de 'mío': '¡Pero Diojmííío!' (ver 'Dio mío')

¡Pero fíjense!: Interjección de sorpresa cuando se ve o se escucha algo.

¡Pero qué va!: Se dice cuando se le está contando a un amigo algo se desea hacer, pero que se considera difícil. 'Yo pensaba comprail'esa finquita a Julio. ¡Pero qué va, yo no creo que vu'a podei!' (ver 'Vu'a')

¡Pero quién lo manda! o **¡Quién lo mandó!**: Se dice de alguien que ha sufrido un percance por hacer o meterse en una situación que la mayoría de la gente sabe que es peligrosa. 'Pero quién lo manda (mandó) a meteise en'eso!'

¡Pero señor'y eso?: (¡Pero señores, y eso?) Expresión de sorpresa, agradable o desagradable. La madre sorprende al niño haciendo pipí detrás de la casa: 'Pero señor'y eso Juanito?' El joven les da la gran noticia a sus padres que lo han ascendido a director de la compañía: la madre abrazándolo y llorosa de la alegría, dice '¡Pero señor'y eso!'

¡Pero vea!: Interjección de sorpresa, cuando se espera algo peor de lo que está ocurriendo: 'Yo tengu'ete pie to regoidío. ¡Pero vea, no me duele!'. Similar a '¡Pero señor'y eso! (ver 'Regoidío'; 'To'; 'Ete'; '¡Pero señor'y eso!')

¡Pero ven'acá!: (¡Pero ven acá!) (ver '¡Ven'acá!')

Perrera: Casita para perros. Carro (Volkswagen) que usaba la dictadura de Trujillo en República Dominicana para hacer redadas y llevar los presos.

Perro con cencerro: (ver 'Bucando perro con cencerro')

Perro güebero: (Perro huevero) En los campos se dice del perro tiene la costumbre de comer huevos en los nidos de gallinas. Para quitarle esta costumbre se les introduce un huevo caliente en la boca. Pero aún así, después de un tiempo muchos vuelven a comer huevos.

Perro güebero, manque le quemen la boca: (Perro huevero aunque le quemen la boca) Se dice de algunas personas que sufren de malas costumbres, y reiciden aún después de haberlas dejado por algún tiempo, haber sido castigados o recibir tratamiento. (ver 'Perro güebero')

Perro no come perro: Se dice de las personas que están en la misma clase de negocios, a veces ilícitos, que se protegen mutuamente.

Perro sato: Perro pequeño, de mucho pelo, casi siempre de color blanco, y muy zalamero.

Persona sana: (Persona sana) Se dice de la persona que no habla mal de nadie, y es simpática y de trato agradable. 'Pedro e j'una gente sana'.

Peru'e ...: (Pero es ...) 'Com: ¡Dicen que Juana botó a Pedro! R: ¡Ah, peru'e qu'ei nomá vive mujerenguiando!' (ver 'Mujerenguiando')

¡Peru'eso nu'e na!: (¡Pero eso no es nada!) Consejo a alguien para que no se preocupe por algo que no es de gran importancia. 'Pedro, ¡peru'eso nu'e na!, no tepreocupe tanto'.

¡Peru'eso si!: Expresión a modo de advertencia: '¡Tu te va solo, peru'eso si, ten cuidao por'ese camino!' 'Te vu'a dejai que valle, peru'eso si, tu t'aquí a la cinco en punto'. (ver 'Vu'a')

¡Peru'y de cuándu'a donde? o ¡Peru'y de cuándu'adonde señore?: (Pero y de cuándo a donde señores?) Expresión de sorpresa en forma de pregunta y amenaza, acerca de algo que no había visto antes, especialmente una travesura nueva y exagerada de un niño. Casi siempre se dice con los brazos cruzados y el nombre del niño para más efecto. '¡Peru'y de cuándo a donde Juanito?'

¡Peru'y dede cuándo Dio mío? ¡Peru'y dende cuándo Dio mío?: (¡Peru'y desde cuándo Dios mío?) Expresión de sorpresa, agradable o desagradable. Juansito nunca tuvo novia, y un día se aparece donde su madre con una: '¡Peru'y dende cuando Dio mío Juansito?'

¡Peru'y quej'eto!? o ¡Peru'y quej'eto Dio mío!?: (¡Pero y que es esto?) Expresión de gran frustración, casi siempre cuando se llega a casa y se encuentra un desorden muy grande. La frase completa sería: '¡Adió, peru'y quej'eto Dio mío!'.?' (ver '¡Y qué'jeto?')

P'esa. P'eso. P'ese: (Para esa (esas). Para eso (esos) Para ese) 'Tómati'una tisana p'esa to.' 'Tómati'aigo p'ese catarro.' (ver 'To')

Pesa ma qui'un matrimonio obligao: (Pesa más que un matrimonio obligado) Se dice de un objeto que hay que llevar a mano, pero se siente que pesa más de lo que se esperaba. Alusión directa a los sufrimientos de una de las partes en un matrimonio 'obligado' y sin amor mutuo.

Pesao: (C: objeto que pesa mucho. Persona tarda o muy lenta) Objeto que pesa mucho. Se dice de la persona de temperamento desagradable, y difícil de entablar una conversación.

Peseta: Moneda de veinticinco centavos. Limosnero: 'Poi favoi señoi, demi'una pesetica manque sea.'

Peso: Moneda (metal o papel) de un peso. Pesa, balanza o romana para pesar objetos.

Petacaso: Trago grande de ron. 'Me di vario petacaso anoche y amanecí medio resacao.'

Petañando: (Pestañando) Cuando alguien pestaña varias veces seguidas. Atenuación de la luz eléctrica por unos segundos y a veces repetidamente. '¡Qué pasará, la lu ta petañando!' (ver 'Lu')

Pete: (C: peste) Enfermedad contagiosa de animales y humanos. Mal olor. También se le llama así a la Rabia, enfermedad de los perros. 'Ten cuidao qu'ese perro puede tenei la pete'. Mucha cantidad de algo: 'Ahí hay naranja poi pete.'

Petañando laigo: (Petañando largo) Se dice de la persona que está tranquila, a un lado de la reunión, y está pestañando con frecuencia y más largo que lo normal. Indica que esa persona tiene sueño.

P'eta. Pa eta. P'eto. Pa eto): (Para esta. Para estas. Para estos) 'Juansito vete di'un saito a la puipería y cómprami'un'ajo p'eto frijole.' 'Prepárate p'eta noche'. (ver 'Di'un saito'; 'Di'un saitico'; 'P'eta')

P'ete. Pa ete: (. Para este) 'Juansito, ve di'un brinco y cómprami'un pacho poroso p'ete jinchao que tengu'aquí.' (ver 'Di'un brinco' y 'Di'un saito')

Petíguere: Ave silvestre blanca y gris que tiene un canto claro y sonoro que suena como su nombre.

Petiseco: (C: petiseco) Lo incluyo porque aparenta localismo debido a su frecuente uso aplicado a personas y frutas, pero es castizo.

Pianito: (ver 'Anda pianito')

Picafloi: (picaflor) (C= pájaro mosca) Hombre que se enamora de diferentes mujeres; que tiene muchas novias. 'Pedro e'jun picafloi.' (ver 'Sumbadoi')

Picai: Diversos signicados en castizo y en el hablar dominicano. (C: picar= herir los insectos la piel de humanos y animales. Cortar en trozos menudos. Morder el pez la carnada. Herir el torero al toro, y otros más) Los mismos significados que en castizo, menos picar el torero al toro, ya que este no es un arte o deporte dominicano. Además significa tirar una pelota para que vaya rebotando en el suelo, casi siempre más de una vez, lo que en castizo es 'botar' y 'rebotar'. (ver 'Repicai'; 'Botai')

Picai cacao: Cortar la fruta (castizo: baya. Localismo: masoica) del cacao para sacar los granos. (ver 'Masoica' y 'Pedí cacao')

Picapleito: Que anda buscando pendencias. Abogado. (ver 'Pleitico')

Pícaro: (C: bajo, ruin, malicioso) Persona que toma dinero a préstamo y no paga. 'Ese Juan ej'un pícaro. Tiene año que no me paga.' (ver 'Malapaga')

Pichao: Se dice de la vasija que tiene un agujero por donde se sale el líquido. 'Ese jarro ta pichao.' (ver 'Piche')

Piche: (C: trigo de grano blando) Agujero accidental en un jarro u otra vasija. Cobrador de autobús. Cuando alguien termina de tomarse una cerveza u otra bebida alcohólica antes que los compañeros, se dice: '¡Ese vaso tieni'un piche!'. En béisbol: del inglés 'pitcher': el jugador en el centro del cuadro, y número 1 de los 9, que tira la bola al bateador del equipo contrario. (ver "Infi; 'Pichao')

Pichirilo o **Pichirile:** Persona que trata de aparecer elegante en el vestido y en su arreglo personal.

Pichirrí: Extremo posterior del espinazo de las aves, compuesto más de grasa que carne, y de donde nacen las plumas de la cola. Por relación anatómica las parsonas usan este término para referirse a la región inferior de su espalda, sobre todo cuando ésta es afectada por algún dolor: 'Tengún doloi en'ei mimo pichirrí'.

Picholiaise: (Morirse) Se dice del desconocido que se ha muerto, nunca de los amigos. "Oí decí qu'ei senadoi Correa se picholió.'

Pichón: Cría de cualquier ave, sobre todo recién salida del cascarón. Estos tienen un olor peculiar, que no es muy agradable. (ver 'Gueli'a pichón')

Pico: Pico de las aves. Herramienta para cavar, con mango largo de madera. Pico de loma o montaña. Persona que habla mucho y cuenta chismes. '¡Cuídesen, qu'esa mujer tiene un pico peligroso!'. (Ver 'Cuídesen')

Picó: Tocadisco antiguo, en el que se tocaban los discos de 33 y 78 revoluciones.

Picó, de: (de picó) De 'picai'. En béisbol, pelota que va saltando sobre el suelo después de bateada, o que alguien se la tira a otro de esta manera. Rebote de una bola en el suelo. 'Tíramela de picó.'

Picotiai: Lo hace la gallina comiendo granos de arroz y maíz. Persona que have trabajitos pequeños en diferentes lugares para ganarse la vida. 'Así picotiando Pedro se gana su cuaitico.' (ver 'Cuaito')

Pididón: (C: pedidor; pidón) Persona que pide con frecuencia, sin ser limosnero. (ver 'Pididoi')

Pididoi: (Pedidor) Que pide mucho y con frecuencia, causando molestia con este hábito. '¡Esi'hombre si'e pididoi!'. (ver 'Pididón', que es más frecuente que 'pididoi')

Pie con bola: (Pie con bola) (ver 'No dai pie con bola')

Piedra lipe: (C: piedra lipes= vitriolo azul= sulfato de cobre) Polvillo que se ponía en las llagas o 'rámpanos' para curarlos en corto tiempo. Producía un dolor intenso y quemante que hacía gritar a niños y adultos.

Pie con bola: (ver 'No dai pie con bola')

Pijotero: (C: Se dice despectivamente de lo que produce molestia, cansancio) Persona que no comparte, o da de lo suyo, ni que le pidan por necesidad. (ver 'Tiñoso'; 'Ma manteca d'un ladrillo'; 'Duro')

Pila: (C: pila= montón de objetos, etc.) Montón de objetos o cualquier cosa. Mucha cantidad. Batería de de foco (linterna) 'Juanita me guta pila'.

Pineo. Pinea: (Talvez del inglés 'pygmy') (Enano. Enana) Persona de estatura más baja que el promedio.

Pinga: (Diccionario: En Filipinas, palo largo sobre el hombro para llevar cargas en los extremos). Pene.

Pinino, haciendo: Talvez del castizo 'pinito': Primeros pasos del niño o del convaleciente) 'Me siento como debi y elevente, toy haciendo pinino'. (ver 'debi' y 'elevente')

Pin pun: Se dice de una cosa que es muy parecida a otra, principalmente dos familiares. '¡Pero señore, Juanito e pin pun su papá.' A veces se usa 'padre' ('madre' si es hembra), en vez de 'papá' o 'mamá', para darle más énfasis a lo dicho: 'Juanito e pin pun su padre.' (ver 'Ecupío')

Pinta. Pinto: Color negro con pintas blancas, o blanco con pintas negras. Se dice de los animales, ganado vacuno, gallináceas, etc. A los hombres blancos con pecas, a veces se les apoda 'el Pinto.'

Pintá: (Pintada) Se dice de una pared o casa pintada. También se dice de una mujer con maquillaje.

Pintica: (Diminutivo de 'pinta', 'pintita') mancha pequeña de la piel, pelo o plumaje de los animales. Usado frecuentemente para designar prendas de vestir: 'Una camisa de pintica'; 'Un vetido de pintica'. (ver 'Vetido')

Piña con guineo mata: (ver 'Guineo con piña mata')

Pioigán: ('piogán') Insecto parásito del tubérculo de la raíz de la batata (boniato), que le imparte mal sabor a todo el tubérculo, haciendolo incomible. 'A la cocech'e batata de Juansito le cayu'ei pioigán'. Se le aplica a alguien que le ha venido una racha de mala suerte, casi sempre económica. 'Ai pobre Pedro li'ha caío ei pioigán' o 'Ai pobre Pedro se lo ta comiendu'ei pioigán.'

Piojoso: (de 'piojo': insecto parásito del cuero cabelludo) Persona miserable. Sucio. Harapiento. 'Esej'un piojoso viejo.'

Pionía: Semilla pequeña y dura de color rojo vivo y pintas negras usada para adornos. Niño o joven muy pequeño para su edad: '¡Ese muchacho parece una pionía!' '¡Ay, pero qué pioniita!'

Pi pá: (ver 'En pi pá')

Pipián: Guiso de picadillo de hígado de vaca o cerdo. Cuando matan a alguien a machetazos dicen: 'A Josesito lo mataron a machetasu'en la loma; según dicen lu'hicieron pipián'.

Pipiolo: (C: pichón, polluelo) Niño o joven pequeño para su edad, o simplemente muy joven. (ver 'Rebejío')

Pipo: Genitales externos femeninos. Interjección casi instantánea con un golpe. '¡Pipo, qué trompesón me di! (ver 'Toto' y 'Trompesón')

Pique: (C: pique= Resentimiento, desazón o disgusto ocasionado de una disputa) Enfado, rabieta, enojo. 'Me d'un pique ca've que veo ei muchachu'e mieida ese dándole palo a ese pobre burro.' (ver 'De pique'; 'Ca've'; 'Muchachu'e mieida')

Piquiña: Escozor o comezón en una parte o todo el cuerpo. (ver 'Raquiña')

Pirindola: Pene.

Pisándole la cola: Se refiere a alguien, que talvez compitiendo con otro en una carrera, negocios, etc., está muy cerca del que va delante. 'Juansito va pisándole la cola a Hector'.

Pisicorre: Autobús pequeño de ocho pasajeros.

Pisón: (C: pisotón) Usado en su sentido castizo.

Pitón: (C: Pistón) Pistón.

Pisu'e tabla. Pisu'e madera: Piso de tablas. Piso de madera.

Pitanguá: Ave silvestre que se oye cantar en las tardecitas y al anochecer. Dificil de ver.

Pitá: (De pitar) Pitada.

Pitijalla. Pitajaya: (C: pitahaya o pitajaya= planta de la familia de los cactos de flores blancas) Muy blanca o blanco. (ver 'Blanca com'una pitajalla')

Pitoniai: (Viene de 'pistón') Cuando el pistón de una máquinaria sube y baja sin producir energía. Se extiende a una persona que trata, pero no puede describir lo está supuesto a saber o explicar. 'Juansito ta pitoniando.' (ver '¡Eteee!')

Plaga: (C: Llaga. Calamidad grande que aflige a un pueblo) Epidemia de enfermedad en una región. Más frecuente: se dice de la persona acostumbra venir a una casa a comer, chismear y quejarse. '¡Oye, Ramonit'e j'una plaga!' (ver 'J'una')

Plagosiai. Plagosea: '¡Ese muchacho no se cansa de palgosiai!' '¡Ese muchacho si plagosea!' (ver 'Plagoso')

Plagoso: (C: Plagoso= que hace llagas) Se dice del niño que grita con mucha frecuencia. También de la persona que se queja mucho.

Planaso: Golpe dado con los lados del machete, sin causar herida. 'Juansito le di'un planaso a esi'hombre poique le mentó su mamá.' (ver 'Le mentó su mamá')

Plantao (lo dejó): Lo dejó plantao. Se dice del hombre enamorado con grandes esperanzas, y de un momento a otro la joven sale con otro novio. 'Yo creo que a Pedro la novia lo dejó plantao.'

Planta: Cualquier vegetal de hortaliza, sembrado en una vasija en casa, arbusto o árbol sembrado o nacido en el bosque.

Plante (qué) (¡Qué plante!) Se dice del (o la), que camina con orgullo de su apariencia. Mujer bien vestida y de caminar afectado. '¡Qué plante lleva Juanito hoy!. ¡Andará bucando novio?'

Plata: El metal plata. Dinero. 'La cosa ta mala; la plata t'ecasa.' Excremento de la vaca. '¡Cuidao que no pis'esa plat'e vaca!' (ver 'T'ecasa'.

Plátano jembra: (Plátano hembra) Especie de plátano más pequeño, menos curvo y de consistencia más suave que el plátano. Comúnmente se le llama 'jembra' y 'jembrita'. (ver "Jembra tresienta')

Platao: De plato. Un plato completamente lleno de comida. 'Me comí'un platao de arró y frijole'.

Plat'en mano culu'en tierra: (Plata en mano culo en tierra) (ver 'Cuaitu'en mano culu'en tierra')

Plat'e vaca: (Plasta de vaca) Excremento de la vaca redondo y en forma de pastel.

Plato con moño: Se dice del plato de comida donde la superficie de esta es más alta que los bordes del plato. '¡Diablo, mira como Juansito se ta pegando ese plato con moño!'

Pleitico. Pleitica: Se dice de la persona que con frecuencia anda metiéndose en discusiones y pendencias. Picapleito.

Pleito dei huevo y la piedra: (Pleito del huevo y la piedra) Se usa en la frase 'Ese e'jei pleito dei huevo y la piedra'. Se dice para describir un pleito judicial entre una persona del pueblo y un político poderoso, o persona muy rica.

Pleito'e perro: Cuando se tiene muchos gases en los intestinos y se oyen moviéndose. "Teng'un pleito'e perro en'eta barriga'. Pleito en una fiesta: 'Uno voció 'Uté no'e ma qui'un mieida' y di'una ve si'aim'ún pleito'e perro'.

Plena: Canto popular de los campos, talvez de origen puertorriqueño. Se canta mientras se trabaja en las fincas, mayormente en tumbas, cortando grandes árboles con hachas. o trillando arroz. (ver 'Oé oé; oé oá')

Plepla: Talvez del castizo 'plepa'= persona que tiene defectos, en lo físico y en lo moral) Se refiere a la persona boba. "Es'e j'un plepla'. Se le llama así a las cosas que alguien dice, y que no vienen al caso. 'No ombe Juansito, tu t'hablando plepla.' (ver 'Ombe'; '¡No ombe!')

Pluma: Además de las de las aves y las de escribir, se llama así a la espita, grifo o llave por donde se saca el agua de un recipiente, tanque, etc.

Plumita: (C: pluma pequeña) Pluma pequeña. Pedo de sonido agudo, no muy sonoro, que se le sale casi sempre a los niños.

Po: ('Pues'. 'Pero'. 'Puedo') 'Juan: Yo no pude di. Pedro: Po yo si'. (ver 'di') '¡Po tu no sabía que Manuei se biá mueito?'. 'Yo me po mori'en cuaiquiei momento.' (ver 'Biá')

Pobre. Probe: (ver 'Probe')

Podría. Podrío: (Podría: pospretérito de 'Podrir' y 'Poder') Sustancia orgánica putrefacta. Corrupción en un Departamento político del Gobierno. 'Ese depaitamento ta'podrío'.

Podrío en cuaito: (Podrido en cuartos) Se dice la persona que es rica, o que de repente ha hecho mucho dinero en negocios.

Poi: Por. 'Yo me voy temprano poi la mañana.'

Poi bot'ei baju'e la boca: (Por botar el vaho de la boca) Se dice de alguien que dice algo sin importancia, simplemente por hablar.

Poi Dio: (Por Dios) Un poco más apremiante que 'De poi Dio'. 'Pero poi Dio deja eso muchacho'. (ver 'De poi Dio')

Poifión: (C: porfioso= terco; obstinado) Que le gusta porfiar. Porfioso.

Poi la boca muer'ei peje: (Por la boca muere el pez) Simbolismo con el pez, que pierde su vida mordiendo la carnada. Muchas personas pierden su vida por hablar en contra de otra, o por insultar alguien. También he oído 'Poi la boca si'agarr'ei peje' (ver).

Poi la boca muer'ei peje: (Por la boca muere el pez) Simbolismo con el pez, que por comerse la carnada queda enganchado en el anzuelo, tal como el hombre, quien aunque esté indeciso de enamorarse de la joven, casi siempre 'queda enganchado en el anzuelo' por las buenas y frecuentes comidas en casa de la enamorada.

Poi la día y la tría: Algún mandado que se puede hacer rápido, porque la persona va para ese lugar. 'Yo ti'hagu'eso poi la di'y la tría.'

Poi la plata bail'ei mono: (Por la plata baila el mono) Indica que por dinero cualquiera hace favores.

Poi la tir'e la camisa: (Por la tira de la camisa) Se usa para designar el acto de agarrar a alguien que ha insultado a otro, y este lo agarra por el frente de la camisa y lo amenaza con darle de puñetazos.

Poi la vueit'e... o **Poi la vuelta de...:** (Por la vuelta de...) Quiere decir 'por las vecindades de...' 'P: Oiga amigo, ¿uté me pué decí p'onde queda La Peña? R: Eso queda poi la vueit'e Pontón.'

Poi l'iquieida (por la izquierda): Alguien que administra dinero público y se adueña una parte del dinero. 'Yo creo que Juancito coge su cuaitico poi l'iquieida'.

Poi manu'ei diablo: (ver 'Si poi manu'ei diablo')

¡Poi mi madre Santísima! Se considera lo último en juramento. El que jura así está diciendo la verdad. Solo un diablo jura por su madre en vano.

Poi na: (Por nada) '¡A Juansito le tiene que tai pasandu'aigo, poiqu'ei s'enfoifora poi na!'. Cuando alg está de venta muy por debajo de su precio regular. 'Ve cómpralo, qu'eso lo tan vendiendo poi na'. (ver 'Tai' y 'Enfoiforaise')

Poi na dei mundo: (Por nada del mundo) Lo dice alguien, afirmando que no haría lo que se cuenta que ha hecho otro. 'Yo nu'hagu'eso poi na dei mundo'.

Poi paivá: En gran cantidad. Por montones. (ver 'Paivá')

¿Poi qué? ... Poique si: Minidiálogo, casi siempre entre padres e hijos: Padre:'¡Nu'haga eso Juanito!'. Hijo: 'Poi qué'. Padre: 'Poique sí'.

Poique si: (Porque si) Expresión que denota finalidad, sin necesidad de más explicaciones. 'P: ¿Poi que te va? R: Poique si'.

Poi seña: (Por señas) Que no se encuentra. 'Yu'he bucao mucho esi'animai y ni poi seña lu'he vito.'

Poi si'acaso: Significa hacer algo a tiempo o antes de necesitarlo para prevenir su posible falta cuando sea necesario.

Poi si la moca: (Por si las moscas= Para evitar que se le asienten las moscas) Significa hacer algo a tiempo para prevenir complicaciones.

Poivaso: (de 'polvo') Polvareda grande. También se dice 'Tierraso'. (ver 'Polvo')

Poivo: (Polvo) Partícula minúscula de tierra seca que se levanta con la brisa. Contacto sexual.

¡Poi yo tai ...!: (¡Por yo estar ...!) Expresión de ligera autoreprensión, por algo ha dicho y ha creado una prolongada y caliente discusión en el grupo. '¡Poi yo tai hablando tanto!'

Poke o **Poque:** (Poker) Juego de póker.

Policía acotao: Elevación que se le hace al pavimento a modo de obstáculo a través de la calle, para que los vehículos disminuyan la velocidad.

Poloché: (del inglés 'polo shirt') Camisa ceñida al cuerpo, de mangas cortas. Existe gran variedad de marcas, pero el nombre 'Polo shirt' (poloché), una de las marcas originales, ha quedado como genérico.

Polla: Mujer joven y bien lucida de porte y de cuerpo. '¡Qué polla!'

Pollina: Porción del cabello que cae sobre la frente y se corta horizontalmente por encima de las cejas. Más frecuente en las mujeres, y a veces en los niños y niñas de 'pelo bueno'. (ver 'Cabello bueno'; 'Cabello malo')

Pollo: Macho hijo de la gallina antes de ser gallo. Hombre joven y buenmozo. Esputo de flema, espeso y amarillento. (ver 'Gaigajo')

Pomá: Pomada. 'Juansito prétame la pomá de lo cabello.'

Pomo: Árbol frutal que se da a lo largo de la costa de los ríos. Su fruta, de 1-2 pulgadas de diámetro, es ahuecada, con una semilla adentro que no está pegada a la fruta y se mueve.

Ponchai. Ponchaise: (Anglicismo cibaeño) Se dice en béisbol cuando el bateador le tira a tres lanzamientos del lazador sin pegarle a ninguno; o el lanzador le tira tres lanzamientos considerados 'strikes' por el 'umpire' y no le tira a ninguno. 'Juansito si'ha ponchao tre vece ya'. (ver 'Ampaya'; 'Etrai'; 'Piche'; 'Trucai')

Ponchera: (C: recipiente para servir ponche) Vasija de metal para lavarse las manos. (ver 'Terina')

P'onde: (Para donde. Por donde) Para donde: 'Yo voy p'onde Juanita eta taide'. Por donde: 'Voy ponde caminan lo caballo y la vaca'.

¿P'ónde?: (¿Para dónde? ¿Por dónde?) ¿Para dónde?: '¿P'onde va tu Juansito? ¿Por dónde?: '¡Y pónde te juite anoche Juansito?'. (ver 'Te juite')

Ponei candao depué que roban: (Poner candado después que roban) Por lo regular después que un recinto ha sufrido un robo, se les refuerzan las posibles entradas con barras de hierro, candados, etc. Pero me parece esta es una cualidad común a la gran mayoría de los humanos. Solo nuestra manera de expresarlo califica para incluirlo en esta lista.

Ponei onde no hay: (Poner donde no hay) La expresión completa es 'No se puede ponei onde no hay'. Se refiere a que no se aprovecha nada enseñando a quien no tiene la capacidad de aprender.

Poneise bravo: (Ponerse bravo) Enojarse. 'Yo creo que Juansito se puso bravo poi lo que yo dije'.

Poneise la j'epuela: (Ponerse las espuelas) Prepararse para salir, o irse a casa.

Ponei una cacarita: (Poner una cascarita') Engañar a alguien hablándole de algo que le agrade para que diga todo lo que sabe acerca del sujeto que le interesa al hablante. 'Juansito le puso una cacarita a

Pedro y Pedro le dijo tu'ei chijme'. Simboliza el resbalarse en una cáscara de guineo y sufrir las consecuencias del accidente.

Ponei ei gorro: (Poner el gorro) Designa el acto de una pareja que se acaricia amorosamente delante de una o más personas. (ver 'Aguantai ei gorro')

Ponei la carreta alant'ei burro: (Poner la carreta delante del burro) Se dice cuando alguien se empecina en hablar de lo menos importante del tema de conversación. Ejemplo: 'Cuando yo te trajando en'ese empleo que conseguí me vu'a pasiai pa Nueva Yoi.' (ver 'Poniéndomi'alante comu'ei burro')

Poneilu'en su pueto: (Ponerlo en su puesto) Decirle lo que se merece a alguien que está hablando necedades, talvez acerca de otra persona del grupo. 'Pedro taba campiao hablando de Mingo, y Juansito lo pusu'en su pueto.' (ver: 'Campiao'. 'Taba')

Poneise bravo: (Ponerse bravo) Enojarse. 'Juansito se puso bravo y se fue'.

Pone mano: Se dice de las personas o niños que que le ponen las manos a diversos objetos en casas ajenas. '¡Oye, peru'esa Juana si'e pone mano!'

Poniéndomi'alante comu'ei burro: (Poniéndome delante como el burro) Lo dice alguien que quiere decir algo que cree ser muy importante, antes que los otros hablen. (Este dicho también se usa en la versión opuesta: (ver: 'Ponei la carreta alant'ei burro'. 'Alante')

Ponino: (del verbo 'poner') Se dice de la reunión o fiesta, donde cada cual trae (pone) algo diferente de comer. Este término es usado mayormente en los pueblos.

Ponío o **Pueto:** (Puesto) De 'poner' una cosa en su lugar, o poner huevos la gallina. 'Doña Salú, la gallina pinta nu'ha ponío (o 'pueto') huevo todavía.'

Pon la mesa: Orden que se da a alguien para que prepare la mesa con los utensilios de comer.

Ponte: (Debe ser 'Pon') Imperativo de 'Poner' convertido en reflexivo por el solicitante que desea café. 'Ponte la greca pa'que mi'hag'un cafecito.' (ver: 'Greca')

Po pon. Po ponlo: (Pues pon. Pues ponlo) '¿Po pon tu que fuera así?'. 'Po ponlo tu que lo quitate di'allí.'

Poque: Poker. Juego de póker.

Poquiningo: Menos cantidad que 'poquititico'. El orden diminutivo de designación de cantidad es: Poco; Poquito; Poquitico; Poquititico; Poquititín; Poquiningo; Poquininingo. (ver 'Ñinga')

Por'abajo: (ver 'Mojaile la mano')

Por'ai. Por'ai dicen ...: (C: por ahí) 'Por'ai dicen que Juansito t'enamorao de Caimensita'. P:'¿Ónde tará Juancito?' R:'Él'anda por'ai'. En este último caso y otros similares, sobre todo en los pueblos, el pronombre personal 'Él' se pronuncia correctamente; parece más cómodo para el habla que 'Ei anda'. (ver 'Tará'; 'Onde')

Por'ái and'un runrún: (Por ahí anda un runrún) 'Juancito, por'ái and'un runrún que tu tiene amore pa'casaite'. (ver: 'Runrún')

Por'ei...: (Por el...)

¡Por'ei camino que va!: (¡Por el camino que va!) Se dice cuando alguien opina que fulano pronto va a terminar en muy malas condiciones, ya sea económicas o de salud, y el oyente conoce la manera de actuar de fulano. 'Opinión: Yo no creo que Juansito llega a viejo. Respuesta: ¡Bueno, por'ei camino que va!'

Por'ei camino viejo: (Por el camino viejo) Cuando uno se ahoga y tose de seguido para desembarazarse de alguna pajita o porción de comida en la garganta, se dice que se le fue por el camino viejo.

Por'ei carrache: (Por el carrache) Arrancar o arrancarse algo por accidente, de raiz. 'Se me fu'esa uña por ei carrache.' (ver 'Carrache'; 'Se me fue ...')

Por'ete: (Por este) 'Me quedé enchoclao en la peña por'ete carru'e porra que se dañó'. (ver'Enchoclao')

Porra: (ver 'Muchachu'e porra'; 'Veti'a la porra')

Por'un número me pelé: Lo dice el dueño del billete de la lotería que quedó un número por encima o por debajo del número que salió premiado. (ver 'Me pelé')

Por'un pelo no fue vaca o **Por'un pelo no fue gato**: (Por un pelo no fue vaca) Muy poca cosa faltó para que no se diera como debía darse un negocio, juego, etc.

Por'un tubo: Cosa hecha con facilidad y rapidez.

Posigla: (C: pocilga= establo para cerdos) Establo para cerdos.

Pota: Apuesta. 'En una sola pota peidí to'lo que tenía.'

Potema o **Apotema:** Absceso o llaga a medio de cicatrizar y crónicamente hinchado. 'A mi mi'ha quedao una potema en'eta piejna, y no se me cura.' Hinchazón de larga duración, aparte de la de las coyunturas.

Potencia: Persona que trinfa en una o varias formas. Poder sexual del hombre. 'A mi como que se mi'ha bajao la potencia depué de viejo.'

Pot'e pomá: (Bote de pomada) Pote, bote o tarro de pomada.

Potetá: (Potestad) Cuando venían grandes peligros y ciclones, la gente se arrodillaba pidiendo 'Ay vigen María ayúdano a'que no saive la potetá de Dio.'

Potín: (C: Postín= presunción afectada o sin fundamento) Querer aparentar riqueza o alto nivel social. 'Caimensita tab'en l'iglesia ei domingo dándos'ei gran potín.'

Potisa: Vasija o tinaja pequeña de barro. (ver: 'Botija')

Potrero: (C: de 'potro'. sitio donde se cría ganado caballar) Sitio donde se cría y mantiene ganado vacuno. 'Baibino, lleva la do vaca esa p'ai potrero ahora.' (ver: 'Do')

¡Po vete, que yo no te tengu'amarrao!: (¡Pues vete, que yo no te tengo amarrado!) Se le dice a alguien que repetidamente ha dicho que se quiere ir de donde está. A veces se dice de broma, sobre todo si es una visita.

Prángana: Es castizo, significando pobreza extrema. De frecuente uso en los campos de El Cibao. Estar en mala situación económica. '¡Teng'una una prángana que yo no si'onde vu'a parai!' (ver 'Arrancao'; 'Tragándose un cable')

Prefiero caeime mueito: Expresión-juramento que se hace cuando lo que se pide que se haga está más allá de responsabilidad, conciencia y honor. (ver 'Que me caiga mueito aquí mimo')

Preguntaili'a un mueito si quiere misa: (Preguntarle a un muerto si quiere misa) Se refiere a cuando se pregunta algo que ya se sabe que todos los presentes están de acuerdo.

Premio mayoi: (Premio mayor) El premio más alto de la Lotería Nacional.

Prendío: (Prendido) Encendido. En llamas. Borracho. Pelear. 'No pasamo la noche prendío'. 'Juansito y Pedro se prendieron anoche, la sueite que fu'a puño limpio na'má.' '¿La lámpara del'aposentro ta prendía?'. (ver 'F'uá'; 'Se prendió'; 'Aposentro')

Presidente lai: ('lai' del inglés 'light': Cerveza Presidente Light)

Presinaise: (C: persignarse= hacerse la señal de la cruz) 'A Juanito hay qu'enseñaile a presinaise cuando va'la misa'.

Preba: (Prueba) 'Nu'impoita lo qu'ei diga, la preba e que naiden lo vido.' (ver: 'Naiden' y 'Vido')

Pretí: (C: pretil= muro que se erige a los lados de los puentes para evitar caídas. Sitio llano a lo la largo de un muro) Cuesta a lo largo de los ríos u hondonadas. 'Pedrito se cayó por'ei pretí de la quebrá pero no se rompió na'. (ver 'Na'; 'Quebrá'; 'Crebá')

Prietico: (Prietito) Muy prieto o negro. Se le da significado de 'mucho' refiriéndose al amor. (ver 'Amoi dei prietico')

Prieto: De color oscuro. Negro.

Primera base: Se denomina así a la posición número tres en el juego de béisbol, y al jugador que la cubre.

Priprí: Fiestecita que se anuncia poco para mantenerla privada. 'Yo creo que lo Gaicía tienen un priprí eta noche en su casa'.

Privai: (C: privar= despojar a uno de algo. Perder el sentido) Que le gusta aparentar más de lo que es. 'José priv'en rico'. 'Juancito ej'un privón'. (ver: 'Privón')

Privandu'en'etrecho: (Privando en estrecho) Se dice de alguien que es muy meticuloso para hacer amistades, o que no le gusta lo que corrientemente es aceptable o apetecible para los demás. Es una simbologia con las prostitutas que se las dan de señoritas, porque de acuerdo a ellas sexualmente funcionan como tal.

Privandu'en fruta fina: (Privando en fruta fina) Persona vanidosa; que cree mejor que los demás. Dice que come poco. Hace creer que no le gustan los platos típicos y populares. 'Juanita si'a pueto ahora que priva en fruta fina'. (ver: 'Privai' y 'Privando en etrecho')

Privao: Ligero desvanecimiento después de un golpe o caída de cabeza. Quedarse privao. 'Juansito se quedó privao cuando se cayó de la bicicleta'.

Privansa: (ver 'Privón')

Priv'en físico: Privai en físico. Que quiere aparentar que habla bien, y usa muchas eses donde no corresponden. "Ahora Mingo priv'en físico depué que vino dei pueblo'. (ver 'Dei')

Priv'en guapo: (Priva en guapo. De 'privanza') Sujeto ostentoso de su osadía, que habla mucho de que no le tiene miedo a nada ni a nadie. (ver 'Bocón')

Privón: Presumido. Pretencioso. Que trata de aparentar más de lo que es. Que 'se la da' de rico. (ver 'Dáisela')

Probe: (C: pobre) Persona que no tiene dinero. También se usa 'pobre' en ciertas frases y en los pueblos. 'Aquí en'eto campo hay mucha gente probe'. Alguien a quien le ha ocurrido una o más desgracias. 'Juansito ei pobre, guéifano de padre, ahora se le murió su mamá haci'un me, y depué se le muere la única tía que tenía'. (ver 'Guéifano')

Probó: (De 'preboste': persona que es cabeza de una comunidad) Persona encargada del orden entre los presos en una cárcel.

Propasao: (C: propasar= faltar el respeto) Faltar el respeto a un adulto o extraño. Opinar un niño o un joven en conversaciones de personas mayores. 'Mira muchacho, no siá propasao'. (ver 'Siá')

Propingo: (castizo: propíncuo= próximo) 'Dicen qui'anda la viguela loca por'ahí. Yo toy propingo a se me pegue, poiqui'a mi nunca mi'ha dao.' (ver 'Viguela loca')

Prú: Bebida fermentada de raices y jugo de piña.

Pu': Preposición que seguida de un vocablo que empieza con vocal se convierte en 'Por' o 'Puede': ' Me salió pu'atrá'. 'Eto no se pu'arreglai' (Esto no se puede arregar)

Pu'alante: Por delante. (ver 'Alante'; 'Pu'atrá)

Pu'atrá: Por atrás. 'Yo voy pu'alante y tu pu'atrá, y así lu'agarramo.' (ver 'Pu'alante')

Pucha: (C: pucha= eufemismo por 'puta'. Interjección de sorpresa o disgusto) Manojo de flores.

Pué. Puede: (Puede. Puedes) 'Tu pué vení tempranito'. 'Tu puede haceilo mañana'. 'Pué' es ya poco usado; quizá en el campo adentro. Raras veces se usa 'pue' como 'pues'.

¡Pue cogi'una pulmonía! ¡Va cogi'una pulmonía!: (¡Puedes coger una pulmonía! ¡Vas a coger una pulmonía!) Se usa con frecuencia para aconsejar a alguien, sobre todo a los muchachos, cuando salen afuera sin abrigarse y hace frío o está lloviendo. '¡Muchacho no saiga así que va cogi'una pulmonía!'

Puede: (Debe) Con frecuencia es usado sustituyendo a 'debe'. 'Uno no se puede morí la vípera', en vez de 'Uno no se debe morí la vípera'. 'Tu no puede dejai de di a la fieta'. (ver 'Di'; 'Fieta')

Pu'ei: Por el. '¡Tu vite; le pasó pu'ei laíto.' (ver 'Laíto') 'Ese muchacho ta criao pu'ei rabo.' (ver)

Pueico o **Pueica:** Macho o hembra del cerdo. Persona que deja el lugar donde trabaja o come desordenado y sucio. '¡Qué pueica e'jesa mujei; nunca limpia depué de comei.' (ver 'Dipué'. 'Depué')

Pueico no se raqu'en javilla: (Puerco no se rasca en javilla) Javilla: árbol cuya corteza está cubierta de grandes y agudas espinas. Los cerdos acostumbran a rascarse los costados en troncos de árboles, pero no en aquellos con espinas. Por analogía se aplica a la persona prudente o sabia que no se mete en problemas.

Pueit'e campo: Es la puerta entre el patio de la casa al camino real. 'Dejaron la puet'e campo abieita anoche y se metió la vaqu'e Juansito qui'andaba sueita por'ei camino.'

Pu'ei: (Por el) 'Ei no crusa pu'ei río, ei crusa pu'ei puente'. A veces el artículo 'el' se pronuncia correctamente cuando el vocablo que sigue empieza con vocal. 'Si no fuera pu'el'agua que tiene se secara fáci'. (ver 'Fáci')

Pu'el'oloi: (Por el olor) 'Ei perro lu'encontró pu'el'oloi.' (Ver 'Incensio'; 'Oloi')

Pu'el'otro: (Por el otro) (ver 'Te d'un peso pu'el'otro)

Puén: (Pueden) 'Eto plátano no se puen comei, tan quemaíto.' (ver 'Tan'; 'Quemaíto')

Pu'ese: (Por ese) 'Yo pagué dosientomí peso pu'ese solai.

Pueto: (Puesto) Lugar al aire libre, en las aceras y avenidas, donde se vende comidas, frituras, empanadas, etc. Empleo: 'Juansito tiene un buen pueto en'ei Banco Populai'.

¡Pueto junto!: Expresión usada casi siempre de chanza. '¡En'ete juego no me ganan ni to j'utede pueto junto!'.

Pu'hacei: Puede hacer. "No coma d'eso que te pu'hacei daño.'

Puigante: Purgante. (ver 'Esu'e j'un puigante')

Puigant'e sai. Purgante de sale: (Purgante de sal. Purgantes de sales) 'Pa'que se le quit'el ajito a ese muchacho lo qui'hay que haceile e daile doj'o tre puigante de sale'. (ver 'Ajito'; 'Doj'o tre')

Puigón: (C: pulgón= insecto parásito de las plantas) Se dice de las personas que tienen la costumbre de aparecerse a las casas a la hora de comer. Que viven a costa de otro.

Pulpería: Bodega donde se venden géneros variados. (ver 'Negocito')

Puiperi'é: (Pulpería de) 'No se vallen, que yo voy ala puiperi'e Juansito y vengo pronto'. (ver 'Vallen')

Puipero: (C: pulpero) el que tiene y atiende la pulpería.

Puisiai o **Ech'un puiso:** (Pulsear o Echar un pulso) Probar dos hombres, agarrados de las manos derechas, con los codos sobre la mesa, a cual tiene más fuerza y tumba la mano del otro hasta hasta la superficie de la mesa.

Puisiana: (¿Pursiana? ¿Prusiana?) Tela de algodón para vestidos de mujeres. Gustaba mucho en los campos, talvez más por su bonito nombre (¿Vendría de Prusia?)

Puiso: (Pulso) Parte de la muñeca del brazo. (ver 'Ech'un Puiso')

Pujai: (Pujar) Pujar cuando se hace fuerza. Estimular con palabras ('pujar') a un amigo para que gane en una competición, sea ya de deportes o un juego mental o de cartas, etc.

Pujai en contra: Lo dicen alguien, cuando un amigo mutuo dice algo que estimula a su contrario para que gane en un juego de cartas, dominó, etc. '¡Pedro, no puje en contra mía!'

Pujando abajo: Se refiere a la condición de la parte más débil o menos hábil en un trabajo en grupo o una competición. Se dice de ella que 'va pujando abajo'. Se extiende también en una discusión, a la persona ya no encuentra argumentos convincentes.

Pujío: Sonido producido cuando se puja, casi siempre más de una vez.

Pulilla: C: Polilla) Insecto que daña la ropa 'A mi ropa le cayén pulilla.' Persona que molesta con frecuencia. 'Oye, pero Juanita e'juna pulilla.' (ver 'Cayén')

P'una. P'un: (Por una. Para una. Por un. Para un) 'Yo no voy tan lejos p'una comiíta vieja.' 'Ma lo vendió p'un peso'. 'Le di cinco peso p'un mandao.' (ver 'Comiíta', 'Vieja', 'Viejo')

P'un poi si acaso: (Para un por si acaso) Prepararse con algo que no se necesita en el momento, pero se podría necesitar en el futuro.

Punta: Extremo agudo de un objeto. Sabiduría especial para hacer algo bien hecho. '¿Tu ve Pedro lo que ta diciendo Juansito? ¡Coge punta!' Casi siempre se dice con ligera sorna. (ver '¡Coge punta!')

Puñai de sobaco: (Puñal de sobaco) Olor desagradable de las axilas. Grajo. 'Ei grajo que tiene esi'ombre coita ma qui'un puñai'.

Puñai de siete clavo: (Puñal de siete clavos) Puñal muy largo. Sugiere que teniendo 'siete clavos' en la cacha (mango), se sobreentiende que es más largo que un puñal regular.

Puñetero: Sinverguenza. Engañador. Descarado. 'Ese Pedro si'e puñetero, no quiso pagai lo de Juanita.'

Pupú: Heces fecales, casi siempre en referencia a la de los niños. (ver 'Caca')

Puto: Se dice del hombre que tiene o anda con diferentes mujeres.

Putona: (de 'puta') Muchacha o mujer que con frecuencia cambia de novio o amante, y sin importarle lo que digan anda besuqueándose en público. 'Angélica si'ha vueito medio putona.'

Puya. Tirai una puya: Se refiere a decir una indirecta bastante fuerte durante una conversación. '¡Tu vite la puya que no tiró Juansito eta taide?' (ver 'Tira puya'. 'No')

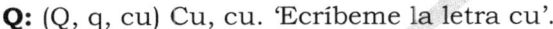

Q: (Q, q, cu) Cu, cu. 'Ecríbeme la letra cu'.

¡Qué baina!: (C: vaina= funda. Bobada; tontería) Expresión de contrariedad por algú problema que se presenta inesperadamente, o por algo que no gusta o no se entiende bien. 'Qué baina eta'. 'Pero ¿qué baina e'jesa?'.

Quebrá: (Quebrada) Arroyo pequeño o estrecho. (ver 'Crebá')

¡Qué buena!: Expresión usada a la vista de una mujer atractiva y de bonito cuerpo. (ver '¡Qué hembra!'. '¡Qué gallina!'. 'Bonito cueipo')

¡Qué cadensia!: (¡Qué cadencia!) Se dice (y con frecuencia se *le* dice) de la mujer que se le mueven las nalgas rítmicamente de lado a lado cuando camina. Especialmente si las nalgas son prominentes.

Qué carajo ej'ese tipo: Se dice refiriéndose a alguien que para el hablante es de poca valía y habla mal de otros.

Queche: (Del inglés 'catcher') Posición número dos en béisbol, detrás del bateador del equipo contrario.

¡Qué chulo!: Expresión siempre favorable refiriéndose a una persona, su apariencia o atavío, un paisaje o cualquier cosa que le sea atractiva a quien lo dice. '¡Qué chulo ese vestido!' '¡Qué chula esa pintura!' Casi siempre es una expresión femenina.

¡Qué cojone!: (¡Qué cojones!) Se le dice a alguien que se ha extralimitado en algo; si se adelanta en una fila sin permiso, o no le cede el asiento a una dama que está de pie. "¡Qué cojone tiene esi'hombre, y se queda como si'ná!' (ver 'Cojonú'). A veces se le dice hasta a las mujeres.

¡Qué cojone tiene tu!: (¡Qué cojones tienes tu!) Expresión amistosa cuando un amigo quiere la mejor o más importante porción de algo que pertenece a ambos.

¡Qué cojonú!: Significa lo mismo que '¡Qué cojone!', pero más específico para una persona. Esta expresión e aplica a alguien que ha hecho algo muy importante, o ha triunfado en extremo.

¡Qué cosa! o **¡Qué cosa eta!:** Interjección que expresa frustración; sobre todo cuando algo sale mal más de una vez.

¡Qué cosa ma rara!: (¡Qué cosa más rara!) Es decir, '¡Qué cosa tan rara!'

¡Que cre'tu! o **¡Que cre'túu:** (¡Que crees tu! ¡Que crees túu!) Lo dice alguien que duda o no cree lo que su compañero ha dicho o sugerido. Com: 'Eso nu'e tan difici, yo lu'hago facilísimo'.R: '¡Que cre'túu!'. La prolongación de la 'u' en 'túu', le presta más énfasis a la negación amistosa. (ver 'Cretú son lo gallo')

Queda: (ver "Eso queda...')

Quedá: (Quedada) Jamona. Mujer que ha pasado de la juventud sin casarse. ¡Bueno! Yo creo que ya Juanita ta quedá' o '... se va'quedai.'.

Quedaise cojo: No conseguir el objetivo o necesidad completos. 'Me quedé cojo, poique namá me dio tiempo a bebeime un trago'. (ver 'namá')

Quedaise en babia: (Babia: montañas de León, España) Expresión española también, que significa estar distraido y ajeno a lo que se está hablando. 'Ese tipo no entendió na; se quedó en babia.

Quedaise como si na: (Quedarse como si nada [hubiese ocurrido]) Se dice de alguien que hace cosas mal hechas a otro, o se las hacen a él, y continúa actuando normalmente.

¿Qué diablo e'jeso?: Lo dice alguien cuando ve algo importante que no conoce o entiende.

Que Dio lo bendiga: Expresión de bienestar para el futuro de alguien; casi siempre refiriéndos e a los niños. "Ete'e mi nieto Juanito", "¡Ay qué lindo! Que Dio lo bendiga."

Que Dio lo ampare: Se dice de alguien que se estima, que está muy enfermo o le ha venido una etapa muy difícil en su vida. (ver '¡Ni que Dio lo ampare!')

Que Dio lo tengu'en la Gloria: Se dice cuando en una conversación se menciona un amigo fallecido, seguido de su nombre.

Que Dio se lo pague: Expresión que para el hablante tiene más fuerza y efecto que un simple 'gracias'. Con frecuencia lo dice el pordiosero después de recibir una limosna. ('*Pordio*sero': "Una limosna *por Dios*") (ver 'Limonero')

Que Dio te cri'pai cielo: (Que Dios te críe para el cielo) Bendición que se le daba a un niño o un joven cuando este se arrodillaba (Con frecuencia parcialmente en una rodilla) y le pedía la bendición a manera de saludo. (ver 'La bendición padrino'; 'Besar la mano')

¡Que Dio te libre!: (¡Que Dios te libre!) (ver '¡Dio te libre!')

¡Que Dio te oiga!: (¡Que Dios te oiga!) Se dice cuando alguien expresa esperanza de que algo bueno o agradable le va a ocurrir a la persona presente; esta responde '¡Que Dio te oiga!'

Que Dio ti'ayude. Que Dio mi'ayude: (Que Dios te ayude. Que Dios me ayude) Se le dice a alguien que ha estornudado, añadiéndole algo positivo para ambos, como: 'Qu Dio ti'ayude, que de lo bueno quedamo poco.'

Qu'e: ((Que es) 'Di lo qu'e que quié decí'. (ver 'Quié'; 'Decí)

Quedó en la chu: Quedó de último en la carrera, o en llegar a un lugar. (ver 'Chu')

Quedrá: Querrá. '¡Qué quedrá Juansito qui'anda ronciando por'eto lao? (ver 'Ronciai')

¡Qué fuñenda!: Expresión usada cuando algo que se ha estado tratando de resolver por algún tiempo no acaba de salir bien. '¡Qué fuñenda eta!' (ver 'Eta')

¡Qué gallina!: Mujer de bonito cuerpo y de buen porte. (ver '¡Qué buena!' y '¡Qué hembra!')

¡Qué gallina!: hombre cobarde. ¡Qué gallina ese Juancito, salió juyendo poi no peliai!'.

Qu'ei ...: (Que el ...) 'Esa loma e má aita qu'ei cará'. (ver 'E'; 'Ma'; 'Cará')

Qu'ei cará: (Que el carajo) (ver 'Ma bueno qu'ei cará'; 'Ma malo qu'ei cará'.

¡Qué incómodu'e j'ese tipo!: (¡Qué incómodo es ese tipo!) Se dice de la persona ya conocida porque contesta mal cuando alguien trata de establecer conversación con ella. '¡Qué incómodu'e j'ese tipo. No se puede ni hablai!'

¡Qué jaitura tengo!: (¡Qué hartura tengo!)Se dice después de haber comido más de lo necesario, pero con frecuencia aún cuando se está simplemente satisfecho, y casi siempre frente a quien ha cocinado.

¡Qué jembra! o **¡Qué jembrota!:** Mujer atractiva, de bonito cuerpo y de buen porte. (ver '¡Qué gallina!' y '¡Qué buena!')

¡Quejín queján!: (Del castizo 'quejillososo'= que se queja demasiado) Que se queja demasiado. Cuando Mingo llega a la reunión alguien dice '¡Ya llegó quejín queján!' (ver 'Vive quejándose')

Qué jinchá ni na, esu'e goida que ta: (Qué hinchada ni nada, eso es gorda que está) Se responde cuando alguien dice; '¡Mira, Juanita parece que tiene la cara jinchá!' R: 'Qué jinchá ni na, esu'e goida que ta'.

¡Qué jodei! ¡Que jodedera! ¡Cuánto jodei! ¡Qué cosa!: Varias formas de quejarse cuando a alguien le molesta algo que está ocurriendo con mucha frecuencia, casi siempre causado por otra persona. (ver 'Jodei')

¡Qué joroba! ¡Qué joroba eta!: (¡Qué joroba esta!) Interjección quejosa cuando algo que uno sabe hacer no le sale bien, aún tratando más de una vez. Se dice también cuando alguien ha estado molestando por mucho rato. '¡No jorobe ma Juansito!'

¡Qué leche tiene 'fulano': Alguien tiene suerte para que salga bien lo que emprende, o le vengan cosas buenas sin andarlas buscando. (ver 'Lechero')

¡Qué lengüita!: (ver 'Lengüetera'; 'Lengüina'; 'Lengü'e víbora')

¿Qué lo qué?: Forma de saludo entre jóvenes. Antes: '¿Qué lo qué Mano?' (ver 'Mano')

Quema: (De quemar) Simbolismo por borrachera. '¡Pedro llegu'anoche con una quema!' Quemar un bosque o sabana para cultivo, conucos. (ver 'Cunuco')

Quemai: (Quemar) Quemar con candela. Vender algo muy barato por querer deshacerse de ello. "Ei carrito ese viejo, lo tuve que quemai poi domí peso pa venime p'acá.' (ver 'Domí' y 'Viejo')

¡Qué maichante! o **¡Pero qué maichante ete!:** (¡Qué marcchante! o ¡Pero qué marchante este!) Se le dice a alguien que ha pedido, o exige algo exagerado sin merecerlo. '¡Pero qué maichante ete! ¡Tu te fija?' (ver 'Ete' y '¡Tu te fija?')

Quemaise: Quemarse con candela. También 'quemarse' en un examen escolar. (ver 'Me quemé' y 'Me quemaron')

Quemaíto: Persona de piel oscura, comparable a 'indio ocuro'. (ver 'Indio', 'Indio claro' e 'Indio ocuro') También significa 'muy quemado', cuando algún alimento u otro objeto se carboniza. "Eto plátano no se puen comei, tan quemaito.' (ver 'Puen')

¡Qué malo ere!: (¡Qué malo eres!) Se le dice con una ligera sonrisa pícara, a alguien que le ha hecho a uno una maldad juguetona, o le a dado un susto. Casi siempre lo dicen las mujeres.

¡Qué malo ni qué malo!: Lo dice el que le ha dado un consejo a otro y este dice no lo va a hacer porque eso es malo. 'Com: No, yo nu'hagu'eso poiqu'es'u e malo. R: ¡Qué malo ni qué malo!'

Quemán: (C: quemaron) '¡Ese probi'animalito lo quemán vivo!'. 'Ello quemán tu'eso mont'en la loma.' (ver 'Probe')

¡Que me caiga mueito aquí mimo!: (¡Que me caiga muerto aquí mismo!) Lo dice alguien cuando otro duda del juramento ha hecho. '¡Que me caiga mueito aquí mimo si no fu'así!' es el juramento completo. (ver 'Fu'así')

Que me pait'un rayo si nu'e veidá!: (¡Que me parta un rayo si no es verdad!) Juramento por lo verdadero de lo se ha dicho.

¡Que me trague la tierra si nu'e veidá!: (¡Que me trague la tierra si no es verdad!) Juramento por lo verdadero de lo que se ha dicho.

¡Qué mieid'e j'ese tipo!: (¡Qué mierda es ese tipo!) Referencia despectiva hacia una persona que se conoce como problemática, engañosa y difícil para el grupo.

¡Qué mojón! Insulto. Persona de poco valor de acuerdo al hablante. ¡Qué mojón ej'ese tipo! (Ver 'Mojón')

¡Qué mojonete!: Insulto. Persona de muy poco valor; peor que 'mojón'. A veces usado como auto insulto, cuando a uno no le sale salen las cosas bien, o pierde fácilmente en un juego de alguien que sabe menos. '¡Qué mojonete no soy yo!' (ver 'Mojón' y '¡Qué mojón!'; '¡No soy yo!')

¡Qué mujerota esa!: Mujer que es buena esposa, buena madre, hacendosa, y ayuda con efectividad a su esposo en los negocios. '¡Esa Juanita ej'una mujerota!'.

¡Que ni'ei diablo:

¡Que ni que!: Se le dice a alguien que está hablando mucho y repitiendo lo que ha dicho.

¡Que no te coj'el'agua!: (¡Que no te coja el agua!) Se le dice a alguien que tiene que irse de donde está y está nublado. '¡Vete pronto ante que te coj'el'agua!'

¡Qe no amaneca vivo mañana si nu'e veidá!: (¡Que no amanezca vivo mañana si no es verdad!) Juramento por lo verdadero de lo se ha dicho.

¡Que no lo llamen pa'que vean! ¡Que no lu'inviten pa'que vean! ¡Que no lo pongan en la lita pa'que vean!: Advertencia rayando en amenaza, que se hace a alguien que está organizando una lista de personas para participar en un evento de importancia. Se refiere a alguien que le gusta participar en dichos eventos, y se conoce como muy sensitivo y se enoja cuando no lo invitan. También se dice: '¡Ay, si'utede no invitan a Fulano!'

¡Que no puedo arrancai!: (¡Que no puedo arrancar!) Metáfora con el movimiento inicial de los carros, que indica imposibilidad de iniciar los proyectos del diario vivir, quizás por sentir cierto grado de depresión. (ver 'Arrancai')

¡Que nu'e lo mimo! o **¡Que nu'e lo mimo ni'ej'igual!:** (¡Que no es lo mismo! o ¡Que no es lo mismo ni'ej'igual!) Se pronuncia 'igual' correctamente para énfasis. Se dice cuando uno, o alguien del grupo, declara que ha hecho algo muy importante.

¡Qué pan tan duro y lo diente en casa!: (¡Qué pan tan duro y los dientes en casa!) Se refiere a algo muy difícil de realizar o de resolver.

¡Qué plante!: Se dice de la persona, casi siempre la mujer, que afecta exceso de pulidez en sus gestos y en el caminar. '¡Pero qué plante lleva Juanita!'

¡Qu'epuela tien'ese gallo!: (¡Qué espuelas tiene ese gallo!) Se dice cuando de alguien que ha engañado vilmente a un amigo.

¡Que quéee?: Expresión usada cuando alguien dice algo increíble. Noticia:'Juansito llegó caminando de la capitai a San Francico en'un día.' R: '¡Que quéee?'

Qué queso debe tienesi'hombre: Alguien de quien se sabe que no ha tenido relaciones amorosas o sexuales por mucho tiempo.

Querebebé: Ave silvestre de hábitos nocturnos. Onomatopeya de su canto.

Qu'er'ei ...: (Que era el ...) '¡Yo creía qu'er'ei domingo que llegaba!'

...qu'er'ei ...: (...que era el ...) '¡Yo creía qu'er'ei domingo la misa!'

Queresa: Larva o huevecillos de insectos dípteros; pero en El Cibao especialmente la de las moscas, que la depositan en sustancias orgánicas (carnes, etc) que se han dejado a la intemperie. (ver 'Se lo comién o Se lo tán comiendo la queresa')

Querindongo: Amante. (ver 'Querío')

Querío. Quería: Querido. Querida. Amante

¡Que saite p'arriba y me caiga mueito si no fu'así!: (¡Que salte para arriba y me caiga muerto si no fue así!) Juramento con el que se pretende sellar la verdad de lo que se ha dicho.

¡Que se depaipaje!: (¡Que se desparpaje!) Que sea despierto en la vida. Que no se deje engañar.

¡Que se deje de pendejá! (¡Que se deje de pendejadas!) Lo dice el hablante a otro para que le aconseje a quien está hablando mal de él que lo deje.

¡Qué se yo!: Expresión enfática, indicativa de que se desconoce lo que se ha preguntado, o de algo que está contando el hablante y no se acuerda, o que son tantas las posibilidades que no hay que mencionarlas todas. 'Me dijo que voiviera mañana o la semana que viene, o depué, ¡qué se yo!'

¡Quéseyocuanta! ¡Quéseyocuanto!: (Qué se yo cuantas. Qué se yo cuantos) Frase formada de la unión de cuatro vocablos. Ocurre cuando el hablante no se acuerda de la cantidad específica, o se refiere a una cantidad indefinida. 'Ahí habían quéseyocuanto j'animale'. 'Eso pasu'en'el'año minoveciento quéseyocuanto.' 'Ella le dijo muchísimo dicho y quéseyocuánta cosa ma'.

¡Queseyoqué y Queseyocuanto!: Esta frase representa una cantidad indefinida de dichos e imprecaciones que el hablante le está contando a otro que alguien ha dicho. 'Ella se puso bravísima y dijo que no voivía ma poi mi casa y que quéseyoqué y quéseyocuanto'.

Que se yo qué. Que se yo qué ma: (Que se yo qué más) Hábito de conversación que indica que hay más por decir, pero no hay necesidad de decirlo, o el hablante no se acuerda: 'Tábamo hablando de di'ai meicado y comprai qué se yo qué y qué se yo que ma'. 'Ella le dijo que no venía y qué se yo qué ma'. (ver 'Tábamo'; 'Di'; 'Ma')

Qué se yo quien: Alguien de cuyo nombre no se acuerda el hablante. 'Me habló de tanta gente, de Juansito, de Tomasa y que se yo quien de lo lao de Macorí'. (ver 'De lo lao de …')

¡Que si sí!: Interjección que refuerza el acuerdo de alguien con lo que uno ha dicho. Com: 'Entonce cuandu'ei ti'ofendió tu le cantat'ei gallo'. R: '¡Que si sí!' (ver 'Cantail'ei gallo')

Queso: Queso de comer. También se refiere a la cabeza (el cerebro), cuando se critica a alguien que está hablando disparates. (ver 'Ta tocao dei queso')

¡Qué suín! o **¡Diablo, qué suín!:** (Del inglés 'swing'= movimiento hacia delante y hacia atrás, o para los lados. Forma de baile) Se dice cuando una joven camina con movimientos afectados y presuntuosos; a veces con movimientos de caderas exagerados. '¡Diablo, pero qué suín lleva esa!'

¡Qué suto!: (¡Qué susto!) '¡Qué suto me dite con'ese grito en l'epaida!' (ver 'Suto'; 'Epaida'; 'Dite')

¡Qué te parece!: Expresión usada cuando no hay o no se encuentra respuesta, o no se quiere responder a lo dicho por otro. Opinión a):

'Juansito va'tenei que dise pa Nueva Yoi, poique uno'jenemigo que lu'andan bucando.' Opinión b): '¡Qué te parece.' (ver 'Dise')

¿Qué t'ib'a decí?: (¿Qué te iba a decir?) Se lo dice uno mismo, cuando no se acuerda instantáneamente de lo que iba decir a su interlocutor. (ver '¡Aaa que...!')

¿Qué tu dice? ¿Qué tu cree? Qué tu'hace? ¿Qué tu mira?: ¿Qué dices tu? ¿Qué crees tu? ¿Qué haces tu? ¿Qué miras tu? '¿Y que tu'hace aquí? ¿Tu no tab'en Macorí?' (ver 'Tab'en')

¡Que tu lile!: (¡Que tu dice!) Dicho de tono burlón, insinuando que no se cree en lo que ha dicho alguien.

¡Qué va!: Denegando algo que alguien ha dicho. 'Que vá, eso nu'ej'así.' (ver 'Nu'ej'así') (ver '¡Pero qué va!')

¡Qué va'bei na!: (¡Qué va a haber nada!) Se dice para rebatir algo importante (un pleito, etc.) que otro ha dicho que va a ocurrir. Opinión: 'Yo creo qu'entre lo Gaicía y lo Grullone va'bei pleito'. Respuesta: '¡Qué va'bei na!' (ver 'Va'bei')

¡Qué va'gallo!: El mismo significado de '¡Qué va!', pero más contundente. Se usaba con frecuencia en los campos.

Qui'a...: (Que a...) 'E qui'a Juansito nu'hay quien lu'entienda'.

¡Quiáquete ...!: (¡Que a que te ...!) (ver '¡Qui'a que te ...!')

¡Qui'a que te ...! o **¡Quiáquete ...!:** (¡Que a que te ...!) Amenaza en forma de apuesta velada, que se hace a alguien está molestando: un castigo si es un niño, o un daño, si es un adulto. 'Dej'ese desoiden Juanito quiáquete mandu'acotai!'. '¡No me siga jodiendo Pedro, qui'a que te sale mai!' (ver 'Sale mai')

Quié. Quiere: (Quiere) '¿Qu'é lo que quié (o 'quiere) Juansito?' 'Pedro lo quié to pa ei'. 'Quié' es más común en el campo adentro. (ver 'To'; 'Pa'; 'Campo adentro')

¡Quién ha dicho!, ¿Quién dijo! ¡Quién ha dicho!,: Expresión cargada de ironía y mirando al hablante con aparente sorpresa, cuando este ha contado algo increíble para el oyente. '¡Quién ha dicho que yo dij'eso?'

Quién fuera ropa pa'que me saqu'ei sucio: Piropo que se dice a una mujer bien formada y bonito caminar, indicando que le gustaría ser exprimido por ella, como hacen las mujeres cuando lavan ropa a mano.

¡Quién me mandó?: Se lo dice uno mismo con ligero sarcasmo, cuando le ocurre algo desagradable, y ya de antemano sospechaba que existía la posibilidad de que le ocurriera. Desde luego, se sobrentiende que nadie le pidió que lo hiciera. (ver '¡Buenísimo que me pase!')

¡Quién sabe qué pato pusu'ese huevo!: Alguien nuevo el vecindario, que nadie parece conocer, por lo que no se puede confiar en él todavía. A veces: 'Nadie sabe qué pato pusu'ese huevo.'

¡Quién será que no será?: Expresión usada cuando tocan a la puerta y no se espera a nadie, ni se quiere tener visita. Es decir '¿Quién será?' y 'Espero que no será visita'.

¿Quién te peló que las'oreja te dejó?: Se le dice al varón que tiene un recorte de pelo tan mal hecho que da la impresión de que por casualidad no le cortaron también las orejas. (ver 'Pelá' y '¡Te pelaron con'una jigüera?')

Qui'ha: (Que ha) '¡Ei qui'ha hecho eto le va pesai!' (ver 'Eto'; '¡Le va pesai!')

Qui'hase: (Que hace) Lo primero qui'hase e desí gracia ante de comei'. (ver 'E'; 'Desí')

¡Qui'hase con vei y no comei!: (Qué hace con ver y no comer!): Se le dice al hombre que está mirando a una mujer bonita con intensidad y lujuria. Con frecuencia se lo dice su esposa cuando lo pesca infraganti.

Qui'hata...: (Que hasta...) 'Ese muchacho se di'un suto tan grande qui'hata tubu'ai morise d'ei'. (ver 'D'ei')

¿Qui'hay?: Forma de saludo entre amigos que se ven con frecuencia: Saludo: '¿Qui'hay?' R: 'Na, to ta bien'. (ver 'Na')

Quimbamba: (C: quimbambas = sitio lejano, impreciso) Lugar legendario, muy lejos de cualquiera otro, y donde vive o se encuentra el sujeto de que se habla. (ver 'En la quimbamba', 'Jurunela' y 'Junumucú').

¡Qu'imprudente!: (¡Qué imprudente!) Se dice de alguien que se introduce en una conversación sin ser parte de ella.

Quiniela: Juego popular que consiste en apostar a los últimos números de la Lotería.

Quió: ('Quiero' en el campo adentro) 'No digu'eso, que yo no quio que la gente sepa que yo dij'eso'.

Quiquiriquí: Onomatopeya: como suena el canto del gallo del mismo nombre. Especie de gallo pequeño, casi siempre de color blanco, y bastante agresivo. Persona que por cualquier motivo se mete en pleitos. 'Ramonsito si le guta peliai, pareci'un gallito quiquiriquí', o 'pareci'un quiquiriquí'.

Quiquilla: (C: quisquilla; cosa pequeña; menudez) Manera de buscar pleitos y rencillas. 'Juansito si si'ha pueto quiquilloso últimamente, y jata pelea poi na.' (ver 'Pleitico'; 'Jata; 'Na')

Quiquilloso: (ver 'Quiquilla')

Quisio: (Quicio= parte del marco donde pega y gira la puerta o ventana) Los dos o tres escalones para subir a un piso, casi siempre desde afuera. Persona haragana. 'Pedro no sea quisio ahí sentao, ven'a ayudai.'

Quitao de bulla: (Quitado de bulla= alejado de la bulla) Se dice de la persona que en vez de ocuparse en lo que es su deber, se descuida, haciendo o pensando en otra cosa. 'Juansito t'allí lo ma quitao de bulla en ve de dail'ei mají a la gallina.' (ver 'Mají')

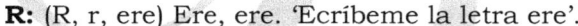

R: (R, r, ere) Ere, ere. 'Ecríbeme la letra ere'.

Ra: Onomatopeya de cuando se hace un movimiento rápido. Irse tan pronto llega. 'Pedro vino y di'una ve hiso ra y se fue'. (ver 'Ve')

Rabadilla: Columna vertebral de las aves. Por relación anatómica, también se refiere cualquier persona a la suya cuando siente dolor en la parte baja de la espalda. (ver 'Me duele la rabadilla')

Rabaná: (Rebanada) Porción delgada y ancha que se corta de una cosa, especialmente de pan. (ver 'Tajá')

Rabandola: Extremo inferior de la espalda humana, talvez para evitar similitud con la rabadilla animal. '¡Teng'un doloi en la rabandola!'

Rabisa: (Rabiza) (ver 'Fuete')

Rabis'el ojo. Rabis'el ojo: (Rabiza del ojo) Extremo externo y agudo donde se unen los párpados. (ver 'Mirai con la rabis'el ojo'; 'Pat'e gallina')

Rabo: El rabo de los animales. La nalgas de la mujer, si son grandes y atractivas. '¡Cógelo, qué rabo tien'esa jembra!'

Rabo'entre la piejna: Salió alicaído, asustado y avergonzado. 'Juansito salió con'ei rabo entre la piejna'.

Racai: (C: rascar) Rascarse uno cuando tiene comezón el la piel. Mantenerse alguien haciendo trabajitos donde le paguen.

Racha: (castizo: racha= período breve de fortuna o desgracia) Significa lo mismo que en castizo, pero su frecuente uso lo hace parecer localismo.

Ra con rá: Se dice cuando dos objetos quedan parejos o van a la par en una carrera. 'Juansito y Pedro van ra con rá.'

Raifi o **Raifil:** (ver 'Ei raifí')

Raja: (C: raja= endedura o abertura de una cosa. Rebanada que se corta de una fruta) Órgano sexual femenino.

Rajá: Cualquier objeto de nombre femenino que esté agrietado. También se usa como rebanada de frutas. 'Dame una rajá (rajaíta) d'ese mango'. (ver 'Raja'; 'Esi'hombr'iba rajao')

Rajao: (C: rajado) Cualquier objeto de nombre masculino que esté agrietado. Se dice de un hombre que va corriendo muy rápido. (ver 'Esi'hombr'iba rajao por'ahí')

Rajete: (Jarrete) C: calcañar. Parte posterior del pie) Parte posterior del pie. 'Me ha sali'una llaguit'en'ei rajete y se mi'ha vueit'un rámpano.' (ver 'Rámpano'; 'Jarrete')

Ralá: Excremento blando y desparramado de las gallinas. '¡Mir'onde echu'esa gallina esa ralá, en'ei medio ei piso!'

Rallaso: Regañar o darle un boche a un empleado, casi siempre empleado público. (ver 'Boche')

Rallón: (C: antigua arma de cacería, de arco y flechas) Ralladura en un objeto causada por otro objeto. Ralladura de la piel por accidente. '¡Me di'un rallón en'ete pie!'

Ramá o Enramá: (C: Enramada: cobertizo hecho de ramas de árboles). Cabaña, a manera de almacén, detrás de la casa o la cocina, con techo de yaguas y paredes de madera de palmera, usado para guardar equipo de la finca y aparejos de animales de carga, y donde se reunen los trabajadores para comer. (ver 'Cocina'; 'Yagua')

Ramalaso: (ramalazo= golpe dado con una rama) Marca elongada, enrojecida y ligeramente inflamada, que deja en la piel un golpe dado con una correa, látigo o cualquier objeto flexible.

Ramblaso: (C: ramblazo= sitio por donde corren las aguas de lluvia en las ciudades) Golpe dado con un objeto plano, como con los lados de un machete. (ver 'Planaso')

Ramón: Nombre de hombre. Árbol copioso, cuyas hojas de color verde oscuro sirven de alimento para animales domésticos, principalmente los equinos y chivos.

Rámpano: Úlcera de la piel, a consecuencia de una herida complicada, o un tropezón severo, casi siempre en los pies y las piernas, y que tarda mucho en curarse. (ver 'Piedra lipe')

Ramplimaso: Golpe dado con cualquier objeto sólido y casi siempre plano, como la parte plana de un machete, etc. También se dice de un regaño fuerte que se le da a alguien. 'El capatá le di'un ramplimaso a Maitín poique no rinde en'ei trabajo'. (ver 'Planaso'; 'Boche'; 'Ramblaso') (ver 'Capatá')

Rancho. Ranchito: Casa pobre de paredes de tablas de palma o de yaguas, y techo de hojas de palma-cana o yaguas; casi siempre al lado del camino real. 'Bueno, ya yo comí. Me voy pa'mi ranchito a doimí'.

Rancioso: Persona necia, que siempre anda donde no pertenece, molestando a los otros.

Raniaise: (castizo: salir rana= frustrarse. Perder la confianza que se le tenía) No aprobar los exámenes escolares. 'Juaniquito se ranió en lo'jexámene d'eti'año.'

Rapa: (castizo: flor de olivo) Arroz tostado que se queda pegado al fondo de la paila, y hay que rasparlo con cuchara para sacarlo. ((ver 'Con-con')

Rapá: Abrasión accidental de la piel. 'Rapón' cuando es muy grande. 'Me di'un rapón en'eta rodilla.' (ver 'Rapón', 'Pelá' y 'Pela' y 'Pelaíta')

Rapadura: (Raspadura) Dulce de leche con azúcar envuelto en pedazos de penca de palma.

Rapai: (Raspar) Sacar el concón del arroz cocinado, raspando el fondo de la paila con una cuchara. Tener relaciones sexuales. (ver 'Concón')

Rapai la yuca: (Raspar o rayar la yuca) Trabajar muy duro para sobrevivir. 'Yo me paso lo día rapando la yuca pa conseguí la comía.'

Rapapoivo: (castizo: rapapolvo) Reprimenda áspera. 'A Juancito le dieron un rapapoivo que salió con'ei rabo entre la pieina'. (ver 'Rabo'entre la 'piejna')

Rapón: (castizo: raspón o rasponazo) Erosión extensa de la piel debida a un roce violento. 'Me di un rapón en'ei braso con la tabla esa del'aimacén'.

Raquiña: Sarna. Picazón de la piel, de una parte o todo el cuerpo. (ver 'Piquiña')

Rasito (ta): (Está rasito) Se refiere a un llano en la tierra, o superficie de un objeto, que está plana y bien ivelada. 'Ese cunuco quedó rasito don Luí.' (ver 'Cunuco')

Ratón di'hopitai: (Ratón de hospital) Se dice del médico que después de graduarse se pasa años innecesarios haciendo entrenamiento en diferentes especialidades.

Ratrero: (C: rastrero= bajo, vil, despreciable) Bajo, vil, despreciable. De frecuente uso. 'Ese heimano'e Pedro e j'un ratrero.'

Ratrillai: (C: Rastrillar= limpiar hierbas con el rastrillo) Limpiar hierbas o basura con el rastrillo. Halar el gatillo de un arma de fuego con el dedo para que detone.

Rebalón: (C: resbalón) 'Darse' un resbalón o 'se resbaló'. 'Juansito se di'un rebalón'.

Rebaloso: (C: resbaloso; resbaladizo) Superficie o terreno resbaloso. Persona muy difícil de engañar, o de hacer que contribuya a una recolecta para un fin privado o de la comunidad. 'Juansito si'ha pueto medio rebaloso'.

Rebasó: Del verbo 'rebasar'. Comúnmente se usa para describir el estado de mejoría de un enfermo que ha estado grave. 'Me dijién que Pedro ya rebasó ei peligro de mueite'. (ver 'Dijién')

Rebejío: (C: revejido= envejecido antes de tiempo) Muy pequeño para su edad. '¡Ese muchacho si'e rebejío pa dies'año!' (ver 'Si'e'; 'Pa')

Rebentai: (ver 'Reventai' y siguientes)

Reble: Se refiere a algo más grande que lo promedio. El pescador se dice del pez que agaró 'Esu'er'un reble así' mientras extiende los dos brazos a lo largo.

Reboibe: (C: revólver) Revólver.

Rebú: (C: rebullicio= alboroto causado por mucha gente) 'Anoche había tanta gente en'esa fieta que si'aim'un rebú grandísimo.'

Rebú: (C: rebús o rehús= desperdicios. Desechos) Cosas tiradas en el

suelo sin orden. '¡Y quién dejari'ete rebú aquí?' (ver 'Reguerete' y 'Reguero')
Gritería o pleito y corredera en una fiesta. (ver 'rebulú') Ruidos diversos en algún lugar que no se ve lo que los produce. '¡Y qué rebu e'jese que tienen esa gente?'.

Rebulú: Corredera y voceadera desordenada en un lugar, debido una discusión o pleito. 'Yo tab'en la fieta pero cuando si'aimó ei rebulú salí juyendo.'

Reburujao: (del castizo 'reburujón':envoltorio mal hecho) Objetos o alimentos diferentes y entremezclados sin orden.

Recao: Hierba para sazonar comidas: cilantro. 'Juanito ve traimi'un puñaítu'e cilantro dei patio'.

Recentino: (C: recentín= animal de leche, que no ha pastado) Recién nacido de los mamíferos domésticos, y por los primeros meses, que solo se alimentan de leche.

Rechanfle, de: Algo que le pasa a un objeto o persona oblicuamente o rebota en ella. 'Juansito diba tan rápido que me paso de rechanfle, y ni cuenta se dio'. 'Ete rapón fu'ei ratrillo que se cayó y me pasó de rechanfle por ei braso'. (ver 'Rapón')

Rechín: (Talvez de 'rechinar'= tener que hacer algo que no gusta) Mal olor muy fuerte y agudo en la nariz. Olor de la cáscara de la naranja o limón. Mal olor del sudor de la axila. '¡Te fijáte qué rechín le sal'esi'hombre de lo sobaco?' (ver 'Grajo')

Recho: (Del castizo 'arrecho'= persona exitada sexualmente) Se dice del hombre que por estar sufriendo de abstinencia sexual, mira con detenimiento y lujuria a las mujeres que le pasan cerca.

Rechoncho y **Rechonchón:** Persona de poca estatura y gorda. (es castizo, pero por su frecuencia de uso parece localismo nuestro). 'Medio rechonchón' es poco menos que 'Rechoncho'.

Recocío: Se dice del agua fresca que se añade a los plátanos cuando el agua original ya está hirviendo. Esto hace que en pocos minutos los plátanos cambien de blancos (crudos) a color crema oscuro.

Recogei lo bate: (Recoger los bates) Simbolismo por recoger los bates, guantes y bolas después de un juego de béisbol en el barrio. Entre adultos significa 'se acabó la reunión, cada uno para su casa.'

¡Recontra coño!: Es lo mismo que 'coño', pero cuando lo ocurrido es peor. Casi siempre es usado en sentido negativo, de disgusto extremo.

Recoqueo: Juego con monedas revueltas en las manos y tiradas al aire mientras los jugadores cantan 'cara' o 'cudo' antes que caigan. (ver 'Cudo')

Recotao: (Recostado) Reposar con el cuerpo tendido y sosteniendo la cabeza con la mano y el codo apoyado en la superficie donde se está tendido. Se dice de la persona que vive a costa de otro. 'Pedro vive recotao de su tío.'

Recoveco: Muchos creían, incluyendo el autor, y otros todavía creen que este vocablo es un localismo, talvez por su sonido ligeramente tosco. Es castizo, significando "vuelta y revuelta de un camino, pasillo, arroyo, etc.", que es el mismo para nosotros. 'Oye, pero cuánto recoveco tien'ete trillo'; 'Hay que pasai mucho recoveco ante de llegai a La Joya'.

Recresío: (Recrecido) Tener una parte del cuerpo ligeramente alterada, pero no claramente hinchada ni adolorida. '¡Juansito, pero tu tien'ese cachete como medio recresío!'. (ver 'Jinchao' y 'Como medio...')

Recuero: El que dirige la recua de caballos o mulos. 'Pedrito trabaja de recuero pa lo Grullone.' (ver 'Grullone')

Reculai: (C: recular= cejar o retroceder) Retroceder, comúnmente en referencia a un automóvil. (incluída aquí para aclarar que, solo la *i* final la hace un localismo, pues aún para el autor, hasta hace unos años, este vocablo era cibaeño)

Redondo: Algo que tiene forma de círculo o de esfera. Persona que no tiene defectos y se lleva bien con todos. 'Fulanu'e redondo'.

Redondona o **Redondón:** Redondeado. Algo de forma que tiende a redondo. Más a menudo se usa decir 'medio redondo'.

Refitolero o **Refistolero:** (C: refitolero) Persona muy afectada en vestir, caminar o hablar, o en los tres. 'Esi'ombre si'e refistolero', con exageración del sonido de la 's'. Es similar en significado al castizo pero por su frecuente uso parece localismo.

Regaise. Regao. Regá: (Regarse. Regado. Reagada) Se usa para definir el gran enojo de alguien por algo que ha ocurrido en ese momento. 'Juansito se regó cuando le dijieron que su hija andaba con'un novio en'ei paique.' 'Pedro ta regao con la mujei, poique vendió ei carro sin decile na'ei.' (ver 'Na'ei' y 'Na'ella')

Regalao: Se le dice a alguien que ha comprado algo de buena calidad por menos de su valor. '¡Ah, peru'eso ta regalao!'

Regaño, lo: (Lo regaño) Los intestinos de los humanos cuando se salen debido a puñaladas. '¡A esi'hombre le sacaron lo regaño a puñalá!'

Regao. Regá: Persona que está extremadamente enojada, demostrándolo frecuentemente con palabras.

Regentiai: (C: regentear= desempeñar un cargo temporalmente) Hacer diligencias o gestionar para conseguir algo. 'Juanito se la regentea lo má bien.' (ver 'Bucón')

Regoidío-a: (C: regordido= grueso. Abultado) Hinchazón del cuerpo o parte del cuerpo, casi siempre sin dolor. 'Yo tengu'ete pie como medio regoidío. ¡Pero vea, no me duele!' (ver 'Medio', 'Como medio' y '¡Pero vea!')

Regoidón: (C: regordete= persona pequeña y gorda) Persona de cualquier estatura, ligeramente gorda. (ver 'Lleno. Llena')

Regoso, ai: (A riesgo de) 'Mir'onde te'ese muchacho encaramao, regoso a caeise'. (ver 'ai regoso')

Reguerete: Objetos, utensilios u otras cosas tiradas sin orden en el suelo o en la mesa. '¡Y qué reguerete ej'ete qui'ha dejao Juanita en'eta mesa?'. Muchedumbre desordenada: '¡Y qué reguerete de gente e'jete!'

Regueretiao: Es casi igual que 'reguerete'. Se refiere a una clase de objetos que no están en orden. 'Mira como dejó esa muchacha lo plato (cuchillo, vaso, mango, etc.) to regueretiao en la mesa'. (ver 'To')

Reguero: (C: chorro de algo líquido o polvo, cuando se vierte de un recipiente. Arroyo) Varias cosas distintas tiradas sin orden en el suelo o la mesa. '¡Qué reguero m'hisu'ese muchacho!'

Reguilorio: Enredo de palabras seguidas que no se entienden con claridad. Talvez de 'reguilar': darle vueltas al trompo en una uña.

Reguridá: Calor muy fuerte y sofocante en un día de sol caliente.

Regutaise: ('Regustarse') Darse gusto en un paseo o reunión festiva. 'Mi mujei y yo no regutamo batante en'ese paseo que dimo a Santiago.'

Relajai: (Relajar) Descansar después de trabajar mucho. Hacerle o gastarle bromas a un amigo. '¡Oye, pero Juansito si'e relajao!'

Relajo: Broma que se le hace a una persona. 'Hace rato que tan relajandu'a Juansito.'

Relambío: (C: relamido= muy pulcro y aseado) Entrometido. Que se pasa de los límites sociales. Toma parte en conversaciones, etc., sin ser invitado. Con frecuencia se refiere a los jóvenes. Es como 'freco' (ver 'Freco') También se le aplica a los perros cuando 'velan' y se acercan mucho a la mesa o al plato. '¡Adió, peru'ete perro si'e relambío!' (ver 'Velai')

Relevo: Ropa prestada o regalada. 'Esu'e raro vei a Juansito con relevo. Esa camisa que tiene pueta era de Pedro.'

Reliao. Reliá: Cosas muy envueltas sin orden. Probablemente mal envuelto. Enmarañado o enredado.

Reló: (Reloj) (ver 'Relosito')

Relojiai: Probable aberración de 'reojo'. Mirar. Mirar de reojo, más bien con insistencia. '¿Qué lo que quedrá ese tipo, que ta relojiando tanto p'acá?' (ver 'Quedrá')

Relosito: Relojito. Reloj pequeño. A veces se dice con cierta sorna cuando es un reloj caro.

Remeniai: (de 'remeneo') Mover con las manos rápida y repetidamente. '¡Qué remeneo de naiga lleva Juanita! ¡Andará bucando novio?'

Remenión: Sacudida rápida y violenta del cuerpo, o de algún objeto grande en las manos. (ver 'Sacudión')

Remoloniai: (C: remolinear= dar vueltas desordenadamente) Básicamente lo mismo que en castizo; pero lo usamos más para alguien que está 'remoloniando' por no hacer lo que debe, o por ver si le dan comida.

Remúa: (Remuda) Conjunto de pantalón y camisa.

Renco: (C: que solo tiene un testículo) Que anda cojo por un dolor en una pierna o la cadera. (ver 'Desalencao')

Rendío: (C: rendido= sumiso; obsequioso; galante) Desmayado de un golpe o caída. Que deja de jugar porque ha perdido mucho dinero. Profundamente dormido. 'Juan trompesó y cayó rendío ai suelo'. (ver 'Trompesón'; 'Rendío duimiendo')

Rendío duimiendo: (Rendido durmiendo) Profundamente dormido. 'Juansito ta rendío durmiendo.'

Repajilai: (C: raspahilar= moverse rápida y atropelladamente) Usado mayormente como 'repajila' y 'repajilé', indicando 'echar' de un lugar. 'Juansito, repajila ese perro di'ahí, que ta velando muy ceica di'uno'. 'Tan pronto ei loco ese llegó a mi casa lo repajilé'. (ver 'Velai'. 'Velando')

Repeipero: (En otras regiones: 'Reperpero') Mucho ruido desordenado. Confusión ruidosa. '¿Y qué tu'ete repeipero que tienen utedi'aquí?' (ver 'Tu'ete')

Repetailo: (ver 'A esu'hay que repetailo')

Repicai: (C: repicar: tañer las campanas. Picar mucho una cosa hasta trozos menudos) Tañer las campanas. Pero 'repicai' y 'repicando' no se le aplica a la bola que va 'picando' repetidamente (rebotando) por el suelo. (ver 'Picai')

Repingai: (Talvez de 'repinarse'= remontarse; elevarse) Encorvarse el animal, casi siempre el mulo o mula, y dar patadas en el aire para que no lo aparejen. Persona que se enoja fácilmente y se aparta del grupo protestando.

Repondei: (Responder) (ver '¡No me reponda!')

Resaca: (C: resaca= malestar sufrido al despertar después de haber bebido en exeso la noche antes) Similar significado.

Resentía. Resentío: (C: resentirse= enojarse por algo que se ha dicho) Resentía: Carne cruda que aparenta fresca pero tiene un olor desagradable, a punto de descomponerse. Resentío: Persona que está ligeramente enojada. También cuando alguien siente un ligero malestar de salud por los últimos días. 'Toy medio resentío dendi'ayei con'uno'jecalofriíto que no me gutan.' (ver 'Ecalofriíto')

Resentino: (C: recentín= animal de leche) Animal recién nacido, todavía de leche.

Resitadoi: (C: recitador= que recita discursos o versos de memoria) Que recita versos de memoria. (Declamador= que recita prosa o verso con la entonación necesaria)

Resolana: (C: sitio de tomar el sol sin que haya viento) Cuando el sol está más caliente. 'Mira muchacho no saiga afuera que la resolana ta muy fueite'.

Retajila: (C: retahíla: hilera)

Retoiseil'ei pecueso: (Retocerle el pescuezo) Se dice cuando se está enojado con alguien: 'Si yo m'encuentro con'ese mieida le vu'a retois'ei pecueso.' Representación de cuando se le da vuelta con la mano al pescuezo de la gallina para matarla y cocinarla. (ver 'Mieida; 'Pecueso')

Retosai: (C: retozar: saltar y brincar alegremente) (ver 'Eso me retosa poi dentro')

Retratando: Que está tomando fotografías. (ver 'Ta retratando')

Retreta: (C: toque militar para marchar en retirada) Período de música variada que toca una banda musical en la glorieta (cenador) del parque principal del pueblo, mayormente los domingos en la tarde o prima noche.

Retrojo: (C: rastrojo) Residuos que quedan de un trabajo. La sobra que dejan los animales después de comer.

Retueise la pueique'i rabo: (Retuerce la puerca el rabo) Se dice cuando se ha tratado de resolver un problema y se llega al punto donde se hace imposible de solucionar. 'Ahí e'que retueice la pueique'i rabo'.

Reventai o Rebentai: (Reventar) explotar un objeto o bomba. Estar demasiado lleno por haber comido exageradamente. 'Comí tanto d'ese moro que me toy reventando de la jaitura.' (ver 'Moro'; 'Toy'; 'Jaitura')

Reventai un caballo: (Reventar un caballo) Correr un caballo por tanto tiempo que este se detiene, se cae o se muere. 'Juansito reventu'ese caballo ayei, que yo creo que si no se muere d'esa ya no va seiví pa na.' (ver 'D'esa' y 'Seiví')

Reventando: Molestia de estar muy lleno después de haber comido. 'Me toy reventando de tanto comei d'ese mangú.' (ver 'Toy')

Revita: (C: revista= publicación periódica. Formación de tropas para que un general las revise) Reunión del pueblo para escuchar discursos políticos, casi siempre en domingo.

Revoitiao o Reboitiao: (Revuelto) Huevos revueltos y mezclados con otras cosas. Se dice de la persona enojada que no se calma por mucho que traten los presentes. 'No se que li'ha pasao a Pedro hoy que ta como revoitiao.' Cuando el ejército se subleva dicen que 'La guaidia si'ha revoitiao.'

Reyéndome. Reyéndose. Riéndome. Riéndose: Muchos años atrás en los campos y en las lomas se decía 'reyéndose' o 'reyéndome'; ya parece que esta forma ha caído en desuso.

Rialengo: (Realengo) Animal, casi siempre un perro, que anda solo por los campos y caminos.

¡Ríasi'uté!: (¡Ríase usted!) Frase usada para expresar una imposibilidad. "Ayei se me peidió la caitera en'ei trillo de lo cacao, y ríasi'ut'e pa yo encontr'esa bendita caitera'. (ver 'Trillo'; 'Bendita')

Riego: (C: riesgo) (ver 'Ten'ei riego')

¡Ríete!: Se le dice a manera de presagio personal a alguien que se ríe de una persona fea o mal vestida, o con algún defecto físico. '¡Ríete, qui'a ti te puede pasai también!'

Rijione , echando: (Echando 'rijiones'. (Talvez del castizo 'rija'= pendencia, inquietud, alboroto) 'Rijione' debe ser algo maligno y espantoso, o palabras peores que las conocidas como obscenas, pues cuando alguien sale de un lugar enojado al último grado se dice 'Juansito salió por'ahí echando rijione.'

Rimo pegajoso: (Ritmo pegajoso) Ritmo de la músic folklórica despacio y repetido que gusta y va subiendo el entusiasmo del oyente o bailarín. (ver 'Pegajoso')

Rinconera: Tabla que se clava a cierta altura en un rincón de la casa para poner algo especial, tal como una lámpara, retrato, vela, etc.

Río que suen'agua trai: (Río que suena agua trae) Indica que si se oye decir que algo está ocurriendo, sobre todo si es un rumor que parece chisme, lo más probable es que sea verdadero.

Ripiai: Hacer ripios una tela u otro objeto. Hacer el coito (ripiando).

Ripio: (C: residuo de una cosa. Desecho) Pene grande. Pedazo largo de tela roto que cuelga de una prenda de vestir.

Ripioso: (ver 'Ripio'). Prenda de vestir con rotos y colgajos. También se dice despectivamente de alguien que no es del gusto del hablante: ¡No mi'hable de Chepe; es'jun ripioso viejo! (ver 'Chepe'; 'Viejo')

Ritra: (C: ristra) Ristra de ajo. Mucha gente en línea. '¡Oye. Pero qué ritra de gente ma laiga!' (ver 'Ma')

Riuma: (Reuma) Dolores en las coyunturas. 'Jovina tiene la riuma y casi no se pué levantai.'(ver 'Pué')

Robai: (C: robar= tomar lo ajeno sin permiso) Tomar lo ajeno sin permiso. En béisbol, cuando el corredor toma la base siguiente durante un descuido del pitcher. 'Juansito se robó la teicera como ná.'(ver 'Como na')

Roba la gallina palo con'ella: Juego cantado que se usa en los carnavales.

Robando a lo público: Empleado público o político que usa dinero del erario público para uso personal.

Roco: Sonido de flema en el pecho, sobre todo en los niños. 'Ese niño tiene un roco malo en'ei pecho, dali'una tisana con miei di'abeja. (ver 'Tisana' y 'Ronquillo')

Rodaise: (Rodarse) Se dice del juego de niños cuando se deslizan por las laderas en yaguas.

Rolata: En el juego de béisbol, la acción de la pelota cuando es bateada y sale rebotando a ras de suelo.

Rolatiai: En béisbol, la acción del bateador cuando le pega a la pelota y esta sale rebotando por el suelo.

Rolin: (Del inglés 'rolling'= rodando) En el juego de béisbol, cuando el bateador batea una bola y esta va rodando dentro del campo de juego. 'Ya Catro ha dao do rolin de do vece ai bate'. (ver 'Dao'; 'Do'; 'Ai')

Rolinsito: Se dice cuando la pelota, después de bateada va rebotando por el suelo sin llegar a salir del campo central de juego; sobre todo si el mismo bateador lo ha hecho más de una vez, en cuyo caso entonces es, con ligero sarcasmo: 'Catro lo qui'ha batiao son do rolinsito viejo'.

Rolinsito viejo: (ver 'Rolinsito')

Rolita: Ave de la especie de la paloma, pero más pequeña.

Rolo: Peinado de señoras en forma de rollos.

Rollo: Cuando algo está enrollado sobre si mismo. 'Un rollo' indica una gran cantidad de lo que sea. 'En la junt'e don Ventura habi'un rollo'e gente.' (ver 'Baisa')

Romadiso: C: romadizo= catarro de la membrana pituitaria) Malestar general, acompañado de congestión nasal y dolores en el cuerpo y las coyunturas, casi siempre muy prolongados.

Romo: (Ron) Ron de caña de azúcar. Se aplica a cualquier bebida alcohólica que se va tomar en una reunión o fiesta. 'Eta noche vamu'a bebei romo a to lo queda.' (ver 'Aguardiente'; A to lo que da')

Rompei corozo: (Romper corozos) Corozo es una palmera cuya semilla (corozo) es extremadamente dura y difícil de romper. Trabajar fuerte y con persistencia para hacer o resolver algo que es muy difícil. 'Ahí si va tu'a rompei corozo'.

Rompemuela: Dulce o cofite muy duro.

Rompía-o: (C: rompida-o (desusado)= rota-o) Rota-o. '¡Pedro anda con lo pantalone to rompío!'

Rompió a ...: Se dice de alguien empezó a hacer algo de repente e inesperadamente. 'Yo nomá le dije que no salier'ai sereno y rompió a llorai'. (ver 'Nomá'; 'Ai')

Romp'y raja: (Rompe y raja) Se dice de algo que hay que hacer por necesidad, y pase lo que pase, y pronto. La frase completa es 'A romp'y raja'. 'Eso tengo qui'haceilo a romp'y raja'.

Ron: Bebida alcohólica que se extrae de la fermentación de melazas y jugo de la caña de azúcar. Círculo que hacen los niños en la tierra con un palito, dentro del cual ponen semillas o bellugas para jugar chata. (ver 'Chata' y 'Belluga'). Círculo que hacen las niñas, agarradas de las manos mientras bailan y cantan juegos. (ver 'Romo')

Ronrón: Del inglés 'home run' en béisbol: cuando el bateador batea la bola fuera del campo de juego y recorre todas las bases hasta el 'home'; es equivalente a una carrera. Chisme (ver 'Runrún')

Roncha: Pequeña área hinchada en la piel, casi siempre debido a una picada de insecto. '¡Oye, es'hoimiga me picó y me dej'una roncha en'ete deo'. (ver 'Deo')

Ronciai: (C: roncear= halagar con acciones y palabras para conseguir algo) Andar alguien cerca de algo que desea, a ver si le dan de ello o se lo regalan. 'Juancito anda ronciando a vei si le dan comida'. (ver 'Ese huevo quiere sai'; 'Ese mueito quiere misa')

Ronquillo: Sonido persistente de flema en el pecho, casi siempre en los niños. (ver 'Roco')

Roquete y **Roquetico:** (Rosquete) Rosca de masa de harina horneada de diferentes tamaños.

Roqu'iquieida: (Rosca izquierda) Simbolismo de un tornillo con las roscas de penetración al revés (hacia la izquierda) Se dice de la persona que habla y/o actúa contrario a lo que es ordinariamente aceptado. 'Juansito ta medio roqu'iquieida úitimamente.'

Rosario: Nombre de mujer. Collar de cuentas para rezar. Grupo de personas en procesión religiosa cantando el Rosario.

Rotiai: (Talvez del inglés 'rotate'= mover algo alrededor, o moverse alrededor) Envolver una soga (cáñamo, cuerda) alrededor de algo, como ambas patas de la gallina o pollo para que no se escapen. Seguir una gallina para descubrir dónde está su nido. 'Juanito ponti'a rotiai esa gallina a vei donde ta poniendo'.

Rri-rrá, rri-rrá: Voz onomatopéyica, simple o repetida, para énfasis. Indica cómo hizo alguien rompiendo un objeto o documento, rayando algo o firmando, talvez en contra de sus deseos. 'Juansito hizo rri-rrá, fimó y se fue.' (ver 'Fimó') También se usa: Rri-rri-rrá, para más énfasis.

Ru: (C: Rudo: persona tosca, sin pulimento) Persona, casi siempre un joven, que no aprende, por mucho que se trate de enseñarle, sobre todo en la escuela.

Ruciai: (Rociar) Rociar la ropa con agua antes de plancharla. Rociar la cabeza de un gallo de pelea, para limpiarle la sangre.

Ruda: Planta de la huerta de olor intenso. Se usa para tisanas.

¡Ruégali'a Dio ...!: Se le dice a alguien a modo de consuelo o consejo por no haberle pasado algo peor de lo que pudiera haberle ocurrido, o algo quen puede pasarle si no se llenan ciertas condiciones. '¡Y ruégali'a Dio que nu'habían barranaca donde tu te voicate!'. '¡Ruégali'a Dio qu'esi'hombre no sepa lo que tu'ha dicho d'ei!'.

Rueo. Ruedo: Ruedo del vestido o pantalón. 'Juansito tiene ei rueo dei pantalón decosío'.

Ruin: (C: ruin= vil, bajo, despreciable) Cobarde.

Rulo: (C: bola o cosa redonda que rueda) Clase de plátano pequeño que se le da a los animales, como los cerdos, aunque también lo consume la gente.

Rullí: (Roer. Primera persona del pasado de 'roer') 'Yo lo rullí un chin pa'vei si me gutaba'. (ver 'Chin'; 'Pa'vei')

Rullío: (C: roído) Roído. Casi siempre se refiere a algo roído por los ratones. Pero a veces: '¿Quién fu'ei maibao que me rulló ei conconete?'. (ver 'Maibao' y 'Conconete')

Rumasón: (C: rumazón= conjunto de nubes) Nublado muy extenso, casi siempre en el horizonte o en las lomas, lejos del observador. 'Parece que v'habei toimenta; ¡hay una rumasón muy fea en la loma!'.(ver 'Nublasón')

Rumatimo: Reumatismo. 'Juanita tieni'un rumatimo tan malo que no pué ni caminai.' (ver 'Pué')

Rumba: Baile. Montón de objetos, frutas, etc. (ver 'Baisa')

Runrún: (C: zumbido. Voz que corre entre el público) Chisme. Chismoteo. 'Por'ahí and'ei runrún de que Juansito y Josefa tan poi casaise'.

Rusio: Color del pelo del caballo, mezcla de negro, gris y marrón.

Rusillo: Es el color 'rusio' claro, por la predominancia del gris. Se usa más cuando algo cambia de su color definido a otro que no lo es.

Rututiai: (quizás de 'ruta') Andar haciendo diligencias por diferentes lugares.

S: (Letra S, s, ese) Ese, ese. 'Ecríbeme la letra ese'.

Sabei decí: (Saber decir) Se refiere a cómo enamorar una mujer, y las frases que se deben usar para hablarle y conseguir que de el 'si' con seguridad. (ver 'Dai ei si')

Sabei de letra: Ser educado de escuela. 'Ei que sabe de letra no lu'engañan tan fáci.'

Sabei meniaise: (Saber menearse) Se refiere a alguien que hace negocios con frecuencia y casi siempre gana en todos. 'José sabe meniaise. Por'eso tiene cuaito.' También se dice de las mujeres de la vida que 'saben menear' las caderas durante el acto sexual.

Sabe ma qu'ei diablo: (Sabe más que el diablo) Se dice de alguien que es hábil, inteligente y sabe resolver problemas con facilidad, y no se deja engañar. (ver 'Agusao')

Sabe tanto que sabi'a mieida: (Sabe tanto que sabe a mierda) Se dice de alguien que se las da de que sabe mucho y ha estado hablando por un rato largo acerca de cualquier situación, política, económica, etc. Con frecuencia, más tarde alguien comenta 'Juansito sabe tanto que sabi'a mieida'.

Sabi'a jeibío: Se dice de algo que no está bien cocinado o que no tiene sazón ni sabor.

Sabi'a podrío: (Sabe a podrido) Se dice de cualquier alimento o fruta que no tiene sabor a fresco, o que se le siente sabor a descompuesto. 'Ete melón ya sabi'a podrío'.

Sabi'a viejo: (Sabe a viejo) Se dice de algo comestible cuando no tiene el sabor de cuando está fresco, pero que todavía no está 'pasado' o dañado. (ver 'Pasao')

Sabichoso: (C: sabidillo) Que sabe aparentar honestidad y engaña fácilmente a cualquiera. 'Juansito e'jun sabichoso'.

Sabrosiai: Hablar contantemente del mismo tema. 'Juanita si sabrosea ese chime de Josefa que se fue con Jutino.' (ver 'Sabroso'; 'Chime'; 'Dise')

Sabroso. Sabrosa: Algo de comer de sabor agradable. Persona que habla constantemente acerca del mismo tema.

Sabusillo: Se refiere a algunos materiales, sobre todo la ropa de vestir, cuando debido a su frecuente uso o lavado ha perdido su color natural, y presenta aspecto desvaído en diferentes partes de ella o en el todo.

Sacá'bailai: (Sacar a bailar) En una fiesta, invitar el hombre a la mujer a bailar una pieza. 'Mira, llegó Juanita. La vu'a sacá'bailai.' (ver 'Vu'a')

Sacá: (Sacada) Se dice de la gallina seguida de los pollitos recien nacidos. (ver 'Sacai')

Sacai: (Sacar) Extraer algo del lugar donde estaba. Salir la cría del huevo.

Sacai a flote: Traer a colación algo que no es necesario, o que aún podría traer problemas. '¡Eso ya se'viá oividao, y ahora tu viene a sacailo a flote!' (ver 'Se'viá')

Sacai di'abajo: (Sacar de abajo) Hacer el mayor esfuerzo, físico o mental para triunfar o alcanzar la meta que se ha propuesto conseguir. 'Hay que dejaise de juego, pa conseguí la cosa difici hay que sacai di'abajo.' Es decir, cuando no hay más energías, hay que sacarlas de lo más profundo. (ver 'Dejaise de juego')

Sacai en cara: (Sacar en cara) (C: Echar en cara) Reprocharle a alguien que lo que acaba de hacer ya antes había jurado que nunca lo haría. Recordarle a alguien el mal que ha hecho.

Sacail'ei cuajo ai caballo: (Sacarle el cuajo al caballo) Montar un caballo por mucho tiempo, o en terreno montañoso, hasta agotarlo. (ver 'Cuajo' 'De cuajo')

Sacail'ei cueipo: (Sacarle el cuerpo) No aparecerse donde se está trabajando, para no tener que ayudar. 'Pedro le ta sacandu'ei cueipo ai trabajo'.

Sacail'ei lao: Similar a 'Sacail'ei cueipo', pero aquí no se aplica a trabajo, sino a cuando alguien del grupo está enojado y usando vocablo insultante, y uno se escabulle sutilmente de la reunión sin que nadie se de cuenta. 'Yo le sacu'ei lao a esa gente'. 'Yo le saqu'ei lao anoche a ese tipo'. (ver 'Tipo')

Sacaile lo trapoj'ai soi: (Sacarle los trapos al sol) Representación de sacar la ropa a secar al sol, donde todos los vecinos pueden verla. Es como cuando se le dice a otro las costumbres desagradables de su persona por este haber herido al hablante en palabras; o cuando se les trae a colación sus problemas familiares, por lo mismo. 'Juansito le sacó lo trapojai'soi a Pedro'. Esta acción puede resultar en que les 'saquen los trapos al sol' a Juansito también. ('Le cantó la trej'y una')

Sacaimi'a palo: (Sacarme a palos) Lo dice alguien que no quiere salir de un lugar bajo ninguna circunstancia, casi siempre porque está entretenido-a. Se dice de manera jocosa. 'A mi hay que sacaimi'a palo di'aquí.'

Sacaise: (Sacarse) Ganar un premio en una lotería. Talvez por analogía con las bolitas numeradas que salen al azar de un recipiente esférico de malla metálica que da vueltas. 'Juansito se sacó ei premio mayoi.' Sacarse una espina de la piel.

Sacai ventaja: (Sacar ventaja) Aprovecharse de alguien más débil o que sabe menos para ganarle en un negocio, arreglo o apuesta. 'Juansito le ta sacando ventaja a Pedro'.

Sacaliñai: (Del castizo 'sacaliña= vara con un arponcillo en un extremo para sacar algo) Sacarle en cara a alguien los chismes que anda regando, sus defectos personales, o favores que se le han hecho.

Sacatecla: (castizo: zacateca= agente de pompas fúnebres) El mismo significado.

Sácate ... Sácat'ei ... Sácate lo ...: (Saca ... Saca el... Saca lo...) Forma pronominal o refleja del verbo 'sacar'. Pedir a alguien que saque algo de un lugar. 'Juanito sácat'ei pan del'hojno' o '... del'hoino'. 'Juanita sácate lo plátano de la paila'. (Nótese aquí, como en otras expresiones citadas en ese trabajo, que la 'l' en la contracción 'del' no cambia a 'i', quizá debido a la vocal que le sigue, y talvez por más facilidad de pronunciación)

Saco: Funda grande tejida de cáñamo para transporte de granos (cacao, arroz, frijoles, etc.) Chaqueta de un traje de hombre.

Sacrificio: Sufrir para conseguir un beneficio. En béisbol, tocar la bola a distancia corta para que le de tiempo al corredor a que avance una base.

Sacudión: Sacudida rápida y violenta. (ver 'Remenión') 'Juansito agarru'ese pobr'infelí y le di'un sacudión, que no se cómo no se cayu'ai suelo.'

Sacu'e papa: Despectivo para persona muy gorda y deformada de cuerpo, con nalgas y empellas que mueven al caminar. '¡Esa mujei pareci'un sacu'e papa!' (ver 'Empellas')

¡Safa cochoso!: (Zafa corchoso) (¿Sacar, zafarse o salirse de repente el corcho de la botella?) Expresión hechicerezca para que algo desagradable no llegue a presentarse: que no salga mal un negocio, o para alejar la mala suerte. A veces con los dedos índices cruzados.

Safai: (C: zafar= desembarazar, libertar, escapar) Cuando a uno se le desliza algo que tenía bien agarrado con las manos. (ver 'Se le safó)

Sago: Pez de río. Hombre esquivo, que no se deja engañar.

Saguán: (C: zaguán= espacio dentro de la casa después de la puerta principal) Espacio exterior entre la casa principal y la cocina. 'Vámono a sent'afuera en'ei zaguán a tomai café.'

Sai: (Sal) Cloruro de sodio, o sal de mesa. Imperativo de salir: 'Sai p'afuera' (ver 'Saite'; 'Salao')

Sai dei son. Sai de Eson: (Sal de Epson) Se usa como purgante, diluída en agua.

Saigento: Casi siempre se aplica a mujeres, cuando son fuertes y mandonas. 'Esa viej'ej'un sargento, no lo deja daise ni'un besito'. (ver 'comei gallina')

Saimuera: (C: salmuera= agua cargada de sal. Agua que sueltan las cosas saladas) Líquido con sal y agrio para mantener la carne antes de cocinarla. (ver 'T'en saimuera')

Sai pa'fuera o **Sai pa'juera:** (Sal para afuera) La expresión completa es 'Si aim'un sai pa'fuera'= Se armó un 'sal para afuera') Se dice cuando durante una reyerta en una fiesta, generalmente en el campo, la gente sale corriendo hacia afuera por las puertas y las ventanas. 'La fieta taba muy buena, pero di'un momento a otro si'aim'un sai pa'fuera'.

Sai pa'fuera pa'que no matemo. Sai pa'fuera pa que pelée: (Sal para afuera para que nos matemos. Sal para afuera para que pelée) En las fiestas, después de tomar muchas bebidas alcohólicas, alguien insultaba a otro, y el resultado era esta invitación a pelear y matarse, que realmente era más común 'en los tiempos de los revólveres', antes de 1930.

Saipullío: (C: sarpullido= erupción de la piel) Erupción ligera pero persistente de la piel, casi siempre con prurito. 'Teng'un saipullío en la barriga que toy loco racándome.' (ver 'Toy')

Saisa: (Salsa) Caldo, casi siempre de color rojo, que se forma cuando se cocinan alimentos, especialmente carne guisada o frijoles. 'Pásame la saisa pa'l'arró'. 'A mi me gut'ei concon con saisa de frijole (o crema de frijole.)

Saisedo: (Salcedo) Salcedo, pueblo de El Cibao.

Saisipué: (Sal si puede) Nombre de un lugar mítico de donde viene alguien que nadie parece conocer o de donde es. 'Ese tipo seguro viene de Saisipué'. También cerca de donde se encuentra un lugar que nadie en el grupo ha estado, 'Eso queda ceica de Saisipué'.

Sait'a la vita: (Salta a la vista) (ver 'Eso sait'a la vita')

Saita con cosa: (Salta con cosas) Se refiere a alguien que dice cosas que no son parte de la conversación habitual. '¡Utedi'han vito como Juanita saita con cosa que no van!' (ver 'Cosa que no van')

Saitacocote: (Saltacocote) Reptil, más grande que el lagarto, de unas ocho a diez pulgadas de largo, que cambia de color de acuerdo a donde está asentado. Tiene una cresta que levanta amenazante para el que le teme, o talvez para atraer a la hembra. La leyenda dice que le salta al cogote a la gente. (ver 'Cocote')

Saitai la ceica. Saitando ceica: (Saltar la cerca. Saltando cercas) Se dice cuando uno se siente bien y feliz, o cuando ha triunfado en una meta o negocio. P: '¿Cómo estás'. R: 'Toy saitando ceica'.

Saitai la cuíca: Saltar sobre una soga a la que, agarrada por los extremos, se le da vuelta rápidamente alrededor de la cabeza y los pies. (cuíca: desconocido por el autor)

Saitapatrá: (Salta para atrás) Se dice de la persona que no progresa en estudios, negocios, etc. 'Ese e'jun saitapatrá.'

Saite: De salir. 'Sal de aquí'= 'Saite di'aquí'.

Saitiadoi: (C:salteador= el que saltea y roba por los caminos) Cualquier ladrón, ya sea en caminos o en viviendas. El que engaña en un negocio o venta. 'Ese Juansito e'jun saitiadoi, me cobr'un peso ma poi la botellita vieja esa de ron'. (ver 'Vieja')

Saitico: (Saltito) Salto corto. (ver 'Di'un saitico')

¡Saitó con'eso (a)! o **¡Salió con'eso (a)!:** Se dice de alguien que introduce algo nuevo y fuera de lugar en una conversación. 'Entonce Juansito saitó con'eso sin nadie tailo eperando!' (ver 'Tailo' y 'Sin ma ni ma para qué')

Sajá: (C: Saja [sin tilde]: cortadura hecha en la piel) Herida que no es profunda y de una a dos pulgadas. 'Me di'una sajá en'ei pie con'ese colín.

Sajaso: Herida que no es profunda pero más larga que una 'sajá' (ver).

Sajiai: (Sajar) Hacerle sajadas a la carne que se va a asar o cocinar. 'Sajéame esa cajne Juana p'asaila depué.'

Salao. Salá: (Salado) Alimento que tiene más sal de lo necesario. Se dice de sí mismo o de otra persona, cuando le ha ocurrido diversas y varias desgracias en los últimos tiempos. Mala suerte. 'Yo toy como salao en etos'úitimo mese.' Bebé o niño gracioso y juguetón. '¡Ay, pero qué salá ej'esa muchachita!' (ver 'Me'; 'Mese'; 'Muchachita')

Sale mai. ¡Te va salí mai! Te puede salí mai: (Sale mal. ¡Te va a salir mal! ¡Te puede salir mal!) Amenaza a un niño cuando está molestando: 'Obedéseme Juanito, quiáquete sale mai!' Amenaza que hace alguien cuando está siendo molestado por otro de una manera agresiva y personal. Frecuente en reuniones, después de varios 'tragos'. '¡No me siga jodiendo Pedro que te puede salí mai!' 'Si sigue con'esa fanfarronería te va sali mai'. (ver 'Quiáquete')

Sale ma la sai qu'ei chivo: (Sale más la sal que el chivo) Es decir los preparativos van a salir más caros que el beneficio de los resultados. (ver 'Negocio'e capa-perro')

Salería. Saledría: (del verbo 'salir') Saldría. '¡Si Juansito saledría (salería) del'aposentro? (ver 'Aposentro')

Sali'ai papá (mamá): (Salió al papá (mamá) (f 'Salería' p331) Se dice del niño que se parece a su papá o mamá.

Salida (pagai la): (Pagar la salida) Pago que se hace a la dueña (ver 'Maipiola'), para sacar una de las mujeres fuera del burdel.

Salién: (C: salieron) 'Se me salién lo miao de la risa'. 'Taban tan borracho que salién to cayéndose de la fieta'. 'Salién to temprano de la fieta.' (ver 'To')

Salién juyendo o **Salieron juyendo:** Se dice cuando se cae algo de las manos y sale rodando por el piso. 'Se me cayeron lo menuse y salién juyendo poi tuá paite. (ver 'Menuse'; 'Tuá')

¡Salió con'un di'atrá p'alante!: (¡Salió con un de atrás para adelante!) Se dice cuando alguien le contesta mal a otro, o le dice algo de mala manera, o insultante. '¡Oye, Pedro le salió con un di'atrá p'alante a Juansito anoche en la fieta, que yo no como no peliaron!' (ver '¡Oye!'; 'Alante')

Salió diparao: (Salió disparado) Se dice de alguien que salió de una reunión o fiesta rápidamente antes que terminara, y a veces sin decir nada o despedirse de nadie.

Salió ei caido ma caro qu'ei pollo. Sali'ei caido ma caro qu'ei pollo: (Salió el caldo más caro que el pollo) Se dice de algo que ha demandado mucho tiempo y trabajo para la poca utilidad que tiene. (ver 'Ma'; 'Qu'ei')

Salió juyendo. Salí juyendo: (Salió huyendo. Salí juyendo) Se dice de una persona cuando sale corriendo de un lugar; pero es de uso más común para significar que salió de allí caminando normalmente, pero antes del tiempo que debía haber salido. También se aplica a cualquier cosa inanimada, como una bola, dinero u otro objeto que se cae de la mano y sale rodando por el suelo. P: '¡Qué fu'ese ruido que y'oí? R: 'Adió, y no fu'ei jarru'e porra ese que se me cayó y salió juyendo pu'ei piso.' 'Se me cayén lo cuaito de la mano y salién to juyendo poi tu'ei piso'. (ver 'Fu'ei ...'; 'To'; 'Cayén'; 'Salién'; 'Pu'ei'; 'Tu'ei')

¡Salió como si na! o **¡Salió lo mimo que na!:** ('¡Salió como si nada!' o '¡Salió lo mismo que nada!') Se dice de alguien que se ha marchado de una reunión callado y sin despedirse.

Salise dei tieto: (Salirse del tiesto= Salirse de la vasija de barro) Se dice de la persona que hace algo exagerado, o cambia de forma de ser fuera de lo que se espera de su personalidad o habilidad. '¡Utede si'han fijao que Juansito como que si'ha salío dei tieto!'

Sali'ún: (Salido un...) ¡A mi como que mi'ha sali'ún nació en'ete pie?' (ver 'Como que...' y 'Mi'ha')

Samai: Pasar las manos repetidamente por una superficie para alisarla. (ver 'Samándose')

Samán: Árbol muy grande, de tronco de más de un metro de diámetro y una copa que se extiende a modo de sombrilla de poco más de diez metros de diámetro. A veces se encuentra uno al lado de la carretera entre un pueblo y otro, y sirve de centro de direcciones para llegar a lugares vecinos y casas de familia. Casi siempre se le da el nombre del cabeza de la familia que vive más cerca de él. (ver 'Ei samán de Juanico')

Samándose: Estar muy juntos los enamorados pasándose las manos por el cuerpo. 'Pedro y Lola se pasaron la fieta anoche samándose en'un rincón.'

Samao: Liso, suave y de un color diferente al natural, como se ponen las prendas de vestir de bido al frecuente uso o de tanto pasarle las manos; en el área de los bolsillos y en las sentaderas.

Sambeta: Cortaplumas grande que se usa más como arma blanca. 'Dicen que a Pedro le metieron un sambetaso en la cara anoche en'ei barrio'e lo cuero.' (ver 'Cuero')

Sambo: Que de naturaleza tiene las piernas arqueadas hacia fuera.

Sambullise: (C: Zabullirse o Zambullirse) 'Juanito se sambulló en'ei chaico y tuvu'al'ajogaise.' (ver 'Chaico')

Samo: Semilla redonda de forma aplanada y cáscara lisa y muy dura y negra, de una a dos pulgadas de diámetro. Cuando se frota en la ropa se calienta intensamente, y puede quemar la piel.

Sampiai: (C: zampar= comer apresuradamente) Comer apresuradamente. 'Juansito se sampió ese platu'e moro en'un do poi tre'. (ver 'En'un do poi tre')

Samuro: (Samuro o Zamuro: aura, ave de rapiña, en otros países sudamericanos) Tímido; de poco hablar. 'Esi'hombre e'medio samuro'. (ver 'Encogío' y 'Aisao')

San: Juego o plan económico en el que cada persona de un grupo contribuye con dinero regularmente a intervalos definidos, y a cada uno le toca una cantidad determinada cada cierto tiempo. 'Juansito ta metío en un san ahora.'

Sana: Se refiere casi siempre a una pregunta o conversación, y sale a flote cuando alguien se queja de lo que se habla o pregunta. '¡Y poiqué ta bravo Juansito? ¡Etej'una conveisación sana!'. '¡Mira, se puso bravo por'una una preguntica sana que l'hice!'. Cualquier comida es sana cuando no le hace daño a nadie.

Sana, sana, culito de rana, si no sana hoy, sana mañana: Úsase para calmar a los niños y aliviarle el dolor, cuando se dan un golpe menor, que no requiere cuidado médico. Ya para los dos o tres años, que entienden las palabras, los niños se ríen dentro del lloro al oír 'culito de rana'.

San Alejo: Santo legendario al que se invoca para que aleje una situación difícil, una tormenta, o una persona desagradable que alguien da la noticia de que viene de visita. 'San Alejo de poi Dio aléjalo'. (ver 'De poi Dio')

Sancocho: (C: alimento a medio cocer) Plato típico dominicano a base de trozos de carne, rodajas de plátano verde, yautía y otros vegetales, sazonado con cilantro, sal, ajo, y bastante caldo espeso. A veces toma un color amarillo oscuro, cuando, según dicen en el campo, se cocina en paila de hierro o se mueve con cuchara de metal: 'Sancocho prieto', que también es el título de un merengue tradicional. Problema entre familia o amigos. 'Ese chime entre lo Flore y lo Grullone si'e j'un sancocho feo!' (ver 'Prieto')

Sancú: (C: zancudo=que tiene las zancas largas) Persona que tiene las piernas largas. Mosquito.

Sanganá: (C: zanganada= hecho o dicho impertinente y torpe) Conversación boba o disparatosa. 'No ombe, Juansito t'hablando sanganá.' (ver 'Ombe')

Sángano. Sanganote. Sanganón: Hombre flojo, torpe, bobo en el hablar y en negocios. 'Juan e'medio zánganon'.

Sangre'maco: Persona que no se altera fácilmente. 'Esi'ombre tiene la sangre'maco'.

Sangrerío: (ver 'Ei sangrerío')

Sangrú: (Talvez del castizo 'mala sangre'= persona de carácter avieso o vengativo) Persona que por su comportamiento o manera de hablar causa aversión o antipatía. Antipático. '¿Te fijate en'ese amigo e Juansito? ¡Qué sangrú e!'.

Sánguiche. Sánuich: (Del inglés 'Sandwich'= emparedado) 'Yo lo que me comí a medio día f'un sánguiche.'

Sangulutiai: (C: zangolotear= mover una cosa continua y violentamente) Mover una cosa continuamente de un lado para otro. '¡Mira muchacho, no sangulutée ese pobre muchachito, que le pu'hacei daño!' (ver 'Pu'hacei') No sangulute's'agua que se va a botai'.

San'Isidro Labradoi quit'el'agua y pon ei soi: (San Isidro Labrador quita el agua y pon el sol) Se dice, o se reza, cuando ha estado lloviendo mucho y se anhela un poco de sol.

Sansiacabó: (San se acabó) Se usa para darle término a una orden o discusión. Con ponerle el nombre de 'San' o de santo, se le dá más poder a la orden.

¡Santa Báibara bendita abogada de lo trueno!: (¡Santa Bárbara bendita abogada de los truenos!) Comienzo de una oración que se ofrece cuando hay amenaza de tormenta severa, con un nublado temeroso, relámpagos y truenos.

¡Santísico!: (¡Santísimo!) El mismo significado de '¡Santísimo!' (ver 'Santísimo')

¡Santísimo!: Interjección de sorpresa o extrañeza, acerca de algo inesperado; casi siempre acompañada del nombre de la causa. 'Santísimo, qué feo esi'animai'

¡Santísimo, qué bajo!: (¡Santísimo qué vaho!) Es probablemente el peor mal olor que el hablante ha sentido en su vida. Con frecuencia es debido a un pedo salido de alguien en el grupo, y el oliente, desesperado, le da tiempo a decir '¡Santísimo, qué peo!', mientras sin perder más, se cubre la nariz con las manos, o se la oprime con los dedos.

Sapatera. Sapatero: (Zapatero) El que arregla zapatos. (ver 'Dejai en sapatera' y 'Se quedó sapatero)

Sapatiaise: Salirse de una reunión que talvez no es de su agrado, casi siempre sin que nadie se de cuenta. 'Juansito se sapatió de la reunión di'anoche, haciéndose qu'iba ai baño.'

Sapato: (Zapato) Es singular y plural: zaapato y zapatos. '¡Eso sapato tan bonito Pedro!' (ver 'Tan')

Sapatón: Zapato grande. Extrusión de aire de las llantas de goma de los vehículos, formando una protuberancia en ellas.

Sapito: Lesiones blancuzcas en la mucosa de la boca; casi siempre en los niños. 'Llev'ese muchacho al'hopitai, esu'e sapito que tiene.'

Saporrán: Sapo grande que canta en los pantanos al anochecer en un tono ronco y persistente.

Sapote: (zapote) Fruta del árbol del mismo nombre. Es ovalada, de cuatro a cinco pulgadas de largo, de pulpa roja y dulce.

Saqu'ei... Saqu'ese...: (Saca el... Saca ese...) 'Saqu'ei plátano de la paila' 'Saqu'ese plátano de la paila.' (ver 'Sacat'ei...)

Saqu'ese... Saqu'esa...: (Saca ese... Saca esa...) '¡Tu ve Juanito! Poi no dejaite saqu'esa epina se ti'ha infeitao esa mano'. (ver 'Andana')

Saqueta: Funda de mediano tamaño, casi siempre de cuero, para llevar cosas personales.

Saramagullón: (Ave palmípeda que dura mucho tiempo sumergida bajo agua) Por analogía, persona con habilidad de hacer cosas ilícitas sin que nadie lo descubra. (En Venezuela: *Zaramullo*= hombre ligero, astuto y engañador)

Sarambo: baile de ciertas regiones de El Cibao .

Saranana: Comezón en cualquier parte del cuerpo que dura varios días. 'Juansito debe tenei saranana; tiene mucho día racándose.'

Saraso: (C: sarazo= maiz u otra fruta que empieza a madurar) Plátano o yuca hervidos que quedan incompletamente cocidos. Erección incompleta del pene. (ver 'Aicojolao')

Sasoná: Sasonada.

Sasonai: (Sasonar) Sasonar una comida o una carne antes de asarla. También sasona aquel que no cesa de hablar de un chisme. '¡Oye, pero Juana no deja de sasonai ese chisme de José y Momín!'

Satería: (ver 'Sato')

Sato. Sata: Persona graciosa y simpática, casi siempre joven. (ver 'Perro sato')

Se ajoga en'un vaso de agua: (ver 'Si'ajogu'en'un vaso di'agua)

Se aimó un lío o Si'aim'un lío: (Se armó un lío) Una discusión que casi llega a pleito en una fiesta o reunión. Es menor que 'Un sai pa'fuera' (ver).

Sebá. Sebao: Se dice de la persona muy gorda. 'La pobre Juanita ta sebá de goida'. Cerdo que se ha engordado para la matanza. 'Yo tengo do puerco sebao y lito pa vendei.' (ver 'Lito')

Se biá. Se bián: (Se había. Se habían) '¡Ah, po yo no sabía que Juana se biá casao con Pedro!' 'Cuando yo llegué ya ello se bián dío (ver 'Po', 'Dío' y 'Casao')

Seboso: Se dice de lo que tiene la consistencia de sebo; con frecuencia de la pulpa de algunos aguacates. (ver 'Aguanoso')

¡Se botó!: Se dice de alguien que se ha enojado en demasía al escuchar algo que no le ha agradado. '¡Oooye, pero Juansito se botó cuando cuando dijieron que su mamá tenía novio'. Se dice del río cuando se desborda durante los temporales de mucha lluvia.

Seca: Inflamación, a veces indolora de una glándula, casi siempre en la ingle.

Se cagó dei mieo: (ver 'Se cagó dei suto')

Se cagó dei suto: Expresión que rara vez es literalmente verdadera, sino simplemente una exageración de un gran susto sufrido por alguien. 'Juansito se cagó dei suto'.

Se cagó fuer'ei cajón: (Se cagó afuera del cajón) Se refiere a alguien que estaba seguro de hacer un buen negocio y perdió mucho dinero en él. Alguien que se ve envuelto en un problema serio por haber hablado mal de otro sin darse cuenta de que se iba a saber. (ver 'Cajón')

Se cambiaron lo papele: (Se cambiaron los papeles) Se dice cuando Juan habla bien de un sujeto (política, etc.) y Pedro en contra; y después de un tiempo Juan habla en contra y Pedro a favor del mismo sujeto.

Se cantió en la raya: Posición que toma alguien que ha sido molestado muy de seguido, que finalmente, con aspecto muy serio, demanda de manera desafiante no lo molesten.

Se cree que and'y no gatea: (Se cree que anda y no gatea) Se dice de alguien que es vanidoso y quiere aparentar como muy importante. (ver 'Gatiai')

Secundino: Nombre de varón. Probablemente el segundo, aunque el primero haya sido hembra.

Se defiende: (Se defiende) Se dice de la persona que aunque no gana dinero como empleado, hace trabajos aquí y allí, y le pagan bien. P: '¿Ya Jesusito consiguió empleo?' R: 'No, ¡peru'ei se defiende!'.

Se deja querei: (Se deja querer) Se dice de la persona simpática y fácil de socializar con ella. 'Juansito e de la gente que se dejan querei'.

Se dejó cogei ei lao flaco: Alguien que hace todo lo que otro le dice que haga, sin protestar.

Se dejó cogei lo hueso o lo güeso: Alguien que hace todo lo que otro le dice que haga, sin protestar. (ver 'Lo cogieron de pendejo'; 'Güeso')

Se dejó lavai: Se dejó engañar. (ver 'Lo lavaron')

Se diparó: (Se disparó) Salió rápidamente del lugar donde estaba, sin avisarle a nadie.

Se desapareció (Ei, Ella): Se dice del familiar o amigo que hace algún tiempo que no se ha vuelto a ver, sobre todo después de habérsele hecho un favor.

Se entregó. ¡No te entregue!: Aquí 'entregarse' es usado en vez de 'rendirse' o 'darse por vencido'. Se usa para darle ánimo y soporte a alguien que esta frustrado sobre algo con que está pasando alguna dificultad. Cuando alguien renuncia o deja un trabajo que es fácil, se dice que se entregó.

Se fajaron: Se pelearon a los puños, dos o más personas. 'Cuando la fieta taba en lo mejoi se fajaron Juansitu'y Pedro'. (ver 'Taba')

Se fajó a...: Se aplica a cualquier evento natural se hace muy intenso y repetido: 'Se fajo a llovei'.'Se fajo a nevai'. ¡Ese muchacho se faju'a gritai y no había quien lo parara!'

Se faju'a comei. Ropi'a comei: (Se fajó a comer. Rompió a comer) Empezó a comer, casi siempre antes que los compañeros, y comió rápido y sin descanso.

Se fue como peo'e mula: Se dice del amigo que se desparace y no se vuelvea ver nunca. El peo de mula se lo lleva el viento. (provisto por Xiomarita Perez)

Se fue en blanco: 'Trató y trató, pero se fue en blanco.' En base-ball, cuando al bateador le pasan tres 'strikes' y no le tira a ninguno se dice 'se fue en blanco.' (Ver 'Poncharse' y 'Abanicar')

Se fu'en mieida: (Se fue en mierda) Le dio una diarrea tan mala y prolongada que quedó debilitado. O alguien que murió debido a una diarrea extremadamente mala. 'Ei pobre Pedrito se fu'en mieida'.

Se fue por'atrá de la paima o **...por atr'e la paima:** Muchacha que se va a vivir con el novio, sin haberse casado. Antes se decía cuando se iba escondida de los padres, y de noche. (ver 'Mar'i mujei')

Segueta: (Sierra de ebanistería) Cuchilla de filo cortante. Hombre que engaña con facilidad.

Seguidilla: De lo que sufre alguien que no puede parar de hacer, o de comer algo que le gusta. 'Ese turrón li'a dao seguidilla a Juancito'.

Segureña: Seguridad. (ver 'A la segureña')

Seguro: Respuesta del oyente a una opinión que de acuerdo a él es posible, o cree que es verdadera.

Si'ha hecho: (Se ha hecho) Algo o alguien que se ha desaparecido por un tiempo. '¡Señore, pero yo no se qué si'ha hecho Juansito que no lo veo hace má di'un me!'

Se hiso. S'hiso: (Se hizo) Se refiere a algo o alguien que no se ha visto por un tiempo. '¡No se qué s'hiso la cajita esa que yo tenía!'

Se hiso de la vita goida: (Se hizo de la vista gorda) Se dice de alguien que vio algo en lo que debía actuar, e hizo como si no hubiera visto nada.

Se hisu'ei chivo loco: (Se hizo el chivo loco) Se dice de alguien que ha hecho una travesura o maldad y se queda tranquilo o sigue su camino como si no hubiese ocurrido nada, especialmente aún le pregunten por qué lo hizo. (ver 'Se quedó como si na')

Sei: Seis. Ser. 'Hoy semo tre, pero mañana vamo a sei sei.' (ver 'Semo' y 'Tre')

Sei blanco e'juna profesión. (Ser banco es una profesión) Insinúa que a las personas de raza blanca las tratan 'mejor' que a los que no son blancos, consiguen los mejores trabajos, y casi siempre son dueños de los mejores y más lucrativos negocios.

Seibó: Mueble con varias gavetas para guardar utensilios de mesa, manteles y servilletas.

Sei de hierro: (Ser de hierro) (ver '¡Tu cre'que yo soy de hierro?')

Seif: (Del inglés 'safe') En béisbol, cuando el corredor llega una base antes que la bola.

Séimino (Sérmino) (¿de semental?) Mulo grande, Estéril. Cruce de burro y yegua.

Sei pa'semilla: Se refiere a alguien que habla acerca de hacer algo muy distante en el futuro, tanto que probablemente no esté ya vivo para ese tiempo. '¡Adió, pero oigan a Juansito, ei cre'que va'sei pa semilla!', o '¡..., ei cre'que nació pa'semilla!'.

Seisiento: (Seiscientos) 'Yo pagué seisiento peso por'ete relosito'. (ver 'Por'ete'; 'Relosito')

Sei un cuchillo: (Ser un cuchillo) (ver 'Esue'jun cuchillo...')

Seiví: (Servir) 'Ese burro ya no va seiví pa na; ya ta muy viejo.'

Seja: (ceja) Parte cubierta de pelo sobre los ojos. Camino por dentro del bosque, o a la orila y a lo largo del camino real.

¡Seja!: Voz, con frecuencia repetida, con que se trata de calmar a los mulos cuando no quieren dejarse aparejar: '¡Seja mulo, seja!'

¡Se jodió la Biblia!: Se dice cuando algo muy importante que se ha estado haciendo sale mal, o algo que se estaba esperando no llegó a tiempo. 'Ahora si'e veidá que se jodió la Biblia'.

Se jorobó: Se dice de alguien que está envuelto en un negocio malo.

Se jué o **Se fue:** Se fue. 'Se jue' es frecuente en el 'Campo adentro'. (ver 'Caopu'adentro')

Se juntaron: Hombre y mujer están viviendo juntos sin casarse. 'Juansito y Etela se juntaron no hace mucho'. (ver 'Tan junto')

Se la buca: (Se la busca) Que siempre busca y encuentra trabajo., y nunca está corto de dinero.

Se la canté: (Se las canté) Decirle verdades desagradables a otro en una discusión acalorada.

Se la canté toa pan pan: (Se las canté todas pan pan') Cuando en una discusión alguien le dice a otro algunas verdades desagradables que este mantenía en secreto. 'Se la canté toa ahí mimo pan pan claro y pelao.' (ver 'Se la canté', 'Claru'y pelao' y 'Pan pan')

¡Se la comíooo!: Dicho en un tono de voz ligeramnente más alto que lo normal, es una expresión de elogio a alguien que acaba de hacer algo dificil muy bien hecho.

Se la da: Se usa en la frase '¡Ese si se la da!' Persona pretenciosa. (ver 'Dándosela')

Selaje o **Celaje:** (C: celaje= aspecto de cielo) Corriendo muy rápido, a una velocidad muy grande. 'Juansito iba porai com'un selaje'. (ver 'Selación')

Se la llevó: Cuando el hombre se escapa con la novia para vivir juntos, sin permiso de los padres. 'Juansito se llevu'a Caimensita anoche'. (Y Caimensita 'se fue por'atrá de la paima' [ver])

Selasión o **Celasión:** Iba corriendo muy rápido. 'Me pasò pu'ei lao com'una selasión.'

Se la soplaba: Refiriéndose a una mujer en particular, se menciona a alguien que se acostaba con ella. '¡Tu t'hablando de Mirella? No ombe, Juansito se la soplaba'. (ver 'Ombe')

Se la trajo. Se la trae: Se dice de la persona que ha estado triunfando en su vida y trabajo.

Se le cayén lo palito o **Se le tan cayendo lo palito:** (Se le cayeron los palitos) Similitud con algo que se le caen los palitos que lo aguantaban parado. Alguien muy próspero que ha perdido casi todo. Alguien muy conocido y estimado que ha cometido algun hecho grave, y ya nadie quiere tener amistad con él o ella. 'A Juanita se le cayén lo palito depué que la vieron entrando al'hotei con un'hombre'.

¡Se le crusán lo cable!: (¡Se le cruzaron los cables!) Se dice de alguien que durante una conversación opina algo que nada tiene que ver con lo que se está hablando. '¡A Juansito se le crusán lo cable!'

Se le fu'ei tiro poi la culata o **Le salió ei tiro poi la culata:** El negocio, o le que fuera que estaba seguro que le iba a salir bien, le salió opuesto a lo que esperaba.

Se le fue la mano: (Es castizo) Se usa con frecuencia cuando alguien se exagera en algo, o comete un error muy grave. 'A Juansito se le fue la mano dándol'esa trompá a su amigo'. (ver 'Trompá')

Se fuén los'humo'ja'la cabeza o **Se le subieron los'humo'ja'la cabeza:** Se dice de alguien que actúa con extremada autorida cuando le dan un pequeño ascenso, o habla mucho de sus riquezas cuando le va bien en un negocio. Aquí se usa el artículo 'los' apropiadamente.

Se le metieron: Se dice cuando los ladrones se meten a una casa y roban. 'Anoche se le metieron a Juansito y lo limpiaron.' (ver 'Lo limpiaron')

Se le metió p'un oído y le salió pu'el otro. Se le metió p'un'oreja y le salió poi la otra: Se dice cuando le han dado una orden o un consejo a alguien y no lo hace o lo sigue. 'Le dije que no se bañara con'ese catarro y se le metió p'un'oreja y le salió poi la otra.' (ver 'Bañaise con catarro')

Se le pelu'ei billete: (Se le peló el billete) Se dice de alguien que no le salieron los planes como él quería. Se refiere a un billete de la lotería cuando no sale premiado. (ver 'pelaise')

Se le safó: Se dice de alguien que ha dicho una obscenidad por equivocación; 'A Juanita se le saf'un coño'. 'A Juansito se le saf'un peo alant'e la gente'. (ver 'Safai')

Se le safó la varill'ei guía: (Se le zafó la varilla del guía) Excusa que antes ponían los choferes cuando se les volcaba el vehículo que ellos conducían.

Se le salió la babita: Se dice de alguien que se alegra en extremo, o queda con la boca abierta, cuando ve o recibe algo que le gusta en demasía. 'A Juansito se le salió la babita cuando esa hembra lo miró con una sonrisa.'

Se le sali'un'agüita: Se dice cuando a alguien se le sale in pedo de sonido aguado, por lo común un niño. '!Ay, se le sali'un'agüita!' o '¡Ay, se le salio la agüita!'

Se le sali'un gallo: (Se le salió un gallo) Se dice del cantante cuando accidentalmente da una nota falsa y muy aguda. Relación con el canto del gallo.

Se le subieron los'humo a la cabeza o **Se le tan subiendo los'humo:** (Se le subieron los humos a la cabeza) Se refiere a alguien que se jacta desordenadamente de su recién adquirida riqueza o triunfo en algo. 'A Pedro se le tan subiendo los'humo.'

¡Se le va'cai'arriba!: (Se le va a caer arriba) Se dice de alguien que ha estado usando la misma prenda de vestir con frecuencia, o a diario.

Se le va a romp'ei gaigüero: (Se le va a romper el gargüero) Se dice cuando un cantante sube la voz a la última nota y la sostiene. También cuando alguien de voz chillona habla sin interrupción. (ver 'Guaiguero')

Se le ve to: Se refiere a la mujer que está sentada de tal manera que se le ven los muslos y prendas interiores. 'Mir'esa mujei como ta sentá, se le ve to.' (ver 'Mai sentá')

Se lo canté claru'y pelao: (Se lo canté claro y pelado) Le dijo a otro lo que se merecía en pocas palabras y sin rodeos. 'Se lo canté claru'y pelao que no siguiera hblando mai de mi.'

Se lo comién la queresa o **Se lo tan comiendo la queresa:** (Se lo comieron la queresa. Se lo están comiendo la queresa) Alguien que perdió o está en el proceso de perder todas sus posesiones y dinero, está en la ruina y ni se sabe mucho de él. También, alguien que ha sido muy famoso y ya no se menciona tan a menudo como antes. (ver 'Queresa'; 'T'ei moquero'; 'T'ei mimero'; 'Comién'; 'Se lo tan comiendo lo gusano')

Se lo comió: Se refiere a haberse comido algo. También cuando alguien ha pasado mucho tiempo tratando de arreglar algo y no puede, se dice que el objeto se lo está comiendo. 'Oye Juansito, esa ventana te comió.' 'Pedro se pusu'arregl'ese motoi y ei motoi se lo comió.'

Se lo comi'a dicho: (Se lo comió a dichos) Alguien que insultó a otro con muchas malas palabras. 'Si'utede bian vito, esa mujei se comió esi'hombre a dicho.' (ver 'Bian' y 'Se lo comió vivo')

Se lo comió vivo: Tiene básicamente el mismo significado que 'Se lo comi'á dicho', pero quizá un poco más intenso.

Se lo ganó de calle o **Me lo gané de calle:** Se ganó a otro por una gran cantidad, y probablemente en poco tiempo, de lo que seaque se esté hablando: boxeando, en una carrera, etc.

Se lo lambién o **lambieron:** Lo mataron. (ver 'Se lo limpiaron', "Se lo tiraron")

Se lo limpián o **limpiaron:** Lo mataron. (ver 'Se lo lambieron', "Se lo tiraron', 'Lo limpiaron')

Se lo llevó de cuajo: Cortar algo completamente. 'A Juan le dieron un machetazo anoche que le llevaron ei brazu'iquieido de cuajo.'

Se lo llevu'ei diablo o **Me llevu'ei diablo:** se refiere al alguien (o uno mismo) que se ha envuelto en un problema serio y no puede resolverlo. 'A Juancito se lo llevu'ei diablo'. 'Me llevu'ei diablo en'ese negocio'.

Se lo metién frío o **metieron frío:** (Se lo metieron frío) Lo tomaron por bobo y lo engañaron en el negocio sin que se diera cuenta. 'A Juansito se lo metieron frío en ese negocio'. Se refiere a que el introducir un objeto frío por el ano es menos doloroso que si fuera caliente. (ver 'Metién')

Se lo sabi'así: (Se lo sabe así) Se dice mientras se frota el dedo índice y el pulgar, indicando que la persona de que habla conoce el sujeto en cuestión con minuciosidades.

Se lo sembraba: Quiere decir que se acostaba con la mujer de que se habla. 'Y dicen que Juansito se lo sembraba.' (ver 'La sonaba')

Se lo tan comiendo lo gusano: A los animales muertos les crecen gusanos (larvas) de los huevos de las moscas. Por similitud, se dice de la persona que ha estado en buenas condiciones y cae en desgracia, que 'se lo tán comiendo lo gusano'. (ver 'Se lo tan comiendo la queresa')

Se lo tiraron: (ver 'Se lo lambién' y 'Se lo limpián')

Se lu'arranqué de la mano: (Se lo arranqué de la mano) Se dice cuando se ha comprado algo sin regatear por considerar su preci de venta muy por debajo de lo que vale. 'Me dijo que me lo dab'en domí peso y se lu'arranqué de la mano.' (ver 'Domí')

Se mandó: Salió corriendo (de un lugar). 'No se qué le pasu'a Juansito que se mandó corriendo sin decí na'.

Se mató...: (Se mató...) Alguien hizo mucho de lo que sea que se habla. 'Juansito se mató comiendo d'ese sancocho anoche.' 'Pedro si'ha matao trajando en'esa tierrita que compró.'

Sembraise (Sembrao. Sembrá): Cuando alguien que venía caminando rápidamente o corriendo, se detiene de repente. '¿Tu vite, como Juansito venía matándose y se quedó sembrao cuando no vido aquí?' Se le aplica también a objetos inanimados cuando van moviéndose y de repente se paran. 'Ese carro veniá volando y se sembró frenti'a la casa. (ver 'Matándose'; 'Vido'; 'Volando')

Se me cayeron (cayén) las'ala dei corazón: Sentir mucha pena de algo que se ha visto u oído. "Cuando me dieron esa noticia se me cayeron las'ala dei corazón'. 'Cayén' es más común en el campo adentro.

¡Se me dio!: Se dice cuando llega lo que se esperaba. Cuando se ha trabajado mucho por algo y se consigue.

Se me fue o **¡Se me fue!:** Se dice cuando se piensa decir algo y en el momento de decirlo, de repente se olvida. También cuando se pierde una uña por accidente. 'Tenía que deciti'aigo, pero se me fue.' 'Se me fu'esa uña por'ei carrache'. (ver 'Carrache')

Se me fue de la cabeza o **Se me fue de la mente:** Es lo mismo que 'Se me fue'. (ver 'Se me fue')

Se me fue l'aimonía: (Se me fue la armonía) (C: armonía= combinación de sonidos musicales diferentes, pero acordes) (ver 'Se me fue la melopea')

Se me fue la mano. Se le fue la mano: Se dice cuando se está haciendo, cocinando, o aún diciendo algo, se exagera por tratar de hacerlo o decirlo mejor, y no queda como debía.

Se me fue la melopea: (Se me fue la melopea) (C: melopea= canto monótono) Lo dice alguien cuando en un juego le ha estado yendo bien, y de momento empieza a perder el ritmo mental y físico del juego. 'Ya se me fue la melopea'.

Se me fue por'ei camino viejo: (Se me fue por el camino viejo) Ataque repentino de tos debido a una partícula de alimento que pasa a la tráquea.

Se m'engrifán lo pelo: (Se me engrifaron los pelos) Lo dice alguien cuando se emociona y se le eriza el pelo por una noticia, una canción o a la vista de algo temeroso.

Se me pegó: Se dice cuando se pega a la ropa o la piel. También cuando algo que se ha oído o leído no se va de la memoria. ¡Oye, se mi'ha pegao eso que dijo Juancho.' También cuando se piensa salir solo y alguien se le une sin ser invitado. 'Yo quería di'ai pueblo solo, pero Juanito se me pegó.'

Se me salién lo miao de la risa: Me reí hasta más no poder. (ver 'Salién')

Se me salió l'orina de la risa: (Se me salió la orina de la risa) Así lo dicen las mujeres, significando lo mismo que 'Se me salién lo miao de la risa'.

Se metió a viví: (Se metió a vivir) (ver 'Se metió con')

Se metió con...: Se dice cuando una mujer se muda a vivir con un hombre. '¿Utede supieron, que Juanita se metió con Pedro? 'Ella se metio aviví con Lalo' (ver 'Se mudó con...')

Semilla: Pepita de las frutas. Clítoris. (ver 'Nacei pa semilla')

Se mió en lo pantalone: (Se meó en los pantalones) Pasó un susto tan grande que se le salieron los orines.

Semo. Somo: (Somos) 'Juansito y yo semo primo', más frecuente en el ampo adentro. 'Pedro y yo somo primo'.

Semo hijo de la mueite: (Somos hijos de la muerte) '¡Tan joven que se murió Juanita! Pero to semo hijo de la mueite.' (El vocablo 'hijo' se usa aquí apropiadamente) (ver 'To'; 'Semo'; 'Probe'; 'Jijo')

Semo poco pero ecogío o d**ecogío:** (somos pocos pero escogidos) Se refiere a que para competir (o pelear) con un grupo numeroso, son pocos, pero son buenos y bien entrenados. (ver 'Decogío' y 'Ecogío')

Se mudó con...: (ver 'Se metió con...')

Se murió de repente: Se decía de alguien que había muerto sin que se supiera que estaba enfermo. Con el avance de la ciencia médica esta frase ha sido reemplazada por 'Se murió di'un ataque dei corazón.'

S'encabronó: (se encabronó) Se enojó en demasía. 'Juancito se'ncabronó poique le dijieron que llegó taide')

Sensión: (Asunción) Como se pronuncia el nombre de mujer 'Asunción'.

Señalar: No encuentro el vocablo que describa la acción del dominicano cuando le señala en secreto a su acompañante alguien que está muy cerca de ellos. Se reunen los labios, extendiéndolos en dirección de su objetivo, acompañado de un ligero movimiento de la cabeza, pero sin mirar directamente al señalado. (*¿Labitar? ¿Labipuntar?*) (ver 'Apuchai')

Señorita: Mujer que no ha tenido relaciones sexuales.

Se pasó de sai: (Se pasó de sal) Salado. Alimento que tiene más sal de la necesaria

Se pasó di'asuca: (Se pasó de azúcar) Se dice de algo que está más dulce de lo que debe estar.

Se patalió: Salió de un lugar peligroso a tiempo. 'Juan se patalió di'allí tan pronto si'aimu'ei rebú'. A veces seusa para decir que alguien se murió, 'Pedro se patalió hace tiempo.'

Se pega d'eso: (Se pega de eso) Se dice de alguien que con frecuencia trae a colación un incidente pasado y casi olvidado por los demás, para crear una discusión, o quejarse largamente de algo o alguien, presente o ausente. 'Pedro siempre se pega d'eso pa quejaise y empesai una dicusión.'

Se peidién: (Se perdieron) 'Parece que se peidién en'ei camino poique nu'an llegao'. 'Utede se peidién d'esa fieta tan buena'.

Se peló: Se recortó el pelo. Un billete o boleto de lotería que no salió premiado.

Se peló poi no peinaise: (Se peló por no peinarse) Se cortó el pelo para no tener que peinarse. Quizá: vendió todo lo que tenía para no tener que trabajar para mentenerlo. También como 'pelarse' es recortarse el pelo, la frase pudo comenzar cuando se 'peló' un billete, y el dueño diría 'Se peló poi no peinaise.' (¿Algunas sugerencias?) (ver 'Pelaise')

Sepillo: (C: cepillo) Cepillo. Apodo de los carros de espionaje del dictador trujillo (Volkswagen)

Se prendió: Se dice de algo que cogió fuego. También de alguien que tomó mucho ron y se emborrachó. Se dice de un fósforo o una vela cuando se prenden; así como de una pequeña planta cuando se trasplanta y se mantiene viva y crece.

Se puso a ...: Empezó a hacer algo. 'Juanito se pusu'a gritai poi na'. (ver 'Poi na')

Se puso bravo: Se enojó por algo que no le gustó. 'Juansito se puso bravo y se fue'. También se usa con frecuencia: ¡Juansito se pone bravo poi'ná!'.

Se quedó como si ná: ('Se quedó como si nada'; es decir 'como si nada importante hubiera pasado o hecho') Estado normal y natural que demuestra alguien después de coger o adueñarse de algo que no le pertenece sin permiso; o de hacer, o triunfar en algo de gran importancia, o ganar un premio.

Se quedó gaguiando o **Se quedó tragando'en seco:** Se quedó esperando algo que deseaba en extremo, y que nunca llegó. (Comparación de seguir tragando sin más agua en el vaso)

Se quedó sapatero: Que estaba esperando algo y no le llegó, o no consiguió nada de lo buscada.

Se quedó seco: Quedarse pasmado o paralizado por algo que acaba de oír y que lo afecta personalmente, o por un susto.

¡Se quedó sembrao!: (¡Se quedó sembrado!) Se dice de alguien, y hasta de un objeto, que se iba moviendo a gran velocidad y de repente se ha detenido y queda inmóvil. '¡Tu vite como Juansito venía a to lo que da y se quedó sembrao frenti'a la pueita!' (ver 'A to lo que da')

Se quedu'en la chú: Se dice del que quedó de último en una carrera, etc. (ver 'Chú')

Se quedó sin pito y sin flauta: Se dice de la persona que esperaba conseguir gran cantidad de algo, o mucha ganancia en un negocio, y por estar apurando la situación más de lo necesario no consiguió nada. 'En'ese negocio'e la vaca Juansito se quedó sin pito y sin flauta.'

Se quemó: Cuando se chamusca una comida en el fogón. Cuando un estudiante no apruba los exámenes para pasar al próximo curso. 'A Pedrito lo quemaron en'ei seto cuiso'. (ver 'Seto'; 'Cuiso')

Sereno: Humedad de la atmósfera durante la noche. (ver 'Cogei sereno')

Sero a l'iquieida: (Cero a la izquierda) Se dice refiriéndose a alguien que no trabaja, no se dedica a nada productivo, ni contribuye en una conversación. 'Moisé e'jun sero a l'iquieida'.

Se rompió la tasa: (Se rompió la taza) Además del significado real de romperse una taza, también significa 'se acabó la reunión', cuando ya se han agotado los temas de conversación.

Se rompió la tasa, cada uno pa'su casa: (Se rompió la taza, cada uno para su casa) Lo dice alguien antes de despedirse, en una reunión que ya va larga, y que además sospecha que algunos también desean marcharse.

Serrucho: (Serrucho) Sierra de mano para aserrar madera. Contribución monetaria entre un grupo para pagar por bebidas, etc.

Se saivu'en tablita: (Se salvó en tablita) Se salvó de un accidente o pelea de casualidad. Talvez se refiere a alguien que al caer se agarra de una ramita pequeña o tablita delgada que lo salva de peor suerte. 'Juansito se saivu'en tablita'. (ver 'Se saivó de chepa')

Se saivó de chepa. **Se sarvó de chepa** (en El Sur): (Se salvó de chepa) Se salvó de un accidente o pelea de casualidad. (ver 'Chepa')

Se saivó en tablita: (Se salvó en tablita) El mismo significado de 'Se saivó de chepa'. Quizá refiriéndose a que lo salvó la tabla más pequeña que podía aguantar el peso de su cuerpo en una caída.

Se salió con la d'ei (con la d'ella): Se dice de la persona que insiste en que se haga o resuelva algo como ella quiere, aunque no sea del agrado de la mayoría. Después de debatir la situación se concluye hacerlo de acuerdo a su proposición. 'Juansito siempre se salió con la d'ei'.

Se salió dei tieto: (Se salió del tiesto) (ver 'Se ta saliendo dei tieto')

Se sapatió: (Se zapateó) Se salió hábilmente del problema que estaba envuelto. 'A Juansito lo taban engañando y se sapatió'. (ver 'Taban')

Sesentami vece: (Sesenta mil veces) (ver 'T'he dicho ma de mi vece')

Se ta cagando dei mieo: (Se está cagando del miedo) Se dice del que render o) está muy asustado por algo. Casi siempre refiriéndose a los muchachos.

Se ta caicomiendo poi dentro: (Se está carcomiendo por dentro) Se dice de alguien que quiere contestarle a otro que acaba de insultarlo, pero se está reprimiendo para no crear más problemas. (ver también 'Caicomío poi dentro'; 'Ta'; 'Mieo')

Se ta llenando la casa de ...: (Se está llenando la casa de...) Exageración extrema de una advertencia para evitar algo desagradable. '¡No me entren con lo pie sucio que se me ta llenando la casa de lodo... de tierra...etc.!'

Se tan casando la bruja: (Se están casando las brujas) Se dice cuando el sol está presente y está lloviendo.

Se ta regando la vo: (Se está regando la voz) Se dice de algo, un asunto de importancia, chisme o verdadero, que ya se ha oído en dos o tres ocasiones.

Se ta saliendo dei tieto: Pasarse de los límites de sus derechos o deberes. Se dice de un niño o niña que empieza a hacer cosas de adultos. Que tiene su primera novia o novio. Que responde o contradice por primera vez a sus padres cuando estos lo reprehenden. (ver 'Tieto'; '¡No me reponda!')

Seteo: (Sesteo) Descanso. Mayormente usado cuando alguien están tan dedicado a algo que nunca toma un descanso; o cuando alguien o algo lo mantiene tan ocupado que no le da tiempo a descansar.'¡Ese pedacitu'e tierra que compró Juansito no le da seteo ningún día de la semana.'

Se te pelu'ei billete: (Se te peló el billete) Simbolismo de no ganar en la lotería, indicando que no le salió el plan o negocio como esperaba.

¡Se te ta viendo to!: (Se te está viendo todo) Se le dice a una mujer que tiene las piernas cruzadas de tal modo que se le ven las pantaletas. (ver 'Blumen') 'Mira muchacha, baja la piejna que se ta viendo to!' (ver 'Ta')

¡Se tir'un peo que me deju'afisiao!: (Se tiró un pedo que me dejó asfixiado) Se dice cuando alguien cercano al hablante se ha echado un pedo silencioso y maloliente. (ver 'Añsiao'; 'Peo')

Seto: (C: cercado hecho de palos) Pared de madera de las casas. A las de concreto se les llama 'paré'. Número ordinal 'sexto'. 'A Pedrito lo quemaron en'ei seto cuiso'. (ver 'Quemaise'; 'Se quemó'; 'Cuiso')

Se tragu'ei lucio: (Lucio o lucia es un reptil de piel brillosa, de unas cinco a seis pulgadas de largo) Se dice de la persona que colecta dinero, especialmente vendiendo boletos o billetes en una rifa, y se queda con el dinero del premio.

Se tragu'ei maco: Persona que en un negocio, se queda de manera ilícita, con gran cantidad de dinero, casi siempre en efectivo. (ver 'Maco')

Se trag'una sierra y nu'eruta: (Se traga una sierra y no eructa) Se dice de la persona sagaz, que engaña fácilmente a cualquiera sin inmutarse. 'Ese se trag'una sierra y nu'eruta'.

Se va comu'agua: Se dice algo que es sabroso y fácil de comer, y se come mucho de ello.

Se van como pan caliente: Se refiere a un objeto de venta, que un día se ha estado vendiendo en grandes cantidades, mucho más que en otras ocasiones. Referencia a la gran preferencia del pan acabado de sacar del horno.

Se v'eta ...: (Se va esta ...) 'Juansito se v'eta semana pa Nueva Yoi'. (ver 'Nueva Yoi')

Se viá o Se biá: (Se había) 'Juansito ya se viá dío (o 'ido') cuando yo llegué.'

Se voivió güeso: (Se volvió hueso) Se dice de la persona extremadamente flaca, que se le notan las marcas de los huesos en algunas partes del cuerpo por encima del vestido. (ver 'Flaca com'un'aguja'; 'Flaca com'un'ecoba')

Se voivió loca. Se voivió loco: (Se volvió loca. Se volvió loco) Se refiere a la demostración de gran alegría cuando alguien recibe un regalo. 'Juanita se voivió loca cuando yo le di la blusa'.

Se vueibi'un lío: (Se vuelve un lío) Se refiere a la persona que se confunde y se frustra tratando de resolver situaciones simples. 'Juansito se vueibi'un lío ca've que v'ai pueblo a comprai ropa.' (ver 'Ca've')

Siá: (Sea) 'Siá lo que sea, yo voy'. '¡Mira muchacho no siá propasao!' (ver 'Propasao'; 'Si'ha')

Si'abrusaron: (Se abrusaron) Se agarraron uno al otro peleando. 'Juansito y Pedro se pusieron a decise dicho anoche y si'abrusaron a peliai'. (ver 'Abrusai')

Si'acabán: (Se acabaron) 'Si'acabán lo chicharrone de l'equina'.

Si'acabu'ei bebei poi teicia: (Se acabó el beber por tercia) Tercia es la mitad de media botella de ron. Se refiere a empleados que toman días libres de vez en cuando de manera que los directores no se den cuanta, o que roban de a poquito en la Compañía por la misma razón, pero de repente la Compañía impone reglas rígidas para evitarlo. Este dicho se aplica a numerosas situaciones cuando llega el momento que alguien ya no puede continuar sacando las ventajas ilícitas de antes.

Si'acabu'ete bail'e mácara: (Se acabó este baile de máscaras) Lo dice alguien con cierta satisfacción cuando ha terminado una reunión o fiesta aburridos, o un trabajo que le ha tomado mucho tiempo y labor. El símil con un baile de máscaras le da un tinte despectivo.

Si agarra de cuaiquiei cosa: (Se agarra de cualquier cosa) Se dice de alguien, que en una discusión se refiere a un punto insignificante para tratar de probar su argumento. (ver 'Cuaiquei')

Si'aiborotó: (se alborotó) Perturbarse. Que habla en voz alta y muy enojado. '¡Adió, pero esi'hombre si ta'aiborotao!'

Si'aimó: (Se armó) Persona que se arma con con arma blanca o arma de fuego. Se formó

Si'aimu'ei melao: (se armó el melao) Se formó un pleito a voces y puñetazos. 'Taban dicutiendo afuera y de repente si'aimu'ei melao.' (ver 'Taban' y 'Melao')

Si'aim'un lío: (Se armó un lío) Estaba todo tranquilo y de pronto se formó una discusión o pleito.

Si'aim'un molote: (Se armó un molote) (C: monote= riña, alboroto, motín) Se formó un pleito, con frecuencia a voces y puñetazos.(ver 'Molote'; 'Si'aim'un sai pa'fuera'; 'Si'am'un lío'))

Si'aim'un sai pa'fuera: (Se armó un sal para afuera) (ver 'Saipafuera') *Nota*: ('Si'aimu'ei melao', 'Si'aim'un lío', 'Si'aim'un molote' y 'Si'aim'un sai pa'fuera', son similares e intercambiables)

Si'ajogán: (Se ahogaron) Pueblo: 'Dicen que fueron tre lo que se fueron p'ai río y se ahogaron do.' Campo adentro:'Dicen que jueron tre lo que se juén p'ai río y si'ajogán do'.

Si'ajogu'en'un vaso (jarro) di'agua: (Se ahoga en un vaso (jarro) de agua) Se dice de la persona que tiene dificultad resolviendo problemas simples. 'Juansito si'ajoga en'un jarro di'agua.' (ver 'Se vueibi'un lío')

Si'anida demasiao: (Se anida demasiado) Es un símil con la gallina, que se toma mucho tiempo anidándose para poner el huevo, refiriéndose a alguien que se ha demorado mucho para hacer algo. 'Juansito si'anida demasiao pa vetirse.'

Sibai: (C: silbar) Silbar. 'Síbame dei camino cuando llegue'.

Si bebe mucho d'esa cosa te da cosa: Es decir, si toma mucho de lo que sea que esté tomando, le puede hacer daño. Pero el hablante no se acuerda qué es lo que puede darle.

Sica: Pila de heces fecales a la intemperie, sea humana o de cualquier animal; sobre todo la que ya está seca en la superficie. Talvez del castizo 'ciscar'= evacuar el vientre, o del Latín 'sicca'= seca, o ambos. (ver "Sica jabonera'; 'Plata')

Sica jabonera: Excremento líquido o cremoso de las aves domésticas, de color rojizo oscuro y muy mal olor.

Si como camina cocina guáidam'ei concón: (Si como camina cocina guárdame el concón) Piropo que se le dice a una mujer que camina con elegancia, con el doble sentido de comparar su caminar y sus órganos genitales con un arroz bien cocinado que da un buen cocón, respectivamente. (ver 'Concón' y 'Doble pepunte')

Sicote: Suciedad y mal olor de los pies.

¡Si Dio no mete su mano!: Se refiere a que la condiciones sociales o económicas están tan malas que se necesita un poder sobrenatural para mejorarlas. 'Si Dio no mete su mano no vamu'a morí di'hambre', o '...de la jambre' en el 'campo adentro'.

Si Dio quiere: (Si Dios quiere) Expresión con la que se terminan frases llenas de esperanzas. 'Yo me caso en junio si Dio quiere'. 'Yo vu'ei domingo p'ai pueblo si Dio quiere'.(ver 'Vu'ei y 'P'ai')

Si'e...: (Si es...) '¡Esi'hombre si'e feo!' 'Yo no se si'ej'así que lo vamu'hacei.'

Si ei río suena e poiqui'agua trai (si'er río...): Es decir, si se está hablando mucho y con frecuencia de un sujeto es porque hay algo de verdad en ello. (ver 'Si el'agua suena e poiqu'ei río viene jondo')

Si'ei sigue por'ese camino...: (Si él sigue por ese camino...) (ver 'Por'ei camino que va...')

Si el'agua suena e poiqu'ei río viene jondo: Es decir, si se está hablando mucho y con frecuencia de cualquier sujeto, es porque hay algo de verdad en ello. (ver 'Si ei río suena... ')

Si'eñoi: (Si señor). P: '¿Encontrate lo sapato?' R: 'Si'eñoi'. Úsase más en el campo adentro.

Sieso: (C: el ano) Se usa en contexto negativo: '¡Si no me lo quiere vendei que se lo meta puéi sieso!'. Por extensión a las nalgas de la mujer: '¡Qué sieso tien'esa jembra!'

Si este libro se perdiere: (ver Sección 'Cantos y juegos de Niños')

Siete clavo: Puñal o cuchillo que tiene siete clavos en la cacha. El dueño lo lleva con gran orgullo. Era un símbolo de estatus en los campos. 'Juansito compr'un siete clavo y no se lu'apea.' (ver 'No se lu'apea')

Silimín: Gran cantidad de lo que sea que se cuenta. '¡Ahí había un silimín de gente!'

Sigua: Árbol silvestre de unos quince a veinte metros de alto. Ave silvestre que cazan los muchachos con goma o tirapiedras. (ver 'Goma'; 'Tirapiedra'; 'Sigüita')

Siguapa o Ciguapa: Ser femenino legendario que caminaba con los pies apuntando hacia derecha e izquierda. También se decía que con los pies al revés o hacia atrás, y que para encontrar una había que caminar contrario a sus hueyas. En algunas regiones se le metía miedo a los niños con ellas.

¡Sigue ahí! ¡A que sale gritando!: Se le dice a un muchacho majadero, que no obedece, o no deja de hacer lo que se le ha prohibido.

¡Sigui'así! ¡Sigui'ahí!: (¡Sigue así! ¡Sigue ahí!) Se le dice con ironía burlona y a manera de advertencia a un joven que no estudia, o adulto que no está haciendo nada importante para progresar. A veces se lo dice uno mismo cuando comete un error evitable, o tropieza por no mirar adonde va.

Sigüela: (C: ciruela) Árbol de poca altura que produce lo que se podría llamar 'ciruela silvestre'. El árbol es usado como espeque vivo para alambradas. (ver 'Sigüelillo')

Sigüelillo: Árbol mucho más alto que la 'sigüela', pero de hojas similares a las de esta. Nombre de un pequeño pueblo de El Cibao. (ver 'Sigüela')

¡Sigue por'ese camino!: Tiene el mismo significado que '¡Sigui'así!' (ver)

Sigüela: (Ciruela) Se diría que esta es ciruela silvestre

Sigüita: Ave más pequeña que la sigua. Persona insignificante. 'Es'e j'una sigüita vieja'.

Si'há. Si'hán: (Se ha. Se han) '¡La comida si si'ha pueto cara! (ver 'Si'ha pueto'). '¡Pero Juansito y Pedrito si si'han tao en la Peña!' (ver 'Tao')

Si'ha pueto: (Se ha puesto) Se dice de la persona que ha cambiado de personalidad, para mal o para bien. '¡Juanita si'ha cambiao, como que si'ha pueto ma bonita!' (ver 'Si'ha')

S'hisu'ei loco: (Se hizo el loco) Se dice de alguien que cambia de conversación, o sin que nadie se de cuenta se separa del grupo cuando la conversación no le conviene, o se está perfilando en su contra.

S'hisu'ei que no sabe: (Se hizo el que no sabe) Es decir, hizo creer como que no sabía de lo que se estaba hablando, talvez para no comprometerse en algo que no le convenía.

Sijo: Apodo de hombre.

Silantro: (Cilantro) Hierba pequeña que se usa como condimento. Hay dos clases de cilantro. (ver 'Silantro d'Epaña; 'Silantro sabanero')

Silantro d'Epaña: (Cilantro de España) Hierba de tallo tierno, de ocho a doce pulgadas de alto, hojas pequeñas y dentadas de olor intenso. Se usa como condimento.

Silantro sabanero: (Silantro sabanero) Hierba que crece a ras de suelo, casi siempre en terrenos cubiertos de grama; de hojas anchas, ovaladas y de un olor intenso. Se usa como condimento.

Silimín: (Del inglés, como le suena al oyente hispano 'sealed beam'= luz cubierta) Faroles frontales del vehículo. Pero también, cuando el vehículo no funciona y no se sabe por lo que es, se dice que se le dañó el silimín. El mismo vocablo se usa para indicar gran cantidad de lo que sea: 'En la revita había un silimín de gente'. (ver 'Revita')

Simarrón: (C: cimarrón: animal salvage) Animal salvage. (ver 'Juntai lo manso con lo simarrone')

Simbrea: (C: 'cimbrar') Que hace las cosas bien y con rapidez. 'Esi'hombre ta que simbrea'.

Sin: Zinc. También cuando falta algo de uso regular: '¿Poi qué tu'anda sin sombreo?'.

Sinajute: (Talvez de 'sin ajuste') Persona que se las pasa bromeando y haciendo pasar vergüenza a los otros. Se usa más con los muchachos y jóvenes. '¡Peru'ete muchacho si'e sinajute!'

Sin arruga: (Sin arrugas) Se dice cuando se hace algo perfecto, sin ninguna dificultad. Expresión común en el juego de billar, cuando la bola entra en el agujero sin tocar los lados de este.

Sinco: (cinco). Número 'cinco'

Sin consencia: (Sin consciencia) Se dice de la persona que engaña a un amigo o familiar sin remordimiento alguno. 'Ese tipu'e sin consencia, ha engañao a mucho de su j'amigo.'

Sin Faita: (Sin falta) Lo dice un amigo a otro cuando han acordado encontrarse en un lugar. '¡Eso si, sin faita!' (ver '¡Eso si!')

Singai: (C: singar= remar con un remo en popa, moviéndolo para que el bote avance) Practicar el coito. Fornicar.

Sin gana: (Sin ganas) (ver 'Toy sin gana de na')

Singón: (ver 'Singuita')

Singuita: Se dice de la persona, casi siempre aplicado al hombre, que se acuesta con diferentes mujeres. 'Mingo e'jun singuita'. (ver 'Mingo')

Sin ma ni ma para qué: Se dice la persona que que ha hecho o dicho algo fuera de lugar sin preguntar o pedir permiso. '¡Y Pedro salió con'eso sin ma ni ma para qué!' (aquí se el vocablo 'para' correctamente. (ver 'Salió con'eso' y 'Saitó con'eso')

¡Si, no no no!: Positivo negativo cuyo impacto final es un contundente positivo. Usualmente seguido de un comentario que refuerza lo dicho por el compañero.

¡Si, nooo!: Este positivo-negativo refuerza el positivo. Cuando se prolonga el 'no', se le da un ligero tono gutural al pronunciarlo, para injectarle más autenticidad. El negativo tiende a establecer su propia imposibilidad. (ver '¡No, siii!')

Sin petañai: Se refiere a algo difícil y que normalmente toma tiempo en hacer, pero alguien lo ha hecho más rápido que los otros. 'Juansito lo hiso sin petañai'.

Sin pito y sin flauta: (ver 'Se quedó sin pito y sin flauta')

Sin querei: (Sin querer) Se dice cuando alguien hace, o le ocurre algo sin su intensión. 'Juansito llegu'a tiempo sin querei, poiqu'ei no sabía na.' '¡Mira, se le sali'un peo a Pedro sin querei!'

Sin rienda: Se dice de la persona que hace muchas cosas de seguido sin corresponderle, o que les corresponden a otra. '¡Oh, pero Juansito anda sin rienda, y no le quitu'ei trabajo a Masú y a Pedrito!'

Sinseiví: (Sin servir) Persona que no sabe hacer nada, que trabajo poco o nada, y se le tiene poca confianza. (ver 'Es'ej'un sinseiví')

Siña: Uso arcaico de 'Señora'. Solo queda el título de un merengue: 'Siña Juanica'.

Siña Juanica: Título de un merengue de la primera mitad del siglo XX.

Sió: Voz que se usa para espantar las gallinas. Probablemente anglicismo por 'shoo', voz que en inglés también se usa para espantar las gallinas.

Sión: (Bendición) Reducción de la palabra 'bendición' cuando esta se pide. 'Sión padrino.' Este saludo de niños y jóvenes a viejos, mayormente en los campos, está desapareciendo.

¿Si o No?: Se expresa con énfasis al término de una opinión, con la idea de coaccionar los oyentes a que estén de acuerdo con lo expuesto.

Sipe: (Del inglés 'zipper'= cremallera) Cierre en cremallera de la bragueta de los pantalones u otra prenda de vestir.

¡Si poi manu'ei diablo?: (¡Si por manos del diablo?) Expresión admirativa, condicional y ligeramente interrogativa, que indica 'por desgracia' o 'por casualidad'. '¡Adió, y si poi manu'ei diablo esi'hombre y tu s'encuentran eta noche en la fieta?' '¡Y qué tu va'hacei si poi manu'ei diablo va y te saca ei premio mayoi?' (ver 'Premio mayoi'; 'Va y te...')

Sipón: Segunda falda debajo de la principal.

Siqu'en cajeta: (Sica en cajeta) Se refiere al olor de la pulpa de la fruta del algarrobo, y cuya cáscara es ligeramente acartonada. (ver 'Sica')

Siquitrilla: Parte imaginaria y profunda del cuerpo humano, probablemente alrededor de las caderas y nalgas, que para exagerar la intensidad o peligrosidad de un dolor o, en el caso de una caída, con frecuencia 'casi se rompe', pero nunca llega a romperse, porque cuando esto ocurre se puede averiguar el nombre de la parte. '¡Oye, me di'un mataso en'ei camino que casi me rompo la siquitrilla!' (ver 'Mataso')

Sirimba: Desmayo. Mareo. Lipotimia (ver 'Tereque', 'Yeyo')

Si señor y no señor son do señore: (Si señor y no señor son dos señores) Se dice durante ese momento de silencio cuando se acaba la conversación y no hay nada qué decir.

¡Si se yo! Expresión indicativa de consecuencias malas si alguien insiste en hacer algo que no debe. '¡Ay, si tu papá te ve si se yo!'

Si si'ha ...: (Si se ha ...) 'Pedro si si'a tao en Macorí'. (ver 'Tao')

Si te la come, te la come, si no no: El muchacho le dijo a la señora o a su mamá que no quería comer, y 'Ella le tiró ei platu'e comía en la mesa, y le dijo ... si te la come te la come si no no'.

Sitio o Ei sitio ese: (Sitio. El sitio ese) Cualquier lugar que tiene su nombre, pero el hablante no se acuerda. 'Juansito y yo fuimo ai sitio ese.'

¡Si to fuera comu'eso!: (¡Si todo fuera como eso!) Significa que si todo lo que hay que hacer en la vida fuera tan fácil de hacer como lo que alguien ha contando como un problema dificultoso, la vida se llevaría con más facilidad.

Sive: (Sirve) De 'servir': ser útil. 'Esa cajita vieja no sive pa'ná'. A veces se aplica a personas haraganas y que no ayudan. 'Ni piens'en llamai a Juansito pa'que ti'ayude, ese no sive pa'ná (ver 'Pa'ná')

Sivién. Siven: (Sirvieron. Sirven) (ver "No me sivién')

Si viene viene: Quiere decir que si como quiera algo va a ocurrir o venir, que ocurra o que venga, pues no se puede hacer nada en contra de ello.

Sivo: (Sirvo) 'Yo toy que no sivo pa na en'eto día'.

Si yo me pongo: (Dicho con una inflexión positiva) Expresión que indica que si el hablante se dispone a hacer algo, no importa lo difícil que sea, lo puede hacer. 'Si yo me pongo yo hagu'eso y má'.

Sobaco: Axila. (ver 'Ma fea que la palabra sobaco')

Soberao: (C: Soberado. Sobrado. Desván) Parte de la casa entre el 'cielo raso' y el tejado. 'Yo creo qui'oigo ratone de noche en'ei soberao'. (ver 'Cielo raso')

Sobo: (C: soba= acción y efecto de sobar) Masaje para músculos dolorosos. Acción y efecto de sobar. 'Juanita, dami'un sobo con berrón en l'epaida, que siento como que me va dai catarro. (ver 'Berrón')

Sobresalío: (Sobresalido) Atrevido. Entrometido. '¡Adió, peru'ese muchacho si'e sobresalío!' (ver 'Propasao')

Soco: (castizo 'zoco': que usa mano izquierda. Plaza de una población) Que le falta una mano. 'Juancito ei soco'.

Sog'a ratro: (ver 'Tiene la sog'a ratro')

Soi: (Sol. Soy) 'No mire p'ai soi que ti'hace daño'. "Yo soi, o soy, ei ma viejo de to mi'jeimano'. (ver 'To'; 'P'ai'; 'Mi j'eimano')

Soitai: (Soltar) Desasir algo que se tenía agarrado. Desatar un animal que ha estado amarrado. Dejar en libertad a un preso. Desatar un nudo. (ver 'Ñu')

Soitiai: (C: sortear: de 'suerte') Rifar algo entre varias personas.

Soiteo, ei: (El sorteo) Se le llama así a la rifa de la Lotería Nacional.

Solapa: (C: parte doblada del cuello de un traje de hombre) Cavidad debajo de las rocas que están cubiertas por el agua del río, especialmente en los charcos.

Solaso: (C: solazo= sol fuerte y ardiente) Sol fuerte y ardiente. Parece localismo. '¡Haci'un solaso que yo ni vu'a salí'. (ver 'Vu'a')

Soleta: (de 'Suelo') Especie de sandalia con la base de cuero grueso o goma y una o dos tiras de cuero para calzar los pies.

Soliningo: Exageración del vocablo 'solo'. 'Tu'ei mundo se fue y me qudé soliningo.'

Solitaria: (Tenia: parásito intestinal) Se dice de los niños que tiene el abdomen protuberante. También se le aplica a las personas comilonas. 'Pedro no se para de comei; parece que tieni'una solitaria.' (ver 'En solitaria')

Solito-a. Solitico-a. Solititico-a: Graduales incrementos de 'solo' y 'sola', si es posible.

Sombrero teisiao: Sombrero puesto de 'medio' lado (de cualquier lado) en la cabeza. Quizá se refiere a un tercio entre la posición horizontal a la vertical.

Son: Del verbo ser: 'Ello son lo que taban allá'. Música para bailar. 'Taban to bailando ei son. (ver 'Taban' y 'To')

Son blancu'y s'entienden: (Son blancos y se entienden) (ver 'Ello son blacu'y s'entienden')

Son la dose, ei que nu'ha comío que jose, y ei qui'ha comío que repose. (Son las doce, el que no ha comido que hoce, y el que ha comido que repose) Dicho. (ver 'Josai'; 'Ei'; 'Qui'ha')

Sonso: (C: zonzo) Persona tonta, simple, insípida.

Sopetiai: (C:sopetear) Meter las manos repetidamente en la comida para comer, y a veces dejarlas en ella mientras se conversa. '¡Mira muchacho, no sopeté'sa comida!'

Sorratrao: Puede ser que anda siempre sucio de ropa; o que habla con insolencias y malas palabras. Mal educado. Vulgar. (ver 'Lengua sucia')

Sótano: Se dice de un equipo de béisbol cuando está en último lugar. 'Las'Águila tan en'ei sótano.'

Suasao: C: soasado) Ligeramente asado. 'Esa cajne ta bien sasoná y curá, nam'hay que suasaila.' Ver 'Sasoná' y 'Curá')

Sube p'arriba. Baja p'abajo: (Sube para arriba. Baja para abajo) Son formas corrientes de pedirle estas acciones a un amigo o familiar.

Subibaja: Juego de niños que consiste en un palo largo montado horizontalmente en su centro sobre otro palo corto con horqueta. Un niño montado en un extremo del palo largo sube cuando el otro baja y viceversa.

Subimiento: Malestar que consiste en una sensación de algo que sube del estómago. Casi siempre son las mujeres que se quejan de subimiento. Parece que es relacionado con ansiedad o depresión. O en algunos caso con acidez estomacal. Se dice mientras se presiona el estómago con las manos y expresión de malestar, 'Tengo ya como tre día con'ete subimiento.'

Subío (ta): (está subido) Se dice de alguien que se ha enojado por algo de poca importancia.

Subío de sai: (Subido de sal) Se dice del alimento que está ligeramente salado.

Su boqu'e la medía: (Su boca es la medida) Se le dice a alguien sugiriéndole que es responsable de sus hechos y palabras.

Su buena poca o **Su buena poquita:** Quiere decir 'mucho' o 'mucha'. P: '¿Por'all'a llovió Juan?' R: 'Ello cayó su bena poquita?'

Sueco: (zueco: zapato de madera usado por los campesinos de países europeos nórdicos). Zapato viejo.

Sueitú: (C: suertero [de 'suerte']= afortunado) Suertero. 'Ese Juansito si'e sueitú, si'ha sacao ei premio do vece'. (ver 'Sacaise')

Sugetionai: (C: sugestionar= influir; ofuscar) Ofuscar. Quitarle la concentración a alguien para que haga lo que uno sugiere. 'Juansito me sugetionó pa que diera cincuenta peso pa'la fieta dei sábado.'

Suiche: (Del inglés 'switch'= interruptor eléctrico). Interruptor eléctrico para apagar y prender lámparas y otros aparatos eléctricos.

Suidá: (Ciudad) 'Suidá' ya no es usado, quizás en el campo adentro. Fuera de 'La Capitai' que es Santo Domingo, las demás se llaman por su nombre si se mencionan de lejos, pero si se vive cerca de ellas se dice que 'van pai pueblo'.

Suitío: (C: surtido) Tienda o bodega con gran variedad de artículos de venta.

Sujeto: (C: cualquier persona) Persona que no cae bien, o que tiende a crear problemas. 'Ese Pedro si'e j'un sujeto difici.' (ver 'Difisi')

Sumbadoi: (C: 'zumbador'= que zumba o hace ruido) Avecita muy pequeña que se alimenta del néctar de las flores. Su nombre popular en lenguaje castizo es 'pájaro mosca'.

Sumbai: (C: zumbar= sonido contínuo) Ruido contínuo. Arrojar, botar o tirar algo lejos con las manos. 'Juansito le di'un sumbón ai güeso ese...'. 'Mira muchacho, sumba ese mango pa'llá que ta'podrío'. (ver 'Güeso; 'Sumbón')

Sumbío: (C: zumbido= acción y efecto de 'zumbar'= ruido contínuo) Ruido contínuo. '¡Y qué j'ese sumbío que yo oigo?'

Sumbón: (C: zumbón= persona que tiene el genio festivo) Tirar algo lejos de sí, casi siempre de repente y con enojo. 'Si sigue dejandu'ese jarro ahí le vua'd'un sumbón que no lo va'vei ma'nunca.' (ver 'Sumbai'; 'Ma'nunca')

Sumío: (del C 'sumir'= meter bajo tierra. Boca hundida por falta de dientes) Cualquier objeto metálico con paredes hundidas a causa de un golpe. (ver 'Boca jonda')

Sumo: (C: zumo) Jugo que se saca exprimiendo frutas o vegetales.

Supia: Sopa espesa de arroz, carnes y vegetales.

Supiritai: Sobresalir entre otras personas en una posición o negocio. Vapor o líquido que surge hacia la superficie. También se dice cuando se ha comido con exageración, o algo de sabor fuerte, y se eructa involuntariamente. 'Uy, me ta supiritando la cebolla esa.'

Supiritó (se): (Se supiritó) Se dice de la persona que se enoja en demasía y de repente, talvez sin suficiente razón. 'Poiqui'uno dijo una mala palabra Juanita se supiritó.'

Supiro: (C: suspiro) Suspiro. Se le llama así a unos guineítos pequeños, de tres a cuatro pulgadas de largo, muy dulce cuando maduros. Conocidos también como 'guineíto dei cura'.

Surrapita: Diminutivo de 'zurrapa'. Sedimento delgado que queda en el fondo de la paila donde se han frito los chicharrones. Comentario que se hace con una segunda intención de tinte ofensivo. 'Lo que le dijo Juansito a Pedro tenía su surrapita?' (ver 'Le tir'una cacarita')

Surullito: (Zurullito) Zurullo pequeño. (ver 'Surullo')

Surullo: (C: zurullo= rollo de materia blanda) Rollo alargado y mal envuelto de algo comestible o de cualquier material. Cigarro grande. Excremento sólido y largo (ver 'Mojón').

Susedío: (talvez de 'suceso' y 'suceder') Se dice de la persona que con frecuencia anda con achaques, pero no 'de cama' 'Pedro anda como medio susedío úitimamente.' Más de uso en el campo adentro. (ver 'De cama')

Susiedá: C: suciedad) Suciedad diseminada por una superficie. '¡Pero señore, y quién dejó tu'eta susiedá en'ei piso?'

Susiesa: Suciedad (ver)

Susísimo: Extremadamente sucio. 'Juanito no te pongu'esa camisa que ta susísima.

Sutano: (Zutano) Segunda persona imaginaria en una conversación.

Suto: (C:susto) De asustar. Estar asustado por algo. Recibir un susto de repente. 'Ese muchacho me di'un suto dei'carajo'. (ver 'Dei'carajo')

T: (Letra T, t, te) Te, te. 'Ecríbeme la letra te'.

T'...: 'Está' cuando es seguido de la preposición 'en', o de adverbios que empiecen con 'en' o 'em'. (ver 'T'en la cosa', 'T'empinao' , 'T'envenenao', y otros similares)

Ta: (Está) 'Juanita, la pobre, ta muy enfeima.' También para designar el estado de un alimento que ya está cocinado a perfección: 'Y'el arró ta'. 'Ya la cajne ta'. (ver 'Tan'; 'Y'el')

Taba. Taban: (Estaba. Estaban) 'Yo taba medio adolorío ayei.' 'Anoche taban jugando dominó en la puiperi'e l'equina.'(ver: 'Medio'; 'Puipería')

Tábamo. Tábano: (C: estábamos) '¡Adió, nosotro tábano parao en l'equina cuando vino ei policía y no mandu'a quitai'. 'Tábamo to junto en l'equina.' (ver 'To')

Tabaná: (castizo: tabanazo= golpe dado con la mano abierta. Bofetada) El mismo significado, y se refiere a golpe dado en los lados de la cara.

Tábano. Tábamo: (Estábamos) '¡Adió, y no tábano aquí sentao y pas'un avión bajininingo por'arrib'e nojotro!' (ver '¡Adió!'; 'Bajininingo'; 'Nojotro')

Tabarrón: Hombre que se las da de que no le tiene miedo a nadie. Avispón grande de picada dolorosa y que se hincha.

Tab'en: (Estaba en...) '¿Y qué tu'haci'aquí? ¿tu no tab'en Macorí?'

Tabla: (C: Tabla= pieza plana de madera) Pieza plana de madera. Quedar dos jugadores parejos en una apuesta. 'Juansito y Pedro quedaron tabla'. Peso dominicano, y por extensión el dólar. 'Juansito me dio cuatrosienta tabla por'ei motoi'. Lluvia copiosa. 'El'agua taba cayendo en tabla'. (ver 'Entablai')

Tabl'ei pecueso. La tabl'ei pecueso: (Tabla del pescuezo. La tabla del pescuezo) Los lados del cuello humano. 'A Juansito le dién un palo anoch'en la fieta poi al tabl'ei pecueso que tubién que llevalu'al'hopitai'. (ver 'Dién'; 'Tubién')

Ta bollando. ¡Ta bollando!: Se dice de un recipiente o caja que está exageradamente lleno, por encima de sus bordes, de artículos o cualquier clase de objetos. (ver 'Encaramiche')

Ta boyante: (Está boyante): Se dice de alguien que tiene mucho dinero. Es castizo pero ya nos parece localismo.

Tabuco: (C: habitación pequeña) Terreno cubierto de malezas, árboles y arbustos.

¡T'acabándo! o **¡Tan acabándo!:** (¡Está acabando! o ¡Están acabando!) Exclamación acerca de la persona o familia que ha estado triunfando en negocios o ganando premios en concursos o proyectos personales, etc. Ligero énfasis en la tercera 'a'. 'La familia de Juansito t'acabándo, a uno d'ello lo nombraron embajadoi y otro minitro.'

¡T'acabando con to!: (Está acabando con todo) Se dice de alguien que se le ha roto un vaso, plato, etc.

¡Ta camarón!: (¡Está camarón!) (ver '¡Eso ta camarón!')

Tacaso: Golpe dado con cuaquier cosa medio pesada o grande, y casi siempre en la cabeza.

Tacha: (C: facha) Se dice del aspecto o figura de una persona, casi siempre en despectivo.

Tachao: Se dice de la persona que se conoce por sus malos antecedentes. 'Ese tipo que vino del'ete dicen que ta tachao.' (ver 'Del'ete')

Taco: Caballo viejo, flaco o haragán. Sebo sólido que sale de una espinilla o barro de la piel cuando se comprime por los lados.

Ta com'un camarón: Alguien que tiene la cara muy enrojecida, fuera de lo normal para esa persona. "¿Qué te pasa Juansito, que ta com'un camarón?)

Ta com'un trinquete: (ver 'trinquete') Persona fuerte y saludable y que camina erguida. Se extiende débilmente a alguien que le ha estado yendo muy bien en los negocios.

T'acotá. T'acotao: Está acostada. Está acostado. Estar acostado. 'Ya Juanita t'acotá, no la depieite'. 'Toy cansao, lo que quiero e t'acotao'. (ver 'Toy')

Ta cuadrá: (Está cuadrada) Se dice de la mujer encinta con la barriga muy grande. 'Mir'Isabei; ta cuadrá con'esa barriga'. (ver 'Ta')

Ta d'encaigo: (Está de encargo) Se dice de la hembra que esta recientemente encita o preñada. '¡Utede supieron que Juanita ta d'encaigo?' '¡Njú, yo creo que la vaca pinta ta d'encaigo!'

Ta de remate: (Está de remate) Se dice de la persona que anda diciendo cosas que no hacen sentido.

Ta de pueto: (Está de puesto) Se refiere principalmente a personajes de las fuerzas militares o de la policía, cuando lo mandan a ocupar una nueva posición a otro lugar del país. 'Mi tío ei capitán Feli ta de pueto en Barahona'. (ver 'Feli')

Ta dío: (está ido) (C: ido= fuera de juicio) Que parece que está atento a lo que se le dice pero no entiende, o está pensando en otra cosa. '¿Y qué le pasa a Juansito, que ta como dío?'.

Ta doña: (Está doña) Alude al pelo largo de las señoras (Doñas). Se le dice al hombre que tiene mucho pelo cabelludo y necesita un recorte.

"Juansito tu ta doña.' (ver 'Ta poeta')

Ta dura: (Está dura) Se dice de la mujer que luce bien, sobre tode de cuerpo.

Ta fea la cosa: (Está fea la cosa) Se dice cuando un negocio o algo de gran interés nose está perfilando como se esperaba. Cuando la economía está mala. Cuando hay problemas entre nuestro país y otro. (ver 'Ta')

Ta finito. Toy finito: (Está finito. Estoy finito) Diarrea fuerte que hace ir al baño muchas veces.

Ta fría y coigando: (Está fría y colgando) Respuesta chistosa al saludo '¿Cómo está la cosa?'. Se refiere al órgano sexual masculino cuando no está en erección. (ver 'Ta')

Tai: (C: estar. Tal) (ver 'Tai en la cosa' o 'T'en la cosa'; 'Como si tai cosa')

Taibia. Tarbia: Capa negra de asfalto de las carreteras. Se dice 'tarbia' cuando es reciente y está lisa y brillante todavía. '¡Li'han puet'una tarbia ma buena a la carretera de Macorí a Tenare!' Peinado de hombre, liso y brilloso, cuando se usaba vaselina.

Tai compueto con...: Estar en arreglos cn alguien para hacer algo ilegal. 'Esi'hombre debe tai compueto con'ei diablo p'hacei tu'esa cosa y que no le pase na.' (ver 'Tai')

Tai com'una tayota: (estar como un chayote) Persona pálidad y de semblante enfermizo. 'Juansito ta com'una tayota'. (ver 'Tai', 'Tayota')

Taidesita: Antes de anochecer. 'No vemu'en la taidesita depué dei trabajo.'

Taidío pero seguro: (Tardío pero seguro) Se dice de la persona que tiene la tendencia a llegar tarde a las citas, pero nunca falta a ellas.

Tai en buena: (Estar en buenas) Se dice de dos amigos que se están llevando bien después de haber estado un tiempo sin hablarse. 'Juansito y Tomá tan en buena ahora.'

Tai en la cosa o **T'en la cosa:** (Estar en la cosa o Está en la cosa) (ver 'T'en'ei meneo')

Tai en la luna o **T'en la luna:** (Estar en la luna) Que está fuera de la conversación, embebido en otra cosa. Estar en el limbo. (ver 'Ta dío')

T'ai grito. Tan ai grito: (Está al grito. Están al grito)

Tailo: (Estarlo) 'Trompesé con'ese juguete poi tu tailo dejando en'ei suelo.'

Taim'ao: (Del inglés 'time out'= tiempo libre) Tiempo libre de juego que se pide en cualquier momento para discutir una jugada dudosa u otro asunto que no puede esperar.

Ta impueto a...: (Está impuesto a...) (C: impuesto= obligado, fozoso) Acostumbrado a algo. 'Juansito ya nu'hace na poique t'impueto a que li'hagan to.' (ver 'Li'ha'; 'Li'ha cogió; 'Cogió' y 'Na')

Táin: (Del inglés 'time') Se dice también 'Taimao'. (Ver 'Taimao')

Taite: ('estarte' del verbo estar) 'Tu debía taite quieto ahí onde ta'. (ver 'Onde'; 'Ta')

Taivé: (C: talvez) Talvez. '¡Ese muchacho si grita! Taivé tiene sueño'.

Taivé si taivé no: (Talvez si talvez no) Expresión de doble duda ('talvez' y 'si' y 'no'), cuando no se puede o no se quiere dar o ofrecer algo por seguro. P: '¿Tu me va'pretai lo cuaito? R: 'Taivé si taivé no'.

Tajá: (Tajada) Porción en que se divide una cosa, como la carne, pero especialmente frutas. 'Juanita, dami'una tajá desi'aguacate poi favoi.' (Ver 'Tajo')

Tajalán: Joven alto y corpulento para su edad. 'Juaniquito si'ha vueit'un tajalán.'

Ta jipando: (probablemente de 'hipo') Lo dice alguien de otro que está sentado y demostrando cierta incomodidad, y talvez hipando después de haber comido, debido a la hartura. 'Ese muchacho ta jipando de la jaitura'.

Tajo. Tajito: (C: corte dado con instrumento cortante) Trozo de carne cocinada. 'Cambio troso poi tajo' decía un amigo. "Dami'un tajito manque sea'. (ver 'Troso')

Talai. Tala: (C: talar: desmonte) Muy usado. Desmonte para hacer conucos de siembra. '¿Cuándu'e la tala dei mont'e la joya don Luí? (ver 'Joya')

Talanquera: (C: valla o pared) Puerta rústica de palos o tablones en la valla o alambrado que rodea un sembrado, o a lo largo de un camino.

Talega o **Talego:** Pene grande.

T'allá: (Está allá) 'Juansito se fue p'ai pueblo diqui'a viví mejoi, y t'allá guayando la yuca.' (ver 'P'ai')

Tallao (mai o **bien):** (Mai tallao. Bien tallao) De mal porte y lucimiento, o de buen porte y lucimiento. '¡Mira, qué mujei ma mai tallá!' (ver 'Ma')

Tallaso: (Tallazo) Golpe dado con el tallo de una planta, pero ya es genérico y se da con cualquier objeto largo y delgado. (ver 'Jaquimaso')

Tallo: Prolongación del tronco que sostiene un árbol o planta. Por donde se agarra una flor. Órgano sexual masculino.

Tambora: Tambor. Instrumento musical, indispensable para el merengue.

Tamo: (Estamos) 'Juanita y yo tamo junto, pero pensamo casaino pronto'. (ver 'Tan junto')

¡Tamo hecho!: (Estamos hechos) Quiere decir que estamos muy bien, pues se ha resuelto el problema que teníamos, o nos ganamos el dinero que esperábamos.

Ta mueita o **Ta mueitesita**: (Está muerta o Está muertecita) Se dice cuando en una competición una jugada es extremadamente fácil. Por ejemplo en billar o golf, la bola está muy cerca del hoyo donde hay que meterla. 'Juansito no la falle, qu'esa bola ta mueitecita'. (ver 'Ta')

¡Tamu'en la cuiva y sin freno!: (¡Estamos en la curva y sin freno!) Se lo dice un viejo a otro cuando están hablando de los achaques de la edad.

Tan: (Están) "Ya tan to aquí'. También se usa para significar que algo está cocinado. '¿Ya lo plátano tan?', es decir '¿Ya 'están' hervidos?' Apócope de 'tanto'. '¡Qué mujei tan bonita!' (ver 'To'; 'Tan to'; 'Ma')

¡Tan buen pelo y tan mala cabeza!: Se le dice a los niños y jóvenes, casi siempre de broma, mientras se les pasa la mano por la cabeza.

Tan cayendo burro j'aparejao: Se dice cuando está lloviendo muy fuerte. Es como decir 'Está lloviendo a cántaros'.

Tan o **Tamo como lo cucuse:** (Están o Estamos como los cucuses) Es posible que 'cucuse' se refiera a 'cocuyo', que solo salen al oscurecer y de noche. Se dice de las personas que nunca, o muy pocas veces se ven de día, y solo ocasionalmente de noche. Se dice también de uno mismo, en días fríos o lluviosos, cuando no salimos afuera. 'Tamo como lo cucuse.' (ver 'Tamo'; 'Cucuyo')

Tan combinao: (Están combinados) Se refiere a un conjunto de dos o más personas que están, o se sospecha que están conchabados para un fin, casi siempre para engañar a otros o al público. (ver 'Lo tienen arreglao')

Tan como pan caliente: (Están como pan caliente) Se dice de algo que le ha gustado a la gente y se está vendiendo mucho y muy de seguido. (Referencia al pan cuando está acabado de ser sacado del horno, que la gente acude a comprarlo porque está todavía caliente)

Tan engrampao: (Están engrapados) Se dice de una pareja de enamorados que se ven siempre juntos, y ellos dos solos. '¡Nju, yo creo que Pedro y Juana tan engrampao!'

Tángana: Pleito de palabras que a veces termina a empujones, pero sin golpes o heridos. 'Anoche si'aim'una tángana en cas'e Juansito.' (ver 'Acaba fieta')

Tango: Hormiga grande de color negro; la mayoría no pica. Música y baile argentinos.

Tan junto: (Están juntos) Cuando el hombre y la mujer viven bajo el mismo techo sin estar casados. Se dice que son 'marío y mujei' o 'mar'y mujei'.

Tan medio engatusao: (Están medio engatusados) Se refiere a una pareja que de vez en cuando se ven juntos, como si estuvieran enamorados, pero no se sabe por cierto. '¡N'jú, Pedro y Juanita parece que tan medio engatusao!' (ver 'N'jú')

Tan to. Tamo to: (Están todos. Estamos todos) 'Señore: ¿Yo creo que tan (tamo) to aquí?'

T'antojá: (C: antojarse= vehemente deseo de alguna cosa) Se dice de la mujer encinta de primeros meses, que se antoja de comer constantemente del mismo alimento o alguna fruta extraña, u otra cosa que no es alimento, como tierra, etc.

Tao: (Estado, del verbo 'estar') También toma el lugar de 'tardado'. '¡Yo nu'he tao aquí ante!'; 'Pedro si'ha tao mucho en Macorí'. (ver 'Nu'he'; 'Si'ha')

Tapabocina: Tapa metálica cóncava y redonda que cubre los tornillos en el centro de la llanta de los vehículos. (La bocina no está ni en la llanta ni en las ruedas)

Ta pasao: Se dice del que habla de lo que no viene al caso en la conversación en que está envuelto. '¿Tu te ta fijando? Juansito parece que ta pasao'.

Tap'ei: (Tapar el) 'No se puede tap'ei soi con'un deo'. (ver 'Deo')

¡Ta peidiendo ei juicio!: (Está perdiendo el juicio!) Se le dice con cierta ironía a alguien que ha hecho o comprado algo muy por encima de lo que normalmente hace o compra. '¡Ah, po tu ta peidiendu'ei juicio!'

Tap'eta...: (Tapar esta ...) 'Pásami'un tapón pa tap'eta botella'.

Ta poeta: (Está poeta) Se dice del hombre que tiene el pelo de la cabeza largo. (ver 'Ta doña')

Ta poi la goma: (Está por la goma) Se dice de alguien que últimamente todo lo que emprende le sale bien. En referencia al pitcher (en béisbol) cuando está lanzando muchos estraiks. (ver 'Estraiks)

Tapón de bagá: Corcho de botella hecho del tejido poroso de las raíces del árbol bagá, nativo de Cuba. 'Consígueme un tapón de bagá pa tap'eta botella'. (ver 'Pa'; 'Tap'eta ...')

Taponero: En el juego de béisbol, el lanzador que releva al que comenzó el partido. Usualmente entre el séptimo y noveno inin. (ver 'Inin')

Ta por'allá. Vive por'allá: Respuesta común, acompañada del movimiento de un brazo y la mano hacia arriba y adelante indicando lejanía, cuando alguien pregunta por una persona que hace tiempo que no ha visto. 'Ah. Esi'hombre ta por'allá', o 'Esi'hombre vive por'allá'. A veces se dice aunque sepa adonde vive, y sea un lugar bien conocido y no tan lejos. En estos casos la preposición 'por' prececediéndole a vocal se pronuncia correctamente.

¡T'apuchando!: Se dice de los niños cuando hacen el gesto de llorar con los labios. '¡Mir'a Juaniquito, t'apuchando!'

Ta quemao: (Está quemado) Está borracho.

¡Ta qu'eplota!: (¡Está que explota!) Se dice de alguien que está extremadament enojado, y no se le puede o debe hablar porque puede insultar a quien le dirija la palabra, aún se de buenas.

Ta que simbrea: (Está que cimbrea) (De 'cimbrar'= hacer vibrar una vara o cuerda que está tensa) Se refiere a alguien que está muy enojado y no quiere hablar con nadie. 'Juansito ta que simbrea, déjenlo tranquilo'.

Tará: (C: estará) '¡Juanita tará sana ya! Ella taba muy mala la semana pasá'.

Tarabita: (C: palito al extremo de la cincha para apretarla) Palo que engancha la talanquera con el espeque de la cerca para cerrarla. Tablita que se clava más o menos a tres cuartos de altura de la esquina de una habitación, para asentar la lámpara de alumbrar. (ver 'Espeque'; 'Talanquera')

Tarán: (C: estarán) '¿Ónde tarán mi j'epejuelo que yo lo dej'i aquí?' (ver 'Ónde')

Tarantín: Tienda o bodeguita pobre. Ventorrillo en la acera de una calle.

Taraquiai. Taraquión: (Talvez del castizo 'tarascada'= golpe. Brusquedad conque una persona contesta a otra. También C: 'tarascar= morder o herir con los dientes. Se usa hablando de los perros'. Tener en cuenta que los perros mueven su presa violentamente de un lado a otro) Mayormente usado para decir que alguien enojado agarró a otro por la camisa y lo sacudió o zarandeó. '¡Oye, anoche en la fieta Juansito agarró a Pedro poi la tir'e la camisa y lo taraquió!' o '¡Le di'un taraquión!' o '...le di'un jamaquión'. (ver 'Jamaquión'; 'Tira de la camisa')

Tarbia. Taibia: (Probablemente del inglés 'tar') Cubierta de color negro de las calles y carreteras. Se le llama así cuando esta nueva o la carretera está en buenas condiciones. 'Tarbia' sugiere que está bien. ¡Han hech'una tarbia ma buena de Macorí a Tenare!'

Taré: (C: estaré) 'Yo creo que taré en Macorí por'ai poi la cuatro de la taide'. (ver 'Por'ai')

Tarea: (C: trabajo, obra) En agricultura, medida plana de terreno de 629 metros cuadrados. 'Yo teng'una cuanta tarea sembrá de yuca.'

Taremo: (C: estaremos) 'Yo creo que taremo en Macorí por'ai poi la cuatro de la taide'. (ver 'Por'ai')

Ta retratando: (Está retratando) Se dice de la mujer que está sentada de manera que se le ven los muslos y los blumens. (ver 'Blumen')

Tarraya: (Atarraya) Red de gangorra con varias pesas de plomo alrededor del borde, que se usa para pescar. (ver 'Gangorra')

Ta recho: (ver 'Recho')

Ta sin resuello: (Está sin resuello) Que no está respirando. 'Llévense'si'hombre di'aquí rápido pa l'hopitai que ta sin resuello.'

Tate: Imperativo: estate; estad tu. Se le dice a alguien, casi siempre un niño, que molesta por estar corriendo entre un grupo de adultos. 'Tate quieto Juanito. Telu'he dicho mi vece.' (ver 'Tate quieto' y 'Mi')

Tate quieto: (Estate quieto) Se le dice en voz baja a alguien que está insistiendo en decir algo controversial en una conversación. Casi siempre repetido dos veces.y tocándolo con la mano. 'Tate quieto, tate quieto Pedrito.' A un niño, en alta voz: '¡Mira muchacho, tate quieto!'

Tati o **Taty:** Apodo de 'Altagracia'.

Ta to. o **Ta tu'...:** (Está todo) 'No ti'apure Juansito que ta to hecho.' 'No ti'apure Juansito que ta tu'arreglao.' 'Ta to manchao', aunque solo sean dos o tres manchas. (ver 'To ta')

Ta uva: (Está uva) se dice de algo que ha quedado muy bien hecho.

Ta vendió: (Está vendido) Se dice de la persona que se pasa al bando opuesto a cambio de dinero. Más frecuente en broma, refiriéndose al miembro de un equipo de deportes que está jugando mal y comentiendo errores. Se dice del 'ampaya' que está cantando 'etraiks' las 'bolas' que le tira el 'piche' contrario al bateador del equipo del fanático que lo dice. '¡Es'ampaya ta vendía!' (ver 'Ampaya'; 'Etraik'; 'Bola')

Ta veneno: (Está veneno) (ver 'Esi'hombre ta veneno')

Taxi: Abreviación de 'taxímetro'. 'Concho' y 'taxi' en República Dominicana. (ver 'Concho').

Tayota: (castizo: chayote) Fruta de la chayotera, de color verde pálido, que se come en ensaladas, una vez hervida. Color pálido de una persona cuando está enferma. (ver 'Tai com'una tayota').

Tayuyo o **Tayullo**: Algo muy grande. Casi siempre se refiere a frutos cuando son más grandes que su promedio. 'Lo pepino que sembré me salieron uno tayuyo así', mientras se extienden los dos brazos con las manos abiertas.

Te: (Esté) '¡Juansito no te di'atrabanco ahí, ven ayudai!' (ver 'Atrabanco')

T'ecasa: (Está escasa) 'Tamo medio jodío

T'echá: Se dice de la la gallina cuando está en el estado de incubación de sus huevos. (ver 'Culeca')

T'echao: (Está echado) Se dice del huevo cuando se ha formado el embrión. También de la persona que se da por vencida en una discusión. (ver 'Echao')

Teclilla: Persona muy flaca. 'Juanita ta vueit'una teclilla.'

T'e dicho ma de mi vece: (Te he dicho más de mil veces) Se le dice a alguien, sobre todo a los niños, que reincide en lo que se le ha prohibido, 'T'e dicho ma de mi vece que no te sub'ese palo'. (ver 'Mi ')

Te d'un peso pu'el otro: (Te doy un peso por el otro) Se le dice a alguien cuando se le sale un pedo. (ver 'D'un'; 'Pu'el')

Te hiso quedai mai. T'hiso quedai mai: (Te hizo quedar mal) Se le dice a alguien cuando otro ha dicho lo contrario de lo que él dijo que habían hablado, y que parece lo verdadero.

T'ei : (Está el ...) 'Mire señoi, ¿A cómo t'ei pecao hoy?' (ver 'T'ei mimero'; 'T'ei moquero'; 'T'ei sangrero')

T'ei mimero: (Está el mimero= tener muchos mimes volando a su alrededor) Se refire a laguien que ha estado en buenas condiciones económicas y lo ha perdido, y anda triste y deprimido. 'Juansito ei pobre t'ei mimero'. (ver 'Mime' y 'T'ei moquero')

T'ei moquero: (Está el mosquero: tener muchas moscas volando a su alrededor) Sinifica lo mismo que 'T'ei mimero' (ver)

Teisiao: (Terciado. De 'terciar' y 'tercio') Se dice del arma blanca o revólver cuando se lleva en la cintura de manera inclinada en vez de vertical. El sombrero puesto de lado en la cabeza. (ver sombero teisiao)

Te fuiti'alante: (Te fuiste adelante) Cuando alguien se sienta a la mesa y empieza a comer antes que su pareja, o el resto de los comensales.

Teicio: (C: tercio= tercera parte) Jugador en los juegos de barajas. 'Pedro e'j'un buen teicio.'

T'ei moquero: (Está el mosquero) Se dice de alguien que ha estado en buenas condiciones económicas y ha perdido casi todos sus haberes, y ya no se reune con sus amigos. 'Ei probe Pedro t'ei moquero. Lu'ha peidío casi to.' (ver 'Lu'ha' y 'To')

Teipe: Cinta adhesiva. 'Juansito pásam'ei rollu'e teipe que t'en la mesa.'

Teje: De 'tejer'. (ver 'Mantenei ese teje')

Te juite. Te fuite: (Te fuiste) '¡Tu te juite temprano anoche!'. '¿P'onde te fuite anoche? (ver '¿P'onde?')

T'el: (Está el. Está la) (precediendo a vocablo que empieza con vocal) 'Ya t'el arró'; 'Ya t'el'ensalada en la mesa'.

¡Te maté!: Expresión de alegría y satisfacción cuando alguien le gana a otro en un juego que ha sido reñido. C: '¡Te maté!'. R: 'Si, pero yo te maté do vece corrida'.(ver 'Do'; 'Matán'; 'Lo matán'; 'Lo mataron')

T'embarrao: (Está embarrado) Se dice de alguien, casi siempre en política o negocios, de quien se sospecha que está envuelto en un problema muy serio. '¡Yo creo que Juansito t'embarrao en'esa!'

Tembleque: (castizo; temblor del cuerpo) Persona floja de cuerpo y para el trabajo. 'Ese'jun tembleque viejo.'

Temo: (Estemos) 'Cuando temo allá lo hagamo'. (ver 'Hagamo')

T'emperrao: (está emperrado) Esta locamente enamorado. 'Juansito ya ni se junta con uno. T'emperrao con Tomasina.'

¡T'empinao!: Persona que se ha dedicado a trabajar o hacer algo difícil, y lo está haciendo bien.

Ten: (Toma) Imperativo de 'tomar'. 'Pedido: Dami'una naranja d'esa. R: Ten.'

T'en: (Está en) (ver frases que empiezan con 'T'en')

T'en babia: (Está en Babia) (Babia: territorio de las montañas de León) Es expresión castiza, pero su uso frecuente la ha convertido en localismo. Estar distraído, sin poner atención a lo que se está hablando. 'Juansito t'en Babia.' (ver 'T'en la nube. T'en'el aire'. T'en'ei limbo.'

T'encapotao: (Está encapotado) Cuando se dice '¡T'encapotao!', se refiere al cielo, las nubes, la atmósfera, el día y el ambiente en general, no solo al cielo. '¡Oye, se ta poniendo encapotao!' (ver 'Encapotao')

T'en currú: (Está en currú) (talvez del castizo 'curro'= acción de trabajar) Que comienza a hacer o trabajar en algo y no quiere dejarlo, ni siquiera para sentarse a comer. 'Juansito t'en currú'. (ver 'T'en')

Tenderete: Es vocablo castizo por 'conjunto de cosas que se dejan tendidas en desorden.' Significa lo mismo, pero lo incluimos porque es usado con tanta frecuencia, y además su forma, que parece un localismo.

T'en'ei...: (Está en el...) 'Juansito se cayó y t'en'ei suelo y no se pué parai.' (ver 'Pué)

Tenei a Dio cogío p'una pata: (Tener a Dios cogido por una pata) Se dice de la persona que ha conseguido algo de cierta importancia que nunca tuvo, y se pasa el tiempo hablando de ella y enseñándola a todos.

'Juansito con'ese relosito nuevo se cree que tieni'a dio cogío p'una pata.' (ver 'Relosito' y 'P'una')

Tenei buen reto: Tener dinero. '¡Njú!, don Ventura tiene su buen reto.' (Ver '¡Njú!')

Tenei buena sangre: (Tener buena sangre) Tener facilidad para ganarse la confiaza y atraer otras personas y animales. 'Juansito tiene buena sangre pa lo niño.'

Tenei la cola pisá: (Tener la cola pisada) Se refiere a alguien que ha hecho algo ilegal, y a la Justicia solo le falta un poco más de información para arrestarlo.

Tenei la luna: (Tener la luna) Tener la menstruación. (ver 'T'en'ei me')

T'en'ei limbo: No poner atención a lo que se lestá diciendo. (ver 'T'en la nube'. 'T'en'el aire'. 'T'en Babia'.

Tenei lo santo atrá de la pueita: (Tener los santos detrás de la puerta) Se dice de la persona que tiene suerte para muchas cosas, tal como los negocios, o sacarse dinero en la lotería. '¡Oye, Juansito tiene lo santo atrá de l'iglesia, poique a ese si li'ha dío (ido) bien en lo negocio. (ver 'Dío')

T'en'ei mé: (Está en el mes) Se refiere a las mujeres cuando tienen la menstruación. 'Juanita no se puede bañen'ei río poique ten'ei me.'(ver 'Te'nei')

Tenei pantalone o Tenei lo pantalone bien pueto: (Tener pantalones o Tener los pantalones bien puestos) Ser audaz en hacer decisiones de importancia, a pesar de las dificultades y peligros. No demostrar temor ante peligros personales. '!Ese Juansito tiene lo pantalone bien pueto!'

T'en'el aire: Que no pone atención a lo que se está hablando. Que está en el limbo. (ver 'Dío', 'Elevente', 'T'en la nube') Aquí, el artículo 'el' se mantiene intacto, talvés para más facilidad de pronunciación.

Ten'ei riego (Está en el riesgo') Se dice de la mujer parida durante los primeros cuarenta días después del parto, cuando está limitada en ciertas funciones físicas, sexuales y ciertos comestibles.

Tenere: Teneres. Se dice de personas ricas. '¡Lo Gaicía? Es'ej'una familia de mucho tenere.'

Ten'etado: (Está en estado) Se dice de la mujer que está embarazada. 'Juanita ten'etado.'

Tengo gana de pegaimi'uno: (Tengo ganas de pegarme uno) Se dice cuando se tiene deseos de tomarse un trago de ron. 'Uno' aquí es explícito de 'ron'.

Teng'una vaina rara: (Tengo una vaina rara) Se refiere a tener un malestar indefinido en el cuerpo que lo tiene sospechoso de que sea una enfermedad seria.

T'en la cosa: Persona que sabe lo que está haciendo. Que está enfocado en su trabajo. 'Juansito t'en la cosa'.

T'en la luna: Se dice de la persona que está abstraida, ensimismada, alejada de lo que se está conversando. (ver 'T'en'elaire'; 'Alelao')

T'en la mamadera: (Está en la mamadera) Se dice de la persona que a través de sus conecciones políticas consigue buenas posiciones y bienes materiales.

T'en la moidía: (Está en la mordida) Se dice de quien tiene un empleo, casi siempre en el gobierno, donde recibe mucho dinero ilegalmente.

T'en la nube: Que no pone atención a lo que se está hablando. Que está en el limbo. (ver 'Dío', 'Elevente', 'T'en el aire')

T'en la papa: (Está en las papas) Se aplica a la persona que ha alcanzado una posición económica alta.

T'en las'úitima: (Está en las últimas) Alguien que ha perdido todo su dinero y está pobre, o está muy flaco y triste sin saberse por qué. 'Juansito ten las'úitma'.

T'en l'edá dei pavo: (Está en la edad del pavo) Muchacho adolescente que aparenta normal pero se mantiene haciendo bromas de niños, y él mismo se ríe de ellas. 'Juaniquito t'en l'edá dei pavo'.

T'en saimuera: Alguien que ha cometido un delito y lo andan busacando las autoridades o los vengadores. (ver 'Saimuera)

T'en su agua: (Está en sus aguas) Se refiere a alguien que se nota alegre y lleno de satisfacción haciendo lo que le gusta y que hace tiempo no lo hacía. '¡Juansito t'en su agua!'

Tentao: Atrevido. Que se arriesga sin miedo alguno. "¡Adió, pero esi'ombre si e tentao!'.

¡T'entera! o **¡T'enterita!:** (Está entera. Está enterita) Casi siempre se refiere a una mujer de bonito cuerpo y de buen porte. 'T'enterita esa mujei.'

Tenti'allá: (Estate allá) Nota en un papel dobladito que se le da a un niño cuando está molestando, para que se la entregue a una persona en otra parte de la casa, pidiéndole que lo distraiga.

Ten toa: (Está en todas) Se dice de alguien que que se introduce en cualquier conversación sin ser del grupo hablante. El que va a todas las fiestas y reuniones. 'Dominguito t'en toa'. (ver 'Puigón')

T'en to menu'en misa: (Está en todo menos en misa) Se dice de alguien que se introduce, y da opiniones en conversaciones de las no es parte o invitado.

T'entregao: (Está entregado) Se dio por vencido. Ya no quiere cuidar de su salud, ni que le den más medicinas.

T'envenenao: (Está envenenado) Se dice de la persona que está de mal humor y se enoja fácilmente. 'No li'hablen a Juansito que t'envenenao.'

¡Te paitu'ei pecueso!: (¡Te parto el pescuezo!) Desafío de un hombre a otro, casi siempre en una fiesta; 'Si sigue jodiendo te paitu'ei pecueso'. (ver 'Jodón')

Tepe-tepe o **Tepi'a tepe:** Que está lleno hasta el tope. De bote en bote. 'Y'ese bidón no coge ma, ta tepi'a tepe.' (ver 'No coge ma')

¡Te pelaron con'una jigüera?: (¡Te pelaron con una higüera?) Se le dice a manera de sorpresa y pregunta a alguien, casi siempre varón, que tiene el borde del recorte de pelo todo a la redonda por encima de las orejas. (ver 'Jigüera')

T'eperando: (Está esperando) Está encinta.

T'epero: (Te espero) 'T'epero en'ei paique a las'ocho'.

Tereque: (debe ser plural: tereques) Trastos, utensilios u otros objetos de casa. '¿Llévate to'tu tereque cuando te valle?'. (ver 'To' y 'Valle') En algunos lugares designa un ataque o desmayo: 'A Jovina le di'un tereque anoche en la vela dei difunto.'

Terremote: (C: terremoto) Terremoto. 'Juaniquito nació ei dia dei terremote'. (ver 'Ei'; 'Dei')

Terina: (C: jofaina) Vasija redonda de metal para lavarse las manos.

Teso. Tiro teso: (C: tenso; tieso) Se refiere a alguien que está trabajando o estudiando continuamente. 'Juansito ta trabajando a tiro teso en esa tierrita que compró'. (ver 'Tierrita')

Tetarú: (C: testarudo= porfiado; terco) Porfiado; terco. 'Ese Juanito si'e tetarú, l'he dicho mi vece que nu'ej'así y lo sigue haciendo comu'ei dice.' (ver 'Nu'ej'así'; 'Cabesú')

Tete a tete: (Talvez del francés 'la tete', a través de Haití) Frente a frente. Se usa en competiciones deportistas. En los campos es usado cuando un recipiente está completamente lleno. 'Ese cajón ta tete a tete di'arró'. (ver 'Cajón'; 'Arró')

Tetera: (C: vasija para hacer y servir té) Pezón de goma o plástico con agujero, que se le pone al biberón de los bebés para tomar líquidos.

Tetero: C: resistero= calor causado por la reverberación del sol) Que insiste en conseguir lo que quiere. '¡Juansito si'e tetero!'. Talvez una variación cibaeña de 'Testarudo'. Calor de pleno sol de medio día. 'Esi'hombre tuvo trabajando ma di'una hora ai tetero ei soi.'

Tet'e yegua. Teta j'e yegua: (Teta de yegua. Tetas de yegua) Hablar disparates. 'Pedro se pasó la noche hablando tet'e yegua. (ver 'Culu'e yegua')

Tetona: Mujer que tiene las tetas grandes.

Tetota: (Tetotas) Tetas grandes. '¡Qué tetota tien'esa mujei!'

Tetúa. Tetona: Mujer que tiene los senos muy grandes. '¡Tu v'esa mujei, qué tetúa'e!' (ver 'E')

Te veo y no te conoco: (Te veo y no te conozco) Se refiere a alguien que luce muy diferente de cómo era antes, casi siempre cuando luce mejor que antes, o ha hecho grandes avances económicamente. También cuando alguien se expresa opuestamente a sus creencias políticas o religiosas anteriores.

¡Te vu'a dejai pero no t'imponga!: (¡Te voy a dejar pero no te impongas!) Se le dice a alguien, casi siempre un muchacho, que quiere hacer algo que no es de peligro, pero que necesita un permiso. 'P: Yo quiero doimí en Macorí onde mi tía. R: Te vu'a dejai pero no t'imponga!'

(ver 'Imponeise'; 'Doimí'; 'Vu'a')

Tibéame: (de 'entibiar': calentar) Pedirle a alguien que le caliente ligeramente un líquido o un alimento. 'Juanita, tibéame un'agüita p'haci'una tisana.' (ver 'Tisana')

Tibio. Tibia: Agua o cualquier otro líquido ligeramente calentado entre caliente y frío. También se dice cuando se siente un poco de fiebre. '¡Yo no toy bien; me siento ei cueipo como tibio!'.

Tíbiri tábara: (Tíbiri tábara) Se dice del que está a la moda en el vestido, etc. '¡Juansito t'en'ei tíbiri tábara!'

Tiempesito: (de 'tiempo') Corto espacio de tiempo. A veces es una metáfora por un tiempo largo: '¡Haci'un tiempesito que no no vemo!' Otras describe con cierto sarcasmo un estado de mal tiempo: '¡Qué tiempesito ete, eh!'

Tiene buen acieito (Tiene buen acierto): Se dice del médico o curandero que 'e bueno', porque diagnostica y cura con certeza. (Ver 'E bueno')

Tiene buen puiso: (Tiene buen pulso) Se dice de la persona que no le tiemblan las manos. Que esarta fácilmente el hilo en la aguja de coser. Que tiene buena puntería en la caza. 'Juana tiene buen puiso. Ella ensait'esa aguja casi con los'ojo cerrao.'

Tien'ei negru'atrá del'oreja: (Tiene el negro detrás de la oreja) Se dice de alguien que en general parece ser de raza blanca, y lo insinúa ocasionalmente, si bien se nota que es mestizo.

Tiene la boca sucia: Se dice de la persona que entrelaza frecuentes obscenidades en su conversación. También cuando se enoja con alguien y lo insulta. '¡Oye, peru'ese Monsito si tiene la boca sucia!' (ver '¡Oye!')

Tiene la cabesa llena di'al'e cucaracha: (Tiene la cabeza llena de alas de cucaracha) Se dice de la persona que se las pasa haciendo planes sin fundamento para mejorar su vida, y nunca se le nota progreso.

Tiene la cosa: Clave para decir que una mujer tiene la menstruación. 'Yo no puedo comei fruta rara poique tengo la cosa'.

Tiene la mano pesá: (Tiene las manos pesadas) Persona que jugando da los golpes muy fuertes. Usado más bien para designar a alguien que cobra exageradamente por cualquier trabajo ligero, refiriéndose comunmente a profesionales, como dentistas, médicos y abogados.

Tiene la música poi dentro: Se dice de la persona que tiene una personalidad apacible, pero cuando es necesario resuelve situaciones mejor que muchos, y hasta puede ser enérgico en establecer sus decisiones. 'Opinión: ¡Juaquín si'e tranquilo! R: ¡N'ju! Así como tu lo ve, Juaquín tiene la música poi dentro.' (ver '¡N'jú!'; 'Juaquín')

Tiene la sangre por'ei suelo o **la sangre baja:** (Tiene la sangre por'ei suelo) Se ha oído decir que un amigo o familiar tiene una anemia muy severa. Que el médico dijo que 'tenía la hemoglobina por el suelo.'

Tiene la sog'a ratro: (Tiene la soga a rastras) Se refiere a alguien que ha cometido una fechoría o crimen, está viviendo una vida normal, pero hay quien conoce su pasado y lo pueden investigar en cualquier momento. Se usa también en situaciones menos violentas y hasta de chanza.

Tiene la yeiba aita o **Tiene la yeiba desi'aito:** (Tiene la yerba alta o Tiene la yerba de ese alto) Se dice de la persona de que se está hablando en el grupo, y uno de los presentes sabe que ya murió, y aunque su muerte sea reciente exagera diciendo: ¡Uuuh! Jesusito ya tiene la yeiba aita' o 'Ei ya tiene la yeiba desi'aito' mientras levanta una mano más alto de la cabeza, indicando que hace mucho tiempo que murió. (ver '¡Uuuh!')

Tiene lo juego pesao: (Tiene los juegos pesados) Se refiere a alguien que debido a su poder político o económico no se puede competir con él. Se dice cuando se oye que alguien perdió todo lo que tenía cuando rivalizó con el poderoso. '¡Ese tipo tiene lo juego pesao!'

¡Tienen su liíto!: Se dice de la pareja que parecen estar enamorados, pero nadie está seguro porque no lo dan a entender. '¡Njú! ¡Yo cro'que Juansito y Petronila tienen su liíto!' (ver 'Amor'econdío'; 'Lío'; 'Cro'que')

Tiene roble di'aserrai: (Tiene robles de aserrar) Tiene el mismo significado que 'Tiene la yeiba aita'. (ver)

Tieni'un toinillo flojo. **Tieni'un tojnillo flojo**. **Tiene un toinillo flojo**: (Tiene un tornillo flojo) Se dice de la persona que es disparatosa en el hablar, o dice cosas que no vienen al caso que se ventila en el momento. Se compara con una máquina que tiene algún tornillo flojo, por lo que hace ruidos que no son normales.

Tiene un no se qué': Se dice de la mujer que tiene un cualidad que la hace atractiva, pero que es
 difícil de notar o percibir.

Tieni'un ven'acá. Tieni'un ben'acá: (Tiene un ven acá) Se dice de la persona atractiva y fácil de hablar co ella; casi siempre se refiere a una mujer bonita y simpática.

Tierraso: (de 'tierra') (ver 'Poivaso')

¡Tierra trágame!: Se dice en tono de voz bajo de sorpresa y aprensión, cuando se ha dicho algo delante de alguien que no debería saberlo. ('Meter la pata')

Tierrita: Terrenito. Finca muy pequeña. 'Yo me compré una tierrita en La Peña que me da p'el'arro y frijole'. (ver 'P'el' y 'Una buena tierrita')

Tieto: (Tiesto) Objeto viejo y destartalado. Vasija de barro para sembrar flores. Persona que ha quedado pobre y anda mal vestida. 'Ei pobre Pedro ta vuet'un tieto'.

Tietu'e: (Tiesto de) Cualquier cosa que se ofrece, pero el recibidor lo percibe como muy poco o de mala calidad. 'Lo que mi'ofreció fue un tieto de empleíto viejo'. 'Tan buena que fui yo con'ei y lo que me dejó fun'tietu'e casa vieja'. (ver 'Trapu'e...'; 'Se ta saliendo dei tieto')

Tíguerito: (de 'tigre') Muchacho travieso, que sabe mucho; casi siempre de los barrios.

Tíguere (1): Tipo sospechoso. Ladrón. 'Tengan cuidao, que'ese tipo e'jun tíguere'.

Tíguere (2): Expresión agradable de camaradería. '¿Cómo le va tíguere?'.

Tiguerón: Tipo que no es buen amigo y siempre ande metido en líos. '¿Tu conoce a Juan? Si ombe; ese e'jun Tiguerón viejo'.

Tigueraso: Este es peor que 'Tiguere (1)'. 'Ese tipo que va'hí ej'un tigueraso'.

Ti'ha: (Te ha) 'Oye Juansito, esa ventana ti'ha comío'. (ver 'Ti'ha comío')

Ti'ha comío: El mismo sgnificado de '¡Se lo comió!' (ver 'Se lo comió')

Ti'han ... Ti'ha ...: (Te han... Te ha ...) '¡Y a ti no ti'han dicho que pedro se murió?' 'Tu ti'ha fijao en'esa mujerota. (ver 'Mujerota')

Tijera: (C: tijeras) Tijeras para cortar telas, lienzos y papel. Persona que sabe mucho, sobre todo de negocios, y engaña con facilidad. Ese Juansito e j'una tijera. Adió, ¡y no se quedó con la finca de don Ventura!' (ver 'Tisera'; '¡Y no...!')

Timacle: Persona muy capacitada; de la que se dice que lo sabe todo, o puede hacer todo lo que hace otro. 'Juansito ej'un timacle'.

Timbale (tenei): (tener timbales) (de 'timbal': tambor pequeño) Se refiere a los testículos. Se dice de la persona que no tiene miedo, casi siempre relacionado con resolver grandes problemas o negocios. '¡Don Juan e j'un'hombre que tiene timbale!' También los tambores pequeños. (ver 'Lo tiene bien pueto')

Timbí: Lleno por haber comido mucho.

Timbito (salió o **anda):** Se dice del que sale atemorizado y rápido de un lugar donde lo han desafiado o regañado. 'Pedro salió timbit por'ahí cuando lo Gonzalo lo desafiaron anoche.' 'Juansito and timbito poique li'han dicho que la guaidia lu'anda bucando.'

Tin: (Del inglés 'team' en deportes) '¿Cuai tin tu cre'qu'e mejoi, ei Licey o el'Ecogido?'

¡Tín-gola!: Juego de adultos con niños, diciéndole "Mira un pajarito sin cola", y cuando el niño mira hacia arriba se le da un ligero golpecito de sorpresa en la parte anterior del cuello (nuez de Adán) con la punta del dedo índice engatillado en el pulgar, mientras se dice 'Tin-gola' o 'Tin bola'. (A los niños les gusta en extremo este juego, y casi siempre quieren que se le repita, o ellos quieren hacérselo a uno)

Tininingo: Lo más chiquito que pueder algo. '¡Ay, pero qué tininingo e j'ese muchachito!'

Tin marinde do pingué o **Tin marín de do pingué:** (ver Sección 'Juegos Cantados de Niños')

Tiñosería: Cualidad de tiñoso. (ver 'Tiñoso')

Tiñoso: Es castizo, indicando que se sufre de tiña, y también miserable, mezquino. Se usa con frecuencia para una persona tacaña o avara. (ver 'Duro' y 'Agarrao'; 'Duro com'un ladrillo')

Tipito: (de 'tipo') Puede ser de connotación negativa o positiva. '¡Qué tipito elegante tiene esa joven!' 'Tu ve ei tipito ese que ta sentao allí. ¡Qué raro e!' 'Ese'jun tipito peligroso.' (ver 'Tipo'; 'E')

Tipo: Se refiere a cualquier persona que no se conoce o se recuerda por su nombre en ese momento. Es de uso positivo o negativo. 'Ese tipo e buena gente'. 'Es'e j'un tipo peligroso'. (ver 'E')

Tique: (Del inglés 'ticket= recibo) Recibo de pago de entrada a un evento. Porción de un billete de la lotería. Tiquete.

Tiquitá, tiquitá: Se usa repetido hasta tres veces, para denotar algo ligeramente molestoso o desagradable. 'Manuela no se paraba di'hablai. Esu'era tiquitá, tiquitá, tiquitá.'

Tirai: (C: tirar= lanzar , arrojar algo de sí. Hacer fuerza para atraer algo hacia sí) Solo se usa para lanzar o arrojar algo de sí, disparar un arma de fuego y lanzarse uno al agua. 'Me tiri'ai chaico de la peña ma aita'. (ver 'Chaico'; 'Aita'; 'Ai')

Tirai la casa poi la ventana: Se dice de la persona que ha estado gastando mucho dinero en arreglos y cosas nuevas para su negocio o casa. Se aplica también a otras situaciones de grandes gastos, que no son de la casa.

Tirai puya o **Tirai punta:** Decir frases comprometedoras que se refieren y pueden ofender a alguien de los presentes. Es algo así como 'una indirecta', pero más directa.

Tiraise: Lanzarse de una altura al suelo o al agua. Tener relaciones sexuales con una mujer. 'Oí decí que Juansito se tiru'á Tomasina.' Comerse una comida rápido. 'Me tir'ese sancocho en lo que cant'un gallo. Ver algo prohibido.(ver 'En lo que cant'un gallo' y 'Tiraise l'oreja')

Tirais'ei peo ma j'arriba de la cintura: (Tirarse el pedo más arriba de la cintura) Se dice de la persona que se da gran importancia sin tenerla.

Tiraise l'oreja o **Tiraise un'oreja:** Mirar fijamente los muslos y partes privadas de una mujer que está mal sentada. Escuchar una información secreta de gran importancia, sin que los hablantes se den cuenta.

Tirai una punta: (Tirar una punta) Decir en una conversación, algo que va con el tema de ella, pero hace que alguien, a modo de respuesta a lo dicho, declare lo que no quería decir. A veces la 'punta' es algo hiriente, y el tema se convierte en una discusión tensa, o un pleito.

Tirando a... : Que se acerca, o es muy parecido a otro objeto o color. 'Eta tela e rosada tirando a colorá.' 'Juansito e morenito tirando a indio ocuro.' (ver 'Indio', 'Quemaíto' y 'Colorao')

Tirando los'úitimo petacaso: (Tirando los últimos petacazos) (C: petaca= estuche o caja de cuero) Se dice de alguien que ha gastado casi todo su dinero en un proyecto, y está en los últimos arreglos para completarlo. 'Pedro ta tirando los'úitimo petacaso en'esa casa que ta'haciendo.'

Tirao: Talvez de 'tirarse' arriba un buen traje. Bien vestido o vestida. '¡Ajo, tu si va tirao p'esa fieta!' (ver '¡Ajo!')

Tira pai'monte o **Tirapaimonte**: (Tira para el monte) Se dice de jóvenes o adultos que en vez de dedicarse a sus estudios o trabajos, o llevarse de buenos consejos, se las pasan yendo a fiestas y reuniéndose con personas de mala calaña. 'Juanito siempre ha tirao pai monte', o '...e j'un tirapaimonte'.

Tirapeo: (Tira pedos) Que se tira pedos entre la gente. (ver 'Culo flojo'; 'Entre la gente'.

Tirapiedra: (Tirapiedras) (ver 'Goma')

Tirapó: Juego de niños, donde se introducía un tubo de hierro en una semilla de aguacate, que lo tapaba por un extremo, y por el otro se introducía una varilla a presión dentro del tubo, y al empujarla salía el tapón de semilla de aguacate con un sonido fuerte de 'Pó'. Esto se le hacía inadvertidamente a otro muchacho por detrás, cerca del oído.

Tirai una cacarita: (Tirar una cascarita) Mencionar algo importante para alguien presente, para que este diga lo que no debía, sin darse cuenta. 'Juansito le tir'una cacarita a Julio pa qui'hablara.'

Tíramele'l'ojo. Tírameli'un'ojito: (Tíramele el ojo. Tíramele un ojito) Petición a alguien para que chéquée los niños que están jugando en otro lugar de la casa; sobre todo cuando no se escucha nada de ruido.

Tira puya tira puya tíral'arrib'un tocón ...: Primer línea de un insulto desafiante entre los niños de la escuela primaria, y cuya segunda parte rimaba con la última palabra, y se refería a un acto impúdico infligido a la madre del desafiado. 'Tira puya tira puya, tíral'arrib'un tocón, que a tu madre le met***** cuatro guagua y un vagón'; inmediatamente seguido esto de una serie de puñetazos.

Tir'e la camisa: (Tira de la camisa) Parte delantera de la camisa donde se ensartan los botones. También por donde, al comienzo de una pelea, un hombre agarra a otro y lo mueve violentamente de un lado al otro. 'Lu'agarró poi la tir'e la camisa y le cantó tre veidade'. (ver 'Jamaquiai'; 'Taraquiai'; 'Etaraquiai'; 'Le cantó tre veidade')

Tiri'ai: (Tiré al) 'Me tiri'ai chaico má jondo. (ver 'Chaico'; 'Jondo')

Tirigüillo: (Tirigüillo: cubierta del fruto elongado de la palmera) Persona muy flaca, casi siempre mujer. 'Esa mujei si'a pueto com'un tirigüillo'.

Tirijala o **Tir'y jala:** (Tira y hala) Se dice mayormente de una discusión entre dos o más personas que se revuelve en el mismo tema sin resolución o término. 'Juansito y Pedro tienen un tirijala de no acabai.'

Tiriquito: (C: tiritera= temblor del cuerpo) Temblor debido miedo o frío. '¡Ay, eso me da tiriquito solo de veilo!'

Tiro: Disparo de arma de fuego. Indica 'de ahí en adelante': 'Se dijién tanta cosa que d'ese tiro quedán enemigo.'

Tiro poi la culata: (Ver 'Le salió ei tiro poi la culata')

Tiro teso: (de 'tesar'; 'extender') Se dice de algo que se hace o se ha hecho contínuamente, sin descansar. 'Esa gente trabaján a tiro teso y acabán tempranito.' (ver 'Trabaján'; Acabán')

Tirria: Vocablo onomatopéyico. Aceptado en la RAE, con similar significando en República Dominicana, donde es de uso común: 'manía, odio u ojeriza hacia algo o alguien'.

Tir'una cacarita: (Tirar una cascarita) ('Le tir'una cacarita')

Tir'una canita al aire. **Tir'una can'al aire**: (Tirar una canita al aire. Tirar una cana al aire) Hacer algo especial que da gusto, después de no haberlo hecho por muchos años.

Tir'una punta: (Tirar una punta) (ver 'Tirai una punta')

Tisana: (C: tisana=bebida medicinal que consiste en cocer hierbas en agua) El mismo significado en El Cibao y el resto del país. (ver: 'Beibaje')

Tisera. Tijera: (Antiguo castizo: Tiseras) Del latín 'ferramenta tonsoria': tonsurar= cortar el pelo o lana a personas o animales) 'Juan, prétame esa tisera (tijera).'

Tisón: Trozo de madera ardiendo. Hombre de color muy negro.

Ti ta tu o **Titatú:** Respuesta de alguien a quien le han dicho o preguntado '¿Tu ta ti?', debido a que ha estado tosiendo mucho sin lucir enfermo. (significa '¿Tu estás tísico'?) (ver '¿Tu ta ti?')

Ti ti ti o **Titití:** Voz repetida en un tono agudo gutural para llamar las gallinas, casi siempre durante las mañanas, para que vengan a come su maíz.

To: (Todo. Todos. Tos) 'No me diga na, yo lo se to'. 'Cuandu'ei terremoto no salimo to de la casa'. 'Tómati'una cuchará de miei p'esa to que tiene.' (ver 'Na'; 'Miei'; 'P'esa')

Toa: Toda. Todas. 'Se la canté toa, claro y pelao.' 'Le di tuá la naranja que tenía.' 'No se pueden ganai toa'. (ver 'Tuá'; 'Claru'y pelao')

Tocai ei piano ai revé: (Tocar el piano al revés) Robar. Se dice con sarcasmo, 'A si, dicen que fulano no roba. Que yo sepa, ei namá toqu'ei piano ai revé.'

Tocao dei queso. Tocá dei queso: Sujeto que tiene tiempos que no actúa normalmente; que habla algo disparatoso. 'Juansito parece que ta medio tocao dei queso'. A veces solo se dice 'Ese tipo ta tocao.' 'Juana parece que ta tocá dei queso'. (ver 'Queso')

T'ocupá: (Está ocupada) P: ¿Ónde ta Juanita'. R: 'Ella t'ocupá'.

To degollao. Anda to degollao: (Todo degollado. Anda todo degollado) Se dice de quien anda con la camisa desbotonada tres o más botones desde el cuello. '¡Tu ve comu'anda Pedro, to degollao!' (En los campos, sobre todo los domingos de misa, se acostumbraba a tener la camisa abotonada desde el primer botón del cuello) (ver 'To detaitalao')

To detaitalao: (Todo destartalado) (C: destartalado=descompuesto. Desproporcionado y si orden) Se dice de la persona que anda mal vestida y desaliñada; si es hombre, con la camisa por fuera, y si mujer, con al ruedo del vestido más alto de un lado que del otro. (ver 'To degollao')

Todo lo se: (ver 'Juegos Cantados de Niños')

Toicío: (C: torcido: que no es recto) Que tiene curvas. También lo dice la persona que está pasando por momentos difíciles. 'Yo toy medio toicío di'un tiempo acá.'

Toinillo flojo o **Tojnillo flojo**: (Tornillo flojo) (ver 'Tieni'un toinillo flojo')

Toipedo: (Torpedo) Bomba submarina que se le tira a un navío de guerra para hundirlo. Explosivo cilíndrico de alrededor de dos pulgadas, que durante los fuegos artificiales de Noche Buena y Año Nuevo se tiraba contra una pared, detonando poderosamente. Pedo muy sonoro. (ver 'Noche Buena')

Toitico: Encarecimiento de 'todo': 'toditito'. Segunda y tercera letras suenan como 'hoy'. Era usado en el campo adentro. 'Se jueron toitico y me dejaron sola'. Ya poco usado. Ahora se usa 'toíto'. (ver 'Toíto'; 'Jueron')

Toitillera: Lesbiana. Mujer que prefiere el sexo con otras mujeres. "Ese'juna toitillera vieja.' (ver 'Vieja')

Toíto: (Todito) Forma de aumentativo de 'todo'. 'Pedro se lo comió toíto y no dejó na'. 'Toitico' es la forma anticuada de 'todito', usada mayormente en el campo adentro.(ver 'Na')

Toledai: (C: tolerar) Tolerar. 'Yo lo toledo poiqu'e mi sobrino, si no lo repajilara de la casa.' (ver 'Repajilai')

To le jie y na le güele: (Todo le hiede y nada le huele) Se dice de la persona que no le gustan las cosas que les gustan a la mayoría de la gente. '¡Tu ti'ha fijao qui'a Pedro to le jié y na le güele?' (ver 'Ti'ha'; 'Qui'a')

Tolete: En varios países hispanos, icluyendo República Dominicana, garrote corto y grueso de madera. Popularmente se le llamaba así al peso o al dólar. También, para demostrar que un objeto era muy grande se dice 'Un tolete así' mientras se extienden los dos brazos con las manos abiertas. (ver 'Macana')

Toletero: En béisbol, bateador poderoso, que batea jonrones con frecuencia. (ver 'Jonrón')

To lo: (Todo lo..., Todos los...) 'To lo que tu me diga no lo creo'. 'Juansito se comió to lo mango'.

To lo día: (Todos los días) expresión común, a veces de ligero reproche, sugiriendo o acusando a alguien que hace algo todos los días, aunque realmente lo haga solo una o dos veces a la semana o al mes.

Tuá la noche: (Todas las noches) 'Juansito si'acueta a la sei tuá la noche'. Esto, aunque solo se haya acostado cerca de las seis dos o tres veces en ese mes.

To lo día no ta San Pedro atrá de la pueita: Se le dice a modo de advertencia, a alguien que se jacta de que a todo lo que se dedica le sale bien. 'No crea que to lo día ta San Pedro atrá de la pueita.' También se dice de alguien que tiene mucho tiempo haciendo negociosque les salen bien, pero le llega uno en que pierde gran cantidad de dinero. También se dice 'To lo día no ta Dio atrá de la pueita'. (ver 'Ta'; 'Atrá')

To lo malo se pega: (Todo lo malo se pega) Se dice de alguien que está haciendo algo socialmente incorrecto, tal como lo hace un amigo o un familiar de él o ella.

To lo que da: (Todo lo que da) Indica el hacer una cosa al máximo de su capacidad. 'Eterica esa goma to lo que da, sin mieo.' (ver 'Etericai' y 'Mieo')

Tollo: Lodo. Cualquier problema que se complica y se hace difícil de resolver. '¡Bueno Juansito, tu si ti'ha metío en un tollo feo! Trastos y otras cosas desordenados en la casa. (ver 'Lío')

Toma: Cuando se le da algo a otro: 'Toma eta naranaja'. Medicina líquida que receta el boticario: 'Ei boticario me di'una toma p'ete mueimo.' (ver 'Mueimo')

Tomaría: (Talvez lejanamente de 'tomar') Se usa por 'Ojalá' y 'Así quisiera yo'. 'Tomaría yo sacaim'ei premio mayoi.'

Toná: (C: tonada= composición para cantarse) Décimas que se cantan uno al otro los trabajadores en los campos, donde la respuesta de cada uno tiene que rimar con la anterior del otro.

T'onde: (Está donde) P: ¿Onde ta Juansito? R: 'Yo cro'qu'ei t'onde Julia'. (ver 'Cro'que'; 'Onde')

Tongoniaise. Tongoneo: Mover el cuerpo y los hombros en forma rítmica, bailando o demostrando algo que se cuenta. '¡Oye, pero María si se tongonea bailando!' (ver ¡Oye!')

Tonto: (Castizo: Bobo. De escaso entendimiento) Mareado de dar vueltas con rapidez a la redonda. 'Juancito se puso tonto de'dai tanta vueita'. (Ver 'dunda').

Toñito: Apodo diminutivo de 'Antonio', a través de 'Toño'. (ver)

Toño: Apodo de 'Antonio'. (ver 'Toñito')

Topai: (de 'topar') Poner los gallos de pelea cerca para que se enfurezcan y preparalos para la pelea. Encontrarse con alguien por casualidad. 'Caminu'ei meicado me topé con maría.'

Topao: Quedarse insatisfecho de algo. 'Ese chin de Mangú me dejó topao.' (ver 'Chin' y 'Mangú')

Topetopetope: Juego que se usa con los bebés, Acercando despacito y tocando suavemente la frente con la de ellos y cantando repetidamente la palabra 'tope'; es decir, topar las frentes. Ellos se ríen a carcajadas.

Toro: Macho de la vaca. Se dice de la persona sobresaliente en algo: 'Esi'hombre e j'un toro en lo negocio.'

To ta ...: (Todo está...) 'No ti'apure Juansito que to ta hecho y completo.' 'To t'arreglao.'

Totá: Tostada. 'María, hami'un huevo frito con do totá'. (ver 'Hame')

¡To ta bien!: (¡Todo está bien!) Se le dice a alguien para que no haga más preguntas.

Totaíto: (Tostadito) Se refiere a algo frito que se prefiere 'tostadito'. También al color de una persona de piel oscura, pero no negra. 'Julio e medio totaíto'.

Totaso: Golpe fuerte dado en la cabeza. "Juancito se di'un totaso en la cabesa anoche que cayó rendío'. (Ver 'Rendío' y 'Coñaso').

To tiene lo malo y lo bueno: (Todo tiene lo malo y lo bueno)

Toto: (Nombre que se da a mascotas en algunos países de habla española). Genitales externos femeninos.

Totone. Totón: (Tostones. Tostón) (C: tostón= pan tostado o frito) Rodaja de plátano verde, frita ligeramente, aplanada, y frita de nuevo, hasta que está dorada y tostada. Comúnmente se usa en plural cibaeño: 'totone'. 'A tu'ei mundo le gutan lo totone'. (ver 'Tu'ei mundo'; 'Aplatao')

To traposo: (de trapos) persona que anda con rotos en la ropa y algunas tiras colgando. 'Fíjense como anda Juancito, to traposo'.

To vueit'un lío: (Todo vuelto un lío) Lo dice alguien contándole a otro el desorden que encontró en su casa cuando los hijos solos por poco tiempo. 'Cuando llegué eso taba to vueit'un lío'. Se dice también de un problema de chismes entre familia. 'Esu'e j'un chime tan grande que tan to vueit'un lío'.

Toy... : (Estoy) 'Ya no vu'a comei ma; yo toy lleno'. (ver 'Vu'a')

¡Toy cansao di'oí eso!: (Estoy cansado de oír eso) (ver '¡Toy jaito!')

Toy comu'en'el'aire o **Me siento comu'en'el'aire:** (Estoy como en el aire) Se dice cuando uno se siente como si le fuera a dar un mareo o desmayo.

Toy com'un trapo cagao: (Estoy como un trapo cagado) Simbolismo con el pañal sucio de un bebé, por estar sin dinero, enfermizo y sin trabajo.

Toy direito: (Estoy directo) Tener diarrea con evacuaciones frecuentes y muy líquidas. 'Oiga vale, me comi'uno frijoli'amanecío eta mañana y toy directo ded'eta taide'.

¡Toy jaito!: (Estoy harto) Lo dice alguien que ha comido más de lo necesario de una sentada, y está, más que satisfecho, un poco incómodo por la distensión abdominal. 'Ya dejen eso, toy jaito d'ese ruido.' (ver 'Toy cansao di'oí eso')

¡Toy jaito com'una chincha!: (C: chinche) Similar a 'Toy jaito'. A veces: 'Toy ma jaito qui'una chincha'. (ver 'Toy jaito').

¡Toy jarto di'oí eso! ¡Toy jaito d'eso!: (Estoy harto de oí eso; [pronunciado con la 'r']) Estar hastiado de haber oído la misma cosa, sea un ruido constante, una noticia o chisme varias veces. Se dice a veces con más énfasis y, sin degollar el primer vocablo, sobre todo en las ciudades: 'Estoy jarrrto di'oí eso'. 'Ya dejen eso; toy jaito d'es'ecándalo'.

Toy jat'ei tapón: (Estoy hasta el tapón) Que ya no aguanta más.

Toy jodío: (Estoy jodido) Se dice cuando se está en muy malas condiciones económicas.

Toy loco poi ... : (Estoy loco por ...) Tener muchos deseos de hacer o comer algo. 'Toy loco poi di'a la Caiptai. Hace tiempo que no voy.' 'Toy loco poi comeimi'un moru'e guandule.' (ver 'Di')

¡Toy lleno!: (Estoy lleno) Lo dice el que ha comido más de lo necesario, y se siente repleto e incómodo.

¡Toy loco poi llegai!: (Estoy loco por llegar) Que quiere llegar a su destino lo más pronto posible. "Ya nu'aguanto ma, toy loco poi llegai!'

Toy malo: (Estoy malo) Lo dice alguien que no se siente bien de salud.

¡Toy medio jodón! (Estoy medio jodón) Se dice cuando el hablante ha estado sintiendo alguna molestia de salud por algunas horas o días. También cuando no quiere que nadie le hable, porque puede darle una mala respuesta. '¡A mi que nadie me hable hoy, poique toy medio jodón!'

Toy que no vaigo na: (Estoy que no valgo nada) (ver 'Yo no vaigo ni'un chele')

Tuy sin gana de na: (Estoy sin ganas de nada) Lo dice quien no tiene deseos de comer o hacer nada. Talvez a veces algo de depresión.

Toy t'uá...Toy to...: (Estoy toda...Estoy todo...) 'Toy t'uá mojá.' 'Toy to'mojao.' (ver 'Mojá')

Toy tu'empollao poi tu'a paite: (Estoy todo ampollado por todas partes) Se dice cuando se han desarrollado ampoyas en la piel. Puede ser solo unas pocas ampoyas en los brazos, y quizás algunas en el cuerpo, pero con frecuencia se exagera, para mejor efecto.

Traba: Donde se mantienen atados los gallos de lidia. (Ver 'Trabero'; 'Gallu'e pelea')

Trabajai com'un animai: (Trabajar como un animal) Trabajar mucho, hasta cansarse.

Trabaján: Trabajaron. 'Ello trabaján tu'ei día'. (ver 'Tu'ei')

Trabajando a pisué: Quiere decir que a la persona le pagan por cada pieza que hace. Traducción del inglés 'piece work': pieza de trabajo. 'Juanita trabaja a pisué en'una factoría en Nueva Yoi.'

Trabero: El que atiende el recinto y los gallos que están en trabas.

Trabiaise: (ver 'Traviaise')

Tracataso: (ver 'Tracatone')

Tracatiai. Traqueteo. Tracatiando: (C: traquetear= hacer ruido) Talvez de 'traca'= gran estruendo de fuegos artificiales. Hacer ruido sin cesar. 'Mira muchacho, ¿que lo que tu ta tracatiando tanto?' '¿Peru'y tu'ese traqueteo de qué será?'

Tracatone: (Tracatones), y se usa siguiendo a la frase 'Doj'o tre'. Significa golpes físicos, pero más usado como varios períodos seguidos de problemas o enfermedades cortas pero potencialmente peligrosas, así como fracasos en negocios. 'A Juansito li'han dao doj'o tre tracatone últimamente.' (ver 'Doj'o tre'; 'Li'han')

Trafalario: (C: estrafalario= desaliñado en el vestido o en el porte) Desaliñado en el vestido o en el porte. Persona que anda con la camisa por fuera, despeinada, sin medias, etc.

Tragais'ei lucio: (ver 'Se tragu'ei lucio')

Tragándosi'un cable: (Tragándose un cable) Estar en muy mala condiciones económicas. 'Juansito hace tiempo que no tiene trabajo.

Ei pobre ta tragándosi'un cable'. Simbolismo con 'tragarse un cable', que es, se podría decir, una situación difícil o imposible. (ver 'Arrancao'; 'Prángana'; 'Mueito di'hambre')

Trago carretero: Trago de ron más grande que el promedio que se sirve, y que suele llegar hasta medio vaso de ron.

Trai: (C: trae) Trae. 'Juansito trai una cara trite hoy'. 'Traim'esa bandeja que t'ahí'.

Traite: (Tráete):De camino traite lo plátano di'una ve'. (ver 'Di'una ve')

Trajieron: Trajeron.

Trajite: Traíste. '¿Tu trajite l'ecoba pa barrei tu'eta basura?' (ver 'Tu'eta')

Trajudiciai: (C: extrajudicial: que se resuelve fuera de la vía judicial) La vía o camino más difícil para llegar a un lugar. 'Ese ej'ei camino ma trajudiciai pa llega'la loma.'

Tralimitao. ¡No te tralimite!: (Extralimitado. ¡No te extralimite!) (del castizo 'extralimitarse'= excederse en el uso de sus atribuciones) Excederse en su comportamiento y conversación, especialmente refiriéndose a un muchacho o joven entre adultos. '¡Mira, Juanito no te tralimite conmigo!' '¡Ese muchacho si'e tralimitao!'.

Tralú: (C: trasluz: luz que pasa a travez de un cuerpo translúcido) Parecido o semejanza entre personas. 'Ese muchacho como que tiene un tralú a Juansito. ¡Si serán familia?' (ver 'Como')

Tramano (poi): (Por trasmano) Por trasmano.

Tramparente: (Transparente) Se dice de un cristal porque se puede vara a través de él. También se dice de alguien que se le nota palidez en la cara. 'Ese muchacho si ta tramparente. ¡Cuidao si e que se v'enfeimai!'

Tran: (Traen) P: '¿Quién'é que va traei lo mango?' R: 'Mingo y Momín lo tran.'

Tranquilo, tranquiiilo jefe: Dicho despacio y con calma a una persona que está muy agitada y enojada, hablando en alta voz y sin control.

Trapo: Pedazo de tela, viejo y a veces roto. Pañal que se le pone a los niños para contener la orina y excrementos. '¡Fo. Cámbiale lo trapo a ese niño que t'hecho caca!' En el campo adentro: '¡Fo, cámbiale lo trapu'ese muchacho que ta to cagao!' (ver 'Fo'; 'Ta'; 'Trapu'e'; 'Cagao')

Trapu'e ...: (Trapo de ...) Despectivo, refiriéndose a un objeto que se considera de menos valor de lo que se esperaba. Despectivo de un objeto con que se ha tropesado. P: '¿Y que te pasa? R: Adió, y no me trompesé con'ei trapu'e silla esa!' Algo que es muy difícil de arreglar. 'Yo si'he bregao con'ete trapu'e cafetera y todavía no trabaja.'

Trapuntao: Se dice cuando dos personas no se llevan bien, y cada vez que se encuentran se enredan en discusiones. 'Dicen que Juansito y Pedro andan medio trapuntao.'

Traquiai: Entrenar los gallos de pelea con otro usado solo para ello; ambos con las espuelas cubiertas. Al otro se le llama 'Mona de traquear'.

(ver 'Mon'e traquai')

Traquilao: (C: trasquilado= cortar el pelo a trechos, sin orden) Significa lo mismo que en castizo, pero se usa de chanza y con frecuencia, por lo que aparenta ser un localismo. 'Juansito ta to traquilao; seguro cambió de peluquero'. (ver 'Quién te peló que las'oreja te dejó')

Trasendío: (C: trascendido= que averigua con viveza y prontitud) Que se introduce en lugares o conversaciones que no le pertenecen. Casi siempre se refiere a muchachos y adolescentes: 'Adió, pero ese muchacho si'e trasendío'. (ver 'Freco. Freca')

Tratuibao: Persona que anda más confusa o desconcertada que cuando está simplemente turbado. 'Juansitu'anda como medio tratuibao úitimamente'.

Traviaise. Traviao: (C: extraviarse. Extraviado) Equivocarse de camino para llegar a un lugar. Perderse. 'Tánta vece qui'ha dío Juan a la Loma, y se travió pa llegai.' (ver 'Dío')

Tre: (Tres) Número tres. Guitarra con tres pares de cuerdas. 'Tre Patine': cómico de la radio cubana, que se escuchaba a diario en República Dominicana.

Tre goipe (Lo): (Los tres golpes) Antihelmíntico que se daba cada cierto tiempo por tres veces, para la total y definitiva eliminación de parásitos intestinales.

Treigo: (Traigo) Ya anticuado. 'Yo lo treigo mañana'. Era en el hablar del campo adentro.

Trei. Treilo. Trailo: (Traer. Traerlo. Tráelo) Ya anticuado. Se decía: '¿Tu lo va trei?' 'Juana va a treilo'. Era en el hablar del campo adentro.

Trementin'y Calibolate: (Trementina y Calibolate) Trementina: extracto de resina de pino. Calibolate: inglés 'challybeate': líquido que contiene sales de hierro) Medicamento líquido para uso externo, que se aplicaba a los golpes para mejorarlos. 'Ponle trementina y calibolate, y tu verá que se le cur'ese goipe'. (ver 'Calibolate')

Trenta: (Treinta) Número y cantidad 'treinta'.

Tresiento. Tresienta: Trescientas. Trescientos. ("Jembra tresienta')

Tre veidade: (Tres verdades) (ver 'Cantaile tre veidade')

Tribei: Del inglés 'Three-base hit') En béisbol, un batazo incogible y el bateador llega hasta la tercera base.

Tricai: (C: 'remedar'= Imitar burlonamente el habla de otro. Triscar= hacer ruido con los pies. Triscar el trigo. Jugar. Retozar) Imitar burlonamente el habla de otro). Imitar burlonamente el habla de otro. '¡Mir'ese muchacho me ta tricando!'.

Tricón: El que remeda a otros con frecuencia. '¡Pero Juanito si'e tricón!'

Trillo: Sendero estrecho, hecho por el frecuente caminar de personas y animales.

Trinquete: (castizo: palo de proa en las embarcaciones) (ver 'Ta com'un trinquete')

Triquitraque: Ruido desordenado, repetido y persistente, que no se ve lo qué lo produce, y a veces ni de qué dirección viene. A veces se aplica a ciertos latidos del corazón: 'Vu'a tenei que di al'hopitai poiqu'ei corasón me ta dand'uno triquitraque hace ya mucho día'.

Trisagio d'Isaía: (Trisagio de Isaías) Oración donde se repite la palabra 'Santo' tres veces.

Trocha: Camino rústico entre el bosque para cruzar de lugar a otro. 'Juanito, vete poi la trocha pa'que llegue ma pronto.' Guante que usan el primera base y el queche en el juego de béisbol. (ver 'Primera base' y 'Queche')

Trompa: Se le dice a la boca y labios de alguien cuando está serio o enojado. 'Pero Pedro, no pongu'esa trompa así que nadie te t'haciendo na.' Boca de labios gruesos y grandes.

Trompá: (C: trompada) Golpe dado con el puño casi siempre alrededor de la boca. 'Juansito le di'una trompá a su mejor amigo Pedro, y tá muy trite'. (ver 'Ta'; 'Trompa')

Trompesai: (Tropezar) (ver 'Trompesón')

Trompesón: (C: tropezón) Tropezón. 'Me di'un trompesón que me llev'esa uña con'tó'. (ver 'Llevaise'; 'Con to')

Trompo loco: Se dice de la persona que no se comporta bien, o hace las cosas sin orden, o a lo loco.

Trompón: Golpe dado con el puño, casi siempre en la cara. Aunque la raíz del vocablo es de 'trompa' o boca, en la percepción del dominicano el golpe se refiere al puño o puñetazo.

Trompú: Persona de boca y labios grandes.

Tronío: Ruido muy grande y prolongado que se oye lejos, a veces son truenos lejanos y persistentes, y otras no se sabe qué lo produce.

Troso: (Trozo) Plátano hervido. El plátano verde después de pelado se corta por la mitad en dos trozos, de ahí su nombre genérico 'troso' (singular y plural) después de hervidos. 'Yo me confoimo con troso y tajo con saisa. (ver 'Saisa'; 'Tajo'; 'Batimento')

Trucai. Trucaise. Trucao: (Del inglés 'strike out, tiempo pasado: struck out) En el juego de béisbol, este vocablo define la acción cuando el bateador no le tira a tres lanzamientos donde la bola ha pasado a una distancia sobre el home plate determinada como 'strike zone', y decidida en cada caso por el umpire; o le tira y no le pega a tres de los lanzamientos aún estén fuera del strike zone. Los lanzamientos, que en papel son siete (cuatro bolas y tres strikes) nunca pasan de un total de seis, a menos que el bateador batee 'foul balls', en cuyo caso continúa al bate hasta que se ponche o reciba la primera base después de cuatro bolas. 'Juansito se trucó tirándole a tre bola por'ei suelo'.(ver'Jom'; 'Bola'; 'Etrai'; 'Ponch out; 'Por'ei suelo')

Truchimán: (Truchimán. Trujimán= persona astuta; poco escrupulosa) Persona irresponsable y engañosa.

Truje. Trujo. Trujién: (De traer: Traje. Trajo) Usado antes en el campo adentro. Probablemente ya fuera de uso. P: '¿Quién trujo tu'eto mango?' R: "Juanita y Rosa lo trujién.'

Truño. Entruñao: Cara de enojo. Persona muy enojada y callada, con los labios en puchero. '¿Qué le pasará a Juancito que tiene un truño (ta entruñao) dend'eta mañana!' (ver 'Dende')

Tuá... : (Toda. Todas) 'Toy tuá sucia de trabaj'en'ei patio'. 'Teng'una comesón poi tuá paite.' (ver 'Toa')

Tu'agoipiao: De 'golpear'. Que ha sufrido muchos golpes.

Tuá la...: (Toda la...) 'Me comí tuá la naranja' o 'Me comí tuá la china'. (ver 'China')

Tuá pelotosa: (Toda pelotosa) Casi siempre se refiere a una cara con frecuentes pequeñas cicatrices debido a acné o viruelas. 'Ese tipo tiene la cara tuá pelotosa'.

Tuá pintá: Que lleva exceso de maquillaje. 'Juanita ta tuá'pintá, ¿par'onde dirá? (ver 'Par'onde')

Tu'apretao. T'apretao: (Estoy apretado o Todo apretado. Está apretado) Algo que está amarrado y oprimido muy fuerte con una soga o cinturón. Tengo poco dinero para mantenerme como antes. 'Juansito t'apretao en'eto día'.

Tu'aquí: (Estoy aquí) 'Adió, yo tu'aquí sentao dende la media taide.' (ver 'Adió', 'Dende')

Tuavía: (C: todavía) Es una sorpresa-pregunta: '¡Y tuavía tu t'aquí?' Respuesta: 'E que me cogi'ei sueño'. (ver 'Cogi'ei')

Túbano: Cigarro. Puro. Casi siempre después de fumado por mitad o más. 'Juan, pero bot'ese túbano que ya jiede'. (ver 'Cabo')

¿Tu ba'tai? o **¿Tu no ba'tai?:** (¿Tu vas a estar? o ¿Tu no vas a estar?) Usado en cualquier tiempo del singular y plural. (ver 'Yo bua'tai') Con frecuencia se trata de evitar la pronunciación exagerada de la *i* final, sonando algo así como '*...ba tae*'. Y así con todas las palabras terminadas en *ai*, que casi siempre son verbos.

Tube: (Tuve) (ver 'Tuve')

Tubei: (Del inglés 'Two-base hit') En béisbol, un batazo incomible y el bateador llega hasta la segunda base.

Tubién: (Tuvieron) 'Tubién que llevailo en camilla'.

Tubillo: (C: Tobillo) Tobillo.

Tubite: (¿Estuviste?, del verbo 'estar') '¿Poi qué te tubite tanto? ¡Ya yo toy frío aquí eperándote!'

Tuche (quedaise): (Quedarse tuche) Quedarse rígido y sin moverse, sentado o de pie, debido a una sorpresa o a un acto repentino y violento. 'Ese ruido fue tan grande que yo me quedé tuche.'

¡Tu cre'que yo soy de hierro?': (¡Tu crees que yo soy de hierro?) Lo dice alguien cuando lo quieren forzar a que trabaje varios días sin descanso. '¡Adió, y tu cre'que yo soy de hierro?'

¡Tu cree que to'lo día son de fieta!: (¡Tu crees que todos los días son de fiesta!) Se le dice a alguien que es muy optimista y quiere que todo lo que emprende le salga bien o, como él lo ha planeado.

Tu'e … : (Todo es) 'Tu'e dedicaise a haceilo, y tu verá'. (ver 'Tu verá')

Tu'ecalabrao: (Todo escalabrado o descalabrado) Se refiere a alguien que demuestra golpes y rasguños en la cara, brazos, etc.

Tu'ei… : (Todo el…) 'Hoy me vu'á pasai tu'ei día en casa'. 'Tu'ei mundo lo sabe'. (ver 'Vu'a')

Tu'ei malu'e pendejo: (Todo el malo es pendejo) Sugiere que la persona molestosa, que tiende a instigar pleitos, se acobarda cuando llega el momento serio, con posibilidad de enfrentamiento.

Tu'ei mundo: (Todo el mundo) Con frecuencia indica todos los que estaban. Expresión exagerada, usada para denotar que lo que se ha dicho como secreto o noticia nueva es ya sabido por 'todos': 'Eso lo sabe tu'ei mundo' es algo que con frecuencia solo lo saben pocas personas, pero alguien del grupo lo exagera al nivel de que lo sabe 'todo el mundo', para disminuir el valor de la noticia que ha dado el otro. También: 'Tu'ei mundo comió d'ese sancocho', es decir, todo aquel que estaba presente comió del sancocho. (ver 'Tu'ei')

Tu'ei mundo tira pa su lao: (Todo el mundo tira para su lado) Todos, o cada persona quiere lo mejor para ella.

Tu'ei que se va'morí si'alienta: (Todo el que va a morir se alienta) Se dice de la persona que ha pasado mucho tiempo en malas condiciones económicas y de repente se le nota una gran mejoría, pero que se cree que es pasagera. (ver 'Tu'ei')

Tu'ei santo día: (Todo el santo día) Significa 'todo el día completo'. '¡Peru'ese muchacho si'ha pasao tu'ei santo día en'ei río bañandose!' (ver 'Completico')

Tu'ejnú: (Todo desnudo) Condición de estar completamente desnudo. (ver 'Denú' para las diferentes variaciones)

Tu'el…' : (Todo el…) Cuando es seguido de vocablo que comienza con vocal no se altera el artículo 'el'. 'Me comí tu'el arró'. 'Juansito se comió tu'el aguacate'. 'Se bebió tu'el agua'.

Tu'en: (Estoy en… Todo en; 'Todo' seguido de vocablos que comienzan con 'en') 'Mañana tu'en casa tu'ei día'. 'Ello tan tu'en la casa'; 'Ete hilo ta tu'enredao. (ver 'Tu'ei'; 'Tan'; 'Ete')

Tu'encogío: (Todo encogido. Usado con todos los adjetivos que comienzan con 'e') 'Tengu'ete múculo tu'encogío'. 'Eso plato tan tu'encaramichao'. 'Lo caballo tan tu'ensillao'. (ver 'Tan')

Tu'en'ei me: (Estoy en el mes) Una mujer le dice a su compañera 'Yo no me po bañai poique tu'en'ei me.' (ver 'Po'; 'Tu'en')

Tu'enlodao: Todo enlodado. Se refiere a los zapatos o pies, después de caminar en el lodo del camino. 'No, gracia comadre, yo no vu'entrai; tengo lo pie tu'enlodao'.

Tu'e poneise: (Todo es ponerse) Significa 'Todo es ponerse a hacerlo', indicando que si uno no está seguro sobre cómo hacer algo, solo necesita comenzar (ponerse a hacerlo) y dedicarse a ello.

¡Tu'ere loco!: (¡Tu eres loco!) Se le dice a alguien que ha hecho algo que no debía haber hecho. '¡Tu'ere loco Juansito! ¡Poi qué tumbat'esa mata?'

Tu'esa. Tu'ese. Tu'eso: (Toda esa. Todas esas. Todo ese. Todo eso. Todos esos) 'Juansito se bebió tu'esa botell'e ron anoche.' 'Pedro se comió tu'ese casabe. 'Se comió tu'eso mango' (varios mangos).

Tu'eta. Tu'ete. Tu'eto: (Todo este. Toda esta. Toda estas. Todo esto. Todos estos) '¿Qué tu va hacei con tu'ete lío qui'hay aquí?' '¿Quién tiró tu'eta basura aquí? 'Tu'eta naranja la traje yo pa'ti'. '¡Y tu'eto plato sucio?' (ver 'Pa'ti')

¡Tu'ha vito cos'iguai!: (¡Tu has visto cosa igual!) Se dice cuando un muchacho hace alguna acción inesperada de él. '¡Mira lo qu'hisu'ete muchacho! ¡Tu'ha vito cos'iguai!'

Tuico: (Turco) Se le llama así a los árabes y descendientes de árabes. La mayoría de los inmigrantes

árabes llegaron al país con pasatporte de Turquía, durante el imperio Otomano.

Tuipén. Turpén: ('Turpén' en el Este y Sur del país) Persona molestosa en grupos, que interrumpe y no contribuye. '¡Mira como se met'ese turpén sin tar'invitao!'. Lo opuesto en El Cibao: alguien poderoso y extraordinario en negocios, etc. 'Juansito trabaja ahora p'un tuipén de Santiago.'

Tujnio: (C: turnio= ojos torcidos) (ver 'Ojo tujnio')

¡Tu lo pué deci otra ve!: Se le dice a alguien que acaba de decir algo en que todos están de acuerdo. (ver 'Pué'; 'Ve')

Tu lo que quiere e que me com'ei lión: (Tu lo que quieres es que me coma el león) Lo dice alguien cuando cada vez que propone algo, el otro deniega la validez de su propuesta.

Tumba: Sepultura. Desmonte de un bosque para prepararlo para siembra. (ver 'Cunuco')

Tumbafaida: (Tumba faldas) Automóvil deportivo. Sobre todo si es conducido por un hombre joven, aunque no sea bien parecido.

Túmbame: Imperativo de 'tumbar', como pedir que lo empujen a uno y lo hagan caer. Pero el uso local se refiere a pedir que alguien se trepe al árbol y le tire o le traiga en un saco las frutas o cocos de agua.

Tumbao: (de 'tumbar') Árbol derribado. Ritmo repetido y 'pegajoso' de la música folklórica. (ver 'Rimo pegajoso')

Tumbao di'un lao: (Tumbado de un lado) Se dice de la persona que va caminando ligeramente inclinada hacia la derecha o izquierda.

Tún: Onomatopeya de cuando uno se da un golpe o se cae. 'Cuandu'iba pasando poi la pueita hice tún y me di'un goipe en la cabeza'. 'Adió, y no trompesé y tún me caí de boca.' (ver "Trompesai'; 'Trompesón')

Túnico: (de 'túnica') Vestido de mujer; casi siempre el de una sola pieza. 'Ayei compré tre yaida di'alitao p'haceimi'un túnico.'

Tu no sabe ni dei creo a la mitá: (Tu no sabes ni del Credo la mitad). Se le dice a alguien que ha contado una situación, o un chisme, que afecta amigos o familiares del grupo, pero le falta por saber alguna parte muy importante. '¡Ay muchacho, tu no sabe ni dei creo a la mitá!

¡Tu oíte?: (ver '¡Oye!')

¿Tu quiere mamai?: (¿Tu quiere ma maí? o ¿Tu quieres más maíz?) Se dice como chiste cuando se está comiendo maíz.

Turrumote: (Talvés de 'tierra') Elevación aislada de tierra o de un terreno. 'Yo dej'ei machete del'otro lao d'ese turrumote de tierra'.

Turulato: Es castizo por alelado, pero tiene aire y sonido de localismo, talvez por ser de uso frecuente. Confundido. Que no sabe qué hacer. 'Juansito ta medio turulato'.

Tusa: (C: ¿panoja?) Centro de la mazorca de maíz que contiene los granos a su alrededor. Se usa en los campos para 'limpiarse' después de defecar. También se hacen cachimbos para fumar. (ver 'Limpiaise'; 'Detusai'; 'Cachimbu'e tusa')

¿Tu sabe de letra?: (ver Sección 'Cantos y Juegos de Niños)

¡Tu sabe lo quéj'eso!: Se dice de algo extraordinario que ha hecho alguien de quien no se esperaba. 'A Juansito lo nombraron jefe de la Compañía. ¡Tu sabe lo que j'eso!'

Tu si'ta dura ¿E cemento que come?: (Tu si estás dura. ¿Es cemento que comes?) Piropo a una joven bien formada y esbelta.

¡Tu si te la da!: (¡Tu si te la da!) Se dice de alguien que se cree mejor todos, o se viste formalmente cuando no es necesario.

¡Tu ta jugando con'eso!: (¡Tu estás jugando con eso!) Se dice al terminar de contar algo excepcional, casi heróico que alguien hecho. 'Esi'hombre se pasó ma di'una semana bollando en una yolita en'ei mai si na de comei y lu'encotraron lo ma bien. ¡Tu ta jugando con'eso!' ' En meno de dos'año esi'hombre si'ha ganao ma di'un millón de peso y comprao do finca de café. ¡Tu ta jugando con'eso!' (ver 'Ma'; 'Ta'; 'Na')

¡Tu ta loco?: Se dice cuando alguien ha hecho, o dice algo completamente fuera de lo normal. '¡Tu ta loco?' o '¡Adió, pero tu ta loco?' (ver 'Adió'; 'Ta')

Tútano: (C: tuétano) Sustancia de grasa sólida dentro de los huesos largos y los esponjosos.

¿Tu ta ti?: Se le dice a modo de pregunta jocosa a la persona que está tosiendo con frecuencia, sin aparentar enfermo. Respuesta: 'No, ti ta tu.' (ver 'Ti ta tu o Titatú')

¡Tu te fija?: Lo dice alguien a su compañero cuando escucha una opinión que le molesta o lo irrita. También, cuando alguien está haciendo algo bien hecho pero no le funciona.

Tu t'en tu'a paite comu'el arró blanco: (Tu estás en todas partes como el arroz blanco) Se refiere a que como el 'arroz blanco' es un plato casi de diario en la dieta dominicana, esta expresión se le aplica a la persona que va, invitada o no, a frecuentes reuniones sociales.

¿Tu tien'ei radio pueto?: (¿Tu tienes la radio puesta?) Se le dice a alguien quien se presume que no quiere oír lo que se le ha repetido más de una vez. '¿Peru'e que tu tien'ei radio pueto o e que no quiere oí?' (ver 'Oí')

Tutú: (C: ave de rapiña. Faldellín de bailarinas) Cabeza. Cerebro. Inteligencia. '¡Lo que pasa con Pedro e que le faita tutú!'. También significa turulato, confuso, que olvida fácilmente. 'Juanita ta medio tutú.'

Tutuma: (talvez de 'totumo': fruto del higuero o güiro) Hinchazón o bola de grasa subcutánea (Lipoma) en el cuerpo de una persona o animal. Cualquier prominencia anormal en un árbol. '¡Tu v'esa tutuma que tien'esa mata en'ese ramo?' 'Esi'hombre tiene una tutuma grande en l'epaida.' (ver 'Epaida')

Tutumpote: Persona poderosa, rica. Mandamás. 'Don Ventura si'ha vueito un tutumpote en'esa compañía.'

Tuve. Tube: (Estuve) 'Yo tuve allá con Juansito hace tiempo'.

¡Tu v'acabai conmigo!: (¡Tu vas a acabar conmigo!) Se le dice de broma a alguien que ha tocado inadvertidamente al hablante dos veces. '¡Pero tu v'acabai conmigo!'.

Tu verá. ¡Tu verá!: (Tu verás. ¡Tu verás!) 'Tu verá' se usa para decirle o demostrarle a alguien algo de lo que él o ella no está enterado. '¡Tu verá!' es una advertencia a alguien, casi siempre un niño, que no obedece una orden de los padres. A veces se repite, para más efecto: '¡Tu verá! ¡Tu verá!'

Tuvieron: (Estuvieron) 'Ello tuvieron allá con nosotro'. (ver 'Nojotro')

Tuvimo: (Estuvimos) 'Nosotro tuvimo allá con'ello también'. (ver 'Nojotro')

¡Tu vite...? ¡Tu vit'eso?: (del verbo 'ver') '¿Tu vite lo aito que saitu'ese muchacho?'

Tu'y...: (Todo y...) 'Con tu'y lo que le dije todavía lu'hiso malo'. (ver 'Lu'hiso')

U: (Letra U, u) U, u. 'Ecríbeme la letra u'.

¡Uh! ¡Uuuuh!: (C: denota desilusión y desdén) Principalmente se refiere a algo pasado hace ya mucho tiempo. '¡Uh! Eso fue cuando Cuca bailaba con Rotetán'. (ver "Cuando Cuca bailaba con Rotetán' y 'Cuando Conchoprimo')

¡Úitimamente!: (¡Últimamente!) Expresión de desafío, de que no hay que hablar más, cuando en una discusión (casi siempre entre hombres) han habido palabras serias y algo insultantes. Esta palabra es co frecuencia seguida de 'Eche p'adelante si quié peliai'.

¡Una baina d'esa!: Expresión conclusiva cuando el hablante no recuerda precisamente la profesión del sujeto de que está hablando. 'Creo qu' nele j'un químico, un físico, un ingeniero ... ¡una baina d'esa!'

¡Una baina rara!: (¡Una vaina rara!) Se dice cuando se siente un ligero malestar, pero que no limita el funcionamiento normal del cuerpo. '¡Yo no se, pero yo sient'una baina rara aquí'en l'epaida!'

Una baisa: (Una balsa) (ver 'Baisa')

Un abieito: Espacio abierto entre los árboles del bosque, por donde se puede ver la sabana o el cielo. 'Cuando lleguemo a un abieito ya no no vamu'a peidei'.

Una buena tierrita o **Su buena tierrita:** (Una buena tierrita o Su buena tierrita) Diminutivo que denota 'mucho' o 'grande'. 'Don Ventura tiene su buena tierrita en la loma.' 'Yo compri'una buena tierrita en Los'Aigodone.'

Una carretilla: Nunca usado para designar una carreta pequeña; solo para designar simbólicamente eventos que van moviéndose constantemente en la misma dirección, y sobre todo para la persona que habla mucho sin detenerse. '¡Oye, peru'esa mujer t'hablando com'una carretilla!'

Una ceniza: Se refiere a una botella de cerveza Presidente fría a perfección, sin congelarse, que al sacarla del refrigerador adquiere el color de la ceniza. (ver 'Una fría')

Una coita y otra laiga: (Una corta y otra larga) Cuando se habla mucho y complicado para que no se entienda y, así engañar al oyente. 'A

Juansito le dieron una coita y otra laiga y lo engañaron'.

Una cosa piens'ei mulo y otra ei que lo apareja o ei que va montao: (Una cosa piensa el mulo y otra el que lo apareja, o 'el que va montado') Mulos tienden a respingar (castizo) tan pronto se monta el jinete. Este dicho se interpreta cómo el trabajador y el dueño piensan diferente acerca de la clase de trabajo y lo que se debe pagar por este.

Una delicia: Fruta dulce y sabrosa y plato de muy buen sabor. Persona muy agradable y simpática. 'No, Elena ej'una delicia'. (ver 'No')

Una fría: 'Una fría' se ha convertido en sinónimo de cerveza, que no debe servirse si no es perfectamente fría, cuando la botella adquiere una condensación por fuera del color de la ceniza. 'Dami'una fría' o 'Dami'una ceniza' es lo mismo.

Una gota: Una gota de agua o cualquier otro líquido. Pero también es un poquito de cualquier sustancia sólida. 'Dami'una gota d'esa cajne que tu ta comiendo'. 'Yo lo que quiero ej'una gotica de duic'e batata'. 'Yo lo que comí f'una gota desi'arró con pollo y parece que me cayó mai'.

Una gotitica: (porción muy pequeña) 'P: Juan, ¿tu quiere d'eta cajne? R: Dami'una gotitica namá".

Una media: Media botella de ron. 'Juansito, apéami'una media de Brugai.'

Una pela: (Castizo: pela= acción y efecto de pelar) Castigar a los muchachos con una correa o rama pequeña de árbol, dándoles en las nalgas con ellas.

Una van de cai y otra van di'arena: (Unas van de cal y otras van de arena) Así es la vida. Hay días o tiempos buenos y otros no tanto, o realmente malos.

Una vienen llena y otra van vacía: (Unas vienen llenas y otras van vacías) El animal lleva la carga con los sacos llenos y viene con ellos vacíos. Se le dice a alguien que se queja de un problema. Se refiere a que la vida ofrece momentos buenos (llenos de alegría), y momentos desagradables (vacíos de alegría). Uno no debe dejarse dominar por los problemas que se le presenten.

Una y otra ve: (Una y otra vez) Se dice cuando se le ha repetido varias veces a alguien lo que debe hacer. 'Yo l'he dicho a Pedro una y otra ve que se llev'esa maleta pa su casa.'

Un bocaíto: (Un bocadito) Es casi siempre una comida completa. Lo dice el que pide algo de comer, y también el que le ofrece de comer a otro. 'Ay doña, deme manque si'un bocaíto'. 'Aquí tiene un bocaíto Pedro, paque no te valle sin comei'. (ver 'Manque'; 'Paque'; 'Valle')

Un burro diciéndoli'a otro burro orejú!: (Un burro diciéndole a otro burro orejudo) Se dice de alguien que critica una falta en otra persona que él también tiene.

Un chin. Un chin-chin: (Ver 'Chin')

Un chorru'e gente: (Un chorro de gente) Mucha gente más o menos en fila para entrar a un lugar.

Un clavo pasao (Un clavo pasado): Algo que con toda seguridad va a ocurrir. Se usa para sellar un acuerdo entre dos o más personas. 'Oquei, esu'e j'un clavo pasao'. (ver 'Oquei')

Un con'tó: (Un con todo) Servicio de comida con todos sus acompañamientos. 'Ante lo chino daban un con to poi dié chele'. (ver 'Daban'; 'Dan'; 'Chele')

Un deplume: Expresión para decir que los novios estaban abrazados, besándose, etc., en algún lugar medio escondido. '¡N'jú!, Juansito y la novia tenían un deplume anoche'. (ver '¡N'jú!', 'Deplume', 'Deplumándose')

Un di'atrá p'alante: (ver 'Le di'un di'atrá p'alante')

Un duaite: (Un duarte) Moneda papel de un peso dominicano. Se refiere a la foto del libertador Juan Pablo Duarte en la 'papeleta'. (ver 'Papeleta')

Un'emparejá: Recorte de pelo ligero. 'Namá me d'una emparejá Joigen', o simplemente 'Un'emparejaíta namá Joigen' (Ver 'Pelá' y 'Namá')

Un fracaso: Se dice de un negocio que ha fracasado en corto tiempo. Se dice de la joven que ha tenido un hijo antes de casarse. 'Dicen que Juanita tuv'un fracaso ante de casaise, y se fue a tenei el'hijo en la Capitai'.

Un gallo: (ver 'Ut'e j'un gallo')

Un güele: (Un huele) Menos que un poquito. Se refiere a probar una comida. o que otro le de de lo que otro está comiendo. 'Dami'a probai eso. Un güele namá.' (ver 'Namá')

Un gutas'un trancaso: (Un gustazo un trancazo) Indica que hay que gozar la vida, sobre todo algunos momentos, aunque cuesten caros. Y si se gasta más de lo que se puede, hay que sufrir las consecuencias de no tener dinero para una necesidad futura.

Unjú o **Únjúuu!:** Pronunciado entre las cavidades nasales y la garganta, puede indicar aprobación; estar de acuerdo. A veces significa indirectamente 'No me moleste ahora'. Cuando algo no sale bien: 'Únjúuu, eta baina no me funciona'.

Uno chelito: (Unos chelitos) De 'chele'= centavo. Por lo común indica mucho dinero. A veces se dice con cierta ironía cuando alguien ha ganado mucho dinero. P: '¿Cómo te va en'ei negocio Juan?' R: 'Me entran uno bueno chelito de vej'en cuando'. 'Ventura tiene su bueno chelito guaidao'. (ver 'Chele'; 'Chelito'; 'Uno chelito viejo')

Uno chelito viejo: (Unos chelitos viejos) Cuando se le añade 'viejo' al final de 'Uno chelito', se refiere a poco dinero, a menos que se esté tratando de fingir o despistar al preguntón.

Un'ojo y la mitá del'otro: (Un ojo y la mitad del otro) Se refiere a algo que va a costar exageradamente caro, ya sea en dinero o trabajo. 'Ese negocio me va salí por'un'ojo y la mitá del'otro'.

Un pájaru'en mano e mejoi que cien volando: (Un pájaro en mano es mejor que cien volando) (ver 'E mejor un pájaru'en la mano que cien volando')

Un pa'lo pie: (un para los pies) Cuando la esposa se enoja con el marido en una noche de fiesta, y le anuncia que esa noche dormirá con la cabeza para los pies de la cama.

Un poquito batante: (Un poquito bastante) Ligeramente más que un poquito, pero suficiente para lo necesario: sea una cantidad de comida; abrir una puerta para que alguien pase; etc.

Un raticu'a pie y el otro caminando: (Un ratito a pie y el otro caminado) Aconseja que no se precipite en hacer algo que sale mejor cuando se hace despacio. También: 'P: ¿Y cómo llegate aquí? R: Un raticu'a pie y otro caminando.'

Un rato: Indica 'un rato' en tiempo. También significa 'mucho' o 'en gran cantidad'. '¡Oye, ahí hay aguacate un rato!' Cuando el río está desbordado: '¡Oigan, ese río lleva agua un rato!' (ver 'Botao')

Un rollo: (Un rollo) Mucha cantidad de lo que sea. 'En'ei mitin dei domingo habi'un rollo de gente'. (ver 'Mitin') **Untá (una). Untaíta (una):** (Una untada. Una untadita) Se dice para probar un poco de la comida de otro; 'Dami'una untá d'esa yuca.' Aplicarse o untarse una medicina en la piel para un dolor. Hacer muy poco de lo que tenía que hacer. 'Masú lo que hiso f'una untá dei trabajito ese.'

Untai: (Untar) Mojar el pan, plátanos o yuca hervidos en manteca caliente para mejor gusto.

Untao: (C: untura) Acción de untarse un líquido en la piel para masaje, dolor, evitar maleficios, etc.

Unu'arriba di'otro: (Uno arriba de otro) Cualquier objeto o persona sobre otro. Comúnmente se usa para designar papel moneda cuando se habla del pago de una venta. 'Ei me pagó cuatrosienta vejiga, una'arriba di'otra'. (ver 'Majaguaso'; 'Ei'; 'Vejiga')

Un vei: Lo dice alguien pidiendo permiso para tratar de hacer una parte de algo: un juego, etc. 'E j'un vei namá'.

Un viaje chino: (Un viaje chino) Diligencia que se hace sin conseguir lo que se esperaba. Viajar lejos y no encontrar lo que se busca. (ver 'De viaje')

Uñama: (Auyama) (ver 'Uyama')

Uñ'y diente, se defendió con: Alguien que se defendió efectivamente durante un ataque a su persona.

Upa o Aúpa: (Probalemente del inglés 'up'=arriba) Voz usada cuando se levanta en alto un bebé o niño en los brazos para divertirlo.

Usa: Esterilla de lana o fieltro que se pone debajo del aparejo o la silla de montar para proteger el caballo, y como sudadero. Este nombre viene de 'USA'= **U**nited **S**tates of **A**merica, estampado en la esterilla. (ver 'panó') También del verbo 'usar': 'Y'esa ropa no se usa'.

Usioso. Usiosidade: (Talvez del castizo 'ocioso'= persona que está sin trabajo.) Se dice de los niños juguetones, que hacen cosas atrevidas para su edad. 'Qué usioso ej'ese muchacho'. 'Ete muchacho si'ha pasao ei día haciendo usiosidade.'

Uti'han o **Utedi'hán:** (Ustedes han...) '¡Uti'án vito lo grande que si'á pueto ete muchacho?'. (ver 'Si'há')

¡Utedi'han (Uti'han) vito cos'iguai? o **¡Uti'ha vito cos'iguai?:** (¡Ustedes han visto cosa igual? o ¡Usted ha visto cosa igual?) Se dice cuando alguien hace algo fuera de lo corriente o de mal gusto frente a otras personas.

¡Ut'e j'un gallo!: Elogio que se le dice a un hombre que ha triunfado. '!Oiga mano Juansito, ut'e j'un gallo!' (ver 'Mano')

¡Uuuh!: Sonido gutural prolongado, indicando que hace mucho tiempo de lo que se está hablando.

¡Uy! o **¡Ui!:** Indicativo de algo que duele, dolió o podría doler, o como reacción a una transgresión social involuntaria: eructo o pedo.

Uyama. Auyama. Uñama: vegetal de planta rastrera y de fruto comestible, llamado comúnmente calabaza.

V: (Letra V, v, ve. Pronunciada como 'b' en los países iberoamericanos) Be, be, be chiquita y b de 'vaca'. 'Ecríbeme la be chiquita'.

Va a'to lo que da: (Va a todo lo que da) (ver 'Va que revienta')

Va'bei. Va'habei: (Va haber) 'Si pasamo por'esa equina va'bei que peliai con lo que tan parao ahí'. (ver '¡Qué va'bei na'; 'Parao')

Vaca: (Pronunciado 'baca') Hembra del toro. Reunir dinero dos o más personas para una apuesta, juego o compra en común. 'Nosotro hicim'una vaca pa compr'un billete entero.'

Va caigando pesao: (Va cargando pesado) Se dice de la persona cabeza de familia que se le han presentado varios problemas a la vez. También se aplica a cualquier número de problemas, en negocios, etc., para una persona.

Vaca jorra: (Vaca horra. De 'horrar'= yeguas, vacas, etc., que se le ha malogrado la cría) Que ha perdido la cría. 'Juanito, lleva la vaca jorra a bebei ai río.' (ver 'Ai')

Vacano: Que se ve bien.

Vaciaise: (C: vaciarse) Perder mucho peso en pocos días, debido a persistente diarrea. 'Me di'una diarrea poi tre día que me vacié'. (ver 'Di'una')

Va como la jondei'diablo: (Va como la honda del diablo) Que va corriendo a toda velocidad, por miedo a algo, o en competencia.

V'a correi...: (Va a correr...) Se va a postular para alguna posición política. 'Utede oyeron, que dique Juan dique va'correi pa gobeinadoi?'.

Vacuencia: (C: vascuence= lo que está tan oscuro y confuso que no se puede entender. Pero talvez de 'vacuo'= vacío) Tonterías que habla alguien, especialmente cuando se elogia a si mismo.

Vacuente: Talvez de 'vacuo'= vacío. Persona que habla tonterías; con frecuencia engrandeciéndose a sí mismo.

Va de mat'y cuaita: (Va de mata y cuarta) Querrá decir que en el juego, el aludido ya de antemano va que mata (gana) y una cuarta más. 'Yo apueto a ti, poique tu va de mat'y cuaita.'

Va de robo. Voy de robo: Sinifica que lo que se va a hacer le va ser muy fácil, sea ello un negocio, un juego, o 'conseguir' la mujer de la que está enamorado. 'Tu va de robo con Pedrito, poiqu'ei no sabe jugai poque'. (ver 'Poque'; 'Conseguí')

Vagamundo: (C: vagabundo: que anda errante de una parte a otra) Sinverguenza; que le gusta hacer travesuras. 'Ese muchacho si'e vagamundo. ¡Mira lo que me hizo!'

V'habei: (Va haber: equivalente a 'Hay que' y 'Vamos a tener que') A Pedro v'habei que hablaile serio pa que deje esa manía'. (ver 'V'habei que poneilu'en su pueto')

Vaina: Estuche o funda de cuero para llevar las armas blancas. Problemas que se presentan sobre déudas o chismes, etc. '¡Qué vaina!'; '¡Qué vaina eta que mi'ha echao Juansito!' Molestar a alguien de juego o seriamente: (ver 'Echai vaina')

Vainícula: Situación similar a a 'Vaina' (ver), pero de menos significancia o repercusión. Cuando alguien hace un comentario sin importancia, otro puede opinar 'Esa son vainícula'.

Vainola. Vainota: Diferentes versiones de 'Vaina'. '¡Qué vainota esa!' '¡Esu'e j'una vainola'.

Vale: Papel que se da a otro prometiéndose a pagar dinero prestado: 'Debo y pagaré...'. Persona de de poca educación. Amigo: 'Mire vale, acompáñemi'a la fietecita esa.' 'Amigo' en los campos.

Vale ma la sai qu'ei chivo o **Va salí ma la sai qu'ei chivo:** (Vale más la sal que el chivo o Va a sair más la sal que el chivo) Algo que da más trabajo hacerlo o conseguirlo que lo que se puede hacer con ello. 'Yo no vu'hacei eso na; me va'salí ma la sai quei'chivo'. (ver 'Hacei eso na')

Valle: (C: vaya) Tiempo del verbo 'ir'. '¡A mi nunca mi'ha gutao esi'hombre; dile que se valle!' Llanura entre montañas.

Vamo libre: Lo dice uno del grupo a otro, cuando ambos han comprado boletos de lotería. Quiere decir que si se ponen de acuerdo, el que gane la lotería dará el porcentaje convenido al otro. Puede ser convenido entre varios jugadores.

Va montao: (Va montado) Sugiere que quien va montado está en mejor posición que quien va a pie. Se dice del que lleva una visible ventaja sobre otro en un juego, negocio, o cualquier situación basada en competencia. 'Juansito va montao en'ese negocio.' En una competencia de varias etapas, se dice del que gana las primeras dos o tres etapas que 'va montao'.

¡Vamo poi mai camino!: (¡Vamos por mal camino!) Se dice cuando se está muy preocupado de que el negocio de su grupo, o a su familia no le está yendo bien, especialmente en las finanzas.

Vamu'a vei como baila Miguei o **Vamo'ja vei como baila Miguei** o **Vamos'a ver como baila Miguel:** (Vamos a ver como baila Miguel) Se dice cuando se ha discutido un asunto por un rato sin llegar a una conclusión definitiva acerca de cómo va a terminar o lo que va a suceder.

¡Vamu'a daile!: (¡Vamos a darle!) Se refiere a que el grupo ya debe empezar a hacer una parte importante del programa del momento. Se usa cuando llega el momento de sentarse todos a comer. (ver 'Vamu'a lo que vinimo')

¡Vamu'a lo que vinimo!: (¡Vamos a lo que vinimos!) Tiene el mismo significado de '¡Vamu'a daile!'. (ver 'Vinimo')

Vam'una gabela: (Vamos una gabela) Invitación a competir en una carrera, aún no se de gabela uno al otro; más común entre muchachos y jóvenes. (ver 'Gabela')

Vano. Vana: [C: vano= hueco. Falto de realidad, sustancia. Arrogante. Envanecido) Se usa con los mismos significados que en castizo; pero también, con buena intención, cuando alguien se alegra al recibir un halago merecido. Se dice con una sonrisa: '¡Que vana se puso!' (ver 'Cabesa vana')

Va'par'en…: (Va a parar en…) Adonde va a terminar alguien si continúa con su método de vida, casi siempre para mal. 'Opinión: Dicen que Pedrito si'ha metío a robai gallina por'ei lo vecindario. R: Ese muchacho va par'en la cáise.' (ver 'Si'ha'; 'Por'ei'; 'Par'en')

Va pisao: (Va pisado) Se dice del vehículo en movimiento cuando va muy rápido. Se refiere a que el chófer va pisando el acelerador más de lo necesario.

Vaporiso: (Del castizo 'vapor') Calor general, repentino y de corta duración que sienten las mujeres, casi siempre durante la menopausia. 'Eto vaporiso que me suben si son moletoso.' También cuando hace mucho calor y hay humedad en el ambiente. '¡Qué vaporiso hace!' (ver 'Eto')

Va que revienta: Persona que va corriendo a mucha velocidad.

Vaquita mueita, haceise la: (Vaquita muerta, hacerse la) Persona que se hace el bobo para engañar con facilidad. Alguien que ha creado un problema y se hace el desentendido. 'Juansito se t'haciendo la vaquita mueita depué que echó a tu'ei mundo a peliai.' (ver 'Tu'ei' y 'Moquita mueita')

Vara conuquera: Medida para medir las tareas de un conuco. Mide 2.5 metros, o 8.2 pies, o más o menos 11 cuartas. (ver 'Cuaita')

Va salí por'un'ojo y la mitá del'otro: (Va a salir por un ojo y la mitad del otro) (ver 'Cuet'un'ojo y la mitá del'otro')

Vasela: De 'vaselina'. (ver 'Dai vasela')

Vasilai. Vasilando: (Vacilar) Dudar. Bailar. Estar de fiesta.

Vasilón: Fiesta alegre.

Vaye. Vayen: (Vaya. Vayan) 'No te vaye todavía'. 'No se vayen que yo vengo pronto.'

¡Va y te …! : Expresión indicativa de posible riesgo o peligro. '¡Tu te va'subi'ese palo? ¡Y si va y te cai?' (ve 'Cai')

Ve: Tercera persona del singular del verbo 'Ver'. Vez. 'No mi'haga eso otra ve que te pue salí caro.' (ver 'Pue'; '¡Tu ve!')

¡Veidá e!: (¡Verdad es!) Lo dice alguien en tono de ligera sorpresa cuando escucha algo importante y verdadero de acuerdo a él, que no había oído por mucho tiempo.

¡Veidá son!: Similar significado de '¡Veidá e!'. Lo dice alguien en tono de sorpresa cuando escucha algo relativamente importante que no recordaba por mucho tiempo.

Veidolaga: (Verdolaga) Hierba de hojas densas que se propaga con facilidad. En algunos países se usa como vedura. En República Dominicana se considera como'yeiba mala' (ver)

Vei ei cielo abieito: (Ver el cielo abierto) Se dice cuando alguien está pasando por una situación difícil y de repente se le presenta una gran mejoría.

Veigüenza: (Vergüenza) (ver 'La veigüenza')

Veilo pa creeilo: (Verlo para creerlo) Se dice cuando alguien ha contado algo increíble. '¡Eso tengo yo que veilo pa creeilo!'

Veise bajito: (Verse bajito) Alguien que ha estado en una situación con peligro de muerte. ¡Oiga compai, yo me vide bajito cruzando ese mai en'esa yolita!'

Vejetorio: (C: vejestorio) Además de aplicarse a personas, También se dice de cualquier objeto muy viejo y destartalado. Se dice de un objeto viejo que alguien quiere pasar por nuevo para venderlo. '¡Tu ta pidiendo mucho po'ese vejetorio viejo!' (ver 'Viejo')

Vejiga: (pronunciado 'bejiga') 'Organo que contiene la orina en los animales. Peso dominicano, y por extensión también el dólar. 'Ete reló me cotó cuatrocienta bejiga'. (ver 'Reló'; 'Cotó')

Vejigaso: (C: vejigazo= golpe dado por juego con una vejiga llena de aire o agua) Golpe dado a propósito con cualquier objeto. 'La policía le di'uno cuanto vejigaso a Juansito anoche'.

Vela: Vela de cera para alumbrarse y ponerle a los muertos. El acto de velar los muertos. 'Mañana e la vela dei difunto Pancho.'

Velai. Velando: Un perro está 'velando' cuando, sentado en sus patas traseras, casi inmóvil, mira insistentemente al que está comiendo y la comida, moviendo el rabo despacio y 'sonriendo'. 'Ese perro si le guta velai'. También cuando se está vigilando a alguien por alguna razón. 'Juansito cuídate, que te tan velando'. (Ver 'Relambío')

Velón: Vela grande. Se dice del perro que vela mucho. 'Peru'ese perro si'e velón'. Persona que mira insistentemente a otro que está comiendo.

¡Ven'acá! o **¡Ben'acá!:** (¡Ven acá!) Expresión para reclamar atención, o recordarle a la persona algo que ha dicho antes, que parece contrario a lo que dice ahora. '¡Adió, pero ben'acá, tu no te acueida de...!'. '¡Ven'acá!', ¿y poiqué tu dic'eso?' (ver '¡Adió!'; 'Tiene un ven'acá')

Vencelao: Nombre propio: Venceslao o Wenceslao.

Vendei a la floi: (Vender a la flor) Vender una cosecha por adelantado debido a necesidad de dinero. El comprador paga menos que en el tiempo de cosecha. 'Juansito s'hiso rico comprándole la cosecha a la floi a lo campesino.'

Venducha: Venta de comidas fritas al lado del camino o calle. (ver 'Friquitín'; 'Pueto')

Ven'ei guto: (Vena del gusto) (ver 'Le dién poi la ven'ei guto')

Veneno: Sustancia venenosa. Persona engañadora. 'André e veneno. Ese engaña a tu'ei mundo.'

Venise. Venía: (Venirse. Venida) Llegar al orgasmo durante el coito.

Ventajú: Se dice de la persona que siempre trata de sacar la mayor ventaja en un negocio o juego. 'Ese Juansito e'jun ventajú. (No es lo mismo que 'ventajoso')

Ventanita: Se dicen los muchachos de burla cuando les falta un diente.

Vente: (Veinte) Número y cantidad 'veinte'.

Vente mi... Vente mi vece: (Veinte mil... Veinte mil veces) Se dice cuando alguien ha dejado varios objetos fuera del lugar que pertenecen. 'Juanita dejó vente mi plato y cuchara tirao ahí en la mesa.' Cuando se le ha repetido lo mismo dos o tres veces a alguien: 'Te lu'he dicho ma de vente mi vece.' 'T'he llamao ma de vente mi vece y no reponde.'

Ventiai: (C: Ventear. Olfatear) 'Ye'i perro ta ventiandu'el'animai'. (ver 'Ye'i')

Ventorrillo: Venta, mayormente de comidas, más pequeña que una pulpería, en los campos y pueblos.

Ventosa: Copo de algodón empapado en alcohol que se prende sobre la piel y se tapa con un vaso, y según se va agotando el oxígeno va succionando el viento que le causa dolor al enfermo. Poco usado en los últimos tiempos.

Veraniando: Cuando va saliendo el sol después de una lluvia prolongada. 'Ya ta veraneando. No va llovei má.'

Veranió: (Veraneó) Se usa con 'Ya': 'Ya veranió'. Se dice después de un temporal de lluvia, cuando al fin sale el sol. 'Ya poi fin veranió'.

Verea: Vereda. 'Contu'y coitai poi la verea no llegue a tiempo.' (ver 'Contu'y')

Verija: (castizo: Ingle. Verija) Surco de la piel donde se junta el muslo con el vientre y los genitales. 'Teng'una bolit'en la verija dendi'ayei que me duele mucho.'

Veti'a la mieida o **Veti'ai carajo:** Insulto a alguien que está molestando demasiado. (Ver 'carajo')

¡Veti'a la porra!: (C: ¡A la porra!. ¡A paseo!) Expresión de hastío o enojo por la continua molestia o insulto de parte de alguien, o porque alguien rehusa hacer lo que debe. '¡Juansito me dijo fea, y lo mandi'á la porra!'. '¡Déjalo. Yo lu'hago. Veti'a la porra!'

Vetido. Betido: (Vestido) Prenda de vestir femenina. No es igual que 'vetío'. 'Juanita tiene un vetido de pintica'. (ver 'Vetío'; 'Pintica')

Vetío. Vetía: El estado de estar vestido. '¡Pero Juansito si ta mai vetío!'. '¡Miren a Juanita como ta vetía de tanto colore!'.

Viaje chino: (ver 'Ese f'un viaje chino')

Vi'a vei: (ver 'Bi'a vei')

Vide: (vi) Yo lo vi. 'Yo lo vide ayei y taba lo'má bien'. (ver 'Taba')

Vido: (vio) 'Nadie lo vido'. En el campo adentro; 'Naiden lo vido.' (ver 'Naiden')

Vidrio inglé: (Vidrio inglés) Excremento humano, que adquiere este apelativo mayormente cuando alguien lo pisa y se pega a los zapatos.

Vieja. Viejo: Persona pasada de los sesenta años de edad. 'Viejo' se usa a veces con un ligero énfasis despectivo de cualquier objeto, para disminuir su calidad; en vez de '¡Y ese jarrito e lo que tu me va dai?', se dice '¡Y ese jarrito *viejo* e lo que tu me va dai?' 'Yo no voy tan lejo p'una comiíta vieja'. 'Juansito priva en jefe depué que le dieron es'empleíto viejo'. (ver 'P'una'; 'Privai')

Viejé: (Vejez) 'La viejé lo ta matando a ese pobr'infelí.'

Viejebo: Persona vieja que trata de aparentar más joven de lo que es en el vestir y actuar.

Viejo veide: Similar significado que 'Viejebo'. (ver)

Viendo visione: (Viendo visiones) Se dice de alguien que después de sufrir un susto muy grande queda un poco desconcertado. "Juansito se di'un suto tan grande que se quedó viendo visione'.

Viene, Vieine o **Viejne:** Viernes.

Viene de camino: Indica que la persona ya salió de donde estaba y viene hacia donde lo están esperando. 'Ya Juansito viene de camino'. **Viga (caeili'una):** (Caerle una viga) Se dice cuando un negocio le sale extremadamente mal a uno o a otro. 'A mi me cay'una viga en'ese negocio.'

¡Vigen Santísima!: (¡Virgen Santísima!) Interjección de sorpresa frente a un suceso inwesperado, a veces desagradable. (ver '¡Ave María Purísima!' y '¡Santísimo!')

Viguela: Viruela.

Viguela loca: ("Viruela loca') Es realmente Varicela (diminutivo de Viruela), una enfermedad febril benigna con erupción vesicular. Lo de 'loca' talvez porque las vesículas salen en cualquier parte del cuerpo y en diferentes días.

Vinimo: (del verbo 'venir': Vinimos) (ver '¡Vamu'a lo que vinimo!')

Vi'onde: (Ve donde. Ves donde. Ve adonde. Ves adonde) '¡Tu vi'onde t'ese muchacho encaramao?'

Viralata: Se dice de los perros realengos, que andan por los vecindarios virando (volteando) latas de basura en busca de comida.

Vironai o **Vironay:** Juego de dados.

Vite: (Viste= de 'ver' y 'vestir') '¡Tu vite como Pedro se cayó de jocico!' '¡Juanita se vite muy malo!' (ver 'Jocico')

¡Vit'eso! ¡Tu vit'eso!: (¡Viste eso! ¡Tu viste eso!) Expresión de sorpresa increíble que dice alguien a su compañero, cuando se ve algo impresionante, como magia, un relámpago, el instante de un accidente, etc. Mirando sorpresivamente a su compañero: '¡Tu vit'eso!'.

Vitilla (daise): (Darse vistillas) Cuando los enamorados no se quitan la vista uno del otro, a veces con disimulo. 'Juansito y Lola se tan dando su vitilla.'

Vito: (Visto) Tiempo pasado de 'ver'. '¡Yo no biá vito eso nunca! El nombre 'Victor'. (ver "Biá")

Vi Vaporú: (Vicks VapoRub) Ungüento de olor penetrante, que se frota en el pecho antes de dormir, para mejorar la tos de los catarros.

Vive: Que está vivo. Cualquier ser viviente. También se le aplica a cosas que no tienen vida: 'Esa lu vive prendía'. 'Esa pueita vive abieita'. Esa casa vive apagá. Parece que no vive nadie ahí.' Y como exageración de ciertas costumbres: 'Esa mujei vive hablando.'

Vive dei cuento: (Vive del cuento) Se dice alguien que no trabaja, y no se sabe como se mantiene. 'P: ¿Y de qué vive Juansito? R: Pa mi que Juansito vive dei cuento'. (ver 'Dei'; 'Pa'; 'Pa mi que …')

Vive en'i monte: (Vive en el monte) Se refiere a alguien que sabe muy poco de las cosas de la vida. 'Tu ti'ha fijao que Pedrito vive en'ei monte. Como que no sabe na.'

Viv'en la luna: (Vive en la luna) (ver 'T'en la luna'; 'T'en'ei limbo')

Vive quejándose: Se dice de alguien que se queja con frecuencia. '¿Utede si'han fijao, que Mingo nomá vive quejándose!' (ver 'Quejín quejón'; 'Nomá')

Vivi'haciendo lío: (Vive haciendo líos) Se dice de la persona que con frecuencia hace negocios fuera de lo legal y contratos que no cumple. 'Dominguito va par'en mai, poiq'ei vive haciendo lío'. (ver 'Par'en)

Viví'arrimao: Se dice de alguien que es capaz de trabajar pero vive en casa de un amigo o familiar y no busca trabajo. 'Tomá debería bucai trabajo y dejai de viví'arrimao en cas'e lo tío.'

Viví com'un Pachá: (Vivir como un Pachá) Vivir muy bien, en abundancia y riquezas.

Vividoi: (C: vividor) Se dice del que le gusta vivir a costa de otro. Que siempre anda pidiendo prestado, dinero u otras cosas. 'Ese Pedro ej'un vividoi.'

Vivitu'y coliando: (Vivito y coleando) Se dice de alguien que está en buena salud; o que se ha recobrado completamente de un accidente o enfermadad muy serio. 'P: ¿Cómo ta Juansito? R: 'No, ya ei ta vivitu'y coliando.' Quizá en referencia a los movimientos de la cola del pez después de sacado del agua. (ver 'No…')

Vocinglero: Se dice del que habla con voz muy alta, como voceando. Es vocablo castizo, pero se usa con frecuencia y ya parece del habla local.

Voiteo: (Volteo. De voltear= cambiar una cosa de una parte a otra hasta ponerla al revés de cómo estaba antes) En la frase 'un voiteo', este vocablo significa un plato repleto de comida hasta los bordes. 'Mira qué voiteo se ta comiendo Juansito.' (ver 'Camión de voiteo')

Voivei: (Volver) 'Toi loco poi voivei a Nueva Yoi.' (ver 'Loco poi')

Volando: Volar un ave, un avión, pero también vuela una persona y un vehículo cuando van corriendo. 'Pedro parece que le cogió taide eta mañana poique diba volando por'ese camino'. 'Ese carro diba volando poi la carretera cuando pasó freti'a la casa.' (ver 'Diba')

Volío: (C: volido= vuelo) Pronto. 'Yo voy y vengo di'un volío.' (Ver 'Di'un saito'; 'Di'un brinco')

Voy que: (Voy a que...) Se dice a modo de apuesta: 'Voy que no viene'

Vu'a: (Voy a) 'Yo mejoi me vu'a pie pa La Peña.' 'Yo me vu'a sentai, toy cansao'.

Vu'a tai: (Voy a estar) 'Tu pué vení hoy, yo vu'a tai tu'ei di'en mi casa.' (ver 'Bu'a tai...'; 'Pué'; 'Tu'ei'; 'Di'en')

Vu'e y **Vu'ei:** (Voy a y Voy el) 'Me vu'econdei'. 'Yo vu'ei domingo p'ai pueblo.

Vu'hacei: (voy a hacer) 'Yo no lo vu'hacei ahora, taiv'eta taide'.

Vueib'y já: (Vuelve y hazlo) Usado a veces con cierta ironía, cuando alguien hace algo tonto y sin gracia. "¡Anjá Juancito! Vueibi'já'. (Ver '¡Anjá!)

Vueita floja: (ver 'No tiene vueita floja')

Vueit'ei toro, la: (La vuelta del toro) Se apoya la cabeza en el suelo, mientras se sostiene el cuerpo con ambas manos en el suelo, y se impulsa el cuerpo hacia delante para caer de espalda. Se apuesta a quien de más vueltas de seguido. Se usa más como entretenimiento para los niños de cuatro a cinco años.

Vueit'un lío: (Vuelto un lío) Hebras o sogas entretejidas o enmarañadas. Muebles y otros objetos desordenados en una habitación. Situación o negocio que ha creado problemas entre amigos o familiares. Ese negocio entre lo Flore y lo Grullone si'ha vuet'un lío.' Se lo dice la persona a si misma cuando se le descompuesto algo y no puede arreglarlo: 'M'he vueit'un lío aquí'. (Ver 'Se aim'un lío'; 'To vueit'un lío')

Vueiv'y ja: (Vuelve y hazlo) (ver 'Vueib'y ja')

X: (Letra X, x, equis) Equi, equi. 'Ecríbeme la letra equi'.
Xiomara: (Se pronuncia 'Siomara') Nombre de mujer.
México: Se cambia a 'j' en 'México'= Méjico.

Y: (Letra Y, y, ye, 'i' griega) Y, 'i' griega. 'Ecríbeme la letra 'i' griega'.

Y: Primera palabra de ciertas expresiones interrogativas y admirativas. '¿Y cuándo tu te fuite?' en vez de '¿Cuándo te fuiste tu?'. '¡Y ya tu llegate?' '¿Y poi qué no te queda?' (ver '¡Y ya tu llegate?')

Yagua: Cubierta fibrosa de la parte superior del tronco de la palma, que le sirve de base a las pencas. Varias yaguas concéntricas le siven de cubierta al palmito. (ver 'Penca'; 'Palmito')

Yaguasa: Ave palmípeda, más pequeña que el pato y patas más largas, que vive alrededor de pantanos y lagunas.

Yaguasí: Cubierta del racimo del fruto de la palmera, de forma tubular, que se desprende cuando el fruto está en sazón. Su consistencia es similar a la de la yagua. Se usa como recipiente para frutos, etc.

Yaguaso: (De 'Yagua') Golpe propinado con cualquier objeto, generalmente nunca con una yagua.

Yagu'e cenisa: (ver 'Le cayó la yagu'e ceniza')

Ya hiso to lo qu'iba hacei. Ya jiso to lo qu'iba hacei: (Ya hizo todo lo que iba a hacer) Se dice de alguien que nunca termina un trabajo. P: '¿Ya Pedro teiminó?'. R: 'No. Y'ei hiso to lo qu'iba hacei'. (ver 'Y'ei')

¡Y ahora! o **¡Y ahora?:** Expresión de sorpresa y frustración a la vez, sugestiva de algo irremediable, casi siempre siguiendo y reforzando otra similar: '¡Pero critiano, y poi qué tu hicit'eso? ¡Y ahora?'. (ver '¡Pero critiano!)

Yame. Llame: (Ñame) Ñame. Raíz comestible.

Yaniqueque: Fritura de harina, aceite y sal.

¡Ya nu'hallan qu'inventai! ¡Ya no jallan qu'inventai!: (¡Ya no hallan qué inventar!) Expresión frecuentemente usada cuando alguien cuenta acerca de una invención nueva que hace un trabajo común más fácil que antes.

Yaque: Nombre del río Yaque. Anglicismo por 'jacket'.

¡Ya si fue veidá!: (¡Ya si fue verdad!) En otras palabras: '¡Ahora si es de verdad!'. Indica que va a ocurrir algo que era inesperado hasta ese momento. Juansito y Pedro están discutiendo, se acaloran y ya están a punto de irse a los puños.

Ya tá: (Ya está) Se refiere a algo que está completo o terminado. 'P: ¿Cocinate el'arró?' R: Si. Ya tá'.

¡Ya tu sabe!: Se dice, sin mirar a nadie directamente, cuando alguien ha dicho algo más o menos comprometedor para otro del grupo, o un amigo ausente.

Yayale: (Yayales= bosque de yayas) Lugar donde se pierde cualquiera fácilmente; de donde el dicho 'La gallina (o 'paloma') tan poniendo en lo yayale' (ver) (ver 'Tan')

Ya yo tuviera frío en mi casa o **Yo ya tuviera frío en mi casa**: Se le dice a quien se ha estado esperando, aún sea por corto tiempo, para regresar juntos de donde estaban a sus respectivos hogares. 'Poi qué te tubite tanto. Yo ya tuviera frío en mi casa'. (ver 'Tubite')

Y baina: Hábito de finalizar una lista de quejas o descripción de lo que alguien dijo. 'Yo me fui di ahí poique Pedro empezu'hablai diparat'y baina'.

¡Y dil'otra ve!: (¡Y dilo otra vez!) (ver '¡Y vueiv'y dilo!')

Y'e: (Ya es) '¡Ramonita y'e j'una plaga!' (ver 'Plaga'; 'J'una')

Ye'i: (Ya el) 'Ye'i perru'e porra ese se vomitu'en la cocina.'

Yeibabuena: (Hierbabuena) Planta herbácea cuyas hojas se usan para bebidas medicinales (tisanas)

Yeib'e guinea: (Hierba de Guinea) Clase de hierba para engordar el ganado vacuno.

Yeiba mala: Varias clases de hierbas que se propagan con facilidad, aniquilando y extinguiendo otras hierbas y los sembrados menores. (ver 'Veidolaga')

Yeiba mala no se muere: (Yerba mala no se muere) Comúnmente se refiere a alguien que generalmente se considera de mala calaña, cuando alguien ha comentado que 'Juan acaba de cumplir noventa años'.

Yeiba   pai: (Hierba   Paez)   Clase   de   hierba   para   para pastar   y   engordar   el   ganado   vacuno.   (ver   'Yeib'e   guinea)

Y'ei ta... Y'ei taba... : (Ya él está... Ya él estaba...) 'P: ¿Onde ta Juansito? R: 'Y'ei t'en su casa.' (ver 'Onde'; 'T'en')

Y'ella Ta... Y'ella taba... : (Ya ella está... Ya ella estaba...) 'Y'ella taba casi llorando'. (ver 'Taba')

Yelao. Yelá: (C: helado= muy frío. Suspenso, atónito, pasmado) Algo que está helado. Congelado. Párpados caidos.

Yelo: Hielo.

Yeiba: (Yerba. Hierba)

Yeiba buena: (Yerba buena) Hierba de hojas olorosas que se usan como condimento y bebidas medicinales. (ver 'Tisana')

Yeiba mala (Yerba mala) Yerba que reproduce y 'se riega' con rapidez por los terrenos de cultivo.

Yejna. Yena. Yerna: (C: nuera) Respecto de una persona, la esposa de su hijo.

Yejno. Yeno. Yerno: Respecto de una persona, el esposo de su hija. (¿Por qué no 'nuero'?)

Y'era...: (Ya era...) Se usa en la expresión 'Ya era tiempo...'.

Y eso nu'e na: Cuando alguien ha contado algo extravagante que consider único, lo ensalsa más aún diciendo '¡Y eso nu'e na, si utede hubieran vito cómo llegó; como si na!' (ver 'Como si ná')

¡Y eso que...!: Se dice cuando se oye decir algo positivo de otra persona ausente, y se quiere decir algo aún mejor de esa persona. 'Opinión: ¡Qué bien le está yendo a Juansito!. Respuesta: ¡Y eso que tu no sabe que dique se va a casai con una ricacha de Moca.' (ver 'Dique')

¿Y eso que?: Se dice cuando alguien expresa algo que considera de gran importancia o trascendencia, pero que parece incompleto. 'Comentario: ¿Utede sabían qui'han decubieito cien clase de moca? Reacción: ¿Y eso qué?'

Y'eso: (Ya eso) 'Quítal'eso que y'eso ta demá'.

Y'eso se pasa de catañ'ocuro: (Ya eso se pasa de castaño oscuro) Se refiere a algo que se ha dicho o hecho que se pasa de los límites acepatables por el grupo o por la sociedad en general. Algo enojoso.

¡... y e tuyo!: Se dice cuando se le quiere dar finalidad a una pequeña transacción. Juancito y Pedro están negociando un motocicleta viejo; Pedro ofrece 250 pesos; Juancito responde '¡Dame treciento y e tuyo!'.

Yeyo: Desmayo. Mareo. Lipotimia. (ver 'sirimba', 'tereque')

Yico: (ver 'llico')

Yin: pantalones 'Jeans'.

Yipeta: (del inglés 'Jeep') Vehículo más alto que un automóvil, de cuatro tracciones, con capacidad para seis a ocho pasageros.

¡Y lo que faita! o ¡Y la que faitan!: (¡Y lo que falta!) Cuando alguien se muestra impresionado por los triunfos de su interlocutor, éste, en broma o en serio usa esta expresión. Entre viejos, cuando uno se queja de sus achaques y dolores aquí y allí, otro de ellos exclama '¡Y la que faitan todavía!'.

¡Y me lo dice!: Que está totalmente de acuerdo con lo dicho. 'Oye Juansito, ¡qué buena le quedó fieta!'. '¡Y me lo dice!'.

¡Y no...!: Negativo que refuerza un positivo. 'Ese Juaniquito si'e guapo. ¡Adió, y no se fue solito a media noche pal'otro lao ei río!' P: '¿Y Juana onde ta? R:'¡Adió, y no se fue!'

Y no tieto: Se refiere a alguien que sabe mucho. 'Esi'ombre ej'abogado y no tieto'.

Y nu'e que na: (Y no es que nada) (ver 'Nu'e que na')

Yo conocu'el'emento: (Yo conozco el elemento) (ver 'Elemento')

Yo cro'que. Yo creo que: 'P: Tu contate tu'á la gallina qui'habían?" R: 'Yo cro'que si.' 'P: ¿Tu sabe si Juansito fu'ai pueblo ayei? R: Yo cro'que no.' (ver 'Tu'á'; 'Fu'ai'; 'Cro')

Yo le cantu'ei gallo a cuaiquiera: Lo dice la persona que se jacta de responder de inmediato a cualquier crítica, directa o indirecta que se le haga, y en el mismo tono en que fue dirigida a ella. (ver '¡Yo si no tengo pelu'en la lengua!')

Yo m'encaigo d'eso: (Yo me encargo de eso) Expresión usada para deshacerse de alguien que está dando instrucciones en exceso acerca de algo relativamente simple.

Yo me parece: Se dice ocasionalmente, cuando debe decirse 'A mi me parece'. 'Yo me parece qu'ei no debería habei hecho eso.'

¡Yo me quedée ... ¡: (¡Yo me quedée ... ¡) Es una expresión común cuando se está contando algo, y un personaje de la historia ha dicho algo extraordinario u obsceno. Casi siempre es una expresión femenina. '¡Cuandu'ei dijo que fue ei que se robó la gallina ... yo me quedéee ...!'

¡Yo mi'atrebo: (¡Yo me atrevo!) Expresión

Yompiai: (Probablemente del inglés 'jump'= salto) Encender un vehículo cuando se le ha descargado la batería, usando cables conectados de batería a batería a otro vehículo que está encendido.

¡Yo nací anoche! o ¡Yo naci'ese día!: (¡Yo nací anoche! o ¡Yo naci'ese día!) Lo dice alguien que estuvo a punto de morir en un accidente. '¡Si no viene la policía y me saca d'ei carro a tiempo mi'hubiera quemao vivo. Yo naci'ese día!' o '¡Yo nací anoche!'.

Yo no bua'tai o Yo bu'a tai: Yo no voy a estar. Yo voy a estar. (ver "¿Tu ba'tai?')

¡Yo no como pelu'e pueico! y **Esi'hombre no come pelu'e pueico:** ('¡Yo no como pelos de puerco!' 'Ese hombre no come pelos de puerco') Se dice de la persona que no le tiene miedo a nada ni a nadie. O que no lo piensa mucho para pelearse con cualquiera.

Yo no creo ni'en la un'y una: (Yo no creo ni en la una y una) Indica que el hablante no cree en nada hasta que tenga pruebas palpables. ¡Será que siendo 'una' y 'una' dos cosas perfectamente iguales, ni en eso cree!

¡Yo no digo a uté que lo conoco!: (¡Yo no digo a usted que lo conozco!) Se le dice a alguien de un grupo de comensales mientras se le pasa algo que ha pedido de lo que hay sobre la mesa. También en otras situaciones similares, cuando se le cocede algo a un amigo que lo ha pedido: 'Pedido: Pásame la sai Fran poi favoi. Com. mientras se le pasa la sal: Yo no digo a uté que lo conoco'. (ver 'Sai')

¡Yo no nací ayei! o **¡Tu cre'que yo nací ayei?:** (¡Tu crees que yo nací ayei?) Lo dice alguien a quien se le ha dicho una mentira, o propuesto un negocio malo.

Yo no nací pa semilla. ¡Tu cre'que yo nací pa'semilla!: (Yo no nací para semilla. ¡Tu crees que yo nací para semilla!)

Yo no se qué pata pusu'ese huevo: (Yo no se qué pata puso ese huevo) Lo dice alguien cuando le preguntan si conoce o es amigo de una persona de aspecto dudoso que ha mudado recientemente en el vecindario.

Yo no te lo mandu'a decí con nadie: (Yo no te lo mando a decir con nadaie) Se dice cuando hay que darle al oyente una noticia factual que no le conviene. 'Juansito, yo no le mandu'a decí con nadie, ¿tu sabía qu'ei socio tuyo en'ese negocio tuvo preso poi ladrón hace dies'año?'

¡Yo nu'hagü'eso ni loco!: (¡Yo no hago eso ni loco!) (ver '¡Yo nu'agü'eso ni que me maten!')

¡Yo nu'hagü'eso ni que me maten!: Expresión que indica negativa total de hacer algo específico, no importa quién se lo pida. (Desde luego, después de muerto si es verdad que no lo haría)

¡Yo n'oí que …? ; **¡Yo no lo vi pasai?**: (¿Yo no oí que …?; ¡Yo no lo vi pasai?) Estas y otras similares, son expresiones mixtas, interrogativas y admirativas, que a través del adverbio negativo 'no', son dirigidas a otros y en ciertas ocasiones a sí mismo. Se enuncian cuando alguien ha dado una noticia que el hablante no la cree o no está seguro de su totalidad. '¡Yo n'oí que Juansito llegó?'; '¡Y Pedro; yo no lo oí llegai haci'un ratico?'; '¿Qué Jesusito t'en Macorí? ¡Y yo no lo vi pasai por'aquí ahorita!'

Yo no lo pido ni lo goloseo, pero si me lo dan me lo jondeo: Dicho que se refiere a algo comestible que gusta mucho y se desea, pero que por cortesía no se pide. (ver 'Jondiai')

Yo no pago poi mueito qui'otro mató: (Yo no pago por muerto que otro mató) Se dice de un problema que no es asunto del hablante para él tener que resolverlo.

¡Yo no quiero lío!: Expresión que aclara que el hablante no quiere que lo envuelvan en la conversación.

Yo no se cuanto: Muletilla en el hablar, cuando no se necesita, o no se recuerda la cantidad de lo que sea que se esté hablando. '¡Y se llevaron yo no se cuánto sacu'e plátano!' 'Yo tenía no se cuánta fotografía de Juanita y ahora nu'encuentro ni'una'. Para exagerar, a veces se extiende el 'a' de 'cuanto': '¡Y se llevaron yo no cuáaanto sacu'e plátano!'

Yo no se de letra: Lo dice la persona que no sabe leer ni escribir. A veces se dice simuladamente para no opinar, o firmar algo comprometedor.

¡Yo no se lo mandu'a decí con nadie!: (¡Yo no se lo mando a decir con nadie!) Cuando alguien va a decirle a otro lo que cree ser una verdad (agradable o desagradable) acerca de algo. '¡Oiga compai, yo no se lo mandu'a decí con nadie, peru'esa camisa parece de mujei!'. (ver 'La pura veidá e …')

Yo no se qué pata pusu'ese huevo. ¡Quién sabe qué pato pusu'ese huevo!: (Yo no se qué pata puso ese huevo. ¡Quién sabe qué pato pusu'ese huevo!) Es como decir: 'Yo no conozco esa persona de la que tu habla', sobre todo si se rumora que no es persona de confiar en ella.

Yo no soy amiga de comei mucho. Yo no soy muy amigo de la cajn'e pueico: (Yo no soy muy amigo de la carne de puerco) Lo dice la persona que no le gusta un alimento, aunque en momentos de compromiso se lo come, como en caso de una invitación.

Yo no soy burru'e caiga: (Yo no soy burro de carga) Lo dice alguien cuando otro le ha pedido varias veces que traiga cosas que necesita. '¡Yo no soy burru'e caiga pa que tu me te pidiendo tanta cosa!'

Yo no soy de hierro. Yo no soy de jierro: (Yo no soy de hierro) Se le dice a alguien que pide que le haga un trabajo más fuerte de lo posible para un humano. '¡Adio, pero tu cre'que yo soy de jierro!'

¡Yo no tengo buba!: Lo dice el que le ofrece a un amigo un trago de lo que está tomando en su vaso o taza y el amigo declina la oferta. (ver 'Buba')

Yo no tengo ni en qué caeime mueito: (Yo no tengo ni en qué caerme muerto) Que no tiene dinero. Esta expresión se usa con más frecuencia cuando no se le quiere prestar al que pide sin necesidad, o que pide prestado y tiene fama de que no paga.

Yo no teng'un pal'onde racaime: (Yo no tengo un palo adonde rascarme) Quiere decir que está viviendo como puede porque no tiene a quien pedirle ayuda.

Yo no vaigo ni'un chele. Yo no vaigo ni'un chele paitío poi la mitá. Yo no vaigo na: (Yo no valgo ni un chele. Yo no valgo ni un chele partido por la mitad. Yo no valgo nada) Así dice el que se ha estado sintiendo débil y decaído durante los últimos días o semanas. Probablemente deprimido. (ver 'Chele'; 'Na')

Yo no veo ei día d'ime: (Yo no veo el día de irme) Se dice cuando se ha estado mucho tiempo en un lugar y ya se tiene muchos deseos de irse, o no se han hecho planes de irse. (ver 'Ime'; 'Dime')

Yonse o **Llonse:** (Talvez del inglés 'Johnson') Plátano-guineo. Cambur. 'Eso guineo taban tal duice que me comí tre'. (ver 'Chele')

Yo nu'hagu'eso ni loco: (Yo no hago eso ni loco) Se dice de algo que el hablante nunca ha hecho, y que no concuerda con su personalidad.

Yo nunca mi'ha dao na: (Yo nunca me ha dado nada) Quiere decir: 'A mi nunca me ha dado nada', casi siempre refiriéndose a enfermedades.

Yo poi mi no fuera o Poi mi no fuera: (Yo por mi no fuera, o Por mi no fuera) Quiere decir: 'Si fuera yo, no fuera.

Yo pujo y tu hace fueisa: (Yo pujo y tu haces fuerza) Lo dice uno de dos personas que están haciendo un trabajo que requiere levantar objetos muy pesados.

¡Yo si creo qui'hay aigo!: (¡Yo si creo que hay algo!) Lo dice alguien del grupo que ha estado discutiendo acerca de si hay o no Dios, pero que para él todavía hay cosas misteriosas que no entiende. 'Po yo si creo qui'hay aigo'. (ver 'Po')

¡Yo si no tengo pelu'en la lengua: (¡Yo si no tengo pelos en la lengua!) Aquí el hablante se precia de que siempre tiene la respuesta apropiada e inmediata para cualquier crítica dirigida a él, directa o indirecta. (ver 'Yo le cantu'ei gallu'a cuaiquiera')

¡Y qué lío ej'ete! o **¡Pero señore, y qué lío ej'ete!** o **¡Pero Dio'mío,**

y qué lío ej'ete!: (¡Y qué lío es este!) Expresión de sorpresa que la dice alguien cuando se encuentra con algo que no esperaba, como la casa en extremo desordenada por los niños, o una discusión seria y delicada entre familiares, etc. (ver 'Lío'; 'Si'aim'un lío'; '¡Qué lío!'; 'E'jete')

¡Y quién lo manda? o. **mandó?:** (ver '¡Pero quién lo manda?')

¡Y quién no?: Lo dice a quien le cuentan que alguien se aprovechó de una gran oportunidad.

Yo toy agachao: (Yo estoy agachado) Quiere decir que algo grave está ocurriendo que puede perjudicar al hablante, por lo que él se ha eximido de opinar o reunirse con los que están envueltos.

Yo tu'en la lona: (Yo estoy en la lona) Que no tiene dinero. (ver 'Arrancao')

Yo vu'a t'en ... : (Yo voy a estar en ...) 'Yo vu'a t'en'ei piso di'arriba'. 'Yo vu'a t'en'ei baño'.

¡Y qué'jeto? o **¡Y qué'jeto señore?:** (¡Y qué es esto? o ¡Y qué es esto señores?) Exclamación usada cuando se escucha lo radical que han cambiado las cosas de cómo eran antes. Es frecuente que se aplique al cambio de clima y la comparación de la misma estación del año pasado y la de ahora.

¿Y qué lo qué?: (ver '¿Qué lo qué?'

Y to: (Y todo) Expresión terminal de una frase categórica. 'Ello fueron lo que se comieron la comida, la fruta y to.' 'Yo meti en'ei saco la naranja, lo mangu'y to.'

¡Y tu'esa baina!: (¡Y toda esa vaina!) Lodice alguien que ha llegado a un lugar y encuentra la situación diferente a como la esperaba. '¡Ytu'esa baina! ¿Qué ta pasandu'aquí?'

Yuca: Tubérculo tropical comestible. (ver 'Catevía')

Yu'he pasao la mi'ji quinienta: (Yo he pasado las mil y quinientas) (ver 'La mile'ji quinienta')

Yu'era de bei: (Yo era de haber ...) 'Yu'era de bei dío con'utede ai pueblo ayei'. (ver 'Dío'; 'Bei')

Yullo o **Yuyo:** Cualquier objeto más grande que lo promedio de su clase. 'Esu'e lo que se llam'un yuyo.' (ver 'Lo que se llama')

Y vin'un burro y me di'una patá y me dejó aquí sentao: (Y vino un burro y me dio una patada y me dejó aquí sentado) Se dice al final de los cuentos fantásticos, sobre todo cuando se les hacen a los niños.

¡Y vueiv'y dilo! o **¡Y vueiv'y dígalo!':** (¡Yvuelve y dilo!' o '¡Y vuelva y dígalo!') Se dice cuando alguien ha dicho una verdad contundente que todos están de acuerdo. También se dice 'Uté lo pue deci'otra ve' o 'Y dil'otra ve' (ver).

¡Y ya tu llegate?: (¡Y ya tu llegaste?) Es una expresión frecuente, y desde luego supérflua, dicha por alguien cuando llega al lugar de reunión y se encuentra con otra persona que no esperaba que llegara antes que él o ella. Se puede considerar como parte del saludo, al que siempre antecede. (ver 'Y')

¡Y yo de pendejo!: (¡Y yo de pendejo!) Se le dice a un amigo cuando el hablante ha creído algo diferente y más simple de lo que se está conversando. También cuando se ha dejado engañar por un charlatán o hablador. 'Adio, ei me dijo que yu'iba a ganai muchísimo cuaito, y yo de pendejo se lo creí!'. Cuando alguien dijo que venía y no vino: '¡Y yo de pendejo aquí eperando!' (ver 'Eperando lo que no ta de vení')

¡Y yo epeera ... epeera ... y epeeera!: (¡Y yo espera ... espera ... espera) Se dice despacio y prolongando la segunda 'e' del vocablo 'epera', cuando se está contando una historia cuando tuvo que esperar por algo o alguien más tiempo que el necesario. Algunas veces esta expresión peca de exageración.

Z: (Letra Z, z, zeta) Seta, seta. 'Ecríbeme la letra seta'.

Z: esta letra se pronuncia como 's', a principio y en medio de las palabras en los países iberoamericanos y algunas partes de España.

Zambullise: (C: Zabullirse. Zambullirse) (Ver 'Sambullise') Tirarse al río y penetrar profundo bajo el agua. 'Juansito se sambulló en'ei chaico má jondo dei río.' (ver 'Chaico'; 'Jondo')

Zapatera. Zapatero: (Ver 'Sapatera'; 'Sapatero')

Zapatón: (ver 'Sapatón')

Zapote: (ver 'Sapote'

Zumbai: (ver 'Sumbai')

Zumbón: (ver 'Sumbón')

COSAS DE LOS CAMPOS

La sociedad de los campos dominicanos de El Cibao, antes y poco después de mediados del siglo veinte, consistía en dueños de fincas grandes, medianas y pequeñas, y un gran número de familias pobres. Algunos de estos últimos eran dueños de dos o tres tareas de tierra, donde cultivaban vegetales para el sustento de la familia durante el tiempo que no había trabajo la región. También existian aquellas familias que vivían en 'ranchitos' a la orilla de los caminos y carreteras rurales. La mayoría de estas casitas, muchas con paredes y techos de yagua, y otras con paredes de tablas de palma y techos de yagua, estaban localizadas cerca del camino, en fincas privadas con el permiso del dueño. Otras eran edificadas en tierra del estado, a veces sin permiso, pero allí criaban sus familias, y nunca oí que fueran echadas de allí. Estos dos últimos grupos, incluyendo las mujeres, formaban parte de los trabajadores en las fincas grandes y medianas, y también como empleados que desempeñaban las labores diarias en la casa o la finca.

Los jornaleros o 'peones' sembraban, cosechaban y limpiaban las fincas después de la cosecha, y más tarde, durante los primeros meses del año, preparaban los terrenos para la siembra y podaban 'los cacaos'.

Allá por las décadas de los treinta y cuarenta se les pagaba a un trabajador de fincas entre sesenta y ochenta centavos por el día incluyendo el almuerzo, dependiendo de dos variantes que yo recuerdo, la calidad o rendimiento, ya reconocidos, del trabajador y, la competencia por buenos trabajadores entre los dueños de fincas de una región. Ya para la época de los cincuenta era más frecuente una paga de noventa centavos a un peso al día.

La costumbre en la finca de mi padre consistía en comenzar el trabajo a las siete de la mañana y llevarles el desayuno a los peones al lugar de trabajo a las ocho de la mañana. El desayuno consistía en plátanos o yuca hervidos, unos días con revoltillo de huevos, otros con arenque o bacalao asados, y manteca de cerdo caliente en el fondo de la taza para 'mojar la yuca y los plátanos'.

Durante el almuerzo, entre las doce y la una, los trabajadores venían a comer a la casa, donde se reunían en una enramada grande detrás de la cocina. La enramada era una casa de parades de tablas de palma, un poco más grande que la cocina, cuyo uso era mantener leña, carbón y otras cosas de uso diario, pero una gran parte de su espacio estaba preparada con bancos rústicos pegados a las paredes para los peones. El almuerzo se tomaba alrededor de cuareticinco minutos. En el area de trabajo siempre habían dos otros calabazos de 'agua lluvia' del tanque de la casa. En la finca, durante el desayuno y otras veces el agua se tomaba en porciones de hojas tiernas de plátano o de guineo, dobladas entre las dos manos de manera que formaban un recipiente perfecto para tomar el agua. Estas hojas están cubiertas naturalmente por una capa invisible de un material impermeable, como cera. A mi me encantaba ir al sitio de trabajo para tomar agua en las hojas de plátano como los peones. Durante el almuerzo en la casa, los trabajadores tomaban agua en morros hechos de higüero. El día de labor terminaba alrededor de las cinco de la tarde. Dos o tres de los peones que 'venían de lejos' y dormían en el almacén de lunes a viernes, se marchaban después del pago y los dos tragos de ron que papá les brindaba. Algunos de los del vecindario se quedaban para el 'bocaíto' de cena antes de irse a casa, pero los viernes era la tarde y noche de la fogata en el patio, que ya era costumbre para 'el oscurecer'.

Durante la semana, algunos peones tomaban por adelantado cincuenta centavos o un peso hasta el 'día de pago', que era el viernes a la salida del trabajo. Papá llevaba esta cuenta en un cuaderno de pergamino azul, de los que usábamos los niños en la escuela. Todavía guardo algunos de estos como memoria de mi niñez. Como ya aludí levemente arriba, recuerdo que los viernes, después del trabajo se reunían todos en el zaguán de piso de concreto entre la casa y la cocina. Durante el día ya papá había sumado lo ganado por cada trabajador, y restado lo prestado, desde el lunes hasta el viernes. Entonces llamaba: "Masú, cogiste prestado cincuenta centavos el martes y cincuenta centavos el jueves. De tu ganancia total de cuatro pesos te quedan tres pesos". Le pasaba sus tres pesos, lo que siempre, tanto Masú como todos los otros recibían con una sonrisa. Cuando se les había pagado a todos, papá traía uno o dos litros de ron, dependiendo del número de trabajadores, que unas veces era entre diez y quince, y otras entre quince y veinte o veinticinco, y varios vasitos de 'tragos'. Les daba un vasito rebosando a cada uno, y diez o quince minutos después les daba el segundo y último 'trago'. Para ese momento todos estaban contentos y hablando en una voz más alta que su normal.

Ya todos sabían que era costumbre tradicional de papá darles solo dos 'tragos', pues, como él les había informado hacía ya mucho tiempo, "El hombre se alegra con dos tragos, pero con más de dos discute y hasta pelea".Los que vivían lejos se marchaban después de la bebida, pero de los tres o cuatro vecinos, algunos o todos se quedaban a comerse el 'bocaíto' de cena que salía siempre de la cocina.

Estos días viernes, la gente se acostaba más tarde que los otros días de la semana. Los que se quedaban después del pago, hacían una hoguera en un área del patio entre la casa y el almacén, que entre otras cosas era también destinada para ello. Allí fue que oí tantos de mis primeros cuentos, vamos a decir 'de hadas', si bien, los verdaderos cuentos de hadas que conocemos nosotros, aquellos campesinos no los conocían. Pero el dominicano que lea esto, y que sea de una edda razonable en lo que a esta historia se refiere, y que disponga de una memoria fiel de su pasado, sabe que los campesinos conocían los cuentos de Juan Bobo y Pedro Animale, que en boca del que sabe hacer cuentos son tan buenos o algunos aún mejores para aquellos niños de entonces que los de Blanca Nieves y los Siete Enanitos. En la hoguera se asaban pedacitos de carne de cerdo salada, que más veces que menos casi siempre había en nuestra casa, y también de bofe sazonado. De este último comía yo muy a gusto, hasta que algún tiempo después aprendí que bofe es los pulmones del cerdo. Desde luego, y como dice el refrán, 'hasta allí llegó mi amor', pues el primer día que descubrí esta información me mantuve con náuseas hasta el siguiente día, y sin comer 'ni'una gota'. (ver)

Para las nueve de la noche, los que no vivían en nuestra casa se marchaban a la de ellos, contentos y satisfechos, y con dinero en el bolsillo.

En los campos la gente se bañaba en el río, casi siempre de madrugada. El agua para tomar la llevaba en calabazos o bidones para llenar la tinaja que tenía en casa. Esta agua para tomar se colectaba alrededor de las cinco de la mañana, antes que las lavanderas empezaran a lavar ropa 'río arriba', que usualmente era a las siete de la mañana.

Las vacas y animales de carga se llevaban al río a beber en la mañana y a medio día.

Los sábados y domingos después de la media tarde se reunían algunos de los vecinos en el zaguán con piso de concreto, entre la casa y la cocina. Allí se conversaba sobre diferentes temas, pero el de la política era bastante limitado debido a que estos eran los tiempos del gobierno del dictador Trujillo. Papá les contaba acerca del progreso de la guerra mundial, otras veces sobre su vida d eadolescente en la Islas Canarias.

Como ya dije anteriormente, para las nueve de la noche 'se rompía la taza' (ver) y los que vivían fuera se marchaban a su casa.

DICHOS Y COSAS POPULARES

La principal contribuyente de Dichos y Cosas, y de los Cantos y Juegos
de niños es la señora María José Garrido de Morales (Joseína)

Martín

Ahí viene Martín
Con media turita,
Mirándolo bien
Pareci'un artista.
Refrán
Cuando hay un negro y un blanco junto,
o ei negro le debe ai blanco, o e dei blanco la comía.

El'amoi

El amor y el interés
Se fueron al campo un día
Y más pudo el interés
Qu'el amor que le tenía.

La paloma' tan poniendo en lo yayale

Canto de las recogedoras de café y picadoras de cacao

La paloma tan poniendo en lo yayale
Aé aé oá
Cuando fuimu'a bucai huevo
¡Huevo cuale!

San Isidro Labradoi

Para que cesen las lluvias después que ha llovido todo un día o más.

San Isidro Labradoi
Quit'el agua y pon ei soi.

La Gatica de Maria Ramo

Dicho de origen cubano,
popular en las décadas de los cuarenta y cincuenta.

La gatica de Maria Ramo

Que tira la piedra y econde la mano
Que mató a Virgilio
Y mató a su hermano.
¡Qué gata asesina!
¡Que sino malsano!

Levántate Ciprián

Mi amiga, la Doctora Pura Fatah me dice que su abuela recitaba estos versos populares durante los tiempos de las revoluciones:

"Levántate Ciprián
Y agarra tu cañón
Que allí viene Jiméne con su batallón."
"Déjalo que venga si quiere venir,
Vete pa'la mierda
Y déjame dormir."

Petición cantada
Naranja duice
limón partido
Dame un besito
que yo te pido.

Besito
Naranja dulce, limón partido
Dame un besito que yo te pido.
Imitación de la anterior usada más tarde
como anuncio de refrescos Contri Clú (Country Club):
Naranja dulce, limón partido
Dame un refresco que yo apetito.

La Mala
La mala no se da
Y si se da no se cría
Y si se cría crece torcía
Y si s'endereza e poi Cesa.

Pregunta trampa

Ella: "¿Tu sabe de letra?"
Él: "Si"
Ella: "Po'dime el'abecedario"
Él: "A E I O U"
Ella: "Ma sab'ei burro que tu"

Oración que debían decir los niños antes de acostarse

Con Dio mi'acueto
Con Dio mi'alevanto
Con la gracia dei Padre
Del'hijo
Y del'Epírito Santo.

Eran las Tres de la Tarde

Canción de origen cubano popular durante las décadas de los treinta y cuarenta del siglo XX:

Eran las tres de la tarde
Cuando mataron a Lola,
Y dicen los que la vieron
Qui'agonizando decía:
Yo quiero ver ese hombre
Que mi'ha quitado la vida,
Yo quiero verlo y besarlo
Pa'poder morir tranquila.
Esi'hombre era mi alegría
Esi'hombre era mi consuelo,
Esi'hombre era mi pasión,
Quiero llorar y no puedo

Después de una dicusión entre marido y mujer, ella le pone el plato de comida en la mesa y le dice:

'Ahí tiene, si te la quiere comei te la come, si no no'

Dichos Populares
Sapatero remendón
Tira peo en'un cajón.

Cuando yo era chiquitica
Que empezaba a jimiquiai
Me monte en'un burro mueito
Y no me pudo tumbai.

A separate cuarteta
"Ya comimo, ya bebimo
Démole vueit'ai molino
Amigo ¿cuánto le debo?"
"Déjel'uté caballero"

CANTOS Y JUEGOS DE NIÑOS

Estas canciones de niños brotaron de la memoria lejana de María José Garrido Abreu de Morales, más conocida como Joseína, tal como si ella hubiese estado jugando, saltando y cantándolas el domingo pasado. Habiendo sido poseedor de la suerte de ser su esposo, yo me he aprovechado del despertar de sus recuerdos.

A la Mar

Dos niños cantan con las manos agarradas en alto. Cuando se dice ¡Chum pavito!, se bajan rápidamente las manos, quedando atrapado el que va pasando, y pierde y sale del juego.

A la mar, a la mar me voy
Porque no tengo dinero,
Y el que se hiciera el tonto
Se queda pavo en'el medio
¡Chum pavito!

Brinca la Tablita

Canción cantada en coro, mientras se salta sobre una tabla en el suelo,
o alternando los pies sobre un madero al ritmo del canto.

Brinca la tablita
Que ya yo la brinqué,
Bríncala tu ahora
Que ya yo me cansé.
Do y do son cuatro,
Cuatro y do son sei,
Sei y do son ocho
Y ocho diesisei.

El Pumpunao

Juego de niños en ronda, pasando una piedra de uno al otro.
El que se queda con la piedra durante la útima sílaba pierde.

Ya pué, ya pué,
Marcelina golín golín
Golín golao
Sube la cuesta
A lo pumpunao, nao nao

Marcelina golín golín
Golín golao.

La Ardilla Corre

Poema y canto de niños de mediados del siglo XX,
que se encontraba en la 'cartilla' de la escuela.

La ardilla corre
La ardilla vuela
La ardilla salta como locuela.
"Mamá
¡La ardilla no va a l'escuela?"
"Ven ardillita
teng'una jáula que es muy bonita."
"No, yo prefiero
mi tronco de árbol y mi agujero."

La Gallinita Ciega

Juego de niños en el que a uno se le pone una venda en los ojos, y los otros cantan:

Gallinita ciega
¿Qué se ti'ha perdido?
Una aguja y un dedal.
Pues yo lo tengo
Y no te los voy a dar.

(Aquí se aparta cada uno a un lugar alrededor del vendado, sin moverse ni hablar ni reírse,
y el vendado tiene que nombrar cada jugador que toca con su mano. El que en su turno
nombre correctamente el mayor número de jugadores gana)

Las Cortinas del Palacio

Dos niños de frente se agarran de las manos, y por debajo van pasando otros niños uno
a uno. Durante la última sílaba del canto los dos bajan y agarran al que va pasando y le
preguntan "¿Qué quieres, pera o manzana?" De acuerdo a lo que diga va a la fila y se agarra
de quien sea la fruta que ha cantado, y comienza el canto de nuevo.

Las cortinas del palacio
Son de terciopelo azul
Entre cortes y cortinas
Se paseaba un andaluz.

Andaluz y cuatro son
Veinticinco y un tapón
Coche de oro para los moros
Terrún tun tun, terrún tun tun
Te quedas tu.
¿Qué quieres, pera o manzana?

La Madre

Himno a la madre antado en la escuela alrededor del día de las Madres

Venid los moradores del campo a la ciudad,
Entonemos un himno de intenso amor filial'
Cantemos a las madres su ternura y su afán,
Y su noble atributo de abnegación sin par.
Quién como una madre
Con su dulce canto
Nos disipa el miedo,
Nos calma el dolor
Con solo brindarnos
Su regazo santo
Con solo cantarnos
Palabras de amor.
De ella aprende el niño
La sonrisa tierna,
El joven la noble
Beneficiación,
Recuerda el anciano
La oración materna,
Y en su alma florece
La resignación.

Las Bodas

Canto para niños

El piojo y la pulga se van a casar
Y por falta de corona lo van a dejar
Liro liro liro, liro liro liro
Liro liro liro, liro liro va,

Y dice la garza que está allá en la loma,
"Sigan su casado, yo doy la corona:
Liro liro liro, liro liro liro
Liro liro liro, liro liro va,
Ya no es por corona, corona tenemos
Ahora es por madrina,
¿adónde la hallaremos?
Liro liro liro, liro liro liro
Liro liro liro, liro liro va
Y dice la gata que está en la cocina
Sigan su casado, yo soy la madrina.
Liro liro liro, liro liro liro
Liro liro liro, liro liro va
Ya no es por madrina
Madrina tenemos,
Ahora es por padrino
¿Adónde lo hallaremos?
Liro liro liro, liro liro liro
Liro liro liro, liro liro va
Y dice el ratón que está en su cuarto fino
"Sigan ya las bodas, yo soy el padrino"
Liro liro liro, liro liro liro
Liro liro liro, liro liro va
Ya no es por padrino, padrino tenemos
Ahora es por quien toque
¿Adónde lo hallaremos?
Liro liro liro, liro liro liro
Liro liro liro, liro liro va
Y dice el buey que está en su reposo
"Sigan sus festejos
Yo busco quien toque"
Liro liro liro, liro liro liro
Liro liro liro, liro liro va
Ya no es por tocar
Ya eso lo tenemos
Ahora es por el vino
¿Adonde lo hallaremos?
Liro liro liro, liro liro liro
Liro liro liro, liro liro va
Dice la cotorra, que es muy pendenciera,

"Yo les pongo el vino, sigan sus festejos"
Liro liro liro, liro liro liro
Liro liro liro, liro liro va
Después de las bodas
Ye metidos en vino
Se soltó la gata y se comió el padrino.

La Hormiguita y el Ratón

Canción de niñas cantada en veladas y en reuniones,
por el placer del juego y la historia que cuenta.

Yo barriendo mi casita
Un centavo m'encontré,
Me lo puse en la cabeza
Y en la puerta me senté.
Pero al verme tan bonita
Un borrego se acercó,
"¿Te quieres casar conmigo?"
preguntó con dulce voz.
Vino el toro y el conejo,
Y el gallito cantador.
Y a ninguno le hice caso
Hasta que el ratón llegó.
Ratón Perez se llamaba.
Ese sí que me gustó.
En el acto nos casamos
La Hormiguita y el Ratón,
Y vivimos muy felices
Hasta que el ratón si'ahogó
En una olla de frijoles
Por curioso y por glotón.

La Pájara Pinta

Juego de niños en ronda, cantando en coro.

Estaba la pájara pinta
Sentada en el verde limón,
Con su pico recoge las alas,
Con las alas recoge la flor.

¡Ay re, que será de mi amor!
¡Ay re, qué será de mi amor!
Se da la media vuelta,
Se da la vuelta entera,
Se hinca su pie de rodilla
Constante, constante, constante.
Que dame la una,
Que dame las dos
Que dame un besito
Que sea de tu y yo
Y ya si'acabó.

CANCIONES DE NIÑOS

Los Pollitos Dicen

Canción suave y monótona para poner a dormir a los niños:

Los pollitos dicen
pío, pío, pío,
cuando tienen hambre,
cuando tienen frío.
La mamá le busca
El maíz y el trigo,
le da la comida
y le presta abrigo.
Bajo sus dos alas
acurrucaditos,
hast'el otro día
duermen los pollitos.

Mañana es Domingo de Vara y Pendón
Mañan'e domingo de var'y pedón

Canción de zagales, casi siempre niñas, que se canta en coro y respondiendo:

Mañan'e domingo de vara y pendón,
Se casa la reina con Juan Barrigón.
¿Quién'e la madrina?
Doña Catalina.
¿Quién'e j'el padrino?
Don Juan de Rivera.
Pasó un caballero
Vendiendo romero.
Deme una ramita
Para mi chivita.
¿Y la chivita?
Cargando el'agua
¿Y el'agua?
La gallina se la bebió.
¿Y la gallina?
Poniendo el huevo.
¿Y el huevo?

El Padre se lo comió.
¿Y el Padre?
Diciendo la misa.
¿Y la misa?
Ya se acabó.

DICHOS, VERSOS Y OTRAS COSAS DE NIÑOS

Si Este Libro se perdiere

Petición escrita a mano en los libros escolares, allá por la primera mitad del siglo XX:

Si este libro se perdiere,
Como suele suceder,
Le suplico a quien lo hallare
Que lo sepa devolver.
No es de plata ni es de oro,
Ni tampoco de comer,
Pero sí es de un niño
Que necesita aprender.
Y si no sabe mi nombre,
Aquí se lo voy a poner.
(Nombre del dueño)

Secreto en reunión

Secreto en reunión
Mala educación;
Y má mala educasión
Pa'i que le pone atensión

Tin marínde do pingüé

Juego de niños en ronda, agarrados de las manos y cantando. Se sale del juego el que canta la última sílaba, y regresa a la ronda cuando sale el próximo.

Tin, marinde do pingué
Cúcara mácara títere fue.
La manzana se pasó
De la sala al comedor,
No me mate con cuchillo
que me da mucho dolor.

Todo lo se

Juego de niñas cantando en coro.

Yo se la matemática,
La geografía física,
La química y botánica,
La historia decimal.
Se toda la gramática
Histórica y poética,
Además el nuevo cálculo,
La historia decimal,
Literatura, canto y pintura,
Toda la historia
La se de memoria.
Se tocar el piano,
Se italiano,
Se inglés y se francés.
Soy una niña
Que todo lo se.

Trabalenguas

A mi mi'han dicho qui'a ti ti'han dicho
Diqui'un dicho qu'he dicho yo
Yo no lu'he dicho pero si l'hubiera dicho
Bien dicho tuvier'ei dicho qui'a ti ti'han dicho
Qu'he dicho yo.

Bañarse con catarro

Chiste

P: ¿Tu te baña con catarro?
R: ¡Ay no aco! Yo me baño con agua.

(ver '¡Aco!')

Absurdo

Sinrazón atribuída a un señor Rosendo (cortesía de Oriol Rojas)
Alguien anuncia: 'Y cuando taban ahí, vino uno y le peg'un tiro'.
Rosendo (sorprendido): ' ¡Y entonce, qué diju'ei mueito?'

Yo iba por un camino

Juego de palabras de adultos para entretener a los niños.

El niño debe decir 'Y yo también' tan pronto el adulto termina cada frase.

Yo iba por un camino
'Y yo también'
Me encontré con un burro muerto
'Y yo también'
Los perros estaban comiendo de él
'Y yo también'
(¡Sorpresa del niño y mucha risa de ambas partes!)

La Viejita Titiritaña

Agarrados de las manos cantando y bailando a la redonda.
Adivina adivinador,
si no adivina hoy
adivina mañana:
¿Qué es una viejita titiritaña
que sube y baja por una caña
construyendo su cabaña?
Adivina adivinador
que te doy hasta mañana,
¿Quién es esta viejita titiritaña?
Es la araña, es la araña,
que con mucha maña
engaña a su presa y la enmaraña
en su telearaña.
Que con mucha maña
engaña a su presa y la enmaraña
en su telaraña.

ALGUNAS DÉCIMAS DOMINICANAS

Estas décimas son generalmente cantadas en porfía entre los trabajadores en las fincas, con más frecuencia entre las recogedoras de café y picadoras de cacao. Las décimas que siguen me fueron recitadas por la señora Ramona Flores, quien, junto a su esposo Gerónimo Flores (Chombo), desde muy jóvenes fueron empleados de la finca de mi padre desde su incepción. Durante nuestras últimas visitas a su casa, Ramona vivía en Pontón, Provincia Duarte, República Dominicna, junto a dos de sus hijas y muy cerca de su hijo Berto. Estas décimas me las recitó ella pocas semanas antes de cuplir sus 100 (cien) años de edad, en abril 2011, y estando en condiciones físicas, auditivas, visuales y mentales casi totalmente normales, tanto que me corregía los errores que yo cometía mientras ella dictaba, estando sus ojos a uno tres pies de mi papel. Ramona falleció en 2013, poco antes de cumplir 102 años de edad.

Le he designado un título a cada una de las décimas de acuerdo a lo que a mi criterio considero apropiado al significado de su contenido.

Hombre precavío

(Hombre precavido)

Yo no bebo en pulpería
Principalmente en ei campo
Poi libraime di'un balaso
Que susede to lodía.
No lo hago poi cobardía
Ni poique le temo a nadie,
Dio me libre y Dio me guaide
Di'una mala tentación,
Dice ei sabio Salomón
Q'ei que evita nu'e cobarde.

La Mujei ma bella

(la mujer más bella)

Cuandu'ei día que tu nasite
Tu'ei mundo se floreció,
Ei cielo claro quedó
Con la etrella que trajite.
Como me lo prometite

q'era bajai de lo cielo,
los'ángele con anhelo
y música celetial,
pa venite a'compañai
ayei te mandi'un pañuelo.

Mai Correpondía

(Mal correspondida)
(Enviada por Ramona a su novio Chombo, más tarde su esposo)

De qué me siv'ei quereite
Con'un amoi tan profundo
Si te veo corriendo ei mundo
Y otra dama te divierte.
Yo procuro complacerte
Con mi cariño mayoi,
Pero tengo ete doloi
Y una pena permanente:
Que no puedo enteramente
Sei la dueña de tu amoi.

El Aroplano

(El Aeroplano)
Ei primei día que pasó
ese pájaro volando
to creíamo qu'era ei diablo
que diba a maichai con to,
enantonce dije yo
eleva pájaro malo,
eto ser'un condenao
qui'anda poi lo j'elemento.
No quedamo ro supenso
Cuando psó el'aroplano

Ei Boso Empomao

(El Bozo Empomado)

Vu'a compr'un revoive doce
Pa dime donde no van,

Pa'que digan la muchacha
¡Qué joven ma truchimán!
Enamoro la que tan,
Juana tu no diga na,
Vu'a compr'un pot'e pomá
Par'untáime en'ei boso,
Y asi andai má güeleroso
Manque no trabaje ma.
(truchimán: persona sagaz y astuta, poco
escrupulosa en su proceder [RAE])

La Aparencia

(La Apariencia)

Aunque uté lo vea pasando
Con paragua abajo ei brazo
Tu no le haga mucho caso
Qu'eso e poi táisela dando.
Como no tiene trabajo
De qué hacei una peseta
La ropa que caiga pueta
Taimé la cogío fiá,
O la cogío empretá.
No te lleve de aparencia

Yo vide

(Yo vi)

Yo vide un'áiboi frondoso
En'un verano felí
Y ai mimo tiempo lo vi
Que taba charamicoso.
Yo oí picándol'ei tronco
Toíto para madera,
Yo vide cogei pa'leña
Toíta su ramazón,
Y vi repollail'ei tronco
Poiqu'era planta de tierra.
Yo vi un'ingenio sin bueye

Moliendo sin tenei caña,
También vidi'una montaña
Qu'era toda de jagueye.
Vidi'un aicaide sin leye,
Vidi'un pueblo en'un desierto
Y con'un'ojo vi'un buito
Sin podeilo figurai,
y vid'en medio e la mai
Uno duimiendo depieito.

(Jagüeye= plural de jagüey [planta])

APÉNDICE

Nota No. 1. Jerga Chi

Reglas de expresión: Se usa 'chi' antes de cada sílaba, incluyendo sílabas de una vocal. Si la última sílaba termina en vocal, y es grave, se pronuncia generalmente como aguda.

Ejemplos:

"¿Chitú chivá chicó chimei chiná chirán chijá?"
(¿Tu vas a comer naranaja?)

"¿Chicuán chidó chitú chivá chipá chiMá chicó chirí?"
(¿Cuándo tu va pa Macorí?)

"¡Chiyó chitén chigó chimú chiam chibré!"
(¡Yo tengo much'ambre!)

"¡Chiqué chivié chija chitán chifé chiá!"
(¡Qué vieja tan fea!)

"¡Chiqué chicú chiló chitán chigrán chidé chitié chiné chié chisá chimú chijei!" (¡Qué culo tan grande tien'esa mujei!)

"¡Chié chisá chimú chijei chisié chité chitó chiná!"
(¡Esa mujei si'e tetona!)

"¿Chicó chimó chisé chillá chimá chié chisá chijem chibrá chiqué chitá chibá chicón chití chigó? (¿Cómo se llama esa jembra que taba contigo?)
   (ver 'Tetona'; 'Jembrota')

Nota No. 2. Jerga Español Revesado:

Jerga: *Lenguaje especial y familiar que usan entre si los individuos de ciertas profesiones y oficios, como estudiantes, etc. (Diccionario de la RAE)*

Lenguaje usado por los adolescentes allá por la década de los cuarenta. Mi amigo Quique Rizek y yo la hablabamos con bastante fluidez, sobre todo cuando delante de adultos, para darnos cierta clase de importancia, pues ellos nos miraban con gran curiosidad. Desde luego, en esos momentos no pensábamos que quizás algunos de ellos estarían debatiendo si era que estábamos trastornados de los sesos, o algo peor.

Reglas de expresión: Todas las palabras de más de un carácter se pronuncian al revés, o con sus letras en orden invertido.

Regla de escritura: Cuando la jerga de Español Revesado se escribe, se usará letra mayúscula al comienzo de un párrafo y después de punto y punto y aparte, si bien es la última en la gramática oficial.

La letra 'y' al final de palabra se pronuncia como 'll' suave: 'Oll' (Yo)

La letra 'j' al final de palabra tiene un sonido gutural casi inaudible: seveuj (jueves), Niuqauj (Juaquín) Este nombre propio cuando es hablado suena 'Niucauj'. Otnisaj (Jacinto)

Ejemplos:

Días de la semana: Senul, Setram, Selocreim, Seveuj, Senreiv, Odabás, Ognimod.

Estaciones del año: Arevamirp, Onarev, Oñoto, Onreívni. (se refuerza la primera 'i' para facilidad de pronunciación)

Meses del año: Orene, Orerbef, Ozram, Lirba, Oyam, Oinuj, Oiluj, Otsoga, Erbmeitpes, Erbutco, Erbmeivon, Erbmeicid.

"Sarbalap" (Palabras)

"Em yov" (Me voy)

"Yov arap Írocam" (Voy para Macorí) o "Yov ap Írocam" (Vo pa Macorí)

"¡Éuq arbmej ase iejum!" (¡Qué jembra esa mujei!) (ver 'Jembra)

"Oy em yov ap Aveun Ioy al anames euq eneiv" (Yo me voy pa Nueva Yoi la semana que viene)

"¡On em adoj!" (¡No me joda)

"Im anamreh es ósac reya" (Mi hermana se casó ayer)

"Im erbmon se Ocsicnarf Selarom Olleup, rojem odiconoc omoc Knarf Selarom" (Mi nombre es Francisco Morales Puello, mejor conocido como Frank Morales)

"Le erbmon ed im ogima euq sotnuj somatnevni atse agrej se Nauj Euqirne Kezir, euq ne zap esnacsed" (El nombre de mi amigo que juntos inventamos esta jerga es Juan Enrique Rizek, que en paz descanse)

"Etse orbil ol íbircse arap rajed anu airomem ed artseun arenam ed ralbah en Acilbúper Anacinimod, etnemlaicepse ne Le Oabic" (Este libro lo escribí para dejar una memoria de nuestra manera de hablar en República Dominicana, especialmente en El Cibao)

Te agradezco querido lector, con la infinidad que confiere la naturaleza, el que tu interés en este libro, después de ver el título, ojearlo, y leer algunos pasajes, te llevara a la decisión de comprarlo. Espero que te traiga suficientes momentos de recuerdos y jocundidad, para que en lugar de deplorar o encontrar exagerada la cantidad que abonaste por él, lo leas con una sonrisita de esas que dicen "¡Verdad que si; ahora me acuerdo!". ¡Porque ya tu no 'habla con la **i**'!

ACERCA DEL AUTOR

Francisco dePadua Morales Puello nació en República Dominicana.

Ha sido conocido por los apelativos de Fran y Frank.

Completó los estudios médicos en su tierra natal, graduándose de Doctor en Medicina en 1953.

Hizo su entrenamiento médico en los Estados Unidos de Norte América, donde ejerció la práctica de medicina hasta que se jubiló en 2001.

Entre sus entretenimientos se incluyen el arte de la pintura, golf, escribir y reunirse con sus amigos.

Vive en Westchester, estado de Illinois, con su esposa Joseína. Sus hijos, Luis, Marco, Irene e Inés también residen en los Estados Unidos".

www.ingramcontent.com/pod-product-compliance
Lightning Source LLC
Chambersburg PA
CBHW062120280526
45788CB00001B/3